千華數位文化
Chien Hua Learning Resources Network

考前充分準備　臨場沉穩作答

千華公職資訊網
http://www.chienhua.com.tw
每日即時考情資訊　網路書店購書不出門

千華公職證照粉絲團 f
https://www.facebook.com/chienhuafan
優惠活動搶先曝光

千華 Line@ 專人諮詢服務

☑ 有疑問想要諮詢嗎？
　歡迎加入千華 LINE @！

☑ 無論是考試日期、教材推薦、
　勘誤問題等，都能得到滿意的服務。

☑ 我們提供專人諮詢互動，
　更能時時掌握考訊及優惠活動！

高分上榜學習特色

Part 1　臺灣原住民族史

Unit 1　原住民與南島民族

依據出題頻率分為：A頻率高　B頻率中　C頻率低

頻出度
根據命題率高低分為三個等級：A（常考）、B（中等）、C（少考），考生可依據出題頻率高低來規劃讀書計畫。

【命題關鍵】南島民族
【命題焦點】
1. 由於臺灣原住民已被證明屬於南島民族，因此讀者們須了解何謂南島民族及其相關資訊，並且知悉南島民族起源論與其分布範圍之間的關係。
2. 雖然南島民族起源眾說紛紜，無一強而有力的學說以茲論定，但讀者們仍須多加注意「臺灣起源論」的說法，了解其學說內容和所提出的論證方法。

【考點分析】以原住民為主題的考試，當然免不了出些族群源由的試題，特考即出現南島民族分布範圍以及臺灣與南島民族關係等考題。其中南島民族相關訊息，讀者可多加留意。

【參考資料】李壬癸（民86），臺灣南島民族的族群與遷徙，臺北市，常民文化。

【命題關鍵】
就各章節常考的重點和關鍵字詞，予以提要，使同學能夠運用聯結記憶法精準複習。

【命題焦點】
標明各章節常出的要點，以條列式的方式表述，使同學徹底瞭解命題的主旨所在。

臺灣原住民是指早於漢人來到臺灣居住的民族，不論是高山族原住民亦或平埔族，他們都屬於南島民族。

一、何謂南島民族？

(一) 南島民族分布範圍【95初、98原民三等、97、100原民五等、102原民四等】：南島民族分布區域廣大，遍及太平洋和印度洋中的島嶼以及東南亞、中南半島和馬來半島，是世界各民族中分布最廣的。**範圍北起臺灣，南至紐西蘭，東至南美洲西方的復活節島，西至非洲東岸的馬達加斯加島**，中間包括菲律賓、馬來西亞、印尼、新幾內亞等地，但不包括澳洲，總人口超過兩億。由於此民族的地理分布非常遼闊，佔全球面積的三分之二，而且都屬於島嶼性，簡稱「南島」。居住南島區域的族群即為南島民族，語言相當紛歧，總數近一千種，約佔全世界語言總數的六分之一強，此外，關於南島民族的起源論亦是眾說紛紜，吸引許多學者專家致力於此研究。

【考點分析】
在此附上該章節的相關歷屆申論題型，立即找出平常閱讀未注意到的重點，再次溫習課程內容。

【參考資料】
提供相關的參考書目，同學倘若行有餘力，則可以此來檢索出更深入的概念，精進自我的實力。

一、舊石器時代【95、97、101原民五等】

時間分類	文化特色
舊石器時代晚期	臺東海岸長濱文化距今約三萬年前至西元前五千年前，為舊石器晚期文化，並與中國華南地區有所互動，漁獵為其基本生活型態。此一文化期在臺灣東部延續至距今約三千年前。
	臺南左鎮距今約二至三萬年前，發現於臺南左鎮菜寮溪河床，為舊石器晚期文化。（按：2015年經年代鑑定，左鎮人頭骨證實為三千年之久，推翻其屬舊石器時代晚期之可能性。）
	苗栗丘陵網形文化。

經典考題

根據考古學家的說法，臺灣原住民族是史前時期臺灣歷史的主體，試申論之。
【103原民三等】

經典考題

在此附上該章節的相關歷屆申論題型，立即找出平常閱讀未注意到的重點，再次溫習課程內容。

二、新石器時代【95、100、102、108原民五等、98原民四等】

新石器時代早期	臺北大坌坑文化
	特色：原始農耕、製陶技術出現。
新石器時代中期、晚期（西元兩千五百年前至西元前後）	北部圓山文化，又可分為前期圓山期及後期植物園期。
	中部前期為「牛罵頭文化」→中期為「營埔文化」→後期為「大邱園文化」。民國91年所發現之惠來遺址，其文化層涵括史前粗繩陶至晚清約四千年之久，為中部地區考古史上重大發現。
	南部前期為「牛稠子文化」→後期為「大湖文化」。
	東部為卑南文化及麒麟文化。卑南遺址即屬卑南文化的一個代表性遺址，日治時期鹿野忠雄開始考古該遺址，南迴鐵路興建時，出土大量石棺及精美玉器遺物，證明當時已發展成有相當組織的社會結構及宗教信仰等，是目前臺灣所發現最大的史前聚落。該處也設有卑南遺址公園，是臺灣第一個考古遺址公園。麒麟文化又可稱為巨石文化。

考點標示

標示該章節在各歷屆考試中曾經出現的年度和考試類科，各位報考此類科考生，尤其應該特別加強此章節的研讀。

千華數位文化
Chien Hua Learning Resources Network

公務人員特種考試
「原住民族考試」應試類科及科目表

千華專業輔考小組◎整理

原住民三等

◆普通科目

　1. ◎國文（作文、公文與測驗）

　2. ※法學知識與英文（中華民國憲法、原住民族行政及法規、英文）

◆專業科目

一般行政	1.◎行政法　2.◎行政學　3.政治學　4.公共政策 5.民法總則與刑法總則
一般民政	1.◎行政法　2.◎行政學　3.政治學　4.民法總則與刑法總則 5.地方政府與政治
社會行政	1.◎行政法　2.社會福利服務　3.社會學　4.社會研究法　5.社會工作
社會工作	1.社會政策與社會立法　2.社會工作方法與實務 3.人類行為與社會環境　4.◎ 行政法　5.社會工作研究方法
人事行政	行政法、行政學、民法總則與刑法總則、現行考銓制度、心理學（包括諮商與輔導）
原住民族 行政	1.◎行政法　2.◎行政學　3.臺灣原住民族史　4.臺灣原住民族文化 5.公共政策(包括原住民族政策)
文化行政	1.原住民族文學概論　2.臺灣原住民族史　3.原住民族藝術概論 4.文化人類學　5.文化行政
法制	行政法、立法程序與技術、民法、刑法、原住民族法規（包括原住民族基本法、原住民身分法、原住民族教育法、原住民族工作權保障法、原住民族傳統智慧創作保護條例）
經建行政	1.統計學　2.◎經濟學　3.國際經濟學　4.公共經濟學 5.貨幣銀行學
農業行政	1.農業概論　2.農業經濟學　3.農業發展與政策　4.◎行政法 5.農產運銷
地政	土地法規與土地登記、民法（包括總則、物權、親屬與繼承）、土地利用（包括土地使用計畫及管制與土地重劃）、土地經濟學、土地估價
農業技術	作物學、作物育種學、作物生理學、土壤學、試驗設計
林業技術	森林經營學、育林學、樹木學、森林生態學（包括保育）、林政學
土木工程	1.工程力學（包括流體力學與材料力學）　2.測量學 3.結構學與鋼筋混凝土學　4.土壤力學(包括基礎工程) 5.營建管理與工程材料
電力工程	1.電路學　2.電力系統　3.電子學　4.電機機械　5.計算機概論
公職獸醫師	1.獸醫傳染病與公共衛生學　2.獸醫病理學　3.獸醫實驗診斷學

原住民四等

◆普通科目

1. ◎國文（作文、公文與測驗）

2. ※法學知識與英文（中華民國憲法、原住民族行政及法規、英文）

◆專業科目

一般行政	1.※行政法概要　2.※行政學概要　3.◎政治學概要　4.◎公共管理概要
一般民政	1.※行政法概要　2.※行政學概要　3.◎政治學概要　4.◎地方自治概要
社會行政	1.※行政法概要　2.社會工作概要　3.社會研究法概要　4.社會政策與社會立法概要
原住民族行政	1.※行政法概要　2.※行政學概要　3.臺灣原住民族歷史與文化概要　4.臺灣原住民族文化概要
法警	1.※行政法概要　2.刑事訴訟法概要　3.法院組織法　4.刑法概要
農業行政	1.農業行政概要　2.農業概要　3.農業經濟學概要　4.農業推廣概要
地政	1.土地法規概要　2.土地利用概要　3.土地登記概要　4.民法物權編概要
農業技術	1.作物概要　2.植物保護概要　3.作物改良概要　4.土壤與肥料概要
土木工程	1.工程力學概要　2.測量學概要　3.結構學概要與鋼筋混凝土學概要　4.土木施工學概要
機械工程	1.機械原理概要　2.機械力學概要　3.機械製造學概要　4.機械設計概要
電子工程	1.※計算機概要　2.基本電學　3.電子學概要　4.電子儀表概要

原住民五等

◆普通科目

1. ※國文（包括公文格式用語）

2. ※原住民族行政及法規大意與英文

◆專業科目

一般行政	1.※法學大意　2.※行政學大意
一般民政	1.※行政法概要　2.※地方自治大意
社會行政	1.※社會工作大意　2.※社政法規大意
錄事	1.※法學大意　2.※民事訴訟法大意與刑事訴訟法大意
交通行政	1.※運輸學大意　2.※企業管理大意
電子工程	1.※電子學大意　2.※基本電學大意

註：◎者採申論式與測驗式之混合式試題。

　　※者採測驗式試題，其餘採申論式試題。

～以上資訊請以正式簡章公告為準～

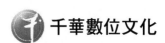

千華數位文化

目 次

Part 3 模擬試題

Part 4 最新試題及解析

高分準備方法

【本科內涵】

本書編寫焦點主要集中在原住民族發展歷史以及原住民族文化這兩大部分，其主要內涵與焦點為：

(一)原住民族發展史

「原住民」為何稱之為「原住民」，就其字面上的意義而言，「原住民」指的是「原來就居住在臺灣島上的先民」。一般而言，敘及臺灣的歷史發展不外乎分為「荷據時期」、「明鄭時期」、「清領時期」、「日治時期」及「國民政府時期」，這五段時期是所謂有文字記載的「歷史時期」，前前後後不過四百年左右，其統治者皆從海外來，構成的歷史無疑是一部臺灣殖民史。然而，在此之前臺灣島上早已有人類活動，並發展出多元的文化活動與生活面貌，其價值與內涵絲毫不遜於後來的主流民族—漢人。

身為臺灣島上的原居住者，在外族的多年統治之下，每一段時期都有不同的名稱，從明清史書上的「番族」、日治時期的「高砂族」、國民政府時期的「高山族」、「山胞」，不同時期有不同的稱呼，但仔細探究之下，這些由外族所賦予的稱呼，對原住民同胞而言，不恰當也未尊重其主體性，況且原住民並非都居住於高山上。隨著時空的推移、時代的發展，原住民族自覺性增強，於1984年成立「臺灣原住民族權利促進會」，簡稱「原權會」，致力於臺灣原住民族自覺運動，並於1994年首次獲得政府回應，將憲法中的「山胞」正式更名為「原住民」。目前原住民族有16族，分別為阿美族、泰雅族、排灣族、布農族、卑南族、魯凱族、鄒族、賽夏族、雅美族、邵族、噶瑪蘭族、太魯閣族（2004年公告）、撒奇萊雅族（2007年公告）、賽德克族（2008年公告）、拉阿魯哇族（2014年公告）、卡那卡那富族（2014年公告）。此外，政府也陸續新增原住民族，由各位所熟知的九族，擴展出第十族邵族、第十一族噶瑪蘭族、第十二族太魯閣族、第十三族撒奇萊雅族、第十四族賽德克族，第十五族噶瑪蘭族、第十六族太魯閣族、第十七族撒奇萊雅族、第十八族賽德克族、第十九族拉阿魯哇族、第二十族卡那卡富族，尊重原住民的主體性與完整性。

總而言之，就原住民的族群發展的歷史面向而言，吾人可視為其與外族群互動下所產生之歷史事件，諸如各時期之中，荷據時期以「新港文書」對平埔族的發展影響最為深切；明清時期的發展重心則在於當大量的漢民族持續移墾臺灣之際，不同的文化體如何獲得調適以及原住民族群如何在土地開發上和漢民族取得一均衡點；至於日治時期，日本為奪取臺灣珍貴的山林資源，而原住民族群是其最大絆腳石，遂推行理番計畫，欲將原住民文化消滅殆盡，原住民族在面對族群存續之關鍵時刻，自然而然的就以抗日事件等作為此時期之發展核心；最後的國民政府時期，族群發展主要面對的是在多元文化並列的衝擊下，原住民如何將其文化得以永續傳承下去，原住民族稱的正名活動即代表著對自我本身文化價值之堅定信念的表現。

本書透過介紹豐富的臺灣原住民文化、歷史發展與源流，讓你一窺原住民世界的豐富性與多樣性，與其他族群的交往情形和英勇事蹟，了解其蘊藏的文化內涵，進而尊重原住民的歷史與文化，消除對原住民的刻板印象與偏見。

(二)原住民族文化

原住民族以著名的藝術文化、祭典儀式為特色，亦是各位認識原住民族的第一步，然而這些了解多半只停留在原住民表面的圖像，例如：原住民歌舞、豐年祭、狩獵、雕刻、服飾等，對於其社會制度、組織、宗教信仰、生命禮俗、歷史源流各方面的文化內涵稍嫌不足，因此，要充分地了解原住民族的發展與內涵，實在不可輕忽此一層面。縱使是鮮豔美麗的服飾與喜慶歡樂的祭典都有其時代背景的縮影與部落發展、傳承的意義所在。而本書也將對原住民的歷史源流與豐富文化背後所賦予的意義，做深入淺出的介紹，讓你在欣賞原住民族多樣文化之餘，也能對其文化核心與意義做一充分的了解，達到體察原住民族之情。

原住民族的歷史發展雖然悠久，卻缺少文字的發展，現在所熟知的原住民資料，大多是漢人或日人這些對原住民而言所謂的入侵者，以田野調查的方式紀錄下來。因此，為數不少的原住民各族神話傳說、口述歷史成為重要且珍貴的資料。神話傳說常透露出族群的源流何處、發展面貌、生活規則與祭儀方式，成為了解原住民文化發展的概況與輪廓。神話傳說包含的面向甚廣，舉凡族群起源、日月星辰、山川河流、動植物、農耕、狩獵、飲食、宗教、信仰、生育、喪葬等包羅萬象，涵蓋生活各個層面。在眾多的神話傳說中也蘊含著許多的禁忌，禁忌是原住民的行為規範，亦是祖先

流傳下來的經驗法則，透過禁忌展現前人的智慧、對子孫的告誡、與自然和平相處。神話傳說增添原住民文化的可看性與豐富性，填補沒有文字紀錄的原住民文化發展脈落。

原住民的祭典儀式型態多樣，各族都有其代表與特色，透過祭典是認識原住民社會的重要管道。一般人對於祭典多半停留在載歌載舞、飲酒作樂的印象，但是祭典對於原住民而言意義重大，與生產活動緊密相關，像是豐年祭、五年祭等農耕祭儀；大獵祭、射耳祭等狩獵文化，展現其對農作物的重視與珍惜，以及不違反供需平衡的狩獵方式，更培養受人愛戴勇士的精神。

「出草」又稱為「獵首」，意為砍人頭的行為，原住民族中除了居於外島的達悟族之外，各族都有獵人頭的習俗。然而，這種習俗卻讓外來統治民族聞之喪膽，也讓原住民成為殘暴、野蠻的代表。其實在原住民的傳統社會中，獵首行為是祖先的遺訓，更是成為勇士的最佳途徑，為一件神聖、崇高又受人景仰的行為。獵首行為在戰國時代也曾流行，能獲得敵人的首級更是論功行賞的標準，草原民族亦有此風俗。由此可看出，在時代動盪不安、族群處於群雄割據局面時，弱肉強食、自顧不暇，更沒有多餘心力去思考道不道德、殘不殘暴，能保護家人、捍衛族群最重要。在這樣的環境影響之下，發展出獵首行為，逐漸成為一種習俗，更保存下來。此外，獵首還有社會心理方面的因素，是榮譽、社會地位的象徵，更是男性成為一個真正的男人、娶得美嬌娘的有利條件。因此，一項風俗的產生必有其因時代與環境所發展的背後意義，各位應全面了解後，再對風俗習慣進行評論，才不至於流於表面之談。

在社會制度方面，原住民各族也不似漢民族有一致性的父系傳統，反而包括母系、父系及貴族社會，不同的社會型態反映在財產制度、婚姻制度、社會階級、繼承制度、會所制度和社會組織各方面。各族群的發展也不盡相同，有自成一格的各類團體組織和文化活動，有其獨特的生活方式構成每一族與他族之間的區隔與特色所在。雖然原住民沒有具備完整的政府組織與部門管理，但在各族群中仍有適合於各部落處理公共事務的領導人與團體，這些維持部落運作的制度，歷時久遠，族人們更遵行不悖，嚴格來說甚至比現代國家的政治體系來的有效率，可見原住民族的團結合作、效忠領導人的精神。然而，將原住民納入現今政治制度中，反而破壞其部落政治體制，原本強而有利的控制力被破壞，產生許多問題。所以人們常說原住民族是野蠻社會、沒有文化，由此看來這個迷思終將被打破。

再者，在藝術文化方面，原住民的成就更是大家有目共睹，婦女們傳統的織布和刺繡頗具特色、男子因狩獵而發展出的鞣皮工藝、石板屋的建造、達悟族的丁字褲、漁船、雕刻、舞蹈等，都是特色鮮明、廣為人知，其中布農族的八部合音更是蜚聲國際，成為臺灣的驕傲。這些特色也反應出人與生活環境和諧互動下所發展的產物。雖然原住民族沒有文字，但所表現出來的文化豐富面貌，成為更強而有力的族群代表特徵，無疑是種活廣告。在身體毀飾方面，也發展出不同於漢人社會的黥面、鑿齒、拔毛、涅齒、穿耳的審美觀念，這些特別的習俗也有其深層的意義存在。以黥面而言，唯有獵過人頭的勇士才有資格刺青，而女子則須精通紡織技巧，因此黥面成為身分地位的象徵。

最後，就算是勇猛無比的原住民，也缺少不了能撫慰人心的宗教信仰。原住民社會中存在著泛靈崇拜，所謂泛靈崇拜是指崇拜宇宙天地間的萬物精靈，包括自然界的各類現象及祖先靈魂，其中特別崇拜祖靈信仰。他們認為祖先具有庇蔭子孫的功能，子孫為了安居樂業、榮耀祖先，避免褻瀆祖靈，一切行事也必須遵守祖先遺訓旨意，處世行為也受此概念的影響，可由祖靈祭的盛大舉行看出。平埔族則以西拉雅族的拜壺文化聞名，其中「阿立祖」、「公廨組織」也為代表性特色。此外，巫術信仰在原住民社會也頗為盛行，「祭司」在祭祀活動中扮演重要角色，「巫師」，在平埔族社會稱為「尪姨」，以替人治病、消災解厄、趨魔除邪為主，此二者皆在族中享有一定的身分和地位，亦是不可或缺的領導性人物。

原住民雖無文字發展，但可透過他族記載，與他族之間的互動來了解其社會文化與行為習性。清領時期卑南族的「卑南大王」、日據時期的「高砂義勇隊」等，來建構出屬於原住民族的歷史面貌。總括來說，原住民族的歷史與文化可說多樣豐富，但換個角度而言又不乏其共通性，不外乎同中求異、異中求同。透過神話與傳說構成口述歷史的文化背景、民族起源、發展脈落；透過祭典儀式了解文化傳承、祖先遺訓與該具備的能力；透過藝術文化一窺生活面貌、與自然共存的和諧共處方式，許許多多的歷史與文化都反應著原住民族的中心思想、民族精神，因此，期望藉由此書讓讀者能全面性的了解原住民的各種面貌，在欣賞之餘更能體會其背後所賦予的文化內涵與意義。

【準備方向】

分為原住民族發展史及原住民族文化兩個面向來說明。

(一)原住民族發展史

原住民族發展史為族群互動的歷史，與漢族及日本民族等外族間的互動特別重要。在準備原住民族發展史時，可將重心置放於該族群與外族的互動歷史過程，諸如明清時代原住民族和漢人族群之間，因為漢人的開墾和貿易而與原住民族之間產生諸多衝突事件以及在日據時代面對一個威脅性的殖民統治時，原住民族如何在維護本身固有文化前提上，對日本的殖民政策和理番計畫作出回應，成為此時期原住民族和日本人最重要的互動過程。除了族群間的互動發展外，對於原住民族的基礎認識，各位亦不可輕忽，諸如原住民族的史前文化、地理分布特色、以及相關時事發展等基礎性知識，亦頻繁地出現於考題之中。

族群發展互動、地理分布、原住民相關時事常識等，為過去有關考題中一再出現之命題，然而在準備的方向與方法上，筆者認為，或許可於研讀原住民發展史時，以當一個文化遇到一個全新的外來文化時，新舊文化團體如何對於兩者完全不同特色之文化體進行一個「文化化合」的過程，即從初期接觸時所發生之衝突，後透過持續的接觸和發展，從而調整、適應，最後趨向一個文化化合的型態，簡單的說，就是將外來文化融合自我族群文化特色，加以吸收、轉化、利用，而成為屬於一種新的生活方式。筆者認為，透過此種深入學習態度去分析、思考各個族群的生活方式，想必可以歸納出一個原理通則出來，並運用此理念，去探討各項變化、統整之題型。

(二)原住民族文化

原住民族文化主要重心乃在於原住民族的生活方式及其族群代表特色，讀者於準備此一部分時，必須考慮到原住民族的相關特色。所以原住民族文化，在本書區分為六個面向，分別為族群概況與發展、社會制度、經濟生活、信仰祭典、生命禮俗、藝術文化等。此六項彼此互相連絡、影響，如信仰則發展祭典因而產生禁忌，所以生命禮俗中諸多儀式，即生、老、病、死等情形，則形成該族群的社會組織特色，此一網狀文化結構，在這六個文化面向中，以「信仰祭典」最為重要。

　　信仰為一族群心靈價值核心所在，人的所作所為、行為舉止無不受到信仰的支配，直言之，信仰的特色即族群文化特色的縮影，基於信仰，決定族群的生活方式，因而構成該族群的文化特色。原住民文化透過信仰的方式形成，原住民文化的傳承則透過世代間口傳的神話傳說而保留下來，是故信仰與傳說彼此相輔相成。原住民的神話傳說，雖在歷史上並不具有絕對確信的歷史地位，筆者願各位於解讀原住民神話傳說時，將其視為信仰、禁忌、文化來源等文化面向去解讀，藉由神話的特性來了解其文化特色，相信在認識原住民文化時，可以能更合理且符合邏輯的了解原住民文化特色。

(三)命題趨勢

　　展望未來考題，筆者認為除了上述基本題型外，在統整、變化題形上會朝向原住民發展史與原住民文化史的統整運用，各族群文化性質間比較，及在深度文化內涵上的比較與應用，舉例如下：

進階題型

賽夏族矮靈祭典其文化特色何在？

考題分析

以「氏族祭祀組織」、「神話傳說史詩」及「外族靈之信仰」，為賽夏族矮靈祭之特色，而這也是賽夏族祭典不同於其他原住民族祭典最大之處。

　　若能清楚了解各族群之文化內涵，並深度思考其文化所代表之意義及在日常生活行為中所為之的展現，透過此一融合、統整、比較學習各原住民族群文化，相信在學習原住民族史時，必會擁有一份踏實感。

編者　謹識

榜首瞭望台‧最新命題趨勢剖析

　　除了傳統的各族文化特色及各時代的原住民政策等傳統考題外，新近考題則以當代原住民族在面臨多元文化的衝擊下，如何看待自我本身的文化價值？在延續傳統文化價值下，教育與宗教的議題值得深入探究；而社會運動則係捍衛原住民本身的自我主體性，亦不容忽視，以下重點整理當代原住民族等相關議題。

一　都市原住民

一、意義

　　臺灣在60年代過後，受到產業工業化的影響，原住民由原鄉遷徙到都市謀生，而這群居住在都市裡的原住民，簡稱「都市原住民」，**其中位於花東平原的平地阿美族，因未受山地管制及政府保護扶植政策的優待，乃紛紛離鄉背景，成為都市原住民的主體**。以下將探討都市原住民的形成與分布、文化衝擊、弱勢族群身分困境、教育等相關議題。

(一) 都市原住民的形成與分布

1. **形成**：原住民開始大量遷徙至都會區的年代，大約在1960~70年代間，臺灣經濟發展以出口導向的勞力密集產業時期，加上原鄉農業產值低，無法支付現實生活所需，在生計和就業機會的推拉力影響下，造成原住民族往都市遷徙。

2. **分布**：主要係受到就業機會的制約，最早外移的原住民，大都從事漁業和礦業，而這也決定早期都市原住民的地域分布。

   (1) 基隆、高雄兩大港市到70年代逐漸形成原住民的都市聚落。**例如基隆市的阿美族居民主要居住在八斗山莊、太平洋和國泰社區、和平島等地；高雄市的前鎮區草衙、鼓山區一帶等。至於礦業則以土城附近的海山煤礦附近社區為主。**

   (2) 漁礦業之後，眾多都市原住民集中在製造業發達的都會區外圍城鎮，例如**許多阿美族聚居的原住民社區，如汐止的山光社區、花東新村，土城的頂埔社區、海山社區，樹林的圳安里、西川里，新莊的丹鳳社區等**。

(二) 文化衝擊

意義：指外來者初入陌生的社會與文化，難以適應若干不同的文化特質，衝擊的範圍可從最基本的食衣住行到生活習慣、宗教儀式，前者容易造成日常生活上的困擾，後者更可能造成深遠的認同問題。

(三) 弱勢族群身分困境

1. **原因**：原住民屬南島語族，與漢人間有不同的體質、語言、社會組織等文化特質，加上原住民歷經數世紀的外族宰制，在政治經濟力量上久居弱勢，造成原住民常受到主流漢文化的刻板印象、族群偏見與歧視等，諸如都市原住民常遇到同工不同酬、異樣眼光，甚至以帶有歧視之「番仔」稱之。

2. 影響：族群身分無法改變下，原住民為避免這些歧視所造成的不愉快，大都採取盡量只跟原住民來往，抑或回到原鄉，甚至隱瞞自己原住民族的身分。

(四) 教育議題

1. 傳統文化與都市原住民教育

   都市原住民遠離了尚存傳統文化生態的祖居地，為了傳揚並傳承此世代傳遞與學習而來的經驗，**可探討並解析傳統文化的精髓並萃取精華，以作為都市原住民教育的文化教材**。

2. **近代有形教育對都市原住民教育的影響及產生問題**

   (1) 被迫接受外來文化的處境與影響

統治者	教育目的	教育方法	對原住民的影響
荷西殖民 （1624~1661）	1.以經濟為主要目的，攏絡原住民就範。 2.養傳教士，以達宣教目的。	1.設立學校、教堂，推行傳教與教育事業。 2.以羅馬文字番語編寫方式予以啟蒙。	改變原住民原始宗教信仰。
明鄭時期 （1661~1683）	設立社學，使土番加速漢化。	設立社學教導漢文化、耕作技巧。	為漢文化在臺灣的發展奠定基礎；原住民文化卻面臨重大的阻礙。

統治者	教育目的	教育方法	對原住民的影響
清領時期 （1683~1895）	初期採放任政策，避免臺灣成為反清基地。	積極征服或消極懷柔方式，以招撫訓導原住民。	通事、番政的弊病，為原住民生活最黑暗時期。
日治時期 （1895~1945）	建設臺灣成為現代化之殖民地。	1.番童教育所，推行日語、算術、農業等科目。 2.實施成年番人之教育，教導衛生觀念及耕種方法等。	1.使原住民教育進入現代化的正規教育系統。 2.皇民化等同化政策，使原住民族群認同產生變化。

(2) 光復後原住民教育問題

　A.光復後即徹底廢除日治時期對原住民之差別教育，將其設置之山地教育所一律改設國民學校，其學制與課程依部頒之標準實施，使山地學齡兒童受教育機會一律平等。

　B.光復後的原住民教育係隨著政府政策發展趨勢而變遷。即經歷過以下幾個變遷時程：

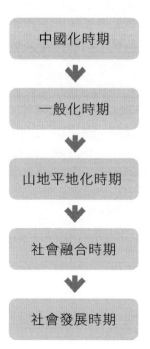

中國化時期

⬇

一般化時期

⬇

山地平地化時期

⬇

社會融合時期

⬇

社會發展時期

依政策本質來看，可分為同化及有限多元兩個政策類型。解嚴前政策意在同化，具有濃厚的國家主義色彩，顯現出相當的支配性，很少考慮到原住民的主體性。

(3)都市原住民承受外來民族文化接受現代教育產生的問題

原住民之社會、經濟、文化、教育等皆收附於統治者政教體制中，無本身主導性，且命運操控在他人手裡，形成：

A.原住民賴以維生的祖產地，不是被政府徵收，抑或被企業哄取。

B.臺灣經濟發展，但原住民卻淪落到都市底層謀生。

C.府透過教育培育原住民人才，但這些菁英卻忘了原住民身分，回饋原鄉。

D.強勢漢文化融於原住民生活各層面，原住民子女拒絕傳統文化及母語，失去尊嚴及信心。

E.教育本係將價值觀傳遞至下一代，然而都市原住民受到工商社會價值特性，如自我中心、個體化、特殊性等觀念，均與傳統原住民的價值觀有所扞格，如泰雅族的gaga文化（祭團組織）即受到非常大的衝擊甚至瓦解。

(4)現代多元文化思潮與都市原住民自主教育的振興與覺醒

A.1993年是國際原住民年，多元文化政策的理念乃基於尊重文化差異，以促進公平和諧，使每一族群有權分享自己的傳統，尊重他人的價值與文化。

B.臺灣未來之教育應揚棄漢族沙文主義，改採能包容多元宗教、語言、風俗等，讓全民共享各文化之成果。

C.新原住民教育」的建構，乃站在以原住民各種問題與需求為出發點，讓原住民自行追求自己生活目標，自行處理自己的生活問題，而非以外人的觀點強行輔導而施以原住民教育。

二、影響

(一) 繼承制度

經由個案訪談，可得到下列現象：

1. 出嫁在都市的魯凱族女兒，也會得到本家的眷顧，得到部分的房子或土地。
2. 排灣族非長嗣的女兒，雖嫁給外族，但由於本家人口少及老化的影響，長輩也會將部分土地過繼給住在都市的外孫兒女。
3. 第一代的阿美族都市原住民，在原鄉部落仍保有傳統女性地位，在繼承制度上較沒受到影響。
4. 都市中的泰雅族，則加深了父系制度傳承，泰雅族的繼承制度是幼子守家，孩子成年後均須外出另組家庭；女性則在出嫁後即以夫家為生活中心。

(二) 族群認同

在都市長大的原住民往往會失去族群的認同感，尤其是遷徙平地較久的阿美族，當家人疏於將自己族群的文化傳承給子女，且都市環境又不利孩子學習母語，加上外貌看不出原住民時，更容易被漢化，使族群的文化逐漸消失

(三)

原住民作為臺灣島嶼的邊緣弱勢族群，移殖都市又成為都市邊緣的弱勢族群；在社會變遷過程中，所受到的傷害，遠大於其他族群，例如在參與勞動的生產體系遭受不平等的待遇，也在居住、教育、醫療、生養等消費領域遭受雙重的剝奪。都市化帶來臺灣原住民社會巨大的變遷，撕裂傳統的社會結構，衝擊傳統的社會價值體系，在都會環境中，原住民要如何永續發展，或者是走向母語消逝、文化滅絕之路？

歷屆試題 1

西元1970年代左右開始移居大臺 都會區的阿美族人，習於以河床地、山坡地為落腳地，其中下列那一個部落位居新店溪沿岸？

(A)花東新村　(B)三鶯部落　(C)溪洲部落　(D)山光社區。（原民五等）

解析 (C)。

花東新村與山光社區均為阿美族位於汐止地區的移居地；三鶯部落為阿美族於大漢溪沿岸的移居地。

歷屆試題 2

下列何者並非二次戰後原住民族保留地逐漸由原住民族手中轉移至漢人手中之主要原因？ (A)政府產業政策鼓勵 (B)山地管制解除 (C)山地經濟對平地經濟產生依賴 (D)大量原住民人口移居都市。（原民五等）

解析 (D)。
都市的就業機會吸引原住民往都市聚集。

歷屆試題 3

截至今（101）年7月底止，都市原住民人口數已占全國原住民族總人口數的44.7%（23萬餘人），請試論目前政府所訂定的「都市原住民族發展計畫」之內容，並請提出您個人的看法。（原民四等）

解析
據行政院原住民族委員 100 年度施政計劃關於都市原住民族發展計畫內容中，分別就原住民族教育文化、原住民族衛生福利、原住民族經濟及公共建設等施政類別，具體羅列如下：

(一) 健全原住民人口、教育、就業等動態資料
 1. 建立與更新都市原住民基本資料。
 2. 建立原住民族政策與資訊宣導平台。
 3. 編製原住民族權益服務手冊及宣導刊物。
 4. 定期辦理都市原住民一般生活狀況調查。
 5. 定期辦理檢討會、座談會或成果展。
 6. 辦理年度計畫滿意度調查。
(二) 強化原住民生活基本安全
 1. 辦理原住民急難救助。
 2. 關懷轉介原住民老人及身心障礙者居家服務、養護服務及日間老人關懷服務。
 3. 加強原住民族兒童、少年、婦女及老人保護個案通報與轉介服務。
 4. 高風險原住民家庭及跨族或跨國婚姻輔導轉介與服務。
 5. 辦理原住民家庭生活教育與成長活動。
 6. 辦理原住民婦女相關權益教育、研討、座談會。
 7. 辦理原住民團體溝通平台與志工訓練。

(三) 加強原住民衛生保健服務

　1. 利用集會、大型活動或赴原住民教會時，宣導原住民菸、酒、檳榔、愛滋病與
　　自殺防治工作。

　2. 辦理原住民義診或健康篩檢。

　3. 建置原住民族健康資料庫。

　4. 輔導未投保原住民參加全民健康保險。

(四) 增進原住民風險管理能力

　1. 辦理消費保護教育宣導及服務。

　2. 建立法律諮詢人才資料庫，提供法律諮詢服務。

　3. 辦理法律扶助及訴訟陪伴與轉介服務。

　4. 辦理法治教育巡迴講座。

(五) 提升原住民就業競爭能力

　1. 輔導原住民參加職業訓練與就業服務。

　2. 落實辦理「原住民族工作權保障法」。

　3. 策劃「訓用合一」職業訓練。

　4. 舉辦應屆畢業生或社會青年參觀各地區職訓中心或相關機關。

　5. 辦理原住民短期職業訓練及就業媒合。

　6. 提供原住民族婦女就業機會與第二專長培訓。

　7. 建立原住民職場申訴管道。

(六) 輔導原住民拓展經濟事業

　1. 輔導回鄉發展經濟及產業

　　(1) 建置都市原住民各類經濟事業業者基本資料。

　　(2) 辦理都市原住民各類經濟事業業者診斷、輔導回鄉開展經濟事業平台。

　　(3) 辦理經濟事業發展相關及智慧財產相關法令宣導及相關跨業合作。

　　(4) 辦理與原鄉優質部落實際合作案例。

　　(5) 都市原住民各類經濟事業之創新研發平台及專案管理中心分項計畫。

　2. 輔導拓展經濟事業

　　(1) 輔導辦理原住民族綜合發展基金貸款，以提供融資方式，協助滿足開展經
　　　濟事業之資金需求。

　　(2) 辦理原住民族綜合發展基金貸款申貸戶追蹤輔導事宜。

　　(3) 辦理原住民族綜合發展基金各項貸款及信用保證業務之研習會及宣導活動。

　　(4) 辦理原住民金融知識教育宣導活動。

(七) 增加原住民教育機會

1. 補助直轄市、縣（市）政府辦理原住民幼兒就讀立案之公私立幼兒園之就學（托）費。
2. 加強原住民學生課業及生活輔導─補助經濟弱勢原住民學生補習費用；辦理課後輔導班；辦理生活輔導活動，或提供原住民學生獎學金等。
3. 補助縣市政府辦理原住民家庭及社會教育推廣活動。
4. 補助縣市政府推動原住民族資訊教育─補助開辦課程班，以與生活相關之數位學習為規劃方向。

(八) 建構原住民族文化及語言傳承機制

1. 辦理原住民族語言研習，營造都市原住民語言學習環境；結合都原地區各級學校、團體、教會與家庭，成立原住民族族語言文化教室。
2. 補助直轄市、縣（市）政府辦理原住民族文化、體育、歲時祭儀活動及文化聚會所租用與管理。
3. 補助推動文化（物）館展示、收藏、教育等相關營運工作。
4. 補助都市原住民同鄉會或民間團體辦理文化傳承活動。

歷屆試題 4

試闡述臺灣「都市原住民」形成的歷史內、外因素，並明其對原住民族社會文化之衝擊。（原民四等）

解析

(一) 都市原住民的形成因素

1960年代臺灣的經濟發展進入工業化時代，農業發展轉趨衰弱，山地經濟更甚，且大量原住民保留地的非法轉移使用，使得原住民族可供使用之土地減少，為求謀生，乃大量移居都市，形成都市原住民的現象。

(二) 對於原住民族社會文化之衝擊

主要展現於對於傳統文化上的衝擊。大量原住民移居都市，融入漢人社會中，與漢人主流文化的互動上產生許多不適應，進而形成次文化。另外在文化傳承上，許多的傳統文化價值漸被主流文化所同化，族語的佚失更是文化傳承的最大阻礙。

歷屆試題 5

戰後原住民已有相當比例的人口移居西部城鎮並形成所謂「都市原住民」，請說明此種遷移現象，就原住民的文化保存與經濟發展而言，所造成的影響。（原民四等）

解析

(一) 文化保存：

1. 原住民離開原鄉至都市謀求生存，相較於主流的漢文化，原住民族成為相對弱勢族群，常見有刻板印象、族群偏見等影響，原住民為避免此等歧視所造成的影響，除大都與原住民交流互動，形成次文化外，亦或消極隱瞞自己原住民族的身分。

2. 都會區的原住民族子女拒絕接納本身的傳統文化及母語，喪失了對自我文化的優越感及尊嚴信心。

3. 許多部落菁英至都市謀求生活，留在部落裡大都屬老弱婦孺，文化傳承出現斷層。

(二) 經濟發展：

1. 原住民族賴以為生的祖產地，不是被政府徵收，亦或被企業財團所哄取。

2. 青壯人口外流，致部落生產力受到影響。

3. 都市原住民大都從事社會底層工作，階級難以流動。

歷屆試題 6

請說明原住民族委員會設立「原住民族語言研究與發展中心」的目的與做法，並試述己見。（原民四等）

解析

(一) 目的：

1. 為進一步強化原住民族語言研究與發展深度，積極培育原住民籍族語研究專才，使得族語保存與發展更具全面性。

2. 遴聘適切之原住民籍族語研究專才加入研究團隊，以族人自身的觀點，加上語言學的研究分析專業知能，進一步強化族語研究與發展深度。

(二) 做法：五大研究重點工作如下：

1. 推動「外來語及新詞」。
2. 推動「族語認證測驗」。
3. 推動「族語語法構詞」。
4. 推動「族語教學方法」。
5. 推動「族語復振政策」等五大研究工作。

(三) 心得：教育係族語延續的根本，政府雖不斷提倡多元文化政策理念，然當前臺灣社會文化充斥漢文化沙文主義，優勢的漢文化融入於原住民生活各層面，諸多原住民為謀求生計離開原鄉至都會生活，都會區的原住民族子女拒絕接納本身的傳統文化及母語，喪失了對自我文化的優越感及尊嚴信心，故認族語若要傳承，除了政府應透過政策營造出友善的族語環境、並使社會尊重多元文化外，原住民族本身亦應自我覺醒，建立起自我主體意識，方能使原住民族文化根源不絕，綿延流長。

模擬考題 1

位於新北市三峽鶯歌一帶的三鶯部落，主要為哪一族群在都市的原住民聚落？
(A)阿美族　(B)泰雅族　(C)賽夏族　(D)布農族。

解析 **(A)**。
三鶯部落是臺北都會區都市邊緣的原住民部落之一，位於橫跨大漢溪的三鶯大橋下，處於三峽區與鶯歌區交界處，居民多為阿美族人。

模擬考題 2

臺灣的都市原住民以哪一族群為最多？　(A)泰雅族　(B)阿美族　(C)排灣族
(D)卑南族。

解析 **(B)**。
阿美族係最早漢化的原住民族，且其受到傳統社會組織及親屬組織等影響，在移居都市後較易呈現群體聚集的型態。

二　原住民社會運動大事年表

年代	重要事件
1895	日本對原住民採取封圈政策，界定「番界」。
1896	設立輔墾署辦理番務，計畫教育番人，並進行番地調查情形，以為殖民準備。
1899	平埔族、高砂族二詞正式產生。
1934	日月潭發電工程淹沒邵族居住地，將其遷移至卜吉社（今德化社），族人向電力會社承租土地，成為半佃農地位。
1945	將高砂族改稱高山族，強制全臺原住民更名為漢名。
1945	設置山地保留區，使原住民隔絕於主流社會，雖使傳統文化免於衝擊，但也限制原住民接受現代工業及知識的機會。
1947	高山族改稱山地同胞（不含平埔族），並依其戶籍所在地在山地鄉者稱為山地山胞，平地行政區者為平地山胞。
1949	頒行《山地教育方針》，目的在徹底推行國語，加強國家觀念。
1951	檢討山地行政業務，核心目標為獎勵推行國語運動，強化山地造林，以安定山胞生活。
1953	省府頒布《促進山地行政建設計畫大綱》，提出山地平地化目標。
1954	認為平埔九族已平地化（漢化），乃取消其身分認定，將平埔族納入平地選民民冊。
1955	山地全面造林，不准砍伐，造成耕地被剝奪。
1955	蘭嶼土地全歸國有。
1956	依《臺灣省平地山胞生活改進運動辦法》，勸止山胞穿戴古裝飾物。
1960	依《臺灣省平地山胞生活改進運動辦法》，統一祭祀日期，並倡導春節、清明節、端午節、中秋節等民族習俗之風尚。
1972	屏東縣山地各鄉推行國語受阻，教育局嚴禁教會利用方言符號及日文聖經傳教。
1974	該年六月，原住民獨立運動案發生。

年代	重要事件
1979	《山地文化》雙月刊創刊。
1980	原住民開始發起正名運動。
1983	臺大原住民學生發起《高山青》刊物，倡導高山民族自覺運動，啟發民族意識。
1984	教育部訓令禁止山地教會使用母語傳教，以免妨礙國語文教育之推行。
	12月成立原住民第一個戒嚴時期的反對運動團體「臺灣原住民族權利促進會」，並發起將番人、山胞等正名為「原住民」的正名運動。
1985	原權會聲援被扣留在國外的原住民漁民家屬，為原住民第一次向行政院抗爭的請願活動。
	鄒族青年汪啟聖、安淑美等人於吳鳳廟開幕剪綵儀式抗爭，要求刪除吳鳳神話。
1987	原權會討論《臺灣原住民族權利宣言》，並將其納入原權會的宗旨。
	立委張俊雄提出質詢，要求原住民恢復傳統姓氏、開放原住民族語節目、將山地保留地放領給原住民、提高山地事務行政機關層級。
	原權會抗議吳鳳廟興建及刪除吳鳳神話等系列活動，並刪除小學教科書關於吳鳳故事的教材。
1988	發起核廢料遷出蘭嶼大遊行。
	臺灣原住民族還我土地運動聯盟成立，並為爭取土地權，發起第一次的還我土地運動。
1989	吳鳳鄉更改為阿里山鄉。
	山胞教會機構及教會用語改稱為原住民，山地宣道委員會改成原住民宣道委員會。
	第二次臺灣原住民族還我土地運動。
	臺邦・撒沙勒創辦《原報》。起源於屏東，係企圖將都會型原住民族運動，推廣到屬於地方性原住民草根性格的原住民運動刊物。
1990	民進黨籍臺北縣長積極推廣母語教學，以落實憲法所保障的原住民文化。
1991	基督教長老教會泰雅中會母語推行委員會出版一套用羅馬拼音法所編寫的《泰雅爾語讀本》及《泰爾雅傳説故事精選篇》二書。

年代	重要事件
1992	澄社發表憲改建議，認為應以「原住民」取代山地同胞，並保障原住民之經濟、社會與文化發展及自治權。
	《獵人文化雜誌》改為臺灣原住民人文研究中心。
1993	發起第三次「臺灣原住民族還我土地運動」，訴求主張為「反侵占、爭生存、還我土地」。
1994	第三次修憲，將山地同胞改正為原住民。
1995	通過姓名條例修正案，原住民可以在身分上登記自己的傳統名字。
	《南島時報》及《原聲報》創刊。
	反瑪家水庫自救會成立。
1996	總統府前的介壽路更名為凱達格蘭大道。
1997	原住民修正為原住民族。
1998	原民會提出原住民族發展方案。
	公布實施《原住民族教育法》。
2000	日月潭光華島正名為拉魯島，為邵族語「心中聖島」之意。
2001	邵族正式自鄒族獨立出來，成為原住民族第十族。
2002	發起「1026光復原住民族傳統領域」大團結活動，爭取傳統領域與自然主權，同時反對設立馬告國家公園。
	噶瑪蘭族自阿美族獨立出來，成為第十一族。
2004	太魯閣族為第十二族。
2005	《原住民族基本法》公布施行。
2006	原民會定8月1日為原住民日。
2007	撒奇萊雅族成為第十三族。
2008	高雄縣三民鄉更名為那瑪夏鄉。
	賽德克族成為第十四族。

年代	重要事件
2014	拉阿魯哇族為臺灣第15個原住民族族群。
	卡那卡富族為臺灣第16個原住民族族群。
2015	修訂「原住民族傳統智慧創作保護條例」。
2016	「漢本遺址」審議指定為國定遺址。
2018	原住民族語文納入「十二年國民基本教育課程綱要」。
2019	1.原住民保留地土地權利審查委員會，委員聘任方式，將改由轄內各原住民村（里）或部落推舉再擇定。 2.公布施行「海洋基本法」。 3.全文修正「原住民族教育法」。
2020	2月21日為世界母語日，原民會舉辦「原住民族語言發展會議」，會中揭示了當前政府對促進原住民族語言發展之相關政策： 1.推動原住民族公文雙語書寫。　　2.設置原住民族語言推廣人員。 3.成立原住民族語言推動組織。　　4.推動師徒制族語教學。 5.成立原住民族語言研究發展基金會。 原住民族委員會公告原住民各族的「歲時祭儀放假日期」，並布達了勞動部的政令宣導，重申「原住民族歲時祭儀日」為各該原住民族勞工的法定休假日。
2021	1.原住民族委員會將：牡丹社事件、大港口事件、加禮宛事件、大嵙崁事件、南庄事件、李棟山事件、大豹社事件、七腳川事件、太魯閣事件、大分事件列為「臺灣原住民族十大重要歷史事件」，並為2022年「各地方政府原住民族教育資源中心」計畫中指定辦理之主題，未來將納入十二年國教大綱。 2.原住民族委員會自2005-2019年共出版《牡丹社事件》、《大港口事件》、《加禮宛事件》、《南庄事件》、《大豹社事件》、《大嵙崁事件》、《李棟山事件》、《七腳川事件》、《太魯閣事件》及《大分事件》等10本書籍，並曾於109年2月19日辦理10本書籍發表會。經各書作者重新檢視內容後，重新再版。於110年1月25日辦理「《原住民族重大歷史事件系列叢書》發表會」，並開始提供線上閱讀。

歷屆試題 1

聯合國訂定那一年為原住民年？　(A)1981年　(B)1992年　(C)1993年
(D)2004年。（原民五等）

解析 **(C)**。

聯合國於1992年12月10日世界人權日，於紐約聯合國總部舉行的聯合國會議中決
議1993年為聯合國國際原住民族年。

歷屆試題 2

1998年通過的第一個原住民專門法律為下列何者？　(A)原住民族基本法　(B)
原住民族教育法　(C)原住民身分認定法　(D)原住民族自治法。（原民五等）

解析 **(B)**。

政府應依原住民之民族意願，保障原住民之民族教育權，以發展原住民之民族教育
文化，特於民國87年制定原住民族教育法。原住民身分認定辦法業已廢止。

歷屆試題 3

政府什麼時候進行第四次修憲，將「原住民」正名為「原住民族」，民族集體
權正式獲得憲法認可？　(A)民國80年　(B)民國83年　(C)民國86年　(D)民國
90年。（原民五等）

解析 **(C)**。

民國86年第四次修憲，政府首次承認原住民族存在。

歷屆試題 4

民國36年6月，臺灣省政府民政廳曾通報，將當時稱臺灣原住民族的「高山族」，
改為：　(A)山地同胞　(B)先住民　(C)原住民　(D)平地同胞。（原民五等）

解析 **(A)**。

民國36年稱為山地同胞，民國83年第三次修憲將山胞改稱原住民。

歷屆試題 5

民國72年，一群就讀臺灣大學的原住民族學生，發行什麼刊物，為原住民族運動的開始？ (A)原報 (B)南島時報 (C)高山莊 (D)高山青。（原民五等）

解析 (D)。

《高山青》為第一本臺灣原住民族自治運動的刊物。

歷屆試題 6

原住民族保留地因政府推動經濟所需，逐漸開放給漢人以及企業使用，導致原住民族土地大量流失，於民國76年以及77年原住民族運動者發起什麼運動，要求政府重視原住民族土地問題？ (A)還我土地運動 (B)原住民族正名運動 (C)原住民族入憲運動 (D)還我姓名運動。（原民五等）

解析 (A)。

正名與原住民族入憲均係人格自主權的展現，非土地問題。

歷屆試題 7

臺灣原住民各族內部存在著差異或所謂亞群，請舉例說明其內部的亞群差異與構成因素，並就民族認定與民族自治而言，可否納入此種差異並使其不成為整合的阻礙？（原民三等）

解析

(一) 詳見第二篇第七章《鄒族》。

(二) 民族認定與民族自治：

　1. 民族認定：

　　(1) 意義：「民族認定」是在國家對於國內少數民族給予正式承認，並給予集體權性質的「民族權」的條件下，所產生的一種事務。

　　(2) 目的：為認定原住民族，並維護和發展其固有文化及傳統。

　　(3) 方法：

　　　A. 主觀要件：應依該原住民族人之主觀意願。

　　　B. 客觀要件：參考民族學所通認之民族識別因素，包括語言、宗教、民俗、歷史、人口分布或其他文化特徵。

2. 民族自治：
   (1) 意義：多元文化、保障人權及民族自決之理念，係世界各國原住民族政策及法制之原則，並以承認原住民族集體權及恢復傳統自我管理能力為主要方向。在此潮流下，原住民族自治制度之建立，已成為許多國家回應原住民族訴求之主要方式。
   (2) 目的：尊重原住民族之意願，落實憲法所揭示之多元民族、多元文化保障意旨，以維護原住民族主體性；另本諸自治原則，促使原住民族享有管理自身事務之權力；以自主發展原則，促進原住民族之生存發展。

3. 各原住民族族群內部中的亞群與族群整合之關係：
   (1) 以鄒族為例，卡那卡富族與拉阿魯哇族依日據學者伊能嘉矩的分類，係屬鄒族中的南鄒族亞群，惟南鄒族雖在服飾及會所制度與鄒族相近外，其餘如語言及祭典上，三個族群均有相當大的差異，且北鄒南鄒距離遙遠，造成兩邊族人的認同有所差距，世居高雄市桃源區的拉阿魯哇族，在面對「布農族化」及「漢化」的雙重壓力下，希望能夠凝聚族群共識、力量，爭取應有的權益，並傳承族語、文化，故於2014年正名為拉阿魯哇族，成為臺灣原住民族之一。
   (2) 族群整合係一種異中求同的觀念，族群間內部或因於語言、祭典等文化上的差異而將其劃分為同一族群但分係屬各亞群，考慮到政策資源有限性及治理便利性，族群整合有其必要；倘各族群之亞群，認為其自身文化有其獨特性，且經民族學研究認為該亞群在語言、宗教、民俗、歷史、人口分布或其他文化特徵與原族群有所歧異時，基於多元民族、多元文化保障意旨，自有其獨立成為一原住民族族群之必要與理由。

模擬考題 1

政府對於原住民族的官方認定與民族識別慣以九族為標準，在歷經數次族群正名運動後，迄今已增加至十六族。請問晚近新增加的七個族群為何？從九族增加到十六族有何政策意義與實質影響？

解析

(一) 新增加的五個原住民族分別為：邵族、噶瑪蘭族、太魯閣族、撒奇萊雅族、賽德克族、拉阿魯哇族、卡那卡那富族。

(二) 政策意義與實質影響

1. 政策意義：過往政府積極宣揚族群融合的思想，實乃強勢的特定族群想以優勢立場同化其他弱勢族群，也只有強勢族群想獨佔傳統政治資源時，才會把追求多元平等的族群主體性運動視為族群平等的威脅。現在的社會應該超越同化意識的族群融合觀點，超越舊有思維，開始實踐新的族群文化價值，各族群先建立自己獨特的身分認同，彼此尊重，進而平等對待，以建立多元平等的社會，方符合憲法所保障之肯定多元文化之意旨。

2. 實質影響

(1) 過往將邵族歸類為鄒族，太魯閣族及賽德克族歸類為泰雅族，撒奇萊雅族歸類為阿美族，實為受到文獻研究錯誤或許多風俗相似而被認為是同系族群，然而此等劃分並未考慮到原住民族的自我認同意識，諸如太魯閣族人認為我們唱著自己的歌、穿著自己的衣服，吃著傳統的竹筒飯，說著和泰雅族人完全不同的話。

(2) 卡那卡那富族和拉阿魯哇族過去被視為鄒族的分支，合稱「南鄒」。這些族群的正名成功，除了內部的族群意識強烈的自我認同外，就社會及行政系統來說，在族群的延續和傳統文化發展下受到政策與法律的保障，以永續保存該族群特有的文化及謀求族群經濟的自立發展。

模擬考題 2

試述臺灣原住民族運動之源起、歷程、主要理念與權利訴求。

解析 原住民族本係居於臺灣此一生活領域內的主人地位，後來被外來族群征服並統治的原住民族後裔，經由族群集體共同痛苦的經驗、覺醒、意識形態之建立，以組織、行動爭取歷史詮釋權、傳統土地權，以促進政治、教育、經濟、社會地位之提升，及對文化、族群再認同之運動，其最終目標為追求原住民族自決。其相關運動有：

(一) 正名運動

1. 源起：原住民權利促進會於1984年成立時，即發起將山胞正名為原住民的正名運動。

2. 理念與訴求：主要理念在於原住民是沒有歧視性，且係由原住民自擇的稱呼，希望藉此能凝聚族群意識，以重新整合並發揚各族群逐漸消失的文化。

(二) 還我族名運動

1. 源起：即邵族、噶瑪蘭族、撒奇萊雅族、太魯閣族、賽德克族的正名。

2. 理念與訴求：過往因文獻研究錯誤，誤把不同族群認同的部族歸類為同一族，有礙於多元族群發展及文化認同，遂有各族群之正名運動，以追求族群之自立發展。

(三) 還我族語運動

1. 源起：原住民族並未發展自己的文字，文化傳承是靠口語相傳，過往政府推行國語政策，嚴禁母語，使得文化傳承面臨斷層問題。

2. 理念與訴求

(1) 諸如推展鄉土教材和母語教學及鼓勵原住民文化及語言之研究等。

(2) 確立多元文化政策，建構友善的母語學習環境。

(四) 還我姓氏運動

1. 源起：政府遷臺後，要求原住民改漢姓名，此舉使傳統的命名制度被徹底破壞，也造成許多衝擊與困擾。1985年十二名原住民知識青年提出要求恢復本姓的訴求後，政府乃於1995年通過姓名條例修正案，原住民可在身分證上登記自己的傳統名字。

2. 理念與訴求：原住民各有其傳統命名制度，恢復傳統姓名與尊重傳統文化有密不可分的關係，藉由傳統姓名，亦有可得知係何家族、其發源地等意義。

(五) 還我傳統領域運動

1. 源起：原住民對於土地所有權的觀念不同於漢人，認為社地（包括耕地、獵場、河流、山丘等）均屬於部落所有，後來殖民者將其傳統生活領域收歸國有，造成許多原住民族保留地開發衝突。泰雅族人樂信‧瓦旦（林瑞昌）係最早為還我土地發聲之人，惟於1952年因高山族匪諜案遭槍決，此後直至1988年後才開始出現計三次的還我土地運動。

2. 理念與訴求

(1) 第一次還我土地運動：爭取土地權，訴求為求生存、還我土地。

(2) 第二次還我土地運動：訴求政府應著手進行山胞保留地的增劃編工作。

(3) 第三次還我土地運動：因政府以設立國家公園、水泥專業區等名義，強徵原住民土地而發起，訴求為：

　　A. 反侵占：

　　　a. 停止和平水泥專業區侵奪原住民保留地。

　　　b. 阻止國家公園及觀光事業入侵原住民族生存領域。

　　　　B. 爭生存：
　　　　　a. 建立各種社經指標以作為政策依據，徹底擁有如漢人般的社會平等的生存權。
　　　　　b. 提出原住民的經濟、社會振興方案。
　　　　C. 還我土地：
　　　　　所謂山胞保留地即尚未被漢人以私有財產形式侵占的原住民土地，亦即保留地係原住民族共同所有的土地，其管理、運用、劃分，原住民族有最後的決定權。
　　　　　2007 年行政院修訂《原住民保留地開發管理辦法》，明訂原民會為主管機關，使原民會對於原住民族土地的管理將居於主動地位，在原住民保留地、傳統領域土地及原住民族自治區的規劃等，將擁有更寬廣的運用空間，以保障原住民族的集體土地權。

(六) 自治運動
　1. 源起
　　(1) 1950 年鄒族湯守仁、高一生及泰雅族林瑞昌等人因推展原住民族自治運動，被政府以高山匪諜案逮捕槍決。
　　(2) 1983 年臺大原住民學生發行《高山青》刊物，倡導民族自覺運動。
　2. 理念與訴求：1987年原權會提出《臺灣原住民族權利宣言》，揭示臺灣原住民是臺灣島的主人，提出人權、政治權、經濟權、文化權、教育權等主張。
　3. 影響
　　(1) 2000 年政府與原住民族完成《新夥伴關係協訂》的簽署，承認原住民族之自然主權、推動原住民族自治、與原住民族簽訂土地條約、恢復原住民族部落及山川傳統名稱、恢復部落及民族傳統領域土地、恢復傳統自然資源之使用、促進民族自主發展、原住民族國會議員回歸民族代表等。
　　(2) 2005 年通過《原住民族基本法》，使自治權、土地權、自然資源權、經濟權、傳統知識權等有法律依據。

三　原住民的當代宗教

　　日治前的臺灣原住民皆有屬於其文化傳統的宗教儀式，這些傳統祭儀各具特色且多元。清末臺灣開港通商後，開始接觸西方宗教，尤以基督教長老

教會影響最為深遠，如北部的馬偕牧師、中部的甘為霖牧師、南部的馬雅各牧師等，但其範疇大都侷限在平埔族，甚少深入深山的族群與部落。

　　日治時期的理番政策，原住民族的傳統祭儀被禁止或被改變。**光復後傳教士積極將西方宗教傳入，在部落中佈道、講習、提供醫療服務及救濟物資等，使原住民大量信仰西方宗教，但其排他特性，衝擊到傳統祭儀**，然而近年原住民族自主意識提升，西方基督宗教對部落影響力也逐漸式微，以下以賽夏族為例，探討基督宗教傳入後在部落所產生的變遷與調適及原住民族的當代宗教觀。

(一) 基督宗教在部落的變遷與調適

1. 基督宗教各教派積極開拓原住民之教務，**在物資缺乏的50年代，掌握美援救濟物資分配權的天主教會，吸引大批原住民皈依受洗，此舉造成信徒間的流動，造成不同教派間的嫌隙，更使天主教落得「麵粉教」之批評。**

2. 然根據學者陳春欽研究，**天主教的傳教方式比較寬裕，不禁止賽夏族舉行固有祭儀，認為傳統祭儀屬於部落文化，而非宗教；基督教則對一切祖靈祭、矮靈祭、求晴祭等完全禁止，故賽夏族人對於天主教較為接受。**

3. 長老教會基於新教的傳統，信仰唯一真神，對於其他民族的傳統祭儀視為偶像崇拜，因此予以排斥，故長老教會在賽夏族群的傳教過程遭受極大阻力。

(二) 西方宗教對於原住民族的影響

1. 西方宗教信仰唯一真神的教義，或多或少影響到原住民族對於自有傳統文化祭儀的認知，將傳統祭儀定位為傳統文化，而忽略了其原始宗教的本質，使許多神秘的祭典儀式失去其神聖性，轉化為單純作為人際互動的社會性祭儀，使原住民的傳統祭儀在當代有世俗化的現象，例如賽夏族的矮靈祭典逐漸失去神聖價值，轉而取代的是祭典觀光化，如何重構祭典儀式的神聖性，是原住民族該認真思考的問題。

2. 對於族語的保存與教育有不可抹滅的貢獻。西方宗教為求宣教之便利性，以羅馬文字的方式，用原住民的母語來翻譯聖經，使得母語的運用與流傳在部落得以續行。

歷屆試題 1

「原住民族日」為每年的8月1日，請扼要說明原住民族日訂定的由來及意義，並試論其對族人的重要性。（原民四等）

解析 詳見本書第一篇第六章。

歷屆試題 2

基督宗教是現今原住民族社會的宗教信仰主流，請舉例明教會對於原住民族發展中曾經以及可能扮演的角色。（原民四等）

解析 原住民族的傳統信仰以泛靈信仰為主，然在基督宗教透過教育、醫療、物質等宣教手段下，現今基督教已深入各個原住民族部落，其在原住民族的發展過程中，可扮演的角色如下：

(一) 教會對原住民族人而言，除了是宗教信仰的中心，使得族人日常生活能夠緊密連結的網絡核心外，更是目前族人使用族語機會最多的場域之一。

(二) 原住民族的語言發展，無論是在語言的保存，以及文字化的基礎工作上，教會更是扮演了無可取代的重要角色。

(三) 教會深入各部落，對於部落中的居住問題、經濟問題、社會歧視、失業、法律問題、婚姻問題、子女教育問題等，扮演了十分重要的服務提供者的角色。

模擬考題 1

下列何者非原住民族大量信仰西方宗教的原因？　(A)西方宗教以物資吸引原住民族　(B)透過醫療手段吸引原住民族　(C)西方宗教教義和傳統宗教並無扞格　(D)透過母語傳教，融入部落生活。

解析 (C)。
西方宗教信仰唯一真神，對於其他民族的傳統祭儀視為偶像崇拜，因此予以排斥。

模擬考題 2

下列何者非西方宗教對於原住民族的影響？　(A)使母語得以繼續沿用保存　(B)透過醫療物資等手段改善原住民族的基礎生活　(C)信仰唯一真神，使傳統宗教儀式的精髓面臨考驗　(D)禁止宗教祭典儀式，使文化傳承面臨困境。

解析 **(D)**。

例如天主教認為傳統祭儀即屬於部落文化，而非宗教儀式，毋須過度禁止。

四　原住民傑出人物簡表

族別	姓名	貢獻
泰雅族	樂信・瓦旦（林瑞昌）（108 原民四等）	從事現代醫療並且傳授族人助產知識，對在原住民居住地區推展近代醫療貢獻極大。
		1952年當選第一屆臺灣省臨時省議會議員，常常提案爭取族群權益，如增加原住民民意代表名額、設置山地行政管理局、山地行政一元化、培養原住民人才、協助復興山地農村生活等。
		1952年國民政府以「高山族匪諜案」罪名，將樂信・瓦旦逮捕下獄，同案包括鄒族的政治菁英高一生、湯守仁等人。
	瓦歷斯・諾幹（吳俊傑）	泰雅族作家，1990年代開始創辦原住民文化刊物《獵人文化》和「臺灣原住民人文研究中心」，並參與《原報》、《南島時報》、《山海文化雙月刊》等刊物的編輯工作，爭取主流之外的對話平台。
	黃榮泉	文史工作學家，2007年薪傳獎（原住民）得主。
鄒族	高一生	音樂家與首任阿里山鄉鄉長，領導參與二二八事件，白色恐怖受難者，於1954年慘遭殺害。
	湯守仁	領導參與二二八事件，於1954年慘遭殺害。
布農族	霍斯陸曼・伐伐（王新民）	布農族作家，致力於透過學術研究與文藝創作推廣保留布農族文化，著作獲獎無數。
	尤哈尼・依斯卡卡夫特	原住民運動領袖，前行政院原住民族委員會主委。

族別	姓名	貢獻
排灣族	華清吉	第一位原住民國策顧問，臺灣省臨時及第一屆議會議員，與杜聰明博士創原住民醫學專班。
	華義順	第一位排灣族西醫（一般生），杜聰明博士學生。
	華國媛	第一位原住民生物醫學博士。
	巫瑪斯・金路兒	排灣琉璃珠之父，2010年獲行政院原住民族工藝薪傳獎。
卑南族	巴利瓦克斯（陸森寶）	音樂歌謠大師，共創作了近三十首卑南歌謠，皆以卑南母語創作或譯作，被族人廣傳頌唱至今。
	南志信	曾任第一屆臺灣省政府委員、制憲國大代表，也是第一位臺灣原住民西醫。
阿美族	楊傳廣	知名運動員，十項全能好手，1960年羅馬奧運男子十項全能銀牌得主。
	馬亨亨	1852年生，馬蘭阿美族頭目，致力協調各族之間的紛爭，對阿美族現代化和生存有極大貢獻。
雅美族	夏曼・夫阿原（郭建平）	蘭嶼達悟族少數的知識青年、蘭嶼文化工作者，致力於蘭嶼文化保存、蘭嶼自治及反核運動。
	夏曼・藍波安（施努安）	專職作家，擅長以散文與小說呈現族人的生活與文化，同時具有原住民文學與海洋文學的特色，代表作品包括《八代灣的神話》、《冷海情深》、《黑色的翅膀》、《海浪的記憶》等。
撒奇萊雅族	帝瓦伊・撒耘（李來旺）	致力蒐集撒奇萊雅語及相關史料，為撒奇萊雅族的正名留下不可抹滅的貢獻。

歷屆試題　1

1915年發生的大分事件為臺灣日治時期的原住民布農族發動的反抗政府事件。因其天險，日本政府始終無法平息其反抗勢力。直至1933年5月，最後80名左右的布農族反抗軍才正式向日本政府投降。請問該事件的布農族領導者是誰？(A)谷拉斯‧馬亨亨　(B)哈魯格‧納威　(C)阿里曼西肯兄弟　(D)拉荷阿雷兄弟。（原民五等）

解析 **(D)**。

谷拉斯‧馬亨亨是阿美族馬蘭部落頭目，在成廣澳事件中擔任與日人的協調角色；哈魯閣‧納威於明治35年（1902）被日人任命其為「太魯閣蕃總頭目」，以遂其以蕃制蕃政策；大分事件是由大分社頭目拉荷阿雷和阿里曼西肯兄弟所領導，而後由拉荷阿雷率眾歸順。

歷屆試題　2

第一位由臺灣總督府醫學專門學校培養的原住民醫生為何人？　(A)林瑞昌　(B)南志信　(C)高正治　(D)陸森寶。（原民五等）

解析 **(B)**。

卑南族人南志信是臺灣原住民第一位西醫。

歷屆試題　3

因為有感於家鄉子弟到金門前線當兵無法返鄉參加年祭，而創作「懷念年祭」等多首動聽歌曲的卑南族音樂家是那一位？　(A)林志興　(B)陸森寶　(C)陳建年　(D)南賢天。（原民五等）

解析 **(B)**。

(A)林志興為卑南族人類學者；(C)陳建年為卑南族歌手，屢獲金曲獎殊榮，是卑南族歌謠大師陸森寶的傳人；(D)南賢天是卑南族人，目前在苗栗經營力馬原住民生活工坊。

歷屆試題 4

下列有關卑南族領袖馬智禮的敘述何者錯誤？　(A)其生父朱來盛為自大陸來臺漢人　(B)為卑南族人馬多利所收養　(C)西元1939年擔任北絲鬮部落頭目期間，促成卑南族與鄰近延平鄉布農族完成和平協定，結束敵對狀態　(D)於二二八事件中致力緩和臺東地方局勢化解衝突。（原民五等）

解析 (B)。

馬智禮為初鹿社長老魯豹所收養。

歷屆試題 5

原住民族身分地位及權利於二十世紀結束前逐漸獲得國家認可後，當代原住民族文學進入文化復興乃至於眾聲喧嘩時期。請問下列當代原住民族作家及其著作之配對，何者錯誤？　(A)霍斯陸曼・伐伐《玉山魂》　(B)巴代《八代灣的神話》　(C)亞榮隆・撒可努《山豬、飛鼠、撒可努》　(D)乜寇・索克魯曼《東谷沙飛傳奇》。（原民五等）

解析 (B)。

《八代灣的神話》為達悟族人夏曼・藍波安所著。

模擬考題 1

下列何者有「排灣族琉璃藝術之父」的榮稱？　(A)夏曼・藍波安　(B)巴利瓦克斯　(C)巫瑪斯・金路兒　(D)瓦歷斯・諾幹。

解析 (C)。

排灣族工藝以琉璃工藝為代表，而巫瑪斯・金路兒為排灣琉璃珠之父，並於2010年獲行政院原住民族工藝薪傳獎。

模擬考題 2

著有《山豬‧飛鼠‧撒可努》並被美國哈佛大學應用中文系指定為必讀中文書，還翻譯成英、德、日、法、蒙等語言的作者亞薩榮‧撒可努，係哪一原住民族？　(A)阿美族　(B)卑南族　(C)魯凱族　(D)排灣族。

解析 **(D)**。
臺東縣太麻里鄉香蘭部落排灣族亞薩榮‧撒可努，是排灣族人，漢名戴自強，其崇尚獵人學校，認為獵人愛家、愛土地，懂得將獵物分享出去。

參考資料
1.蔡明哲等，《臺灣原住民史都市原住民史篇》，臺灣省文獻委員會出版，民90。
2.田哲益，《臺灣原住民社會運動》，臺北：臺灣書房出版，民99。
3.簡鴻模，《矮靈、龍神與基督－賽夏族當代宗教研究》，國史館臺灣文獻館出版，民96。

Unit 1　原住民與南島民族

依據出題頻率分為：**A頻率高**　B頻率中　C頻率低

【命題關鍵】南島民族

【命題焦點】1.由於臺灣原住民已被證明屬於南島民族，因此讀者們須了解何謂南島民族及其相關資訊，並且知悉南島民族起源論與其分布範圍之間的關係。

2.雖然南島民族起源眾說紛紜，無一強而有力的學說以茲論定，但讀者們仍須多加注意「臺灣起源論」的說法，了解其學說內容和所提出的論證方法。

【考點分析】以原住民為主題的考試，當然免不了出些族群源由的試題，特考即出現南島民族分布範圍以及臺灣與南島民族關係等考題。其中南島民族相關訊息，讀者可多加留意。

【參考資料】李壬癸（民86），臺灣南島民族的族群與遷徙，臺北市，常民文化。

臺灣原住民是指早於漢人來到臺灣居住的民族，不論是高山族原住民亦或平埔族，他們都屬於南島民族。

一、何謂南島民族？

(一) **南島民族分布範圍**【95初、98原民三等、97、100原民五等、102原民四等】：南島民族分布區域廣大，遍及太平洋和印度洋中的島嶼以及東南亞、中南半島和馬來半島，是世界各民族中分布最廣的。**範圍北起臺灣，南至紐西蘭，東至南美洲西方的復活節島，西至非洲東岸的馬達加斯加島**，中間包括菲律賓、馬來西亞、印尼、新幾內亞等地，但不包括澳洲，總人口超過兩億。由於此民族的地理分布非常遼闊，佔全球面積的三分之二，而且都屬於島嶼性，簡稱「南島」。居住南島區域的族群即為南島民族，語言相當紛歧，總數近一千種，約佔全世界語言總數的六分之一強，此外，關於南島民族的起源論亦是眾說紛紜，吸引許多學者專家致力於此研究。

(二) **臺灣的南島民族**【95初】：臺灣的原住民被歸類為南島民族，以下試從各方面說明之：

1. 種族特質方面：大部分屬於南方人種的原始馬來人系統。
2. 語言方面：屬於南島語族的印度尼西安支系。
3. 文化特質方面：屬於東南亞文化圈中的印度尼西安文化群。

   經由一些研究、考證與比對後，人類學者一致認為臺灣原住民屬於南島民族。

(三) **臺灣南島語群的特色**【109原民四等】

1. 臺灣原住民各民族所使用的語言，在分類上均屬於南島語系，其中又可細分為「泰雅語群」、「排灣語群」、以及「鄒語群」等三個語群，再細分為28種語言。
2. 除蘭嶼的雅美語屬分布於呂宋海峽諸島群的南島語系馬來-玻里尼西亞語族巴丹語群外，其他臺灣原住民族所使用的語言都屬於南島語系臺灣南島語群。
3. 臺灣南島語言在整個南島語系中佔著極為特殊的地位，如古南島語中所出現的動、植物群，常見於臺灣島內不同的地形及氣候區內，這些證據充分顯示出臺灣南島語言十分古老。

二、南島民族起源說法

經典考題

1. 對於南島民族（Austronesian）的起源與擴散問題可以從各種不同的角度入手，例如語言、考古、生物（DNA）等，您認為臺灣原住民的文化研究對這個問題可能具有什麼貢獻？【原民二等】
2. 請簡要說明臺灣原住民族和東南亞或大洋洲地區南島民族的關係。【原民三等】
3. 請扼要說明南島語族在世界各地的分布狀況，以及臺灣在南島語言研究的重要性。
4. 南島語族的範圍如何？有學者認為臺灣是南島語族的起源地，其據為何？【原民四等】
5. 臺灣被認為是南島語系民族的原鄉，請說明在語言學、考古學和其他文化特徵等方面相關主要的證據為何？【103原民三等】
6. 在臺灣，我們常常見到南島語族、南島民族以及南島文化等三個概念的使用，請問，它們分別意指為何？又，此等以「南島」為名之詞彙，可以直接視之與「原住民」同義而彼此交換使用嗎？請說明之。【107原民三等】
7. 學界針對族群研究經常討論到「少數民族」、「南島語族」與「原住民」等三個概念，請以臺灣的原住民族為例分別申論之。【108原民三等】

(一) 中國大陸起源說

1. **林純聲的中國起源學說**：1950年，林純聲在〈東南亞古文化研究發凡〉文中提出一項假設，認為臺灣的南島民族實為中國大陸東南方遷徙而來。此一學說發表後引起各方關切。1952年，發表的〈古代閩越人與臺灣土著民族〉中寫道：「臺灣土著並非如鳥居氏所說新入的馬來系，而是在古代與原來廣義的苗族為同一民族居於中國大陸長江之南，屬於同系的濮越（獠越）民族，今稱之印度尼西安或馬來族。濮越民族在大陸東南沿海者，古稱百越；散處西南山地者稱百濮，臺灣土著是屬百越，很早離開大陸，遷入臺灣孤島，後來與外隔絕，故能保存其固有的語言文化。……根據以上所述，東南亞古文化特質的研究，至少可說多數的臺灣土著族在遠古來自中國大陸，或整個的原馬來族，是由亞洲大陸南遷至南海群島。」

2. **矛盾之處**：
   (1) 由中國古書中尋找東南亞各民族的來源，以此斷言中國古史中所載的百越即為南島民族，缺少各方面的考證，有些牽強。
   (2) 南島民族的一些文化雖可在中國西南各族中找到，但文化很容易移借，有一些相同文化產生未必就能證明其為同一種族來源。

(二) 中南半島起源說

1. **柯恩的中南半島起源論**：柯恩於1889年以荷蘭學者發表〈斷定馬來亞玻利尼西亞民族起源地的語言學證據〉一文中**使用「語言古生物學」方法，推論南島民族的起源地可能在中南半島**，試舉例如下：
   (1) 古南島民族字源中，有許多包括甘蔗、椰子、香蕉、竹子等屬於熱帶性植物的字詞，推論古南島民族的故居為熱帶地區。
   (2) 觀察古南島民族的動物名稱中，發現整個南島區域對於一些海生動物都使用章魚、龍蝦、海龜等相同名稱，推論南島民族的起源地靠近海邊。
   (3) 有些詞彙包括船、帆、船槳等，加強南島民族起源海邊一說，也推測得知南島民族為一航海民族，航行於廣大的海洋上，精湛的航海技術利於其遷徙他處。

2. **語言古生物學**：在歷史語言學中以利用擬測部分語言資料，特別是動、植物的名稱，來推斷史前的文化和地理位置。其方法為被保存下來的語言或詞彙，至少要存有兩種語言以上仍在使用之，且此兩種語言必須相當疏遠才行。

(三) 臺灣起源說

1. **施得樂與馬爾克學說**：1975年，施得樂與馬爾克綜合各家學說提出南島民族起源臺灣說理由如下：

   (1) 臺灣燒山墾林時代，最早且發現有繩紋陶文化的傳統。

   (2) 臺灣為南島語族中語言最分歧，地理上最接近相關的語言區。

2. **布拉斯特學說**：1985年，美國學者布拉斯特提出臺灣為起源地說法，理由如下：

   (1) 整個南島語系有四大分支，臺灣地區原住民的語言就佔了三個分支，顯見臺灣地區為南島語言分歧度最高地區。

   (2) 由語言資料顯示，古南島民族日常生活接觸的動植物所生長的地形與氣候，符合臺灣島的地形氣候，且指出南島民族起源地應位於溫帶氣候區，非柯恩所言的位於熱帶氣候區。

(四) 亮島遺址的重要意義

1. 101年4月中研院研究員陳仲玉，在馬祖的軍事管制區「亮島」，成功發掘出一具約7900年前的完整人骨骨骸，並且命名為「亮島人」，這可能是閩江流域發現最早的新石器時代中最完整的人骨。

2. 中國醫藥大學講座教授葛應欽，將「亮島人」遺骸以演化基因學改進方法及技術，結合古DNA與現代DNA分析以重建遺傳系譜，基因上接近部分臺灣原住民及東南亞的南島語族，認為早期南島民族約8000年前起源於福建沿海地區，惟此論點因無法證實亮島人有後代及相關文化證據，故尚未得到學界廣泛支持。

3. 一般南島語族起源與分化，過去推論約在6000年前，但從「亮島人1號」8300多年歷史確定之後，又將南島語族的起源往前推到8300多年前。

4. 就目前考古所得資料，無法推翻「起源於臺灣論」，但就亮島遺址來看，過往認為「南島民族在東南亞島嶼起源說」的說法，勢必因亮島遺址挖掘出土而有所改觀。

三、結論

綜合以上所言，可得知南島民族的起源論以起源自亞洲大陸中南部為主，其中包括中國大陸南部、中南半島和臺灣等地。各家學說均有其理論和考究方法，呈現不同面貌與研究型態。然而，眾說紛紜的說法造成起源論的混亂與矛盾產生，使得南島民族的起源何處仍是未知數，有待時間與研究方法進一步證明之。

精選試題

【測驗題】

(　　) **1** 下列南島民族的分布範圍中，何者描述「錯誤」？　(A)南洋群島　(B)大西洋　(C)太平洋　(D)印度洋。

(　　) **2** 臺灣原住民屬於南島民族，以下敘述何者印證此一說法？　(A)臺灣原住民即從南洋地區遷徙而來　(B)臺灣原住民屬於蒙古利亞種族　(C)經由學者考證之下，發現不論在體質、語言、種族、文化方面，皆源出南島民族　(D)經由各原住民族的神話傳說中，發現其起源地一致認同為南洋地區。

(　　) **3** 下列有關南島民族起源地的敘述，何者「錯誤」？　(A)在臺灣起源論說法中，以語言歧異度最高作為推論依據　(B)學者柯恩利用「語言古生物法」推論中南半島為南島民族的起源地　(C)學者林純聲利用比對中國古書的方法，提出南島民族即為中國南方的百越族　(D)臺灣是南島民族的原鄉。

(　　) **4** 研究南島民族起源地此一論題中，下列各領域的學者中，何者較無關聯？　(A)考古學家　(B)文學家　(C)語言學家　(D)人類學家。

(　　) **5** 下列有關南島民族分佈區域中的敘述，何者錯誤？　(A)南島民族以狩獵維生　(B)南島民族多分布在熱帶和副熱帶地區　(C)居住地靠海　(D)擁有精湛的航海技術。

(　　) **6** 關於南島民族的敘述中，何者有「誤」？　(A)南島民族是世界各大民族中分布最為廣闊的　(B)在人種上屬於馬來人種　(C)臺灣很有可能是南島民族的起源地　(D)其分布範圍北起臺灣，南至澳洲，東至南美洲西方的復活節島，西至非洲東岸的馬達加斯加島。

(　　) **7** 許多學者提出南島民族起源臺灣，請問他們多從何處來推論證明？(甲)臺灣原住民的生活方式與南洋地區大致雷同　(乙)臺灣為南島語族中語言最分歧，地理上最接近相關的語言區　(丙)臺灣原住民過去與南洋地區土著保持密切的關係　(丁)臺灣燒山墾林時代最早且發現有繩紋陶文化的傳統。　(A)以上皆是　(B)(甲)(丙)(丁)　(C)(乙)(丁)　(D)以上皆非。

(　)　**8** 對於「語言最分歧地區很有可能是該族的起源地」一說，下列解釋何者較為適切？　(A)語言分歧表示說的人多，人口多故發展較為久遠(B)語言隨時間的增加會加以演變、轉化成為類似而又不相同的語言結構，故一地的語言歧異度越高代表其時間發展越久遠　(C)語言分歧代表來往此地人多，故發展時間較長久　(D)語言分歧度高代表此地發展久遠，故能夠保存各類語言。

(　)　**9** 關於南島民族起源地的說法，下列學者何者並「非」致力於此項研究？　(A)柯恩　(B)林純聲　(C)珍古德　(D)布拉斯特。

(　)　**10** 對於南島民族的起源地說法，我們應保持何種態度去看待？　(A)尊重各家說法並仔細探究其中優勝劣敗之處，以期探尋出正確的理論依據(B)柯恩的中南半島起源論是最正確的　(C)南島民族的起源論是永遠也無法解開之謎　(D)臺灣起源論最具科學精神，故可深信不疑。

(　)　**11** 南島民族遍布於太平洋和印度洋中的島嶼及東南亞的二個半島，北起臺灣，南至何地？　(A)馬達加斯加島　(B)復活節島　(C)紐西蘭　(D)澳大利亞。　　　　　　　　　　　　　　　　　　　　　　【初考】

(　)　**12** 臺灣原住民是屬於下列哪一種人？　(A)南島民族　(B)阿爾泰族　(C)印歐民族　(D)含閃民族。　　　　　　　　　　　　　　　【初考】

(　)　**13** 下列關於南島語族（Austronesian）的分布範圍描述，何者錯誤？　(A)東至復活節島　(B)西至馬達加斯加島　(C)南至澳洲　(D)北至臺灣。　　　　　　　　　　　　　　　　　　　　　　　【原民五等】

(　)　**14** 請問根據目前的考古證據及史語言學研究成果，臺灣的原住民族最早大約在距今多少年前即來臺灣定居？　(A)1萬年前　(B)6千年前　(C)3千年前　(D)1千年前。　　　　　　　　　　　　　　【106原民五等】

解答及解析

1 (B)　　2 (C)　　3 (D)　　4 (B)　　5 (A)

6 (D)

7 (A)。位於亞熱帶氣候區海島型的的臺灣，其四周環海、氣候炎熱的環境特徵與現今南島民族分布範圍的生活環境雷同，再加上語言學與考古學的研究證明，臺灣被推測為南島語族起源地之一。而位於蘭嶼的

雅美族與菲律賓巴丹群島的土著，過去曾保有密切的聯絡關係。

8 (B)。語言隨時間演變可能產生轉移或假借的情形，故學者常以語言分歧度以推測一地歷史發展的久遠度。此外，人數多、往來人口頻繁可能與新興發展城市密切相關，由於從各地而來的不同族群，會產生語言歧異性高的現象，但並非直接影響其起源地的說法，故以(B)選項較為適切。

9 (C)　　**10 (A)**

11 (C)。南島民族範圍北起臺灣，南至紐西蘭，東至南美洲西方復活節島，西達非洲東岸馬達加斯加島。

12 (A)。臺灣的原住民被歸類為南島民族，主要原因可分為三方面：(1)種族特質方面大部分屬於南方人種的原始馬來人系統，(2)語言方面屬於南島語族的印度尼西安支系，(3)文化特質方面屬於東南亞文化圈中的印度尼西安文群。

13 (C)。南至紐西蘭。

14 (B)

【申論題】

一、近年來「臺灣」成為許多學者推估南島民族起源地的熱門選區，在眾說紛紜的起源論當中，這些學者們是藉由哪些發現來證明臺灣起源地的可靠性與真實性，試加以分析之。

答 (一)起源地：起源地（homeland）又稱「原居地」，是指某個民族在尚未分化使用同一種語言時的居住地。或許當時的族群已分成若干部落，方言方面也存在若干差異，但大體上仍居住在同一區域，其後才離開原居地而遷移至他處。

(二)學者說法

1.施得樂與馬爾克的臺灣起源論：1975年，施得樂與馬爾克其綜合各家學說菁華，提出南島民族起源臺灣論，其理由如下：臺灣燒山墾林時代最早且發現有繩紋陶文化的傳統：燒山墾林的生產方式為近代農耕發展的前驅，臺灣為燒山墾林時代的最早代表，故其農業發展相對也較早。一般而言，進入農耕定居時代後，由於食物來源固定且「質」與「量」方面都遠超過狩獵採集的生產方式，人口增長相對快速，故有較多的時間發展較高的技術（如：繩紋陶文化）及複雜的社會組織；人口密集度增加再加上家畜等傳染病的的散佈下，而發展出免疫力與抵抗力。此時，農業族群挾帶其

多數人口、發展的技術與組織、對於疾病的免疫力使得他們比狩獵採集的族群來得更有競爭力，族群分布與擴張由此產生。

2. 白樂思的臺灣起源論：

臺灣為南島語族中語言分歧度最高之地：依據研究發現整個南島語系有四大分支，而臺灣地區原住民的語言就佔了三個分支，臺灣地區為南島語言分歧度最高的地區顯而易見。當語言隨時間增加時會加以演變、轉化成為類似而又不相同的語言結構，故一地的語言歧異度越高代表其時間發展越久遠，作為推測其起源地的方法之一。

3. 其他：

(1) 依據語言學家李壬癸教授的研究，臺灣原住民語言保留最多南島古語的特徵。由於「語言最分岐地區可能是該語族的起源地」此一觀念，推測臺灣至少是最古老的南島民族居住地之一，且極有可能是南島語族的發源地。

(2) 據語言學者的研究顯示，臺灣原住民所說的南島語，含有眾多古老的語言要素，且保留南島語的古音，目前能辨識出二十幾種不同的語言，在世界上其他地方都找不到。

(3) 臺灣的原住民包含阿美、雅美、布農、泰雅、排灣、魯凱、卑南、賽夏、鄒、邵、噶瑪蘭、太魯閣族、撒奇萊雅族、賽德克族，外加漢化較早的平埔各族，是全世界南島語族成員最密集、種類最多的國家，證明臺灣原住民在「南島民族」發展史中舉足輕重的地位。

(三) 總結：南島民族的起源地一直以來皆為各國學者致力探詢的方向，隨著時間與眾多學者的努力之下，對於南島民族起源地的研究越來越有進展，但仍無法找出一強而有力的正確證據指出何處為南島民族的起源地，畢竟古老的南島民族存在時間已十分久遠，分布遼闊再加上無文字的紀錄，使得研究工作十分費力。依目前的發展而言，學者們透過各類學科，以專業知識企圖建構的理論與證據已漸漸揭開古老南島民族的面紗，許多理論提出雖不是絕對，但卻是最佳解釋。

二、解釋名詞：(一)南島民族　(二)語言古生物學

答 (一) 南島民族：南島民族分布於太平洋、印度洋和南洋群島，由於分布地帶廣大、語言分歧，多屬海島性質，故稱為「南島」。以南島地區為範圍，其語言源流屬「南島語族」的民族，稱之為「南島民族」。

1. 分布範圍：西起非洲東岸的馬達加斯加島、東至南美洲西側的復活節島、北起臺灣、南至紐西蘭。此一廣大範圍佔地球面積三分之一以上的海域。
2. 語言：南島民族的語言相當分歧，總數近一千種，約佔全世界語言總數的六分之一強。
3. 人口：總人口超過兩億。

(二) 語言古生物學：一個古老又原始的語言經過長久的演化後，會產生許多形式不一但又異中有同的後代語言，學者藉由此項特性，經由多方的比較方法，在各族群的語言中尋找「同源詞」，以擬構出原始語言中的部分詞彙，由詞彙中亦可推測南島民族的生活環境和文化特徵，此種建立在比較方法上的原始語言社群的研究，即稱之為「語言古生物學」。

「語言古生物學」中利用擬測部分的語言資料，特別是動、植物的名稱，來推斷史前的文化和地理位置。其方法透過後代被保存下來的語言或詞彙，以規律的應對關係、這些詞彙的特徵至少要存有兩種語言以上仍在使用之，且此兩種語言必須相當疏遠以避免因為區域相近而產生的語言假借或轉移現象。

以下試舉一些例證加以說明之：

1. 古南島同源詞中包括「季節風」、「下雨風」、「向內陸」、「向海邊」、「海邊打來的碎浪」等詞語，以此推測其生活環境以居住在沿海或島嶼為主，再加上其存有「小山丘」、「湖」、「小徑」等詞彙卻缺乏「高山」、「大河」或「橋」之類的詞語，更加以證明其居住地的可驗證性。
2. 以南島語中存在許多「姑婆芋」、「小米」、「芒果」、「甘蔗」、「椰子」、「刺桐」、「林投」等植物名稱，以推測其居住於熱帶或亞熱帶地區。
3. 南島語族詞彙諸包括「船」、「帆」、「船槳」等航海工具名稱，是分佈於廣大南島地區便於生活不可或缺的重要工具，更加強南島民族起源海邊一說，也推測得知南島民族為一航海民族，航行於廣大的海洋上，以其精湛的航海技術利於遷徙他處。

Unit 2　原住民族稱呼演變

依據出題頻率分為：A頻率高　B頻率中　C頻率低

【**命題關鍵**】原住民族分類

【**命題焦點**】1. 讀者們須知悉各個時期統治階層對臺灣原住民的稱呼，並了解光復以來臺灣原住民的正名運動與其主體性的展現。如序言中所言，於1984年成立的「臺灣原住民族權利促進會」，即為臺灣原住民族自覺運動的最佳代表，並於1994年首次獲得政府回應，將憲法中的「山胞」正式更名為「原住民」。

2. 原住民族的分類多由日治時期學者經由田野調查為之，讀者們須多加比對各學者對不同族群的命名稱呼、族群合併或劃歸不同領域的有哪些族群。

【**考點分析**】本章題目包括原住民各時期的名稱轉變與稱呼改變的時間點，並著重現今各族名稱由來與命名。

【**參考資料**】潘英（民87），臺灣原住民族的歷史源流，臺北市，台原。

原住民族名稱

臺灣原住民各族並無統一的名稱，其名稱皆由外來入侵者加諸其身上，而沒有任何民族學或人類學上的學術意涵存在，多數皆以歧視態度命名之。

經典考題

1. 在臺灣的歷史歷程中，對原住民的稱呼各有不同，請就這些統治政權對臺灣原住民的稱呼說明其歷史意義。【原民四等】
2. 明、清時期以生、熟等概分臺灣原住民族，這是基於麼樣的文化觀進？日治時期又將臺灣原住民族分為九族，這又是基於麼樣的判準區分？對原住民族的自我認同產生麼樣的影響？【102原民三等】
3. 何謂「平埔族」？臺灣原住民族與「平埔族」兩者之間的關係為何？試申論之。【108原民四等】

一、夷、番【101原民五等】

「番」、「夷」皆是自古漢民族對異族的賤稱之一，這是在漢族中心論「嚴華夷」之下的產物，帶有民族歧視的意味。元代汪大淵所著《島夷志略》描述琉球人「男子、婦人拳髮，以花布為衫，煮海水為鹽，釀蔗漿為酒」；明朝閩人陳第隨沈有容爭討海寇於臺灣，其後所著《東番記》一書中說明：「東番夷人，不知所自始。」陳學伊〈題東番記後〉中亦說：「假令不有沈將軍今日之巨功，吾泉人猶未知有所謂東番也。」根據以上兩筆資料，顯示出明代將臺灣稱之為「東番」，而居於台島之先民則稱為「東番夷」。

二、土番、土民

至荷人據台之前，漢人仍稱臺灣原住民族為「番」、「夷」。然而，據《巴達維亞城日記》中譯本全書中，稱呼臺灣原住民則為「土番」。「土番」成為原住民荷據以後新的代名詞，但仍是保留「番」字；而另一稱呼「夷」卻消失不用了。其後的明鄭時期，則稱臺灣原住民為「土番」或「土民」，稱原住民為「土民」，其「民」一字較「番」來得尊重些。但是入清之後，「土民」一詞卻也消失殆盡。

三、土番、野番、傀儡番

「土番」一名自荷據、明鄭以來即為臺灣原住民之通稱。時至清朝後，又出現「野番」、「傀儡番」等名稱。「野番」之名來自於當時原住民被認為「兇猛野蠻」之因，而「傀儡番」後來則為對魯凱族與排灣族的拉瓦爾亞族與曹爾亞族的稱呼。清代首先將臺灣原住民分類的為郁永河，其分原住民為「土番」、「野番」二類，將住於深山、出草殺人者稱為「野番」，其餘不論居於平地或深山，輸賦應徭與否都稱為「土番」。

四、生番、熟番、化番、平埔番【95初】

(一)**清朝統治階層以番民歸化程度劃分出以下三種類別：**
　1.**生番**：未歸化者。
　2.**化番**：輸賦應徭（納稅）但政府無法完全掌控其勢力。
　3.**熟番**：歸化且輸賦應徭（納稅）者。
(二)「生番」一名最早見於康熙三十三年高拱乾的《臺灣府志》。

(三) 清代自康熙末葉即把原住民分為「生番」、「熟番」二大類，其細分則在乾隆年間確立。其中將「生番」分為歸化生番（化番）或未歸化生番（野番）。

(四)「平埔番」一詞最早見於雍正八年陳倫炯〈東南洋記〉，內容中說：「臺灣西南一帶大野，東面俯臨大海，附近輸賦徭役者，名約平埔土番。」由此看出「平埔」一詞在清代為地緣關係的指稱。

五、蕃、熟蕃、生蕃

日治時期，日人將「番」改成「蕃」。且沿襲清朝時期，亦有生、熟蕃之分法。根據明治時期總督府參事官**持地六三郎考察北部一帶原住民，所提出之「有關蕃政問題的意見書」中，主張對蕃人排除種族之分，而以「服從」與「進化」與否分之為「生蕃」、「化蕃」、「熟蕃」。**

六、高砂族、平埔族【97原民五等】

(一) **平埔族**：明治三十二年（1899），伊能嘉矩將臺灣原住民分為8族，「平埔」為其中一族，至此「平埔族」一詞正式產生，取代了以往的「熟番」名稱。

(二) **高砂族**：昭和十年（1935），臺灣總督府公佈「戶口調查規定」，正式改「生番」為「高砂族」。「高砂」一名原是日人對臺灣的稱呼。

七、山地山胞、平地山胞

光復後政府在對原住民行政上沿襲原來日本人對於原住民族族群的分類法，而將「高砂族」改稱為「山胞」；基於行政管理上的考慮，又將山胞區分為「山地山胞」與「平地山胞」。然而，並非所有「山胞」都居住在山上，且未尊重其為臺灣最早居住者之事實。

八、原住民【95初、97、100原民五等】

因原住民民族自覺和政府對原住民政策的重視之下，終於在1994年政府將「山胞」一詞改為「原住民」。目前獲得臺灣政府承認的原住民族共有16族，包括了阿美〈Amis〉、泰雅〈Atayal〉、布農〈Bunun〉、排灣〈Paiwan〉、卑南〈Puyuma〉、魯凱〈Rukai〉、賽夏〈Saisiyat〉、邵〈Thao〉、鄒〈Tsou〉族，及孤立海外蘭嶼島上的雅美〈Yami〉族。之後又陸續增加噶瑪蘭〈Kavalan〉族、太魯閣族〈Truku〉、撒奇萊雅族〈Sakizaya〉、賽德克族〈Sediq〉、拉阿魯哇族〈Hla'alua〉及卡那卡富族〈kanakanavu〉。

原住民族分類

日本統治臺灣後，對臺灣表現極大的野心，有計畫的派遣動物、植物、地質及人類學四大類學者來臺考察，企圖掌握臺灣的生態環境、風土民情。其中人類學者們根據實地深入山地訪查，將原住民族分類命名之。【95初】

一、日治時期

(一) 伊能嘉矩【95初、95原民二等、97、98原民三等、100、101、102原民五等】
  1. 明治三十二年（1899），伊能嘉矩與粟野傳之丞出版的《臺灣蕃人事情》一書中將原住民分為8族，依序為平埔族、泰雅族、布農族、鄒族、澤利先族、排灣族、漂馬族、阿美族。其中將平埔族再細分為10小族，而賽夏族歸為平埔族中道卡斯族。
  2. 《臺灣番政志》
   (1) 伊能嘉矩所著，臺灣總督府民政部殖產局於1904年出版，完整介紹日治以前各政權的理番政策。
   (2) 荷西及明鄭時期史料有限，故著重於清代理番政策，如生、熟番的治理沿革，政策演變過程及形成背景討論，並分章討論屯政、租課、隘防、教化、征伐等面向，對於日治時期臺灣番地的拓展與墾殖有重大的影響。

(二) 鳥居龍藏【95原民二等、100原民五等】
  鳥居龍藏於明治三十五年（1902）出版《紅頭嶼土俗調查報告書》，此書成為有關臺灣原住民的第一本民族誌。將原住民中的高山族分為泰雅族、布農族、澤利先族、排灣族、漂馬族、阿美族、新高族、邵族、雅美族九族，其中將鄒族改為新高族，將歸為平埔族的邵族納入高山族。

(三) 明治四十四年【1911】【102原民五等】
  臺灣總督府蕃務本署發行《Report on the control of the Aborigines in Formosa》一書中，參考伊能嘉矩、鳥居龍藏等人的分類，將原住民分為泰雅族、布農族、曹族、澤利先族、排灣族、漂馬族、阿美族、雅美族、賽夏族9族，此9族將邵族排除，加入一向被視為平埔族的賽夏族。

(四) 伊川子之藏、宮本延人、馬淵東一【98原民三等、101原民五等】
  1. 三人合著《臺灣高砂族系統所屬研究》。
  2. 馬淵東一調查對象鎖定於鄒族與布農族，內容著重於社會構造、宗教、咒術等，尤其是神話和宗教儀式或與社會組織間的關係，並主張臺灣原住民文化與南洋、琉球等地文化具有關聯。

3. 將臺灣高山族分為9族，主要為泰雅族、賽夏族、布農族、曹族、魯凱族、排灣族、巴那巴那樣族、邦則族、雅美族。其中將澤利先族改為魯凱族、漂馬族改為巴那巴那樣族、阿美族改為邦則族。

(五) 鹿野忠雄

將臺灣原住民分為泰雅族、賽夏族、布農族、鄒族、排灣族、漂馬族、阿美族、雅美族共8族，其因魯凱與排灣族群差異小，故將魯凱族納入排灣族系之下。

二、光復後

(一) 衛惠林

臺灣光復後，有關於臺灣高山族的分類，首先由衛惠林先提出。民國40年代初期，他以日治學者鹿野忠雄的分類為樣本，將高山族分為泰雅族、賽夏族、布農族、曹族、排灣族、卑南族、阿美族、雅美族8族。

(二) 芮逸夫、李亦園

此分類法即為沿用已久的臺灣9族原住民，依據日據時期學者伊川子之藏等人的九分法，包括泰雅族、賽夏族、布農族、鄒族、魯凱族、排灣族、卑南族、阿美族、雅美族9族。

(三) 臺灣官方對於原住民族的分類，自學者衛惠林於民國40年代初期提出後，尚仍採行日治時代日本官方的七分法，將魯凱、卑南併於排灣族內。直至43年3月14日，內政部正式核定現行通用的九分法。

(四) 直至2001年才在原住民自我意識增長與政府重視原住民文化之下，重新承認原被漠視之族群，現為16族。

精選範題

【測驗題】

(　　) **1** 關於原住民各時期的不同名稱，下列配對何者「正確」？　(A)明鄭時期─原住民　(B)清領時期─山胞　(C)日治時期─高砂族　(D)國民政府─夷、番。

(　　) **2** 沿用已久的臺灣九族原住民稱呼是哪些學者所分類命名的？　(A)芮逸夫、李亦園　(B)森丑之助、鳥居龍藏　(C)衛惠林、伊能嘉矩　(D)移川子之藏、鹿野忠雄。

(　　) **3** 下列所述關於原住民稱呼的解釋，何者有「誤」？　(A)「生番」指未歸化的原住民而言　(B)「熟番」指歸化政府且盡納稅義務者　(C)「高砂族」指居住在高山上的原住民　(D)「化番」指進納稅義務但仍擁有一定勢力者，不完全為政府所控制。

(　　) **4** 觀察臺灣原住民名稱演變，可得知下列哪些訊息？　(甲)臺灣原住民各族並無統一的名稱　(乙)番、夷等名稱帶有漢人中心主義的歧視現象　(丙)光復後政府將原住民由「高砂族」改稱為「山胞」是尊重其為臺灣最早居住者之事實　(丁)平埔族此一名稱是日治時期日本學者所命名之　(A)以上皆是　(B)(甲)(乙)(丁)　(C)以上皆非　(D)(乙)(丙)(丁)。

(　　) **5** 臺灣原住民由最早的九族至今已擴充至十六族，下列何組為新增的族群？　(A)曹族、鄒族、撒奇萊雅族　(B)邵族、噶瑪蘭族、太魯閣族　(C)噶瑪蘭族、凱達格蘭族、太魯閣族　(D)曹族、邵族、凱達格蘭族。

(　　) **6** 許多學者會將風俗習慣、地理分布相似的部族合併成一大族群，下列族群中何者有此種現象產生？　(甲)魯凱族納入排灣族　(乙)卑南族納入排灣族　(丙)邵族納入鄒族　(丁)太魯閣族納入泰雅族　(A)以上皆是　(B)以上皆非　(C)(丙)(丁)　(D)(甲)(乙)。

(　　) **7** 下列關於原住民事務的敘述，何者「錯誤」？　(A)伊能嘉矩將臺灣原住民分為八族，「平埔族」為其中一族，此為「平埔族」一詞產生之始　(B)邵族曾被劃歸屬於平埔族的一支　(C)1984年成立的「臺灣原住民族權利促進會」，為臺灣原住民族自覺運動貢獻良多　(D)衛惠林為日治時期致力於原住民分類的學者之一。

(　　) **8** 基於民族尊重與族群融合的前提，近年來政府除將「山胞」更名為「原住民」外，也積極推展少數民族保護政策，其具體措施有：　(甲)於少數民族居住地區設置民族自治區　(乙)增加憲法條款以保障少數民族的權益　(丙)發放原住民年金以改善其經濟生活　(丁)在臺北、高雄兩直轄市增設原住民議員席位　(戊)修正「姓名條例」讓原住民可申請恢復原有姓氏　(A)(甲)(乙)(丙)　(B)(乙)(丙)(丁)　(C)(甲)(乙)(戊)　(D)(乙)(丁)(戊)。

(　) **9** 日治時期有眾多學者致力於原住民田野調查與分類中，不同學者
對同一族群有不同命名與稱呼，以下敘述中何者配對有「誤」？
(A)「鄒族」即為「新高族」　(B)「排灣族」即為「漂馬族」
(C)「阿美族」即為「邦則族」　(D)「魯凱族」即為「澤利先
族」。

(　) **10** 下列關於原住民稱呼的敘述，何者「錯誤」？　(A)卑南族又稱「漂
馬族」　(B)「山胞」此一名稱是因原住民皆居住於高山上而命名之
(C)1994年政府將「山胞」一詞改為「原住民」　(D)由於日本人稱
臺灣為「高砂」故臺灣原住民亦稱為「高砂族」。

(　) **11** 目前政府承認的原住民族共有幾族？　(A)10族　(B)11族　(C)12族
(D)16族。

(　) **12** 日治時期將臺灣原住民稱為：　(A)土番　(B)蕃族　(C)野番
(D)生番。　【初考】

(　) **13** 下列何者為第一部有關臺灣原住民族的民族學報報告：　(A)臺灣蕃
人事情　(B)蕃族調查報告書　(C)蕃族慣習調查報告書　(D)臺灣省
通誌。　【初考】

(　) **14** 內政部於民國四十三年核定原住民族計九族，下列何者不是當時核定
的名稱？　(A)雅美族　(B)泰雅族　(C)卑南族　(D)邵族。　【初考】

(　) **15** 政府係於何年將「山胞」正名為「原住民」？　(A)民國八十三年
(B)民國八十四年　(C)民國八十五年　(D)民國八十六年。　【初考】

(　) **16** 清代區分原住民為「熟番」或「生番」的具體依據為：　(A)納稅
(B)語言　(C)習俗　(D)識字。　【初考】

(　) **17** 下列何者不是臺灣原住民的稱呼？　(A)高砂族　(B)東番　(C)福爾
摩沙人　(D)渡來人。　【初考】

(　) **18** 將臺灣的原住民分為目前大家所熟悉的族群分類，係始自何時期？
(A)荷蘭統治時期　(B)西班牙統治時期　(C)清代統治時期　(D)日
本統治時期。　【初考】

(　) **19** 從生番、高砂族、山胞到原住民的統稱，進而可以選擇族別、認
定民族身分，是根據政府訂定的何種法規？　(A)原住民身分法

(B)原住民教育法 (C)原住民民族別認定辦法 (D)原住民族工作權
保障法。 【原民五等】

( ) **20** 日本時代曾經對平埔族進行十族分類的學者為： (A)馬淵東一
(B)森丑之助 (C)伊能嘉矩 (D)鹿野忠雄。 【原民五等】

( ) **21** 鳥居龍藏是第一位在二十世紀初對臺灣原住民進行實地調查的日
籍學者，他曾將以下那一個原住民族群視為平埔族？ (A)阿美族
(B)卑南族 (C)賽夏族 (D)邵族。 【原民五等】

( ) **22** 光復後以「山胞」一詞取代日治時期的「蕃」或「高砂族」等
稱法，直到何時政府才正式宣布改稱「原住民」？ (A)1950年
(B)1984年 (C)1994年 (D)1975年。 【原民五等】

( ) **23** 下列關於邵族的敘述，何者錯誤？ (A)曾被歸類為鄒族 (B)1934
年日本政府強制將邵族遷移至卜吉社（今德化社） (C)曾被伊能嘉
矩歸類為臺灣原住民九族之一 (D)女祭師於播種祭時會祭祀祖靈籃
（公媽籃）。 【101原民五等】

( ) **24** 《島夷志略》一書的作者是誰？ (A)高拱乾 (B)郁永河 (C)汪大
淵 (D)周元文。 【101原民五等】

( ) **25** 第一本跟原住民有關，已是頗為完整民族誌的中文報導紀錄為下列
何書？ (A)隋書琉球傳 (B)東番記 (C)裨海紀遊 (D)臺東州采
訪冊。 【101原民五等】

( ) **26** 下列何者不是《臺灣高砂族系統所屬の研究》的共同作者？ (A)移川
子之藏 (B)宮本延人 (C)馬淵東一 (D)川上知一。 【101原民五等】

( ) **27** 《臺灣蕃族圖譜》一書的作者是誰？ (A)移川子之藏 (B)鳥居龍
藏 (C)森丑之助 (D)佐藤文一。 【101原民五等】

( ) **28** 《高砂族的住家》這本書是第一本描寫原住民傳統建築的書，請問
這本書的作者是誰？ (A)千千岩助太郎 (B)伊能嘉矩 (C)鹿野忠
雄 (D)國分直一。 【101原民五等】

( ) **29** 日治時期那一位學者對平埔族進行第一次有系統分類，並與粟野傳
之丞合著《臺灣蕃人事情》？ (A)伊能嘉矩 (B)鹿野忠雄 (C)馬
淵東一 (D)森丑之助。 【102原民五等】

（　　）**30** 日治時期那一個學者認為臺灣原住民族與史前文化有關連，並著有《東南亞細亞民族學先史學研究》？　(A)鳥居龍藏　(B)伊能嘉矩　(C)國分直一　(D)鹿野忠雄。　　　　　　　　　　　　　【102原民五等】

（　　）**31** 西元 1911 年，日本總督府番務課曾編印英文報告，進行臺灣南島民族官方的第一次民族分類，報告內容將臺灣南島民族分成幾族？　(A)9 族　(B)10 族　(C)11 族　(D) 12 族。　　　　　　　【102原民五等】

（　　）**32** 《臺灣高砂族系統所屬の研究》是臺北帝國大學土俗人類學研究室所出版的研究專書，作者包括移川子之、馬淵東一與宮本延人。研究成果分為〈本文篇〉和〈資料篇〉兩冊於1935年出版，請問這本書在2011年的中文翻譯者是：　(A)伊能嘉矩　(B)鳥居龍藏　(C)楊南郡　(D)黃智慧。　　　　　　　　　　　　　　【106原民五等】

（　　）**33** 觀察臺灣原住民族的名稱演變，下列那項為正確的描述？　(A)生番、熟番都是南島原住民族，不過因為通婚因素，產生了身分上的區隔　(B)「平埔族」是清朝康熙末葉時期以番民歸化程度所區分的類別　(C)原住民與原住民族沒有什麼差異，只是單數與複數的差別　(D)日本學者伊能嘉矩與粟野傳之丞出版的《臺灣蕃人事情》一書中，將原住民分為8族，依序為平埔族、泰雅族、布農族、鄒族、澤利先族、排灣族、漂馬族、阿美族。　　　　　　　【107原民五等】

（　　）**34** 戰前昭和年間（1935）出版的原住民族史的經典著作《臺灣高砂族系統所屬之研究》。下列那一位學者是作者？　(A)鳥居龍藏　(B)伊能嘉矩　(C)移川子之藏　(D)森丑之助。　　　　　【107原民五等】

（　　）**35** 原住民諸族，歷經不同統治者，清國、日本、民國，其名稱多樣，下列何者的衍變過程是正確的？　(A)熟番、生番→平埔族、高砂族→平地山胞、山地山胞　(B)熟番、生番→平地山胞、山地山胞→平埔族、高砂族　(C)平地山胞、山地山胞→熟番、生番→平埔族、高砂族　(D)平地山胞、山地山胞→平埔族、高砂族→熟番、生番。　　　　　　　　　　　　　　　　　　【107原民五等】

解答及解析

1 (C)　**2 (A)**　**3 (C)**

4 (B)。當初政府將原住民族由「高砂族」改稱為「山胞」是基於行政管理上的考量，帶有區別漢人族群之意味，且並未尊重其為臺灣最早居住者之事實。此外，並非所有原住民皆居住於山上，故一味劃分為「山地山胞」與「平地山胞」並不妥。

5 (B)　**6 (A)**　**7 (D)**

8 (D)。政府並未設置原住民族自治區，其照顧原住民族的措施多以職業輔導方式協助其生活，亦無發放原住民年金一事。

9 (B)　**10 (B)**

11 (D)。民國43年內政部核定九族，民國90年新增邵族，民國91年新增噶瑪蘭族，民國93年新增太魯閣族。但民國96年新增撒奇萊雅族，民國97年新增賽德克族，民國103年新增拉阿魯哇族、卡那卡富族，故現為16族。

12 (B)。兒玉源太郎為調查臺灣舊習慣制度，設立臺灣總督府臨時臺灣舊慣調查會，其中在臺灣原住民部份，編有《番族慣習調查報告書》，當時官方即稱臺灣原住民族為番族。

13 (A)。(A)1900年，伊能嘉矩與粟野傳之丞合著《臺灣番人事情》。(B)1913年至1921年由佐山融吉編著的《蕃族調查報告書》。(C)1915年至1922年由小島由道主編的《番族慣習調查報告書》。

14 (D)。

政府核定之臺灣原住民族列表		
民族別	核定依據	核定日期
阿美族		
泰雅族		
排灣族	民國四十三年，由內政部核定之原住民族。	
布農族		
卑南族		
魯凱族		

政府核定之臺灣原住民族列表		
鄒族（曹族）	民國四十三年，由內政部核定之原住民族。	
賽夏族		
雅美族		
邵　　族	行政院核定	90 年
噶瑪蘭族	原住民民族別認定辦法第 2 條	91 年
太魯閣族	原住民民族別認定辦法第 2 條	93 年
撒奇萊雅族	原住民民族別認定辦法第 2 條	96 年
賽德克族	原住民民族別認定辦法第 2 條	97 年
拉阿魯哇族	原住民民族別認定辦法第 2 條	103 年
卡那卡富族	原住民民族別認定辦法第 2 條	103 年

15 (A)。因原住民民族自覺及政府對原住民族政策之轉變，於民國83年將「山胞」一詞改為「原住民」。

16 (A)。清代主要以納稅有無劃分原住民歸化程度。生番為未歸化者；化番為時有納稅，但政府勢力無法完全掌握；熟番為歸化且納稅者。

17 (D)。為對朝鮮人之稱呼。日本在彌生時代，仍以狩獵為生，而青銅鐵器、稻作技術等，由朝鮮人帶入日本，故又稱之為渡來人。

18 (D)。日治時期，如伊能嘉矩、鳥居龍藏、鹿野忠雄等人類學及博物學專家均對臺灣原住民族群作一分類，此一分類即成為今日所熟悉的族群分類來源。

19 (C)

20 (C)。伊能嘉矩將原住民分為八族，

並將其中之一的平埔族再細分為十小族。

21 (C)。直至明治44年（1911），使將列為平埔族的賽夏族列為臺灣的原住民族。

22 (C)。民國83年政府將「山胞」一詞改為原住民。

23 (C)。伊能嘉矩將臺灣原住民族分為八族，並無獨列邵族。

24 (C)。高拱乾著《臺灣府志》；郁永河著《裨海記遊》；周元文重修編訂《臺灣府志》。

25 (B)。東番記全文一千四百餘字，記述臺灣西部沿岸的原住民生活習俗與地理風光，為最早描繪臺灣平埔族生活的著作。

26 (D)。該書詳述泰雅、賽夏、布農、鄒、魯凱、排灣、卑南、阿美、雅

美等九族及亞群的地域、神話傳說與系譜，更將部落、氏族和族群間互動、遷徙的整個動態場景清晰呈現。

27 (C)。森丑之助著有《臺灣蕃族志》、《臺灣蕃族圖譜》，係日治時代人類學界公認的「蕃界調查第一人」、「臺灣蕃通」。

28 (A)。該書係由日治時期臺灣原住民建築研究者千千岩助太郎所編著，

內容涵括泰雅族、賽夏族、布農族、鄒族、排灣族、阿美族、雅美族等住家建築。

29 (A)。《臺灣番人事情》將平埔族細分為十小族。

30 (D)。國分直一以研究西拉雅族祀壺文化為代表。

31 (A)。參考伊能嘉矩的分類，將原住民族分為九族。

32 (C) **33 (D)** **34 (C)** **35 (A)**

【申論題】

一、原住民族稱呼演變的過程為何？試說明其名稱所具有的意義。

答 原住民族的稱呼多半是由外來統治者加諸其身上的代名詞，不具學術意義，有時更帶有輕蔑性的歧視意味，藉由不同政權對原住民的稱呼，可以了解不同時期對原住民的態度與時代開放程度。以下依照時間順序介紹如下：

(一) 漢民族統治時期：此時期多以「番」、「夷」稱呼不同於漢民族的族群，並依據漢化程度分為「生番」、「熟番」，帶有漢民族中心主義的歧視眼光，亦認為非漢族群者較為低下。

(二) 日治時期：明治三十二年（1899），日本學者伊能嘉矩將臺灣原住民分為八族，「平埔」為其中一族，至此以「平埔族」取代以往「熟番」的稱呼。昭和十年（1935），臺灣總督府公佈「戶口調查規定」，正式改「生番」為「高砂族」。

平埔族指居住於平原地區漢化程度深的原住民而言；高砂族指以往未歸順朝廷、多居住於山地的原住民而言。以「平埔族」和「高砂族」取代「熟番」與「生番」可以看出其居住地與名稱相對應之處。

(三) 國民政府時期

1. 光復後政府對原住民名稱沿襲日人對原住民族族群的分類法，而將「高砂族」改稱為「山胞」；基於行政管理上的考量，又將山胞區分為「山地山胞」與「平地山胞」。然而，並非所有「山

　　胞」都居住在山上，且居住在平原地區的卑南族與阿美族過去曾
　　被稱為「平地山胞」，因此山胞的稱呼頗有未尊重其為臺灣最早
　　居住者之事實。

2. 根據考古與地質學，在一萬年前的冰河時期臺灣曾與大陸相連，
　　因而現在的原住民是從那邊大陸遷徙過來，而臺灣之前可能居住
　　過其他人，因此不可稱為原住民，應該說是「早住民」或「先住
　　民」。然而，「早住民」一詞無法表示族群遷移的早期程度；
　　「先住民」的「先」字則多用於已逝者，故不適用。因此仍以
　　「原住民」一詞較為適當。

3. 1984年「臺灣原住民權利促進會」成立之後，多致力於原住民權
　　利義務等事宜，至此「原住民」此一名詞才逐漸為國內民眾使用。
　　「原住民」一詞意指在某地長期居住，土生土長的一群人；或是在
　　現今主流族群遷入之前，已在此地居住，目前仍然保有傳統文化的
　　一群人。再加上「原住民」此名稱是族人們的自稱，有別於過去政
　　府或是其他族群加諸於其身上的稱呼，代表族群自主性的展現，故
　　於1994年政府終於將「山胞」一詞改為「原住民」。

二、解釋名詞：(一)生番　(二)熟番　(三)化番　(四)高砂族

答 (一)生番：尚未歸化服從政府的原住民，多居住於高山上，在清朝沈葆楨
　　　　「開山撫番」之前不為政府所重視，更禁止人民與其接觸，視其地為
　　　　「化外之地」、視其人為「化外之民」。

(二)熟番：歸化服從政府的原住民，多居住於平地地區，與一般人民相同
　　　　需繳納稅賦，與清朝關係較為密切。

(三)化番：界於「生番」與「熟番」之間，與熟番相同曾向清廷繳納稅
　　　　賦，但有時卻中斷或予以滯繳，其勢力龐大不完全受政府控制，有屬
　　　　於自己族群的領導者。

(四)高砂族：「高砂」此一名稱原是日人對「臺灣」的稱呼，日人治臺後
　　　　遂延用此名稱，再加上時至日治時期大多的熟番與化番經族群融合後
　　　　已難以分辨，故稱呼臺灣原住民為「高砂族」。

Unit 3 臺灣史前文化

依據出題頻率分為：**A頻率高** B頻率中 C頻率低

【命題關鍵】各時期代表文化

【命題焦點】1.史前文化命題核心往往集中於各時期所代表之文化特色為何，其中又以舊石器時代晚期的長濱文化；新石器時代早期的大坌坑文化、中晚期的牛稠子文化墾丁遺址及東部地區的巨石文化等；鐵器時代則以十三行文化遺址為代表。
2.各文化遺址與原住民族先期文化特色之相關性，為日後命題焦點核心。

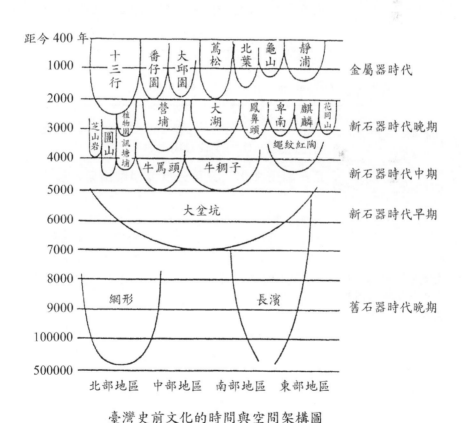

臺灣史前文化的時間與空間架構圖

一、舊石器時代【95、97、101原民五等】

時間分類	文化特色
舊石器時代晚期	臺東海岸長濱文化距今約三萬年前至西元前五千年前,為舊石器晚期文化,並與中國華南地區有所互動,漁獵為其基本生活型態。此一文化期在臺灣東部延續至距今約三千年前。
	臺南左鎮距今約二至三萬年前,發現於臺南左鎮菜寮溪河床,為舊石器晚期文化。(按:2015年經年代鑑定,左鎮人頭骨證實為三千年之久,推翻其屬舊石器時代晚期之可能性。)
	苗栗丘陵網形文化。

經典考題

根據考古學家的說法,臺灣原住民族是史前時期臺灣歷史的主體,試申論之。
【103原民三等】

二、新石器時代【95、100、102、108原民五等、98原民四等】

新石器時代早期	臺北大坌坑文化
	特色:原始農耕、製陶技術出現。
新石器時代中期、晚期(西元兩千五百年前至西元前後)	北部圓山文化,又可分為前期圓山期及後期植物園期。
	中部前期為「牛罵頭文化」→中期為「營埔文化」→後期為「大邱園文化」。民國91年所發現之惠來遺址,其文化層涵括史前粗繩陶至晚清約四千年之久,為中部地區考古史上重大發現。
	南部前期為「牛稠子文化」→後期為「大湖文化」。
	東部為卑南文化及麒麟文化。卑南遺址即屬卑南文化的一個代表性遺址,日治時期鹿野忠雄開始考古該遺址,南迴鐵路興建時,出土大量石棺及精美玉器遺物,證明當時已發展成有相當組織的社會結構及宗教信仰等,是目前臺灣所發現最大的史前聚落。該處也設有卑南遺址公園,是臺灣第一個考古遺址公園。麒麟文化又可稱為巨石文化。

新石器時代中期、晚期（西元兩千五百年前至西元前後）	特色	1. 芝山岩遺址為臺灣第一個以現代考古學（日治時期粟野傳之丞）所挖掘的文化遺址，目前規劃為芝山岩文化史蹟公園。 2. 曲冰遺址位於南投縣仁愛鄉山區，為臺灣高山地區首次發現的新石器時代聚落遺址，是臺灣島上先住民史前聚落垂直分布上的重要史證資料。 3. 牛稠子文化中之墾丁遺址所出土的稻穀印紋陶片，是目前臺灣所見最早的稻米栽培證據。 4. 晚期部份文化發展已有貧富分化和社會地位的分級。 5. 宋文薰教授認為臺灣各土著族群很可能於此時期，在不同時段，由不同方向移民至臺灣。

三、鐵器時代【97、101原民五等】

金屬器時代（距今約兩千年前）	北部十三行文化。為凱達格蘭族和雷朗族之先期文化。特色為唐宋古錢幣（貿易）、冶鐵技術、屈身葬。
	中部番仔園文化。為巴布薩族先期文化，特色為俯身葬。
	南部蔦松文化。
	東部靜浦文化。與阿美族先期文化特色有密切關係。
	特色：為臺灣原住民族群之先期文化。

漢本遺址【109 原民三等】

1. 2012年3月於宜蘭縣南澳鄉進行蘇花改工程時意外挖掘出土。
2. 目前考古挖掘尚在進行中，並發現有兩個遺址群：
   (1) 2012年發現第一個遺址群，其年代距今約1100年至1800年歷史，與十三行遺址屬於金屬器時代。
   (2) 2015年考古團隊發現了第二個遺址群，年代判定為距今約1,800年前的新石器時代晚期遺址。
   意義：中研院劉益昌教授認為，遺址中出土的冶鐵殘蹟，顯示這群史前人類，已經會從不同地區，取得鐵砂、煤炭，進行鐵器製造，勾勒出千年前，史前臺灣各地交流的繁茂景況。
3. 2016年8月15日，文化部文化資產局公告，漢本遺址為國定遺址。

精選範題

【測驗題】

( )　**1** 下列何者「不」屬於新石器時代的文化？　(A)長濱文化　(B)大坌坑文化　(C)圓山文化　(D)卑南文化。

( )　**2** 臺灣原住民祖型文化，大致出現在何時代？　(A)舊石器晚期　(B)新石器早期　(C)新石器晚期　(D)金屬器時代。

( )　**3** 臺灣史前時代依出現順序排列，正確的是：　(A)舊石器時代早期→新石器時代→金屬器時代　(B)舊石器時代晚期→金屬器時代→新石器時代　(C)金屬器時代→舊石器時代→新石器時代　(D)舊石器時代晚期→新石器時代→金屬器時代。

( )　**4** 下列何者屬於臺灣金屬器時代的文化類型？　(A)長濱文化　(B)十三行文化　(C)大坌坑文化　(D)圓山文化。

( )　**5** 在臺灣所發現的文化遺址中，屬於舊石器時代的有：　(甲)長濱文化　(乙)大坌坑文化　(丙)網形文化　(丁)十三行文化　(戊)左鎮文化　(A)(甲)(乙)(丙)　(B)(甲)(丙)(戊)　(C)(甲)(丁)(戊)　(D)(乙)(丙)(丁)。

( )　**6** 下列關於長濱文化的敘述，何者「錯誤」？　(A)在臺東長濱鄉發現　(B)已知用火　(C)過著漁獵、畜牧的生活　(D)居住在洞穴、岩蔭中。

( )　**7** 一九六八年臺灣曾有某一文化遺址出土，經「碳十四年代測定法」及「考古人類比較研究法」，推論此一文化遺址，可上溯至三萬年前，而終於五千年前。請問此處遺址應是：　(A)八里十三行　(B)臺東長濱鄉　(C)圓山芝山岩　(D)臺中大肚溪。

( )　**8** 臺灣史前考古出土的遺物，經過分析研判，目前已能確定下列哪些結論？　(甲)最早的舊石器文化，是一種遠古的石片文化　(乙)最早的新石器文化，是一種繩紋陶文化　(丙)各種舊、新石器文化間，已有一脈相承的明確線索　(丁)無論舊、新石器文化，皆與大陸大陸同類文化，有發生發展淵源之關係　(戊)這些史前文化，皆由目前本島原住民的祖先所締造，顯示原住民留居臺灣的時間的縱深　(A)(甲)(乙)(丙)　(B)(丙)(丁)(戊)　(C)(甲)(乙)(丁)　(D)(乙)(丙)(戊)。

(　)　**9** 辨別臺灣出土文化遺址屬於舊石器、新石器文化，主要是根據哪一項？　(A)用火　(B)農耕取代漁獵成為生活、生產主要方式　(C)宗教信仰是否存在　(D)金屬器取代石器成為主要生產工具。

(　)　**10** 臺灣目前所見最早的稻米栽種記錄，出現於下列何項文化？　(A)北部的「圓山文化早期」　(B)中部的「牛罵頭文化」　(C)北部的「芝山岩文化」　(D)南部的「牛稠子文化」。

(　)　**11** 下列臺灣史前文化遺址中，何者與阿美族先期文化發展有較密切之關係？　(A)靜浦文化　(B)十三行文化　(C)番仔園文化　(D)蔦松文化。

(　)　**12** 下列關於卑南文化之敘述，何者有「誤」？　(A)距今2000至3000年前，為新時期時代晚期文化代表，主要分布在花東縱谷南段的河階及山區緩坡帶上　(B)為卑南族群早期文化之代表　(C)玉器及石板棺等亦為此一文化最大特色，用玉器作為陪葬品及棺木有規則性之排列，推測當時人已有靈魂觀念　(D)現大量卑南遺址之出土文物保存於國立臺灣史前博物館，而原遺址發掘地則設為卑南遺址公園，為全臺首座遺址公園。

(　)　**13** 有一考古遺址挖掘出大量之「貝塚」，試問此一文化遺址應為何？　(A)牛罵頭文化　(B)牛稠子文化　(C)麒麟文化　(D)圓山文化。

(　)　**14** 考古學者描述著一史前文化特色：「屬於新石器時代早期文化，特色為出現原始根莖作物以及製陶技術出現，耕種形態為原始之遊耕類型。就地質學上來看，此文化時期臺灣已與大陸隔海分離，因此此文化有可能為自中國東南或東南亞地區渡海移入，且有可能為南島語族的祖先。」請問該文化為何？　(A)長濱文化　(B)麒麟文化　(C)大坌坑文化　(D)卑南文化。

(　)　**15** 下列臺灣史前文化與各原住民先期文化之配對，何者「正確」？　(A)長濱文化—卑南族　(B)十三行文化—凱達格蘭族　(C)蔦松文化—道卡斯族　(D)番仔園文化—西拉雅族。

(　)　**16** 新北市八里區的觀音山上有一處新石器時代早期遺址，其文化被視為所有南島民族的祖先型文化。請問該文化為何？　(A)長濱文化　(B)大坌坑文化　(C)牛罵頭文化　(D)蔦松文化。

( )　**17** 國立臺灣史前文化博物館成立的緣起，與那個遺址的搶救發掘、現地保存有關？　(A)圓山遺址　(B)曲冰遺址　(C)鳳鼻頭遺址　(D)卑南遺址。　【原民五等】

( )　**18** 臺灣舊石器時代最具代表性的文化為何？　(A)長濱文化　(B)植物園文化　(C)大馬璘文化　(D)十三行文化。　【原民五等】

( )　**19** 以下的文化遺址那一個跟凱達格蘭族文化很有關係？　(A)芝山岩遺址　(B)十三行遺址　(C)圓山遺址　(D)十五份遺址。　【原民五等】

( )　**20** 下列何者不屬於新石器時代的史前文化型態？　(A)長濱文化　(B)牛稠子文化　(C)牛罵頭文化　(D)東部繩紋紅陶文化。　【原民五等】

( )　**21** 下列關於臺灣史前文化出現的時間，何者出現的時間最晚？　(A)卑南文化　(B)靜浦文化　(C)牛罵頭文化　(D)鳳鼻頭文化。　【101原民五等】

( )　**22** 一般認為臺灣新石器時代的文化為南島民族的文化，下列那一個文化是臺灣新石器時代最早的文化？　(A)卑南文化　(B)大坌坑文化　(C)十三行文化　(D)長濱文化。　【102原民五等】

( )　**23** 那一個遺址的發掘，發現有煉鐵證據，顯示臺灣南島民族可能有煉鐵技術？　(A)十三行遺址　(B)卑南遺址　(C)八仙洞遺址　(D)惠來遺址。　【102原民五等】

( )　**24** 臺灣史前文化，下列那一個文化屬於南島語族的祖型文化？　(A)長濱文化　(B)十三行文化　(C)大坌坑文化　(D)圓山文化。　【106原民五等】

( )　**25** 新石器時代晚期，那一種玉製飾品，不但具有水平風格的意義，同時也說明不同區域可能的往來關係？　(A)玉簪　(B)玉鐲　(C)人獸型玉玦　(D)玉珮。　【106原民五等】

( )　**26** 卑南遺址是考古學上所稱「史前卑南文化」代表性的遺址，它屬於那個時期之文化？　(A)金屬器時代　(B)舊石器時代中期到晚期　(C)新石器時代中期到晚期　(D)新石器時代早期。　【106原民五等】

( )　**27** 卑南文化是臺灣東部新石器時期中期的史前文化，下列何者正確？　(A)卑南遺址的分布範圍從宜蘭到臺東　(B)卑南遺址所發現的文化內涵，生計型態以漁業為主　(C)棺內有豐富精美的陪葬玉器，從玉器可看出，當時沒有階級之分　(D)該遺址位於臺東市南王部落附近，舊稱卑南社，故以此地名命名，但與卑南族無直接關係。　【107原民五等】

( )　**28** 依目前考古學的研究，大坌坑文化被認為是與南島語族臺灣原住民
有關之最早的考古證據。請問大坌坑文化是屬於下列那一個史前文
化時代？　(A)新石器時代晚期　(B)舊石器時代晚期　(C)新石器時
代早期 (D)舊石器時代中期。　　　　　　　　　　　【108原民五等】

解答及解析

1 (A)	2 (D)	3 (D)	4 (B)	5 (B)
6 (C)	7 (B)	8 (C)	9 (B)	10 (D)

11 (A)。(A)距今約2000～400年前，屬於鐵器時代文化，以花蓮縣壽豐鄉遺址為代表，與阿美族先期文化特色有密切關係，根據阿美族之口述傳說歷史與考古資料作一比較，可發現有極高之契合度，藉由此考古文化而更能探討阿美族早期發展之概況。(B)為凱達格蘭族之祖型文化，亦為臺灣鐵器時代考古遺址之代表。(C)為中部巴布薩族先期文化，特色為俯身葬。(D)與臺灣南部西拉雅族之早期文化發展有密切關係。

12 (B)。藉由遺址之考古挖掘，在文化之演進上，以石板棺推測可能一支為排灣、魯凱、卑南等族之先期文化；而另一支發展於花東縱谷平原地帶，則有可能為阿美族之先期文化，然確切證據仍有待考古之發掘。

13 (D)。圓山文化遺址所出土之大量貝塚，於此可推測圓山文化人以貝類為主要食物，而貝類的來源亦可推測出該文化人應居住於近水沿岸一帶。

14 (C)。(A)為舊石器晚期文化，並與中國華南地區有所互動，該時期之舊石器時代人類乃經由華南地區進入臺灣。(B)以巨石為該文化之代表。(C)大約出現在七千年前，以新北市八里區大坌坑挖掘發現為代表，主要分布在北部海岸、臺北盆地、西南海岸、東部海岸和澎湖群島，在大陸華南閩粵地區，亦有類似文化遺址之發現。(D)距今2000至3000年前，為新時期時代晚期文化代表。主要分布在花東縱谷南段的河階及山區緩坡帶上玉器及石板棺等亦為此一文化最大特色，用玉器作為陪葬品及棺木有規則性之排列，推測當時人已有靈魂觀念。

15 (B)。(A)為臺灣目前所出土年代最為久遠之文化遺址，屬於舊石器晚期時代文化特色，並無直接且明顯證據證明長濱文化與卑南族早期文化發展有密切關係。(C)為西拉雅族早期文化發展。(D)為巴布薩族早期發展文化代表。

16 (B)　17 (D)　18 (A)

19 (B)。北部十三行遺址為凱達格蘭族和雷朗族之先期文化。

20 (A)。長濱遺址屬舊時器時代晚期文化特色。

21 (B)。靜浦文化屬鐵器時代。

22 (B)。卑南文化屬新石器時代中期；
　　　十三行文化屬鐵器時代；長濱文化
　　　屬舊石器時代。

23 (A)。卑南遺址屬新石器時代中期；
　　　八仙洞遺址屬舊石器時代的長濱文
　　　化；惠來遺址屬新石器時代中晚
　　　期。

24 (C)

25 (C)。人獸形玉玦屬於新石器時代晚

期常見的玉器作品，在卑南遺址、丸
山遺址及支亞干遺址皆有玉廢料之發
現，其中又以支亞干遺址出土之玉廢
料數量最多，雖無法確定人獸形玉玦
之製造地點，但可合理推測屬於花岡
山文化的支亞干遺址是控制玉料資源
與玉器製造的主要族群，並透過海陸
交通形成一個以花東縱谷北段為中心
的貿易交換網絡。

26 (C)　27 (D)　28 (C)

【申論題】

解釋名詞：(一)長濱文化　(二)大坌坑文化　(三)靜浦文化【97原民三等】

答　(一)長濱文化
　　　1.民國五十七年由臺灣大學考古人類學系及地質系合組八仙洞考古隊
　　　　於臺東長濱鄉所發現的遺址。
　　　2.年代上可上溯至三至五萬年前，終於西元前五千年前。
　　　3.文化特色為：獵取動物、採集植物、以石器、骨器等為工具。為舊
　　　　石器晚期文化，並與中國華南地區有所互動，該時期之舊石器時代
　　　　人類乃經由華南地區進入臺灣。
　　(二)大坌坑文化
　　　1.大約出現在七千年前，以新北市八里區大坌坑挖掘發現為代表，主
　　　　要分布在北部海岸、臺北盆地、西南海岸、東部海岸和澎湖群島，
　　　　在大陸華南閩粵地區，亦有類似文化遺址之發現。
　　　2.屬於新石器時代早期文化，特色為出現原始根莖作物以及製陶技術
　　　　出現，耕種形態為原始之遊耕類型。
　　　3.就地質學上來看，此文化時期臺灣已與大陸隔海分離，因此大坌坑
　　　　文化有可能為自中國東南或東南亞地區渡海移入，且大坌坑文化有
　　　　可能為南島語族的祖先。
　　(三)靜浦文化：距今約2000～400年前，屬於鐵器時代文化，以花蓮縣壽
　　　豐鄉遺址為代表，與阿美族先期文化特色有密切關係，根據阿美族之

口述傳說歷史與考古資料作一比較，可發現有極高之契合度，藉由此考古文化而更能探討阿美族早期發展之概況。

原住民族分布圖

Unit **4**　清領以前原住民族史

依據出題頻率分為：A頻率高　　B頻率中　　C頻率低

【命題關鍵】各時期的原住民族政策

【命題焦點】1. 平埔族發展史可視為與外族互動之歷史進程，藉由各外來政權對於平埔族之統治管理政策，以了解平埔族群歷史發展之特色。

2. 開創原住民族統治及管理政策為荷蘭時期，且明鄭及清領時期大都沿襲之。荷蘭人所開創的管理制度為何，明鄭及清領時期各有哪些原住民管理政策沿襲荷蘭制度，而在明鄭及清領時期又有哪些政策及制度為首創，對於平埔族群發展又產生何種影響。以上為本章最為重要之命題焦點核心。

【參考資料】(一)文化方面

1. 劉還月（民84），尋訪臺灣平埔族，臺北市，常民文化。
2. 潘英（民85），臺灣平埔族史，臺北市，南天。
3. 平埔文化資訊網 http://ianthro.tw

(二)語言方面：李壬癸（民86），臺灣平埔族的歷史與互動，臺北市，常民文化。

(三)發展史方面

1. 梁志輝等（民90），臺灣原住民史：平埔族篇（中），南投市，臺灣省文獻委員會。
2. 潘英（民85），臺灣平埔族史，臺北市，南天。
3. 白棟樑（民86），平埔足跡──臺灣中部平埔族遷徙史，臺中市，晨星。

平埔族群發展史

臺灣自古即孤懸於大陸東南海上，島上諸多原住民族於這塊土地上，發展出屬於自我族群獨樹一幟之文化特色。然而自荷蘭人佔據臺灣做為其商業貿易基地時，接連而來的外來政權及無數波擋不住的移民潮，注定著臺灣原住民族必須接受及面對屬於不同於自我的外來文化，甚至淪落為被殖民、奴隸及同化的命運。以下透過以荷蘭為開始的各外來政權，概述其統治政策與平埔族族群之間的影響。

經典考題

1. 試述荷據時期對於平埔族政策上有何特色？對於平埔族文化產生何種程度之影響？

2. 試論荷蘭人如何透過政治制度、經濟制度以及宗教影響原住民部落。
【原民三等】

3. 臺灣原住民族傳統因無文字，他者的記錄是探討原住民史不可忽略的史料，試就荷蘭時代的《熱蘭遮城日誌》說明之。【104原民三等】

4. 荷蘭東印度公司在臺灣時，曾召開過地方會議（landdag），讓原住民族部落代表與會，藉此確認原住民族部落對荷蘭長官的從屬關係，並推廣公司的政務。請問地方會議曾分成那幾區？Bauki來自蘭陽平原的Kibannoran部落，最有可能參加那裡的地方會議？您判斷的理由是什麼？【106原民四等】

5. 荷蘭東印度公司在臺灣時，曾實施過讓原住民族部落代表與會的地方會議（landdag）。請問荷蘭長官在地方會議正式議程中做了那二件最為重要的事，是與原住民族統治有關？這二件事代表的意義為何？【106原民三等】

6. 「新港文書」在原住民歷史文獻上具有何種意義？它代表原住民族經歷過何種歷史歷程？試論述之。【107原民三等】

(一) 荷據時期【西元1624年～1662年】【108原民五等】

西元1624年，荷蘭人選定「大員」，即今臺南安平建築熱蘭遮城，作為貿易的根據地，開始往後38年的殖民經濟，於此期間荷蘭人踏訪臺灣各地原住民村舍部落，遠達淡水、宜蘭、臺東一帶。又荷屬東印度公司為了確實掌握殖民地動態，乃要求各據點總督需逐日記下殖民地所發生的記事概要，以日誌的形式寄往當時的巴達維亞，再轉送回荷蘭母國。這些日誌包括有書信、日記、報告和決議，其中關於臺灣的即為《熱蘭遮城日誌》，為研究荷據時期重要的文獻史料。

1. **荷蘭佔據臺灣，其最主要之目的乃在於「貿易」，因此其統治政策也充滿了「重商主義色彩」**。當時臺灣西部平原的主人為各平埔族，如何有效管理平埔族以達成其充滿商業主義色彩的統治政策，成為荷據時期與臺灣平埔族互動上主要內容。

2. 荷蘭人面對平埔族群，大都先採取強勢的武力鎮壓，後再訂立協約（如服從荷人統治政策），並給予教化、懷柔等「先威後撫」措施。

   (1) **武力鎮壓**：根據文獻上之記載，荷據時期，平埔族計有七次抗荷事件。

   　　A. 新港社之役：西元1629年，新港社人抗荷，後荷人焚毀新港社，族人

投降，從此新港社人成為荷蘭統治者之親密夥伴，助荷人平定諸番社
亂事及漢人變亂等。

B. 麻豆社之役：臺南五大社（新港、目加溜灣、蕭壠、麻豆、大目降）
中，抗荷最為劇烈為麻豆社。西元1635年，荷人偕新港社人進攻麻豆
社，麻豆社循新港社之例，歸降荷蘭。

C. 華武壠社之役：歷時1641至1643年，荷人偕同新港社人攻擊「不服荷
蘭統治」的華武壠社、大波羅社、貓兒干社等番社，而投降條件如同
新港社等，需服從荷蘭統治。

D. 卡拉陽社之役：西元1635年，荷人偕同新港社攻擊卡拉陽社，歸降條
件依舊。

E. 小琉球社之役：為荷據時期荷人最為血腥之一次鎮壓，小琉球社因而
滅社。

F. 淡水、噶瑪蘭之役：西元1642年，荷人驅逐西班牙人後，正式佔領北
臺灣，並於1644年進攻淡水及噶瑪蘭諸社。

G. Tackamaha社之役：西元1645年，荷人欲打通安平（臺南）至淡水、雞
籠之間的道路，該社敗降。

(2) **訂立協約**【95原民五等、101原民四等、102原民三等、106原民四等】

A. 荷蘭統治平埔族群，大都採取間接統治方式，由各族社自選長老，以
行自治，然於各歸降族社間設立政務員，以監督族社事務。

B. 1636年，**首度對歸順的原住民村社召開地方會議（landdag），目的在
對其傳達政令、行使權力，以確立荷蘭東印度公司在原住民村社間的
地位。**

C. 1645年，對各歸順之平埔族長老，組織評議會，為通達官規及民情的
諮詢機構，其主要目的為宣布政令，詢問政績，荷蘭人透過此等協約
方式，有效控制平埔族群，並成為荷蘭統治者有利之統治工具。

(3) **教化政策**【100原民五等】

A. 教化方式以透過傳教結合教育方式施行之，可分為在教會由傳教士施
以教育以及設立學校。

B. **西元1626年，荷蘭傳教士甘第亞士來臺主持教化工作，並於西元1636
年起在新港、大目降、目加溜灣、麻豆、蕭壠等各社設立學校。**

C. **教化平埔族之結果，臺南五大社族人大都能以羅馬字書寫「番語」，此
即「新港文書」。**後世清代文獻中，可見平埔族（西拉雅族）使用此一
文書和漢人訂立土地契約，可見荷蘭教化之影響性。【107原民五等】

(4) **經濟措施**

A.透過與歸降之平埔族所簽訂之降約，規定平埔族土地屬於荷蘭國有。

B.荷蘭人為求增加土地利用產能，遂吸引招徠漢籍移民，並對其土地施以國有政策，即「王田制」。

經典考題

1.請就荷蘭時期的「部落整併」與日治「集團移住」進行比較。【原民三等】
2.試說明荷蘭時代的濱田彌兵衛事件與清代美船羅發號（Rover）事件，如何使臺灣原住民族捲入國際紛爭中。【104原民四等】

---

(5) **部落整併**

為了便宜統治與管理及宣教事業的推廣，採取人口遷徙的策略，將山區或離島的住民移至平地易管處，遇有不服部落，則加以武裝鎮壓。然探討其成效仍有限，主因則以合併部落即屬敵對狀態及兩者社會文化屬性不同所致，另外部落整併後，其部落權力重分配，亦是決定該政策成敗的因素之一。

(6) **郭懷一事件**

西元1652年，荷蘭人的重賦導致由漢人郭懷一所領導的抗荷事件，後在西拉雅族協助荷蘭人下獲得平定，事件後荷蘭人在赤崁地區興建普羅民遮城（今赤崁樓）以加強防禦。

贌社制度【101 原民三等、102 原民五等】

1.社商：官方對「番」社的稅課為荷蘭東印度公司所創，採取招標包稅制，稱為「贌社制」。
2.辦法：漢人就官承餉，謂之社商。社商向荷人承租包金之後，即可於該年獨占該部落的番產交易。
3.營利：荷蘭藉此控制鹿皮貿易，因此，贌社漢人便成為荷蘭政府收取「番」地稅課的承包商，又可壟斷「番」地利權。然中間受剝削者，實為諸番。
4.沿用：此制度荷蘭、明鄭、清代均先後使用過。

影響

1.荷蘭殖民為重商主義色彩，平埔族之發展並未受到嚴重之剝削，平埔族之社會組織仍處於半自治之狀態。

2.教化政策方面，以新港文書對於西拉雅族文化影響最為深切，透過羅馬文字將西拉雅語轉為文字，因而使該語言獲得留存。

3.經濟措施方面，荷蘭藉由贌社制度以控制鹿皮貿易，贌社漢人便成為荷蘭政府收取「番」地稅課的承包商，又可壟斷「番」地利權，然而中間受剝削者，卻為各番族。

(二) 西班牙殖民時期【西元1626年～1642年】

1.西班牙在臺殖民以北部地區為其主要之根據地，然其主要殖民政策乃在於對外之防備，對於平埔族事務不若荷蘭般之積極，因此對於北部平埔族群文化影響可說甚微，大都僅在宗教上有些微之影響。

2.西元1634年以武力征服噶瑪蘭族諸社，然凱達格蘭族及噶瑪蘭族卻依舊反抗不斷。

時 間	事 件
1625	荷蘭人以布匹向西拉雅交換新港社的赤崁地，並建築普羅民遮城（今赤崁樓）。
1627	1.荷蘭傳教士甘第亞士到臺南西拉雅平埔族新港社傳教。 2.荷蘭與日本之間因為生貿易而產生衝突，日人利用新港社平埔反荷情緒，加入這場外交貿易紛爭，史稱濱田彌兵衛事件。 【96、102原民五等、100原民四等】
1628	西班牙人進駐滬尾（今淡水），築聖多明哥城（今紅毛城）並在當地傳教。
1629	西拉雅族新港社反抗荷人，反抗平定後，新港社乃效忠荷人統治，並配合殖民政府多次平定其餘番社及漢人之反叛。
1632	西班牙商船遇颱風擱淺噶瑪蘭，船員被害，乃發兵征討，直至一六三四年始大敗噶瑪蘭諸番社，並開始傳教（基洛斯神父在蘇澳傳教）。
1635	荷人出兵麻豆、蕭壠等社。臺南五大社中，抗荷最為劇烈即麻豆社。荷人聯合新港社平定叛亂，麻豆等社訂約投降荷人。

時　間	事　件
1636	1.西班牙撤除淡水駐軍，當地番社毀其砲台及教堂。 2.荷人大致平定臺南西拉雅地區番社叛亂後，採取懷柔政策，並召集安平（今臺南）以北十五社，以南十三社的代表。 3.荷蘭傳教士甘第亞士於新港社廣設學校，教授原住民羅馬拼音。
1640	荷蘭於原住民區實施贌社制度的經濟管理政策。
1641	於每年4~5月召開平埔族地方會議（Landdag），並分北路、南路、淡水、卑南等四區。【98原民五等】
1645	荷人召集已歸順平埔族長老，於臺南召開評議會。
1648	荷人在臺南赤崁及麻豆設立學校，教化平埔族。【98原民五等】
1652	沈光文於臺南善化（西拉雅族目加溜灣）教授平埔族兒童漢文。

(三) 明鄭時期【西元1662年～1683年】

> **經典考題**
>
> 明鄭治理原住民之方針為何？有何重要成就？其影響為何？【原民四等】

1. 荷據末期，荷蘭人在宗教上對於平埔族採取強硬之措施，當鄭軍攻打荷人時，南部諸平埔族番社皆毫未抵抗而服從鄭軍，認為鄭軍可帶領族人脫離基督教信仰而恢復自有傳統之宗教儀式。

2. 荷蘭殖民為重商主義色彩，對於平埔族之發展並未受到嚴重之剝削；**然而新政權的明鄭所施行的寓兵於農的屯田政策以及各項徵收之重賦，對於平埔族諸群產生頗為深切之影響，相較於荷蘭殖民者，明鄭所帶來的統治反而是更加的暴虐與剝削。**

3. **土地政策**
   鄭氏治臺時期，土地制度可分為官田、私田、營盤田三種型態。
   (1) 官田：即荷據時期的「王田」，即指禁止混圈的已耕田地。
   (2) 私田：即文武官田，為鄭氏宗黨利用勢力，招佃墾耕，納課於官者，稱之。

(3)營盤田：為軍事屯墾之田地

私田及營盤田之土地，本來即為平埔族群生活之空間，為侵占平埔族社土地而來。土地開墾政策加上苛捐暴虐等「虐番」行為，遂引起原本諸多歸化之番社，起而叛亂。

4. **番社起事**

(1)大肚番之役：《臺灣外記》云：「（順治十八年）七月，張志、黃明縱管事楊高凌削土番，大肚番阿德狗讓殺高反。」大肚番，據伊能嘉矩云，乃當時赤崁一帶，佔據台江內海之平埔族群。

(2)沙轆番之役：據清朝黃叔璥〈番俗六考〉記載：「沙轆番原有數百人，為最盛；後為劉國軒殺戮殆盡，只餘六人，潛匿海口」。此次事件使得當時中部地區的大肚土國勢力銳減，而遷其族於埔里。

(3)竹塹、新港社之役：明永曆三十六年（1682），為防守雞籠地區以抵禦清軍，乃勞役平埔族人為其搬運軍資，然勞役過當，引起道卡斯族等反叛事件，亦也是明鄭時期規模最大之一次番變。

明鄭時期對於平埔族而言，帶來的是更甚於荷據時期的政治、經濟剝削，而平埔族的反抗，往往即是造成毀滅性的殘酷鎮壓，較於荷蘭之統治，有過之而無不及。

時　間	事　件
1668	明鄭參軍林圯埔率眾入墾南投水沙連社，遭當地原住民殺害。
1670	劉國軒征沙轆番（巴布拉族），毀其社地。大肚番恐，遂遷徙至埔里。
1671	沈光文至羅漢門（高雄旗山）教平埔族（西拉雅馬卡道亞族）兒童漢文。

(四)清領時期【西元1683年～1895年】

經典考題

1. 清代統治臺灣時期，前後期設「南北路理番同知」和「全臺撫墾總局」，其管理原住民族事務的重點為何？這兩個機構對原住民族社會有何影響？【原民四等】
2. 請就清、日「撫墾」政策進行比較。【原民三等】

3.清朝有所謂贌社之制，用以對當時的「熟番」課稅的一種方式，請問什麼是贌社之制？以及當時所採行的贌社對熟番社發生那些弊端？【101原民三等】

4.試概述清朝、日治等政府負責管理原住民的機構為何？及其主要處理原住民族那些事務？【101原民四等】

5.試扼要敘述平埔族在清代的漢化過程。【103原民三等】

6.清帝國統治臺灣之初，其轄域並未及於全臺，而有行政界線加以分割，且屢有變遷，至統治後期始取消。試論此行政界線之設立與取消，對原住民社會之影響。【104原民三等】

7.解釋名詞：土牛紅線。【104原民三等】

8.十九世紀中葉的羅發號事件（Rover Incident），導致美軍與臺灣原住民族直接交戰。該戰役美方除了無功而返，中尉指揮官A. S. Mac Kenzie陣亡外，戰後美軍陸戰隊還因而訂下小規模戰爭的交戰規則（Rules of engagement），美國政府並與排灣族代表議和。請問羅發號事件是什麼？戰後美國政府為何繞過清帝國直接與排灣族代表議和？【106原民三等】

9.清領時期針對當時平埔族群的教育政策，其施行的方式和影響為何？
【107原民三等】

10.同屬原住民族的平埔族群，為何沒有原住民身分？請從身分制的歷史變遷加以闡述。【110原民三等】

清領初期，對臺政策為消極管理，對原住民之政策當然也隨之消極，主要乃沿用明鄭時期對於臺灣原住民族的管理政策，並加上「通事」制度的設立，使原住民族生計更受到嚴重之影響，然而影響臺灣原住民族發展最為深切的莫過於一波波持續的漢籍移民潮，臺灣諸多平埔族幾乎於此一時期遭到漢化之命運。對於平埔族而言，更是漢籍移民潮影響最為深切之族群，**清朝政府為保障平埔族之生計，設立諸多「護番」措施如土牛紅線、漢番界碑等，並透過社學的設立，積極將平埔族群漢化**。

平埔族群生計困難依舊，諸多護番政策依然抵擋不住大量的漢人移民，平埔族群因而只好進行大規模的遷徙活動，以求另外開闢族群生活的新天堂，然而命運似乎注定平埔族是要面臨漢化的，諸多平埔族群傳統文化，在此一時期受到漢化等因素，受到頗為深切之影響。以下概述清政府如何對臺灣原住民族進行護番以及教化等諸多項政策：

1. **沿襲鄭氏舊制**

(1)土官制度：此制度創始於荷蘭，鄭氏沿之，為各族社之代表、領導者，然卻並非真正的統治者，而土官制度所賦予在平埔族文化中，也造成另外一種貴族階級的興起。

(2)贌社制度：清廷延用自荷據時代的贌社制度，乃在於其徵稅之方便，然社商對於平埔族族社內之剝削加上通事的為虎作倀，更使平埔族群生活更為艱困。後社商雖廢，由通事兼任，使通事權力更加獨裁及壟斷。

(3)苛重的番餉及勞役。

(4)官莊制度：即類似明鄭時期的「私田」及「營盤田」，於康熙末年開始實施，藉由官府之權威，奪取平埔族人土地而加以開墾，縱使於乾隆九年（1744）禁止在臺官員招佃開墾田園，然平埔族土地卻依然持續流失當中。

2. **通事制度**【95、100原民五等、101、102原民三等】

(1)通事之設立，主要乃在於傳達政府之政令以及漢番之間的溝通，亦即部落對外之代理人。

(2)通事素質良莠不齊，其中大都為對於番社加以經濟剝削，對於各原住民番社生計產生重大之影響，清領時期臺灣原住民族中，即有許多抗清事件為因通事壓榨所引起。

(3)**清政府為改善通事制度之弊病，乃逐步改革通事制度，首先於乾隆三十一年（1766）設置理番同知時，任用懂漢語之平埔族人為通事，漢人通事漸少，並於劉銘傳改革平埔通事為董事做為輔助頭目及與漢人收租有關業務時，通事對於平埔族之剝削才正式絕跡。**

經典考題

1.試論清朝統治下漢人如何取得土地開墾。【原民四等】
2.試敘述劉銘傳的原住民族政策。【102原民四等】
3.臺灣歷史上所謂的「土牛溝」（土牛紅線），其背景為何？與今日談的原住民族傳統領域關聯或意義何在？【106原民三等】

---

3. **土地困境**【100原民四等、原民五等】

(1)平埔族原始生計即為遊耕逐獵，對於土地所有權淡薄，後在苛重稅賦、獵場縮小、土地政策（「番界」以外無人佔有的土地，都作為官地，允許墾戶報墾）不良、漢人強租土地下等諸多因素，平埔族人只好選擇變賣土地，一般而言，漢人取得平埔族之土地，主要可分為：

A.直接以武力取得，如吳沙入墾宜蘭。

B.騙取土地。

C.利用平埔族母系社會特性，入贅於女方家中，進而掌管家政，奪取土地。

D.融入該族社中，逐漸佔領其土地。

E.利用不公平的契約，以不公平之手段，取得平埔族社之土地。

(2)清代土地開墾有大租戶與小租戶等特色。番大租也是大租的一種，即漢人向平埔族承租土地時，比照普通大租，繳納一定額之「番租」，即承租平埔族的土地權。番大租中將其土地出租給小租戶，而小租戶又再將其土地給承租出去，形成平埔族土地有一地三主之情形。

→平埔族人無從收租，承租漢人仗其惡勢力而抗租，以及小租權被沒收時，連帶也影響大租戶。

(3)番大租土地，又可分為族社共有及私人所有兩種類型。族社共有所徵收的番大租，稱為「公口糧租」，為分配全社或作為祭祀所用；私人則為「私口糧租」。一般而言公有租不得買賣，且可豁免繳納之義務；私有租則如同漢人之番大租般。

(4)日據時期，象徵平埔族有土地所有權的番大租制度的廢止，也代表著平埔族人所擁有的土地，盡被漢人所佔據。

4. **護番政策**【102原民五等】：清領時期以治安為理由，對於平埔族常採行保護措施，而以乾隆時代較為積極，此時期主要護番政策為：減免「熟番」丁稅；立石劃界，以確定漢番耕界，遏止侵占；永禁新創官社；設置理番同知，保護及教化熟番；實施屯制及隘制，並給予屯丁養贍埔地；禁止漢民擅娶番婦；以熟番社人擔任通事等。

乾隆時期諸多項護番政策，代表政府已知道平埔族群所面臨之發展、生計上之問題，然因法律推行不夠徹底，「人治」永遠大於「法治」，再多項的護番政策，依然無法避免平埔族人選擇棄地出走或淪亡同化之歷史命運，而這些護番措施也在光緒年間將平埔族納入一般行政管理制度下，自然而然消失。

5. **漢化政策**【102原民五等】：平埔族群漢化最大之原因乃在於長久與漢人雜居下，面對漢人文化，平埔文化自然顯得較為弱勢，因而產生一種「文化自卑感」，所以拋棄自我族群之認同，選擇認同漢人各種文化價值。而政府相關漢化措施主要可分為：(1)社學與義學。(2)賜漢姓。(3)薙髮政策。

6. **反抗運動**【98原民五等、100原民四等】

(1)吞霄社之役：康熙三十八年（1699），道卡斯族吞霄社因通事黃申過於暴虐，因而叛亂，後清政府採取聯合巴則海族岸里社番以平亂事。

(2)北投社之役：康熙三十八年（1699），北投社人因通事暴虐而反抗，清軍採會同吞霄社，於亂事未真正引發前，即加以平定。

(3)大甲西社之役：雍正九年（1731），大甲西社林武力等因不堪剝削而發動武裝抗暴運動。此次事件為清代平埔族武力反抗規模最大之一次。

(4)加禮宛社之役：光緒四年（1878），此次事件造成花蓮加禮宛噶瑪蘭族社被強迫遷徙，對加禮宛社造成嚴重性之打擊。

(5)大庄社之役：為東遷之花東縱谷地區及聯合阿美、卑南等族群於光緒十六年（1888）因土地收租上之問題而引起跨族群聯合抗清之事件。此次事件亦促使北洋海軍出動砲轟卑南平原。

(6)觀音山庄之役：光緒二十一年（1895），東遷至花蓮玉里的西拉雅族群因通事暴虐而起事。

　　意義：觀看有清一代，平埔族所發動的抗清事件，主要原因乃在於通事剝削以及土地政策上之問題，表達出平埔族群在受夠剝削壓榨的情況下，一種出自於維護自我利益的反動。

7. **族群遷徙**【95原民五等】

(1)嘉慶九年，中部平埔族（洪雅、巴布薩、巴則海、道卡斯）等族大舉往噶瑪蘭遷徙，為平埔族四大遷徙之第一次。

(2)道光三年，中部平埔族聯合移入埔里地區，為平埔族第二次族群大遷徙。

(3)道光九年，西拉雅族群往南越過中央山脈，朝花東縱谷等地遷徙，為平埔族群第三次遷徙。

(4)道光十五年，噶瑪蘭族加禮宛社被漢人壓迫，遷至花蓮。此次為平埔族群第四次大遷徙，並持續進行至咸豐年間。

8. **原住民統治政策整理**【101原民五等】

清朝前期	採取漢人、原住民的隔離政策	1.挖掘土牛溝，設立土牛紅線，嚴禁漢人入侵開墾，以保護原住民。【100原民四等、95、100、102原民五等】 2.漢人以婚姻、買賣或武力奪取原住民土地，如開墾北埔的金廣福墾號即設有抵禦原住民的墾隘設施。 3.漢人文化傳入平埔族族群中，部分原住民學會牛耕。
	採生番、熟番治理	1.迫使其服政府勞役等工作。 2.採取不干預政策，禁止漢人承租番人土地、越界入「生番」地者，以偷越關口論罪。

清朝後期	牡丹社事件爆發，改變清廷治臺態度，轉而積極，而有開山撫番等政策。 1.取消漢番界限以及番漢禁止通婚等禁令。 2.開發通往後山之道路，剿撫並施。 (1)八通關古道為清末撫番道路中的中路，由吳光亮所闢建，西起南投林杞埔（竹山），東至玉里璞石閣，為目前年代最久的橫貫越嶺道路，亦為唯一列入一級古蹟的古道。【98原民三等、100原民五等】 (2)蘇花古道為清末撫番道路中的北路，由羅大春所闢建，為今蘇花公路前身。 (3)崑崙坳古道為清末撫番道路中的南路，由袁聞柝所闢建，為三條撫番道路中最早完工。

時間	事件
1693	商人陳文、林侃遇風暴漂流至岐萊（今花蓮），為漢人到東臺灣之先驅。
1695	清康熙三十四年，臺灣知府靳治揚，於臺灣、鳳山二縣下之「熟番」社創立社學。
1697	郁永河至臺灣北部採硫磺礦，沿途經過臺灣西部地區，將所見之各原住民番社聚落於來臺隔年編寫成《裨海紀遊》，為後世研究臺灣原住民及平埔族重要之史料。【98原民五等】
1699	康熙三十八年，因通事黃申嘆社於吞霄，徵派無度，土官卓介、卓霧、亞生被逼作亂。為清朝入主臺灣後，平埔族武裝反抗第一次，亦為典型的「因通事暴虐而引起番社之武裝抗爭」的事件。
1709	泉州開墾集團陳賴章墾號入墾大佳臘地方（今之臺北市及部分新北市區域），為臺北盆地墾拓事業之開始。
1711	康熙五十年，王世傑等開墾新竹（道卡斯族）一帶，為漢人開墾新竹之始，並和番人和平共處。
1715	諸羅縣令周鍾瑄建和安雅族諸羅、打貓、哆囉嘓等社及西拉雅族大武壠等共四社「社學」，以教化原住民。

時　間	事　件
1716	康熙五十五年，巴則海族岸里社原住民阿莫等入墾貓霧捒一帶平原之地（今臺中市地區），為臺中盆地開發之始。張達京為通事，娶岸里社土官阿莫之女，於此後，該地平埔族即與入墾之漢人通婚，因而漸漸漢化。
1719	康熙五十八年，施世榜築八堡圳（今彰化縣內），為清領時期臺灣最大水利工程建設。
1721	康熙六十年，阿里山、水沙連各社反抗，殺通事。清政府以平埔族為先鋒，然沿途卻加以劫掠各村莊，給予朱一貴有聯合各村莊反清之機會。
1722	康熙六十一年，阿里山、水沙連各社亂事平定，豎石限界，嚴番界之禁，以杜絕漢人與原住民衝突發生，然效果不彰。
1724	雍正二年，黃叔璥著《臺海使槎錄》，全書共八卷，前四卷「赤嵌筆談」、次三卷「番俗六考」、末一卷「番俗雜記」。其中「番俗六考」，有「北路諸羅番」十篇、「南路鳳山番」三篇；所謂「六考」，係就各地先住民之居處、飲食、衣飾、婚嫁、喪葬、器用六事分別加以考察而記載之。為依據地理分布而將臺灣平埔族群做一分類，為研究平埔族重要之史料。
1725	雍正三年，規定開墾番地者應納番租。
1730	雍正八年，陳倫炯著《海國聞見錄》，首度提起「平埔」一詞。
1731	雍正九年，道卡斯族大甲西社因不堪剝削，聯合樸仔籬社等八社反清，事件歷經七個月始平定，各社社名為之更改，如大甲西社改為「德化社」等，透露清政府對平埔族人高壓又懷柔之統治方針。為清領時期平埔族人反抗規模最大之一次。【98原民五等】
1737	乾隆二年，頒布禁止漢人擅取番婦，以防止平埔族土地因通婚而大量流失。
1740	乾隆五年，漳州人郭錫瑠開鑿瑠公圳（今臺北地區）。
1744	乾隆九年，因受漢人開墾威脅，平埔族之西拉雅族大武壠社自噍吧哖（今玉井），遷移至荖濃溪及楠梓仙溪流域（今高雄市境內）。

時 間	事 件
1747	乾隆十二年，客家人往貓裡（今苗栗）、東勢角（今臺中東勢）開墾，並與原住民發生衝突。道卡斯族竹塹社移往吧哩嘓（今竹縣新埔）。
1752	乾隆十七年，詔台屬各廳縣，立石「番界」，禁漢人出入。
1758	乾隆二十三年，令熟番歸化習清俗（剃髮蓄辮、穿戴冠履），稱姓。
1766	乾隆三十一年，設南北兩路理番同知。【101原民五等】
1768	乾隆三十三年，淡水業戶漳州人林漢生，招眾入墾蛤仔難，遇番害而喪命，此後十餘年，無人入墾蛤仔難。
1769	乾隆三十四年，阿里山鄒族通事吳鳳遇害。
1776	乾隆四十一年，淡水廳芝蘭堡（今臺北士林）農民謝開使等與凱達格蘭平埔族人合作開鑿「芝蘭水頭圳」。
1787	乾隆五十二年，吳沙開墾三貂嶺，並以此作為日後開墾宜蘭之跳板。
1791	乾隆五十六年，實施「屯番」之制。
1796	嘉慶元年，吳沙入墾宜蘭，受噶瑪蘭族強烈抵抗，遂退回三貂嶺。
1797	嘉慶二年，吳沙在烏石港建造土圍墾荒，建立第一個據點頭圍（即頭城）。
1798	嘉慶三年，吳沙開墾至二圍後，病死，其姪吳化延續其開墾計畫，奠定漢人開墾宜蘭之基礎。
1804	嘉慶九年，中部平埔族（洪雅、巴布薩、巴則海、道卡斯）等族大舉往噶瑪蘭遷徙，為平埔族四大遷徙之第一次。
1812	嘉慶十七年，臺灣行政區域變更，增設噶瑪蘭廳，並為保護噶瑪蘭熟番，設加留餘埔制。
1816	嘉慶二十一年，郭百年入墾埔里，濫殺番人，故撤銷開墾執照，為郭百年事件。【102原民五等】
1823	道光三年，中部平埔族聯合移入埔里地區，為平埔族第二次族群大遷徙。

時　間	事　件
1829	道光九年，西拉雅族群往南越過中央山脈，朝花東縱谷等地遷徙，為平埔族群第三次遷徙。
1834	道光十四年，以閩、粵兩籍人士組成金廣福墾號，以北埔為中心，進行開墾，威脅到賽夏族人之生活空間。
1835	道光十五年，噶瑪蘭族加禮宛社被漢人壓迫，遷至花蓮。此次為平埔族群第四次大遷徙，並持續進行至咸豐年間。
1851	咸豐元年，鄭尚入墾卑南（今臺東），為漢人入墾臺東之始。
1854	咸豐四年，加禮宛社平埔族至花蓮美崙溪口建七社。
1867	同治六年，美商船羅發號遇風擱淺於琅𤩝，誤入斯卡羅王國的領地，而遭生番出草殺害，美國就此向清帝國提出抗議，得到該處為化外之地等消極回應，美國遂派出駐廈門領事李仙德逕與當地瑯𤩝十八社代表卓杞篤簽訂《南岬之盟》。由此事件可知清政府對臺灣原住民管理政策之消極，並為牡丹社事件埋下伏筆。
1871	同治十年，琉球漁民為牡丹社（排灣族）所殺害。英國長老會派甘為霖至臺灣南部傳教。
1872	同治十一年，加拿大長老教會派馬偕至淡水傳教，對臺灣北部西方新教信仰產生重大影響。
1873	同治十二年，日人樺山資紀潛入臺灣，深入番地，以了解當時臺灣之概況。
1874	同治十三年，日本以琉球漁民遭生番殺害為由，正式出兵臺灣，為牡丹社事件。沈葆楨任欽差大臣，清廷開始積極經略臺灣。【102原民五等】
1875	光緒元年，臺灣行政區域變更，新設恆春縣及卑南廳，並推行開山撫番策略，對臺灣原住民族群文化發展影響深切。
1877	光緒三年，恆春知縣周有基查勘紅頭嶼（蘭嶼），建議清廷將之收入版圖。
1878	光緒四年，清廷鼓勵漢人移民前往臺灣後山開墾。花蓮噶瑪蘭族加禮宛社事件，對噶瑪蘭族群發展產生毀滅性打擊。

時 間	事 件
1886	光緒十二年，為確實管理臺灣山林與所居臺灣原住民之事務，首任巡撫劉銘傳成立撫墾局，任務為開墾協調、山林開發及對臺灣原住民之「訓教」、「耕讀」等。
1888	光緒十四年，移民後山花蓮之西拉雅族人因清吏暴虐無道，遂殺死徵稅官吏雷福海，抗暴情緒一發不可收拾，卑南族、阿美族亦先後響應，引起清政府強烈鎮壓，西拉雅族人死傷慘重，是為「大庄事件」。
1895	光緒二十一年，後山西拉雅族不滿清吏壓榨，再度謀反，是為「觀音山」事件。

精選範題

【測驗題】

( ) **1** 明朝末年，首先占據基隆、淡水一帶的外國人是： (A)西班牙人 (B)荷蘭人 (C)葡萄牙人 (D)英國人。

( ) **2** 漢人大量進入臺灣墾殖，首先發生於何時？ (A)元時於澎湖設置巡檢司 (B)荷蘭佔據臺灣時 (C)鄭成功據台時期 (D)臺灣建省以後。

( ) **3** 十七世紀初，荷蘭人以很多優惠條件招募漢人來臺灣，其目的是？ (A)利用漢人，協助統治原住民 (B)充任傭兵，從事對外擴張 (C)開墾土地，提高農業生產力 (D)開挖工礦、林產資源。

( ) **4** 荷蘭人登陸臺灣後，興建的軍事、貿易中心為何？ (A)普羅民遮城 (B)赤崁樓 (C)紅毛城 (D)熱蘭遮城。

( ) **5** 從臺南的新營、林鳳營，高雄的左營、前鎮等地名，與臺灣的開發過程中，哪一史事有關？ (A)荷蘭人的「結首制」 (B)明鄭政權的「屯兵駐兵」 (C)清領時期的「一田兩主」 (D)清領時期的「土牛紅線」。

( ) **6** 在明鄭時期的土地墾殖記錄中，下列名詞何者不可能出現？ (A)官田 (B)均田 (C)文武官田 (D)營盤田。

（　　）　**7** 三百年前的郁永河，用牛車的速度，從臺南到淡水，走了二十天，翻過無數山嶺，渡過九十六條溪。他在沙鹿看到野猿，在桃園看到千百成群的野牛，遇到麋、鹿、山豬和熊，山林奔奔鬱鬱，是野獸的家。根據郁永河的陳述，他應該是哪一時期來臺的？　(A)康熙 (B)道光(C)光緒　(D)日據。

（　　）　**8** 承上題，郁永河將此一經歷，寫成何書，為後世研究平埔族群生活型態重要之史料？　(A)海國聞見錄　(B)裨海紀遊　(C)臺海使槎錄 (D)臺灣通史。

（　　）　**9** 清代對臺灣的開發態度是先消極後轉積極，這當中促成轉變的事件始自：　(A)康熙平台　(B)雍正頒遷移眷口令　(C)同治年間日本侵台　(D)光緒年間中法戰爭。

（　　）**10** 臺灣新中橫的「八通關古道」風景秀麗又具歷史價值。請問它與何人的治臺有關？　(A)沈葆楨　(B)丁日昌　(C)劉銘傳　(D)劉永福。

（　　）**11** 在清代治臺時期的原住民村社對外關係中，負責翻譯溝通、傳達事情的媒介角色是什麼？
(A)女巫　(B)祭師　(C)通事　(D)頭目。　　　　　　【原民五等】

（　　）**12** 荷蘭統治下的臺灣，社商常深入各地原住民村社交易換取，且大量銷往其他地區的貨品為何？　(A)鹿皮　(B)蔗糖　(C)稻米 (D)硫磺。　　　　　　　　　　　　　　　　　　　　【原民五等】

（　　）**13** 跟隨荷蘭東印度公司來臺的宣教師，在原住民村社中主要傳佈什麼宗教？　(A)天主教　(B)基督教　(C)伊斯蘭教　(D)佛教。　【原民五等】

（　　）**14** 十九世紀中葉，臺灣西海岸的中部原住民曾經有計畫的集體遷入內山地區，請問他們主要入住何處？　(A)草屯　(B)集集　(C)埔里 (D)霧社。　　　　　　　　　　　　　　　　　　　　【原民五等】

（　　）**15** 清代中葉，官府為因應漢人與臺灣原住民之間層出不窮的糾紛，特設的管理原住民事務專職機構為何？　(A)原住民族委員會 (B)南、北路理番分府　(C)撫墾署　(D)山地行政課。　【原民五等】

（　　）**16** 荷蘭東印度公司每年一度召集臺灣各地原住民村社代表集會，藉以傳達政策、確立統治權的制度為何？　(A)地方會議　(B)村社首長制　(C)戶口調查　(D)年貢制度。　　　　　　　　　　　【原民五等】

( ) **17** 劉銘傳繼沈葆楨之後推動第二次開山撫番政策，目的之一在於取得山地的何種資源？ (A)蘭花 (B)獸皮 (C)藥材 (D)樟腦。　【原民五等】

( ) **18** 新港文書是荷蘭人統治臺灣時期，平埔族原住民留下用羅馬字書寫的文字紀錄。請問該文書跟那一民族有關？ (A)凱達格蘭族 (B)道卡斯族 (C)巴宰族 (D)西拉雅族。　【原民五等】

( ) **19** 在清國時期因開山撫番，而開拓現今所稱之八通關古道的是那一位官員？ (A)劉銘傳 (B)沈葆楨 (C)吳光亮 (D)丁日昌。　【原民五等】

( ) **20** 清政府統治平埔族時設有通事一職，以下那一項與通事無關？
(A)協助管理番社，處理熟番事務
(B)進出番地，招撫生番歸化
(C)辦理漢民租用番地，管收番租事宜
(D)入社貿易，代繳社餉。　【原民五等】

( ) **21** 清政府為便利其統治臺灣原住民曾設置所謂「番界」，下列敘述何者錯誤？ (A)番界的設置始於鄭成功治臺時期 (B)能夠有效防止漢人越界開墾 (C)番界於1875年廢除 (D)番界又稱土牛界或紅線。

( ) **22** 清代承認平埔族的土地權，相關的措施是： (A)政府向平埔族徵收土地稅 (B)禁止漢民租用平埔族的土地 (C)平埔族可以向租用其土地的漢民收取「番租」 (D)漢民不可以將租用的土地轉租他人並收租金。　【原民五等】

( ) **23** 清政府曾設置「番屯」徵召原住民駐防「番界」，以下那一個族群不曾是屯番？
(A)布農族 (B)鄒族 (C)邵族 (D)西拉雅族。　【原民五等】

( ) **24** 17世紀可謂是荷蘭的巔峰時期，當時荷蘭的貿易、科學與藝術等獲得了全世界的讚揚，也在當時占領臺灣。當時三個民族，西拉雅族、荷蘭人、漢人，在同一塊土地上，從相識相知，到為了各自的生存、立場與信仰而戰，請問當時曾經發生的歷史事件為何？ (A)郭懷一事件 (B)朱一貴事件 (C)林爽文事件 (D)戴潮春事件。　【101原民五等】

（　）**25** 在清領時期設立專門處理原住民事務（時稱番務）的官吏為何名？旨在保護熟番免於欺凌：　(A)社官通事　(B)南北路理番同知　(C)甲必丹　(D)頭目。　　　　　　　　　　　　【101原民五等】

（　）**26** 清領時期穿越布農族為主的傳統領域，修築八通關古道的是那位將領？　(A)胡鐵花　(B)吳光亮　(C)沈葆楨　(D)劉銘傳。　　　　　　【101原民五等】

（　）**27** 1867年美國籍船羅發號事件在臺灣南部觸礁漂流，後引發船員與原住民衝突事件。該案後來由美國駐廈門領事李仙得跟瑯嶠十八社總頭目何人斡旋？　(A)斯卡羅　(B)潘阿別　(C)卓杞篤　(D)拉馬達仙仙。　　　　　　　　　　　　　　　　　　　　【101原民五等】

（　）**28** 西元1624年，荷蘭東印度公司在大員的沙洲島北端建立奧倫治城（Orange），大員是今日那一個地區？　(A)高雄市　(B)嘉義縣　(C)臺南市　(D)澎湖縣。　　　　　　　　　　　　　　　　【102原民五等】

（　）**29** 下列何者為荷蘭時代第一位來臺的正式牧師，並從事原住民族地區的傳教工作？　(A)干治士（Georgius Candidius）　(B)尤紐斯（Rpbertus Junius）　(C)巴維斯（Johannes Bavius）　(D)哈約翰（Johannes Happart）。　　　　　　　　　　　　【102原民五等】

（　）**30** 清政府為教化原住民，曾於清治初期於原住民族部落內設立「社學」，下列那一個不是社學的內容或目的？　(A)施以漢式教育　(B)參加科舉考試　(C)以三字經與四書做為教材　(D)能夠閱讀與書寫漢文。　　　　　　　　　　　　　　　　　　　　【102原民五等】

（　）**31** 清乾隆25年，閩浙總督楊廷璋、臺灣道台楊景素，在彰化縣與淡水廳邊界修築什麼設施，做為原住民族領域與漢人領域的界線？　(A)城牆　(B)運河　(C)隘勇線　(D)土牛溝。　　　　【102原民五等】

（　）**32** 清嘉慶年間，隘丁郭百年曾對那一個地區的原住民族進行焚殺擄掠，史稱「郭百年事件」？　(A)水沙連　(B)噶瑪蘭　(C)費佛朗　(D)大科崁。　　　　　　　　　　　　　　　　　　【102原民五等】

（　）**33** 清同治年間，發生什麼事件，清朝政府開始進行「開山撫番」政策，積極治理原住民族地區？　(A)北埔事件　(B)奇密事件　(C)太魯閣事件　(D)牡丹社事件。　　　　　　　　　　【102原民五等】

(　　) **34** 荷蘭東印度公司臺灣議會曾將輸出、輸入原住民族村社的交易貨品，視為獨占的經營權，給得標最高的社商包辦，這種制度稱為：　(A)買辦制度　(B)易貨制度　(C)贌社制度　(D)納餉制度。　【102原民五等】

(　　) **35** 荷據時期1636年，荷軍用飢餓、火燒等方式，殺害下列臺灣那一個地方的原住民？
(A)小琉球　(B)基隆　(C)卑南　(D)奇萊平原。　【106原民五等】

(　　) **36** 清領時期，為防範高山上的原住民，因此多在丘陵地區設一些防禦性的組織，此組織為何？　(A)土牛溝　(B)木柵　(C)碉堡　(D)隘。　【106原民五等】

(　　) **37** 清政府禁止漢人購買番地，但並不禁止土著招徠漢人耕作，其土地關係稱為「番產漢佃」，地主收何種租金？　(A)地丁銀　(B)番樣宅　(C)番大租　(D)番餉。　【106原民五等】

(　　) **38** 下列對平埔族失去土地的敘述何者錯誤？　(A)漢人不斷拓墾荒地，導致鹿場流失　(B)平埔族開墾失敗，導致土地流失　(C)番產漢佃導致平埔族喪失土地　(D)漢人通事利用職權牟利，取得廣大的番產。　【106原民五等】

(　　) **39** 清領、日治時期，南庄地區是樟腦產業重鎮，漢人如果想要在這裡農耕開墾、採製樟腦，得先跟當地頭目交涉訂約，並以豬、牛、酒、錢等繳納租金，此稱之為：　(A)山工銀　(B)和蕃費　(C)腦租　(D)番租。　【106原民五等】

(　　) **40** 清領時期，中部的平埔族包括岸裡、阿里史、大甲、吞霄諸社逾千人，在嘉慶年間，由原居地越過中央山脈，抵達下列何地？　(A)宜蘭　(B)埔里　(C)嘉義　(D)臺東。　【106原民五等】

(　　) **41** 有關主管原住民事務機關，下列敘述何者錯誤？　(A)戰後主管山胞事務的部門是行政長官公署民政處第三科　(B)日治初期主管蕃人行政和山林開發事務的是撫墾署　(C)清領時期開山撫番之後，主管開墾事務的機構是外務部　(D)今日臺灣主管原住民族事務的機關是原住民族委員會。　【106原民五等】

(　　) **42** 荷蘭在17世紀是巔峰時期，當時貿易、科學與藝術等獲全世界讚揚，也在當時占領臺灣。在醫師作家陳耀昌小說《福爾摩莎三族

記》描述當時三個民族－西拉雅族、荷蘭人、漢人－在同一塊土地
上從相識相知到為各自生存、立場與信仰而戰，請問當時曾發生的
民族衝突事件為何？　(A)朱一貴事件　(B)郭懷一事件　(C)林爽文
事件　(D)骨宗事件。　　　　　　　　　　　　　　　【106原民五等】

(　　) **43** 第一本有關臺灣原住民族的描述，被認為已是頗為完整民族誌的中
文報導紀錄為下列何書？　(A)隋書琉球傳　(B)裨海紀遊　(C)臺東
州采訪冊　(D)東番記。　　　　　　　　　　　　　【106原民五等】

(　　) **44** 荷蘭聯合東印度公司（Vereenigde Oostindische Compagnie，簡稱
VOC）相關的檔案，除了藏於荷蘭海牙的國家檔案館，也藏於荷蘭
人曾經統治過的幾個地方，這些VOC檔案一直為許多研究者廣泛參
考與利用。請問那一個國家跟臺灣原住民族委員會締約並將其檔案
複本贈送給臺灣？　(A)荷蘭海牙的國家檔案館　(B)雅加達的印度
尼西亞共和國國家檔案館　(C)斯里蘭卡可倫坡的斯里蘭卡國家檔案
館　(D)南非國家檔案館的開普敦檔案存放處。　　　【106原民五等】

(　　) **45** 下列是清朝領臺時期，相關原住民的管理與稱呼，何者正確？
(A)番割主要處理開墾事務　(B)官府設置「通事」負責原住民與
政府之間的翻譯與交涉工作　(C)清朝早期曾為所有番社設置「社
商」，直到清末才廢除　(D)「通事」、「社商」、「番割」都不曾
侵害原住民利益。　　　　　　　　　　　　　　　【106原民五等】

(　　) **46** 清朝殖民政權實施「番大租」的「加留餘埔」制度，是為了要限制
漢族墾殖並提供土地保護原住民生活，但是因為缺乏積極度與約束
性，反而讓比較強勢的漢族以巧奪欺騙方式占據了土地。請問，
「加留餘埔」比較接近何種政策？
(A)保留地政策　(B)人口普查政策　(C)山地放領與墾殖條例
(D)三七五減租土地放領辦法。　　　　　　　　　　【107原民五等】

(　　) **47** 荷蘭時期臺灣南島語族的涉外事件中，依照事件本身的性質約略來
看，大概有戰役、結盟、主權紛爭或是轉移、滅族等。下列描述相
關涉外事件，何者錯誤？　(A)1629年6月，臺南一帶的新港社為了維
持臺灣西南平原霸主地位，對前來訪視的荷蘭東印度公司長官發動
攻擊　(B)1635年底到1636年初，東印度公司為了確立在臺灣西南平
原的霸權，報復先前荷蘭人遭殺害，以及協助其盟社新港社對抗其

南方的敵人等種種原因，與新港社聯合組聯軍，先後出兵麻豆社、阿猴社、蕭壠社 (C)1630年代下半，東印度公司延續過往政策對小琉球進行清鄉，將島上的南島語族人淨空，之後出租給華人謀利，並也對雲林一帶的虎尾 社發動戰役 (D)1644-1645年間，荷蘭東印度公司開始對中臺灣勢力最強大的大肚王轄下部落發動攻擊，1645年4月大肚王Takamacha前往臺南赤崁參加針對高屏地區部落辦理的地方會議，最後完成正式對東印度公司的歸順儀式。 【107原民五等】

( ) **48** 臺灣原住民族群最早的書寫系統稱為： (A)馬卡道文 (B)麻豆文 (C)新港文 (D)道卡斯文。 【107原民五等】

( ) **49** 十八世紀清國乾隆年間，為管理管轄境內平埔族（熟番）所設立的機構（官職）是： (A)理藩院 (B)理番同知 (C)理蕃課 (D)山地行政科。 【107原民五等】

( ) **50** 1638年初，荷蘭人為了尋找傳說中的金礦產地，派兵進入臺東一帶。之後並進入卑南社（當時文獻紀錄稱為pimaba）與其領袖Magol達成和平協議並結盟，開啟了荷蘭人與卑南社人共同統治東臺灣的局面。在此之際，荷蘭人曾與那一社交戰？ (A)牡丹社 (B)太麻里社 (C)初鹿社 (D)麻豆社。 【108原民五等】

( ) **51** 臺灣歷史上最早大規模改信基督宗教的原住民部落係屬於那一個時代的那個族群？ (A)荷治時期的西拉雅族 (B)清治時期的馬卡道族 (C)日治時期的太魯閣族 (D)清治時期的噶瑪蘭族。 【108原民五等】

( ) **52** 最早記錄原住民聚居單位為「社」者係那一份歷史文獻？ (A)東番記 (B)臺灣府志 (C)諸羅縣志 (D)番俗六考。 【108原民五等】

( ) **53** 請問下列那個人物不是清朝執行開山撫番相關政策的行政首長？ (A)丁日昌 (B)沈葆楨 (C)楊廷璋 (D)劉銘傳。 【108原民五等】

( ) **54** 荷蘭人對臺灣西南部原住民的征伐，一直到1635年之前尚未獲得決定性的勝利。1633年料羅灣海戰之後，荷蘭人與鄭芝龍達成協議，自此，荷蘭人有餘力全力對付臺灣的原住民。1635年11月，配合來自巴達維亞城的援軍，荷蘭人聯合新港社人攻打那一社，該社被擊垮後，與荷蘭人簽訂和平協約，荷蘭人並召集其他各社代表前來見證？ (A)放索社 (B)下淡水社 (C)麻豆社 (D)塔樓社。 【108原民五等】

解答及解析

1 (A)　2 (B)　3 (C)　4 (D)　5 (B)
6 (B)　7 (A)　8 (B)　9 (C)　10 (A)
11 (C)　12 (A)　13 (B)　14 (C)　15 (B)
16 (A)　17 (D)

18 (D)。新港文書即西拉雅族新港社語的羅馬拼音文字。

19 (C)。八通關古道為開山撫番道路中的中路，為總兵吳光亮所闢建。

20 (D)。清代通事負有官方與土著間傳譯、溝通、催辦勞役等要務。

21 (B)。仍有漢人越界，進行走私貿易。

22 (C)。比照漢人開墾有大租小租等特色，即漢人向平埔族承租土地時，仍須繳納定額度之番租。

23 (A)。番屯為清代以熟番為主要軍事武力的軍事屯田制度。鄒族及邵族等熟番因平定林爽文之亂有功，乃認為熟番武力可用於維護治安。

24 (A)。朱一貴事件、林爽文事件、戴潮春事件為清代臺灣三大民變。

25 (B)。為改善通事制度弊病，乾隆31年（1766）設立南北路理番同知，以專責處理番社事務，避免漢人的持續剝削。

26 (B)。胡鐵花為胡適父親，曾任清代臺東直隸州知事。

27 (C)。協議內容為：原住民需對此事件悔過，爾後有船員遇難需加以救助，生番所在地區不得設立礮台。

28 (C)。大員即今臺南安平一帶。

29 (A)。荷籍傳教士干治士至西拉雅族新港社傳教。

30 (B)。清初採消極治臺政策，於部落內興建社學主要目的在於漢化。

31 (D)。設立土牛紅線作為漢番界線。

32 (A)。水沙連即今埔里地區。

33 (D)。同治十三年發生牡丹社事件，事件後清政府開始開山撫番，積極經營番地。

34 (C)。荷蘭人藉此制度掌控番地交易。

35 (A)　36 (D)　37 (C)　38 (B)　39 (A)

40 (A)。平埔族在清領時期，共發生了四次較大規模的遷移。首先是清嘉慶年間，中部平埔族移往宜蘭縣境內；其次是道光年間的三次大規模遷移，包括中部平埔族移往埔里盆地；西拉雅族移居臺東；噶瑪蘭族南移至花蓮、臺東兩縣境內。

41 (C)

42 (B)。朱一貴事件、林爽文事件是清代在臺漢人抗官民變事件；骨宗事件發生於雍正年間，為邵族水社頭目骨宗為抗拒生活空間被漢人壓縮而發起的一系列出草行動。

43 (B)　44 (D)

45 (B)。(A)番割係指和漢人生意買賣的原住民，(C)社商係指在番社中承包租稅與買賣物品等工作，康熙年間廢除。

46 (A)

47 **(A)**。新港社係其中最弱小的村莊，
經常會被最強大的村莊麻豆社所攻
擊，所以後來選擇和荷蘭殖民當局
合作。

48 **(C)**　49 **(B)**

50 **(B)**。1638年，荷蘭人為尋找金礦
產地，派兵進入臺東一帶，途中與
太麻里社交戰，並進入卑南社與其
領袖Magol達成和平協議並結盟，
開啟荷蘭人與卑南社人共治東臺灣
的局面。

51 **(A)**

52 **(A)**。(A)明朝人陳第於萬曆31年
（1603）因隨沈有容驅逐倭寇而

來臺時，將其對臺灣地理與原住民
族的人事雜記觀察著作而成《東番
記》，記述當時沿岸的原住民生活
習俗與地理風光，為最早描繪臺灣
西部平埔族生活的著作。(D)番俗
六考為康熙61年（1722）巡臺御
史黃叔璥所著之臺海使槎錄一書之
分類部名。所謂「番俗」即平埔族
之風俗。而「六考」者，即是臺灣
南北各地番社之「居處」、「飲
食」、「衣飾」、「婚嫁」、「喪
葬」、「器用」六大項加以分別考
察而記載。

53 **(C)**　54 **(C)**

【申論題】

一、清領時期，平埔族共歷經四次族群大遷徙，試分述此四次遷徙之特色。

答 清領時期，大量漢人移民自中國東南沿海地區移入臺灣，漢人透過買賣、
騙取、搶奪、婚姻等方式大量獲得原本屬於平埔族群生活空間之土地，在
土地日漸減少下，平埔族群為求生計發展以及族群之延續，因而發動數波
民族大遷徙之活動，茲分述如下：

(一) 嘉慶九年，中部平埔族（洪雅、巴布薩、巴則海、道卡斯）等族大舉往
噶瑪蘭地區遷徙，為平埔族四大遷徙之第一次。受到提早一步前往宜蘭
開墾之漢人影響，中部平埔族諸番依然無法於蘭陽平原尋找到其移民新
天地，大部分族社選擇遷回原居地，此次跨族群遷徙以失敗收場。

(二) 道光三年，中部平埔族聯合移入埔里地區，為平埔族第二次族群大遷
徙。嘉慶年間，原埔里二十四番社受到郭百年事件之影響，造成族群發
展上嚴重之破壞，此時中部平埔族諸番在首次民族遷徙噶瑪蘭失敗後，
正尋求新的移民天地時，洽逢郭百年事件。埔里二十四番社為求防禦漢
人再度入侵，遂透過水社番引介與中部平埔族共四社簽訂「公議同立合
約字」，而這次中部平埔族群大遷徙也是道卡斯平埔族第二次遷徙。

(三) 道光九年，西拉雅族群往南越過中央山脈，朝花東縱谷等地遷徙，為平埔族群第三次遷徙。漢化已久的西拉雅族，定居農耕生活已成為主要生活型態，隨著商業文化的發展，因「乏銀」（缺錢）著而變賣祖產者為數眾多，基於土地需求迫切，乃於清道光年間，跨越中央山脈，冒險進入臺灣東部。

(四) 第四次族群大遷徙為噶瑪蘭族所發動。噶瑪蘭族在面對一波波的漢族移民勢力以及泰雅族持續的威脅下，噶瑪蘭族開始其大規模之遷移活動。初次大規模遷移花蓮為道光十五年左右，然後續遷往者以咸豐年間較多，一般而言以道光年間加禮宛社大規模移民奇萊（花蓮）為代表，因其移民人口及勢力最大，甫至花蓮即建立六社之規模，並選擇今花蓮縣新城鄉作為其根據地，後噶瑪蘭族人持續往花蓮移民，迄同治時期，勢力發展到可凌駕於阿美、泰雅兩族之勢力，並持續往花東縱谷擴充其分布地區。

二、解釋名詞：(一)新港社之役　(二)新港文書　(三)營盤田

答 (一) 新港社之役：西元1629年，新港社人抗荷，後荷人焚毀新港社，族人投降，從此新港社人成為荷蘭統治者之親密夥伴，助荷人平定諸番社亂事及漢人變亂等。

(二) 新港文書：荷蘭牧師在臺南新港社傳教時，利用羅馬拼音拼注西拉雅語言用以翻譯聖經和宗教書籍，此即為新港語。後西拉雅族人與漢人間有土地買賣等契約時，大都會用以新港語另寫一份契約書，以防被騙取，此即為民間所俗稱之「番仔契」，或名「新港文書」。新港文書之重要性乃在於研究十七、十八世紀臺灣南部平埔族群重要之研究史料。

(三) 營盤田：為軍事屯墾之田地，現今臺灣南部地區諸多地名如新營、柳營等皆來自於此一軍事屯墾政策。明鄭所施行的寓兵於農的屯田政策以及各項徵收之重賦，對於平埔族諸群產生頗為深切之影響，相較於荷蘭殖民者，明鄭所帶來的統治反而是更加的暴虐與剝削。

Unit 5　日治時期原住民族史

依據出題頻率分為：**A頻率高**　B頻率中　C頻率低

【命題關鍵】理蕃政策

【考點分析】以日治各時期的理蕃政策內容為主，又該政策內容對於原住民族的文化產生何種影響，均為歷次命題焦點核心。

經典考題

1.請就清、日「撫墾」政策進行比較。【原民三等】
2.試論霧社事件後日本殖民政府對原住民族政策的變革。【原民三等】
3.試論日治時期原住民部落的變遷。【原民三等】
4.日治時期日本總督府對原住民進行舊慣調查的目的何在？這些資料留存到現在，對原住民族具有那些價值？【101原民三等】
5.臺灣原住民傳統社會，在日本統治下有結構性的改變，試申論之。
6.解釋名詞：生番、熟番。【104原民四等】
7.日治時期對原住民族土地制度影響最巨大為「森林資源」調查，並分類各種森林土地資源加以管理，請說明這些調查之後的土地管理以及對原住民族的影響。【107原民三等】

一、日治時期重要年表

時間	事件
1898	英國人必麒麟所著《歷險福爾摩沙》一書，對於當時臺灣原住民生活文化多有描述。
1900	發現阿里山森林資源。
1902	因開墾樟腦糾紛，引發以南賽夏族群為主的南庄事件。
1903	成立「蕃地事務調查委員會」，原住民行政事務歸警察管理，並積極開發山地資源，開闢山區道路。

時間	事件
1904	阿里山鄒族達邦社番童教育開始，為警察辦學之始。
1905	十月一日日人在臺第一次進行戶口調查，番社：七八四社。人口：平埔族：四六四三二人，高山族：三六三六三人。
1906	佐久間左馬太總督樹立「五年理番事業」計畫。
	總督府於警務署成立番務課，以武力使原住民歸順。
1907	確立番地教育政策。
1910	開始實施五年理番計畫，武力討伐原住民，設立山地警察機關、開鑿山地警備道路、推進隘勇線。
1911	大安溪上游泰雅族北勢群攻日，襲擊大湖廳松永交換所。
1913	排灣族人攻阿猴廳（今屏東）奇里奇里社駐警。
1914	佐久間總督攻太魯閣番，苦戰九〇天，為太魯閣之役，為對臺灣原住民發動規模最大之戰爭。
1915	日警為收繳布農族、鄒族各社槍械，布農族組織抗日，爆發「大分事件」。
1917	布農族丹大社聯合巴羅博社、花蓮港廳轄內原住民攻擊丹大日警駐在所，是謂「丹大事件」。
1923	日本裕仁親王（後昭和天皇）訪台，改「生番」等名稱為「高砂族」。
1925	泰雅族賽德克亞族花岡一郎入臺中師範就讀，為原住民族第一人。
1930	霧社事件爆發，引起理番政策總檢討。
1933	公布「全臺灣高砂族集體移住十年計畫」。
	臺北帝國大學村上直次郎以西拉雅族地契彙編成《新港文書》。
1942	實施志願兵制度，徵召原住民編成第八梯次「高砂義勇隊」，遠赴南洋作戰。【101原民五等】

二、日治時期理蕃政策

(一) **初期綏撫政策**【西元1895年～1902年】

背景：日本治臺之初，**臺灣尚有持續性地反抗力量，為先弭平島內動亂，對於原住民政策乃沿用清代撫墾局的概念，對原住民採取綏撫政策。**

內容：

1. 綏撫政策初期主要由撫墾署推行，內容與樟腦利益有密切關係。

2. 乃木希典總督認為先進行「蕃語研究」、「蕃情調查」以為日後的蕃地開發建立基礎。

3. 兒玉源太郎總督確認臺灣財政獨立的目標，乃於1899年開始實施樟腦、鴉片、食鹽等專賣制度。

4. **原住民所在的「蕃地」成為阻礙樟腦專賣的元兇，政策開始明顯轉向取締「蕃害」以強力警備措施保護樟腦事業，即延用清代的「隘勇制度」並配合警察來加以監督。**

5. 隘勇制度與原住民利益產生衝突，促使原住民團結抗日更加激烈。

(二) **武力理蕃政策**【西元1902年～1915年】【98、102原民五等、98、10原民三等】

背景：西元1902年，因為樟腦開發上的利益糾紛（剝奪原住民土地權及樟腦製造生業權），使賽夏族爆發大規模抗日的「南庄事件」，使日本政府體認到綏撫政策的不可行性，因此於佐久間左馬太總督時代展開為期十年的武力「理蕃政策」。

內容：

1. 南庄事件後，總督府體認到委託民間實施的隘勇制度對於維持山區治安功能有限，乃改為官辦制，此舉使得總督府獲得對警備線的全盤控制，同時也掌握番地資源，並透過隘勇線的逐次推進及採取「以蕃治蕃」的策略達到圍堵進逼目的。

2. 綏撫時期，番地政策由殖產局、專賣局、警察本署分別負責，後改為全部警察本署負責，建立番地專勤警察制度。

3. 對於北番（泰雅族）以隘勇線武力包圍策略；對南番（布農、鄒、阿美、卑南、魯凱等族）採取安撫教化策略。

4. **持地六三郎主張以「弱肉強食」的帝國主義理論制定「理蕃政策」，強調以經濟觀點對待蕃人，以武力排除蕃害，並按歸順程度將「蕃人」劃分為「熟」、「化」、「生」三階段。**

(1)「熟蕃」：漢化平埔族，服從國家主權領導，與漢人視為同一階級。

(2)「化蕃」：不出草且定居農耕，服從政府教化的「蕃人」。

(3)「生蕃」：出草、無定居、不服從教化的「蕃人」。

以經濟利益來看待「蕃地」問題，在追求帝國利益的同時，不惜犧牲臺灣原住民族的人權與文化，因此原住民的抵抗也愈激烈，其中又以北部泰雅族的抵抗更為強烈。

5. 日治初期，僅對於北部山區原住民有較大規模的武力鎮壓及設置隘勇線的制度，對於南部和東部山區，因受限於經費、人力問題，大都採取安撫教化策略，並借重於漢人通事，不過此舉卻造成漢人通事坐大甚至於無視政府存在之現象。日人改採「以蕃治蕃」的策略改善此等問題，利用各原住民族間的仇恨，適時提供槍彈，使其互相殘殺，達到消耗原住民實力的目的。

經典考題

1. 請說明佐久間總督的「五年理蕃」政策。【原民三等】
2. 解釋名詞：理蕃政策大綱。【101原民三等】
3. 日本皇民化運動的主要內容為何？對臺灣原住民族的影響又為何？
【102原民四等】
4. 解釋名詞：「甘諾」政策。【102原民三等】
5. 試說明日本統治如何改變原住民之經濟生活。【104原民四等】
6. 解釋名詞：《理蕃之友》。【108原民三等】
7. 日治初期總督府於各地設置撫墾署，試說明當時撫墾署階段性的任務。【109原民四等】

---

6. 第五任總督佐久間左馬太以掃蕩生番為主要施政，並於1907年開始推行五年「理蕃計畫」，其主要內容如下：

(1)初期延續「北蕃」武力推進，「南蕃」教化的政策，並加入「甘諾」，即誘使原住民甘心接受日本要求，並承諾在其境內設置隘勇線，使番民在不自覺情況下陷入政府所涉圈套，再輔以「撫蕃策略」，使「生蕃」轉為「化蕃」。

(2)所謂「撫蕃」即掌控番人的民生經濟，並施以國語教育，從文化觀點改變番人的價值觀念，並適時利用食鹽、鐵器等用品作為賞罰回報，以利「甘諾」實施。

(3)於山地開闢交通網，在北蕃地利用隘勇線逐步推進，南蕃則透過蕃社間佈設，於扼地設警察機關，以利進行番地事業及強化應變能力。

(4)為謀求通曉番語之人才，乃鼓勵未婚警察與番社頭目女兒結婚，藉以通曉番族民情，進而培養親日的番社。

(5)因「甘諾」政策使原住民族深深覺得被日人所欺騙，在隘勇線逐次進逼的情況下，使原住民生活空間日益縮小，因而陸續產生大小規模抗日事件，**證明「甘諾」政策無法有效施行，乃於1910年起以「軍事討伐」取而代之，此即第「二次理蕃五年計畫」。**

(6)「二次理蕃五年計畫」最主要的目的在於解除番人武裝，並與隘勇線的推進行為分開，另行開闢多條山道。此次「理蕃計畫」為軍事行動，原住民族為保全家園，避免殲滅，也開始出現番人聯合抗日之現象，如首先爆發的北部泰雅族大嵙崁事件、太魯閣之役等，日軍雖出動機槍、山砲等現代武器，但仍有布農族、排灣族、泰雅族等部份高山番尚未降服。

(三)同化政策時期【西元1915年～1937年】【98原民四等、98、100、102原民五等】

背景：日軍在出動機槍、山砲等武器後，始為剿滅番社之動亂，為確保此一討番事業，在全面平定後，開始大力推行撫育政策，以警察為實施手段，**向番民推動日本文化，輔以「蕃童教育」，並實施定居農業及集團遷往，以利同化政策實施。**

內容：

1. 推行定居農耕及集團遷移政策，以改善番民遊耕、狩獵之舊習。

2. 番人雖已接受日警的宣導教化，但仍須加強教育系統，故於地方官制中增設視學官，採取由番童做起的教育方式，澈底為番民洗腦，灌輸日本文化。

3. 日本警察對於原住民的強制勞役，濫用職權壓榨原住民，乃於西元1930年爆發霧社事件，總督石塚英藏引咎辭職。

4. **霧社事件中，接受上級精英教育的賽德克族模範番人「花岡一郎」、「花岡二郎」並未於事件爆發前發揮預警效果，乃決定放棄以往的精英少數番童教育政策，改為番童普遍接受教育，實施國語、農耕訓練，進而達到番社教化目的。**

5. 日治時期的學校教育對原住民社會文化的影響如下：

(1)**番童教育不重視知識發展，反而重視「生活改變」，如種植水稻、養蠶編藤、勤勞定耕、基礎衛生等教育內容，以求改變傳統生活習慣。**

(2)成立各種與番人教化成果有關協會，如「頭目會」、「家長會」、「青年會」、「婦女會」、「國語普及會」，番人的傳統社會結構面臨衝擊。

A.番人領導人不分族別及其文化，統一由日本政府指派，傳統頭目日益沒落。

B.日本警察挑選親日青年組成青年團，並由其擔任部落頭目或社長。

C.「青年團」乃「蕃社改善之先達者」，使其成為部落中之模範。

6. **西元1935年所召開的「高砂族青年團幹部墾親會」將番人改稱為「高砂族」，確認理番政策成功。**

7. 為加速高砂族生活改變，推行各類如廣播、電影等社教活動外，接連開辦如產業指導所、農業講習所、婦女助產講習及各種體能訓練等營隊，甚至在西元1938年於各地成立「奉公會」，似乎代表高砂族願意為日本南進政策犧牲奉獻。

經典考題

1. 試析日治時期的學校教育對原住民社會文化的影響。【原民四等】
2. 試論日治時期殖民政府之教育對部落人民之影響。【原民四等】
3. 解釋名詞：高砂族。【101原民三等】
4. 日治時期曾將臺灣原住民族組成高砂義勇隊，請介紹其背景與歷史。解嚴後的臺灣多元化的社會如何看待高砂義勇隊？請以新北市烏來的「高砂義勇隊紀念碑」為例申論之。【106原民三等】

(四) **後期皇民化**【西元1937年～1945年】【98、101原民五等、102原民四等】

背景：後期日本對於臺灣的殖民政策為「南進」、「工業化」和「皇民化」，此時的原住民政策進入最終目標，**即番地全面國有化，以利全面開發之需，番人則應融入平地生活圈中，從事農業以外之工作以求謀生。太平洋戰爭爆發後，則徵集高砂義勇隊赴南洋作戰，直至戰後光復始結束這長達半世紀奴隸原住民的血淚史。**

內容：

1. 理番政策的中心思想為「蕃地應為日本企業墾殖或貢獻研究調查之用」，番地改編入普通行政區，以及對「高砂族」加強國語訓練和職業訓練等。

2. 原住民熟悉叢林作戰以及優越的野外求生技能，使日本政府有意將其投入於南洋叢林作戰中，西元1942年首批「高砂義勇隊」赴菲律賓作戰。

三、日治時期土地管理政策：

(一) 1895年治臺後發布之「官有林野及樟腦製造業取締規則」為日治時期的林野調查與林野整理之主要依據，內容摘要如下：

1. **無主地國有化原則：**

   無上首證據及山林原野之地契，算為**官地**。

2. **未列帳土地，則統稱為林野。**

(二)1925年總督府開始執行「森林計畫事業」，針對林野進行治水、區分等調查，並將其區分為：

1. 要存置林野：要作為國有地而存置者。

2. 不要存置林野：不要作為國有而存置。

   1928年日本總督府再以訓令第81號〈森林計畫事業規程〉規定，增加了「準要存置林野」以解決「蕃人占有地」問題。

   「準要存置林野」的**所有權是國家，原住民只有使用權**，該保留地的區分未與原住民妥善溝通，且其區分亦未考慮原住民對土地的利用方式。

精選範題

【測驗題】

(　　) **1** 關於「原住民保留地」的設置，下列敘述何者錯誤？　(A)始於戰後國民政府為保障其生活所劃設　(B)日治時期為集中管理原住民所劃設　(C)非原住民可以依法申請租用　(D)日治時期為保障原住民生活基礎根據每人3公頃的標準所劃設。

(　　) **2** 在日本統治臺灣末期，一共組了幾個梯次的高砂族義勇隊，赴菲律賓、新幾內亞、婆羅洲等南太平洋諸島與叢林地區作戰，動員了約4千2百人，死傷頗多，對後續的原住民社會發展造成重大影響？(A)五梯次　(B)六梯次　(C)七梯次　(D)八梯次。　【101原民五等】

(　　) **3** 日本於西元1895年接收臺灣後，隨即頒布多項法令，其中什麼法令開啟原住民族土地盡數為現代國家占有的源頭？　(A)《臺灣礦業規則》　(B)《砂金署章程及砂金採取規則》　(C)《官有林野及樟腦製造業取締規則》　(D)《理番大綱》。　【102原民五等】

(　　) **4** 日本施予臺灣原住民族各項政策中，被視為同化政策最根本之措施為下列那一項？　(A)蕃童教育　(B)集團移住　(C)警察統治　(D)甘諾政策。　【102原民五等】

（　）　**5** 於西元 1902 年提出「關於蕃政問題的意見書」，將原住民族三分成「熟蕃」、「化蕃」、「生蕃」，是那一位日本官員？　(A)兒玉源太郎　(B)後藤新平　(C)持地六三郎　(D)大津麟平。　【102原民五等】

（　）　**6** 任期自西元 1906 年至1915 年，並提出以武力征服臺灣原住民族地區為目的的「理蕃五年計畫」，是那一位日本總督？　(A)樺山資紀　(B)乃木希典　(C)桂太郎　(D)佐久間左馬太。　【102原民五等】

（　）　**7** 西元 1935 年，日本臺灣總督府主辦「施政四十年」紀念活動，為表示「教化政策」已取得成效，活動後將臺灣原住民族從「蕃人」改稱為什麼？
(A)高山族　(B)高砂族　(C)能高族　(D)原住民族。【102原民五等】

（　）　**8** 日本總督府為限制原住民族活動區域，在那一種林野劃設「蕃人保留地」？　(A)不要存置林野　(B)要存置林野　(C)準要存置林野　(D)私有林野。　【102原民五等】

（　）　**9** 霧社事件後，日本統治當局強力推行改造蕃人的社會教化運動，其中日本警察最重視的社會教化機構為何？　(A)「頭目・有勢力者會」　(B)「國語普及會」　(C)「家長會」　(D)「青年團」。　【102原民五等】

（　）**10** 臺灣原住民族部落社會組織自何時開始全數被現代國家行政組織所完全取代？　(A)理蕃五年計畫時期　(B)皇民化時期　(C)二次戰後初期　(D)山地三大運動時期。　【102原民五等】

（　）**11** 從明治42年（1909年）官制改正起，採用編年體，寓記事本末的官報，舉凡「防蕃」機關、撫墾署（後改為辦務署）、隘勇線的設置與運作、殖產部門樟腦製造與特許、「蕃產」調查、出入「蕃地」的規範。是下列那一本書？　(A)理蕃誌稿　(B)理蕃之友　(C)蕃人事情　(D)臺灣蕃地開發和蕃人。　【106原民五等】

（　）**12** 蕃童教育所是臺灣日治時期，臺灣總督府施予原住民義務教育的學校，1904年第一個蕃童教育所設於：　(A)達邦（Tapang）蕃童教育所　(B)太魯那斯（Talunas）蕃童教育所　(C)松林部落（alang Pulan）蕃童教育所　(D)紅頭部落（Icimoron）蕃童教育所。　【106原民五等】

（　）**13** 昭和16年（1941年）12月，日本戰事進入太平洋戰爭，臺灣軍司令宣布臺灣進入戰時體制，下列何者敘述錯誤？　(A)組織山地青年團

和女子青年團，施予「皇民煉成訓練」　(B)為吸引山地青年，放寬原住民各種風俗習慣，以積極獲取他們對政府認同　(C)在山地高喊增產報國、加強授產、增加養蠶、堆肥、水田耕作的技術指導與普及化　(D)國語（日語）普及化、國防獻金、國民儲蓄等配合戰時體制的要求。　　　　　　　　　　　　　　　　　　　　【106原民五等】

(　) **14** 1941年到1945年間，日本政府徵調臺灣原住民族出征南太平洋，史稱「高砂義勇隊」，請問「高砂義勇隊」一共徵調幾梯次？　(A)3次　(B)7次　(C)5次　(D)11次。　　　　　　　　　　【106原民五等】

(　) **15** 日治時期推動五年 蕃計畫，主其事者是那一位日本總督？
(A)山本五十六　　　　(B)佐久間左馬太
(C)樺山資紀　　　　　(D)後藤新平。　　　　　　　　【106原民五等】

(　) **16** 1930年10月27日被日本統治者視為「模範蕃地」的霧社竟爆發武裝反抗事件，導致134名日本人遭到殺害，驚動日本內地。臺灣總督石塚英藏、總務長官、警務局長、臺中州知事等人，皆為此事引咎辭職。新任臺灣總督太田政弘到任時，宣示將以霧社事件的善後方法為其施政課題。經過將近一年的檢討，總督府於1931年12月28日發布《理蕃政策大綱》，請問其施政重點為何？　(A)水田化政策　(B)設置公學校　(C)集團移住　(D)強迫通婚。　　　　【106原民五等】

(　) **17** 日本時期，對於原住民族群社會實施「集團移住」的統治政策，下列何者敘述正確？　(A)並未禁止或改變傳統部落的歲時祭儀　(B)盡量讓每個家族、氏族同居住一區　(C)移住布農族時很多舊部落不是完整地從舊址移到新址　(D)移住之後泰雅族很快適應農耕生活。　　　　　　　　　　　　　　　　　　　　【106原民五等】

(　) **18** 第二次世界大戰時期原住民族受徵召參戰，其組成組織名稱為何？(A)高砂義勇隊　(B)高山義勇隊　(C)高原義勇隊　(D)高島義勇隊。　　　　　　　　　　　　　　　　　　　　　　【107原民五等】

(　) **19** 日本人殖民臺灣期間，在東臺灣所進行的林野整理事業內容，下列敘述何者不正確？　(A)日治時期總督府希望將東臺灣作為日本內地移民的生活空間　(B)明確劃定原住民土地範圍，藉以取得廣大剩餘土地的支配權　(C)開始針對原住民土地利用方式進行限制，積極介入各族土地舊慣，繼而推動個人土地所有權的認定與登記　(D)維持原住民狩獵、採集與原有農耕技術的經營模式。　　　　【108原民五等】

(　　) **20** 1896年，總督府以培養通譯為目的，在臺灣各地開辦了十餘處的
國語傳習所。請問原住民地區的第一個國語傳習所是設在下列那
一個地點？　(A)臺東馬蘭社　(B)恆春豬勝束社　(C)臺東卑南社
(D)花蓮奇密社。　　　　　　　　　　　　　　　　　　【108原民五等】

(　　) **21** 日治前期對於臺灣原住民的分類除了「生蕃」、「熟蕃」之外，
還有所謂的「平地蕃（人）」。下列有關「平地蕃」的敘述何者
錯誤？　(A)「平地蕃」指的是居住地已經劃入普通行政區的生蕃
(B)「平地蕃」就是日後的平埔族　(C)「平地蕃」自1914年後，必
須向官方繳納地租　(D)「平地蕃」包括阿美族、卑南族和部分排灣
族。　　　　　　　　　　　　　　　　　　　　　　　　【108原民五等】

(　　) **22** 下列那一位日本學者不是1935年出版的《臺灣高砂族系統所屬之研
究》三名作者之一？　(A)移川子之藏　(B)馬淵東一　(C)宮本延人
(D)佐山融吉。　　　　　　　　　　　　　　　　　　　【108原民五等】

(　　) **23** 1900年代臺灣棒球運動開始萌芽，1931年擁有部分原住民族籍選手
的嘉義農林學校野球部（棒球隊）前往日本甲子園比賽，先後擊敗
神奈川商工、札幌商業、小倉工業，奪得亞軍，震驚日本，當時甚
至流傳一句話，「英雄戰場・天下嘉農」。這段光榮的歷史，後來
在那一部電影中重現？　(A)海角七號　(B)Kano　(C)高砂的翅膀
(D)神祖之靈歸來。　　　　　　　　　　　　　　　　　【108原民五等】

解答及解析

1 (A)。山胞保留地即現今所稱原住民
保留地，係源自日治時期「蕃人所
要地」概念。

2 (D)。二戰時期臺灣軍司令長官本間
雅晴中將注意到臺灣原住民特殊的
體能和耐力，對其在熱帶高山叢林
作戰的能力有所期待，遂規劃動員
「高砂義勇挺身報國隊」，依此名
義動員的高砂義勇隊則計有八梯
次，人數約八千餘人。

3 (C)。官有林野政策將傳統的原住民
狩獵領地規劃為國有。

4 (A)。蕃童教育徹底改變原住民族的
價值觀，嚴重影響原住民族的傳統
文化價值。

5 (C)。持地六三郎依蕃人歸順程度劃
分為生蕃、熟蕃、化蕃，藉以實施
不同的管理政策。

6 (D)。佐久間左馬太又有理蕃總督
之稱。

7 (B)。西元1935年日人將蕃人改稱高砂族，確認理番政策成功。

8 (C)。日本人把臺灣的土地區分為「要存置林野」、「準要存置林野」及「不要存置林野」，其中「準要存置林野」，又稱為「番人所要地」。

9 (D)。使青年團成為部落中的模範。

10 (C)。二戰初期將蕃地納入普通行政區。

11 (A)。(B)《理蕃之友》是日治時期臺灣總督府警務局理蕃課於1932年至1943年所編輯、發行之刊物。(C)《臺灣蕃人事情》是伊能嘉矩所著，將臺灣原住民分為八族，並將其中之一的平埔族細分為十個族群，成為往後臺灣原住民研究、分類的重要依據。(D)《臺灣蕃地開發和蕃人》是臺灣總督府警務廳理蕃課所編，內容以記載蕃地開發和集體遷往策略等評論為主。

12 (A)　**13 (B)**　**14 (B)**　**15 (B)**　**16 (C)**
17 (C)　**18 (A)**　**19 (D)**

20 (B)。國語傳習所為日治初期實施基礎教育學制的場所，為日後公學校前身。在1896年於臺灣設立14間國語傳習所，其中豬勝束分教場（今屏東滿州國小）為臺灣原住民的第一所西式教育場所）。

21 (B)

22 (D)。臺灣總督府於1901年組成「臨時臺灣舊慣調查會」，其中舊慣會蕃族科於1909年成立後，由佐山融吉主編的《蕃族調查報告書》八卷便在此時出版。當時的原住民尚未產生太過顯著的社會變遷，因而構成研究原住民傳統社會與文化的絕佳素材。

23 (B)

Unit **6**　戰後臺灣原住民族史

依據出題頻率分為：**A頻率高**　**B頻率中**　**C頻率低**

【命題關鍵】原住民族權利促進、都市原住民
【考點分析】光復後政府原住民政策的演變，以及原住民族利益團體如何推行
　　　　　　相關原住民族的權利促進等相關議題，以及工商業普及後，大量
　　　　　　原住民族遷往都市謀生的現象，均為歷次命題焦點核心。

> **經典考題**

1.你認為當前臺灣原住民族社會文化的發展存在那些問題？其癥結為何？請論
　述你認為較佳的解決方法。【原民三等】
2.原住民民族認定往往衍生爭議，請討論「民族認定」政策對於原住民族的意
　義，並請舉例說明其問題癥結所在。【原民三等】

一、光復後重要年表

時 間	事 件
1970	臺東馬蘭阿美族人楊傳廣獲羅馬奧運十項運動亞軍。
1981	政府擬定包括開發交通、發展教育、改進生產技術、改善生活環境（國宅出現）、整建國土保安等五項設施，以積極開發蘭嶼地區。
1988	臺灣省政府推行諸多項有關於保障原住民經濟生活，維護其傳統文化等原住民政策。
1992	花蓮噶瑪蘭後裔成立「花蓮縣噶瑪蘭族協進會」，並組成160人之返鄉團，參加「後山噶瑪蘭人返鄉尋根活動」。
1993	1.噶瑪蘭族人為求復興其傳統之文化特色，跳脫過往傳統阿美族豐年祭形式，自主性地舉辦噶瑪蘭節。 2.聯合國會議中決議1993年為聯合國國際原住民族年。1994年聯大會議做出決定，將8月9日──聯合國原住民工作小組首次會議的日期，確定為「國際原住民日」。

時 間	事 件
1994	原住民正名運動獲得政府之重視。政府擬定推行有關於原住民教育及就業等諸多項行政措施。
1995	立法院通過姓名條例修正草案，恢復慣有傳統原住民姓氏，不需冠漢姓。蘭嶼雅美族人發起「反核廢、驅惡靈」示威抗議活動。
1996	1.臺北市介壽路更名為「凱達格蘭大道」，以表對原住民之注重。花蓮新社噶瑪蘭族發起傳統海祭儀式；屏東馬卡道族的公廨祈雨活動，表現原住民族文化復興運動。 2.行政院原住民族委員會掛牌成立。
1998	行政院同意備查將「曹族」正名為「鄒族」。
1999	臺南白河重建西拉雅族傳統公廨，以振興傳統母族文化。南投縣立文化中心主辦「巴宰海族走鏢牽田」活動，重現巴宰海族歷史之風采。
2000	布農族選手江志中於雪梨奧運標槍項目中，奪得金牌。
2001	邵族正名為臺灣第十個原住民族。
2002	噶瑪蘭族正名為臺灣第十一個原住民族。
2004	太魯閣族正名為臺灣第十二個原住民族。
2007	撒奇萊雅族正名為臺灣第十三個原住民族。
2007	聯合國大會通過原住民族權利宣言。
2008	賽德克族正名為臺灣第十四個原住民族。
2014	拉阿魯哇族為臺灣第十五個原住民族。 卡那卡富族為臺灣第十六個原住民族。
2016	蔡英文總統就過往帶有統治性、剝削性的原住民政策向原住民族道歉，並揭櫫未來原住民族施政方針將聚焦於歷史記憶的追尋、原住民族自治的推動、經濟的公平發展、教育與文化的傳承、健康的保障，以及都市族人權益的維護等等。
	訂定「諮商取得原住民族同意參與辦法」，並於105年1月25日廢止「原住民族委員會推動原住民族部落會議實施要點」及「原住民族基本法第二十一條釋義」。

時 間	事件
2019	2019林務局嘉義林區管理處、嘉義縣政府及鄒族代表，簽訂鄒族狩獵自主管理合作意向書，是第一個政府與原住民族實質共享權利、共盡義務，共同守護山林的宣示，實踐原住民族自然資源治理重要里程碑。
2020	8月1日於臺北圓山飯店舉辦「原住民族正名26週年紀念回顧論壇」。
2021	1.芬蘭第一大報「赫爾辛基日報」（Helsingin Sanomat）於2月27日介紹臺灣原住民族，報導臺灣原民的族群認同、語言復振、部落傳統、生態智慧及性別議題。 2.國史館臺灣文獻館於2021年2月25日舉辦「原住民族與二二八」學術研討會。 3.亞洲水泥自1970年代在太魯閣族傳統領域設廠開採水泥，經濟部2017年第3度展延礦權20年，族人上街抗爭並向法院提告。臺北高等行政法院認定未踐行原住民族基本法諮商同意參與程序，撤銷礦權展延處分，最高行政法院於9月駁回亞泥上訴，全案確定。
2022	1.原民會推動「建構原住民族智慧治理計畫（110-113年）」、「國立原住民族博物館興建計畫（110-116年）」、「原住民族廣播電臺設置第二期（110-113年）計畫」。 2.排灣族傳統領袖，前國大代表高正治醫師於5月17日辭世，並於27日舉辦告別式，原住民族委員會夷將‧拔路兒主任委員頒贈一等原住民專業獎章，以表揚高醫師在原住民族正名運動及醫療服務領域中，對原住民族社會的重大貢獻。 3.原民會於111年4月11日核定泰雅族、布農族、賽德克族、卑南族、魯凱族、鄒族、拉阿魯哇族及卡那卡那富族等8族原住民族知識研究中心。並第二次徵求建立包括阿美族、排灣族、太魯閣族、賽夏族、邵族、撒奇萊雅族、噶瑪蘭族及雅美族等8族原住民族知識研究中心，以期全面建構臺灣原住民族教育文化知識體系。

二、戰後民國

(一) 光復初期【西元1945～1950年】【98原民四等、102原民五等】

　　背景：戰後國民政府接收臺灣，對於原住民政策付之闕如，大體主軸為以民族主義發展為核心，積極推行原住民族漢化，並強調原住民族自治等各類政策為主。

內容：

1. **除了國語推行運動外，對於原住民最主要的莫過於「回復姓名」政策，即改正日本姓名為中國姓名**，此舉又一為對於原住民族之同化政策，絲毫不尊重原住民傳統命名文化。

2. 山地行政體制方面，承襲日治時期漢人、番人分別治理原則，將舊有「蕃地」劃分為三十個山地鄉，原住民事務交由民政單位負責，並一體適用全國法律，不若日治時代由警察機關管理，並排除相關法律適用。

3. 日治時代依據「蕃民」服從教化程度做為編入一般行政區依據，光復初期政府沿用此等方式，認為居住於平地之原住民教化程度較高，無須如同山地原住民般須納入山地行政給予扶植，此等政策充分反映出「同化」本質。

4. 民國39年實施地方自治後，藉由保障原住民席次的方式，使得政府有效與原住民菁英相結合，不過也產生如席次分配無法有效代表各族群、席次過少無法有效表達原住民民意，以及部落領導人由頭目轉由鄉長、村長及民代等取代，形成角色尷尬等問題。

5. **沿用日治時期的「蕃地國有政策」，即「山地保留制度」，土地收歸國有，原住民僅有使用上之收益，目的在於掌控原住民生產工具，以利推動各項政策及發展山地經濟**。此制度與日治時代的政策差異在於：

   (1) 日本政府在發展森林事業時，透過集團遷往的方式，劃設原住民族生活區域，其餘歸國家所有；國民政府則基於安定原住民族生活經濟所設。

   (2) 日治時代管理機關為警察；光復後則為民政單位。

   (3) 日治時代無專屬法規，光復後則制定「山地保留地管理辦法」。

經典考題

1. 原住民鄉，分為平地鄉與山地鄉；原住民，分為平地原住民與山地原住民。當初為什麼會這樣分，現在又為什麼會出現反對的聲音？

2. 原住民族人口外流對原住民族社會有什麼影響？請從正反二面舉例加以說明。【原民四等】

(二) **經濟起飛期**【西元1951年～1962年】

背景：延續戰後「同化」政策，持續推行「山地平地化」，並進一步進行「山地山胞」與「平地山胞」的身分認定工作，以界定扶植的比例。此時期正逢發展「農業培養工業」時期，政府乃逐漸鬆綁保留地的使用限制，使原住民生活空間日益縮小。

內容：

1. 民國40年起陸續頒布「山地施政要點」、「促進山地行政建設大綱」等政策，分別就保留地、教育改善山胞風俗習慣、促進山地經濟發展等提出如獎勵山胞分期移往平地交通便利處、改善山地風俗習慣、推行山地國語文、農業指導等政策內容，期盼透過「扶植」的辦法，達到「山地平地化」目標。

2. 提出「山地人民生活改進運動辦法」，**灌輸衛生知識、倡導固定節日及平地民俗節日等，有效提升原住民族的生活水準，不過這也造成原住民傳統文化快速漢化或消失的現象。**

3. 民國45年公佈「臺灣省平地山胞認定標準」，認為凡日據時代居住於平地行政區域內，其原戶口調查簿記載為「高山族」者為平地山胞。平地山胞因和漢人生活無異，故無須全面扶植；山地山胞則因風俗差異，給予全面扶植。由此等方式來區分平地山胞、山地山胞，如同清代、日治時期生番（蕃）與熟番（蕃），皆為表達兩者生活習慣間之差異，並含有「同化」之意涵。

4. 土地改革使得自耕農大量增加，加上「農業培養工業」政策，需要更多耕地，又加上政府開始發展觀光及中部橫貫公路的通車，部分山地管制區域開放，這些因素皆造成漢人屢屢進入原住民保留地，而山地經濟又依賴平地經濟，在原住民需要現金的情況下，出現保留地由原住民手中轉移至上山開墾的漢人手上。這些現象違反初期保留地為維護原住民生計所設之意義，現在已轉為臺灣經濟開發的一部分，政府並屢次修改「保留地管理辦法」，使過去的非法成為合法。政府為了經濟發展上之需要，保留地政策逐漸鬆綁，也造成原住民生活空間日益縮小。

經典考題

1. 民國40年政府頒訂第一個原住民族政策方案－「山地施政要點」作為施政準則，民國42年又頒訂「臺灣省促進山地行政建設計劃大綱」，請討論其政策內容和特色。【103原民四等】
2. 試說明原住民「山地山胞」與「平地山胞」身分認定的過程。【104原民四等】
3. 原住民保留地是1948年7月由臺灣省政府訂定之「臺灣省各縣山地保留地管理辦法」開始進行管理，該辦法於1960年修正為「臺灣省山地保留地管理辦法」，試說明在此實施過程中原住民逐漸喪失其保留地的關鍵為何？【109原民四等】
4. 日治時代的「番地」，在民國時代轉變為「山地鄉」，請就政策變遷與行政特性比較探討之。【110原民三等】

(三) 工業化時期【西元1963年～1988年】【98原民五等、101原民三等、102原民四等】

　　背景：臺灣的經濟發展於這段時期進入了工業化時代，在耕地減少，農業衰弱的情勢下，許多原住民族轉向都市謀生，形成「都市原住民」的現象。另外，隨著政府威權轉化，許多爭取原住民權益的運動也應運而生，政府也逐漸開始重視原住民意見。

　　內容：

1. 提出「山地行政改進方案」，強調對於原住民扶植應限於必要程度，間接肯定「山地平地化」政策已達一定成效，接下來為培養其自立能力與精神，使其於社會真正融合。

2. **政府開始測量保留地，以作為日後土地賦予原住民所有權之依據，然此等土地調查及確定所有權等施行，卻造成原住民傳統文化上對於土地所有權的認定，使土地脫離原有社會制度得束縛。**

3. 保留地持續的開放，許多保留地不是成為國家或非原住民族所使用，就是原住民族非法轉移予漢人所使用，如此使得原住民族土地減少，對於原住民生計產生影響，因而促使大量移居都市，形成都市原住民的具體原因。

4. 工業化時期的臺灣，農業發展轉趨衰弱，山地經濟更甚，原住民礙於經濟現實，大量移往當時臺北縣市、桃園縣、高雄縣市等工商發達地區謀生，但礙於山地社經結構因素以及本身教育及謀生技能的不足，原住民大都擔任高勞力低技術的低層工作。雖然都市原住民在遷移的過程產生許多問題，不過卻也代表原住民大量融入漢人社會之中，然而也造成原住民於都市適應上的各種問題與經濟困難，於文化傳承上也出現斷層危機。

5. 民國70年代政府威權體制轉化，開始出現各類社會運動風潮，其中就原住民運動方面，**首先於民國72年由臺灣大學原住民族學生所發行的《高山青》刊物為濫觴，強調高山族正面臨種族存亡危機及提倡原住民族自救運動。73年則成立「臺灣原住民族權利促進會」，原住民族運動開始以組織化的型態展開**，其主張內容如下：

   (1) 宗旨：「服務、文字、言論、和平行動等方式，保障並促進臺灣原住民之權利」。

   (2) **民國76年將會名更改為「原住民族權利促進會」**，創會會長為排灣族人胡德夫，認為原住民為不同族別之個人身分的共通性自稱；原住民族係指集體性、具同樣意識形態、力量及結合原住民族之概念。

   (3) 主張原住民族並非漢族，係南島語族，駁斥政府同化政策，強調原住民族人權、土地權、文化權、自決權等基本權利。

(4) 以「正名運動」切入，希望原住民能以此形成共識以對抗政府，並發起如「還我土地」、「恢復原住民姓氏」、等運動，惟此等爭取原住民權益的抗爭運動大都係在都市推行，與實際部落產生落差，忽略了上游如部落組織、祭典、文化、語言、歷史等議題。

(5) 為解決上述此等現象，原住民運動者提出「部落主義」的概念，希望重新建構原有的部落社會，並恢復原住民族傳統的社會系統與文化，提供原住民和漢人社會交流學習，以彼此互相欣賞文化。受到「部落主義」的影響，原住民區域性的抗爭運動開始增加，如反對蘭嶼設置核廢料、反對瑪家水庫等，使原住民運動能真正與部落結合。

經典考題

1. 臺灣原住民族委員會【原民四等、原民三等、101原民五等】
2. 今日所謂的原住民族「正名運動」包含的意義相當的廣，有山川河流部落地的正名、有原住民的正名、有族稱的正名、有個人姓名的正名等，請從歷史發展說明正名運動每個階段的先後發展順序，如何一步一步逐漸深化成今日包含各種正名活動的內涵。【101原民三等】
3. 解釋名詞：都市原住民。【101原民三等】
4. 原住民族基本法於民國94年在立法院三讀通過，請簡述該法規定之重要內容，並試論該法對原住民族的最重要性。【101原民三等】
5. 「原住民族日」為每年的8月1日，請扼要說明原住民族日訂定的由來及意義，並試論其對族人的重要性。【101原民四等】
6. 試闡述臺灣「市原住民」形成的史內、外因素，並明其對原住民族社會文化之衝擊。【102原民四等】
7. 請討現今「原住民族保地」的體制或相關規定，對於原住民族發展的功能意義或有待改善足之處。【102原民三等】
8. 臺灣解嚴後至今的原住民族政策較解嚴前更為民主、開明，試分析討論之。【103原民三等】
9. 民國72年起，族人開始抗爭要求恢復傳統姓名，84年「姓名條例」修正通過，原住民可依其文化慣俗回復傳統姓名，但是二十餘年來，恢復傳統姓名者有2萬5千餘人，僅占全國原住民族總人口數約5%，傳統姓名是民族重要的文化，何以登記回復傳統名字者門可羅雀，原因為何？應如何改善？請提出個人看法。【104原民四等】
10. 解釋名詞：臺灣原住民權利促進會。【104原民四等】
11. 試析原住民族委員會當年成立的背景。【104原民三等】

12.我國政府於2005年起明定每年8月1日為「原住民族日」。試問，此事對原住民族的歷史定位與當代發展有何影響？試申論之。【108原民四等】

13.解釋名詞：總統府原住民族歷史正義與轉型正義委員會。

(四) 解嚴後時期【西元1988年～】

背景：此時期代表原住民政策的是「社會發展方案」，而原住民積極進行的「還我土地運動」，也使得政府轉變對保留地政策的態度，開始進行保留地的增、劃編工作。李登輝主政後，推行各次修憲，並於憲法中承認原住民族的存在，為原住民權益運動之重要里程。

內容：

1. 民國77年，政府公佈「臺灣省原住民社會發展方案」，該項政策較以往所不同的在於過去政策目標大都為「社會融合」及「經濟發展」，而本方案則提出「社會發展」概念，表示政府對於原住民族經濟與社會協調發展的重視，其主要目標列舉如下：

   (1) 尊重與維護山胞優良傳統文化，培養其自立奮發精神與能力。

   (2) 鼓勵山胞參政，充分表現其社會特色。

   (3) 加強輔導山胞生活，提升其生活水準與素質。

   (4) 強化山胞衛生保健事業，增進其健康生活。

2. **在「還我土地運動」後，政府對於保留地政策亦有所變化，其中最主要者在於保留地的增、劃編工作。**

   (1) 增編：原住民族曾使用過的土地，且該土地與原住民保留地相鄰，因原住民族人口、土地不足而增編之原住民保留地，對象包括山地原住民及平地原住民。

   (2) 劃編：原住民族原居房屋使用公有土地之情形，原住民族可申請劃編保留地，其對象以平地原住民為主。

   在政府土地政策沒有改變的情況下，縱使放寬對於原住民族保留地的限制，但當原住民族基於各種因素向前來開發土地的漢人借貸導致無力償還時，出售保留地成為唯一辦法，原住民族的土地還是持續不斷流失到漢人手中。

3. (1) 自民國80年起的歷次憲政改革，原住民運動者亦提出如正名為原住民、原住民族自治、保障土地權等要求，**到了民國83年政府進行第三次修憲，在這次修憲中，正式將戰後以來沿用40餘年之「山胞」正名為「原住民」，其後並於86年第四次修憲時確立原住民「民族」屬性，改以擁**

　　有「集體權」概念的「原住民族」稱呼。政府首次承認「原住民族」的
　　存在，民族權正式獲得憲法認可，且明文規定應依「民族意願」，以法
　　律訂定相關辦法，保障原住民族之參政、教育文化、交通水利、衛生醫
　　療、經濟土地、社會福利事業之發展，並於民國85年11月13日通過行政
　　院原住民族委員會組織條例，正式設立部會級原住民族行政主管機關。
　　並於民國94年通過原住民族基本法，確定原住民族自治的精神。

(2)行政院在94年6月15日召開第2944次院會時，通過「紀念日及節日實施條
　　例」草案，**明定每年8月1日為「原住民族日」，以紀念原住民族在1994
　　年8月1日正名成功，並表達政府重視原住民族地位與權益之意義。**

三、當前臺灣原住民族所面臨之危機

> **經典考題**
>
> 1.原住民族教育應該採取那些措施才對原住民族學生有幫助？【原民四等】
> 2.原住民族語言發展法於民國106年6月14日公布實施，以復振原住民族群語言
> 　文化。試述1950年代起，語言同化政策如何對原住民社會文化、自然環境知
> 　識造成破壞。【107原民三等】

(一) 自治與自主權

1.臺灣原住民族有其不同於主流漢文化之歷史語言、風俗習慣、價值信仰
　等，故應受到尊重與理性看待，惟政府長久以來以漢文化為中心的同化政
　策，使原住民族面臨經濟困境、文化消亡的命運。

2.近十年來，原住民族的社會運動激發了原住民族的族群意識，認為原住民
　族自治，方為穩固原住民族傳統與文化的途徑，亦唯有原住民族自治，方
　能永續發展。

(二) 母語文化的傳承

1.原住民族母語流失與斷層，是臺灣原住民族延續的最大危機。早期政府所
　推行的「國家語言一元化政策」，以國家公權力方式，扼殺其他語言的存
　在與發展，醜陋鄙視方言母語，造成母語弱化與消失。

2.當今政府雖鼓勵提倡多元文化與族群母語，然當今社會皆以國語為主要溝
　通語言，各種傳媒皆以國語為主要，而原住民族本身對於母語的不重視，
　亦造成語言文化傳遞的困難。

(三) 族群認同與集體意識

臺灣原住民族歷經清代的生番教化、日治時期的理蕃政策，乃至於戰後民國的思想教育政策，使原住民族的族群思想與集體意識受到不斷打壓。時至今日，在政府提倡尊重多元文化社會的今天，在原住民只追求個人成就與福祉時，是否依然記得往昔的族群認同與集體意識？

四、原住民族政策與意識覺醒

經典考題

1. 試就所知分析討論當前原住民族的土地問題。【103原民四等】
2. 臺灣最珍貴的文化資產為臺灣南島語言，請説明臺灣南島語言的主要特色；另根據聯合國教科文組織（UNESCO）調查報告，臺灣原住民族語言瀕臨滅絕，請説明政府推動了那些重要的語言政策，並就己見試述如何搶救瀕危語言。【104原民三等】
3. 從原住民族的發展角度，試論「原住民族語言發展法」的實質意義及未來的挑戰。【106原民三等】
4. 當前國際原住民族社會議題深受重視，請列舉其中二項進行説明。
【108原民三等】
5. 何謂臺灣原住民族傳統領域？當前原住民族爭取劃設傳統領域之意義為何？請説明之。【108原民三等】

(一) 政治權利

在今日開放且多元的社會中，歷經數十年原住民族社會運動，強調「原住民族自治」權利，已透過立法，成為原住民族自治的法規依據。為保障原住民族基本權利，促進原住民族生存發展，建立共存共榮之族群關係，特制定《原住民族基本法》，其中更揭櫫「政府應依原住民族意願，保障原住民族之平等地位及自主發展，實行原住民族自治。」

(二) 經濟土地

1. 重視原住民族傳統土地權：

清代的土牛溝、日治時期的隘勇線、戰後民國的山地保留地等政策，均限制了原住民族開發與生活空間。然在《原住民族基本法》通過後，對於原住民族的土地利用，則有所變化：

(1)政府承認原住民族土地及自然資源權利。

(2)原住民因傳統文化、祭儀或自用得在原住民族地區依法從事下列非營利行為：

A.獵捕野生動物。　　　　　B.採集野生植物及菌類。

C.採取礦物、土石。　　　　D.利用水資源。

(3)政府或私人於原住民族土地內從事土地開發、資源利用、生態保育及學術研究，應諮詢並取得原住民族同意或參與，原住民得分享相關利益。

(4)政府於原住民族地區劃設國家公園、國家級風景特定區、林業區、生態保育區、遊樂區及其他資源治理機關時，應徵得當地原住民族同意，並與原住民族建立共同管理機制。

2. **國家公園法與原住民族土地權之關係：**

(1)國家公園法為保護國家特有之自然風景、野生動物及史蹟，得設立國家公園，限制土地使用，往往造成原住民因土地被強徵而產生衝突的現象。

(2)原住民族基本法規定：**政府於原住民族地區劃設國家公園、國家級風景特定區、林業區、生態保育區、遊樂區及其他資源治理機關時，應徵得當地原住民族同意，並與原住民族建立共同管理機制。**

3. **原住民族傳統領域**

(1)定義：依原住民族基本法第20條1項：政府承認原住民族土地及自然資源權利。所謂原住民族土地，係指原住民族傳統領域土地及既有原住民保留地。另依同條第3項，原住民族或原住民所有、使用之土地、海域，其回復、取得、處分、計畫、管理及利用等事項，另以法律定之。原住民族委員會於106年公告《原住民族土地或部落範圍土地劃設辦法》，該辦法即定義「原住民族傳統領域土地」是指經依本辦法所定程序劃定之原住民族傳統祭儀、祖靈聖地、部落及其獵區與墾耕或其他依原住民族文化、傳統習慣等特徵可得確定其範圍之「公有土地」。

(2)意義：原住民族傳統領域在歷史發展的過程中，大都被劃歸各政府機關或國營事業，或是變為私人土地，因為所有權的概念，使原住民再無法使用這些土地，使原住民傳統之農耕、序幕、狩獵等文化受到影響，也不利於原住民族的文化傳承，若劃設傳統領域，原住民族部落方能與各機關討論如何使用這些原本就屬於原住民的土地和自然資源，依原住民部落的需求去規劃使用土地，如此才有助於文化的傳承和發展。

(三) 教育文化

1. 過去數十年所推動的國語化政策，使原住民族的母語出現消滅危機，然在教會深入原住民族部落的同時，大力鼓吹原住民族的傳承與學習，並以母語翻譯聖經，使原住民族母語得以另一種形式獲得傳承。

2. 為保障原住民之民族教育權，以發展原住民之民族教育文化，特制定《原住民族教育法》，政府應本於多元、平等、自主、尊重之精神，推展原住民族教育，並以維護民族尊嚴、延續民族命脈、增進民族福祉、促進族群共榮為目的。

3. 在推行母語教育方面，原住民族基本法第9條：政府提供原住民族優惠措施或辦理原住民族公務人員特種考試，得於相關法令規定受益人或應考人應通過前項之驗證或具備原住民族語言能力。政府應設置原住民語言研究發展專責單位，並辦理族語能力驗證制度，積極推動原住民族語言發展。

(四) 社會福利

1. 政府應依原住民族特性，策訂原住民族公共衛生及醫療政策，將原住民族地區納入全國醫療網，辦理原住民族健康照顧，建立完善之長期照護、緊急救護及後送體系，保障原住民健康及生命安全。

2. 政府應積極辦理原住民族社會福利事項，規劃建立原住民族社會安全體系，並特別保障原住民兒童、老人、婦女及身心障礙者之相關權益。政府對原住民參加社會保險或使用醫療及福利資源無力負擔者，得予補助。

(五) 部落族群

1. 部落是原住民族的家鄉，亦是根源所在，為族群傳統精神與文化中心，原住民族部落內的年輕人及知識份子，往往為了個人理想與成就，遠離他鄉，但部落才是原住民最終回歸的地方，應回歸重返部落，為族人及部落建構完善的未來。

2. **原住民族的社會制度，是以部落領袖所領導，故可透過對部落耆老的口述歷史，記錄其對於社會文化及族群的見解，以留下他們無可取代的傳統智慧。**

(六) 宗教信仰【100原民五等、101、102原民四等、106原民三等】

1. 戰後基督教會積極進入部落宣教，早期雖藉以麵粉、奶粉等物資吸引原住民族信教，然以當時部落內的物資缺乏，在國內外教會愛心物資的奉獻下，以物資和宣教的有效整合，使原住民族有高達75%皈依教會，形成至今每一部落至少有一間教會之現象。

2. 思考問題：

(1) 當原住民族部落面臨土地流失、母語滅失、貧窮負債、失業酗酒等社會問題時，教會宣教的意義何在？

(2) 部落中各門各派的教會，各奉自我為正派，視他派為異端，甚至宣揚不與他教派通婚，如此往往造成部落中親屬，因信仰問題而造成歧異分裂。

經典考題

1. 試述解嚴後原住民社會文化的新發展。【原民三等】
2. 戰後基督宗教教會進入臺灣原住民族社會，其在社會文化和語言等方面，是否產生那些正面或負面的影響，請討論之。【原民三等】
3. 臺灣原住民族語言逐漸流失，你認為目前政府的原住民族語言政策措施的效益如何？你是否有其他建議？請討論之。【原民三等】
4. 臺灣原住民族的社會與文化近二十年來大多有相當程度的變化，請以任何一族為例，扼要說明該族比較顯著的改變，並從文化理論的觀點，提出您對這些改變的評論。【原民三等】
5. 原住民族自治法雖然已經通過，但似乎存在一些細節問題與困難。請扼要說明您對族群自治的觀點與建議。【原民三等】
6. 1945年之後原住民社會大量皈依西方宗教，試述為何出現此種情形？以及西方宗教對原住民部落有那些影響？【101原民四等】
7. 基督宗教是現今原住民族社會的宗教信仰主，請舉明教會對於原住民族發展中曾經以及可能扮演的角色。【102原民四等】
8. 原住民族的宗教信仰已經很多元化，然而就信仰人口的比率，以基督信仰較多，原因何在？在這樣的環境裡，要如何從事文化復振的工作？
   【106原民三等】
9. 我國「原住民族教育法」於108年6月19日進行全文修正，第5條第1項明確規定「為發展及厚植原住民族知識體系，中央原住民族主管機關應會商教育、科技、文化等主管機關，建構原住民族知識體系中長程計畫，並積極獎勵原住民族學術及各原住民族知識研究。」何謂「原住民族知識體系」？請具體舉例並申論之。【109原民四等】（註：該法已於110年1月20日修正）
10. 西方宗教在1945年之後快速傳入臺灣原住民族社會並取代傳統宗教，請說明西方宗教對原住民族社會文化造成的影響。【109原民四等】

精選範題

【測驗題】

(　　) **1** 請問《聯合國原住民族權利宣言》是那一年通過的？　(A)1948年　(B)1993年　(C)2000年　(D)2007年。

(　　) **2** 以下那一項不是清政府對平埔族的統治措施？　(A)繳納社餉　(B)剃髮歸化　(C)集體移住　(D)負擔勞役。

(　　) **3** 臺灣原住民改宗基督宗教主要發生在那一個時期？　(A)日治中期　(B)清代初期　(C)清代末期　(D)1950年代。

(　　) **4** 行政院原住民族委員會於那一年掛牌成立？　(A)1984年　(B)1993年　(C)1996年　(D)2000年。　【101原民五等】

(　　) **5** 聯合國訂定那一年為原住民年？　(A)1981年　(B)1992年　(C)1993年　(D)2004年。　【101原民五等】

(　　) **6** 1998年通過的第一個原住民專門法律為下列何者？　(A)原住民族基本法　(B)原住民族教育法　(C)原住民身分認定法　(D)原住民族自治法。　【101原民五等】

(　　) **7** 原住民的官方文字正式出爐，請問教育部及行政院原住民族委員會是在那一年共同會銜公布原住民各族的書寫符號？　(A)1996年　(B)2000年　(C)2005年　(D)2008年。　【101原民五等】

(　　) **8** 政府什麼時候進行第四次修憲，將「原住民」正名為「原住民族」，民族集體權正式獲得憲法認可？　(A)民國80年　(B)民國83年　(C)民國86年　(D)民國90年。　【102原民五等】

(　　) **9** 民國34年後，由警察機關接收「蕃地」內的原住民族事務，將舊有「蕃地」依地理環境，編組成幾個「山地鄉」？　(A)25個　(B)40個　(C)30個　(D)35個。　【102原民五等】

(　　) **10** 民國36年6月，臺灣省政府民政廳曾通報，將當時稱臺灣原住民族的「高山族」，改為：　(A)山地同胞　(B)先住民　(C)原住民　(D)平地同胞。　【102原民五等】

(　　) **11** 民國72年，一群就讀臺灣大學的原住民族學生，發行什麼刊物，為原住民族運動的開始？　(A)原報　(B)南島時報　(C)高山莊　(D)高山青。　【102原民五等】

(　　) **12** 原住民族保留地因政府推動經濟所需，逐漸開放給漢人以及企業使用，導致原住民族土地大量流失，於民國76年以及77年原住民族運動者發起什麼運動，要求政府重視原住民族土地問題？　(A)還我土地運動　(B)原住民族正名運動　(C)原住民族入憲運動　(D)還我姓名運動。　【102原民五等】

（　　）**13** 西元1970年代左右開始移居大臺北都會區的阿美族人，習於以河床
地、山坡地為落腳地，其中下列那一個部落位居新店溪沿岸？　(A)花
東新村　(B)三鶯部落　(C)溪洲部落　(D)山光社區。　【102原民五等】

（　　）**14** 第二次世界大戰結束後，中華民國於臺灣所實施之原住民族政策，
其實際本質為何？　(A)自決自治　(B)民族平等　(C)漢化同化
(D)自決獨立。　【102原民五等】

（　　）**15** 西元1953年，臺灣省政府頒布《促進山地行政建設大綱》，試圖就
文化、經濟、健康、財政、移住等面向改善原住民族社會總體狀
況。請問此一政策計畫較具特殊性且影響較大的是下列那一項政策
目標？　(A)山地現代化　(B)山地特殊化　(C)山地平地化　(D)山
地差異化。　【102原民五等】

（　　）**16** 下列有關西元1990年代反瑪家水庫運動的敘述何者錯誤？　(A)主
要發生在魯凱族地區　(B)主要領導人為台邦・撒沙勒　(C)族人們
於西元1997年公民投票中否決遷村案　(D)以《原報》為主要發聲
管道。　【102原民五等】

（　　）**17** 以下有關平埔族群正名運動主要過程之敘述何者錯誤？　(A)西元
2001年平埔族群聯合發布《平埔族群宣言》　(B)西元2006年臺南縣
政府成立「臺南縣西拉雅原住民族事務委員會」並宣布西拉雅族為
縣認定之原住民族　(C)西元2008年行政院原住民族委員會設立「平
埔原住民族群事務推動小組」　(D)西元2010年平埔族群向聯合國控
告平埔族群原住民族身分遭否認案。　【102原民五等】

（　　）**18** 下列有關「原住民族權利促進會」（原權會）之敘述何者錯誤？
(A)創立於西元1984年　(B)首任會長為胡德夫　(C)成員為原住民
(D)於西元1988年發表《臺灣原住民族權利宣言》。　【102原民五等】

（　　）**19** 國府時期以「山胞」一詞取代日治時期的「蕃」或「高砂族」等稱
呼法，直到何時政府才首次正式宣布改稱「原住民」？並將原住民
三個字寫入憲法增修條文。　(A)1996年　(B)1984年　(C)1975年
(D)1994年。　【106原民五等】

（　　）**20** 2017年5月26日通過那一個法律將原住民族語言訂為國家語言，展
現臺灣複數國語的面貌？　(A)原住民身分法　(B)原住民族基本法
(C)原住民族語言發展法　(D)原住民族教育法。　【106原民五等】

(　) **21** 1950與1960年代國民政府的主要「山地行政」的政策目標在於「扶持與保護」，具有代表性的是「山地三大運動」，包括推行國語、改進衣著、飲食、居住、日常生活、改革風俗習慣等六大目標，是當時除了基督教會之外對於原住民傳統生活方式衝擊最大的外在因素。下列那一個項目不是山地三大運動之一？　(A)定耕農業　(B)育苗造林　(C)山地人民生活改進　(D)鼓勵生育。【106原民五等】

(　) **22** 下列那一個不是臺灣原住民族運動的刊物？　(A)南島時報　(B)高山青　(C)獵人文化　(D)玉山魂。【107原民五等】

(　) **23** 臺灣於2005年通過的原住民族重要法律為下列何者？　(A)原住民族教育法　(B)原住民族身分認定法　(C)原住民族基本法　(D)原住民族語言發展法。【107原民五等】

(　) **24** 聯合國於何年正式通過「原住民族權利宣言（UNDRIP）」？　(A)2004年　(B)2005年　(C)2006年　(D)2007年。【107原民五等】

(　) **25** 下列那一所小學在2016年8月1日開始辦理原住民族實驗教育，成為臺灣第一所原住民族實驗小學？　(A)高雄市杉林區Panan巴楠花小學　(B)屏東縣三地門鄉地磨兒小學　(C)屏東縣瑪家鄉長榮百合小學　(D)臺中市和平區博屋瑪小學。【108原民五等】

(　) **26** 2019年5月24日立法院三讀通過原住民族教育法修正草案，其中一個修正重點是，未來原住民族教育的對象將從原住民學生擴大到全體師生及所有國民。請問原住民族教育法是在那一年公布施行？　(A)1998　(B)2005　(C)1994　(D)2000。【108原民五等】

(　) **27** 臺灣第一個以族群為主體於2018年5月成立獵人協會，並將在近期與行政院農業委員會林務局簽訂具有法律效力之「狩獵自主管理行政契約」者是那一族？　(A)泰雅族　(B)鄒族　(C)布農族　(D)魯凱族。【108原民五等】

(　) **28** 國民政府於1948年訂定臺灣省各縣山地保留地管理辦法，1960年修正為臺灣省山地保留地管理辦法，並開放平地某些行業之公私營事業機關團體或個人，為開發山地資源得以有條件利用山地保留地。請問下列那一個行業不在1960年版本裡開放的行業範圍？　(A)工礦　(B)農林　(C)觀光　(D)漁牧。【108原民五等】

（　）**29** 不少移居都會區的阿美族人，因為經濟因素，加上逐水而居的文化特性，選擇在溪流旁的荒地建屋聚居，形成所謂的河岸阿美部落。請問雙北地區的河岸阿美部落主要分布在那兩條溪的沿岸？　(A)新店溪與大漢溪　(B)景美溪與大漢溪　(C)新店溪與觀音溪　(D)景美溪與觀音溪。　【108原民五等】

（　）**30** 臺灣原住民族權利促進會，簡稱原權會，成立於1984年，是一個訴求臺灣原住民人權的人民團體，提出「臺灣原住民族權利宣言」，發行刊物《原住民》。請問何人係原權會創會會長？　(A)童春慶　(B)胡德夫　(C)林瑞昌　(D)伊凡‧尤幹。　【108原民五等】

（　）**31** 1994年4月10日，行政院文化建設委員會在原住民文化園區舉辦文化會議，當時李登輝總統於該會議中首度採用「原住民」一稱，代表國家對原住民的正名運動願意讓步妥協，之後直至那一年憲改，才終於將「原住民」修正為「原住民族」，結合「身分權」的「民族權」才正式入憲？　(A)1995　(B)1996　(C)1997　(D)1998。　【108原民五等】

（　）**32** 根據原住民族委員會2019年7月11日公告之2019年6月的全臺原住民人口數統計資料，目前原住民族人口數最高的縣市為何？　(A)新北市　(B)桃園市　(C)高雄市　(D)臺東市。　【108原民五等】

解答及解析

1 (D)。申明原住民族與所有其他民族平等，同時承認所有民族均有權有別於他人，有權自認有別於他人，並有權因有別於他人而受到尊重。

2 (C)。集體移住為日本理番策略。

3 (D)。戰後初期部落物資缺乏，教會以物資有效整合宣教，使臺灣原住民族有高達75%皈依教會。

4 (C)。民國85年11月13日公布行政院原住民族委員會組織條例。

5 (C)。聯合國於1992年12月10日世界人權日，於紐約聯合國總部舉行的聯合國會議中決議1993年為聯合國國際原住民族年。

6 (B)。政府應依原住民之民族意願，保障原住民之民族教育權，以發展原住民之民族教育文化，特於民國87年制定原住民族教育法。原住民身分認定辦法業已廢止。

7 (C)。為了因應族語認證考試及鄉土語言教學之必要，行政院原住民族委員會和教育部國語推行委員會於2005年12月15日公布實施原住民族語書寫系統。

8 (C)。民國86年第四次修憲，政府首次承認原住民族存在。

9 (C)。光復初期將舊有蕃地劃分為三十個山地鄉。

10 (A)。民國83年第三次修憲將山胞改稱原住民。

11 (D)。《高山青》為第一本臺灣原住民族自治運動的刊物。

12 (A)。正名與原住民族入憲均係人格自主權的展現。

13 (C)。花東新村與山光社區均為阿美族位於汐止地區的移居地；三鶯部落為阿美族於大漢溪沿岸的移居地。

14 (C)。光復初期的山地政策即以山地平地化為目標。

15 (C)。山地平地化造成原住民族文化漢化。

16 (C)。於公投中決議繼續留在原地建設家園。

17 (C)。原民會於97年5月9日訂定該會「平埔族群事務推動小組設置要點」，並於99年正式成立。

18 (C)。成員為認同該組織理念者，不限原住民。

19 (D) **20 (C)** **21 (D)** **22 (D)** **23 (C)**

24 (#)。官方答案原為(B)，後修正答(D)給分。

25 (D)。前身為臺中市和平區達觀國小，因該地屬泰雅族部落，今更名為博屋瑪國小，為協助推展原住民族文化，成立原住民資源教室以辦理各項活動，學校發展特色為「發展原住民學生與生俱來的天賦」：音樂、美術、體育、舞蹈。自2016年8月1日開始辦理原住民族實驗教育學校，成為臺灣第一所原住民族實驗小學。

26 (A) **27 (B)** **28 (C)** **29 (A)** **30 (B)** **31 (C)** **32 (B)**

NOTE

臺灣原住民族文化

平埔族傳統文化概説

依據出題頻率分為：A頻率高　B頻率中　C頻率低

【命題關鍵】平埔族文化於現代的展現

【命題焦點】1. 長老會議的組織與其類似今日民主性的公眾討論性質展現了平埔族群往昔的政治性，讀者們須加以了解其內容與內涵。

2. 宗教上的「尪姨」制度和「拜壺文化」因其文化特殊須多加了解（拜壺可參見西拉雅族部分有詳細説明）。

3. 由於母系社會的特性，影響平埔族人的婚姻和家庭觀念，讀者們須了解其婚姻模式與其所蘊藏的意涵。

4. 日人治臺之前的中國古籍文獻，零散記有臺灣原住民的生活文化訊息，這些書籍對原住民史的研究重要性。【97原民四等】

【參考資料】潘英（民85），臺灣平埔族史，臺北市，南天。

一、社會制度

(一) 部落組織【95原民三等】

平埔族以部落為單位，無絕對特權的領袖制度，族中大事由長老組成的「長老會議」決定之，長老會議主要是解決部落內的糾紛和對外部落的戰爭。長老為推派而出的領袖，以執行長老會議為責，族中事件均藉長老會議提出，由社民們決議之，長老並無獨裁權。決議之事由長老指派給從事對外戰爭及獵鹿的「丁男」執行。

(二) 年齡階級

部落內的政治組織，主要根據年齡差別行事、遵從長幼有序制度。主要分為四十歲以上的「長老」階級和十餘歲至二十歲結婚為止的「麻達」（丁男）階級。麻達為部落中主要的戰鬥及服役群體，合宿於青年集會所，聽從長老的指揮。

(三) 土官制度

平埔族的長老會議中並無一絕對的領袖，不過於荷據時期荷人為傳遞命令以及召集開會方便，遂設置「領袖」，領袖即成為長老會議

<u>的代表</u>。直至鄭、清時期，領袖制度式微，領袖成為「土官」、「土目」或「頭目」。依據《臺灣記略》記載：「土官有正，有副，大社至六、七人，小社三、四人。隨其支派，各分公廨；有事咸集於廨以聽議，小番皆宿外供役。」土官制度亦不離長老會議的宗旨，僅是各族社的代表，並無統治權，平埔族的實際統治者是「通事」。然而，土官的推派由早期的由族社共同推派至後期經官方任命，亦有官方逕自從社內選出。被任命為土目者，須提出結狀，獲准後給付戳記，以確保其職權。此類由漢人政治制度運作的方式，運用至平埔族的管理上，使得土官制度後來成為世襲，並造成平埔族的貴族階層。

二、信仰祭典

(一) 信仰

1. 精靈崇拜：平埔族為泛靈信仰，相信萬物皆有靈、靈魂不滅論，人死後依生前善惡作為，其靈魂可分為「善靈」和「惡靈」兩類。其中的祖靈屬於善靈，是祭祀的主要對象，除了祖靈外，自然界中的一切事物均須加以崇拜。

2. 巫覡：平埔族的社會因無絕對獨裁的領袖存在，而巫覡為上達天聽、下至人世的人神間溝通者，為神靈的代言人，且擁有施咒驅魔的能力，故以其神秘性與專業性，在部落中享有重大的權威及地位，對部落中人的行為有很大的約束力。母系社會的平埔族，主持宗教事務的多為女巫，女巫在西拉雅族的社會中稱為「尪姨」。而噶瑪蘭族的巫覡卻為男性，恐是受到漢人影響所致。

(二) 祭典：平埔族群中崇拜祖先的觀念極為濃厚，在各種祭祀中奉祀與祈求的對象均為祖靈，人類學者李亦園的研究指出平埔各族的祖靈祭可別為三個類型，試分述如下：

1. **賽跑型祖靈祭**：以中部巴則海、道卡斯、和安雅等族，祭典中以「競走」作為儀式重心。此一型式的祖靈祭將祖靈奉祀與因年齡階級而舉行的成年禮作一混合形態。

2. **拜壺信仰**：<u>南部西拉雅族的祖靈祭以「壺體」作為祖靈的神體而加以崇拜。</u>

3. 其他：北部凱達格蘭、雷朗、噶瑪蘭三族的祖靈祭無特殊形態，項目大致相同。

三、生命禮俗

(一) 婚姻

1. **婚姻制度**【95原民三等】：平埔族為母系社會，行一夫一妻制，其婚姻制度以「招贅婚」與「服役婚」為主，行族外婚制，嚴禁與自身有血緣關係者結婚。傳統的招贅婚與服役婚並行的制度，男方婚後入贅女家並服勞役，故〈東番記〉中云：「養女父母終身，其本父母不得子也。故生女喜倍男，為女可為嗣，男不足代故也。」

2. **婚姻禮俗**【102原民五等】：未婚男女婚前交往十分自由。擇偶方法為夜晚時由男子向喜歡女子以吹鼻簫、彈口琴或送鮮花等方法表示愛意，若女子允諾，則雙方開始自由戀愛或同居成為實質夫婦。然後才告知父母徵其同意辦理嫁娶。結婚時，男女兩家各備酒肉宴請社眾，歌唱共舞整日。婚後三日，夫妻各拔齒相贈，表示雙方誓守終身。

(二) 喪葬：平埔族人分死亡為「善終」和「惡死」二類，惡死者其靈魂為惡靈，恐降禍於族人，故唸咒施法、禳除厄運。而一般善終者其喪葬儀式分述下：

1. **斂屍**：平埔族人死亡後，多用草蓆、鹿皮或木板裝斂，而西拉雅人以使用棺木為主，可能受漢文化影響之。

2. **埋葬**：多為挖直立土坑，將屍體以蹲踞方式埋於自家地底下。

3. **服喪**：平埔族的服喪期間各族系有所不同，有長至一年者亦有短至三日者，大致上以越北部服喪期間越短。

四、經濟生活

(一) 生產方式

1. **農耕**【95原民三等】：以原始的遊耕方式耕作。方法是先找一塊地，將樹林砍掉，再以火焚燒，利用焚燒後的灰燼作為肥料，以樹枝做的木棍在土地上挖洞播種，作物任其成長、成熟，待二、三年地力減損後，再換鄰近的另一塊地砍林燒樹，週而復始。

作物由最早的薯、芋，其次是小米、黍、陸稻，依據東嘉生《臺灣經濟史研究》，水稻耕作始於1630年，由漢人傳入，雍正、乾隆年之後成為主要耕作物。平埔族人的耕作目的在於自給自足，沒有儲備糧食的概念，若有多餘則拿來釀酒，故有時會發生缺糧的情形。

2. **狩獵**：平埔族人以獵鹿為主，其狩獵方式以「焚獵」、「陷獵」、「武器獵」三種為主。在荷人據臺之前，族人獵鹿以日常生活所需為目的，不破壞自然生態，故「臺灣鹿之多，甲於他地」。自從荷蘭人行「贌社制度」後，使得族人大量獵殺鹿以取鹿皮、鹿茸、鹿鞭、鹿角等，以為商品，不再同於過往的生活食用目的，大量濫殺的結果是「臺灣島之鹿大為減少」。

3. **漁撈**：漁撈是其輔助性的生產方式，以標槍、弓箭、竹籠、手網等工具至溪河邊捕魚。

(二)食

1. **酒**：平埔族人之酒以味酸為醇。傳統的釀酒分為兩種。
   (1)紅酒以秫米製成。
   (2)白酒以米製成。

2. **生食**
   (1)醃漬食物：平埔族人喜吃以鹽醃漬待其腐敗生蟲的食物。例如：捕獲鹿或兔時，將其臟腑醃漬，生蛆，而食之，稱此食品為「肉筍」。
   (2)蔬菜：將蔬菜擣碎後加鹽及大蒜等配料食用。

3. **熟食**：以三尺架架鍋於地，眾人環繞在鍋子四周以椰瓢盛裝食粥。

4. **水果**：平埔族人喜歡吃的水果為番石榴。

5. 喜吃腐敗生蟲的食物，例如獵獲小魚後，以鹽漬之，待其腐敗生蟲後再吃。獵獲鹿或兔時，醃其臟腑，使其生蛆，視為美饌。食物有白豆、蕃薯、稻、黍及獵獲物，雖懂熟食，但許多食品仍以生食為主，尤其是蔬菜、獸肉和魚，大多用鹽醃來食用；也養雞，雞和寶冬瓜被認為是待客最佳食物。

(三)衣：南部平埔族人衣物在夏季時，男子全裸，女子僅以草裙蔽下體；冬季時則以鹿皮或番毯為衣。至於中、北部平埔族人，最初也僅以鹿皮為衣。此外，雖有鹿皮製成之鞋，但通常赤足。隨著與漢人接觸頻繁後，至清中葉以降，平埔族人的衣服就越來越趨近漢人，也慢慢發展出其他裝飾。飾品多使用瑪瑙珠、螺錢、牙堵及各種不知名的珠飾，飾物體偏大，掛在頸上或耳上都顯得頗為巨大，平埔族人以此為美。在屏東平原上的平埔族人更有喜帶花和插羽毛的習俗、宜蘭地區因產金，所以平埔族人的飾品也盛行金鯉魚（以金絲纏繞成彎月形，表面覆蓋金箔之飾品）。

(四)住：由於平埔族行遊耕狩獵的生產方式，故聚落為小型非固定性集村型態。其住屋形式以南島民族特色的「干欄式」建築為主，所謂干欄就是架在椿上的屋宇，此為主屋，屋內無家具，且每一家庭中的成員皆在一起起

居飲食。除此之外，亦有「望樓」為防衛高台；「禾間」為穀倉；「貓鄰」或稱「籠仔」為未婚女性專用房社；「公廨」原為未婚男性專用房屋，更是部落議會之處，然而時至清代，公廨卻變成官方所派通事居住處或官方與平埔族聯繫所用的會議處。

(五) **行**：以步行為主，至荷人引進黃牛後，牛車成為荷據末期平埔族人的重要交通工具，舉凡運輸穀物、官方公役之用、娛樂之用皆少不了牛車。

五、藝術文化

(一) 身體毀飾

1. **紋身**：紋身在平埔族社會中是美的象徵。男子紋身除臉部外，更遍及全身，其刺紅毛字者，除具有勇武和表現男性剛強之意，更帶有神秘宗教意涵。女子紋身只限於部分社族，刺墨於口、唇處，有區別已婚和未婚之用。

2. **缺齒**：其意涵說法有二，試分述如下：
   (1) 女子年十五、六，斷去唇旁二齒，以為裝飾之用，亦有成年禮之意。
   (2) 男女成婚後，即斷齒，以辨別已婚、未婚之用。

3. **涅齒**：將牙齒染黑是其審美觀念。

4. **穿耳**：平埔族不論男女皆有穿耳習俗，其目的為帶耳環、耳垂等服飾，更以大耳為美觀。

5. **除毛**：除毛亦為平埔族的審美觀之一，也可能與其居住於溫、熱帶地區出汗多，除毛可減低體臭。

6. **箍腹**：意為束腰，一般習俗中多以女子為主，但平埔族社會卻是只限於未婚男子可束腰。

(二) 舞蹈：平埔族人不論祭祀、收穫、婚宴、慶典時，皆以歌舞慶祝。其舞蹈多屬團體方式進行，配合體操式律動；個人表演則多為倣效式律動。

(三) 樂器

1. **鼻簫**：鼻簫為平埔族男子表達情愛、調情時的工具之一。根據《鳳山縣志》中記載其形制為：「鼻簫，截竹尺餘，竅四孔；另通小孔如豆大於竹節之旁，按於鼻孔以氣吹之。」。

2. **口琴**：又名「嘴琴」或「弓琴」，為平埔族未婚男女表達情意的重要樂器。

3. **蘆笛**：以蘆葦莖部製成的吹奏樂器，為平埔族人抒發情感之用。

六、休閒娛樂

(一) **鬥走**：〈東番記〉中曾記載平埔族人「無事晝夜習走」，其「習走」即是為「鬥走」作演練。「鬥走」相似於今日的「競走」，族人們相約於空曠處，互相競走以快者為勝。以下從清代諸多文獻中所述，看其意涵：

1. 《番社采風圖考》：「從幼學走，一日能馳三百餘里，雖快馬不能及……星夜遞公牘，能速達。」記載其速度之快，非常人所及，如為公務需要，十分有效率。

2. 《諸羅縣志》：「盛其衣飾，相率走於壙，視疾徐為勝負。」此為休閒娛樂之用。

3. 《嘉義管內採訪冊》：「婚姻之事，將社內未娶番男若干人候齊奔走，至番仔橋頭為限，以先到者為捷，以未嫁番女若干人依次論配。」此乃為婚姻大事而競爭。

4. **西拉雅族的祭典中亦有鬥走此一活動，俗稱「番仔走田」亦稱「走鑣」或「走標」。故鬥走亦具有宗教意義。**

    此外，鬥走除以上幾項意義外，擅於鬥走者更為勇武的表現，亦有學者認為鬥走具有男子成年禮之意，與卑南、阿美等族相同。因此，鬥走成為平埔族人日常生活的活動，習走更是從小必須勤練的功課。

(二) **鞦韆**：鞦韆為平埔族女子日常生活中重要的休閒娛樂之一。由《諸羅縣志》：「春初為鞦韆，略如漢人之制；高可丈許，中以木為昇，止容一人；繞梁旋轉如紡，上下可數十回。漢人效之，則暈而吐。」可窺之。

(三) **戲毬**：《番社采風圖考》中記載：「番以藤絲製為毬……，會社眾為踏踘之戲。先以手送於空中，眾番各執長竿以尖托之。」此一活動類似排灣族五年祭中的「刺球」活動。

(四) **遊車**：從《番社采風圖》中可看出，平埔族人在春光明媚時節，由未婚年輕男子執鞭，婦女盛裝，乘坐牛車出遊，此即為「遊車」。

番社采風圖【95、109 原民五等】

「番社采風圖」為十八世紀清廷巡臺御史六十七委託畫工將原住民生活情形繪製成圖像，為當時原住民留下了珍貴的記錄。圖中反映出十八世紀臺灣各地平埔族人的生活圖像，內容包羅萬象，舉凡分布情形、生產方式、產業活動、風俗習慣、歷史發展等，使得後代得以一窺當時平埔族人生活的各項面貌。

經典考題

文飾皮膚習俗在世界各地廣為普遍，而臺灣原住民文飾皮膚的主要方法是文身法，有刺面、刺胸、刺腹、刺背、刺手、刺足等處。請具體以臺灣原住民各族的「文身神話」為例，闡述説明其文本內容及其文化詮釋。【110原民三等】

精選範題

【測驗題】

( )　**1** 下列各項平埔族人生產活動中，由哪個項目中「無法辨別」平埔族仍為一原始社會？　(A)建築磚造式房屋　(B)燒山墾地　(C)以魚叉至溪河中捕魚　(D)獵捕梅花鹿。

( )　**2** 平埔族雖為原始部落社會，但其自成一格的藝術文化仍有許多社會意涵存在其中，在身體毀飾方面下列所述的社會意涵何者「不包含」在內？　(A)紋身、缺齒、穿耳等身體毀飾具美觀功用　(B)平埔族人除毛是因為其認為體毛多者為污穢的象徵　(C)能忍受拔牙之苦象徵具有成年的勇氣，故拔牙逐漸演變為成年禮　(D)紋身和缺齒均具有辨別已婚和未婚身分的功用存在。

( )　**3** 〈東番記〉中曾記載平埔族人「無事晝夜習走」，此為「鬥走」的說明之一，「鬥走」在平埔社會中具有深厚的意涵，下列敘述何者不包括在內？　(A)具宗教意義，於西拉雅族的祭典中可見　(B)鬥走為勇武的表現，更是具有男子成年禮之意　(C)若是有男子身體不佳，即以鬥走方式訓練身體　(D)為一休閒娛樂。

( )　**4** 由十八世紀清廷巡臺御史六十七委託畫工將原住民生活情形繪製而成的「番社采風圖」，為當時原住民留下了珍貴的記錄，我們由「番社采風圖」中「無法」了解平埔族人的哪一項生活面貌？　(A)分布情形　(B)產業活動　(C)風俗習慣　(D)書寫文字。

( )　**5** 下列所述的平埔族文化中，哪些與其生活環境中的氣候條件有關？(甲)干欄式建築　(乙)除毛　(丙)鬥走　(丁)箍腹　(A)(甲)(乙)　(B)(丙)(丁)　(C)以上皆是　(D)以上皆非。

（　　）　**6** 屬於母系社會的平埔族，其文化特徵展現在下列哪項敘述中？
(A)部落內所組織的長老階級，其長老皆由女性擔任　(B)婚姻制度
以「招贅婚」與「服役婚」為主　(C)主持宗教事務的多為男性巫師
(D)服喪時間女性長於男性。

（　　）　**7** 下列關於平埔族人宗教信仰方面的敘述，何者有「誤」？　(A)平
埔族為泛靈信仰，相信萬物皆有靈　(B)靈魂可分為「善靈」和
「惡靈」兩類，祖靈屬於善靈　(C)靈魂隨著人死亡後即消失殆盡
(D)自然界中的一切事物均須加以崇拜。

（　　）　**8** 雖然平埔族仍屬於傳統的部落社會，但我們可從下列哪一項制度的
產生發現其民主政治的雛型？　(A)土官制度　(B)婚姻制度　(C)祭
典制度　(D)長老會議。

（　　）　**9** 以下關於平埔族長老會議制度的敘述與解釋，何者較為充足與適
切？(A)長老為族民推選而出，無獨裁之權，主要是解決部落內的糾
紛和對外部落的戰爭　(B)由於平埔族人習性懶散，故須有強而有力
的長老予以管理部落，長老會議由此產生　(C)長老會議是外來政權
為管理平埔族人方便而設置的官方機構　(D)經由長老會議決議之
事，長老有權指派任何人去做。

（　　）**10**「巫覡」在平埔族社會中具有一定的專業性與神秘度，下列對於平
埔族社會中巫覡此一角色的敘述，何者有「誤」？　(A)巫覡以其為
神靈的代言人，且擁有施咒驅魔的能力，故在部落中享有重大的權
威及地位，對部落中人的行為有很大的約束力　(B)巫覡的角色多半
由男性擔任　(C)女巫在西拉雅族的社會中稱為「尪姨」　(D)噶瑪
蘭族的巫覡為男性，可能是受到漢人影響所致。

（　　）**11** 有關於平埔族，下列哪一說法有誤？　(A)因各族遷臺時間差異甚
大，文化系統差異也大　(B)多是母系社會　(C)宗教信仰以祖靈崇
拜為主(D)十三行文化很可能是凱達格蘭族所創造的。

（　　）**12** 清代治臺初期，郁永河奉派來臺採收硫磺，因此寫下有關原住民歷
史的重要文獻，這就是：　(A)東番記　(B)臺海使槎錄　(C)裨海紀
遊　(D)番社采風圖。　　　　　　　　　　　　　　　【原民五等】

（　　）**13** 清乾隆年間，巡台御史六十七商請畫師針對臺灣原住民社會風俗繪製的圖像資料為何？　(A)東番記　(B)臺海使槎錄　(C)裨海紀遊　(D)番社采風圖。　　　　　　　　　　　　　　　　　　　　　　　　　【原民五等】

（　　）**14** 在清朝文獻的記載，「牽手」、「挽手」是取自平埔族語言的那一種意思？　(A)成婚　(B)訂婚　(C)離婚　(D)成年。　【102原民五等】

（　　）**15** 十七世紀末康熙年間的一本日記《裨海記遊》，作者對於旅途所見眾社有詳細記錄，是難得的重要文獻。該書作者是誰？　(A)陳第　(B)郁永河　(C)黃叔璥　(D)六十七。　　　　　　　　　【107原民五等】

解答及解析

1 (A)	2 (B)	3 (C)	4 (D)	5 (A)
6 (B)	7 (C)	8 (D)	9 (A)	10 (B)
11 (A)	12 (C)	13 (D)		

14 (A)。平埔族牽手即成婚之意。

15 (B)

【申論題】

一、平埔族的「長老會議」為何？試說明其政治意義與功用，並敘述您對此政治制度的看法。

答 (一)長老會議

1. 產生原因：樂天知命的平埔族居住於肥沃廣大的平原上，甚少生計的壓迫與競爭，故以「部落」為其基本組織，並未產生統一各部落的領導者角色。然而，居住於同一塊土地上，成為一生命共同體，對於爭取共同利益或排解糾紛的需要，而發展出「長老會議」。

2. 功用：

　(1)對內：解決部落內的各項糾紛。

　(2)對外：發動部落間的戰爭。

3. 執行方式：長老會議配合年齡階級而執行，以下分項敘述之。

　(1) 年齡階級：平埔族的政治組織主要根據年齡差別行事，不同年齡層有不同職責。主要分為四十歲以上的「長老」階級和十餘歲至二十歲結婚止的「麻達」（又稱丁男）階級，麻達為部落中主要的戰鬥及服役群體。

(2) 長老會議：先由部落族人推派受人敬重的人士以為長老，作為
執行長老會議之領袖。部落中遇有待解決事務時，於長老會議
時提出交由族民們決議之，然而長老並無獨裁之權，只享有將
決議之事指派給從事對外戰爭及獵鹿的「丁男」執行。

4. 政治意義：長老會議類似共和體制，凡事以溝通為原則，不以獨裁
手段管理組織或解決各項糾紛，具有新時代自由民主的精神，在原
始社會中能發展出此一先進的民主制度，十分受人矚目。

(二)長老會議的變形：隨著時代的變遷，長老制度於不同時期產生不同變
化，以下分述之：

1. 荷據時期：荷人為方便傳遞命令以及召集開會，故以長老會議為基
礎，設置「領袖」，此一領袖即為長老會議的代表。其實在原始的
平埔族長老會會議中，眾長老們之間無絕對的長老領袖存在。

2. 鄭、清時期：此時期領袖制度式微，領袖一詞以「土官」、「土
目」或「頭目」代替，行「土官制度」。早期的土官由族社共同推
派，不離長老會議的宗旨，僅為各族社的代表，並無統治權，平埔
族的實際統治者是「通事」。然而，時至後期土官經由官方任命，
或由官方逕自從社內選出。此種類似漢人政治制度運作的方式，使
得土官制度後來成為世襲，並造成平埔族的貴族階層。

(三)長老會議的現代性概說：雖然長老會議為原始平埔族社會所發展而出
的產物，但其中的內涵與價值卻離現今的民主制度不遠矣，更具有直
接民主的特色，其特點為：

1. 各部落事務經由推派而出的長老舉行會議，經由族人共同決策，展
現直接民主。

2. 長老會議適合小國寡民的政治群體實行，此為其侷限之處。

3. 透過長老會議培養族人的民主自覺與溝通協調的能力與觀念，對民
主政治的發展貢獻不少。

4. 長老會議配合年齡階級將部落內的人力作充分的利用，頗具組織、
秩序性。

**二、平埔族為一典型的母系社會，其生活層面、社會制度均受影響，試列
出受影響的方面並敘述其要義。**

答 母系社會為平埔族的重要社會特色之一，以女性為家庭或部落中的主要
掌權者，與漢民族的父權社會體系截然不同，此種社會特徵影響其生活

層面主要包括兩大方面，其一為婚姻制度，其二為宗教事務，以下分別
詳敘之。

(一) 婚姻制度

    1. 以父系社會為主的婚姻制度為「嫁娶婚」形式，而母系社會的平埔
      族，其婚姻制度以「招贅婚」與「服役婚」為主。傳統招贅婚與服
      役婚並行的婚姻制度，婚後男方需入贅女家並替女家服勞役。

    2. 由於母系社會，女性地位相對於男性來得高，因享有財產繼承權，
      故其婚姻行「招贅制度」。此種社會風俗的影響下，造成平埔族多
      「重女輕男」。〈東番記〉：「養女父母終身，其本父母不得子
      也。故生女喜倍男，為女可為嗣，男不足代故也。」由此一說明可
      看出女性相對於男性來得重要。

(二) 宗教事務：母系社會的影響下，主持宗教事務的多為女性巫師，例
    如：西拉雅族「尪姨」。由於平埔族社會無絕對獨裁領袖存在，加上
    巫覡具有施咒驅魔的能力，以其神秘性與專業性，在部落中享有重大
    的權威及地位，而成為其變相約束力量的來源。

三、解釋名詞：(一)番社采風圖　(二)拜壺信仰　(三)遊耕

答 (一) 番社采風圖：「番社采風圖」為十八世紀清廷巡臺御史六十七委託畫
    工將原住民生活情形繪製成圖像，以為當時原住民留下珍貴的記錄。
    由畫中可以反映出十八世紀臺灣各地平埔族人的生活圖像，內容包羅
    萬象，舉凡分布情形、生產方式、產業活動、風俗習慣、歷史發展
    等，使得後代得以一窺當時平埔族人生活的各項面貌。

  (二) 拜壺信仰：「拜壺」為南部西拉雅族的特殊祖靈信仰。以「壺體」作
    為祖靈的神體而加以祭拜，不似漢民族以祖先牌位祭祀的習俗，故有
    學者稱此具有拜壺風俗的族群為「拜壺民族」。

  (三) 遊耕：遊耕為原始的耕作方式，對自然環境破壞最小，作物產量亦相
    對稀少。其方法是先找一塊地，將樹林砍掉，再以火焚燒，利用焚燒
    後的灰燼作為肥料，以樹枝做的木棍在土地上挖洞播種，作物任其成
    長、成熟，待二、三年地力減損後，再換鄰近的另一塊地砍林燒樹，
    週而復始，不似農耕一般以定點方式耕作。

Unit 2　第二章　北部平埔族

依據出題頻率分為：A頻率高　B頻率中　C頻率低

【命題關鍵】十三行文化
【命題焦點】1. 族群發展上的分布情形與外族上的互動關係。
　　　　　　2. 十三行文化遺址與凱達格蘭族文化上之關係。
【參考資料】潘英（民85），臺灣平埔族史，臺北市，南天。

第一節　凱達格蘭(KETAGALAN)、雷朗族(LUILAN)

經典考題

解釋名詞：凱達格蘭族。【108原民四等】

一、族群概說

(一)地理分布【101原民五等】

凱達格蘭的意思是指「居住在沼地的人」。分部地區以臺北盆地為主，分布範圍包括基隆、大屯山、淡水河口直到今桃園縣一帶，過去舊志所記載的「淡水十八社」和「南崁四社」等都在此範圍內。在族群的淵源上，凱達格蘭族和噶瑪蘭族有密切發展之關係，其中部分凱達格蘭族曾遷移到宜蘭地區定居，建立了哆囉美遠社與里腦社。

雷朗族（Luilan），分佈於臺北盆地南部及桃園台地，以雷朗社為名，歷來語言文化學者對於雷朗族究竟是否屬於凱達格蘭族之一支多有爭議，如日據時代學者小川尚義以語言學所作分類而認為是獨立族群，然亦有學者認為雷朗族應為凱達格蘭的一支，本書採後者之說法。

凱達格蘭族主要可以分為三大族群，這三個族群大致上以淡水河、基隆河及新店溪為界，分別為馬賽（Basay）、雷朗（Luilang）、哆囉美遠（Torobiawan）。

1. **馬賽（Basay）**：指淡水河和新店溪以北、以東的一群，包括基隆、淡水、和貢寮一帶，部份學者認為馬賽人應該是屬於一個獨立的族群。

2. **雷朗（Luilang）**：主要指淡水河以南、基隆河以西的平埔族群，包括臺北盆地和桃園一帶。這一支系亦是凱達格蘭的中心區。

3. **哆囉美遠（Torobiawan）**：為遷移至宜蘭平原的馬賽人，主要有哆囉美遠、和里腦兩社。

   原先總統府面前之介壽路，後改名為「凱達格蘭大道」，即為了表示這一塊土地為凱達格蘭族之土地，藉以表示對原住民文化之尊重。

(二) **族群源流**

　　依據凱達格蘭族傳說及比較噶瑪蘭族傳說後，可得知有下列之意義存在。

1. 噶瑪蘭族和凱達格蘭族皆由海外至台發展，且時間上距今約僅數百年。

2. 凱達格蘭族傳說認為其和泰雅族人為同祖，而噶瑪蘭族族群來源傳說中，卻說泰雅族被噶瑪蘭族趕上山。就各族群發展上看，寧可相信噶瑪蘭族確實佔領了部分泰雅族人山麓游獵地，而並非真將泰雅族人趕入山區。

3. 附帶一提，近有學說認為臺灣高山原住民族為被漢人發展所趕上山去的（就史實之發展，原住民之土地，因受到持續的漢人移墾，而有土地被佔領之情形，然其所被佔領之土地，並不全然皆為其生活居地，大都僅為其山麓游獵耕地），然如此論點如何解釋平埔族自荷蘭尚未殖民前，即已居住於平原一帶，自然不無矛盾之理。較為可信乃是較早於平埔族來臺之臺灣其他原住民族群，因受到瘧疾及瘴癘之影響而轉向高山地區；平埔族來臺時間較晚，因而僅能於平原地區發展。

(三) **族群遷徙**

1. **日本學者伊能嘉矩根據**

   (1)番族間所流傳有關於遷徙之傳說。

   (2)各番社之間有相同起源傳說以推測族群遷徙方向。

   (3)語言文化遠近之差異。

   (4)根據各特有風俗之相似性程度。

   (5)根據自然地勢分布特色等這五點推測出凱達格蘭族最先原居於三貂角，沿海岸西進，逐漸分布於基隆、大屯火山，再分支進入臺北平原、桃園台地等地區，形成今日凱達格蘭族分布之情形。

2. 郁永河《裨海紀遊》即描述「淡水三十六社，皆淡水社統之」。伊能嘉矩的分析，卻忽略了頗為重要之淡水社的記載和描述，伊能嘉矩利用語言文化來推論該族群之遷徙，雖能大體勾勒出凱達格蘭族分布及遷徙之情況，然確實遷徙之相關研究，實有待後人加以研究。

3. 平埔族各族之中，除了噶瑪蘭族外，失去自主權最晚的即為凱達格蘭族，且相較於臺灣其餘之平埔族群，凱達格蘭族卻是唯一一支沒有發動族群大遷徙之族群，其中原因有待研究，目前通說認為乃因地理位置所界限，以臺北盆地周圍為主要分布地帶之凱達格蘭族，附近平原、丘陵大都為漢人所開闢，距離花東等地又過於遙遠，縱使有部分遷徙到蘭陽平原地區，卻也依然面臨被同化之命運，是故凱達格蘭族成為今日最難尋找之平埔族人。就區域內遷徙之情況而言，因地理環境限制，大都僅能往原居地之內山丘陵移動。

(四) 歷史發展

1. **荷據時期**：荷據時期殖民政府為求有效達到管理，首先即對臺灣原住民族進行武力征服，以收管理之效。就平埔族方面而言，文獻記載武力反抗荷人計有七件，其中一次即為淡水、噶瑪蘭之役。

   荷人於1642年驅逐西班牙人後，即駐兵淡水、雞籠，但附近平埔族社大都不服，於是於西元1644年進行武力征服，取得基隆、淡水等族社歸降，次年八月進攻噶瑪蘭，噶瑪蘭族不敵，計四十四餘社歸降。回程途中，再下淡水一帶其餘之族社。

   荷人主要根據地於臺灣南部，對於臺灣南部平埔族群之社會文化影響較大，相較於北部而言，則始終未能完全真正統治，北部平埔族人於荷據時期仍能維持其主體性。

2. **西班牙殖民時期**【95、97、98、102原民五等】：西班牙殖民政策主要在於對外防備，對於平埔族之互動僅止於貿易及傳教等。然西班牙入主臺灣北部地區時，並未引起平埔族太多反抗，文獻上之記載僅於西元1632年起征討噶瑪蘭諸番，而淡水、基隆等地之平埔番，大都選擇歸順。表面上的名義雖是表示歸順，但卻經常發生殺害士兵、傳教士等仇視行為，持續對西班牙政權之反動，顯然歸順只是假象。北部平埔族人對於外來政權，雖然表現出歸順，但卻從未打從心裡臣服過。

   綜觀西班牙於臺灣北部殖民十六年，對於北部平埔族人，僅宗教上些微影響，其餘社會文化等方面皆微不足道，北部土地的主人，依然屬於平埔族人。

3. **鄭氏時期**：鄭氏治臺時期，為安頓大量軍民問題以及軍事上需要，施行圈地令及各種屯墾制度，許多平埔族生活居住地因而遭到佔據，加上諸多理番政策不公，遂引起諸多番社叛亂，鄭氏政權以武力討伐之，許多番社甚而遭到滅族命運。鄭氏勢力範圍主要在臺灣南部地區，而影響力頂多至中

部一帶，對於臺灣北部平埔族而言，勢力依舊鞭長莫及，淡水及噶瑪蘭等諸社受到明鄭勢力影響甚乎其微。

4. **清領時期：**清領時期，管理番民之政策主要沿襲明鄭時期政策，並加設通事予以直接統治。平埔族人在清朝政府管制之下，延續在明鄭時期的苛重賦役、社商的剝削以及土地的侵占等，還加上通事更直接的剝削。此外，一波波持續的漢人移民，更是直接造成平埔族人被漢化等滅族危機，且此一影響力遍及全臺各地之平埔族群，如於荷蘭、明鄭時期依舊屬於自然子民的北部平埔族諸番，於清領時期，竟也成為供人剝削奴役的一群。平埔族群為求生存，乃於嘉慶年間開始展開各族群大遷徙之過程（註：凱達格蘭族並無進行族群大遷徙之活動），依舊抵擋不住龐大且優勢的漢人族群，自始融入同化於漢人社會之中。

5. **相關地名【**95原民五等**】**
   (1) 雞籠：為平埔族自稱之「凱達格蘭」省略變化而來的。
   (2) 淡水：郁永河至北投地區採硫磺礦，寫下臺北地區淡水二十三社的地名，這些人為凱達格蘭人；其中一社為唭哩岸社，如今為捷運淡水線之一站。
   (3) 艋舺：萬華舊名「艋舺」，意指獨木舟或獨木舟聚集之處。凱達格蘭族居住於此，使用一種叫「ManKa」的獨木舟為交通工具。
   (4) 大龍峒：位於臺北市的西北角，臨淡水河與基隆河的交匯處，開發晚於艋舺而早於大稻埕，是以前凱達格蘭平埔族巴浪泵社（Pourapon）的舊地。

二、文化概說【100、101原民五等】

> **經典考題**
>
> 試述十三行文化遺址考古文物之出土，在文化上具有哪些特色。

凱達格蘭族主要分布於臺北盆地周圍地區，近年發現的十三行文化遺址分布區與凱達格蘭族的分布相當一致，所以學者認為十三行文化的主人應該是凱達格蘭族之先行文化，藉由了解十三行文化的特色，將有助於了解凱達格蘭文化的特色。

(一) 十三行文化分布範圍相當廣，主要為新北市、宜蘭縣境內。在臺北地區則以十三行、番社後、舊社三個類型的文化為代表。煉鐵技術為此一文化最大特色，並以鐵器為生產工具。

(二) 最早為十三行類型文化，距今約2000年至1000年之間，分布於臺北盆地內

淡水河兩岸低地及河口沿岸一帶。番社後類型的文化分布於金山以西的海岸地帶，包括三芝、淡水及八里一帶，是十三行文化晚期的一支，距今約一千年以內。舊社類型文化分布於三芝以東的北海岸地帶及蘭陽平原，為最晚期之十三行類型文化，並持續發展至十九世紀初葉才逐漸漢化。

1. **食**
   (1)炭化稻穀的發現→證實十三行遺址的原住民已進入水稻耕種時代。
   (2)水塘、沼澤、小水潤以及水井的發現→推測村旁的沼地為凱達格蘭人從事粗耕稻的所在。
   (3)遺址依山面海，食物來源以狩獵、拾貝、捕魚和種稻為主。

2. **衣**
   (1)出土發現織布的陶紡輪→紡織技術的證明。
   (2)出土之珠串飾物中，夾帶了麻線的痕跡發現→推測凱達格蘭人可能以麻類植物作為紡織的基本材料。

3. **住**：可分為「半穴居」的住屋及「干欄式」住屋兩種型態。

4. **行**：遺址中發現許多不屬於當地生產的金、銀、銅、瓷、玻璃等器物及唐、宋時期的銅錢→和外地交通往來貿易關係之密切。

5. **工藝**
   (1)十三行遺址出土的大量陶片及少數精美的陶製容器，可推測當時凱達格蘭人擁有很多的製陶、燒陶技術。
   (2)**煤塊的出現與大量鐵渣的堆積，顯示出十三行遺址曾有煉鐵作坊的證據。**

6. **習俗**：以獨特屈肢葬為最大特色。十三行遺址出土大量而形態複雜的墓葬，埋葬方式大都將死者身體彎曲，呈現半捲縮的姿勢，並不使用棺木，而是採取屈身直接放入墓穴中。陪葬品則有古唐宋錢幣、飾物和瓷器（貿易）及豬鹿腳骨、貝殼（食物餞亡靈的葬禮儀式）等。而出土人骨研究顯示，凱達格蘭族人也有吃檳榔、菸草等其餘臺灣原住民族之特色。

(三)**結論**：十三行文化為臺灣鐵器時代代表，在生活技術的進步下，發展出具有較大規模之部落型態，政治間有部落聯盟出現，社會上有貧富差距，經濟方面以稻米種植為主要生產方式，輔以捕魚及狩獵等。**在精神習俗方面，由墓葬形式及特色、陪葬品中可推測已有宗教信仰，而中國古錢幣的發現，表現出該文化對外關係上往來之密切。**

第二節　道卡斯族(TAOKAS)

【命題焦點】1. 歷史發展上，讀者需對於外來統治者的反動事件所引起政府鎮壓，以及持續的漢人移民所產生的平埔族群大規模遷徙過程多加投注心力。

2. 文化特色上，著重於漢人文化和平埔族融合下所產生的影響。在此一情況下，可以探討平埔族文化在受到漢文化影響下所呈現的文化融合特色，以及思考平埔族群在面對優勢的漢文化，如何面對自我傳統文化延續考驗，亦即認同自我文化上的問題。

3. 道卡斯族的牽田儀式、祭祖活動等，如何在強勢的漢人文化下延續發展一段時日，而這些傳統文化受到漢人文化影響下，又分別呈現出何種文化融合的特色。

一、族群概說

(一) 地理分布【97、98原民五等】

1. 道卡斯族分布範圍包括臺中市、苗栗縣、新竹縣、部分桃園縣。主要活動範圍以沿海一帶及丘陵各河谷沖積成的平原為主。

2. 主要部落有竹塹（新竹）社、日南社、大甲東社、苑里社、吞霄社、後龍社、新港社、貓裡（苗栗）社等。

3. 道卡斯族主要可分為三大社，分別為蓬山八社（臺中大甲一帶）、後龍五社（主要分布於今苗栗縣境）、竹塹兩社（為道卡斯族中分布範圍最廣之社）。

(二) 歷史發展

1. 明永曆二十四年（1670），鄭經命右武衛劉國軒經略蓬山八社及後龍五社，為平埔道卡斯族歸明鄭統治之開始。

2. 竹塹社歷史上較重要的記載有：明永曆三十六年（1682）鄭克塽為防清軍犯台，徵用土番輸送軍需，引起包括竹塹社、新港社等族人反抗事件，事件平定後受撫者回原社居住，不服抗降者率領族人遁入山地。

3. 蓬山八社歷史上較重要的記載有：
   (1)清康熙三十八年（1699）吞霄社平埔族抗官事件。
   (2)清雍正九年（1731）大甲西社引發的中部平埔族大動亂。

4. 乾隆初期，在社餉徵收方面，由臺灣府志記載中可看出，徵番社銀兩即由崩山社、新港仔社、竹塹社三大社統籌、徵銀，此即道卡斯三大社群之由來。

(三) **族群遷徙**【101原民五等】：平埔族群受到明鄭及清領時期之統治管理政策壓迫，加上漢人不斷的開墾拓殖，平埔族生活空間遭受到嚴重打壓，在面臨族群生存壓力下，平埔族便發起諸多反抗政府之抗爭事件，其中又以中部平埔族諸番反抗最為劇烈。一次次受到政府無情的打壓，中部平埔族選擇反抗無效後，只能消極地以族群遷徙方式逃避這一切殘酷之現實。中部平埔族群為首先發動族群大遷徙之臺灣平埔諸族，其中有關於道卡斯族族群遷徙，史料上之記載計有兩次。

1. 姚瑩《東槎紀略》噶瑪蘭原始云：「嘉慶九年（1804）彰化社番首潘賢文，大乳汗毛格，犯法拒捕，合岸裡、阿里史、阿東、東螺、北投、大甲、吞霄、馬賽諸社族千餘人，越內山，逃至五圍，欲爭地。」【98原民四等】

   意義：史料記載主要為描述平埔族人犯法拒捕而會同臺灣中部平埔族諸番逃往噶瑪蘭發展。然根據當時社會情況而言，無疑是平埔族群在生活空間遭受極大之打壓時，為求族群發展，勇於往噶瑪蘭地區發展，此次遷徙前往噶瑪蘭計有：洪雅、巴布薩、巴則海、道卡斯等族。受到提早一步前往宜蘭開墾之漢人影響，中部平埔族諸番依然無法於蘭陽平原尋找到其移民新天地，大都族社選擇遷回原居地，此次跨族群遷徙以失敗收場。

2. 埔里原為漢人尚未進入開墾之地，主要族社為埔裏社（邵族）及眉裏社（泰雅族），嘉慶初期，僅有部分通事進出。**嘉慶二十年（1815）郭百年入埔里開墾，對於原番社之土地豪取強奪，後清廷政府以治安上的考慮，將郭百年等人加以監禁，生番始各歸社，然對於埔里二十四番社已造成甚大影響，此即為「郭百年事件」**。而此時中部平埔族諸番在首次民族遷徙噶瑪蘭失敗後，正尋求新的移民天地時，恰逢郭百年事件。埔里二十四番社為求防禦漢人再度入侵，遂透過水社番引介與中部平埔族共四社簽訂「公議同立合約字」，而這次中部平埔族群大遷徙也是道卡斯平埔族第二次遷徙。

二、文化概說

經典考題

1. 試述由道卡斯族牽田及祭祖儀式探討其社會文化特色。
2. 臺灣現代生活中有那些文化遺跡或事物可以顯示平埔族群存在的事實？試說明之。【101原民四等】

(一) **牽田祭**：道卡斯族的「牽田祭」（khantian），每年從農曆七月十五日晚上開始到八月十五日晚上結束，總共長達一個月。活動前一天有競跑活動，跑第一的人要準備麻糬請人吃；七月十五日起三天舉旗手需「扮番」到各家邀請社人參加晚上的牽田活動。旗竿部分由舉旗手負責製作，從竹竿選材至完成整個牽田儀式結束只能由男性族人協助，女性不得碰觸，此外，家有喪事、帶孝或妻子懷孕的男性也不可以碰。

意義：

1. 牽田儀式過程中之牽手跳舞、集體歡樂等為道卡斯族之豐年祭典。

2. 儀式中諸如舉旗、禁忌等活動中與賽夏族矮靈祭儀式或多或少有相似之處，然若仔細分析兩者儀式，卻可發現有極大差異所在，諸如在旗手、舞蹈活動、舉辦時間等諸方面。透過祭典儀式所反映出各族群文化特色內涵，以藉此釐清兩族之間曖昧不明的關係。

3. 後人解讀道卡斯族族群遷徙與賽夏族遷徙時，往往會認為道卡斯族與賽夏族有族群同源關係，然透過語言學上之認定，道卡斯族與賽夏族實為兩個獨立群體，或許因為生活空間重疊，而有如此錯誤解讀之說法。

(二) **祭祖**【95原民五等】：可分為竹塹社的采田福地祭祖祭典及苗栗後龍一帶的祭祖儀式，茲分述如下：

1. **采田福地**

(1)源流：竹塹社原居新竹縣香山（番山），後來遷移到舊社（新竹市舊社里）。乾隆十四年（1749），竹塹溪（頭前溪）暴漲，原舊社族人搬遷至新社（竹北）。竹塹社原住民於清康熙六十一年協助清廷平定朱一貴之亂有功，乾隆二十五年（1760）御筆賜「義勇可嘉」匾額。嘉慶二年（1797）建新社公館，即「番仔祠堂」，作為收租的課館兼祖廟。咸豐四年（1854）閩粵發生械鬥，新社公館被毀，乃於光緒四年重建，號「采田福地」。

(2)特色：

A. 竹塹社傳統祭祖稱為「田」，由土目（頭目）主祭，傳統祭品為雞、鴨、豬等生肉及麻糬、酒等。祭祀費用來源為祖遺田業口糧大租穀之收入，作為基本財產。

B. 祭祖分為春秋二祭，祭祀竹塹社七姓祖先，祭祖完後則進行走田儀式。此外又於光緒中業增加土地公祭典、清明祭祖、中元普渡等儀式。

C. 走田儀式則為娛樂性質的運動會賽跑活動。

(3)意義：**為道卡斯族竹塹社祭祀祖先與祭祀福德正神的廳堂。由字面上來看，采田兩字合為「番」；福地則代表漢人土地神之信仰。采田福地所表現出來的文化意義即為竹塹社傳統文化和漢文化調和下的結果。**今日采田福地內主要祭祀富媼（番仔王爺）、並配祀如孔子、土地公等漢人信仰，目前屬於竹塹社的傳統祭祖儀式，大都已客家化。

2. **祖靈祭（patai）**
 (1)特色：位於苗栗後龍一帶的道卡斯族人，約於每年農曆二月八日開始，便會舉行像漢人清明祭祖一樣的祭祖儀式，祭品以鹿肉、糯米酒等，傳統社會時期有族中女性長者主祭，後受到漢化之影響，而漸由男性取代。祭祖儀式完後，族人蹲坐聚餐，飯飽外出，族中女性長者向每位外出族人灑少許水以示意祝福及去除污穢。此後三天，村中所有族人可到處至各家串門子吃喝玩樂，並提著水桶到處向人潑水，以表示互相祝福，這就是道卡斯人的潑水節。
 (2)意義：
 A.道卡斯族為臺灣原住民族群中，唯一有潑水節儀式之民族。
 B.道卡斯族諸多慶典儀式，如牽田祭為農曆七月十五日至八月十五日舉行，恰與漢人的中元、中秋節重疊；祭祖時間則與漢人清明節一致。在時間上的巧合及文化性質間許多相同點，促使道卡斯族在臺灣平埔族群中漢化速度較快，然亦也因為上述因素，而使傳統道卡斯文化特色相較於其餘平埔族更能延續一段時日。

(三) 工藝
 1. 清雍正時期，道卡斯族日南社番婦蚋斯烏茂地利用大安溪下游沿海附近所長生之野生大甲藺，編成各種實用的用具，因其質韌不易折斷，故此技藝風行於沿海諸番。
 2. **清乾隆時期，大甲雙寮社番女加流加買改革此一技藝，將藺草莖撕成細條，用來編織草蓆，其清爽、堅固耐用的特性，引起漢人注意而加以學習，此即為著名的「大甲藺草編織技巧」。**

　　　　　　　　　　　　精選範題

【測驗題】

(　　) **1** 臺灣的原住民，何族與金屬器時代的十三行文化有關？　(A)阿美族
(B)卑南族　(C)凱達格蘭族　(D)排灣族。

(　　) **2** 新北市八里區十三行遺址在考古學上之重要的意義為何？　(A)是北
臺灣鐵器文化的開始　(B)是臺灣原住民文化的開始　(C)是臺灣最
早的古文明出土　(D)證明臺灣已進入新石器時代。

(　　) **3** 分布於大臺北地區、基隆、部分宜蘭平原的平埔族是：　(A)噶瑪蘭
族(B)道卡斯族　(C)巴布拉族　(D)凱達格蘭族。

(　　) **4** 昔日總統府前面之介壽路，而後為紀念某民族之生活居地曾位於
此塊土地上，而將路名變更，請問該民族為何？　(A)噶瑪蘭族
(B)凱達格蘭族　(C)道卡斯族　(D)猴猴族。

(　　) **5** 臺灣平埔族群在受到漢人移民壓力下，發生數波民族大遷徙之情
形，為何凱達格蘭族並無進行民族大遷徙之活動？　(A)受限於地形
發展上之影響，且附近可供移民之土地大都為漢人所開墾　(B)接受
漢人文化，融入於漢人生活圈之中　(C)安土重遷的觀念，凱達格蘭
族不願離開其世代居住之土地　(D)族群發展受到漢文化之影響不若
其它族群般來的深切。

(　　) **6** 荷蘭及西班牙殖民時期，殖民政府對凱達格蘭族群發展之影響為
何？　(A)大量漢人隨著荷蘭人的開墾、貿易政策而進入北部地區，
凱達格蘭文化發展受到深切之影響　(B)荷蘭人勢力根據地在於臺灣
南部，對於臺灣北部地區鞭長莫及，北部地區之平埔族依然過著傳
統之生活型態　(C)西班牙殖民者透過其強大之武力，迫使凱達格蘭
族諸社歸降，族群文化發展影響受到外來宗教影響深切　(D)不論是
荷蘭或是西班牙，凱達格蘭族皆歸化為順民，協助殖民政府平定周
圍番社之動亂。

(　　) **7** 明鄭時期，實行圈地令及軍事屯墾活動，對於臺灣原住民傳統之生計
產生嚴重影響，請問該政策對於凱達格蘭族群發展產生何種影響？
(A)族群土地一日日減少，族群面臨存亡之關鍵　(B)因反抗明鄭之

土地管理政策，族群起而抗爭，引起政府大規模之鎮壓　(C)凱達格蘭族選擇合作之方式，雖獲得族群發展喘息之空間，但最後卻依然脫逃不了土地日漸減少之事實　(D)明鄭勢力主要集中在臺灣南部地區，對於臺灣北部平埔族諸番社而言，依然是其人間樂土之所在，各種圈地及屯墾等制度，並未在臺灣北部地區產生嚴重影響。

（　　）**8** 下列地名，何者「非」來自於凱達格蘭族？　(A)貓裡（苗栗）　(B)雞籠（基隆）　(C)艋舺（萬華）　(D)大龍峒。

（　　）**9** 下列有關於十三行文化之描述，何者有「誤」？　(A)煉鐵技術為此一文化最大之特色，並以鐵器為生產之工具　(B)炭化稻穀的發現，證實十三行遺址的原住民已進入水稻耕種時代　(C)遺址所出土的稻殼印紋陶片，是目前臺灣所見最早的稻米栽培證據　(D)遺址中發現許多不屬於當地生產的金、銀、銅、瓷、玻璃等器物及唐、宋時期的銅錢，代表和外地交通往來貿易關係之密切。

（　　）**10** 藉由十三行文化遺址上之考古，從而推斷該遺址文化特色為何？　(A)從出土編織物中，可推測該文化具有蘭草編織技巧　(B)遺址出土大量而形態複雜的墓葬，埋葬方式大都將死者身體彎曲，呈現半捲縮的姿勢，並不使用棺木，而是採取屈身直接放入墓穴中　(C)由墓葬之形式來推斷，十三行文化人對於鬼靈有極大之恐懼　(D)城牆結構的發現，推論凱達格蘭族先期文化曾發展至國家型態。

（　　）**11** 以「獨木舟」的原住民語發音而形成的地名為何？　(A)秀朗　(B)瑪僯　(C)艋舺　(D)猴猴。　　　　　　　　　　　　　【原民五等】

（　　）**12** 道卡斯族主要分布於何地區？　(A)臺北、桃園　(B)新竹、苗栗　(C)臺中、彰化　(D)臺南、高雄。

（　　）**13** 道卡斯族主要可分為三大社，何者「非」此三大社？　(A)蓬山八社（臺中大甲一帶）　(B)後瓏五社（今苗栗縣境）　(C)岸里社（臺中豐原一帶）　(D)竹塹兩社（新竹縣、市）。

（　　）**14** 明鄭時期及清領時期對道卡斯族三大社的統治管理上，曾因過度勞役及通事壓榨等情況下，發生數起抗暴事件，下列因果之配對，何者有誤？　(A)鄭克塽為防清軍犯臺，徵用土番輸送軍需，過度勞役→竹塹社、新港社反抗事件　(B)通事對族社的經濟壓榨→吞霄社平

埔族抗官事件　(C)清雍正九年（1731）大甲西社引發的中部平埔族大動亂　(D)漢人開墾問題及通事的剝削→觀音山事件。

(　) **15** 臺灣平埔族共進行四次族群大遷徙，其中道卡斯族參加其中兩次，該兩次分別為：　(甲)嘉慶九年，中部平埔族族群大舉往噶瑪蘭遷徙，為平埔族四大遷徙之第一次　(乙)道光三年，中部平埔族聯合移入埔里地區，為平埔族第二次族群大遷徙　(丙)道光九年，平埔族群往南越過中央山脈，朝花東縱谷等地遷徙，為平埔族群第三次遷徙　(丁)道光十五年，平埔族群加禮苑社被漢人壓迫，遷至花蓮。此次為平埔族群第四次大遷徙，並持續進行至咸豐年間　(A)(甲)(乙)　(B)(甲)(丙)　(C)(乙)(丙)　(D)(丙)(丁)。

(　) **16** 「道光三年，中部平埔族聯合移入埔里地區，為平埔族第二次族群大遷徙……」，此次平埔族群大遷徙，與何事件有密切關係？(A)郭懷一事件　(B)郭百年事件　(C)林爽文事件　(D)戴潮春事件。

(　) **17** 關於道卡斯族牽田儀式，下列敘述何者「正確」？　(A)為道卡斯族人祭祖活動　(B)類似一種豐年祭之祭典活動　(C)儀式過程與賽夏族矮靈祭有密切之相關性，由此推論賽夏族可能為道卡斯族之一分支　(D)儀式結束後，家中長者向家人灑水，以表祝福之意。

(　) **18** 道卡斯族為臺灣原住民族群中，唯一有潑水節儀式之民族。請問潑水儀式於哪一祭典中可以見到：　(A)牽田儀式　(B)播種儀式　(C)祖靈祭　(D)獵首儀式。

(　) **19** 竹北「采田福地」所代表的文化意義為何？　(A)為竹塹社傳統文化和漢文化調和下之結果　(B)為漢人的祭祀公業類型組織　(C)為道卡斯族所獨特擁有的祭祀文化　(D)為求道卡斯族傳統文化振興，族人乃透過此宗祠之設立以求傳統文化之延續。

(　) **20** 祖靈祭祭祖儀式中，「……祭品以鹿肉、糯米酒等，傳統社會時期有族中女性長者主祭，後受到漢化之影響，而漸由男性取代……族中女性長者向每位外出族人灑少許水以示意祝福及去除污穢。」透過此一儀式過程，可得知道卡斯族社會型態為：　(A)父系社會(B)母系社會　(C)以核心家庭為主之社會型態　(D)有明顯的年齡階級限制。

（　　）**21** 著名的「大甲藺草編織技巧」，為哪一族群之手工藝技藝？　(A)凱達格蘭族　(B)道卡斯族　(C)漢族　(D)巴則海族。

（　　）**22** 下列對原住民族相關祭儀的描述，何者有誤？　(A)卑南族猴祭　(B)布農族打耳祭　(C)阿美族豐年祭　(D)道卡斯族矮靈祭。　【原民五等】

（　　）**23** 新竹縣竹北市有一處三級古蹟——采田福地，是那一族那一社祭拜祖先的廳堂？　(A)道卡斯族新港社　(B)凱達格蘭族秀朗社　(C)道卡斯族竹塹社　(D)巴宰族岸裡社。　【原民五等】

（　　）**24** 下列何者屬於凱達格蘭族的分支？　(A)巴賽　(B)馬卡道　(C)道卡斯(D)貓霧。　【101原民五等】

（　　）**25** 下列文化遺址何者跟凱達格蘭族文化很有關係？　(A)芝山岩遺址　(B)十三行遺址　(C)圓山遺址　(D)十五份遺址。　【101原民五等】

（　　）**26** 1814年至1815年間，水沙連地區曾經發生過「郭百年事件」，請問這個事件發生的主因與下列何者有關？　(A)漢人與原住民爭奪水源　(B)漢人覬覦原住民土地　(C)清政府下令禁止漢人和原住民貿易　(D)原住民馘首。　【101原民五等】

（　　）**27** 西元1626年，西班牙人在現今臺灣北部那一個地區做為要塞，攻擊臺灣北部原住民族各部落，以實施其殖民目的？　(A)基隆　(B)臺北　(C)宜蘭　(D)桃園。　【102原民五等】

（　　）**28** 乾隆年間土目林合歡率眾響應官府採從漢俗薙髮冠姓致力教育。林合歡是何社土目？　(A)竹塹社　(B)中港社　(C)新港社　(D)岸裡社。　【107原民五等】

（　　）**29** 臺灣現行經中央政府認定之原住民族共有16族，下列何者非官方認定的原住民族？　(A)撒奇萊雅族　(B)噶瑪蘭族　(C)排灣族　(D)凱達格蘭族。　【107原民五等】

（　　）**30** 黃斗乃事件，是十九世紀道光年間牽涉到閩客原三系民族的著名分類械鬥事件。事件發生的地點在那裡？　(A)竹塹　(B)中港　(C)後壠　(D)大甲。　【107原民五等】

（　　）**31** 考古學者根據十三行遺址豐富的出土文物，理解該遺址曾經先後有三群不同的人在此居住。下列何者錯誤？　(A)圓山文化人　(B)凱達格蘭人　(C)馬賽人　(D)福建移民。　【107原民五等】

解答及解析

1 (C)	2 (A)	3 (D)	4 (B)	5 (A)
6 (B)	7 (D)	8 (A)	9 (C)	10 (B)
11 (C)	12 (B)	13 (C)	14 (D)	15 (A)
16 (B)	17 (B)	18 (C)	19 (A)	20 (B)
21 (B)	22 (D)	23 (C)		

24 (A)。凱達格蘭族可再分為巴賽（Basay）、雷朗（Luilang）、哆羅美遠（Torobiawan）三個分支。

25 (B)。十三行文化分布範圍與凱達格蘭族相當一致。

26 (B)。嘉慶年間漢人郭百年率眾入埔里開墾，對番社土地豪取強奪，造成當地原住民族的大遷徙。

27 (A)。西班牙人於西元1626年登陸三貂角，並於基隆和平島舉行占領儀式。

28 (B)。清乾隆二十三年（1758年）官府獎勵中港社人薙髮及冠漢姓從漢俗，並賜姓林、夏、劉、潘、胡、吳、李、施、呂、蟹、張、陳、康、葛、黃任選冠戴，當時的土目林合歡熱烈響應，並致力教育社人子弟，臺灣道蔣允焄乃於清乾隆三十年（1765年）賜予「國學鍾英」匾額加以表揚。

29 (D)

30 (B)。彰化縣民黃斗乃（原名黃祈英）在斗換坪一帶與原住民進行交易而逐漸發跡，後娶苗栗南庄頭目樟加禮之女為妻，並依當地習俗改名「斗乃」。黃斗乃利用漢人農耕技藝幫助原住民開拓三灣荒地，並招徠客籍漢人共同進墾南庄。道光六年（1826年），竹塹、中港等地發生閩客械鬥，部分落敗客籍人士向黃斗乃求援，黃斗乃親帶原住民越過土牛線支援，並攻擊中港城，終招致官府派兵征討，事後，黃斗乃被處死，所開墾的土地全遭官府沒收。

31 (C)

【申論題】

解釋名詞：郭百年事件

答 郭百年事件：郭百年事件為漢人在埔里地區土地拓墾過程中，極為暴力、蠻橫之代表性事件，造成原居住於埔里二十四番社原住民發展上重大影響，而此一事件也成為中部平埔族集體遷往埔里拓墾之重要因素。

埔里乃界外番社，例禁越墾，故漢人圍墾，往往假名於水沙連。嘉慶十九年水沙連隘丁首黃林旺結合彰嘉邑民陳大用、郭百年，及臺灣府門丁黃里仁等，為求貪圖開墾肥沃之埔里盆地，遂假借已故生番通事土目，赴臺灣

府聲稱：「積欠番食無資，請將祖遺水裏二社埔地，踏界給漢人耕佃，知府許之。」翌年，臺灣府令彰化縣發給墾照。然受約者，僅水沙連社番而已，其他二十四社皆不知所為。

郭百年等既獲墾照，遂率諸羅漢腳入山開墾大量番社之土地，後郭百年等人更冒充官吏，率諸羅漢腳及佃丁千餘人至埔里社，以黃旗大書開墾。社番不服，相持月餘。後以番人上山取鹿茸作為罷墾之條件，社番不疑，遂答應之。郭百年等人利用此一機會，趁其不備，對原番社大肆燒殺，擄獲牛隻、穀物、器物無數，又聞番人死以物殉葬，乃掘其墳、盜其物。原番社民元氣大傷，遂走依眉社赤崁而居。

清朝政府最後是以治安為理由，採取強勢介入，「予郭百年以伽杖，其餘宥之……，赴沈鹿，折毀土城，水埔二社耕佃盡撤，……集集烏溪二口，各立禁碑。」縱使如此，對於原居住於埔里二十四番社之族群，已造成極為深切之影響。

此時正逢中部平埔族諸番在首次民族遷徙噶瑪蘭失敗後，正尋求新的移民天地時，恰逢郭百年事件。埔里二十四番社為求防禦漢人再度入侵，遂透過水社番引介與中部平埔族共四社於道光三年簽訂「公議同立合約字」，而此一時期亦也為平埔族群入埔開墾之重要時期。

Unit 3　中部平埔族

依據出題頻率分為：A頻率高　B頻率中　C頻率低

【命題關鍵】番仔駙馬

【命題焦點】1. 讀者可將重心著重於巴則海族岸里社在中部平埔族諸番社的抗
　　　　　　清事件中，所呈現出和漢人互動的角色為何。
　　　　　　2. 讀者亦須多加留意張達京順利開墾臺中的過程。

第一節　岸里社(LAHODOBOO)

經典考題

1.張達京開墾臺中平原順利之因。
2.漢人開墾平埔族諸番社土地之問題。
3.試說明岸裡社與清代官方之密切關係。【原民三等】

族群概說【100、101原民五等】

(一)**地理分布**：巴則海族（Pazeh，又名巴宰族）主要分布地區，以豐原為中
　　心，北起大甲溪岸，南迄潭子，東達東勢一帶，西至大肚山。豐原、神崗
　　及東勢為社群主要分布地，主要有烏牛欄社（今豐原）；撲仔籠社群〔包
　　括水底寮（臺中新社）、大馬僯社（臺中東勢）〕；阿里史社（臺中潭
　　子），岸里社群（豐原、神岡）等。

(二)**族群發展**：巴則海族為清領時期臺灣中部最為活躍的族群，其中又以岸里
　　社為代表，其屢次為清政府平定不少亂事，雖獲得政府賞賜，一時風光，
　　然張達京成為岸里社女婿後，大量的漢籍移民持續入墾巴則海族生存空
　　間，面臨族群存續關鍵時刻，也只能選擇如同其餘中部地區平埔族，消極
　　地選擇新的移民空間。以下概述巴則海族族群發展。

　　1.康熙三十八年（1699），道卡斯族吞霄社因通事黃申過於暴虐，因而叛
　　亂，後清政府採取聯合巴則海族岸里社番以平亂事。

2. 康熙五十五年（1716），岸里社土目「阿莫」平吞霄社之役有功，並率領岸里五社向清政府表明歸順之意，並請求獲准開墾巴布薩（貓霧捒）之野，即包含大甲溪南側（今臺中市）一片之大平原（即岸里大社），岸里社自此之後成為清政府之順民，敉平日後不少之亂事。

3. 康熙六十年（1721），岸里社助清軍平定朱一貴事件，賜土目阿莫六品頂戴在案。

4. 雍正九年（1731），大甲西社等平埔族番社叛亂，阿莫之孫墩仔與張達京協助官兵破吞霄阿束社。

5. 乾隆五年（1740），賜淡水廳岸裡社土目「墩仔」姓潘。岸里社番賜姓「潘」。【原民五等】

6. 乾隆五十一年（1786），林爽文事件，岸裡社土目潘明慈協助清軍防守。

番仔駙馬張達京【98 原民三等、100 原民五等】

康熙末年，廣東大埔縣人張達京來臺，時巴則海岸里社族人受疾病所困擾，張達京乃透過其醫學素養，以草藥中醫救治族人，取得社民之信任，土目阿莫即將其女兒嫁給張達京，有「番仔駙馬」之稱。雍正元年，張達京任岸里社首任通事，駙馬加通事雙重身分下，很快即成為岸里社頗具聲望之人物。

在開墾臺中平原方面，昔日平埔族生計以遊耕漁獵為主，遂有開墾一片田野之想法，乃透過其在族社內的聲望，與社番訂立墾約，以「割地換水」方式取得土地所有權，並邀其餘漢人共同出資興建葫蘆墩圳（貓霧捒圳），使一片荒埔成為千甲良田。數十年的經營，張達京成為中臺灣地區首富，並組織「六館業戶」，與其餘漢籍投資人共同開墾土地投資事業，勢力遍及臺中及彰化一帶。

張達京的開墾事業，引來一波波的漢人移民潮，大量跟隨張達京前來的粵籍同鄉，至乾隆末年時，神岡、豐原、潭子、石岡、新社等地區已成為名副其實的客家村落。漢人的持續開墾，巴則海族人土地一日日減少，在生活日漸困頓下，為求尋找新的生活空間，也如同其餘臺灣中部平埔族群般，進行計有兩次之民族大遷徙。

(三) 族群遷徙：大部分巴則海族社群隨著洪雅族、巴布薩族、巴布拉族、道卡斯族進行，分別為一次前往噶瑪蘭，另外一次前往埔里的族群大遷徙活動，而巴則海族也是中部平埔族第二次族群大遷徙之領導者。

1. 第一次遷徙為嘉慶九年由道卡斯族吞霄社所發起，目的地為宜蘭平原，然當時漢人移民已在吳沙開墾下，早先於此波平埔族大遷徙，在不敵人多勢

眾的漢人下，除了少部份族社選擇繼續留下外，大部分族社只好選擇返回原居地。

2. 嘉慶二十一年，郭百年事件給予中部平埔族諸番另外一次移民的機會。

※郭百年相關事件及中部平埔族群第二次大遷徙，請參閱邵族及道卡斯族章節。

精選範題

【測驗題】

( ) 1 巴則海族主要分布於臺灣何地區？ (A)臺中、豐原、東勢 (B)大甲、通宵、苑裡 (C)清水、沙鹿 (D)彰化一帶。

( ) 2 清領時期，中部地區最為活躍之平埔族群為何？ (A)道卡斯族 (B)巴布拉族 (C)巴則海族 (D)和安雅族。

( ) 3 承上題，該族活躍之原因主要為何？ (A)人口及分布面積最為遼闊 (B)協助清政府平定附近諸多番社之亂事，得到不少賞功 (C)曾創立過大肚王國，聲勢因而繼續延續 (D)為中部平埔族領導族群。

( ) 4 巴則海族中又以岸里社為最大且最有名氣，主因為： (A)為巴則海族中，各族社祭祀中心所在 (B)岸里社頭目阿莫的文治武功下，積極向外侵略擴張，使得巴則海族成為以岸里社為中心之中部平埔族最大族群 (C)清政府有意透過以夷制夷的策略達到控制中部平埔族諸番，因而刻意扶植岸里社，以利其政治統治之目的 (D)屢次為清政府平定不少亂事，獲得政府賞賜，風光一時。

( ) 5 下列有清一代，各民變與番變，與岸里社有影響關係者為：
(甲)康熙三十八年（1699），道卡斯族吞霄社事件 (乙)康熙六十年（1721），朱一貴事件 (丙)雍正九年（1731），大甲西社等平埔族番社叛亂 (丁)乾隆五十一年（1786），林爽文事件 (戊)同治元年（1862），戴潮春事件 (A)(甲)(乙)(丙)(丁) (B)(甲)(乙)(丙)(戊) (C)(乙)(丙)(丁)(戊) (D)(甲)(乙)(丁)(戊)。

( ) 6 康熙雍正年間，漢人開始入墾巴則海族居住地，其中有一位開墾者甚至娶得岸里社頭目之女兒，而有「番仔駙馬」稱呼： (A)施世榜 (B)張達京 (C)王世傑 (D)林成祖。

（　　）　**7** 有關於張達京開墾臺中地區之敘述，何者有「誤」？　(A)雍正元年，張達京任岸里社首任通事，駙馬加通事雙重身分下，很快即成為岸里社頗具有聲望之人物　(B)透過其在族社內之聲望，與社番訂立墾約，以「割地換水」方式取得土地所有權　(C)數十年的經營，張達京成為中臺灣地區首富，並組織「金廣福墾號」，與其餘漢籍投資人共同開墾土地投資事業，勢力遍及臺中縣市及彰化縣一帶　(D)邀其餘漢人共同出資興建葫蘆墩圳（貓霧捒圳），使一片荒埔成為千甲良田。

（　　）　**8** 承上題，張達京為首開始大規模開墾巴則海族居住地，對於該族群所帶來之影響為何？　(甲)族群面臨生計上之問題，因而會同中部平埔族群進行兩次族群遷徙之活動　(乙)水利設施的興建，使傳統平埔人遊耕狩獵的生產型態，轉變為水稻式農耕　(丙)族群文化受到漢文化影響，面臨同化或消失等危機　(丁)巴則海族群本身之發展加上張達京的水利開墾，使巴則海族群聲勢達到空前之極大　(A)(甲)(乙)(丙)　(B)(乙)(丙)(丁)　(C)(甲)(丙)(丁)　(D)(甲)(乙)(丁)。

（　　）　**9** 關於中部平埔族群兩次遷徙活動之敘述，下列何者有「誤」？　(A)第一次遷徙為嘉慶九年由道卡斯族吞霄社所發起，目的地為宜蘭平原　(B)第二次為嘉慶二十一年，郭百年事件的發生，給予中部平埔族諸番另外一次移民的機會　(C)移民至埔里後，因為清政府的壓制以及生番的威脅，第二次移民亦也宣告失敗　(D)中部平埔族第二次族群大遷徙之領導者為巴則海族。

（　　）**10** 第一次中部平埔族群遷徙失敗原因為何？　(A)噶瑪蘭族勢力過於龐大，移往之平埔族諸番無力抵抗，因而選擇返回原鄉　(B)漢人移民勢力在以吳沙為首的開墾下，早先一步進入蘭陽平原地區，移民活動宣告失敗　(C)族群間紛爭不斷，在內閧下，只能以失敗收場　(D)清朝政府在強烈的政治干涉下，中部平埔族諸番只得無奈地返回原鄉。

（　　）**11** 西班牙人在臺灣的主要據點是基隆與淡水，請問兩地的原住民是那一族？　(A)西拉雅族　(B)泰雅族　(C)凱達格蘭族　(D)噶瑪蘭族。
【原民五等】

（　）**12** 十七世紀中葉來臺的西班牙人，非常重視對原住民的宣教工作，他們傳入的宗教為何？　(A)天主教　(B)基督教　(C)伊斯蘭教　(D)佛教。　【原民五等】

（　）**13** 新竹縣竹北市有一處三級古蹟──采田福地，是那一族那一社祭拜祖先的廳堂？　(A)道卡斯族新港社　(B)凱達格蘭族秀朗社　(C)道卡斯族竹塹社　(D)巴宰族岸裡社。　【原民五等】

（　）**14** 金屬器時代的十三行文化，與原住民那一族有對應關係？　(A)泰雅族(B)凱達格蘭族　(C)賽夏族　(D)阿美族。　【原民五等】

（　）**15** 居住在大安溪及大甲溪之間的地域，即今日豐原、東勢一帶為主的平埔族群為何？　(A)洪雅族　(B)西拉雅族　(C)道卡斯族　(D)巴則海族。　【原民五等】

（　）**16** 清國雍正初年間，張達京入贅平埔族，以「張振萬」墾號，向族人承墾附近荒埔地，並邀同鄉人至此開拓。因開墾需水源，當時該社並無水利設施，業戶張振萬先與土官潘敦仔約定：「由漢人出資興鑿圳埤，完工後圳水八份歸私用，二份歸熟番灌溉。」以換取部分地權，此即史上有名的割地換水協定。請問「割地換水」是為那一族原住民與漢人開墾者間互相交換水權與地權的辦法？　(A)竹塹社　(B)埔里社　(C)岸里社　(D)牛罵社。　【原民五等】

（　）**17** 平埔族中那一個族群是清政府在中部的屯防主力？　(A)道卡斯族　(B)巴宰族　(C)拍瀑拉族　(D)鄒族。　【原民五等】

（　）**18** 文獻上出現的「岸裡社」及《岸裡文書》與那一個平埔族群有關？　(A)洪雅族　(B)巴宰族　(C)西拉雅族　(D)凱達格蘭族。　【101原民五等】

（　）**19** 康熙38年（1699年）通霄社抗清時，以及康熙60年再度協助清剿朱一貴，其屢次與官府合作，加上漢人通事張達京居間引線，而獲得許多特權的是那一個社？　(A)岸裡社　(B)大甲西社　(C)阿里史社　(D)烏牛欄社。　【106原民五等】

（　）**20** 請問有關「岸裡社」，下列何者正確？　(A)屬於Pazeh族，位於臺灣北部地區的平埔族　(B)Pazeh族為清領時期臺灣最活躍的族群，「岸裡社」是重要代表，但因同意讓漢人張達京成為該社女婿，引進大量的漢人，影響了Pazeh族的生存空間　(C)康熙38年（1699）

道卡斯族吞霄社因為與「岸裡社」發生生意糾紛，因此兩族爆發械
鬥事件　(D)乾隆10年（1745）賜岸裡社頭目「墩仔」姓潘，岸裡社
番受封為「潘」姓。　　　　　　　　　　　　　　　　【原民五等】

(　　) **21** 十八世紀清國雍正年間，張達京用建埤方式跟平埔族達成割地換
水的交易。請問是平埔族裡的那一社？　(A)新港社　(B)蕭壠社
(C)岸裡社　(D)中港社。　　　　　　　　　　　　　【原民五等】

解答及解析

1 (A)	2 (C)	3 (B)	4 (D)	5 (A)
6 (B)	7 (C)	8 (A)	9 (C)	10 (B)
11 (C)	12 (A)	13 (C)	14 (B)	

15 (D)。洪雅族分布在臺中市霧峰區以
南至臺南市新營區以北地區；西拉
雅族分布在臺灣西南部平原；道卡
斯族分布在新竹、苗栗一帶丘陵、
平原。

16 (C)。張達京入贅 巴則海族岸里
社，有番仔駙馬之稱。

17 (B)。巴則海族（巴宰族）協助清政
府平定不少亂事，為臺灣中部最為
活躍的平埔族。

18 (B)。巴則海族（巴宰族）岸里社群
主要分布在今豐原、神岡一帶。

19 (A)　20 (B)　21 (C)

第二節　巴布拉族(PAPORA)

【命題關鍵】大肚王國
【命題焦點】1. 清水的牛罵頭文化與巴布拉族的關係密切，更為此族群史前時
　　　　　　期的最佳代表，須多加留意。
　　　　　2. 盛極一時的「大肚王國」曾被譽為臺灣第一個本土政權代表，
　　　　　　讀者們應了解其歷史發展與沒落之因。
【參考資料】潘英（民85），臺灣平埔族史，臺北市，南天。

一、族群概說

(一)**分布概況**【95原民五等】：巴布拉又稱「拍瀑拉」〈Papora或Vupuran〉，分
布於大肚溪以北至清水以南、大肚台地以西之海岸平原地帶。主要聚落包
括以下四大社：

1. **大肚社**：今臺中市大肚區。
2. **水裡社**：臺中市龍井區。
3. **沙轆社（遷善社、迴馬社）**：今臺中市沙鹿區。
4. **牛罵社（咸恩社）**：今臺中市清水區。

(二) **牛罵頭文化**：臺中市清水區舊稱「牛罵頭」，為平埔族巴布拉中牛罵社的領地。此區所挖掘出的「牛罵頭文化」為目前中部地區新石器時代中期的代表，距今4500至3500年之間。此階段的陶器沿襲大坌坑文化的特色，以紅、褐色陶器為主。出土的石器不論在類型和數量上都相當豐富，常見的石器有斧鋤形石器、石刀、石錛、石鏃、網墜等農業和漁獵用具，並發現玉製的小型工具與裝飾品。

以出土的工具推測，此區的生產方式可能以農耕為主，兼行漁撈和狩獵。由於農業的發達，形成不小的聚落，面積比大坌坑文化時代大得多，常見十萬平方公尺以上的遺址，文化層的堆積也變得比較厚。

此外，此區發現具有大坌坑式繩紋陶的遺址，顯示牛罵頭文化向上承接臺灣北部新石器時代早期的「大坌坑文化」，並與臺灣南部的「牛稠子文化」之間有明顯的往來關係；向下則開啟新石器時代晚期的臺灣中部「營埔文化」與金屬器和金石並用時期的「番仔園文化」。這些承先啟後的重要關係上，讓牛罵頭文化更加重要。

(三) **大肚王國**【97、98、100、101原民五等】：**1630年代在臺灣中部曾出現一跨族群的領導族社，管轄部族包括巴布拉族的〈Sada〉（沙轆，今之沙鹿）、〈Boedor〉（水裡，今之龍井）、〈Derdonsel〉、〈Goema〉（牛罵頭，今之清水）及〈Middag〉（大肚）等社群外，尚有巴布薩〈Babuza〉、和安雅〈Hoanya〉、巴則海〈Pazehhe〉以及道卡斯〈Taokas〉等其他平埔族的社群。**轄區在現今大肚溪以北、大甲溪以南的臺中沙轆、梧棲和清水一帶，即臺中、彰化、南投一帶。**稱之為「大肚王國」**，〈Middag〉是其中最大且最好的社，也是王國首府。

根據《巴達維亞日記》的記載，在大甲溪之南曾有位跨族的領袖叫〈Quata Ong〉（柯大王），統領中部地區十八個社，即為大肚王國之首長，可能是巴布拉族〈Papora〉的族長。大肚王建立十分廣闊的大肚王國，勢力龐大，荷蘭人稱他為〈Keizer van Middag〉，英國人稱之為〈King of Middag〉，德國人稱之為〈Keiser von Mittag〉，福佬人稱之為〈Quata Ong〉，而原住民則稱之為〈Lelien〉意為「白晝之王」或「太陽王」。由此可見大肚王當時的盛名之大，享譽國際。

也由於大肚王國強悍的作風與勢力之大，讓當時的統治者荷蘭人無法順利地由南往北拓展，因此於1644年9月5日荷蘭上尉Piter Boon奉命率領軍民遠征北部基隆、淡水，為使這些地區納入管轄範圍以便物資運送，而以武力征服了〈Camcam〉七個村落，以及大肚番王為首領所統轄的十五至十八個村社，大肚王國從此由獨立狀態開始進入半獨立狀態。直到西元1662年荷人離台為止。

明鄭時期，鄭氏王朝對平埔族的剝削程度比荷蘭人有過之而無不及，重苛稅驅使奴役、鎮壓「番變」的手段也十分殘酷，使平埔族大為反感，起而反抗，引發一連串的平埔族抗變事件，如：大肚之役、沙轆之役、竹塹、新港等社之役。

在1670年的沙轆之役中，由劉國軒領軍由南臺灣至中部撫番，於大肚溪口附近上岸，向當地的巴布拉族社招降，因起激烈的抗鬥，劉國軒趁社番不備之際揮兵猛攻，死傷者眾多，餘者紛紛逃往他處。據清朝黃叔璥《番俗六考》記載：「沙轆番原有數百人，為最盛；後為劉國軒殺戮殆盡，只餘六人，潛匿海口」。至此之後，大肚王國的勢力銳減，平埔族人之土地也被漢人佔領，致生活困難，不得不遷移至現在的南投埔里，流離失所，以致所建立的龐大王國也漸漸消失。

二、族群遷徙

社群主要遷移至埔里，其中大肚社先遭劉國軒所迫遷至埔里，而後再被逐於北港溪。

三、族群傳統文化

(一) **信仰**：遷善南北社祭祀公業，是巴布拉族的沙轆社受到漢人祭祀文化影響的最好證明。祭祀公業簡稱公業，是由享祀者子孫所構成的單一姓氏宗族團體，以舉行定期的祖先祭拜活動，為漢人敬祖的表現。

平埔族沙轆社遷善南北社祭祀公業主要以供奉該社「歷代祖宗」為對象，「遷善南北社」為其祭祀業的公號，用以追思祖宗，促進社民之間的團結。清朝接收臺灣後，由於渡臺禁令鬆弛、大陸人口普遍增加，故來臺開墾人口與日俱增，大約雍乾年間在沙轆社域紛紛出現漢人移民定居的聚落，再加上乾隆至嘉慶道光之際，祭祀公業頗為興盛，漢人勢力逐漸龐大之下，影響當地沙轆社平埔族人的信仰方式。祭祀公業的出現，代表社民適應漢文化而改變生活方式，也是社民企圖保存傳統文化或祖遺社地的努力表現。

一般而言，漢人的祭祀公業多在祖厝大廳祭祀，沙轆社社民的祭儀是在其祖廟「同興宮」（沙鹿鎮中山路巷內）進行。現今的同興宮除了作為沙轆社的祖廟外，也祭拜漢人的神祇，以福佬人信仰為主，此一現象說明沙轆社民在漢人優勢文化影響下所作的調適。

(二) **祭典**：平埔諸族的祭典以祖靈祭為主，巴布拉沙轆社於每年農曆八月二日為年祭日，當日在大肚山下舉辦祭祀祖先活動。活動之一為俗稱「番仔走田」，亦稱「走鏢」或「走標」，進行方式為先在大肚山下分五個地點插上布標，讓部落中強健未婚男子做競走活動，運動會中首先取得標旗者為勇士，可任選族中美女為妻，此一活動在沙轆社中具有成年禮之意。

此外還有年祭儀式。一般祭祀活動開始前三日，所有部落代表，如土目之類，需至大肚山山上呼請祖先回來，並將代表祖宗（公）、祖媽的塑像自泥中請出淨身。祭典當日，命好的人跳舞，唱歌狂歡；命不好的人則哭號悲鳴。祭典中所具備的祭品以五份生豬肉、五條有鱗生魚（以生鮮物品祭祀與族人茹毛飲血的原始生活習慣或有關係）、五塊豆乾、十五個飯團為主，祭祀時主祭者手持一小杯酒、一片魚鱗、一小撮稻米等物，口唸請神與祈福之語，齊眉祭拜。

第三節　巴布薩族(BABUZA)

一、族群概說

巴布薩〈Babuza或Poavosa〉，又稱「貓霧揀」。分布於大肚溪以南至濁水溪之間，佔有彰化平原和臺中盆地西南邊緣一帶。主要聚落如下：

(一) **東螺社**：今彰化縣頭埤鄉番子埔。　(二) **二林社**：今彰化縣二林鎮。
(三) **眉裡社**：今彰化縣溪州鎮舊眉。　(四) **半線社**：今彰化市。
(五) **柴仔坑社**：今彰化市大竹阿夷。　(六) **阿東社**：今彰化市大竹番社口。
(七) **馬芝遴社**：今彰化縣鹿港鎮。　(八) **貓霧揀社**：今臺中市南屯區附近。

二、族群遷徙

在巴布薩諸社中，只有「東螺社」的一部分遷徙至蘭陽平原，其餘多遷移至埔里盆地。

第四節　和安雅族(HOANYA)

一、族群概說

和安雅，又稱洪雅〈Hoanya〉，分布於臺中市霧峰區以南至臺南市新營區以北地區，為接近山麓之平地。分為羅亞（Lloa）、阿立昆（Arikun）二大支系，主要村落分述如下：

(一)羅亞（Lloa）支系

1. **哆囉嘓社**：今臺南市東山區、東中村、東正村、東山村。
2. **紫裡社（斗六門社）**：雲林縣斗六鎮。
3. **西螺社**：今雲林縣西螺鎮。　　4. **他里霧社**：今雲林縣斗南鎮。
5. **貓兒干社**：今雲林縣崙背鄉。　　6. **諸羅山社**：今嘉義市一帶。

(二)阿立昆（Arikun）支系

1. **貓羅社**：今彰化縣芬園鄉。　　2. **大武郡社**：今彰化縣社頭鄉。
3. **大突社**：今彰化縣溪湖鎮。　　4. **南投社**：今南投鎮。
5. **北投社**：今南投縣草屯鎮北投里。
6. **萬斗六社**：今臺中市霧峰區萬豐、舊正、峰谷、六股等村。

二、族群遷徙

依支系不同而產生不同遷徙路線：

(一)羅亞（Lloa）支系：此支系遷往埔里者不多，有可能是因社學發達再加上漢化深，故多留於原居地。其中斗六門、貓兒干二社移至埔里盆地。

(二)阿立昆（Arikun）支系：阿立昆（Arikun）支族各社於道光年間放棄原居地，大舉遷移至埔里盆地。

三、族群傳統文化

由《東番記》得知平埔族人亦以狩獵為生，多獵鹿。高拱乾《臺灣府志·賦役志》中說道：「諸羅三十四社土番捕鹿為主。」又《諸羅縣志·風俗志》云：「種禾於園。種之法，先於秋八、九月誅茅，平覆其埔；使草不沾露，自枯而朽，土鬆且肥，俟明歲三、四而播。場功畢，仍荒其地；隔年再種，法如之。」此一文獻中所指的方法為日曬法的早稻農耕，不似原始的焚燒林地以為肥料再作耕種的遊耕，似農業，而是以日曬為主，任作物自然生長，不以火燒式整地。主要原因可能是以狩獵為主的和安雅族，因鹿皮、鹿角、鹿肉其經濟價值遠超過農業生產，故以日曬法整地，不破壞原始林地為重點，以保留鹿的棲息處。

精選範題

【測驗題】

(　) **1** 下列選項為中部平埔族的別稱，何者有「誤」？　(A)巴則海又稱「巴那巴那樣」　(B)巴布拉又稱「拍瀑拉」　(C)巴布薩又稱「貓霧捒」(D)和安雅又稱「洪雅」。

(　) **2** 在巴布薩諸社中，只有哪一社的一部分遷徙至蘭陽平原，其餘多遷移至埔里盆地？　(A)二林社　(B)東螺社　(C)半線社　(D)馬芝遴社。

(　) **3** 關於中部平埔族的分布地，下列敘述何者「錯誤」？　(A)巴布薩族佔有彰化平原和臺中盆地西南邊緣一帶　(B)巴則海族以臺中地區為主(C)和安雅族以臺南、嘉義一帶為主　(D)巴布拉族的分部區域中佔有大肚台地。

(　) **4** 「牛罵頭文化」為目前中部地區新石器時代中期的代表，此處為平埔族哪一族中「牛罵社」的領地？　(A)巴則海族　(B)巴布拉族　(C)和安雅族　(D)巴布薩族。

(　) **5** 臺灣中部曾出現一跨族群的領導族社，且有臺灣第一個本土政權美譽的「大肚王國」是屬於哪一族？　(A)巴布薩族　(B)巴布拉族　(C)和安雅族　(D)巴則海族。

(　) **6** 平埔族的社名常成為日後舊地名的依據，下列舊地名與族社的配對，何者「正確」？　(甲)「牛罵頭」即為今日「清水」　(乙)「諸羅」即為今日「嘉義」　(丙)「半線」即為今日「彰化」　(丁)「馬芝遴」即為今日「鹿港」　(A)(甲)(乙)(丙)　(B)(乙)(丙)(丁)　(C)以上皆是　(D)以上皆非。

(　) **7** 「牛罵頭文化」不僅為中部地區新石器時代中期的代表，更具有承先啟後的地位，請問其承襲哪一文化又開啟哪一文化？　(A)大坌坑文化、麒麟文化　(B)圓山文化、十三行文化　(C)大坌坑文化、營埔文化　(D)卑南文化、靜浦文化。

(　) **8** 巴布拉沙轆社於每年年祭日時，皆會舉辦俗稱「番仔走田」的競走活動，此活動實施其意義包括：　(甲)純粹鍛鍊身體　(乙)閒暇時的

娛樂活動　(丙)具有成年禮之意　(丁)勝利者為勇士的象徵亦可取得美嬌娘　(A)以上皆是　(B)以上皆非　(C)(甲)(乙)　(D)(丙)(丁)。

(　　) 9 下列關於平埔族文化特徵敘述，哪些明顯受到漢人影響？　(甲)巴布拉沙轆社的「番仔走田」競走活動　(乙)西拉雅的祖先崇拜以壺體與祖先牌為並列　(丙)巴布拉族沙轆社的遷善南北社祭祀公業　(丁)道卡斯族的潑水節　(A)(甲)(乙)(丙)　(B)(乙)(丙)(丁)　(C)(乙)(丙)(D)(甲)(丁)。

(　　) 10 盛極一時的大肚王國，是在哪一時期慢慢走向滅亡之路？　(A)荷據時期　(B)明鄭時期　(C)清領時期　(D)日治時期。

(　　) 11 分佈於臺中縣清水平原的牛罵社、沙轆社、水裡社、大肚社等，屬於原住民中的那一族？　(A)巴宰族　(B)拍瀑拉族　(C)道卡斯族　(D)巴布薩族。　　　　　　　　　　　　　　　　【原民五等】

(　　) 12 據荷蘭文獻記載，在臺灣歷史上，中部地區有一原住民領袖大肚番王，請問他可能是那一族的祖先？　(A)賽夏族　(B)巴宰族　(C)拍瀑拉族　(D)道卡斯族。　　　　　　　　　　　　　　　【原民五等】

(　　) 13 在荷蘭文獻上有一個「大肚番王」，請問他可能是那一族的人？　(A)賽夏族　(B)巴宰族　(C)拍瀑拉族　(D)道卡斯族。　　　【101原民五等】

(　　) 14 文獻上出現的「岸裡社」及《岸裡文書》與那一個平埔族群有關？(A)洪雅族　(B)巴宰族　(C)西拉雅族　(D)馬卡道族。【106原民五等】

(　　) 15 清代道光年間集體遷移至埔里的平埔族群不包含下列那一個族？　(A)道卡斯族　(B)巴布薩族　(C)雷朗族　(D)拍瀑拉族。【108原民五等】

解答及解析

1 (A)　　2 (B)　　3 (C)　　4 (B)

5 (B)　　6 (C)　　7 (C)　　8 (D)

9 (C)　　10 (B)　　11 (B)

12 (C)。1630年代在大甲溪以南統領中部十八社的大肚王國，其首長柯大王即為巴布拉（拍瀑拉）族的族長。

13 (C)。大肚王國由巴布拉族於1630年代所創立跨族群的王國。

14 (B)　　15 (C)

Unit **4** 南部平埔族

依據出題頻率分為：A頻率高　**B頻率中**　C頻率低

【命題關鍵】新港文書、祀壺文化
【命題焦點】1. 由於臺灣開發由南向北漸次移動，位於西南部平原的西拉雅族首當其衝，此族群與外來政權和外來族群的互動成為一大要項，讀者須多加注意。
2. 西拉雅族特殊的「祀壺文化」與「公廨組織」頗具文化代表性，應了解其內涵。
【參考資料】(一)族群發展方面：潘英（民87），臺灣原住民族的歷史源流，臺北市，台原。
(二)祀壺文化方面：張振岳：〈西拉雅平埔族的歷史與現況—花、東縣境內的祀壺現象初探〉，《臺東文獻》復刊，1997，1，頁34-50。

西拉雅族(SIRAYA)

一、族群概說

(一) **分布概況**【95、98、101、108原民五等】：西拉雅族分布於臺灣南部的臺南、高雄、屏東一帶，相傳最早西拉雅系的平埔族人，是在今日臺南市佳里區的番阿塱登陸，此族主要分成三個亞族，彼此之間為不同或略有差異的族群，例如在祖先傳說或祭儀方面歧異性頗大，**而以傳統的拜壺文化受到矚目**，更是其宗教信仰核心所在。以下試以表格顯示其概況：

族群	亞族	分布地	主要部落
西拉雅族	西拉雅〈Siraya〉	臺南市的東區、南區、中西區、北區、安南區、安平區、新市區、山上區、佳里區、麻豆區等區域。	四大社：新港〈Sincan〉、目加溜灣〈Backloan〉、蕭壠〈Soelangh〉、麻豆〈Mattauw〉。

族群	亞族	分布地	主要部落
西拉雅族	大滿〈Daivoan〉	臺南市善化區、官田區、大內區、玉井區等區域。	四社熟番：茅匏、芒仔芒、霄裡、加拔。【98原民五等】
			大武壠四社：大武壠頭社、大武壠二社、大目降、噍吧哖。
	馬卡道〈Makattao〉「鳳山八社」	高雄市路竹區、屏東市、屏東縣里港、南州、崁頂、林邊、萬丹等鄉鎮。	上淡水、阿猴、放索、下淡水、搭樓、茄藤、武洛、力力、大傑癲等社。

(二)**歷史發展**：臺灣歷史發展由南往北漸次移動，尤以現今臺南地區為歷史發展重鎮。分布於西南部平原大半地區的西拉雅族，隨著時間的脈絡歷經不同政權的轉換，交織而成豐富又多變的發展階段，透過不同族群、政權與西拉雅族的互動，勾勒出臺灣早期歷史發展面貌，以下試以政權交替階段分述如下：

1. **荷據時期**：西元1624年，荷蘭人登陸臺灣南部，西拉雅族首當其衝，開始平埔族遭受外來政權統治時期。由無拘無束的部落社會轉而納入國家體制的管束之下，行掠奪經濟制的荷蘭當局首先必須有效掌控當地族群，以利統治，故採取前期的武力征服，次以訂立協約，最後採懷柔教化政策，逐漸建立荷蘭當局在南部平原的正統性。茲分述如下：

(1)武力征服：荷人據臺之初，雖對西拉雅族表示尊重，然而外來政權的干涉下卻也使得西拉雅各社醞釀反抗荷人，以下為西拉雅人反抗荷人事件，概述如下：

A.新港社之役：在荷人高壓統治下，新港社人與日人濱田彌兵衛，於1629年醞釀反抗，不幸消息走漏，荷人發兵焚毀新港社住屋，族人接受招降成為政府當局鎮壓其他番社或漢人的得力助手，荷人「以夷制夷」策略相當成功。

B.麻豆等社之役：麻豆社為臺南五大社中反抗最激烈的一社，頻頻殺害荷人以表不滿外來政權的統治，1635年，荷人以麻豆社曾殺害荷兵為由，出兵攻打麻豆社，結果麻豆社請降。其餘如蕭壠、大目降、目加溜灣、哆囉國、諸羅山諸社，皆先後循新港社之例，投降並簽署合約書。

C.卡拉揚社之役：1635年，荷兵及新港社人爭戰卡拉揚社，毀其全社，最後請降，訂立條約。此外，放索等七社亦相繼請降。

D.小琉球社之役：1636年、荷兵與新港社、放索社平埔族人，前往討伐小琉球社，燒殺擄掠，殲滅其社，為荷人最血腥的一次陣仗。

(2)訂立協約：經歷諸多戰役後，西拉雅各族與荷蘭人簽訂許多條約，管理方式採間接原則，不干涉各社族的自選長老制度，不過以設置駐在政務員，監督各社。此外，於1645年，先召集族中歸順長老組織評議會，作為溝通管道與諮詢機構，各社負有遵守協約的義務。

(3)懷柔教化【95原民五等】：為更有效控制平埔族人，使其遵從政府當局政策，故**結合傳教與教育，教化平埔族人。首先以傳教方式，設教堂並由宣教師傳播思想；其次創辦學校，教育平埔族男女幼童。實施成效頗佳，最受後世矚目的為教導新港社人以羅馬拼音方式書寫當時的語言，即著名的「新港文書」**。「新港文書」又稱「番仔契」，是今天臺南一帶平埔社群所留傳下來的土地租借、買賣與借貸等方面的契約文書。

(4)土地政策：荷人據台後行土地國有制度，全數屬於荷蘭聯合東印度公司。因傳統平埔族人的耕作方式生產能力低，故荷蘭行「王田制」，獎勵大陸移民來臺開墾。

荷據時期雖以殖民地式的掠奪經濟為主的統治方式，然荷人對土地並不重視且侵害生產活動程度不重，因此平埔族人所受到的直接剝削並不嚴重，統治過程和平為多，以教化為主，輔以經濟措施。

2. **明鄭時期**：明鄭時期承襲荷人的「王田制」，寓兵於農行「官田制」，並將各社土地劃分三類開墾：第一類：「官田」，即荷據時的「王田」。第二類：「私田」，又稱「文武官田」，為鄭氏、文武官員與士庶等有力人士，招募漢人來臺開墾之田地。第三類：「營盤田」，即士兵屯墾之處的田，自給自耕。

然而，不論是文武官田或營盤田，皆是鄭氏以軍事拓墾政策強佔西拉雅族人的土地，使平埔族人的土地權毫無保障可言，再加上賦稅負擔重、社商剝削族人，故引起許多平埔族人的反抗，鄭氏政權對反抗事件亦以殘酷手段鎮壓，使得原本荷人的間接統治變成鄭氏以武力的直接統治，引起平埔族人反感。

3. **清領時期**：施琅滅鄭，引領清朝入主臺灣，使得漢人蜂湧而至臺灣開墾。然而清初對臺採取放任政策，其管理原住民方式沿襲明鄭時期，並設通事管轄。於是明鄭時期的陋習——苛重賦役、社商剝削、侵占土地對於平埔

族人的傷害是有過之而無不及，遂引起規模極大的武裝反抗事變。雖然後期清政府已注意到平埔族人的不平遭遇，但為數眾多的漢人已逐漸入侵佔據平埔族人賴以維生的土地，造成族人不得不大規模遷徙。

二、族群遷徙

原居西南部廣大平原的西拉雅族，自清朝起即開始進行大規模的族群遷徙，試分析其族群遷徙之因與遷徙路線，此一族群遷徙是否對外族造成影響？

自明鄭以來，中國南方沿海漢人大批移入臺島，臺灣人口快速增加，位於西部平原的平埔各族首先面臨漢文化的衝擊。由於漢人來臺墾荒者日眾，在有限的土地下，西拉雅族居於劣勢，使得不論在土地競爭和商業文化上，外在環境的變遷迫使西拉雅族在生活方式與經濟發展上得向漢人學習以求突破，人口壓力和文化刺激致使部份西拉雅族遷徙他處，另求生存之道。

從清康熙到乾隆年間，西拉雅族開始展開遷徙活動。從北至南、由西拉雅系開始不斷往南遷徙，形成連鎖效應。西拉雅系往大滿系地區移動，迫使大滿系往東南方的楠梓仙溪中、下游移動，而馬卡道系也往更南方移民，不過此時期西拉雅族的移動範圍仍未越過中央山脈西側往東部移民。

隨著漢人不斷增加，不少西拉雅族人的土地被其巧取豪奪、侵墾佔據（位居屏東的馬卡道族不少是因客家人入墾其地而被迫遷移），再加上漢化已久的西拉雅族，定居農耕生活已成為主要生活型態，對於土地需求迫切，因此導致剩餘的部落社群四處遷移；此外，西拉雅族人納入漢民族體系中，隨著商業文化的發展，因「乏銀」（缺錢）者而變賣祖產者為數眾多，終至西拉雅族於清道光年間，跨越中央山脈，冒險進入臺灣東部。

移民潮從清道光年間一直到日治時期都有族人零散遷入。一般而言，早、中期（道光至光緒，西元1829年～1895年）的移民多採「部落式」集體遷移方式；晚期大多為「家族式」移民，移民行動最晚到日治大正年間完成。西拉雅族人由較北處一路往南遷徙，越過中央山脈的高山進入後山原住民聚集處，其中不斷受到勢力龐大的卑南族人的欺侮，卻因人數不敵對方而無法與之對抗，於是向北前進，進入阿美族人居住地。阿美族人不如卑南族人優勢，與西拉雅族展開激戰，在族人的抵抗下阿美族人被殺害其屋被焚毀，使得阿美族人也落得遷徙的地步。

移入後山的西拉雅三大亞族，未獨立建社而以混居的方式，逐漸形成「璞石閣平埔八社」：丹埔、滿興、麻加老、頭人埔、黎仔坑、石牌、阿老園、梯牛坑；「成廣澳沿海八社」：水母丁、大竹湖、石門坑、大掃別、小掃別、彭仔存、烏石鼻、石雨傘。隨著清政府「開山輔番」的政策推動下，西拉雅族人的勢力拓展更為順利，聚落也逐漸增多與發展興盛。東遷後的西拉雅族分布範圍，從縱谷一帶北起迪街（今玉里鎮三民里）、羅織（今玉里鎮春日里）沿秀姑巒溪兩岸，一路往南擴展到卑南溪中游兩岸的月眉（今關山鎮月眉里）、南興（今關山鎮電光里）一帶。分部地區廣達花、東兩縣四鄉。

三、族群傳統文化【100原民四等、101原民五等】

(一)**經濟生活**：分布於中央山脈以西平原地帶的西拉雅族人，因擁有既富庶又豐腴的土地資源，其生產方式以漁獵與遊耕農業為主。豐富的物產資源讓西拉雅族人安居於西部平原這塊樂土上，因此沒有發展出大規模的部落。其農業發展是以刀耕火種的方式處理旱稻。所謂刀耕火種就是先放火焚燒部落附近的林地，以焚燒的灰燼做為肥料，播種等待收穫後即休耕，尋找下一個耕作地，因此並不永久耕作同一地區，以輪耕的方式等待地力恢復後再回到原處。其農作包括大豆、胡麻、薏仁、蔥、薑、蕃薯、椰子、毛柿、佛手柑、甘蔗等。漁獵則以三叉鏢射魚為主。

狩獵以獵鹿為主，西拉雅人把獵鹿的行為稱之為「出草」，主要使用五尺長、有鐵鏃鏢頭的竹鏢獵殺，或帶著獵狗去參與圍獵。捕捉方式有兩種，其一為火攻法。以火圍攻後再放獵犬加以捕殺，獵人則守在鹿群竄逃路徑上等候捕捉；其二為設陷阱法，在野地開窟窿，上覆野草，利用黑夜潛在窟窿中，學鹿鳴叫，此時鹿會以為有鹿群在前，因而陷入陷阱而捕殺。西拉雅人的狩獵法則為狩獵先獵鹿，鹿死後再獵虎，虎死則要禁獵一段時期，且不許私自捕鹿，由此處可看出此族群對自然生態平衡的觀念。

十八世紀後，西拉雅族的生產模式因與漢人接觸頻繁而開始產生重大的改變，聚落型態亦從非固定性集村轉為固定性集村的定居型態。首先，由遊耕輪作制轉成水稻田耕種式，對於鹿的狩獵漸減少，也學著漢人的撒網捕魚，同時也學會了曬鹽的方法。製鹽的方法為編竹為鑊，內外塗上泥土，取水煎製成鹽。

(二)**社會制度**：在西拉雅的社會中，沒有絕對的統治者存在，每個部落都是獨立的個體，無從屬關係。其政治制度採取較為民主與公平的形式，行「議

會」制度。所謂的議會是由十二位同一年齡層（年齡約四十歲左右）且聲望良好的長老組成，兩年一任制，屆滿後以拔去前額兩側的頭髮為記號，再選下一批人才。主要職務有二，試分述如下：

1. **調解部落事務**：當部落中有糾紛產生時，長老們作為領導者便召集村民至公廨或祭拜神明處討論，讓大家將事情提出來，正反雙方紛紛陳述己見，經由冗長卻有秩序的會議後，長老發言以作結論，最後大家再討論一番，形成決議。以有條理的步驟、相互尊敬的態度，心平氣和地溝通，既有效率又達成彼此的共識，此會議制度已見民主制度的雛型。

2. **維持尪姨命令的權威性**：掌管宗教大權的尪姨，其命令需為族人所遵守，此時長老就負有監督與防止族人做出或說出有可能觸怒神明的行為，若不當行為發生時，長老則以其判斷能力以執行懲罰。懲罰方式一般為罰物品，且根據所犯罪行的輕重賠衣服、鹿皮、一桶濃烈的飲料等。

長老在部落中頗受人敬重，但其權力並非絕對，由長老們決定的規則或命令也沒有必要絕對服從，整個部落採取民主的方式溝通，有良好的程序與制度，以維持部落的和諧。

(三) **宗教信仰**：**西拉雅族的宗教信仰以祖靈崇拜為主，其更將祖靈崇拜提升至守護神的地位，最著名的即為「祀壺文化」**。祀壺所祭祀的主神不是具有祖先型體的塑像，而是以壺、罐、瓶、碗、甕等器皿（學界習慣以「壺」簡稱各種類型）盛水於內，下鋪香蕉葉或金紙，置於地上或桌上，代表祖靈的存在。祭祀禮品多為檳榔、酒、豬頭殼、將軍柱、花環等。

由三個亞群所組合而成的西拉雅族，在許多方面呈現不同風貌，不過拜壺卻是各亞族都存在的行為。**祀壺信仰名稱眾多，依亞族不同而有些許更動，多稱為「阿立祖」、「開基祖」、「太祖」、「門後佛」**。屏東地區的馬卡道族多稱為「老祖」；由於部落中的阿立祖多供祀在公廨中，又稱為「公廨媽」；有些供奉於家中的阿立祖，因奉祀在神龕左側的角落或桌子下，此為西拉雅人認為的大位，因為在牆壁一角，所以又稱「壁腳佛」；而早期的阿立祖信仰並不塑像也不立神位，僅以象徵物代表，例如：祀壺、豬頭殼、將軍柱等，故又稱「案（甕）祖」、「豬頭神」、「矸仔」。

以壺為祭祀對象是重視祖靈崇拜的西拉雅族最特殊及最具代表性的文化。所祀的壺或甕其大小、造型、顏色並無限制，形體為開口縮小的壺體造型，壺內部都裝有清水，上插澤蘭葉、海芙蓉。後來因受漢人影響，開始在壺體上纏紅線、裹緊紅布、繡上珠串，甚至掛著金牌。對西拉雅族人來說，壺即為阿立祖的化身，不論供奉於何處，都只祀壺而無塑像。位於高

屏的馬卡道族人因受到環境影響,將祀壺崇祀做了改變,例如將壺改成寬口淺碗,內裝清水,內加一片九芎葉。

以祭祀型態與供奉位置而言,主要分為兩類,分述如下:

1. **公廨祀壺**:以社群系統為主的祭祀地點通常稱為「公廨」。在公廨內有一供奉的大型祀壺,稱為「嚮缸」,此為阿立祖囚禁鬼魂的地方,而壺中的清水稱為「嚮水」,嚮缸中的嚮水,必須從固定的河川中請來,每逢初一、十五都有換水禮。各部落在每年固定時間會舉行「開向禮」,表示釋放壺中鬼魂之意。「向」有二層意思,一方面指鬼神(即向魂、向靈),另方面「向」有作法詛咒之意,通常擅常做向之人多為年老婦女,即俗稱的「尪姨」,具有法力可替族人消災解厄,亦為設立祀壺和主持祭儀的不二人選。開向禮舉行完大約一個月後,則舉行隆重的夜祭或嚎海。祭典結束之後另擇一日「禁向」,將向魂囚禁回壺中。

2. **家族祀壺**:私家系統的祀壺包括祖先和尪姨的。一般可分為供奉於地面(放在壁腳的左或右),稱之為「壁腳佛」,為原始的祀壺信仰方式。供奉壁腳佛有許多禁忌,例如:不能在客廳說不敬的話,不能放屁等。直到日治時期,日人實施客廳改正計畫,許多壁腳佛才被請走。另一為放在神桌上(即為受漢化影響與祖先牌位一起供放),放在桌上的通常有提高神格的作用,因為放於地上屬陰,容易使家庭不安寧,放於桌上的則可以保佑家庭。此外,受到漢文化影響之下,傳統的祀壺信仰轉變為塑神像的比例漸增。

西拉雅族人與漢人接觸的過程中所產生的變遷,可由祀壺型態、位置中窺之一二;且由於祀壺文化的特殊性可藉其祭祀行為追蹤西拉雅族群的分佈範圍與遷徙路線;祀壺現象的減少亦可得知日治時期的皇民化運動,使得祀壺文化被強迫性的手段毀棄。以上種種皆是由西拉雅族祀壺行為所衍生而出的課題,因此,祀壺不僅是宗教信仰,更是歷史發展的最佳見證。

(四) 生命禮俗

1. **婚姻禮俗**:母系社會為主的西拉雅平埔族,其婚姻主要以「招贅婚」兼行「服役婚」,且絕不與族內有血緣關係者結婚,行「族外通婚制」。事實上,行招贅婚此一說法帶有漢人中心主義眼光,是以漢人父系社會婚姻制度衍生而來的概念,正確的說法應稱為「從母居的婚姻」。

在西拉雅的社會中,男人要到二十歲才能結婚。當男子喜歡上某位女子時,則派人送瑪瑙珠子給該女子,若對方不接受則拒絕;若接受了,此男子就可在夜間拜訪女子家。男子以在女家門前吹奏口簧琴為暗號,女子聽

見後即開門迎接男子進門，當夜留宿在女子家，不過在天還未亮的時候就得離開，不能與女子的父母見面。如此宵來晨去，一直要到女孩子懷孕生產後，才到男方家迎娶，此時女方父母才正式和男孩子見面。

而後男子住到女方家，奉養女方父母終身。由於此一制度使得人人喜歡生女孩勝過男孩，因女子有繼承權，男子無，生男孩的父母則無人照顧。此外，承此制度先生喪妻可以再婚，但是妻子喪夫則不能再婚。

許婚承諾後，婚禮當天根據《番俗六考》：「（西拉雅族）婚姻名曰牽手。定盟時，男方家父母遺以布。麻達成婚，父母送至女家，不須媒妁……至日，執豕酌酒，請通事、土官、親戚聚飲。」由此可知，關於西拉雅族人的婚姻，其未婚男女婚前交往自由，先同居成為實質夫婦後再正式結婚，並不需所謂的媒妁之言，也無繁雜的訂婚、結婚儀式。**其中西拉雅人稱結婚為「牽手」，應是「挽手」之意，為女子向男子許意，後來成為真正夫妻後則牽手，再演變成男子稱其妻為「牽手」。今日「牽手」一詞已被廣泛使用，其來源即出於平埔西拉雅族。**

以西拉雅族的婚姻而言，自由度高，合即同居、不合則離，此種觀念下離婚與再婚的比例相當高，通常個性不合或婚外姦情被發現為離婚的主要原因。然而，在開放的社會下，不論離婚或再婚均有其規律可循。一般而言，夫妻反目或和已婚配者通姦被發現，雙方可立即離婚，若是男人拋棄女人，則罰酒一甕、番銀三餅；若是女人先拋棄男人，亦依此罰則，以求公平。

2. **喪葬禮俗：**早期西拉雅人家中若有喪事時，會在家門口置一木鼓，擊鼓而哭以告知親友，並將屍體放於地上，用火烘乾放置在屋內，但不以棺材裝斂，頂多只是以死者生前裝東西的箱子裝之或者裹以鹿皮。然後舉行許多儀式，譬如說殺豬祭拜，不過依個人財力狀況而有差別。之後等到房子毀損後，再將屍體直立埋在地基之下，採「室內直肢葬」，不立墓碑，並將新屋建於其上。

舉行儀式祭拜死者時，婦女們喝下濃烈的飲料，然後就在死者的家裏跳舞。其舞步十分獨特。婦女們站在由大樹砍下來的大型木槽上，每個木槽背對背站著兩排婦女，四至五位為主，以溫和的移動四肢的舞步，沿著木槽邊緣繞圈，此即為西拉雅族的莊嚴喪禮，通常持續兩個小時，以接力的方式進行。

隨著與漢人接觸越頻繁，後期的西拉雅族的喪禮逐漸出現棺木。人死後不論貧富皆以棺木埋於家中，將死者平日所穿、用的衣物一半用於陪葬。西

拉雅族人無一定守喪日期，只要心意到了即可，通常為父母兄弟守喪多以一年為期，而喪家的衣著都以黑色為主，表示人死不能復生，就如同布染黑色了就無法再染他色。此外，受漢俗影響，婦女在丈夫死後一年即可再婚，只要告知前夫父母及所生父母之後即可。

精選範題

【測驗題】

(　) **1** 西拉雅族分布於臺灣西南部平原，佔地廣闊、部落眾多，為南部平埔族的主要代名詞，以下關於各支系、各社的範圍敘述，「錯誤」的為： (A)西拉雅亞族四大社包括新港、目加溜灣、蕭壠、麻豆 (B)西拉雅族分布於南部的嘉義、臺南、高雄、屏東一帶 (C)馬卡道支系以「鳳山八社」為主，主要分布於高屏地區 (D)余清芳抗日事件的所在地「噍吧哖」屬於大滿亞族的分布地範圍內。

(　) **2** 臺灣南部為歷史發展重鎮，居於其上的平埔族人經歷多數政權的轉換，各政權對於西拉雅族均有不同的措施，以下配對何者正確？ (甲)荷據時期的傳教士以羅馬拼音教導新港社人書寫當時的語言，以土地租借、買賣與借貸等內容為主的「新港文書」即為最佳證明 (乙)明鄭時期實施的「官田制」 (丙)清領時期的「通事」橫徵暴斂引起平埔族人大規模的反抗事件 (丁)荷蘭行「王田制」，獎勵大陸移民來臺開墾 (A)以上皆是 (B)以上皆非 (C)(甲)(乙)(丙) (D)(乙)(丙)(丁)。

(　) **3** 西拉雅族的宗教信仰以祖靈崇拜為主，其更將祖靈崇拜提升至守護神的地位，發展出著名的「祀壺文化」。其祀壺名稱眾多，不包括下列何者？ (A)老祖宗 (B)阿立祖 (C)豬頭神 (D)壁腳佛。

(　) **4** 母系社會為主的西拉雅族，由婚姻當中可見女性的優越性，以下敘述何者「正確」？ (A)結婚後女子於男方家居住 (B)西拉雅人稱結婚為「牽手」是「挽手」之意，由女子向男子許意，成為真正夫妻後則牽手，此後男子稱其妻為「牽手」 (C)由於重視女性，為保護女性，故男女婚前交往十分不自由 (D)結婚時需媒妁之言。

(　　) **5** 影響西拉雅族群遷徙之因有下列哪幾項？　(甲)漢人來臺墾荒者眾多，有限的土地之下西拉雅族居於劣勢　(乙)漢化已久的西拉雅族，定居農耕生活成為主要生活型態，對於土地需求迫切　(丙)西拉雅族具冒險犯難精神，想至後山開創新樂土　(丁)對於耕作已久的原耕作地認為其地力已盡，故遷徙至他處找尋肥沃土地　(A)以上皆是　(B)以上皆非　(C)(甲)(乙)　(D)(丙)(丁)。

(　　) **6** 西拉雅族在遷徙過程中與其他族群發生衝突，其中「不包括」：
(A)客家人　(B)卑南族　(C)阿美族　(D)排灣族。

(　　) **7** 樂天知命的西拉雅族人，對大自然懷抱崇敬之心，下列所敘述其生產方式與生活習慣中，何者可反映此一特色？　(甲)以遊耕輪作方式耕作，並不永久耕作同一地區　(乙)其狩獵法則為狩獵時先獵鹿，鹿死後再獵虎，虎死則要禁獵一段時期，且不許私自捕鹿　(丙)狩獵時以獵犬圍捕幼小動物，以增加捕獲量　(A)(甲)　(B)(乙)　(C)(乙)(丙)　(D)(甲)(乙)。

(　　) **8** 關於西拉雅族的拜壺文化，下列敘述何「錯誤」？　(A)西拉雅人認為神龕左側的角落或桌子下為大位，故將代表祖靈的壺體奉於此處，因其在牆壁一角，又稱「壁腳佛」　(B)高屏地區的馬卡道族人祀壺的改變為將壺改成寬口淺碗，內裝清水，內加一片九芎葉　(C)拜壺文化至今仍在西拉雅族的分布地廣泛可見　(D)部落中的阿立祖多供祀在公廨中，又稱為「公廨媽」。

(　　) **9** 下列關於西拉雅族文化的敘述中，哪項敘述「不是」描述其文化受漢人影響而成的風貌？　(A)農業耕作方式由遊耕輪作制轉成水稻田耕種式　(B)傳統的祀壺信仰轉變為塑造神像的比例漸增　(C)宗祭祭祀人員改為以男性為主　(D)喪葬禮俗中以棺木裝斂屍體。

(　　) **10** 對於西拉雅祀壺文化加以研究可得出哪些附加價值？　(甲)尋找出祀壺文化的意義、內涵與保存情況　(乙)西拉雅族人與漢人接觸的過程中所產生的變遷　(丙)追蹤西拉雅族群的分佈範圍與遷徙路線　(丁)日治時期的皇民化運動對傳統文化的衝擊　(A)以上皆是　(B)以上皆非　(C)(甲)(乙)(丙)　(D)(乙)(丙)(丁)。

( ) **11** 臺灣歷史上著名的歷史文獻——新港文書，與那一族有關？ (A)排灣族 (B)巴宰族 (C)道卡斯族 (D)西拉雅族。 【原民五等】

( ) **12** 歷史上屏東平原的原住民村社號稱什麼？ (A)鳳山八社 (B)琅嶠十八社 (C)後壠五社 (D)卑南覓七十二社。 【原民五等】

( ) **13** 文獻上有關鳳山八社的記載，約始於1630年代，請問下列何者不屬於當時記載的鳳山八社？ (A)上淡水社 (B)力力社 (C)貓羅社 (D)武洛社。 【101原民五等】

( ) **14** 在清朝文獻的記載，「牽手」、「挽手」是取自平埔族語言的那一種意思？ (A成婚 (B)訂婚 (C)離婚 (D)成年。 【102原民五等】

( ) **15** 新港文書是荷蘭人統治臺灣時期，平埔族群原住民留下用羅馬字書寫的文字紀錄。請問該文書跟那一民族有關？ (A)凱達格蘭族 (B)噶瑪蘭族 (C)西拉雅族 (D)道卡斯族。 【106原民五等】

( ) **16** 南科考古遺址是對於分布在臺灣南部科學工業園區臺南園區各個考古遺址的統稱，下列對該遺址群的描述何者錯誤？ (A)該遺址群有挖出臺灣第一隻完整的家犬遺骸 (B)在大道公等遺址有道卡斯族新港社的出土文物 (C)該遺址將成立國立臺灣史前文化博物館南科分館 (D)該遺址群挖出臺灣鹿角珠、琉璃珠。 【106原民五等】

( ) **17** 1859年，西班牙天主教郭德剛神父來到臺灣，不久後前往屏東赤山萬金庄宣教，最後建立了今日臺灣最古老的萬金天主堂，當時接受天主教的村民主要是鳳山八社的族人。請問鳳山八社是屬於平埔族群中的那一族？ (A)大武壠 (B)西拉雅 (C)馬卡道 (D)斯卡羅。 【108原民五等】

( ) **18** 下列那一個部落的西拉雅族夜祭在2013年通過文化部審議，被認定為「國定重要民俗」？ (A)吉貝耍部落 (B)頭社部落 (C)荖濃部落 (D)口埤部落。 【108原民五等】

( ) **19** 西拉雅族是當時臺南縣政府所認定的「縣定原住民族」，歷史文獻記載中曾有四個大社，請問下列那一個不屬於西拉雅族四大社？ (A)新港社 (B)目加溜灣社 (C)宵里社 (D)麻豆社。 【108原民五等】

解答及解析

1 (B)　2 (A)　3 (A)　4 (B)　5 (C)

6 (D)　7 (D)　8 (C)　9 (C)　10 (A)

11 (D)　12 (A)

13 (C)。貓羅社屬彰化平原的洪雅族。

14 (A)。平埔族牽手即成婚之意。

15 (C)　16 (B)　17 (C)　18 (A)　19 (C)

【申論題】

一、請加以介紹西拉雅族的「拜壺文化」，並說明研究「拜壺文化」的附加價值為何？

答　西拉雅族分為三亞族，各亞族間的生活面貌、文化習俗不盡相同，但是拜壺卻是各亞族都存在的宗教信仰行為，足見「拜壺」在西拉雅社會中的重要性。

(一)拜壺文化

　　1.簡介：西拉雅族崇敬祖靈，更將祖靈地位提升至守護神般崇高，視壺（罐、瓶、碗、甕等器皿，學界以「壺」簡稱各種類型）為祖靈的代表而加以祭祀。

　　2.別稱：祀壺信仰名稱眾多，依亞族不同而有些許更動，介紹如下：

　　　(1)「阿立祖」：此一名稱最為普遍。

　　　(2)「老祖」：屏東地區的馬卡道族使用之。

　　　(3)「公廨媽」：因部落中的阿立祖多供祀在公廨中故稱之。

　　　(4)「壁腳佛」：有些供奉於家中的阿立祖，因奉祀在神龕左側的角落或桌子下，此為西拉雅人認為的大位，因為在牆壁一角，故有此一名稱。

　　　(5)「案（甕）祖」、「豬頭神」、「矸仔」：此為由象徵物來代表的稱呼。

　　3.形式：以壺（罐、瓶、碗、甕等器皿）盛水於內，下鋪香蕉葉或金紙，置於地上或桌上，代表祖靈的存在；祭祀禮品多為檳榔、酒、豬頭殼、將軍柱、花環等。

(二)拜壺文化的變形

　　1.拜壺信仰的壺體其大小、造型、顏色並無限制，後來因受漢人影響，才開始在壺體上纏紅線、裹緊紅布、繡上珠串，甚至掛著金牌。

2. 傳統的阿立祖信仰其擺放位置應位於牆壁一角，「壁腳佛」一名即源於此，然而受漢文化影響後，「阿立祖」多放於桌上以提高神格，因為放於地上屬陰，容易使家庭不安寧，放於桌上的則可以保佑家庭。

3. 受漢文化影響最深遠的莫過於傳統的祀壺信仰轉變為祖先塑神像的比例漸增。

(三) 附加價值

1. 由祀壺型態的演變可看出西拉雅族人與漢人接觸後的文化轉變。

2. 特殊的祀壺文化與祭祀行為，可作為研究西拉雅族群的分布範圍與遷徙路線。

3. 日治時期皇民化運動中的「客廳改正計畫」對阿立祖信仰所造成的影響，亦可一窺計畫施行成效如何。

二、解釋名詞：(一)王田制　(二)麻豆社之役　(三)牽手

答 (一) 王田制：荷據時期荷蘭人對臺灣進行重商主義式的掠奪經濟制度，以提供勞力、物質、稅收給政府當局，其土地制度行「王田制」。荷人招募大陸移民來臺開墾，並提供農具、耕牛、開發資金，同時替他們開鑿埤圳，保護他們免受原住民的攻擊，但土地所有權歸荷蘭聯合東印度公司所有，移民僅為租借者，荷蘭聯合東印度公司再向這些佃農徵收百分之五到百分之十的田租。此一制度類似早期地主與佃農制度，佃農不免要遭受地主的剝削。明鄭時期改「王田」為「官田」，交由佃農為官方墾植。

(二) 麻豆社之役：因荷人採取剝削鎮壓的統治方式，引起平埔族人不滿，頻頻殺害荷人以表達其憤怒，其中「麻豆社」為臺南五大社中反抗最激烈的一社。1635年，荷人以麻豆社曾殺害荷兵為由，出兵攻打麻豆社，此稱「麻豆社之役」，其結果麻豆社請降，並與荷人簽署合約書。

(三) 牽手：根據〈番俗六考〉所載西拉雅族婚姻名曰「牽手」。「牽手」指「挽手」之意。女子答應男子求婚，成婚結為真正夫妻後則牽手，於是再演變成男子稱其妻為「牽手」。此後「牽手」一詞被廣泛使用，成為夫妻的代名詞。

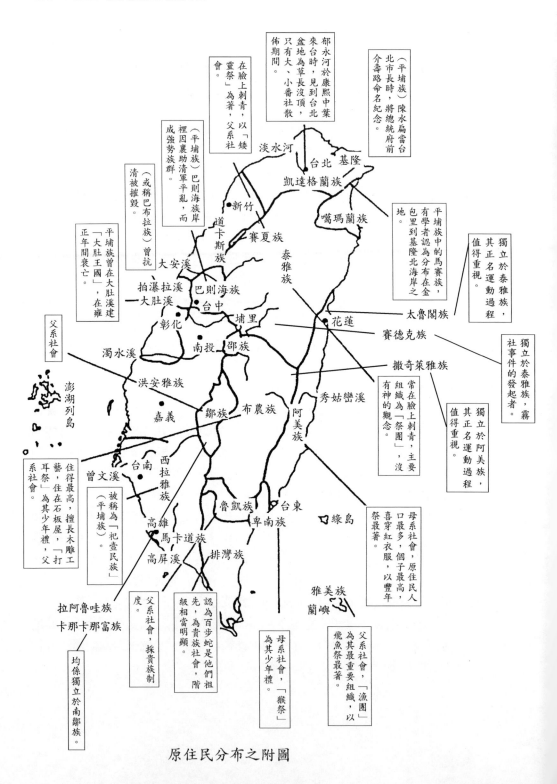

原住民分布之附圖

Unit 5 泰雅族（ATAYAL）

依據出題頻率分為：**A頻率高　B頻率中　C頻率低**

【**命題關鍵**】命名規則、黥面文化、獵頭風俗

【**命題焦點**】本章主要考點為泰雅族群地理分布特色，文化方面則以命名規則、黥面文化等為重點。

【**參考資料**】1. 瓦歷斯・諾幹，余光弘（民91），泰雅族史篇，南投市，國史館臺灣文獻館。

2. 達西烏拉灣・畢馬（民91），泰雅族神話與傳說，臺中市，晨星。

3. 黑帶巴彥：〈泰雅族的GAGA〉，《新竹文獻》，2000，3，頁65-68。

4. 黃森泉，比令・亞布：〈泰雅族紋面的社會文化意義〉，《原住民教育季刊》，1999，15，頁47-60。

5. 黑代巴彥：〈追溯泰雅族文面的原始意義以及觀念的演變〉，《新竹文獻》，2001年，7，頁76-80。

6. 王田明：〈泰雅族（賽德克族）獵頭風俗之研究〉，《社教資料雜誌》，2002，292，頁9-12。

> **經典考題**
>
> 解釋名詞：鳥占與夢占。【108原民四等】

一、族群發展

創世神話【97、101原民五等】：泰雅族群因為分布廣闊，故語言發展歧異性大，主要可以分為泰雅亞族和賽德克亞族兩大部分，其所誕生傳說亦也不同，主要可以分為下列三項：

1. **為巨石裂岩所出**：**賽考列克群認為他們的祖先來自於今南投縣仁愛鄉北港溪上游之「賓沙布甘」（pinsebuken）上之巨石裂岩**。南投縣仁愛鄉發祥村瑞岩部落傳說「相傳在太古時候，有一天岩石裂開，走出了二男一女，當中一男又走回岩石內，剩下一對男女，他們日久生情，成為賽考列克群之祖先」，故瑞岩部落成為賽考列克群發祥地。

2. **大霸尖山巨石所生：為泰雅亞族澤敖利群誕生神話來源**。神話傳說「在很久以前，大霸尖山的山上有一塊巨大的石頭，被一隻靈鳥推開後，大石頭裡面出現一男一女」，而這靈鳥推開大石頭誕而生泰雅始祖，成為泰雅族祖先來源傳說之一，學者推測此靈鳥應為泰雅族傳統占卜鳥西列克鳥（siliak），因此後來泰雅族有崇拜西列克鳥為靈鳥。

3. **白石山上的老樹根所誕生：根據賽德克亞族的傳說，以萬大北溪上游的白石山bunobon為其祖先之發祥地**。「從前在中央山脈叫bunohou的地方，長著一棵大樹，其半邊為木質，半邊為岩石；一日竟從樹中走出男女二神，祂們同衾，生了很多子女，子女又再繼續繁衍⋯⋯。」由此傳說可得知賽德克亞族的祖先來自於樹木所生。霧社事件中，居住於霧社地區的賽德克族人，集體自縊於樹上，說明出賽德克族人死後回歸祖靈的習俗，亦說明出樹木為賽德克族人祖靈所在之象徵。

經典考題

臺灣原住民各族對於人類的起源傳說不同，有那些民族是以「石生」或「竹生」為自身的創世神話，請分別試述之。【104原民四等】

二、族群源流

歷年來研究原住民族之學者專家對原住民來源及源流多有爭議，即對「南島語族」來源之爭議，目前研究的方向主要以族群神話傳說考證推定、體質人類學的分析以及語言文化方面的探究等三種主要方式探討原住民族之起源地。下述就這三項層面探討泰雅族群之源流。

(一)**創世神話**：學者以「發祥地傳說」推論族群來臺發展之相對順序，主張族群發源來自於高山的族群，推論其在臺灣發展歷史歷程較為久遠；相對的，若主張族群發源自平地或海洋等族群，則其相對在臺發展歷史歷程則較為短暫。以此觀點來推論，泰雅族的高山巨石誕生神話則可將泰雅族視為相對於臺灣其他原住民各族，泰雅族來臺發展為最早。惟此種推論就神話在歷史的角度就缺乏事實證據之證實，且無法明確指出族群來臺之明確地點。故尚須從體質及語言文化上考證族群來源方才較具體而可信。

(二)**體質分析**：根據學者研究，泰雅族之體質相較於其他原住民族群，在客家系漢人之間，呈現出較高之相似度，也就是說泰雅族人的血液和臺灣漢人曾經交叉的可能性較高，在這點方面，有學者將其解釋為臺灣漢人的血液

為中原漢人和南方百越民族混血之結果，而泰雅族則是百越民族之分支，藉此以解釋泰雅族和中國南方有較密切之關係。

(三) **語言文化**：語言學家對各族群之語言做一分析，將臺灣原住民族之語言分為泰雅、鄒、排灣及雅美等四大語群，其中泰雅語及鄒語和其他族群間差異最大，相對的也和其他南島語族間也呈現出較大之差異，由此語言特色推論，約於五、六千年前，泰雅語和鄒語即與南島語族分開。而在文化特色比對方面，泰雅族所呈現出文化特色和中國大陸古代文化有較為密切關係。

根據以上三點分析，似可推定泰雅族約距今五、六千年即由大陸南部移居臺灣。泰雅族目前被公認是臺灣原住民族中來臺最早之民族，根據歷史文獻及考古資料的驗證，泰雅族來臺之後，先從一居地——很可能是南投山區，然後向四方擴散、收縮，形成目前分布情形。

三、地理分布【95原民五等】

經典考題

1. 請概略說明臺灣原住民族的人口、地理分佈與分群。【原民三等】
2. 臺灣原住民各族都包括數個亞群，而族群的命名與分類似乎也都有固定的標準，請以任何一族為例，說明其族名與分類是否合理？並請提出您個人的看法。【原民三等】

泰雅族群為所有原住民族群中分佈範圍最為廣闊之族群，主要分布在中央山脈東西兩側山地，遍及花蓮宜蘭等山區，境內大都為高山及河流上游發源地，如棲蘭山、大霸尖山、奇萊山以及新店溪、大甲溪、秀姑巒溪等河流。泰雅族分為賽考列克（Seqoleq）與澤敖列（Tseole）兩群；賽考列克群主要分布在新北市烏來區、桃園市復興區、新竹縣尖石鄉與臺中市和平區，澤敖列群主要分布於新竹縣五峰、尖

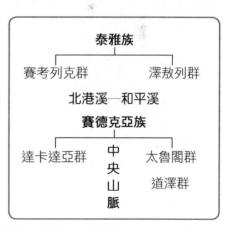

石鄉、苗栗縣泰安鄉、臺中市和平區、南投縣仁愛鄉與宜蘭縣的大同、南澳鄉。語言學家曾對泰雅族群做一語彙分析，透過語言上的差別，泰雅族群又可

細分為泰雅亞族（Tayal）和賽德克亞族（Sedek）。若以地域上來區分，可以西部北港溪和東部和平溪連線作為大致分界線，此線以北為泰雅亞族，以南為賽德克亞族。泰雅亞族又可細分為賽考列克（Sekoleq）群和澤敖利（Tseole）群；賽德克亞族則亦可細分為太魯閣群（Taroko）、道澤群（Tuuda）、達卡達亞群（Takadaya），其中居住在中央山脈以東之太魯閣群、道澤群又可稱為東賽德克群，人口以太魯閣群為最多，主要分布在花蓮縣秀林與萬榮鄉等地，目前已獨立稱呼為「太魯閣族」，道澤群人口最少，主要分布在花蓮縣卓溪鄉，中央山脈以西則稱為西賽德克群。

泰雅族群分布範圍遼闊，語系較為複雜，各部群之間各有不同之神話傳說，認為自己的部族為一獨立的族群，諸如賽德克族、太魯閣族等均屬此例，其中太魯閣族已於2004年成為我國第十二個原住民族群，賽德克族則於2008年成為我國第十四個原住民族群。多元的文化發展是泰雅族最大的特色，然而此一多元的特色也造成泰雅族群之間經常處於部落鬥爭之局面，109年泰雅族人口約9,2084人。

大嵙崁之役（西元1885年～1892年）

是繼清代劉銘傳積極向北部泰雅族進行開山撫蕃後，所引發泰雅族竹頭腳等社的抗日事件，歷時長達七年。

大嵙崁事件【98、102 原民五等】

事件發生背景為日本總督佐久間左馬太施行其五年理番計劃時，隘勇線的逐次逼近泰雅族人生活居住地，泰雅族人體認到日本對其族群文化發展之威脅，乃於1910年由泰雅族大嵙崁群串連馬里闊丸、溪頭、薩拉茅、斯卡瑤、北勢、霧社等群展開廣泛之抗日鬥爭。

日人對此採取以番制番策略，期望藉此敉平以大嵙崁群為首之叛亂事件，然泰雅人持續且奮勇之抵抗，使日本軍警一度陷入苦戰之中，後在增加軍警兵力及各式新式武器投入下，並分別從桃園、新竹一帶擴充隘勇線，在分批包圍下，大嵙崁社群乃同意繳械歸順。

四、社會結構v

經典考題

請在所有臺灣原住民族中，任選其中三個族，扼要說明該三個原住民族比較顯著的社會文化特色。【原民三等】

(一)**社會組織**：泰雅族社會為男女分工，男子負責戰爭、漁獵、砍伐、築屋等工作，女子則負責家事、農耕、紡織、育兒、飼養等。**泰雅族的部落典型以父系社會為基礎，配合泛血祭團組成一個部落，呈現出一平權社會的特徵，社會形成主要以血統、語言、宗教、祖訓為基礎，產生各種團體型態**。傳統的部落領袖由領導能力強的人出任，後於日治時期為求方便管理，始有頭目名稱出現，當進行狩獵、出草時，亦也由英勇之族人擔任，然當遇有重大之部落決議時，則由長老會議主持決策，其社會組織可分為下列型態：

型　態	特　色
部落組織	為最基本的社群自治單位，泰雅部落為若干個分散小聚落所組成，每一個小聚落維持著平等地位，很少有一個中心聚落存在的情形；再以共同地域社會為基礎，組成最原始政治組織，為最基本的自治單位。對內具保護功能，對外則負有與其他部落保持聯絡的責任，故部落是一個相同地域之地區所組成保護共同利益的基本組織。
祭祀團體	為具有共同祭祀對象的家庭組合，通常少由一、二戶，多至十餘戶所組成，祭團首領稱為祭司。祭團主要負責祭祀進行相關事宜及共守禁忌等事務。
狩獵團體	主要由祭團所組成，獵團首領由部落英勇且有才幹人士擔任，首領必須以祖訓所定下之規範統領獵團，此種類型組織主要任務在於統轄及執行狩獵、出草、戰鬥等武裝活動，並肩負代表團體處理對外團體之間之糾紛、媾和等事務。
犧牲團體	由數個獵團間透過協議所組成之牲團，其主要任務在執行牲團之間有關結婚、離婚、私通、竊盜、傷害、領地糾紛等事件和其他糾紛，問題之解決，並制定自治、權利、義務等規範及其實施與管理。

(二)**財產制度**：泰雅族家族財產繼承制度主要是建立在「守護家族者」這個概念下所產生。在有子嗣的家族中，長男為當然之守護家族者，故擁有最優先之繼承權，若長子夭折，則次子承之，在無男子繼承之情況下，則長女享有繼承權，而若家族毫無後代可供繼承，在有養子女的情況下，以養子女為優先，若否，則以父系男性最近之「守護家族者」或其繼承人繼承。

　　總而言之，泰雅族之家族財產繼承制度是透過守護家族者之判斷，以「長男繼承制」為核心，以女系及養子女繼承制為輔助。

(三) 婚姻制度：原住民的親屬組織，可分為「氏族社會」及「世系群社會」兩種型態。氏族社會主要以氏族為單位所構成，世系群社會則以泛血緣關係為基礎。就世系群社會而言，可分為父系、母系、雙系三種不同性質的世系群組織。而泰雅族即以父系世系族群為代表。

　　泰雅族的婚姻是採行一夫一妻制，紋面之後方可論婚嫁，始代表男人有本事狩獵的謀生能力與女人有能力紡織可照顧家庭等。男女雙方交往的同時，男方必須要在女方家工作一段時間，以彌補日後婚嫁後女方家所損失的勞力，又可稱為「服役婚」。

　　泰雅族的婚姻類型以「女方嫁娶」為主，招贅制和交換婚為輔。招贅婚指在無男嗣的家系裡，行使招贅婚，以家族女子繼承家業，以防家族財產流轉入他家族中。交換婚是指丈夫的姊妹，嫁給妻子兄弟，亦姑換嫂意思。

　　結婚之對象以同族雙方皆為至交好友為最佳，亦也有來自於其他部落者，但以同流域群之同盟部落為限，早期泰雅族的傳統禁止與外族通婚，認為與外族通婚會受到祖靈的懲罰。禁止結婚的對象與範圍主要以自己家族及世系群內男女為禁止結婚之範圍，主要包括：

1. 同一家族之男女，並且包括家族間異行輩分者。
2. 在世系群內，以在同曾祖父系群內之男女，無論輩份，禁止結婚。
3. 與母系同輩之表親以及長輩者。
4. 同行輩分之堂表兄弟姊妹之間，亦也禁止結婚。
5. 敵族與外族不婚。

　　泰雅族的親族群以家族、同高祖父群及雙系禁婚群三者為主要之親族團體。禁婚法則上的觀念，就是建立在避免親族內近親結婚上。在臺灣原住民的社會中，不論父系、母系、雙系社會都沒有表親通婚的現象，也就是直接血統的表兄弟姊妹和本族的表兄弟姊妹都嚴格禁止通婚。

(四) 社會階級：臺灣原住民族之社會階級可分為貴族階級制、年齡階級制、一般階級制。泰雅族的社會階級制度主要為「年齡階級制度」，其特色在於依年齡之長幼分成若干年齡組織，同時依其所屬之年齡階級來決定其生活方式與社會待遇之制度。年齡階級制度又可細分為：

1. 只有長幼順序之分，而無明顯階級制度。
2. 有年齡級別及成年禮。
3. 男子專名級的年齡階級制。

泰雅族的年齡階級制度即屬1.只有長幼順序之分，而無明顯階級制度的類型。其餘兩種年齡階級制度，待後續專章探討。

泰雅族 gaga 的觀念

在泰雅族的文化特色中，「gaga」這個觀念為泰雅族所擁有之獨特的文化。所謂的「gaga」是指一種社會規範，為一切規範的統稱，為泰雅族人日常生活，風俗習慣的誠律。泰雅語稱「gaga na atayal」即指習俗和規範。凡是對於習俗與規範，觸犯了gaga表示觸犯了禁忌，可能受到神靈的懲罰。遵守同一gaga的人共同舉行祭儀、共勞共享。

在泰雅族的社會裡，gaga是包含所有社會文化的規範，並非社會團體組織，因為在泰雅族的社會裡並沒有實質性的社會結構，所以不能將其視為團體組織，而是一種「社會規範」。而這些社會生活規範主要包括：自然現象、紋面風俗規範、命名習慣、人的規範、生活規範、結親習俗規範、生育習俗規範、喪葬規範、神靈規範等。這些生活之規範，主要是談論必須遵守之動作程序和禁忌禮節方面須注意之事項。

泰雅族人透過「gaga」的生活規範，構成泰雅文化風俗習慣和禁忌禮節的文化基本特色和架構。

五、經濟生活

(一) **食的方面**：在傳統的泰雅族社會中，族人以山田燒墾和狩獵為生。食物來源主要可分為採集、飼養牲畜、狩獵、及農業開墾等為主。農業方面，傳統的農耕方式是採取火燒輪休式的山田耕種方式，所謂的輪耕乃是指每次休耕時期便焚燒耕地，使灰燼成為肥料，待1～2年地力衰竭後始另覓耕地，此種耕種方式後在漢人水牛等農耕技術傳入後，農耕技術始有較為明顯之改變。一年的農事以粟為主，從播種、插苗到收穫有一連串的祭儀，泰雅人視粟為神聖的作物。有關於祭典介紹，待信仰祭典專章介紹。

糧食作物以稻、甘藷、芋頭等為主。平時主要以小米、黍、蕃薯為主食，搭配以胡瓜、南瓜、豆類及野菜等為副食，肉類方面於農閒時狩獵捕獲而來，狩獵是僅次於農耕的生產方式，為泰雅男性的工作，女性無權參與，藉由狩獵的活動以促進泰雅男人尚武之精神，狩獵可分為平時和祭典這兩種類型，平時男子可單獨外出狩獵，而於祭典時期，則組成獵團進行狩獵，泰雅族人的狩獵方式遵守「gaga」的規範，藉以分配狩獵而得來之獵物。

一般族人家中大都有飼養豬、雞等牲畜，而泰雅族人保存食物的方法則可分為：

1. **乾藏法**：主要借助於陽光的熱力，使糧食作物得以保持乾燥而不易腐壞。
2. **鹽藏和醃漬法**：透過食物脫水的方式達到保存之目的，通常在肉類及青菜方面大都採行此種方式。

(二) **衣飾方面**：泰雅族人衣著布料以麻布為主，婦女自織麻布，並於其上織出簡單的幾何條紋狀。衣服屬於「方衣」系統，即外觀類似無袖的背心，許多原住民的衣服外觀大都屬於此種系統。男子衣服多穿著無袖或有袖的長上衣，婦女則穿著長袖對襟的短上衣搭配長裙，而在顏色搭配上則以紅、黑、白、藍等色系為主。

泰雅族人的衣飾物品可分為男用的頭飾籐帽、男子用貝錢所串成之頸飾、男女皆有的耳飾、山豬牙做成的臂飾、珠串成的腰飾等，一般而言男子的裝飾物品比女性為多，而衣飾最大特色乃在於使用貝珠穿織於胸被而成珠衣，即「織貝」。

泰雅族人在有慶典時期則以盛裝打扮，衣服以白布為底，並在胸部背部織成幾何花紋，搭配上綴鈴長衣，於宴會上跳起舞來更增加些韻律之美感。

(三) **住屋方面**：泰雅族之建築以住家為主，另有穀倉、雞舍等，多為私人建築，少有公共建築，除了青年宿舍具有娛樂性質外，不若其他族群之公共建築為神聖莊嚴之會場。每個家庭前面都有一個平坦的廣場，主要用來曬乾諸如小米及玉米等作物，且每個家庭都蓋有一座貯物塔，用來貯藏每年在六、七月收成的小米。貯物塔興建成高腳狀可避免存糧受潮及老鼠之危害。

在住屋的型態上可分為半穴式木屋和平地竹屋兩種型態。受到地形上的限制以及避免野生動物的騷擾，傳統的泰雅建築群大都採取半穴式建築，而興建於丘陵地上的泰雅建築物則是為了便於梯田農耕而興建於旁，形成特殊的泰雅建築特色。後在經濟生活改善後，如今泰雅族人大都採取如同平地人般之住家型態。

六、信仰祭典

(一) **信仰方面**：泰雅族傳統信仰方面以「烏杜」（rutux）的超自然神靈信仰為代表，當一個人觸犯了「gaga」的生活規範，即會受到rutux的處罰，rutux對泰雅族人而言為超自然力量的象徵，對其存有敬畏感，rutux有善壞之分，自然死亡的人，他的靈屬於善靈，死於非命的則為惡靈，不受祭祀，族人認為惡靈會對部落帶來厄運。族人於戶外吃飯喝酒時，需彈些食物於地上貢獻給rutux，而於祖靈祭後，族人亦須通過火堆，以示和rutux隔離。

泰雅族人的生活習慣受到「gaga」的規範，並透過rutux的超自然力量信仰，此兩種文化特徵，構成泰雅文化獨特之一面。

外來宗教自荷據時代後開始傳入臺灣及原住民世界之中，西方傳教士藉由醫療及教育等事業，將基督等宗教信仰傳入原住民部落，傳教士無私地為部落奉獻，如今原住民的信仰則以高比例的天主教和基督教信仰回報傳教士的奉獻。

經典考題

小米曾經是臺灣原住民族主要的作物，請詳述其傳統文化中與小米相關的文化元素。【102原民四等】

(二) **祭典方面**：泰雅族自古以來有許多祭典，祭典以歲時祭儀為主，主要隨著季節及農耕活動而舉行，主要祭典包括六種：開墾祭、播種祭、收割祭、狩獵祭、祖靈祭及祈雨。在泰雅族群的歷史發展中，受到清代及日治時代的理番政策影響下，泰雅族許多祭典儀式因而沉寂，後又因多元文化的衝擊與影響，許多傳統文化儀式紛紛式微，目前泰雅族唯一流傳下來的祭典為祖靈祭，舉行的時間是小米收割之後，大約七月份左右。

泰雅族的祭典	
開墾祭	泰雅族早期農耕型態為輪休式火耕，對土地並不施肥，而是採取焚燒後之灰燼作為肥料，每當地力枯竭時，則須另覓新耕地。每年新年到一月期間，族內長老前往尋找新耕地，並進行Raraong（利用當地的竹子或樹林占卜凶吉）的占卜儀式，並藉由晚上之夢兆來判斷此新耕地是否要進行開墾。耕地放火燒前，請長老祈求祖先賜平安順利，火燒完後，耕地主人邀請部落族人前往耕地飲酒款待，同時祈求祖先保佑使得農種順利。
播種祭	當播種季節時，部落長老會同族人代表商討播種事宜，並決定代祭日期及傳達禁忌事項，當日期決定後，部落長老先派族人先行「左行祭」，並向部落長老報告情況，部落長老則轉知其餘族人播種之時間，結束之後，為祈祖先護祐豐收，部落族人再舉行賜福祭。在泰雅族的祭典中，撥種祭是屬禁忌最多之祭典儀式，因為農耕的豐收好壞，會影響族裡一年生計的好壞，主要禁忌包括行祭前必須生火，且火種不能熄滅，否則會影響小米的發芽，不砍生草，否則稻秧會乾枯，行祭碰到他人不得交談，因為行祭的目的是與祖先們祈福，如未達任務是大忌。

泰雅族的祭典	
狩獵祭	農地播種完後，農閒時期部落頭目召集族人商討祖靈祭時所需之祭品及聯歡晚會時所需同樂的物品，狩獵行動前，先用「鳥兆」占卜吉凶，若為吉兆則決定狩獵日期，狩獵完成豐收回到部落後，族人不分男女共同慶祝獵物豐收。
收穫祭	小米豐熟時，部落長老邀請族人商討收割事宜，並舉行祭禮，各家並於清晨時小米園裡舉行祭禮，於收割前並舉行DaSa-ing（收割禮）。當小米等穀物於家中廣場前曬乾後要置入貯物塔時，則行藏祭禮。當所有收割完成後，部落長老邀請族人商討接下來將要進行之祖靈祭。
祖靈祭	當小米進入倉庫後，為感謝祖靈的保佑，部落乃進行感謝祖靈的祖靈祭，全社的男子均要參加，祭祖日天未亮時部落頭目帶領族人前往祭場，由頭目呼喊過世的祖靈回來參加祭儀，各家宣唸祭文，祭品主要為小米糕、酒、獸肉等，祖靈祭的祭品屬於祖靈，不能帶回部落也不可食用，儀式結束後必須越過火堆，以示與祖靈告別。當祭祀結束後，族人另準備豐盛食物與節目，大家歡同慶祝豐收。
祈雨祭	當遇到乾旱或收成不佳時，族人會認為這是族人冒犯祖靈或祖先定下的「生活規範」，所以祖靈對族人降下懲罰。因此每逢乾旱時，部落長老便帶領族人前往河邊祈雨，由祭司祝禱問卜，詢問祖靈原因，並夜宿於河邊，白日則回部落工作，直至降雨為止。

泰雅族獵頭風俗【95 原民三等】

臺灣原住民族除了雅美族外大都有獵頭風俗的存在，而其中尤以泰雅族獵人頭之風氣尤為盛行。根據臺灣總督府《理蕃誌稿》記載，於西元1910年泰雅Tek-Daya部族及Pergawan部族受到征伐時，曾繳出多達1,015顆頭顱，由此可知泰雅族獵人頭風俗之盛行。

經典考題

1. 試從泰雅族獵頭及文面習俗，探討泰雅族文化之特色。
2. 狩曾經是原住民族傳統社會文化中重要的一環，現今法因而對之有某種程的特許，請問昔日狩對於原住民族社會具有的意義與功能？【102原民四等】

清代及日治時代曾對此風俗加以制止，如清代開墾近山地區時採行隘墾的防衛方式及日治時代初期的隘勇線和警備道開闢等，更甚出現以軍事力量討伐等方式，無異要去除此一風俗。

外界對於泰雅獵人頭之原因，多傾向於暴力血腥和殺戮等誤解，而對泰雅族人獵人頭之文化卻甚少深入探討之。泰雅族人的獵人頭文化習俗，並非只是單純的濫殺無辜，而是融入其文化及信仰特色於其中。其獵人頭原因在日人伊能嘉矩《臺灣蕃政志》一書中，曾對泰雅族人獵人頭之原因進行分類：

1. **新年祭祖需要人頭**：泰雅族人認為祖靈為唯一的神，在各種祭典儀式諸如播種祭、收穫祭時，都需要獵頭以祭祖。
2. **男子成年需獵頭**：泰雅族人認為男子需獵過人頭才算成年，才能紋面。
3. **欲配良偶需獵頭**：獵頭及狩獵經驗豐富與否，為族中女子選擇對象之依據。
4. **為立功需獵頭**：當部落受到外來欺負時，族人透過獵頭以示報復。當外來者諸如漢人及日人侵入泰雅族人開墾地時，會引來泰雅族人獵頭報復之因即來自於此，而獵頭數的多寡也代表著一定社會地位的建立。
5. **為禳祓疾病而獵頭**：當部落內發生瘟疫疾病時，族人會認為觸怒了惡靈，所以採取獵頭的方式以禳祓不祥。
6. **以獵頭判決爭議之是非**：當部落中發生爭議而無法協調或判斷是非時，則以雙方獵頭成功與否來判斷對錯，因為泰雅族人認為獵頭失敗原因，乃在於族人違反部落規定而觸怒神靈，導致獵頭失敗。
7. **為解除嫌疑而獵頭**：當被列為犯罪嫌疑人時，則以透過獵頭成功與否之方式以證明自己本身之清白。

   根據泰雅族人傳說，人死後靈魂將透過彩虹橋進入靈界，倘若男子尚未獵過人頭或女子不會織布，均無法到達祖靈所居住的地方。另外族人亦相信頭顱可保持人的靈性，甚或可增加力量以抵抗邪魔或去除疾病。獵人頭的動機以宗教和社會兩種動機為主，族人出草獵人頭為祖先的遺訓也是後世子孫所以遵行之神聖行為，為泰雅族人的生活文化之特色，吾人看待此一**出草風俗時，或許可將其視為原住民族順應環境、適應環境所發展出之文化特色**。

七、生命禮俗【100原民五等】

> **經典考題**
>
> 試論原住民族姓名政策之演變及傳統命名制度對民族的重要性，並分析至少3個民族之傳統命名制度。【101原民四等】

泰雅族生命禮俗	
懷孕	1.泰雅族傳說男女性交乃得自於蒼蠅之啟發，以了解正確傳宗接代方法，繁衍族群。 2.認為不會生育的女人為「mkiai」，亦即「乾」的意思，如同乾枯之樹木無法繁衍般。不會懷孕之婦女常向巫婆求孕。 3.懷孕期間照常工作，惟不做負重之工作，孕婦若出外在路途中，聽到sisili（西列）鳥凶兆的叫聲，則必須折返回家，以免流產。 4.賽德克人認為分娩為不潔淨，必須在屋子內進行，若在戶外分娩會引起神靈之憤怒。 5.難產會發生的原因主要在於沒有遵守各項禁忌，諸如孕婦懶惰、曾觸摸或穿難產婦女之衣物、不遵守sisili鳥指示等。產婦若難產不幸死亡，族人認為災難必至，所以將產婦及胎兒就地埋葬，以免除災禍。若生下畸胎兒，則為gaga中之一大禁忌，此畸胎兒會被認為不吉而將其噎死或溺斃之。
出生	嬰兒出生十天之後，需進行初次出家門的襁被法術儀式，以保障嬰兒日後不被惡靈所侵擾。
命名	1.小孩出生後約一至二月，舉行命名儀式，命名由男性尊長行之，原則上不與父母、兄弟姊妹同名，然為求吉運，往往會取過去部落所代表之英雄人物，以求祝福之意。 2.泰雅族雖為父系世系群，然傳統命名不用姓氏，而是採取父子連名制，如將嬰兒本名後連父名，藉以表示血統關係，如此的方法將有助於泰雅族人記憶其祖先名字。 3.日治時期的皇民化政策強迫原住民改日本姓，而戰後光復後的國民政府，為推動山地政策及便於戶政之管理，山地各鄉村重新編訂戶口，廢除原族人所命名之名字，一律改為漢姓，然而推動此一政策卻對族人社會組織及命名特色無深入探討及了解，造成各氏族系譜的混亂。立法院於1995年通過「姓名條例修正草案」，原住民族始可改回原來之傳統姓氏。
養育	1.小孩出生至約七、八歲時，皆由母親教養長大，此後男生則由父親教育，藉以培養男子勇氣、力量及尚武等男子氣慨；而女性則由母親教育，傳授勤勞、順從、織布等概念。 2.泰雅族的小孩從小就被灌輸對超自然力量（rutux）的敬畏感，其餘諸如gaga等概念藉由日常生活之經驗，自然而然地灌輸至小孩身上。

泰雅族生命禮俗		
成年	1.泰雅族的年齡階級制度並無特別的組織制度，而是僅有依身心發展階段約略而分的鬆散觀念。 2.泰雅族並無特別的成年儀式，然當男子參加過第一次出草而有獵過人頭後，女子學會紡織織布後，始可紋面並改變髮式，如此始被視為成年的象徵。	
婚禮	聘禮婚	傳統的泰雅族習俗，男子必須主動藉由媒人向心儀之女方家求婚，媒人透過鳥占等方式探求吉凶，若為吉兆，始可向女方請婚，然女方於初次請婚時必須婉拒，待透過幾次之商議後，若仍不答應則為拒婚，女方答應後則為許婚，男方亦須向女方納聘，由雙方父母主婚。
	搶奪婚	當女方拒婚或提出聘金過高時，男方伺機搶奪女方，再請求部落長老或長者向女方家溝通，懇求賜予良緣。
	交換婚	男女雙方家中，皆有兄弟姊妹，雙方家長約定互相換婚，亦即交換姑嫂之意。
喪禮	1.泰雅族人對死亡可分為善終與惡死兩種型態。在家中自然死亡則可視為善終，在戶外死於非命或難產而死則視為惡死。 2.善終的往生者，由家中男性近親於死者斷氣之床下挖一圓穴，將死者換裝盛裝並伴隨陪葬品採用豎葬方式，將死者豎放於圓穴之中，且面向河岸邊。喪禮完後一個月，喪家邀請親屬至其家飲酒，喪者家人持酒至野外，呼亡靈作祭，並將亡靈送往靈界。 3.惡死者，族人認為大不吉利，通常將死者於往生之處就地掩埋，並請巫師施行禳被惡靈儀式。	

泰雅族紋面（黥面）之文化【98、100 原民五等、110 年原民三等】

臺灣原住民族群中，各部族大都有刺青紋身之風俗習慣，然就以泰雅和賽夏兩族有紋面之風俗，泰雅族人稱紋面為Potasan（巴塔散），以下探討泰雅紋面之傳說由來及在泰雅文化上所代表之意義。

1.傳說：藉由泰雅族神話傳說中，可得知紋面由來可分為男性紋面傳說及女性紋面之傳說。男子紋面傳說：「泰雅族在大霸尖山繁衍數代後，山上人口呈現出過多之情況，後來Nekis（祖先）決議要將一部分人口遷移到山下尋找新耕地和新獵場，Nekis就分為要留在山上和去山下這兩邊，由兩邊人群吶喊，看哪

邊人較多，以利Nekis做平均的分配，結果要去山下的那一邊人將人數藏起
來，所以呼喊較小聲，因而分配較多人，住在山上的人要求他們交出多的人
來，他們不願意，Nekis於是決定住在山上的人若遇到爭議或不祥的事發生
時，便可到山下獵他們的人頭，為避免獵錯人，所以住在山上的人要有
Potasan，作為族人的標記，以免獵錯人。」女子紋面傳說：有兩項傳說，其
一為「有一天泰雅族部落裡的少女突然染上惡病，少女接連死去，後有一少女
夢到祖靈指示，必須在臉上刺上花紋始可避免災難，果真疾病消失，紋面就成
為女性避免災禍的手段。」其二為「泰雅族人是由大霸尖上的巨石受到神鳥西
列克鳥的碰觸而裂開誕生一男一女所繁衍出來的，此一男一女即為泰雅族的祖
先，天地間因只有此兄妹二人，無法結婚，後妹妹用黑碳抹在臉上藉以瞞過哥
哥，哥哥就很高興地和她結婚，直至天亮才發現是他妹妹，然而泰雅族人也因
而繁衍下來。」這個傳說後來也成為泰雅族女子到成年後必須要紋面才能結婚
的傳統習俗。

2. 社會文化意義：**紋面為泰雅族人成年的象徵，男子未紋面，則代表不會狩獵，**
女子若嫁給他則無法享受安定的生活；女子未紋面則表示不會織布或過去行為
不太檢點，未紋面的女子嫁到外族則會被部落視為放逐，得不到族人的祝賀。
根據泰雅族的神話傳說，紋面可以免除災難、退除疾病以及延長壽命的作用，
而且可作為族群標記之作用，族人出草或作戰時，除了在積極上具有團結意味
外，消極上亦可避免殺錯人。泰雅族人相信人死後靈魂會進入靈界，而在靈界
的入口有rutux（祖靈）在把關著，沒有紋面的族人，是無法經過彩虹橋到達
靈界。紋面的風俗習慣為泰雅族gaga之一部分，早已和泰雅族人精神生活融合
在一起，紋面亦也是泰雅文化之精髓。

日治時代，理番政策極欲消除泰雅族人馘首及紋面等「陋俗」，乃透過番童教
育、警察等強制公權力沒收紋面工具，務必使此「陋俗」消失，戰後政府對原
住民文化的漠視和大力推行「中華文化」下，泰雅族本身的傳統文化正逐漸消
失當中，如何延續傳統文化，有待吾人積極加以思考。

八、藝術文化

原住民為大自然之子民，生活於自然原野的環境中，大自然成為原住民藝術創
作之泉源，而大自然也成為原住民藝術表演之舞台。

(一) **泰雅族的口簧琴**：泰雅族語稱口琴為「lubuw」，製作方式是將小竹片削
　　薄，於中央挖一細長的孔隙，將黃銅薄片置入其中，並於兩端附上線，吹

奏時左手固定竹片於嘴邊，右手拉繩彈撥，發出類似彈棉花弓聲音，並附上吹奏者的口白。以往泰雅族人常藉由吹奏口簧琴，向族裡男女互相表達愛情之意。

(二)**編器**：臺灣竹籐密布，竹籐成為臺灣許多原住民族工藝創作最好來源之一，其中尤以泰雅族的竹編器具最為出色，諸如背簍、首飾盒等。其編織方法可分為竹材的「交織編法」以及籐材的「螺旋編法」。如今於各大文物展覽館中所見之原住民生活器物，大都為黃籐所編製成之背簍、籐籃等器物。

(三)**織布**【95原民五等】：臺灣原住民各族中，就以泰雅族婦女之紡織技術最為著名，尤以麻紡織工藝為主要。紡織為泰雅族婦女的重要工作項目，紡織技術的好壞，往往可決定一個婦女的社會聲望和地位。

(四)**貝珠衣**

1.**製作過程**：取硨磲貝加以燒烤切割磨製成圓柱形小珠，再串接後當飾品穿綴於衣上，一件貝珠衣往往穿綴出上萬顆貝珠，再搭配色澤及條紋之調配，堪稱為泰雅族手工藝之極品。

2.**文化意義**：貝珠衣係屬於部落領袖、獵首英雄之盛裝，為泰雅族傳統社會傳家之寶，代表著地位和財富，係泰雅族中最珍貴的服飾。在禁止獵首後，貝珠衣的社會意義轉變作為聘禮餽贈、甚可做為購買田地牛隻之貨幣單位，因其具珍稀性及歷史性、文化性意義，業經登錄為文化資產加以保存留存。

(五)**古調歌謠吟唱**（lmuhuw）【108原民三等】

泰雅族沒有文字，對於族群的歷史記憶與文化傳承，都是祖先用語言，透過口述或吟唱的方式流傳下來，此即Lmuhuw。Lmuhuw 的內容主要可為描述部落勇者事蹟、部落的山林河川和生態等，保留了泰雅族人豐富的文化記憶與地景知識。

精選範題

【測驗題】

( ) **1** 下列有關於泰雅族之描述，何者有「誤」？ (A)為全臺分布面積最大之族群 (B)內部亞族群分布林立，文化或語言上皆有所差異 (C)傳統文化上有獵首的習俗 (D)為全臺人口最多之原住民族群。

（　）**2** 下列哪一句話，最適合描述泰雅族人？　(A)群雄割據、內部分裂的族群　(B)內部團結一致，遇有外侮，團結合作抵抗　(C)個性溫和的原住民族　(D)臺灣最高山的勇者。

（　）**3** 在泰雅族群分布上，內部亞族群主要可以哪地理界限作為分界？　(A)北港溪—和平溪；雪山山脈　(B)濁水溪—秀姑巒溪；中央山脈　(C)北港溪—和平溪；中央山脈　(D)濁水溪—秀姑巒溪；海岸山脈。

（　）**4** 紋面是榮譽的象徵，為臺灣原住民哪一族的習俗？　(A)泰雅族　(B)鄒族　(C)布農族　(D)排灣族。

（　）**5** 泰雅族的社會特徵為何？　(A)有明顯的年齡階級組織，部落中之公共事務由男子年齡階級組織所掌控，女性沒有參與的機會　(B)無明顯之年齡階級組織，主要為泛血祭團組成一個部落，呈現出一平權社會的特徵，社會形成主要以血統、語言、宗教、祖訓為基礎，產生各種團體型態　(C)部落領導人為專門氏族之世襲制度　(D)為母系社會類型，財產繼承以女性繼承為主。

（　）**6** 下列有關於泰雅族獵頭風俗之敘述，何者有明顯之「錯誤」？　(A)傳統信仰上，認為人頭富有靈性，有其宗教儀式意義於其中　(B)將獵頭之行為賦予神聖化之意義，往往運用在解決紛爭、誤會等衝突上　(C)為單純暴力血腥及殺戮等以暴制暴的行為　(D)社會風俗上認為男子若獵過人頭則可紋面，代表成年之意義。

（　）**7** 下列有關於泰雅族gaga的觀念，何者「正確」？　(A)為泰雅族宗教信仰體系之一環　(B)在與外族互動下，透過文化融合方式所產生的價值與概念　(C)為一個政治組織團體　(D)指一種社會規範，為一切規範的統稱，為泰雅族人日常生活，風俗習慣的誡律。

（　）**8** 泰雅族宗教信仰方面，以何者為代表？　(A)gaga　(B)rutux　(C)sisili（西列）鳥信仰　(D)一神信仰體系。

（　）**9** 有「理番總督」之稱號的，為日治時期哪位總督？　(A)樺山資紀　(B)乃木希典　(C)兒玉源太郎　(D)佐久間左馬太。

（　）**10** 藉由語言文化上之考證，臺灣原住民族群中，最早遷往臺灣發展的為哪一原住民族群？　(A)泰雅族　(B)賽夏族　(C)阿美族　(D)卑南族。

(　　) **11** 下列關於泰雅族群婚姻制度特色之敘述，何者有「誤」？　(A)泰雅族的婚姻是採行一夫一妻制，紋面之後方可論婚嫁，始代表男人有本事狩獵的謀生能力與女人有能力紡織可照顧家庭等　(B)泰雅族的婚姻類型以「女方嫁娶」為主，招贅制和交換婚為輔　(C)交換婚指男方必須要在女方家工作一段時間，以交換日後婚嫁後女方家所損失的勞力　(D)早期泰雅族的傳統禁止與外族通婚，認為與外族通婚會受到祖靈的懲罰。

(　　) **12** 下列關於泰雅族紋面文化之敘述，何者有「誤」？　(A)由男女性紋面傳說，可了解泰雅族群紋面在其社會文化中所代表之意義為何　(B)紋面為泰雅族人成年的象徵，男人紋面代表有狩獵、謀生的能力；女人紋面則代表有居家生活之能力　(C)紋面可以免除災難、退除疾病以及延長壽命的作用，而且可作為族群標記之作用　(D)泰雅紋面文化在族群意識抬頭的今日已獲得明顯之提升，泰雅紋面文化正逐步復興之中。

(　　) **13** 不論是清政府或後來殖民的日本政府，對於臺灣地區的番地事務多有加以管理之政策，而臺灣原住民族在出於捍衛自我生存的本能反應中，亦也發起多件抵抗外來政權之事件。下列臺灣原住民族抵抗外來政權侵略之事件中，何者為泰雅族人所發動？　(A)大嵙崁事件　(B)南庄事件　(C)北埔事件　(D)大港口事件。

(　　) **14** 第二次世界大戰期間「高砂義勇隊」主要派至那一戰場？　(A)滿洲　(B)中國華北　(C)南洋　(D)中國華南。　　　　　【初考】

(　　) **15** 中部橫貫公路主要通過哪一族的居住空間？　(A)阿美族　(B)布農族　(C)鄒族　(D)泰雅族。　　　　　【初考】

(　　) **16** 新北市烏來山區的原住民是那一族？　(A)凱達格蘭族　(B)噶瑪蘭族　(C)泰雅族　(D)布農族。

(　　) **17** 原住民族語言複雜，同族也未必可以相通。如賽德克人的話就有三種，以下那一種不屬於賽德克語？　(A)賽考力克語　(B)德克達雅語　(C)道澤語　(D)太魯閣語。　　　　　【原民五等】

(　　) **18** 傳統的泰雅族社會，非常重視女性的何種能力？　(A)織布　(B)製陶　(C)耕種　(D)吹奏樂器。　　　　　【原民五等】

（　　）**19** 日本人為追求統治成果、提高糧食的單位面積產量，在山地積極推廣何種產業活動？　(A)水田稻作　(B)山田燒墾　(C)栽種高山茶　(D)種蔗製糖。　　　　　　　　　　　　　　　　【原民五等】

（　　）**20** 以下那一項無法描述日治時期臺灣總督府對原住民的治理政策？　(A)警察統治　(B)番地（保留地）區劃　(C)設立番童教育所　(D)頒布原住民身分法。　　　　　　　　　　　　【原民五等】

（　　）**21** 日本警察為控制北臺灣的山地，曾大舉推進何種封鎖線，以對付泰雅族、賽夏族？　(A)土牛界　(B)警察駐在所　(C)越嶺道路　(D)隘勇線。　　　　　　　　　　　　　　　　【原民五等】

（　　）**22** 關於泰雅族傳統「黥面」（紋面）的描述，下列何者錯誤？　(A)是一種刑罰印記　(B)男性須獵首後才可以紋面　(C)日治時期曾下令禁止紋面　(D)女性學會織布技術後才可接受紋面。　　　【原民五等】

（　　）**23** 清領時期曾被沈葆楨稱之為「王字兇番」是指那一個原住民族群？　(A)卑南族　(B)達悟族　(C)泰雅族　(D)賽夏族。　　　【原民五等】

（　　）**24** 依照傳統泰雅族的命名方式，如果父親兩段名字為Bilin Watan，兒子取名為Yugan，則兒子的全名為何？　(A)Yugan Watan　(B)Yugan Bilin　(C)Watan Yugan　(D)Bilin Yugan。　　　【原民五等】

（　　）**25** 臺灣原住民族中分布最廣，居住位置最北的是那一個原住民族群？　(A)賽夏族　(B)泰雅族　(C)卑南族　(D)布農族。　　　【原民五等】

（　　）**26** 二次大戰期間，據傳在宜蘭南澳地區幫教育所即將出征的日本老師搬運行李而不慎落水死亡的泰雅族少女故事，當時曾被拍成宣傳日本戰爭動員的皇民化電影，請問該片名為：　(A)風中緋櫻　(B)不一樣的月光　(C)莎韻之鐘　(D)老師斯卡也答。　　　【原民五等】

（　　）**27** 在泰雅族的起源傳說中，祖先是從Pinsbukan誕生，該地推測是現今何處？　(A)南投縣仁愛鄉發祥村的瑞岩　(B)新竹縣的大霸尖山　(C)花蓮縣的白石山　(D)宜蘭縣的太平山。　　　【101原民五等】

（　　）**28** 清光緒12年，發生於臺灣北部山地的大嵙崁事件，是那一個原住民族的抗清事件？　(A)布農族　(B)平埔族　(C)賽夏族　(D)泰雅族。　　　【102原民五等】

（　）**29** 在泰雅族的起源傳說中，祖先是從Pinsbukan誕生，該地推測是現今何處？　(A)南投縣仁愛鄉發祥村的瑞岩　(B)新竹縣的大霸尖山　(C)宜蘭縣的太平山　(D)花蓮縣的奇萊山。　　　　　　【106原民五等】

（　）**30** 二次大戰期間，在宜蘭南澳山區，有一位幫教育所即將出征的日本老師搬運行李而不慎落水死亡的泰雅族少女，其事曾被拍成宣傳日本戰爭動員的皇民化電影，請問該片名為何？　(A)風中緋櫻　(B)莎韻之鐘　(C)老師斯卡也答　(D)不一樣的月光。　【106原民五等】

（　）**31** 居住在大漢溪msbtunux地區中的頭角與奎輝部落的泰雅族馬卡那奇支系KBute世群系，因為那一個水庫而被強迫遷徙？　(A)明德水庫　(B)石門水庫　(C)龜山水庫　(D)萬大水庫。　　　　　【106原民五等】

（　）**32** 下列那一族的祖先起源傳說中，沒有祖先海外移來的故事情節？　(A)阿美族　(B)泰雅族　(C)卑南族　(D)噶瑪蘭族。　　【106原民五等】

（　）**33** 下列那一項有關泰雅族賽考列克群的樂信・瓦旦（泰雅名：LosingWatan，漢名：林瑞昌）的事蹟是錯誤的？　(A)年幼時曾經就讀過角板山蕃童教育所，並取日本名為渡井三郎　(B)1920年代期間返回部落服務，曾經駐守在象鼻、尖石等地區擔任公醫，以當代醫療方式在原住民族地區開展近代醫療　(C)1945年被聘為臺灣總督府評議會員，1949年補選為第一屆臺灣省參議員，1952年當選為第一屆臺灣省臨時省議會議員　(D)1929年以泰雅族父系社會傳統方式正式娶進日本望族日野家族中的女子，改名為日野三郎。　【107原民五等】

（　）**34** 1964年石門水庫完工，成為臺灣第一個兼具防洪、灌溉、給水、發電等功能的大型水庫，雖然該水庫對北部城鎮民生經濟發展有極大貢獻，但卻造成居住在淹沒區的那一個泰雅族部落必須接受強制遷村的苦果？　(A)高義蘭部落　(B)卡拉社部落　(C)羅浮部落　(D)比亞外部落。　　　　　　　　　　　　　　　【108原民五等】

解答及解析

1 **(D)**　　2 **(A)**　　3 **(C)**　　4 **(A)**

5 **(B)**。傳統的部落領袖由領導能力強的人出任，當進行狩獵、出草時，亦也由英勇之族人擔任，然當遇有重大之部落決議時，則由長老會議主持決策。

6 (C)　　**7 (D)**　　**8 (B)**

9 (D)。(A)為臺灣首任日本總督。(B)第三任總督，針對臺灣當時社會治安現況實施「三階段警備制」。(C)第四任總督，對臺施政以威撫並施為其特色。(D)實施「五年理番計劃」，運用軍事武裝力量達到控管臺灣原住民族，有「理番總督」之稱號。

10 (A)。由泰雅族創世神話、語言文化、體質分析三方向來討論，泰雅族目前為學界認為最早前往臺灣發展之原住民族群。

11 (C)。(C)應為服役婚。交換婚是指丈夫的姊妹，嫁給妻子兄弟，亦即姑換嫂意思。

12 (D)。在日治時代及戰後國民政府時代的不當政策及教育下，泰雅族本身文化產生世代差距，逐漸凋零的傳統泰雅文化，在多元文化並列的今日中，似乎很難尋找到過去那原汁原味的文化特色。

13 (A)。(A)事件發生背景為日本總督佐久間左馬太施行其五年理番計劃時，隘勇線的逐次逼近泰雅族人生活居住地，泰雅族人體認到日本對其族群文化發展之威脅，乃於1910年由泰雅族大嵙崁群串連馬里闊丸、溪頭、薩拉茅、斯卡瑤、北勢、霧社等群展開廣泛之抗日鬥爭。(B)為賽夏族因樟腦開發糾紛所引起之抗日事件。(C)事件發生於西元1906年，北賽夏群大隘社頭目趙明政率領族人會同平地人蔡清

琳攻擊日本人的事件。(D)為阿美族人抗清事件。

14 (C)。皇民化時期將臺灣原住民族組成高砂義勇隊，赴南洋地區作戰。

15 (D)。中橫公路西起臺中東勢，東迄花蓮秀林，橫跨中央山脈東西兩側，為泰雅族人主要分布範圍：(A)花東縱谷公路及東部濱海公路通過阿美族聚落。(B)新中橫公路通過布農族居住空間。(C)阿里山公路通過鄒族居住空間。

16 (C)　　**17 (A)**　**18 (A)**　**19 (A)**　**20 (D)**
21 (D)

22 (A)。紋面做為刑罰印記屬漢人文化。

23 (C)。沈葆楨於奏摺所言：「生番種類數十，大概有三：牡丹等社，恃其悍暴劫殺為生，瞽不畏死；若是者，曰兇番。卑南、埔裏一帶，居近漢民，略通人性；若是者，曰良番。臺北斗史等社，雕題面，向不外通，屯聚無常，種落難悉，獵人如獸，雖社番亦懼之；若是者，曰「王」字凶番。是但言撫番，而番之不同又若此。」所云王字兇蕃，即紋面之泰雅族人。

24 (B)。泰雅族命名規則為父子連名制，如在嬰兒本名後連父名。故Watan是Bilin父親的名。

25 (B)。泰雅族為分布範圍最廣的原住民，遍及花蓮宜蘭山區。

26 (C)。風中緋櫻講述霧社事件；不一樣的月光為2011年由原住民觀點來

討論日治時期；老師‧斯卡也答敘述一位女老師被分發到山上教書，與當地的修女、醫生和小朋友在山村裡所發生的一些故事。

27 (A)。大霸尖山為澤敖利群誕生神話；白石山（bunobon）為賽德克族誕生神話。

28 (D)。大嵙崁事件為泰雅族抗清事件，起因為掠奪山林資源。

29 (A)　30 (B)　31 (B)

32 (B)。泰雅族創世神話以巨石生為主。

33 (D)。1929年入贅日本四國愛媛望族日野家族女子，改名為日野三郎。

34 (B)

【申論題】

解釋名詞：(一)gaga　(二)rutux　(三)犧牲團體

答　(一)gaga：「gaga」這個觀念為泰雅族所擁有的獨特文化。所謂「gaga」是指一種社會規範，為一切規範的統稱，為泰雅族人日常生活，風俗習慣的誡律。泰雅語稱「gaganaatayal」即指習俗和規範。凡是對於習俗與規範，觸犯了gaga表示觸犯了禁忌，可能受到神靈的懲罰。遵守同一gaga的人共同舉行祭儀、共勞共享。

在泰雅族的社會裡，gaga是包含所有社會文化的規範，並非社會團體組織，因為在泰雅族的社會裡並沒有實質性的社會結構，所以不能將其視為團體組織，而是一種「社會規範」。而這些社會生活規範主要包括：自然現象、紋面風俗規範、命名習慣、人的規範、生活規範、結親習俗規範、生育習俗規範、喪葬規範、神靈規範等。這些生活之規範，主要是談論必須遵守之動作程序和禁忌禮節方面須注意之事項。泰雅族人透過「gaga」的生活規範，構成泰雅文化風俗習慣和禁忌禮節的文化基本特色和架構。

(二)rutux：泰雅族傳統信仰方面以「烏杜」rutux的超自然神靈信仰代表，當一個人觸犯了「gaga」的生活規範，即會受到rutux的處罰，rutux對泰雅族人而言為超自然力量的象徵，對其存有敬畏感，rutux有善壞之分，自然死亡的人，他的靈屬於善靈，死於非命的則為惡靈，不受祭祀，族人認為惡靈會對部落帶來厄運。族人於戶外吃飯喝酒時，需彈些食物於地上貢獻給rutux，而於祖靈祭後，族人亦須通過火堆，以示和rutux隔離。泰雅族人的生活習慣受到「gaga」的規範，

　　並透過rutux的超自然力量信仰，此兩種文化特徵，構成泰雅文化獨特之一面。

(三)犧牲團體：由數個獵團間透過協議所組成之牲團，其主要任務在執行牲團之間有關結婚、離婚、私通、竊盜、傷害、領地糾紛等事件和其他糾紛問題之解決，並制定自治、權利、義務等規範及其實施與管理。

NOTE

Unit **6**　賽夏族 (SAISIYAT)

依據出題頻率分為：A頻率高　**B頻率中**　C頻率低

【命題關鍵】南庄事件、矮靈祭

【命題焦點】賽夏族文化特色及族群發展上，有下列命題焦點，讀者需多加注意：
1. 面對諸多外來強勢族群（泰雅族、漢族），賽夏族如何面對及克服之。
2. 氏族組織結合信仰祭典的文化呈現方式。
3. 矮靈祭典所代表的賽夏族人文化觀念。

【考點分析】本章考點以賽夏族群分布出現考題最多，歷史事件方面則出現了南庄事件，而文化方面的考題，則以紋面和矮靈祭典為主。

【參考資料】
1. 田哲益（民90），臺灣的原住民—賽夏族，臺北市，台原。
2. 林修澈（民89年），賽夏族史篇，南投市，臺灣省文獻委員會。
3. 黃榮洛：〈賽夏族的紋身來歷〉，《臺灣風物》，1997，47：3，頁169-171。
4. 趙正貴：〈賽夏族（Saysiyat）遷移發展史之源考〉，《新竹文獻》，2002，11，頁6-16。
5. 趙明政口述、趙旺華紀錄、趙正貴譯：〈北賽夏族最後一位總頭目趙明政（Taro-Yomaw伊波幸太郎1871-1952）口述之北埔事件〉，《新竹文獻》，2002，11，頁46-51。

一、族群發展

賽夏族和泰雅族大約為距今五千年前移入臺灣，為目前學者認為是最早移入臺灣發展的原住民族群。賽夏族著名的傳統祭典「矮靈祭」，其中重要因素和背景即是描寫賽夏族人驅趕走矮黑人的一段過去。根據歷史考證和其餘原住民族的傳說，可以推論臺灣的過去曾經有矮黑人的存在，且先於原住民族生活於這塊土地上，後因某些因素而在臺灣消失或滅絕。根據賽夏族人與矮黑人的互動和接觸，賽夏族應屬早期在臺發展之原住民族。以下探討賽夏族群之創世神話及現今族群分布之概況。

(一) **創世神話**：賽夏族的創世神話主要可以分為人肉化身說、洪水說以及巨岩誕生說，其中人肉化身說為賽夏族較為獨特之處，而洪水及巨石誕生說在

其他原住民部族中亦也有相關傳說。然而不管是洪水或巨石這兩個傳說，最後都會談到賽夏族人為人肉所化身而來，每塊人肉的化身即為如今賽夏族各個姓氏的源流。而關於巨石誕生說方面，**泰雅族人及賽夏族人均傳說其族人乃發源自大霸尖山的巨石，因此泰雅族人和賽夏族人均視大霸尖山為其族群之發祥地，同時亦是聖山之所在。**

(二)**歷史發展**：在歷史的發展與地理環境的分布上，賽夏族的生活空間即和平埔族、漢人客家族群以及泰雅族等各強勢族群生活空間重疊，在發展上自然而然受到這些族群的影響深切。清道光年間，粵籍人士姜秀鑾以及閩人周邦正前往新竹北埔進行武裝殖民，設置金廣福墾戶，並在原住民出入的地方設置隘勇，賽夏族人雖極力抵抗，然卻抵擋不住一波波持續開墾的移民潮，遂退入今日五指山地區及鵝公髻山，而這些地區也成為今日賽夏族群主要分布之處。賽夏族和外族的歷史發展和互動關係，主要可以分為四個階段來加以介紹：

賽夏族歷史發展	
明鄭時期	1. 此時期賽夏族群主要分布在今日桃園、新竹、苗栗等平原、丘陵、台地、淺山一帶，生活空間和平埔族及泰雅族人重疊。 2. 明鄭末期，鄭克塽為防止清軍攻臺，徵用西部地區原住民進行搬運糧食等粗重工作，因勞役過重且官吏過於苛刻，包含賽夏族人等原住民起而抵抗，鄭克塽遣陳絳率兵討伐，然而賽夏族人口數原本就不多，無力抵抗官兵鎮壓，遂有一部分族人遷往深山區，受泰雅文化影響而有紋面之風俗，而後鄭克塽採取洪磊招撫之議，歸順之賽夏族人則居住於今竹塹埔一帶。 3. 賽夏族人因曾生活在西部沿海平原一帶，與平埔族道卡斯族生活範圍重疊，因而有學者推測賽夏族為平埔族之一支系，然根據分析兩族之語言、社會組織、祭典儀式特色卻發現差異頗大，不似短時間族群分化上可達到的文化差距，是故賽夏族為一獨立之族群。
清領時期	1. 清康熙年間，王世傑開墾竹塹埔，與竹塹地區賽夏族立下盟約，農耕之事委由王世傑等開墾，而狩獵方面則歸賽夏族群，雙方收穫互換。 2. 雍正年間，淡水同知徐治民於竹塹環植刺竹為城，賽夏族人乃被迫遷至城外北邊，為今舊社地。 3. 乾隆年間，舊社所在地之頭前溪年年氾濫，賽夏族人深受水災之苦，遂於乾隆十四年，遷移至頭前溪北之新社，並擴展至今新埔、關西一帶。

	賽夏族歷史發展
清領時期	4.清領臺灣前期，設立土牛紅線為漢番交界，嘉慶年間粵人黃祈英前往今之斗換坪，即土牛交界一帶和原住民貿易，並與賽夏族女子結婚，改名斗乃，且偕同彰化粵人張大漢、張細滿等至賽夏族人居住區域，開發今南庄地區。然於道光六年，閩粵發生械鬥，斗乃煽動原住民滋事，後被閩浙總督孫爾準派兵剿滅。 5.道光年間，淡水同知李嗣鄴鼓勵粵人姜秀鑾、閩人周邦正募農向北埔武裝殖民開墾，並於道光十四年，立下代表政府資金的「金」、粵人的「廣」、閩人的「福」等開發合約，入侵賽夏族人朱、錢、夏、豆姓根據地，並徵用歸化之賽夏族壯丁設隘，防止未歸化族人的騷擾，此時並依賽夏族人原有之姓氏，依音譯或諧音賜原住民漢姓。然賽夏族人抵抗不住持續移入的移民開墾浪潮，遂退居五指山及鵝公髻山等山區。**漢人不斷的移入，使賽夏族在文化上受到漢人之影響而出現文化調和之現象，諸如客家「伯公」的土地信仰、祖宗牌位等融入賽夏族文化之中**。

		賽夏族歷史發展
日治時期		日人欲開發臺灣珍貴的山林田野資源而有理番政策的興起，且日人對原住民傳統文化視為「陋俗」而欲極力去除之。在面對開發上的紛爭與文化滅絕上的衝突，賽夏族人與日本殖民統治者爆發兩次較為著名之反抗事件。
日治時期	【95初、101南庄事件 原民五等】	**西元1902年，因為開發樟腦上的權益糾紛，使南賽夏群巴卡散社頭目日阿拐與日本人發生衝突，而攻擊南庄支廳，日人則以軍事鎮壓方式大規模誘殺賽夏和泰雅族人，此即「南庄事件」**。【98原民四等、100、108原民五等】
日治時期	北埔事件	事件發生於西元1906年，**北賽夏群大隘社頭目趙明政率領族人會同平地人蔡清琳攻擊日本人的事件**。據趙明政口述記載，其乃被蔡清琳所誘騙而參加北埔事件，事件爆發後，趙明政被處以死刑，然為避免整個賽夏族群的動亂，趙明政詐死藏匿，後直至西元1921年，趙明政率領部落勇士會同日軍襲擊泰雅族石加鹿部落，此次合作的成功，賽夏族人對日軍再也沒有過直接的衝突和抗爭。

	賽夏族歷史發展
現代發展	主要為賽夏族傳統文化在受到工商業發展及多元文化上的衝擊上，如何面對即存續之問題。目前主要透過文史工作室及中小學的本土文化教育作為傳統文化之傳承，傳統的祭典儀式則搭配新興的文化旅遊模式藉以延續保存甚而更加發展；在傳統的產業發展上，賽夏族以竹編工藝為著稱，結合觀光飾品等模式，多角化的商業經營，為族群文化保留及經濟發展之間取得一互利共生的雙贏點。

經典考題

近十餘年來，原住民族社會出現不少生產實用或裝飾用工藝品為主的工作坊，在各種活動場合上，更常見他們擺攤設點，進行販售或製作教學。為何會出現此一現象？它與臺灣社會變遷背景有關嗎？請說明之。【原民四等】

(三) **地理分布**【95初、100原民五等】：傳統賽夏族居住區域主要在新竹、苗栗等平原或淺山丘陵地區，如今主要聚落分布在新竹五峰和苗栗南庄等山區。賽夏族是一個獨立的民族，經歷歷史上多年的變化，現今賽夏族主要可分為兩支，即以鵝公髻山和橫背山作為分界，山的北麓因有漢人開墾而設置許多大大小小的隘寮，因此被稱為「大隘群」，南麓則為「東河群」。

一般而言，居住在新竹縣五峰鄉的賽夏族人稱為「北賽夏群」，而在苗栗縣南庄鄉的稱為「南賽夏群」。賽夏族人在地域分布上就和泰雅族人及客家人的生活空間重疊，因此深受兩族群文化影響深切，如北賽夏群受到泰雅族文化影響較為深切，南賽夏群則受到客家文化之影響。今日賽夏族的傳統文化已經有很大的變化，然傳統的矮靈祭典卻依然一保傳統之特色，其有關之文化特色，待後續專章探討。

經典考題

「氏族」曾經是原住民族社會重要的組織，請舉明其意義與功能。
【102原民四等】

二、社會制度

(一)社會組織：<u>賽夏族人的社會組織主要以地域社會和氏族祭團構成其組織的基本型態</u>。在賽夏族的社會中，同氏族之族人，並不因地域之關係而聚居，而有分散於各地之情況發生，所以祭祀團體的構成就以地域為中心，以該地域之不同氏族聯合組成祭祀團體，再由數個祭祀團體聯合組成部落，於部落之中，各氏族推舉一氏族之首長擔任部落的領袖，即部落的頭目，為一榮譽的象徵，其職務主要為部落公眾事務的處理，並無擁有特別權力，且其職務和地位為終身職，部落即為賽夏族基本之政治組織單位，為共有獵場及舉行農事祭典等基本組織單位。部落中有一個氏族長老會議的組織型態，此會議為討論及決定部落重大之事件或決議。

數個賽夏族部落，聯合形成一個「攻守同盟」團體，並推舉出一位總頭目，即盟長，同樣地，攻守同盟的組織中，亦設有同盟首長會議，此首長即指各部落之頭目，部落頭目率其氏族代表參加會議，共同討論戰爭、祭儀以及土地等使用問題。今日賽夏族群分為北賽夏群及南賽夏群，則可視為一攻守同盟之型態。

(二)財產制度：本節主要可分為財產的繼承和擁有做為探討，而在整個族群中，又可分為個人、氏族、部落等財產制度，分述如下：

1. 財產擁有

(1)部落、氏族財產：如前所述，賽夏族基本的組織單位為部落，而部落間以天然地域如山溪河流或山脊等為界，部落所有擁有的地域即其勢力範圍所在，對於其中之山林田澤及一切自然事物等擁有操控權，構成部落的氏族人可於部落地域內開墾與狩獵，氏族已開墾之土地屬於氏族所有，可自行利用於其中。不管是部落的財產或是氏族的財產，皆以土地為其核心所在，部落之間的土地地域變更，大都因為有強力侵占或戰爭行為之發生分割其中狩獵與開墾地，所以部落的土地不能分割給予其餘部落或其它族群。

(2)家族財產：賽夏族的家庭社會結構為大家庭的父系組織，家族財產的擁有也如同前述的地域觀念，家族財產擁有以家屋為中心，包括家屋的具體有形之屋體、物品至無形的農作收穫物等，皆屬家族財產之所有。

(3)個人財產：指個人生產之所得物品，即屬個人財產之擁有，另賽夏族的社會為男女分工，可明確認為該器物性質屬於該性別所有，則認為擁有其財產權，例如男子擁有武器、獵具等，而女子則擁有織布、縫紉等器具。

2. **財產繼承**：家族財產與個人財產，包含耕地及物品可透過租約、贈與等方式移轉給予其餘家族或個人使用，惟土地之移轉大都以休耕地為限。財產繼承以家族財產與個人財產為限，在家族的財產繼承方面，**賽夏族的繼承制度如同泰雅族般，為「長男繼承制度」，即繼承權以男性為主要，並以宗家為原則，有「家族財產不分割」的特性，就算家中兄弟分家，也僅以分出者足夠其維生之必須財產為限**。而女性若非透過招贅等方式，則無法獲得繼承權力。屬於個人之財產，男性財產由男性子孫繼承，女性財產由女性子孫繼承。

(三) **婚姻制度**：賽夏族的婚姻制度上為「嫁娶婚制」，為一夫一妻制度。賽夏族的社會為父系制的社會，由此發展而成的婚姻制度便主要圍繞在父系的中心思考法則，賽夏族人認為女人是家族得以繁衍以及勞力的重要來源，女性在賽夏族的婚姻型態中被呈現出一個物化的型態，例如傳統的交換婚，就是站在一個均等的角度上，若婚姻制度不是透過交換婚的方式，只有女方嫁出，如此女方家勢必減少一勞力來源，而這就不是均等的婚姻，所以有男方必須出聘禮或至女方家服勞役而有勞役婚的型態。

而在傳統上的賽夏族婚姻制度則以日據時期以前的交換婚、買賣婚、勞役婚以及搶奪婚等較為特別，其中又以交換婚為賽夏族婚姻之特色。茲分述各類型婚姻如下：

交換婚	交換婚在賽夏族稱為「hinghingha」，也就是「均等」的意思，為賽夏族傳統上最為普遍的婚姻型態。主要為二個不同姓氏父系家族交換女人的過程，即雙方以姊妹互換，就是將丈夫的姊妹嫁給妻子的兄弟，透過此種方式達到親上加親的方式，如同交換姑嫂一般。
買賣婚	大都存在於和異族的通婚中。賽夏族因為人口稀少，且同姓氏和特定姓氏間並不通婚，因此結婚對象特別難覓，有時賽夏男人亦也有和泰雅族女子通婚。
勞役婚	男子為彌補女方家所損失的勞力，在結婚後，需至女方家服二至三年的勞役。
搶奪婚	屬於早期的結婚型態，若男女互相戀愛，然而女方家中拒絕接受這名男子，男子就先和心儀的女子約定好某日要召集家中老少進行搶婚，後再託請家族長者前往女方家懇談，通常需付出一定之代價或賠償以表謝罪，始完成結婚，不過此種婚姻型態至今已絕跡。

賽夏族的婚姻制度建立在父系社會上，女性在婚姻上通常沒有擁有自己的主導權，婚姻主要功用為維護或建立男女不同父系氏族間的聯盟，以及為男方氏族繁衍後代，因而視女子為一個物化的型態，當婚姻非透過「交換婚」等均等的方式進行時，男方就必須付出聘禮或勞役等「物」的代價以彌補女方家族勞力的損失。

賽夏族的禁婚對象主要以相同氏族或特定氏族間為禁止結婚之範圍，為避免近親之間的亂倫關係，如同氏族及同聯族之間一律不得結婚，某些特定姓氏組成一個聯族，母親氏族不得結婚，親族如伯、叔、母等族和自己同輩分者或二世代範圍內不得結婚，姑母族直系五代間不結婚，此外和敵族之間亦也不通婚。總而言之，賽夏族社會以氏族為社會組織的基本單位，氏族上的辨別也成為婚姻禁止範圍的參考依據，賽夏族的姓氏組織特色，待本文後有專章探討。

(四) 社會階級：賽夏族的部落頭目產生主要為依據品格、能力等為族人所信賴者，依推選過程產生，由此項過程可得知**賽夏族的社會較為強調個人能力展現的平權社會，並無權力壟斷的世襲社會階級出現**。

賽夏族的社會為父系社會，年齡階序的意識如「敬老」的觀念留存於部落社會之中，即在家中、氏族中，較年長的男性長輩依然享有較高的發言權和決定的權力，為部落中每個氏族及家族秩序維持之力量。在跨部落的同盟首長會議時，各部落頭目處於一平等之地位，沒有明顯之階層差異，唯一表現有階層權力差異的在於宗教上的特權差異。

賽夏族有許多的重要祭典的司祭權則屬於某些固定姓氏所有，例如「朱姓」負責矮靈祭的祭典、「潘姓」負責祈天祭……，不同的姓氏之間各有其所負責的祭典儀式，透過祭典的主持和相關專業性的祭儀知識，使得不同姓氏間各擁有不同於其他姓氏之間的特殊而神聖之地位。然此一宗教上的特殊權力僅表現在有祭典時期，一般時期則又回復到原本部落生活中平等而無特權的社會中。

賽夏族的氏族社會組織【95、108 原民五等】

賽夏族的社會組織運作，主要以父系氏族的血緣團體加上因地域所形成的部落組織等建構而成，同姓氏的氏族，散佈在不同的部落之中，透過父系氏族的血緣團體結合，形成一個跨部落的社群單位。賽夏族的地域社會和血緣團體縱橫巧妙的結合，並搭配每個姓氏之間有其負責之祭典儀式，構成賽夏族特殊的文化特色現象。以下介紹賽夏族之氏族社會特色。

《臺灣省通志》記載賽夏族有十七姓氏，包括已經滅絕的膜姓與血姓，所以目前賽夏族共有十五個姓氏，有些姓氏因有親屬或收養等關係，而分別組成五個聯族。賽夏族的姓氏大都為動植物及自然現象所產生，且氏族基本上都擁有一個圖騰作為其氏族代表，諸如「風姓」族人即為風的後代。

清代漢人和賽夏族人因開墾等因素有較為密切之互動，賽夏族原有之姓氏即用漢姓音譯或諧音等。茲整理賽夏族姓氏聯族及代表圖騰以及負責之祭典如下：

	氏族	圖騰	負責祭典
第一聯族	豆姓（趙姓）	花生	敵首祭
	絲姓	紫茄色植物	
	獅姓		
第二聯族	朱姓	薏米珠	矮靈祭
	胡姓	狐狸	
第三聯族	風姓（包括張、酆、楓、東姓）	風	靜風祭
	潘姓	樹枝交錯	祈天祭
	錢姓	樹枝交錯	
	根姓	樹根	
第五聯族	章姓（樟姓）	樟樹	
第四聯族	解姓（蟹姓）	螃蟹	卡蘭祭

此外尚有夏、高、詹、日、芎、血、膜等姓氏。就以地域上來看，北賽夏群中以朱、趙兩姓人數為最多，且朱姓為跨越南北賽夏群共同領導中心；南賽夏群則以風姓人數最多，芎姓人數最少。總而言之，賽夏族透過氏族組織和姓氏概念的結合，打破部落在地域上的限制，建立起賽夏族的社會組織網。

三、經濟生活

(一) **經濟生產**：賽夏族的經濟生產方式主要可以分為農耕、採集、狩獵、漁獲等方式，此外亦伴有以羊角、鹿皮等山產和外族交換鹽、鐵器等日常生活用品，以下表列賽夏族經濟生產方式。

種　類	特　色
農耕	1.早期賽夏族的農業生產方式為山地燒墾等遊耕方式，後因周圍強勢民族的發展，壓縮其遊耕、狩獵空間，至後期漢人耕種方式傳入，始有水田稻作型態。 2.原始稻作技術以山田焚墾輪耕的遊耕型態，耕種順序為：一～三月為休耕期→三～四月焚燒雜木做為肥料→五月播種（播種祭）→農閒舉行播種祖靈祭→十月收穫入倉→十一月矮靈祭→十二月穀物全部入倉後舉行收穫祖靈祭。年復一年的遊耕生活，地力約五年耗竭，須再新另覓耕地，或等原耕地地力恢復。 3.主要作物為旱稻為主要，其次是粟、芋頭、玉米、甘藷及豆類等，旱稻和芋頭為族人平日之主食。 4.農地範圍以部落內的氏族為範圍，耕地取得以先佔則擁有耕種權，氏族做上記號，請部落長老認定，則該新耕地即屬於該氏族所有，而棄用的耕地，再徵得原主人同意後，即可前去工作。
採集	採集為原住民族共同的生產方式之一，主要採集野菜等補足食物來源上不足之部分，賽夏族人亦也有採集蜜蜂等習慣。
狩獵	1.狩獵為肉類食物來源之一，狩獵為一男子建立其聲譽威望的途徑，主要獵物為山豬、羌、狐狸、豹、鹿、穿山甲、果子狸、飛鼠等。 2.賽夏族的狩獵可以分為個人性的狩獵以及祭典儀式前的團體性質狩獵。團體狩獵為部落內同姓氏族男性所組成獵隊。 3.賽夏族較為特別狩獵型態為「犬獵」，即把狗放去追逐獵物，直至獵物筋疲力盡，獵人再用獵槍射殺之。 4.獵物的分享方面，賽夏族人認為頭和內臟為較珍貴部分，通常先分享於部落長者。依傳統分配方式，內臟由獵人分食，頭歸發現獵物的獵狗主人所得、四肢由先以武器射中獵物的獵人分得、其餘按人口數均分。
漁獲	傳統上主要捕魚方法使用傳統上諸如漁網、漁筌、漁槍等魚具，後在漢文化影響下亦也有使用魚勾釣魚，而較為特別的是賽夏族有使用毒藤毒魚法，使用毒藤的毒汁來毒魚，大都於農閒時期部落集體進行。

(二) **衣飾方面**：賽夏族的傳統服飾以婦女自織的麻布為主，經由兩片布料縫製成方衣式的服裝型態。當有祭典儀式進行時，賽夏族人盛裝出席，特色為搭配紅、白、黑等三色織成簡單幾何條紋的花衣。在衣飾搭配上則以貝珠、骨、竹、薏米珠等物品，而身體上的裝飾物品可分為頭飾、胸飾、腰飾、臀飾等，大都搭配貝珠、豬牙等物品，除了增添衣服上的華麗外，亦也在祭典時的歌舞中增添幾分音樂的律動感。

賽夏族人在身體上的特殊裝飾尚包括刺青、穿耳、拔齒和拔毛等方法，而這些身體裝飾大都和賽夏族的生命禮俗有密切之相關，男女約於十歲左右穿耳，而於結婚前，拔掉一對第二門齒或犬齒，而拔齒也代表成年之象徵，待生命禮俗專章探討。

賽夏族傳統的服飾上，以部落頭目和勇士的裝扮較為特殊，有鑲上鹿角、熊皮胸毛、及豬牙的籐帽，藉以表示其在部落上所表現之特殊地位。

賽夏族的傳統服飾及裝飾，在文化上或多或少受到泰雅文化的影響，然亦也有其特殊之處，以賽夏族的矮靈祭為例，祭典時舞者須面向內部，而衣服背部的華麗條紋就展現出給矮靈觀賞；男子衣服胸前敞開，可露出胸肌下象徵男性榮譽的刺青等等，這些較為特殊之處，表現出賽夏族和泰雅族的文化特色差異。

賽夏族的紋面【95 初、110 原民三等】

> **經典考題**
>
> 泰雅族文化以紋面為著稱，鄰近之賽夏族群亦有紋面之習俗，試比較兩者之間之異同及其文化意義。

賽夏族的紋面藝術受泰雅文化影響，故表現在紋面上亦多少帶有幾分泰雅族之韻味。**有學說認為賽夏族本身並無紋面，後因受到泰雅族影響，而始有紋面，主因是泰雅族出草時，避免泰雅族人以賽夏族為出草對象，而以紋面作為辨識，由此亦可解釋泰雅族人與賽夏族人有密切交流往來，甚或是通婚之關係。**然不論如何，賽夏族亦也發展出其不同於泰雅族紋面之特色。

　賽夏族的紋面可分為額紋、頤紋及胸紋這三種主要之型態。

1.額紋：男女皆刺有額紋，位於前額中央之部位，女性僅可刺額紋，不若泰雅族兼刺雙頰。

2.頤紋：僅限於男子，刺於上額及人中下巴處。

3.胸紋：胸紋為對部落有特別之貢獻或者有獵首功績的男子始可刺胸紋，早期規定最多可刺胸紋十二條，胸紋越多表示社會地位越高。日治時期賽夏族總頭目趙明政左右胸即各刺三道胸紋。

(三) **住屋方面**：賽夏族的建築型態因受到漢人和泰雅族的文化影響，因此屋式融入各族之特色，如學習漢人的土牆建築、竹圍籬笆等。

1. 傳統上的賽夏族建築可分為：

(1)**平地式住屋**：為建築於山坡地，地基為長方形，並以圓木作為支架，屋頂以茅草鋪蓋，周圍種植樹木作為防禦用。

(2)**高架式穀倉**：為存放穀物的倉庫，為竹造的高架式建築，具有防潮、防鼠患等功用。

(3) **畜舍**：附屬於住家的建築物，建築於住家旁兩側，飼養雞、豬等牲畜。

賽夏族的社會為一較平權式社會，沒有明顯的階級型態，住屋型態上也反映出平權的特色，屋子大小並不代表主人的社會地位高低，而是以家族人口多寡決定住屋大小。

2. 住屋型態中有幾項賽夏族所擁有之特色，並具有象徵神聖的意義：

(1)**火塘的設計**：設置於住屋正室入口中央，為家族居家活動中心，家人聚集取暖和煮炊之處，如此設計也與賽夏族的懸吊祖靈籃儀式有關，為祖先靈位的象徵。

(2)**獸骨架**：放置所獲獵物等動物之下顎骨，亦為獵獲歸來時，祭祀之場所。

(3)**敵首棚**：建築於部落內各姓氏宗族祖靈祭祀者家的附近。

四、信仰祭典

原住民的信仰祭典，實足為反映出原住民之文化代表，藉由探討一個民族的信仰及祭典，以此來了解原住民的生活方式及其文化特色。傳統賽夏族的信仰特色為對超自然的神靈崇拜，且為多神信仰體系，各氏族所代表的圖騰亦為各氏族崇拜之對象，然而賽夏族信仰特色中，最為特別之處乃在於其對「靈」的概念，由此概念發展出賽夏族的信仰及各種祭典儀式，茲分述如下：

(一) **信仰方面**：賽夏族人認為舉凡大地宇宙等自然事物，皆由無形的「靈」所支配，賽夏族對於靈的概念分為活人的靈魂和死後的靈魂這兩項（「活靈」和「死靈」）兩個部分。活靈主要在於人的頭、胸等部位，賽夏族的

「頭胎回娘家」禮俗中即有運用一種具有靈魂特性的草葉，貼於小孩上顎，藉以希望小孩靈魂安定，平安順利長大的意味，而這也表現出賽夏族人對於「活靈」的概念上。

當靈魂脫離人的肉體之後即成為「死靈」，正常死亡的人為善終，其靈魂為「善靈」；而意外凶死者稱為「惡靈」。善靈和惡靈皆為祖靈祭獻祭的對象，惟在儀式過程中，善靈與惡靈必須分開邀請，所以祭拜方向呈現不同的特色。賽夏族人相信祖靈為決定世間吉禍凶福的超自然力量，因此對祖靈的敬畏處處表現在日常生活之中，而對靈的敬畏，亦也擴充至外族的「矮靈」。賽夏族人在祭拜祖先時，稱祖靈為「tatini」，代表活著的男女長者以及善死的祖靈，表現出不分男女和生死界線的敬老觀念；而祖靈祭典時的祖靈則融入了死靈和「tatini」的概念，並以「baki」尊稱之，baki為對活著或死去的男性祖輩所共有之稱呼，表現出賽夏族父系社會的現象。

族人和祖靈的溝通方法主要以祭典時的獻祭祝禱外，尚有當遇到疾病、災難及重要活動如狩獵、耕種前時，透過巫術占卜的方式達到向祖靈溝通求助及請教的方式。賽夏族的占卜方式有：

夢占	如以狩獵或出草前的夢兆來判斷吉凶，以避免此等重要行動莽撞行事。
自然占卜	以自然現象作為占卜的方式，主要表現在祭祀、建築、開墾等活動事前，以天意為依歸。
鳥占	主要在於狩獵方面，以鳥的叫聲，來判斷狩獵是否得以順利。
水占	主要應用在疾病方面，用碗盛水，並插上竹管，藉以得到祖靈的指示。
竹占	此項巫術為習自泰雅族的竹占，限於女子成年後所學，主要應用於疾病方面。

(二)**祭典方面**：在祭典方面以歲時祭儀為主，為配合著一年來農作的生產與祭祀活動。賽夏族為父系氏族社會特色，每項祭典由各氏族專則分工，透過此種特別的制度，此賽夏族人縱使在強勢外族的文化環繞下，依然仍保有屬於自己的傳統祭典特色，其中又以祖靈祭及矮靈祭為賽夏族祭典特色所在，賽夏族的主要傳統祭典為開墾祭、播種祭、祖靈祭、祈天祭、收割祭、敵首祭及矮靈祭等，茲分述如下：

經典考題

1. 試以賽夏族矮靈祭，探討賽夏族文化特色。
2. 解釋名詞：矮靈祭。【原民三等】
3. 賽夏族的矮祭和西雅族吉貝耍的夜祭，依據文化資產保存法經審查通過成為國家的「重要民俗」，請問它們具有怎樣的特殊意義與價值？【102原民三等】

賽夏族歲時祭儀

敵首祭	1. 又稱為「帝那度祭」，為傳統賽夏族獵首行動前所進行之相關儀式，目的在於祈求祖靈保佑獵首行動成功。 2. 過去賽夏族人於收割後、播種前會有出草的活動，獵首團的成員與祖靈祭團成員一致，也就是同姓共食團體。 3. 獵首祭主祭者為豆姓（趙姓）氏族，同樣的亦也有象徵傳承的法器，賽夏族獵首祭在傳統出草活動消失後轉變為安慰被獵之敵首靈，以祈求平安之意，而儀式也改成將象徵儀式權力的法器置放於主祭者趙氏族家中的火塘上，進行獻祭等儀式。
祈天祭	1. 舉行於每年三月份，主要目的為向天祈禱風調雨順，可分為祈雨、祈晴及驅疫等祭典，後統稱為祈天祭。祈天祭由潘姓族人主祭，並視矮靈祭舉辦與否分為大小祭，參加對象為全賽夏族族人。 2. 祈天祭融入神話傳說中的雷女，祭典的主要法器為屬潘姓主祭者所擁有，由主祭者相傳繼承，代表司祭權的傳承。
開墾祭	1. 為賽夏族人尋覓新耕地時所施行的祭典儀式，舉行於播種祭之前，進行對象為部落氏族，而非傳統祭儀有特定姓氏負責。 2. 當尋覓到新耕地後，要前往新耕地時，以鳥占方式判斷吉凶，凶兆則改天再去耕地，吉兆則直接前往耕地，進行祈禱祖靈的儀式，並象徵性的開墾且做上記號，代表此一耕地已屬所有，完成第一階段的開墾祭儀式。 3. 完成第一階段後，當日晚上進行夢占，吉夢則可進行開墾；惡夢則前往耕地做上放棄記號。
播種祭	1. 為四月中舉行，目的在於祈求今年農作豐收，告知祖靈與眾神播種之事。如今因稻作農業式微，此一傳統儀式目前僅存苗栗南庄向天湖聚落依然維持。

賽夏族歲時祭儀		
播種祭		2.儀式分為社祭與家祭兩種型態，社祭主祭人為社中各戶家長輪流擔任之，祭典當天，社祭主祭人秘密進行小米試種儀式，祈求部落播種成功，試種後，主祭者回至家中，部落內各家長前往主祭者家中同飲糯米酒並贈送祭米糕，分享福氣，此為社祭。家祭則於播種祭最後一天自行舉辦，而不若社祭般有「分福氣」及「公宴」等活動。 3.播種祭為地域性祭典活動，由部落內各姓氏輪流擔任，如在向天湖部落中，則以風姓、朱姓、豆姓等輪流擔任。透過此種跨越姓氏的主祭輪流型態，部落內各氏族「分福氣」的同飲糯米酒，展現出跨越血緣的部落認同之文化特色。
祖靈祭		1.賽夏族對於祖靈特別崇敬，每年分別舉行兩次祖靈祭，分別為播種祖靈祭及收割祖靈祭。 2.祖靈祭的舉行由各姓的地域性祭團進行，即部落中的同姓氏直接父系血緣團體。 3.祭場位於該姓氏宗家，祖靈祭司家有祖靈籃，為祖先靈位之所在，且只限於氏族宗家所有，擔任司祭的身分則限於宗家家長。 4.祭祀祖靈時，分別向東獻祭給善終的祖先以及向西獻祭給凶死的祖先。反映賽夏族人對善靈、惡靈的觀念。
矮靈祭 【95初】	概述	**賽夏族巴斯達隘矮靈祭典，為賽夏族人對於矮黑人感恩和懺悔的表現。**賽夏族依後來聚居的因素，巴斯達隘祭典分為南賽夏群及北賽夏群兩地進行，即南北兩祭團分別舉行祭典，主祭為南賽夏群的朱姓氏族，北賽夏群主祭則由朱姓氏族輪流推選擔任，**祭典每兩年舉辦一次，十年舉辦一次大祭**，主祭者法器為蛇鞭，具有驅雨、除病、保佑健康平安的法力。祭典融入了傳說的故事及盛大的歌舞儀式，巴斯達隘祭典已為賽夏文化之代表。
	傳說	過去賽夏族人和矮黑人族共同生活，且賽夏族人之農耕技術乃習自於矮黑人，每年豐收時，族人為感謝矮黑人，乃舉行豐收祭典同邀矮黑人族共樂，然矮黑人認為其有功於賽夏，且又性好女色，乃不時調戲族裡女性，後賽夏族人用計消滅矮黑人族，剩餘的矮黑人則詛咒賽夏族人日後農耕勢必年年歉收，後果真如此，賽夏族人懼怕矮黑人的靈魂報復，乃於豐收後舉行Pastaai巴斯達隘祭典，祈求矮靈的原諒。

賽夏族歲時祭儀			
矮靈祭【95初】	過程	祭前	1.南北兩祭團以「結芒草」形式洽談約定矮靈祭典實施時間，南祭團朱姓氏族為主祭，故傳統上南祭團比北祭團早舉行一天。 2.因為族人對矮靈的敬畏，故在確定舉辦矮靈祭典後需結芒草以避邪，並進行各氏族編組分工，以順利完成祭典儀式，藉以團結整個族人。 3.告靈儀式，即通知矮靈，於祭典歌舞前兩天進行。祭典歌舞前一天舉行迎神，因矮人為逃向東方，故迎神為向東迎祭。
		祭中	正式祭典共進行六天五夜，進行一連串祭告祖先→薦晚餐→迎靈→會靈→娛靈→逐靈→送靈→饋糧→塗泥→砍榛木→墮梢→毀架等儀式。主要為邀請矮靈共舞做樂及後來宴會結束後的逐靈、送靈過程，其中又以娛靈為矮靈祭典中心，並於此時邀請外族人共舞，象徵矮靈等異族亦也和族人共舞般。整個儀式過程中的歌舞，傳達出賽夏族人和矮靈的傳說，並透露出賽夏族人對矮靈族敬畏懺悔之意。
		祭後	祭後儀式尚包括慶功慰勞、送矮靈至野外等儀式。
	特色		1.就整個矮靈祭的歌舞祭典中來看，舞步反映出賽夏族人與矮靈相處之過程，並無時無刻反映出其對矮黑人的感恩與懺悔。矮靈祭典既非豐收的豐年祭，也非獻祭給自己祖靈的祖靈祭，而是外族群的矮黑人，藉由歌舞儀式表達向矮黑人的懺悔及重修舊好，這在臺灣原住民信仰當中為一非常特殊之現象，表現出賽夏族的族群發展歷史過程中，受到外來族群影響的深切性。 2.臀鈴【109原民四等】：臀鈴（Tabaa'sang）是舞蹈道具，也是樂器，為賽夏族人舉行傳統「巴斯達隘」矮靈祭典時特有的歌舞道具。當賽夏族人開始舉行「巴斯達隘」矮靈祭典時，臀鈴上場，以為祭神娛靈之用。古代的臀鈴，主要由細竹管與薏仁的果實，用藤心、藤皮穿綴而成，後來製作臀管的材料日漸多樣，因此逐漸稱為「臀鈴」。近代「臀鈴」的製作，以布片縫製，略拉長成三角形或梯形，再以分排方

		賽夏族歲時祭儀
矮靈祭【95初】	特色	式，由上而下縫上小鏡子、珠串竹管、金屬管、銅片或銅管，加上大約四、五排的鈴鐺，每排有十幾串響鈴。就像布背包連結在背帶之下，緊貼直垂到臀部，布包上綴著華麗的珠飾，以及一面小鏡子，下方則繫著一排竹管或金屬銅管製成的墜飾，隨著臀部擺動，就能發出清脆的聲響。是臺灣原住民最具特色的舞具之一，也是絕無僅有。由於「臀鈴」乃招來矮人魂靈參加舞會的招魂樂音，其金屬與鈴鐺的悅耳之音則是祈神賜福，因此亦具有避邪作用。

五、生命禮俗

賽夏族的生命禮俗儀式中，舉凡出生、結婚、死亡等，處處結合其社會文化特色，諸如各項儀式中的禮品贈送與溝通協調，強調雙方父系氏族的往來，並藉以增強雙方彼此間的聯絡關係；而在於結婚、回娘家等儀式中，亦也有貼草禮等對於「靈」的信仰存在，及對祖靈的溝通，然而於各項禮俗儀式中也反映出賽夏族社會的禁忌，諸如懷孕、喪禮等禁忌，即涉及有關於農耕、狩獵、祭典等儀式的避免，透過生命禮俗的儀式及禁忌特色，以探討賽夏族之文化基本信念。茲分述賽夏族生命禮俗儀式：

	賽夏族生命禮俗
出生	1. 賽夏族因為人口少，所以喜歡多生產，且為父系社會，所以觀念上較為重男輕女，生男生有「增加一弓」而生女生則視為「塵土」。同樣也認為從懷孕到分娩的整個過程，為污穢不潔的，視婦女懷孕為惡火，也因由衍生出許多懷孕時之禁忌，如懷胎婦女之夫妻雙方不能參加祭儀、男性不能出草等禁忌。禁忌在賽夏族人的觀念中為其道德遵循的指標，禁忌的實踐也就是實踐道德。 2. 傳統上，生子三日後需告知母親娘家，生男孩則由近親男子攜帶箭鏃一件、糕餅一塊至母家通報；母家亦由一青年持鏃與餅，與通報者互相交換；生女孩則持紡織的絲線送至娘家，並互相交換。此等禮儀可看出賽夏族人對男女角色的看法。

		賽夏族生命禮俗	
出生		3.孩子生下五、六日臍帶掉後，需進行命名的程序，如此孩子才算是家庭內之一成員。**命名原則為父子連名制，並沿襲祖名，即名字中，包含父名和祖名。長子沿襲祖父、長女沿襲祖母，次子以下任選一祖先之名，並且要避免父兄、母姐同名之現象**。舉賽夏族日治時期總頭目趙明政Taro a umao為例，表示他的父親叫做「umao」，他自己的名字叫「taro」，而「taro」為祖父輩親屬的名字，「a」為賽夏族命名時所加入的連接詞。沿襲祖先之名，以善終者為原則，代表賦予孩子健康幸福的未來，透過此種父子連名制，代表父系社會連綿不絕，生命傳承之意味。 4.除血緣子孫繁衍外，賽夏族尚盛行收養之風氣，除無子嗣而收養外，最主要原因乃是當孩子體弱多病時，希望藉由讓人收養改換姓名，以利獲得他族祖先庇祐而順利長大，如同「義子」般，不過其只是名義上之意義，當孩子平安順利長大時，可經過還原家的儀式，恢復到原有親族之地位。	
成年		賽夏族的成年禮儀與祭軍神一併舉行。以往祭軍神時，常伴隨有敵首，參加祭儀的青年人必須喝下祭祀敵首的祭酒，以表示成年，目前已無此種儀式進行。賽夏族如同許多原住民族以拔牙缺齒來代表成年之象徵，如於結婚前，拔掉一對第二門齒或犬齒，藉以表示成年。而成年之後，男女大都有紋面，為成年的標誌。	
結婚		傳統婚姻模式為一夫一妻制，並配合父系社會的特徵，女人婚後移到夫家居住，成為夫家祖靈祭團的成員。女性同時保留自己原有的姓氏，離婚或丈夫死亡後必須回到娘家去住。結婚的過程可分為許婚、求婚、訂婚與結婚四個階段，每個階段皆由雙方父系尊長溝通協調，此種模式亦帶有結合兩個家族的社會功用，而女性在男性家族中之地位，亦也反映出婦女在家庭地位上的角色。	
	過程	許婚	雙方家長於子女年幼時討論對象，若同意則互換煙斗表示同意婚約。
		求婚	當雙方子女到達適婚年齡時，男方會同尊長至女方家中商談後續婚姻事宜。
		訂婚	男方親屬至女方家中舉行儀式，祭告雙方家祖靈，訂婚後男方通常至女方家服勞役一至二天。

賽夏族生命禮俗			
結婚	過程	結婚	1.臺灣其餘原住民族通常於許訂婚約後，於很短的時間內即舉行婚禮，而賽夏族則於訂婚兩三年後擇期結婚。 2.男方家中準備釀酒與珠串等禮物至女方家中迎親。在結婚儀式中，以新娘至男方家中後行貼草禮較為特別，象徵賽夏族人對靈的信仰以及給予新娘祝福之意。
	回娘家		此儀式融入傳統賽夏族之概念，回娘家儀式分為四期階段，且融入賽夏族之傳統觀念，而藉由此儀式最大之社會目的在於可達到強化兩個父姓氏族間之互動關係。
		新婚後回娘家	新婚夫妻結婚後三、四日，有回娘家儀式，新婚夫妻攜帶糯米糕等禮物回娘家，娘家族長則給新娘婚嫁後的訓示，新婚夫妻於娘家過夜，接受招待，隔日男方則象徵性為女方工作。
		頭胎後回娘家	新婚夫妻所生之頭胎滿月後，不論男女皆須帶往娘家，而最為重要的儀式為女方家男姓為小孩施行貼草禮，祝福小孩平安順利、長大成人。
		子女成年後回娘家	為四類回娘家儀式中最為盛大，當子女都成年時，夫妻攜帶所有子女，並且攜帶大量禮物回娘家，而娘家男性親長為最小的孩子行貼草禮，並祈求娘家的祖靈能保佑夫妻家族能夠平安順利，此儀式就賽夏族人之觀念，關係未來夫家發展甚切，因此為最為重要之回娘家儀式，縱使母親於子女尚未成年時即已過世，仍需進行此種回娘家的儀式。
		過世後回娘家	即夫妻雙方任何一方過世喪期屆滿之後，尚在世之一方偕同男方親屬至女方家中，女方家長儀式性發表沉痛的談話，並祝禱兩家關係不因此而間斷。

	賽夏族生命禮俗
喪禮	1. 賽夏族人認為人有分善終與惡死，善終者謂自然死亡或疾病而過世；惡死者則以枉死或戰死，需就地掩埋，並舉行火祭，且覆蓋許多石頭，以壓制惡靈鬼魅。因疾病而死於床上也謂惡死，則住屋會鬼魅聚集，無法居住，所以當家人於彌留之際，並須將其置於地上。 2. 婦女過世時則較為特殊，當婦女死亡，則須告知母族前來始得埋葬，若在娘家過世，則須等夫族前往後始得埋葬。 3. 埋葬時由同氏族人參加，善終者屍身面向東方為吉利。

六、工藝藝術

賽夏族的工藝藝術以織布和竹工工藝為賽夏族傳統工藝特色之代表，茲分述如下：

(一) **織布**：根據賽夏族傳說以及矮靈祭典時的祭歌內容，織布技術為矮黑人族所傳授，矮黑人離開後，賽夏族人就不善於織布了。織布在賽夏族為屬於婦女的工作職務，每家婦女皆有其家傳之織布技術，並將其表現在織布圖紋上。傳統圖紋以幾何圖形之三角紋、菱形紋為主，搭配紅、黑、白三色交錯而織成。

(二) **竹編工藝**：竹器為賽夏族工藝文化代表，竹編工藝傳統上主要為男子所學習之技藝。使用材料來源以貴竹和黃藤為主，竹器製成後須在外表塗上薯榔汁液或煙燻以避免蟲蛀，成品以生活居家物品為最多，包括用來貯藏穀物、酒類的竹筒容器，竹笛、竹水管等竹管器物，竹弓、陷阱等竹製獵具；以及使用較細膩材質的黃藤所編製成的藤帽，和許多生活器物如竹籃、背籃，甚至是祖靈籃，皆由竹編技術所製成。賽夏族人藉由竹編技術，展現在諸如特殊製作的雙背式竹籃等器物方面，藉以表現出其製作方式與工藝技術和他族群如泰雅族、漢族等文化特色。

精選範題

【測驗題】

(　　) **1** 在新竹、苗栗山區，每兩年舉行著名的「矮靈祭」，這是哪一族群的特色？　(A)布農族　(B)泰雅族　(C)賽夏族　(D)阿美族。

(　　) **2** 有關於賽夏族群發展史方面，何項敘述有「誤」？　(A)根據歷史文獻分析及文化特色上之判斷，賽夏族很有可能為道卡斯族之一支　(B)清康熙年間，王世傑開墾竹塹埔，與竹塹地區賽夏族立下盟約，農耕之事委由王世傑等開墾，而狩獵方面則歸賽夏族群，雙方收穫互換　(C)道光年間，淡水同知李嗣鄴鼓勵粵人姜秀鑾、閩人周邦正募農向北埔武裝殖民開墾，並於道光十四年，立下代表政府資金的「金」、粵人的「廣」、閩人的「福」等開發合約，入侵賽夏族人朱、錢、夏、豆姓根據地　(D)客家「伯公」的土地信仰、祖宗排位等融入賽夏族文化之中。

(　　) **3** 在面對開發上的紛爭與文化滅絕上的衝突，賽夏族人與日本殖民統治者爆發兩次較為著名之反抗事件分別為：　(A)霧社事件、北埔事件(B)南庄事件、北埔事件　(C)太魯閣之役、大港口事件　(D)西來庵事件、南庄事件。

(　　) **4** 賽夏族社會組織特色為何？　(A)以地域社會和氏族祭團構成其組織的基本型態　(B)核心家庭組織為其主要型態　(C)社會組織結合年齡階級組織與會所制度　(D)社會結構呈現出母系社會之特徵。

(　　) **5** 傳統上的賽夏族婚姻制度則以日據時期以前的交換婚、買賣婚、勞役婚以及搶奪婚等較為特別，其中又以何者為賽夏族婚姻中最大之特色？　(A)交換婚　(B)買賣婚　(C)勞役婚　(D)搶奪婚。

(　　) **6** 賽夏族在族群發展上，受到泰雅族及漢族文化影響深切，然而其傳統之文化特色卻依然流傳至今，其最大之原因為何？　(A)會所制度中，族中長者所傳授的尚武、團結觀念，使人口居於少數之賽夏族人依然仍屹立於兩大族群之間　(B)透過各種祭典儀式等舉辦，凝聚族人團結合作之向心力　(C)賽夏族透過氏族組織和姓氏概念的結合，每一姓氏均有其負責之傳統祭典儀式，打破部落在地域上的限

制，建立起賽夏族的社會組織網，傳統文化因而獲得延續　(D)透過一世襲的中心氏族組織，發展出以該氏族為核心的同心圓社會結構模式，傳統文化及在該氏族核心中獲得延續與保存。

(　　) **7** 賽夏族矮靈祭典所呈現出之文化意義為何？　(A)為對自我族群祖靈之崇拜　(B)表示對矮黑人靈魂的懺悔之意，並藉此祭典儀式得知賽夏族群早期發展之概況　(C)代表對外來族群文化融合之呈現　(D)對於鬼靈迷信信仰的呈現。

(　　) **8** 關於賽夏族社會情況，有以下之描述：「婚姻以交換婚為主，婦女在賽夏族社會中呈現物化的勞力角色……財產繼承則以長男優先……。」關於以上之敘述，可得之賽夏族社會類型為：　(A)父系社會　(B)母系社會　(C)雙系社會　(D)旁系社會。

(　　) **9** 以下為賽夏族生命禮俗之介紹，何者有「誤」？　(A)視雙胞胎為禁忌(B)命名制度為「親從子名制度」　(C)回娘家習俗中的貼草禮儀，代表賽夏族人對於「靈」的信念　(D)傳統墓葬方式為室內葬。

(　　) **10** 傳統圖紋以幾何圖形之三角紋、菱形紋為主，搭配紅、黑、白三色交錯而織成。以上服飾特色，為哪一族群之代表？　(A)泰雅族　(B)鄒族　(C)布農族　(D)賽夏族。

(　　) **11** 賽夏族分為北群及南群，北群主要居住於何地？　(A)五峰鄉　(B)尖石鄉　(C)南庄鄉　(D)獅潭鄉。　　　　　　　【初考】

(　　) **12** 登山者從塔塔加或八通關攀登玉山較不可能遇到哪一族？　(A)賽夏族(B)鄒族　(C)泰雅族　(D)布農族。　　　　　　　【初考】

(　　) **13** 「矮靈祭」為哪一族的重要祭祀活動？　(A)泰雅族　(B)賽夏族　(C)布農族　(D)鄒族。　　　　　　　【初考】

(　　) **14** 日治時期的抗日事件「南庄事件」主體族群為：　(A)賽夏族　(B)布農族　(C)泰雅族　(D)魯凱族。　　　　　　　【初考】

(　　) **15** 何者傳統社會有紋面的風俗？　(A)卑南族　(B)賽夏族　(C)雅美族　(D)阿美族。　　　　　　　【初考】

(　　) **16** 大關山事件的靈魂人物是拉馬達仙仙，南庄事件的關鍵人物是那一位？(A)日阿拐　(B)高一生　(C)莫那魯道　(D)樂信·瓦旦。　　　【原民五等】

(　　) **17** 在臺灣，某些姓氏一看便知是某族的人，如以日、豆、絲、風、楓、東等為姓的原住民，應屬於那一族？　(A)泰雅族　(B)賽夏族　(C)布農族　(D)道卡斯族。　　　　　　　　【原民五等】

(　　) **18** 下列那一個與漢人混居的原住民族群同時會奉祀「伯公」及「三山國王」？　(A)阿美族　(B)賽夏族　(C)卑南族　(D)布農族。【原民五等】

(　　) **19** 1902年賽夏族跟日本政府在苗栗南庄發生跟樟腦資源有關的衝突戰爭，請問這個歷史事件的靈魂人物是誰？　(A)絲卯乃　(B)伊波仁太郎　(C)日阿拐　(D)根大尾。　　　　　　　　【原民五等】

(　　) **20** 「南庄事件」是日治初期賽夏族與日本殖民政府發生的武裝衝突事件，其原因為：　(A)日本人取消賽夏族製造樟腦的權利　(B)日本人強取賽夏族的土地使用權利　(C)賽夏族不准漢人在其土地伐木與製造樟腦　(D)賽夏族不願繳納山租金給日本政府。　　【原民五等】

(　　) **21** 關於發生於1902年的南庄事件，下列敘述何者錯誤？　(A)也稱為「日阿拐事件」　(B)賽夏族及泰雅族人均曾涉入本事件　(C)事件起因與製腦業有關　(D)事件的結果造成賽夏族內部的分裂。　【原民五等】

(　　) **22** 賽夏族因地緣關係除了常和泰雅族接觸外，還有與下列何族群互動頻繁？
(A)外省人　(B)客家人　(C)凱達格蘭族　(D)布農族。【101原民五等】

(　　) **23** 南庄事件，是1902年發生於新竹廳南庄的抗日事件，請問事件的主角人物是：
(A)趙明政　(B)黃祈英　(C)日阿拐　(D)朱阿良。　【101原民五等】

(　　) **24** 臺灣總督府在1907年的北埔事件後，引為借鏡重新調整與加強理蕃政策，不再借臺灣人之手，而直接管理原住民族。此後政策以直接教化原住民族為主，才導致原住民族的反彈，引發何者更大的事件？
(A)霧社事件　(B)大庄事件　(C)蓬萊事件　(D)南庄事件。【106原民五等】

(　　) **25** 在清廷「開山撫番」的過程中，原本處於界外之原住民首度面對挾帶龐大武力的國家，傳統領域遭到前所未有的侵犯，以致發生多起對抗事件。請問下列那一個事件不是因清廷開山撫番所引發者？
(A)加禮宛事件　(B)大港口事件
(C)獅頭社事件　(D)南庄事件。　　　　　　　　【108原民五等】

( ) **26** 臺灣原住民族傳統個人名字取得方式各有其社會與文化意義，自日治時期及至民國政府戶籍制度啟始以降，登記採用日姓與漢姓過程錯置不斷，直至近期才能以原住民族名重新進行登記。惟下列那一族在族群接觸和清朝開疆設隘之初，即開始使用漢姓，且係以舊有家名漢譯方式，有系統地轉譯成為漢姓，並承襲其舊有家名與功能？
(A)排灣族 (B)賽夏族 (C)泰雅族 (D)阿美族。 【108原民五等】

解答及解析

1 (C)

2 (A)。(A)後人解讀道卡斯族族群遷徙與賽夏族遷徙時，往往會認為道卡斯族與賽夏族有族群同源之關係，然透過語言學上之認定，道卡斯族與賽夏族實為各兩個獨立之群體，或許因為生活空間之重疊，而有如此錯誤解讀之說法。

3 (B)。(A)霧社事件為泰雅族賽德克亞群所策動。(C)太魯閣之役為太魯閣族人抵抗日本的軍事侵略所爆發的軍事戰役；大港口事件為清政府開山撫番的策略與阿美族群所產生的衝突事件。(D)西來庵事件為漢人余清芳等藉宗教迷信所發起之抗日事件。

4 (A)。(B)為雅美族社會文化特色。(D)臺灣原住民族群中母系社會以大部分之平埔族群及阿美族、卑南族等為代表。

5 (A)。賽夏族人認為女人是家族得以繁衍以及勞力的重要來源，女性在賽夏族的婚姻型態中被呈現出一個物化的型態，例如傳統的交換婚，就是站在一個均等的角度上。

6 (C)。(A)為鄒族之特色。(D)為鄒族社會組織之特色。

7 (B) **8 (A)**

9 (B)。為雅美族人命名特色。

10 (D)。(A)泰雅族人顏色搭配上以紅、黑、白、藍等色系為主。(B)鄒族在服飾顏色方面，以黑、紅兩色系為主，平時著黑色面；慶典儀式則以紅色面表盛裝。(C)布農族為皮製的鞣皮工藝為代表，男子紅色系的衣服則代表此人獵過人頭、山豬、山鹿等大型生物，表示英勇之意。

11 (A)。居住在五峰鄉的賽夏族人稱為北賽夏群；居住在南庄鄉稱為南賽夏群。

12 (A)。賽夏族主要分布在新竹、苗栗一帶。

13 (B)。矮靈祭為賽夏族人對於矮黑靈感恩和懺悔的表現，祭典每兩年舉行一次，十年舉辦一次大祭。

14 (A)。因樟腦開發上的權益糾紛，使南賽夏族巴卡散社頭目與日人發生衝突，為南庄事件。

15 (B)。賽夏族紋面文化受到泰雅族文化所影響而來。

16 (A)　**17 (B)**

18 (B)。伯公及三山國王為客家族群信仰。就地緣上，以分布在新竹苗栗一帶和客家人混居的賽夏族為主。

19 (C)。1902年因開墾樟腦所引起糾紛，造成南賽夏巴卡散社頭目日阿拐攻擊日本人的樟腦事件。

20 (B)。南庄賽夏族化番受漢化影響，已有土地所有權概念，而日本將樟腦列為專賣，因開墾樟腦的利益糾紛，遂引發南庄事件。

21 (D)。賽夏族與泰雅族在此事件中均遭日軍鎮壓。

22 (B)　**23 (C)**　**24 (A)**　**25 (D)**　**26 (B)**

【申論題】

一、試舉例說明賽夏族人在宗教信仰方面，對於「靈」之觀念所產生之具體儀式為何。

答 (一)靈的觀念：賽夏族人認為舉凡大地宇宙等自然事物，皆由無形的「靈」所支配，賽夏族對於靈的概念分為活人的靈魂和死後的靈魂等兩個部分。當靈魂脫離人的肉體之後即成為「死靈」，正常死亡的人為善終，其靈魂為「善靈」；而意外凶死者稱為「惡靈」。善靈和惡靈皆為祖靈祭獻祭的對象，惟在儀式過程中，善靈與惡靈必須分開邀請，所以祭拜方向呈現不同的特色。賽夏族人相信祖靈為決定世間吉凶禍福的超自然力量，因此對祖靈的敬畏處處表現在日常生活之中。

(二)具體儀式

1.賽夏族人在祭拜祖先時，稱祖靈為「tatini」，代表活者的男女長者以及善死的祖靈，表現出不分男女和生死界線的敬老觀念；而祖靈祭典時的祖靈則融入了死靈和「tatini」的概念，並以「baki」尊稱之，baki為對活著或死去的男性祖輩所共有之稱呼，表現出賽夏族父系社會的現象。

2.當遇到疾病、災難及重要活動如狩獵、耕種前時，透過巫術占卜的方式達到向祖靈溝通求助及請教的方式。

3.結婚儀式中，男方家中準備釀酒與珠串等禮物至女方家中迎親。在結婚儀式中，以新娘至男方家中後行貼草禮較為特別，象徵賽夏族人對靈的信仰以及給予新娘祝福之意。

4.賽夏族的「頭胎回娘家」禮俗中即有運用一種具有靈魂特性的草葉，貼於小孩上顎，藉以希望小孩靈魂安定，平安順利長大的意味，而這也表現出賽夏族人對於「活靈」的概念上。

5.當子女都成年時，夫妻攜帶所有子女並且攜帶大量禮物回娘家，而娘家男性親長為最小的孩子行貼草禮，並祈求娘家的祖靈能保佑夫妻家族能夠平安順利，此儀式就賽夏族人之觀念，關係未來夫家發展甚切，因此為最為重要之回娘家儀式。

6.賽夏族人認為人有分善終與惡死，善終者謂自然死亡或疾病而過世；惡死者則以枉死或戰死，須就地掩埋，並舉行火祭，且覆蓋許多石頭，以壓制惡靈鬼魅。因疾病而死於床上也謂惡死，則住屋會鬼魅聚集，無法居住，所以當家人於彌留之際，也必須將其置於地上。

二、解釋名詞：(一)金廣福墾號　(二)北埔事件　(三)交換婚

答 (一)金廣福墾號：道光年間，淡水同知李嗣鄴鼓勵粵人姜秀鑾、閩人周邦正募農向北埔武裝殖民開墾，並於道光十四年，立下代表政府資金的「金」、粵人的「廣」、閩人的「福」等開發合約，入侵賽夏族人朱、錢、夏、豆姓根據地，並徵用歸化之賽夏族壯丁設隘，防止未歸化族人的騷擾，此時並依賽夏族人原有之姓氏，依音譯或諧音賜原住民漢姓。賽夏族人抵抗不住持續移入的移民開墾浪潮，遂退居五指山及鵝公髻山等山區。

(二)北埔事件：事件發生於西元1906年，北賽夏群大隘社頭目趙明政率領族人會同平地人蔡清琳攻擊日本人的事件，據趙明政口述記載，其乃被蔡清琳所誘騙而參加北埔事件，事件爆發後，趙明政被處以死刑，然為避免整個賽夏族群的動亂，趙明政詐死藏匿，後直至西元1921年，趙明政率領部落勇士會同日軍襲擊泰雅族石加鹿部落，此次合作的成功，賽夏族人對日軍再也沒有過直接的衝突和抗爭。

(三)交換婚：交換婚在賽夏族稱為「hinghingha」，也是「均等」的意思，為賽夏族傳統上最為普遍的婚姻型態。主要為二個不同姓氏父系家族交換女人的過程，即雙方以姊妹互換，就是將丈夫的姊妹嫁給妻子的兄弟，透過此種方式達到親上加親的方式，如同交換姑嫂一般。賽夏族的社會為父系制的社會，由此發展而成的婚姻制度便主要圍繞在父系的中心思考法則，賽夏族人認為女人是家族得以繁衍以及勞力的重要來源，女性在賽夏族的婚姻型態中被呈現出一個物化的型態，

例如傳統的交換婚，就是站在一個均等的角度上，若婚姻制度不是透過交換婚的方式，只有女方嫁出，如此女方家勢必減少一勞力來源，而這就不是均等的婚姻，所以有男方必須出聘禮或至女方家服勞役而有勞役婚的型態。

NOTE

Unit 7　鄒族 (TSOU)

依據出題頻率分為：A頻率高　B頻率中　C頻率低

【命題關鍵】鄒族政治菁英、吳鳳事件、會所制度

【命題焦點】1. 族群發展史方面，讀者可把重心放置於歷代外來政權對於原住民族管理政策特色，以及鄒族人選擇如何因應等。

2. 文化特色上，讀者應了解鄒族在「階序原則」與「中心本源」這兩項鄒族文化特色核心中，所代表之政治價值與體系運作的特質。

【考點分析】本章命題焦點在於南北鄒族群地理分布特色以及吳鳳的歷史傳說部分。考題方向以族群基本認識為主，讀者仍須注意本章重點概念部分。

【參考資料】(一)族群發展史：王嵩山等（民90），臺灣原住民史：鄒族史篇，南投市，臺灣省文獻委員會。

(二)文化特質

1. 王嵩山（民84），阿里山鄒族的社會與宗教生活，臺北縣，稻鄉。

2. 王嵩山（民79），阿里山鄒族的歷史與政治，臺北縣，稻鄉。

一、族群概況

經典考題

臺灣原住民各族內部存在著差異或所謂亞群，請舉例說明其內部的亞群差異與構成因素，並就民族認定與民族自治而言，可否納入此種差異並使其不成為整合的阻礙？【103原民三等】

(一) 地理分布【98原民五等】

1. 鄒族舊稱為曹族，鄒族人自稱自己為「Tsou」，意思為「我們這一群人」。

2. 主要分布於阿里山山脈，曾文溪上游、楠梓仙溪之間的山林地區，為藉由中心大社聯合附近小社所形成之部落社會。**可以分為南北兩鄒族，南鄒**

族與北鄒族之間具有相當一定程度之文化差異，至111年，鄒族人數約為6,688人。

(1)北鄒族：又稱為阿里山鄒族，人口數最多，分布於嘉義縣阿里山鄉之達邦、樂野、來吉、里佳、山美、新美等村落及南投縣信義鄉望美村等地。過去曾有達邦、特富野、鹿都及伊母祝四大亞群，每一亞群皆為獨立之政治、祭儀單位，各有其獨立之祭典、政治領袖，且共有一個男子會所，稱之為大社，故北鄒族之社會政治為以大社作為基本之單位。各亞群之間文化相似程度高，目前北鄒族主要以達邦、特富野兩大社為主。

(2)南鄒族【95初】：人口較少，可分為卡那卡那富（kanakanavu）及拉阿魯哇（sa'arua）兩大群，卡那卡那富群分布於今高雄市那瑪夏區；拉阿魯哇分布於高雄市桃源區。在南鄒族族群發展歷史中，受到鄰近布農族之影響，南鄒族文化有被布農族同化之傾向。南鄒族兩大群之間，雖在文化上仍有共通相似之處，例如服飾方面，然在雙方彼此語言之間互有差異，且與北鄒族方面亦也不通。

備註：

1. 日治時期人類學者伊能嘉矩及鳥居龍藏根據語言與風俗習慣的異同，將鄒族視為單一族群，而又再細分為阿里山鄒族及南鄒族（卡那卡那富（kanakanavu）、拉阿魯哇（sa'arua））等三個亞群；但小川尚義則由比較語言學的觀點，將鄒族、卡那卡那富（kanakanavu）、拉阿魯哇（sa'arua）視為三個獨立的族群。

2. 原屬南鄒的卡那卡那富和拉阿魯哇兩族，在服飾上及會所制度和鄒族相類似，但在語言及傳統祭儀上卻大不相同，經族人發起連署正名後，政府於2014年6月26日合法承認拉阿魯哇族為臺灣第15個原住民族族群，卡那卡那富族則為第16個原住民族族群。

(二)神話傳說

1. **創世神話**：鄒的天神（hamo）降臨玉山，鄒族相信所有的人類都是由天神運用不同的樹葉所創造出來。如用赤榕樹創造出鄒族人和馬雅人（鄒族人所認為的日本人），茄苳葉子創造出平地人，人類祖先與野獸萬物共居玉山，後人口過多始往山下發展。

　　另外一位女神（nivnu）看著山巒，一隻腳跨到特富野社山上，另外一隻腳跨到達邦社的山巔，為鄒族傳統領地，後nivnu神再走向阿里山山脈西邊，踏出平緩肥沃之嘉南平原作為鄒族之領地。

　　後來洪水氾濫，大地皆為淹沒，僅存玉山山頂未被淹沒，人類和動物皆逃回玉山，待洪水退後，再下山遊耕狩獵，直至今日。

2. **洪水傳說**：遠古時期鰻魚堵住海潮，山上的水漲起，人們逃到玉山，與其他如布農族、馬雅族居住在一起，時尚無農耕技術，以野獸為食物，並將動物頭顱插於地上作為娛樂，後有人提議若插人頭，則更為有趣。大水退去後，聚居於玉山之人皆下山，分別時以弓作為日後相認之憑據，此後鄒族各氏族各自建立聚落及男子會所，再經歷一段時間氏族逐漸聚合而成為部落或大社。

意義：

(1)鄒族人兩度聚集於玉山，玉山對鄒族而言具有聖山之意義。

(2)異族間（sbukunu（布農族）、angmu（荷蘭人）、puutu（漢人）、maya（日本人））被鄒族納入其神話中，展現鄒族人於口傳神話傳說中，加入與現實契合之實際情境。

(3)以高山作為創世神話之概念，推定其來臺時間較早，約三至四千年前。

(4)傳說中，交代了各氏族遷徙發源自於玉山以及鄒族社會發展之概況。

鄒族各氏族遷徙共同特色

1.各氏族大都以玉山為發源地。

2.遷徙時間並非同時，路線亦不相同，分布為隨機。

3.社會發展順序：氏族組織→部落組織。有同一氏族分布於單一部落，但大多氏族為跨越部落。

4.氏族內之亞氏族來源有三：母氏族分立、收異族為養子而另立亞氏族、入贅後獨立出來。亞氏族重複新生→發展→滅絕之歷史過程，惟氏族關係依舊不變。

---

(5)馘首習俗來源之交代。

(6)大洪水尚未發生前，鄒族人曾於嘉南平原發展過。

　A.與平埔族之互動：南鄒族與平埔族有密切發展關係。

　B.與荷蘭人之互動：鄭成功敗退荷蘭人後，部分荷蘭人沿曾文溪河谷向上游逃竄，進入北鄒族特富野群中，即今日阿里山鄉樂野村，成為一個「洋氏族」，故北鄒族群中，有融入荷蘭人之血統。

(三)歷史發展

1.史前時代

考古資料顯示，約距今約三千五百年前，阿里山特富野地區有細繩紋紅陶文化之史前遺址。

2. 荷據時期

(1)神話傳說中提到angmu（荷蘭人），鄒族人曾於嘉南平原一帶活動過，透過口傳神話中補充荷蘭人之出現，代表荷蘭人與鄒族間存在有互動關係。

(2)荷人將臺灣原住民分為北部（臺南以北）、南部（臺南以南）、東部（卑南）、淡水（北臺灣）等四個集會區，出席代表被授與鑲有銀質荷屬東印度公司（ＶＯＣ）之藤杖作為威權之象徵，以作為荷人對原住民統治之政策施行。鄒族人參加北部集會區之聚會，並有相關鄒族達邦、特富野社等戶口統計資料。

(3)有戶口統計資料之社，除了在政治上屈服於荷人統治下，其經濟制度也配合荷人的贌社制度，將鹿皮等山產透過社商轉賣出去。未列入資料統計之鄒族其餘社群，則有可能為臣服於荷人之統治或尚未形成一個完整的社群狀態。

3. 明鄭時期

(1)推行寓兵於農之屯墾制度。鄭經時期，採參軍陳永華之議，頒「屯田之制，以拓番地」。時於諸羅地區，鄭軍以武力佔領之方式，驅除土番（南鄒人），大興開墾事業，並於漢番交界設置土堆，因狀似如牛，又稱為土牛，此即為後世劃分漢番界線之濫觴。

(2)明鄭時期的屯墾制度，迫使鄒族人喪失西、北部濁水溪與清水溪會流處附近之低丘淺山地區，亦即今日斗六、林內、古坑、竹山、名間一帶低丘土地。

(3)沿用荷據時期的村落代表政策，明鄭以土官制度，管理番地事務，並設有通事作為溝通漢番意思，及誘導馴化之。

(4)經濟制度沿用荷蘭贌社制度，透過社商的方式和原住民進行貿易活動。運用軍事屯墾、通事、社商等管理原住民政策，對原住民及其土地一步步逼壓，鄒族即在此種情況下，喪失其在西南半部淺丘地區的生活空間，而逐漸往內山遷徙。

(5)明鄭時期對於原住民管理措施，大都於西南平原一帶，鄒族生活空間雖受到壓迫，但其社會文化特質僅受到些微影響（原本傳統部落生活自給自足的生活型態→以贌社、社商等商業貿易型態），北鄒族依然維持其四大部族之原有社會制度及規模。

4. 清領時期【98原民三等】

(1)清朝番地事務政策，依然沿襲前人，設立土官與通事，加以改變則為：
　A.於乾隆三十二年（1767）改土官為土目，並設南北兩路理番同知，專

職管理民番交涉事宜，然事務大僅限於熟番地區，對於生番依然畫
界，嚴行禁令，並指令漢人通事管理貿易。

B. 於光緒十二年（1886），臺灣巡撫劉銘傳時期，不論生番或熟番之原
有領導者，均改稱土目為頭目。

(2) 清康熙時期，黃淑璥《番俗六考》中始見包括達邦與特富野部落之阿里
山番之稱。

(3) 通事制度的設立，因通事素質良莠不齊，故往往有通事憑其職權於番界
滋事而引起爭端，經濟上的剝削造成鄒族人殺害通事之事件，如康熙
六十年（1721）趁朱一貴事件爆發時，鄒族人亦起而反抗，爆發阿里
山、水沙連各社殺通事反抗事件，以及乾隆三十四年之吳鳳事件等。

吳鳳事件【95初、95原民三等】

經典考題

試對吳鳳形象的形成與轉變，做出民族史觀點的分析。【原民三等、102原民五等】

一般社會上所流傳之吳鳳捨身取義之故事，實為虛構造假之事。事件爆發之原
因，**主要為鄒族領地在屢次重修土牛溝以及重新劃分漢番界線下，其生活空間
日漸縮小，加上通事仗其勢力，對鄒族族人經濟剝削，於是乃發生殺害通事之
事件**。

乾隆三十四年，擔任鄒族通事已四十八年的吳鳳，在社口庄之社寮中，被鄒族
沙米箕（saviki）社族人所殺害，事件後，該社之鄒族人卻因而染上瘟疫，舉族
搬遷，逃往深山，進入布農族領地，同化為布農族。

鄒族長者認為會發生瘟疫之原因，乃是吳鳳死後之靈的報復行為，此次事件，
影響鄒族社會文化發展有深切之影響。

---

(4) 林爽文事件時，大將軍福康安曾令阿里山通事黃彥率歸化之生番守禦阿
里山地區，阿里山特富野社頭目功績頗多，事件平定後，阿里山番（鄒
族）十八人及水沙連番（邵族）十二人等入覲京師，並由福建巡撫授與
銀牌，為日治時代以前，鄒族人首度離開臺灣，接觸外在世界。

(5) 林爽文事件平定後，福康安認為臺灣山地地區番丁足資捍衛，故奏請設置
「屯防」，阿里山社納入當時南北路屯防中的北路柴裡小屯內，並給予其
一定之土地，行屯田制，然此項政策並未施行貫徹及有達到實質之效果。

(6)阿里山番已為歸化生番，並輸納番餉。阿里山番租為特殊番租，除使漢民為此輸餉代辦外，另支付番人口糧為條件，給墾阿里山番地。故居於阿里山鄒族原居地的漢人，需納租與鄒人。

(7)在有清一代，漢人持續的開墾，影響到鄒族之生活空間，加上漢、鄒兩族接觸的結果下，帶來許多毀滅性之疾病瘟疫，造成鄒族人口減少、部落萎縮，然人口的減少，卻也使鄒族人能更堅守其社會價值及文化。

經典考題

試述日本殖民時期理番策略對於鄒族族群發展影響為何？

---

5. **日治時期**

(1)主要以日本歷年來對於原住民之理番計畫為此時期之發展主軸。

(2)理番工作主要目的除為奪取山林資源外，尚有改變原住民生活方式及文化，使其邁入「近代化」的生活方式，故理番工作重心在於討伐反抗、撫育以及增產等各方面。日人理番政策主要可以分為五個時期

　A.自1895年至1901年，此時期為消極理番期，目的乃避免漢番聯合抗日，並集中全力對抗漢人有組織之集體抗爭，對番人採取懷柔及消極管制入山等政策。

　B.自1902年至1909年，為積極管理期，對番人採懷柔與鎮壓並行，進行番界調查活動，並設置且擴張隘勇線。

　C.自1910年至1914年，實施五年理番計畫，為武力討伐期，設立山地警察機關、開鑿山地警備道路、推進隘勇線，以達積極統治原住民之目的。

　D.自1915年至1930年，五年間的強勢討伐管理，原住民大都歸順投降，此時期為以綏撫為主之新政時期，然卻於1930年爆發霧社事件，引起日人檢討其理番策略。

　E.自1931年至1945年，此時期理番政策包括遷徙原住民族群部落至新耕地地區，施行水田定耕農業，皇民化時期則組成高砂義勇隊，赴南洋作戰。

(3)日人理番政策對鄒族人影響則為：

　A.初期的籠絡：清領時期，於阿里山鄒族領地內耕種開墾之漢人須向鄒族納租。日本佔領臺灣後，阿里山鄒族總頭目宇望曾率領族人等前往雲林民政部表達願意歸順之意，於請願書中訴及鄒族沿革、鄒族領地界線及範圍、漢人納租之情形以及相關部落事項等，其最主要之目的

乃在於新政權的日本人能夠承認鄒族之土地以及番租制度，以求生活獲得保障。時日本正為平地漢人抗日所苦惱，為求盡速敉平，及避免漢番聯合抗日甚至聯番制漢等，故頗為重視鄒族之請願書，遂對鄒族之請願作出善意之回應，以收籠絡之效。

B. 面臨官有林野以及國家資本主義開發政策之影響。

C. 阿里山上豐富的森林資源，在上述政策下，阿里山鐵路於1906年開始興建並於1913年完工，這條鐵路穿越傳統鄒族生活領域，和外界有了直接聯繫，但也增強了殖民帝國對鄒族領域資源的掌控與開發壓力。

D. 強迫割讓與集體遷往的政策，例如逼迫布農族人往鄒族luhtu群移動，並強迫鄒族人配合日本遷往政策，往別的社群移動。此外，日本政府為安撫叛亂無常之布農族人，乃迫使鄒族人和布農族人就獵區達成協議，鄒族人放棄楠梓仙溪以東至荖濃溪獵場，象徵日本國家權力凌駕於族群部落利益之上。

E. 原鄒族欲請願承認阿里山番租之間的關係，然日本番人番地政策並不加以承認，鄒族人於是失去其在西部山麓坡地之領地，換言之，獻地為歸順之必要條件。

結論：日人殖民策略最大目的在於獲得廣大山地林野資源，而理番策略即可視為掠奪山地資源所必須進行之政策。**在理番政策中，最為深切的莫過於對於傳統生活居住地的山林資源開發，如官有林野的土地開發政策及阿里山鐵路開發**。而日人於鄒族所實施的集體遷往政策，則可視為分化原住民、管理原住民以及有效達到教化原住民使其成為農業定耕民族之終極理番策略目標。日人的山林田野資源開發為國家重大之利益所在，為求取此一利益，推行諸多項理番策略，而鄒族族群就在此一策略中，逐漸喪失其生活土地以及傳統文化。

6. **國民政府時期**：戰後國民政府對於山地保留地政策幾乎承繼日本殖民時代之保留地政策，亦即繼續承繼日本時代強迫掠奪原住民土地領域，然在本時期的山地政策中，可說是歷代以來影響最為深切之時期，就光復後鄒族歷史發展而言，主要可以分為四個階段：

(1) **光復後動亂期**（西元1945年～1954年）

A. 將原日治時期的「番地區域」改為平地鄉村制度，為原住民政策平地化之展現。

B. 鄒族人士矢多一生於日治時期為阿里山番地達邦駐在所巡查捕，致力推行番童教育、水稻定耕，並引進基督長老教會且與日本神社信仰結

合，為當時鄒族社會中頗有權勢之人物。戰後，**改名為高一生，並出任官派第一任吳鳳鄉鄉長，然其相關作為與思想，如涉及二二八攻擊紅毛埤口（今蘭潭）彈藥庫攻擊事件以及「高山族自治縣」之構想，被當時情治單位認為匪諜叛亂事件，遭受槍決處分**，並連帶影響族內其餘精英份子，加上其後白色恐怖之威脅，使鄒族歷代來對新政權積極歡迎之態度轉為畏縮保守。

(2) **白色恐怖時期**（西元1955年～1975年）【100、102原民五等】

　　A.鄒族鄉長高一生及族內精英因受到政治事件之影響而被處決或判刑後，進入長期白色恐怖時期，對於國民黨之政策及治理持服膺屈從之態度。

　　B.西洋宗教開始傳入鄒族信仰之中，然初期之西方宗教信仰與鄒族傳統信仰有發生嚴重衝突，族內發生信仰新教及尊崇傳統信仰之間的對立，使傳統祭儀中斷數年。後**各西方宗教採取融合傳統祭儀文化特色，以利傳教之進行，如天主教採行於男子會所進行彌撒儀式等**。

鄒族人信仰西方宗教特色

大社（傳統信仰較強）→接納融入傳統文化之西方宗教（天主教）。
四周小社（離傳統信仰中心較遠）→以真耶穌教會為主。

經典考題

1.解釋名詞：矢多一生：高一生【原民三等、102、108原民五等】
2.試論西洋基督宗教，對於原住民族社會變遷的影響為何？【原民三等】
3.基督宗教是現今原住民族社會的宗教信仰主，請舉明教會對於原住民族發展中曾經以及可能扮演的角色。【102原民四等】

---

(3) **交通改善後之社會經濟文化轉型**（西元1976年～1982年）

　　A.經濟方面上，在1980年阿里山公路通車後，傳統生產型態轉為經濟市場需求，諸如種植夏季蔬菜、茶葉等生產方式。此外，此時期臺灣工商業的快速發展，亦也使鄒族人口外移至都市謀生。

　　B.文化方面，諸如原住民意識抬頭，對吳鳳故事真假之爭議等。

(4) **民族自覺及原住民意識復興**（西元1983年～）

　　臺灣社會強調多元意識逐漸抬頭，政府對原住民政策也採肯定多元發展及尊重原住民文化。鄒族傳統文化藉由教育、雜誌及各種文化團體努力下，期盼在如今多元文化社會的衝擊下，能保有屬於自己族群之傳統文化特色。

經典考題

請扼要説明臺灣原住民族在現代化適應過程中,展現出那些優良的表現?呈現那些明顯的適應問題?【原民三等】

二、社會制度

經典考題

1. 今天,原住民各部落大抵均存有廣受人尊敬的耆老,為何他(她)們會有崇高的地位?是否與族群社區的歷史建構有關?請説明之。【原民四等】
2. 試敘述銘傳的原住民族政策。【102原民四等】

(一) 政治制度

1. 主要由中心大社聯和附近之衛星小社成為一個地域上整合的社會結構,阿里山鄒族於日治時期,尚還維持著達邦(Tapang)、特富野(Tfuya)、鹿都(Luhtu)三大社群,社群內之政治型態,又**透過父系親屬血緣結構及會所制度、年齡階級等特色,構成鄒族基本之社會制度型態**。日治時期因為番地遷移政策及疾病等因素影響,目前阿里山鄒族僅存達邦及特富野兩大社,並被劃分為阿里山鄉達邦村。

2. 各社群以大社之男子會所為各社群社會、政治之中心,而各社四周之小社,並無具有真正的會所,大都僅具類似「聚會所」之功能。各社群內之政治、軍事、經濟、宗教等活動,皆以大社為準則,四周各小社則遵循大社。

3. 各大社中有一世襲的部落首長領導,其對大社及各小社之間享有管理權,如大社部落首長經常指派其家族世系群成員遷於各小社為頭目,代為管理及領導該小社,亦或該小社頭目需經過大社部落首長之認可。小社於整個社群中,代表著暫居之地,其真正的家為大社,故每年收穫儀式的時候,小社需攜帶部分農作物回本家;大社有建築需求時,小社各家也回大社幫忙。

4. 各社部落首長,雖享有極高之政治權力,然並非毫無制衡方式,如當有出草、戰爭等重大事件時,往往需要與長老及部落會議共同商量討論,且其地位並非萬世不變,當該部落首長之氏族絕嗣或因暴政而被推翻時,則部落首長則有轉換之可能。

5. 鄒族的社會結構由一大社及其各附屬小社所組成,形成一個不平等的高低次序關係,然大社及小社之間的地位,並非恆常不變,例如一個小聚落,

倘其有足夠之勢力可脫離大社之權力支配，自行舉行儀式，則亦有成為大社之可能，如鹿都（Luhtu）大社的成立；然當一個大社其勢力衰弱而受到其餘大社之支配，甚至傳統上之祭典儀式也要與他社群合併舉行時，則此一大社可視為廢絕，例如日治時期衰弱的伊姆茲（Imucu）和鹿都（Luhtu）大社的併入特富野社。

鄒族政治制度特色

最大特色在於以大社為中心，加上其附屬各小社之間，所形成之高低階層關係。其原因主要為：
1.部落發展歷史過程中，以及氏族分化的階序關係，而界定出氏族與聯合家族之地位。
2.依據親屬結構原則，依血緣關係而產生世系群領導人。
3.透過血緣結構與年齡階級的整合，產生長老之地位。
4.大社本家尤其是世系群之族長，在有經濟上實力上，使其獲得相當之權力。
5.在宗教方面上掌握農業、狩獵、祭祀等宗教能力。
6.其他如各人戰功聲望以及透過氏族聯姻，而加強其權力穩固者。
以上因素，可視為鄒族社會可以維持其權力高低之主要因素。透過此些因素，產生鄒族社會中各種職位及階級，諸如部落首長、勇士、長老、巫師等角色，並組成部落長老會議，透過以大社會所為權力核心，聯合四周各小社，形成鄒族傳統之社會政治體系。

年齡階級制度與政治關係

鄒族生命週期可以分為嬰兒期、幼童期、少年期、青年期、老年期等五個階段，每一特定年齡階段中皆有其特定之社會責任及地位。男女身心發展到達青年期時，則須舉行成年儀式。男子於會所中學習各項戰鬥、狩獵、謀生等技能，並承受及尊敬長老（mamejoi）對其之教誨和部落傳奇故事。男子成年後，須對部落公事提供勞役，以及對青年及成員加以指導訓練，並參加戰鬥與狩獵。

會所制度

大社內之男子會所為部落內宗教、政治、經濟之活動中心。會所內有敵首籠及火具、盾牌及護身符等器物或法器，作為部落之象徵物，會所同時也是女子之禁地。

會所制度為鄒族社會政治結構中，佔極重要之一環，起初會所乃是依據血緣關係而建立，作為氏族領導及宣稱土地所有權之標記，後隨著部落之發展，數個氏族形成部落，人口並以該會所為中心向四周擴散成為各個小社，依然維持一個會所，該會所主人則由創社氏族擔任。透過此種權力中心，發展鄒族社會中以大社為中心的政治型態。

會所功能在教育方面為男性之社交活動、軍事狩獵訓練、歷史傳說講述等活動；政治方面則為部落集會討論重要事項及處理各項公眾事務之場所。

6. **部落中最為重要之公眾事務為軍事、狩獵、宗教儀式及司法仲裁等。**

(1)戰爭：部落所有成年男子均有作戰之義務，每一次戰爭均有可能造成部落內社會權力秩序之重整，如因戰功而成為勇士，亦有因領頭之征帥戰死而有新的征帥產生。征帥的地位有時經常維持在一個氏族之中，且地位往往可比大社中的部落首長，在特富野社群中，征帥即和部落首長合而為一，具有一定之政治權力及地位。

(2)狩獵：軍事作戰能力往往就可代表狩獵能力，獵團領袖往往由勇士或征帥擔任，所獲得之獵物往往也以獵團領袖分配較多。

(3)宗教：可分為全部落性質之祭儀，以及亞氏族間之祭儀。前者諸如敵首祭等由社群首長主持；後者如播種、收穫等儀式由各亞氏族族長主持。

(4)司法：傳統司法上之爭執，由社群部落首長（peonsi）及長老（mamejoi）處理審判。制裁方式為叱責制裁、鞭打及賠償等方式。

7. 長老（mamejoi）之地位與社群部落首長之間，處於互相制衡及互相輔助的角色，如長老有被社群部落首長質詢之義務，並協助其執行各項決策，然若社群部落首長暴政橫行，長老亦會諫阻，甚或率領社民推翻暴政。大社中僅有一位部落首長，各小社中，則有長老，若當小社沒有社群部落首長之氏族來擔任頭目，則往往由該小社之長老（mamejoi）來擔任之。

(二)**親屬制度**

1. 親屬關係之組成以血緣、婚姻、收養等關係建立，氏族系統與繼嗣制度為父系的，居處法則亦為從父居制。

2. 社會最基本單位為以同一「禁忌之屋」作為認同對象之父系親屬群，數個父系親屬群共有一宗家而組成世系群，而世系群則建構出氏族系統。

禁忌之屋

禁忌之屋為進行小米播種及收成祭的主要場所，族人生病時，邀請巫師治病，也往往在禁忌之屋中舉行。禁忌之屋做為世系群的象徵，必須獲得族人認真的維護，相關的儀式也必須要謹慎的遵循。反之，常被視之為族人生病、意外等的肇因。以前的禁忌之屋位於家屋之中，到日據時期才分到屋外。平時禁將魚類接近聖粟，因此設有禁忌之屋內或禁忌之屋本身都禁止煮食魚類。

3. 由親屬組織中之氏族系統結合男子會所制度，構成對內政治體系之關係，並逐次向外擴展成為地緣上之整合，並藉由在部落發展過程中，氏族分化階序而界定社會地位，加上親屬組成法則及年齡分級現象，決定在族內之地位及所代表之部落地位。此外主要氏族間的聯姻關係更加穩固其權力之地位，透過親屬組織的特色展現在其政治表現上，鄒族親屬與政治上之結合，傳統上之權力代表就獲得穩固，而一般藉由個人能力展現而獲得相當社會地位或階級之情況就較為少見。
4. 提親由男方家能言善道且社會地位較高之長者前往，當雙方討論氛圍愈生氣則代表雙方婚約愈有希望成功，一但談妥婚約，雙方即不再改變，鄒人極重視約定（esfutu），在鄒族社會中守信、承諾極為重要，除了運用在婚約上，亦也展現在部落會議、祭典儀式和神靈的約定上。
5. 婚姻方式為嫁娶制，主婚權在於家長。婚後新婚夫婦必須住進女方家服役，鄒人稱為「fifiho」，然若雙方有姊妹，則可進行交換婚，以取代服役。
6. 交換婚的意義除了平衡雙方財力與勞力外，更具有政治上內在整合之效果。
7. 婚姻禁忌主要為避免同氏族間近親結婚，以氏族為外婚單位，而這也具有透過婚姻結合方式，強化氏族的政治影響力。

鄒族親屬與氏族組織

1. 鄒族的社會基本構成單位稱為onko-no-emo的父系親屬群，以「禁忌之屋」及「獸骨架」為本家（emo）的兩項重要象徵物。
2. 在大社中，由數個父系家庭所組成的onko-no-emo為具有共同耕作、共有河流漁區、共行與粟有關之儀式的親屬團體，衛惠林稱此一親屬團體為「亞氏族」。
3. 傳統上土地雖歸氏族所共有，然真正使用權在亞氏族上，當因耕地不足而須向外遷移時，則產生本家（emo）→耕種小屋（hunou）的階序關係。

4.onko-no-emo（亞氏族）組成更大之親屬團體audumatsotson-no- aimana，為一外婚單位且具有氏族的性質，共有獵場及耕地。

5.不論亞氏族或氏族，均有一權力掌控者，稱之為mamejoi（長老），由族人之中最富才幹及通曉族中、社中事務者擔任，為代表該亞氏族出席部落內之長老會議，或主持以亞氏族為單位之宗教儀式。

(三)**財產制度**：鄒族的土地屬於氏族所共有，所有土地以共同管理、共同分配為原則，處理氏族土地時需要全體氏族同意，小社欲處理其土地所有權時，則需要大社宗家同意始可處分，原則上土地上之收益以平均分配給各氏族中之各家，然實際上各氏族之中居住在大社內均可分配較多，因其勢力及地位較高。

財產繼承方面，土地屬於氏族所共有，所以沒有絕對的嗣子繼承制度。而家族財產方面則以長子具有優先繼承權。個人財產方面長子可承繼家屬及父親之個人珍貴財產。長女有優先繼承母親財產之權力，然僅限於未出嫁者。

三、經濟生活

(一) 生產方面

1. **傳統部分**：鄒族傳統經濟活動主要為農耕、狩獵、漁獵等。土地、獵區、漁區等屬於氏族所有，然真正使用者多半為亞氏族（聯合家族），以下介紹其產業生產與強調中心本源之文化特色的結合，在經濟生產上所表現出的特色。

   (1)傳統生產上，農業行山田燒墾，以小米和甘薯等為主食，並透過狩獵為食物輔助來源，鄒族人並對漁獵展現出極大之興趣，然土地皆為部落或氏族所公有，個人僅有使用權。

   (2)鄒族基本社會及經濟生產單位為氏族中的世系群，並透過親屬組織之間的關係發展換工制度（iusuzu），以獲取勞力來源。土地為氏族之共有，理應生產之分配為氏族各家所均分，然居住於大社的本家往往享有較多之分享，若大社之本家有較多之聯合家族，則有可能造成財富累積之結果，以利其權力發展，而這也顯現出鄒族社會以大社為本家的大小社階序關係，以及氏族內在分支結構的支持。

2. **現代市場經濟**：傳統小米種植在水稻傳入後，小米僅為專供祭典儀式所種植而用。受到市場經濟之影響，作物種植大都反映出市場經濟特色，諸如

種植夏季蔬菜、玉米、香菇以及近年來於阿里山地區種植的山葵，反應出鄒族傳統產業模式受到市場經濟影響而呈現轉變之狀態。

(二) 衣飾方面

1. 男性以鹿、羌、羊等獸皮縫製衣褲帽鞋，鞣皮為鄒族著名之手工藝特色；女性穿著則以棉、麻等織製成布衣。

2. 男女成年後，服飾方面有較大轉變，如男性可戴鹿皮帽、掛胸袋，頭目、勇士等帽緣前有紅色紋飾帶及配有珠玉、貝殼等裝飾，以表其地位；女性頭纏黑布、腰裙、膝褲等。顏色方面，以黑、紅兩色系為主，平時著黑色面；慶典儀式則以紅色面表盛裝。

(三) 住屋方面：建材主要為木材、茅草、籐、石塊等，以平台式茅屋為主，屋狀呈現長方形。鄒族人在空間概念上認為日落西方代表死寂；日出的東方則代表希望，因此鄒族人之家屋、會所等建築大門均向東開，而以西方向為後門。

1. **住屋**：傳統鄒族主屋之旁都有獸骨架（hahu），做為放獸骨、武器和各種禁忌品（pesia）的地方。hahu的建築為干欄式，離地約三公尺，下面放柴火。如同男子的獵具、火具與會所為女子的禁忌之物一樣，然男子亦也有禁止碰觸農具、豬舍、紡織用具等禁忌。由於獸骨架的存在與狩獵活動有極密切的關係，獵神的信仰也因有狩獵的對象才得以存在。後在鄒族生活型態轉變後，此一相關活動大都消失殆盡。

2. **會所**：建立於大社中央，為長方形干欄無壁式建築。會所前植有金草及赤榕樹，神話傳說中鄒族人乃是天神摘取赤榕樹樹葉所成，赤榕樹的種植即代表鄒族人生命力再生的力量。

四、信仰祭典

(一) 信仰方面

1. 由鄒族創世神話來看，人類均由鄒的天神（Hamo）運用不同的樹葉所創造出來。Hamo在鄒族信仰中為至高無上的大神，鄒族的信仰體系中，即以Hamo大神為中心，發展出對各種超自然力量如粟神、稻神、土地神等信仰，超自然的神靈力量使鄒族人敬畏，而發展出各類神祇之祭典儀式以作為溝通神靈之方式。

2. 關於靈魂方面，鄒族人認為人的肉體與靈魂可以分離，靈可分為為善與作惡兩種類型。

3. 鄒族的神靈信仰特徵，以Hamo大神為核心，發展出各種神靈信仰系統，如同其社會文化上的政治制度及氏族階序組織般。然在祭典方面，人的權力分化與階序層級特色亦表現在儀式當中。鄒族的宗教信仰與其社會文化上之階序層級分類有密不可分之關係。

4. 宗教體系中的信仰層次賦予鄒人整合內在政治權力的原則、界定階序層級的分類範疇；透過信仰儀式以及組織運作方式，使宗教政治權力做一結合。

(二) **祭典方面**：阿里山鄒族的時序祭儀中以一年中農、漁、獵信仰為主，並結合其社會文化上的世系群及表現家族基本關係性質。就儀式的範圍而言，阿里山鄒族農業、狩獵、漁撈活動屬於同一個祭祀範圍，亦即有關漁、獵的儀式活動及禁忌也與小米儀式有關，而與布農族農業、狩獵分屬不同儀式單位有所差異。

小米儀式在鄒族社會中佔有重要之地位，代表著展現其階序層級中心的社會文化特色，然在近年多元文化的入侵，包括漁獵及各種農事宗教儀式消失或衰落，目前尚行小米之播種及收成儀式，反而部落性儀式的mayasvi戰祭在社會組成及歷史發展因素下而獲得增強。以下概述各歲時祭儀及其展現出該社會文化特色。

鄒族歲時祭儀	
播種祭 （miapo）	1. 小米播種之後為新的一年開始，直到小米收成時為「過年」，亦即小米之播種到收成是鄒人年曆中的一年，代表鄒族人最為重視農作物開始生長。 2. 鄒族人於進行特別活動（建屋、開墾新地、出獵）時，均有夢占行為，作為吉凶之指示，播種儀式進行前，亦有夢占儀式。 3. 小米播種儀式以各世系群為單位，禁忌之屋（為世系群表徵、小米存放處、小米神暫居之所）中延續到小米田的範圍為儀式之空間。小米神為女神，故傳統播種儀式主持者以最年長女子為之，而非必為頭目之妻。現已由男、女共同進行，或以男子為主。
收種祭 （homeyaya） 【原民五等】	1. 鄒族將自然領地畫分為不同之單位管轄，其中tso-no-moutoyunu為小米祭典的行動單位，共行摘粟食聖粟，也是外婚的單位。鄒族的氏族關係，不僅只是血緣的擴展，也包含了先後進入某地區的家族、領養而後長大者等共同組成份子。每年小米祭典之時，常有敬告獵場、河川之神關於疆界變動的事實。

鄒族歲時祭儀	
收穫祭 （homeyaya） 【原民五等】	2. homeyaya是鄒族人進行「小米收穫儀式之總稱」。以部落中同一世系群的「本家（emo）」為舉行儀式的團體範疇。在鄒族所有與生產有直接關係之時序儀式中，是最慎重、程序分明且動員整個世系群的重要儀式。 3. 收穫儀式不僅涉及宗教因素，更表現出鄒族社會上之家族關係及社內地位階序認同與整合。 4. 小米收成時期亦是鄒人運用巫術來袪病求平安的時間，會有家族在小米收成儀式進行前，延請巫師（yoifo）前來替家人治病祈福，稱為meipo。 5. 小米收成儀式中最重要的場所是各家的禁忌之屋（為小米神暫居之處），儀式當天睡在禁忌之屋內的長老天未亮即起，前往小米田進行小米收割儀式，先割下兩束小米，一束帶回禁忌之屋，另外一束放在竹架下。儀式隔天早上，會有各氏族前往別家進行拜訪，然必先向小米之神請安獻食，透過此種氏族訪問之過程，建立氏族間之關係。儀式的第二天，進行如同第一天之儀式，然把昨日壓在竹架下之小米束帶回家中，代表迎回另外一位小米神，第二天也是所有人將小米全部收割完成的日子。 6. 做完前述儀式之後就可以喝酒，娛樂，但鄒人強調不可太久、太過頭，否則小米神baitonu會生氣。一向被視為內斂、自制的鄒人，在儀式娛樂的場合，更是肅敬、不敢有放肆踰越的行為。 7. 儀式結束後，則由創社氏族與各家族長老討論今年是否要舉行mayasvi（部落戰爭儀式）。
貝神祭 （Takiaru）	1. 南鄒族沙阿魯阿群最重要的祭典，傳統為每兩年舉行一次，現為保留傳統文化，改為每年於農曆元月一日至十五日之間舉行。 2. 源自部落傳說其先祖與矮黑族人交好，矮黑族人並贈與先祖法寶「聖貝」，先祖遂將此聖貝視為自己的神來祭拜。 3. 聖貝（takiaru）是介乎於有形與無形、歷史精神與神話幻想之間，相傳其能庇佑族人勇猛、健康、勤勞、平安等。

鄒族歲時祭儀	
貝神祭 **(Takiaru)**	4.祭典過程分為六天：「貝神祭」的第一天為初祭（malalalangu），第二天為刺豬祭（papapaci taruramu），第三天為邀請貝神（ruapuhlu takiaru），第四天為慰勞祭（capali capali），第五天為驅魔（paria iihlicu），第六天則進行團獵（takuahluahlupu）。 <small>編按：現該群業已正名「拉阿魯哇族」</small>
意義	1.小米儀式以聯合家族為中心，展現整個聯合家族各個人對小米神之崇敬。代表透過每年一次的小米儀式增強家族認同，而配合儀式所舉行的祈福、治病等儀式活動，則有重整家「內」關係秩序之象徵功能。 2.每年小米播種、收穫等儀式皆由社群部落首長家族發起，然後儀式分別在各個聯合家族中的宗家舉行。代表肯定大社內在社會階層高低，也呈現大社與小社的階層關係。 3.小米收成儀式後的討論部落戰祭過程，則將原本由家族進行之儀式，整合到部落運作過程之中，呈現傳統社會結構以及中心認同之原則。 4.小米儀式為女性參與的最重要儀式，小米神為女神，反映出透過世系群中的禁忌之屋、小米神、世系群的「內」關係，結合以會所、男性、部落的對外關係，形成一種內外互補融合的特色。

部落戰祭（mayasvi）【101原民五等、108原民四等】	
特色	1.於小米收穫祭時，部落長老根據當年是否獵獲人頭、是否整修會所、是否發生許多的不幸和災難來決定部落戰祭是否舉行及時間。 2.傳統的部落戰祭以部落為單位，為部落團體儀式，並以大社會所為舉辦場所，整合大社及四周小社之間的關係。 3.目前戰祭儀式過程已大為簡化，目前僅保留下簡單的道路祭、象徵性質的敵首祭、初登會所和成年禮等。 4.戰祭意義除了有藉由感謝神靈祖先之幫助、緬懷先人創業艱難、訓勉部落青年立志、奮鬥精神以及表揚部落勇士外，尚有「邀魂以安魂的意義」，即將所獵來之頭的靈魂獻給天神之意。亦即其最大意義乃在於「紀念過去的戰爭，並祝禱將來所有不可避免的勝利。」因此祭典之對象乃是天神、軍神及生命之神。 5.因和生命有關，故戰祭發展成當部落出現重大傷亡事件或瘟疫時，作為尋求康復及去除疾病和不幸的功能。

生態環境的改變，使鄒族傳統的耕種方式及農作物隨之轉變，水稻田取代小米為主食，使小米儀式及相關儀式產生變化，此外大小社之間的階序關係也因外來政治制度的介入產生變化。傳統的大社自然有較多傳統儀式祭儀需要遵守，然四周小社卻因較遠離權力中心，因而有自行獨立運作之機會。

在今日以水稻為主食的時代，小米種植成為僅供祭典儀式所用，在小米儀式逐漸弱化的同時，部落戰祭（mayasvi）的舉行卻受到進一步的強調，而小米收穫祭（homeyaya）也在以內在社會為基礎下持續進行，除了強調家族的重要性外，透過部落戰祭的強調，兩者成為鄒族主動反應外在社會壓力，表達鄒族內在文化與社會需求的儀式活動。也就是說，代表鄒族社會傳統的小米收穫祭所以存在極有意義，乃因為部落戰祭的實現而更加突顯。

五、生命禮俗

鄒族生命禮俗	
出生	1.視雙胞胎為禁忌，傳統社會上曾有殺嬰，現則採收養方式解決，如生兩男則一男送人；生一男一女則留男；生兩女則不留。現代文化影響下，大部分原住民此項傳統習慣觀念大都消退。 2.出生後一個月，由父母備酒肉，進行ake mamejoi儀式，讓ake mamejoi知道有這個孩子的誕生。
命名	1.嬰兒出生後由家中年長的父輩親屬命名，當命名後孩子若不斷生病，則須由巫師進行改名儀式。而當一個人若有特殊的偏好或行為時，則往往成為綽號之來源。 2.**鄒族姓名的特色中，變姓甚於變名，如名常常是保留下來的，改變的是姓。**如「peonsi」氏即可代表一人後天成就的社會意義；家族中產生許多巫師（joifo），而將原姓noatsatsiana改為joifoana氏的例子。 3.鄒族男女的命名只有在幾個有限的名字中選取，名不但是社會所限定，姓氏更是於鄒族社會中作為群體分類的標誌。表現出鄒族社會中，社會範疇的結構遠重於個人自由實踐的過程。
初登會所	通常於小米收穫祭之後舉行，若有舉行部落戰祭（mayasvi）時，則在部落戰祭後舉行。初登會所的男童，由其所屬之母族男性成員接到會所上，由在場之長老、頭目給予祝福，並讓天神和戰神知道，接納此位男童成為社內的一員。

鄒族生命禮俗	
成年	1.鄒族社會中並無嚴格之年齡分級制度，然當男子身心發展至一定程度時，則須透過成年儀式使其跨入部落政治領域，參與部落公眾事務，並在特定的年齡階級中負不同之社會責任及社會地位。 2.成年禮舉行時間如同初登會所，於部落戰祭後舉行。儀式主要為頭目和長老為新成年之青年給予訓勉，使其了解日後的責任與義務。特別的是透過鞭笞的行動，以實際行為來檢驗青年過去之行為，具有教育上之效果。儀式過後，頭目為之戴冠，表示成為真正的成年人，須為部落長老及部落公眾事務提供勞役服務。
結婚	1.男女成年後始可結婚，男子透過婚姻的方式，連結成更大的社會網路，以協助其日後的社會地位。 2.婚禮為嫁娶制，主婚權在家長，提親由男方長者代表，當雙方討論過於熱絡甚略顯爭執時，則代表婚姻越會成功，雙方談妥，婚約已定，鄒族人頗重視約定（esfutu），為社會運作之規範。 3.婚後男方需至女方家服役，若雙方皆有姊妹，則可以交換婚取代服役。
喪禮	1.傳統鄒族喪禮於屋內進行，遺體也是埋葬於屋內。鄒人相信人死後靈會和肉體分開，但靈的力量會影響人的生活，故需施行儀式將之區隔。葬禮完五天後，須由死者舅舅進行驅靈儀式，鄒族人認為茅草結與木炭可驅邪避兇。 2.鄒族在空間上認為，日出東方為象徵希望；落日西方則代表死寂，人死亡後靈魂會前往塔山，如墓地主要位於部落西方邊緣，下葬後屍體亦也面向西方。 3.埋葬的地方因死亡種類有所不同，如病死埋於房內；屋子主人則葬於屋後。在外地死亡，視為惡死，大都就地埋葬，而年幼者、被獵首者、未出嫁或離婚者都行室外葬。
意義	鄒族一連串之生命禮俗儀式，反應出其社會文化特質，如人自一出生，透過命名的儀式，步入鄒族的社會文化內；初登會所儀式則更進一步將人整合到社會之中；成年禮儀的舉行則代表社會化最為重要之關鍵；婚姻的儀式則強化了兩個家族間的社會關係，甚而影響到鄒族社會內之權力分配；而喪禮儀式，則代表將一個人轉換為超自然力量之間，而此股力量卻依然繼續影響現存子孫。這些生命禮俗儀式中，反映出鄒族對人的觀念（重承諾、重社會實踐、講求秩序與均衡），而對人的認定則是根據其社會情境之社會實踐而來，個體縱使死亡，然社會活動依舊。

六、藝術文化

鄒族社會主要內涵為高低階序關係所構成之社會型態，然此一階序社會型態並未展現在藝術創作表現上，也並沒有因社會內在的分化與嚴謹的階級關係而有專門之藝術工作者出現。

各項祭儀舉行之時，往往也伴有歌舞活動，其歌舞活動特色則表現出了鄒族社會文化特色下，鄒族人內斂自信、自成一格的情感表達方式，如在戰祭歌舞時，展現出凝立、端肅等精神，藉由此等歌舞活動，表現鄒族理想而穩定的社會秩序。

在工藝藝術方面，鄒族以鞣皮工藝為著稱，用獸皮所製成之衣、褲、鞋、帽等，如男子經常在皮帽上插上羽毛，此項亦為鄒族男子之特徵。

精選範題

【測驗題】

(　　) **1** 由鄒族創世神話中，可以推測鄒族在發展過程中之何種現象？
(A)交代了各氏族遷徙發源自於玉山以及鄒族社會發展之概況
(B)日本人為鄒族之兄弟　(C)鄒族來臺發展時間晚於臺灣其他原住民族群　(D)鄒族來自於中國大陸東南沿海地區。

(　　) **2** 清朝文獻中，始見包括達邦與特富野部落之阿里山番之稱的文獻為何？　(A)郁永河《裨海紀遊》　(B)黃淑璥《番俗六考》　(C)陳倫炯《海國聞見錄》　(D)連橫《臺灣通史》。

(　　) **3** 乾隆三十四年，擔任鄒族通事已四十八年的吳鳳，在社口庄之社寮中，被鄒族沙米箕（saviki）社族人所殺害，是為「吳鳳事件」，關於吳鳳事件之敘述，何者為「是」？　(A)通事仗其勢力，對鄒族族人經濟剝削，於是乃發生殺害通事之事件　(B)吳鳳裝扮紅衣，捨身取義　(C)鄒族人錯殺吳鳳，深感痛悔，遂誓不再獵取人頭　(D)沙米箕社後染上瘟疫，部落瀕臨滅絕，為吳鳳鬼魂報復所致。

(　　) **4** 日本佔領臺灣後，阿里山鄒族總頭目宇望曾率領族人等前往雲林民政部表達願意歸順之意，於請願書中訴及鄒族沿革、鄒族領地界線及範圍、漢人納租之情形以及相關部落事項等，其主要目的為何？

(A)向日本殖民政府輸誠，以求獲取族群生存之發展　(B)日本殖民政府強勢的理番策略下，鄒族人不得如此　(C)衷心期盼日本殖民政府介入山地事務間的管理，以求弱小的鄒族族群能在強敵環繞下有一發展之空間　(D)期盼新政權的日本人能夠承認鄒族之土地以及番租制度，以求生活獲得保障。

(　) **5** 阿里山鄒族社會制度主要型態為何？　(A)結合母系社會及專名制年齡階級組織所構成　(B)父系社會、尊老、尚賢，無特權階級的社會　(C)主要由中心大社聯合附近之衛星小社成為一個地域上整合的社會結構　(D)核心家庭為主的社會組織型態。

(　) **6** 承上題，該型態所呈現出來之特色為何？　(A)家中事務以女性長者為發落，部落中之公共事務則透過嚴密的男子年齡階級所掌控　(B)部落長老並無世襲，而是以有能力、特殊貢獻者擔任之　(C)社群內之政治型態，透過父系親屬血緣結構及會所制度、年齡階級等特色，構成鄒族基本之社會制度型態　(D)以夫妻雙方分工等特色，建構出鄒族族群文化體系。

(　) **7** 鄒族信仰所表現出之特色何者為「非」？　(A)以哈莫大神為核心所發展出的泛靈信仰體系　(B)宗教體系中的信仰層次不若社會階層般的階序原則，反之呈現的是一種普世的信仰體系　(C)超自然的神靈力量使鄒族人敬畏，而發展出各類神祇之祭典儀式以作為溝通神靈之方式　(D)鄒族人認為人的肉體與靈魂可以分離，靈可分為為善與做惡兩種類型。

(　) **8** 阿里山鄒族的時序祭儀中以一年中農、漁、獵信仰為主，並結合其社會文化上的世系群及表現家族基本關係性質。下列有關於阿里山鄒族的傳統祭典儀式中，何者敘述有「誤」？　(A)小米播種儀式以各世系群為單位，禁忌之屋（為世系群表徵、小米存放處、小米神暫居之所）中延續到小米田的範圍為儀式之空間　(B)收穫儀式不僅涉及宗教因素，更表現出鄒族社會上之家族關係及社內地位階序認同與整合　(C)傳統之部落戰祭儀式，目前仍遵循傳統文化延續保存下來　(D)戰祭意義除了有藉由感謝神靈祖先之幫助、緬懷先人創業艱難、訓勉部落青年立志、奮鬥精神以及表揚部落勇士外，尚有「邀魂以安魂的意義」。

( ) **9** 下列有關於鄒族生命禮俗之敘述,何者有「誤」? (A)鄒族命名儀式中,往往依據子女出生時之自然現象而給予命名 (B)成年禮舉行時間如同初登會所,於部落戰祭後舉行 (C)婚禮為嫁娶制,主婚權在家長 (D)傳統鄒族喪禮於屋內進行,遺體也是埋葬於屋內。

( ) **10** 在工藝藝術方面,鄒族以何種技藝著稱? (A)竹器編織 (B)煉鐵技術 (C)製陶技術 (D)鞣皮工藝。

( ) **11** 下列有關於鄒族之敘述,何者有「誤」? (A)主要分布於阿里山山脈、曾文溪上游、楠梓仙溪之間的山林地區,為藉由中心大社聯合附近小社所形成之部落社會,可以分為南北兩鄒族,南鄒族 (B)南北鄒族每一亞群內皆為獨立之政治、祭儀單位,各有其獨立之祭典、政治領袖,且共有一個男子會所,稱之為大社。各亞群之間文化相似程度高 (C)南鄒族族群發展歷史中,受到鄰近布農族之影響,南鄒族文化有被布農族同化之傾向 (D)目前北鄒族主要以達邦、特富野兩大社為主。

( ) **12** 荷蘭人殖民臺灣的歷史過程,如今似乎彷彿僅能於古蹟遺址或歷史記憶中尋找,然荷蘭人之血統,卻存在於鄒族部落中,試問於鄒族哪一部落中有荷蘭人的血統存在? (A)北鄒族特富野群 (B)達邦群 (C)鹿都群 (D)伊母祝群。

( ) **13** 世界三大森林鐵路之一的阿里山鐵路興建完成於一九一三年,這條鐵路最初營運之目的在於獲取廣大的山地林木資源。試問,阿里山森林鐵路穿越了臺灣哪一原住民族主要之生活領域,影響該族群發展密切? (A)布農族 (B)邵族 (C)鄒族 (D)泰雅族。

( ) **14** 下列有關於鄒族社會制度之敘述,何者有「誤」? (A)主要由中心大社聯合附近之衛星小社所成為一個地域上整合的社會結構 (B)各社群內之政治、軍事、經濟、宗教等活動,皆以大社為準則,四周各小社則遵循大社 (C)各大社中有一世襲的部落首長領導,其對大社及各小社之間享有管理權 (D)鄒族的社會結構由一大社及其各附屬小社所組成,形成一個不平等的高低次序關係,大社及小社之間的地位藉由嚴謹的階序法則,使鄒族的不平等高低階序關係得以長久延續下去。

（　　） **15** 下列關於鄒族氏族組織之敘述，何者有「誤」？　(A)鄒族的社會基本構成單位稱為onko-no-emo的父系親屬群，以「禁忌之屋」及「獸骨架」為本家（emo）的兩項重要象徵物　(B)數個父系家庭組成具有共同耕作、共有河流漁區、共行與粟有關之儀式的親屬團體，衛惠林稱此一親屬團體為「亞氏族」　(C)onko-no-emo（亞氏族）組成更大之親屬團體audumatsotson-no-aimana，為一外婚單位且具有氏族的性質，共有獵場及耕地　(D)氏族上階序關係的發展，為直接來自於嫡長子繼承上之分化而來。

（　　） **16** 居住在高雄縣桃源鄉的「沙阿魯阿」係屬於哪一族？　(A)布農族　(B)鄒族　(C)魯凱族　(D)排灣族。　　　　　　　　　　　【初考】

（　　） **17** 「吳鳳傳說」使哪一族遭受長久的污名化？　(A)賽夏族　(B)布農族　(C)鄒族　(D)魯凱族。　　　　　　　　　　　　　　【初考】

（　　） **18** 下列何者不是原住民的聖山？　(A)玉山　(B)大霸尖山　(C)北大武山(D)阿里山。　　　　　　　　　　　　　　　　　　　　　【初考】

（　　） **19** 今日原住民各族所信仰的基督教、天主教，主要是在何時傳入？　(A)荷蘭、西班牙領台期間　(B)十九世紀末　(C)日治時期　(D)1945年以後。　　　　　　　　　　　　　　　　　【原民五等】

（　　） **20** 在國民政府白色恐怖時期，因提出原住民自治概念，而受害罹難的阿里山鄒族菁英是誰？　(A)湯守仁　(B)高一生　(C)湯英伸　(D)林瑞昌。　　　　　　　　　　　　　　　　　　【原民五等】

（　　） **21** 「戰祭」是對天神、軍神、司命神、被獵人頭之靈的祭典，並會繞行村落內各家族世系群的禁忌屋，目的是紀念過去的戰爭，也祈求未來戰事的順利。請問上述所描述的戰祭是屬於那一個族群的祭典？　(A)鄒族　(B)布農族　(C)卑南族　(D)泰雅族。【101原民五等】

（　　） **22** 二次戰後首次正式提出「高山族自治縣」構想，而成為日後原住民族自治訴求先河者為下列那一位鄒族政治人物？　(A)湯守仁　(B)汪清山　(C)武義德　(D)高一生。　　　　　　　【102原民五等】

（　　） **23** 有關太魯閣對日戰役的描述，下列何者正確？　(A)太魯閣戰役發生於1914年，當時太魯閣族戰士不到一千人，前後歷時一個月　(B)當時的民政長官內田嘉吉擔任總指揮官，警視總長龜山里平太擔任

副指揮官，聯合組成一支完整軍隊，由一條路線攻打太魯閣族人
(C)太魯閣戰役中，日本人用所謂的「東路討伐軍」兩隊，一為巴托
蘭討伐隊，一為得其黎討伐隊　(D)太魯閣戰役中，日本人用所謂的
「東西兩路討伐軍」，兵員、軍伕總計超過兩萬人，先進武器野戰
砲、機關槍等進行對太魯閣族的攻擊。　　　　　　　　　【107原民五等】

解答及解析

1 (A)　　**2 (B)**

3 (A)。吳鳳捨身取義之故事乃後人加
　以虛擬偽造之故事，實則為因通事
　的暴虐所引起鄒族人的反抗。

4 (D)。乃在於期盼新的日本殖民政權能
　夠承認鄒族原先所擁有的既得利益。

5 (C)。(A)為阿美族社會組織特色。
　(B)以泰雅族為代表。(D)為雅美族
　社會文化特色。

6 (C)

7 (B)。(B)宗教體系中的信仰層次賦予
　鄒人整合內在政治權力的原則、界
　定階序層級的分類範疇；透過信仰
　儀式以及組織運作方式，使宗教政
　治權力做一結合。

8 (C)。目前戰祭儀式過程已大為簡
　化，目前僅保留下簡單的道路祭、
　象徵性質的敵首祭、初登會所和成
　年禮等。

9 (A)。鄒族男女的命名只有在幾個有
　限的名字中選取，名不但是社會所
　限定，姓氏更是於鄒族社會中作為
　群體分類的標誌。

10 (D)

11 (B)。南鄒族亞群之間，雖在文化
　上仍有共通相似之處，例如服飾方

面，然在雙方彼此語言之間互有差
異，且與北鄒族方面亦也不通。

12 (A)。鄭成功敗退荷蘭人後，部分荷
　蘭人沿曾文溪河谷向上游逃竄，進入
　北鄒族特富野群中，即今日阿里山鄉
　樂野村，成為一個「洋氏族」，故北
　鄒族群中，有融入荷蘭人之血統。

13 (C)。阿里山鐵路於1906年開始興建
　並於1913年完工，這條鐵路穿越傳
　統鄒族生活領域，和外界有了直接
　之聯繫，但也增強了殖民地國對鄒
　族領域資源的掌控與開發壓力。

14 (D)。大社及小社之間的地位，並非
　恆常不變，例如一個小聚落，倘其
　也足夠之勢力可脫離大社之權力支
　配，自行舉行儀式，則亦有成為大
　社之可能。

15 (D)。傳統上土地歸氏族所共有，然
　真正使用權在亞氏族上，當因耕地
　不足，而須向外遷移時則產生本家
　（emo）→耕種小屋（hunou）的
　階序關係。

16 (B)。南鄒族可分為居住在高雄縣三
　民鄉的堪卡那福群及高雄縣桃源鄉
　的沙阿魯阿族群。

17 (C)。吳鳳傳說認為鄒族人獵首習俗，吳鳳捨身取義之故事，實則通事吳鳳仗其勢力，剝削原住民所引起的抗暴事件。

18 (D)。(A)玉山為布農族與鄒族群聖山。(B)大霸尖山為泰雅族及賽夏族群聖山。(C)北大武山為魯凱族與排灣族之聖山。

19 (D)

20 (B)。鄒族鄉長高一生提倡原住民族自治，造成自己和族內菁英受到國民黨政府處決而遇害。

21 (A)。戰祭結合會所制度，成為鄒族社會文化特色。

22 (D)。高一生提出高山族自治縣構想，被政府視為叛亂而槍決。

23 (#)。官方公告答案本題答(C)或(D)或(C)(D)均給分。

【申論題】

一、試從鄒族小米收穫祭及部落戰祭兩項祭典儀式中，探討鄒族社會文化特色。

答 (一)小米收穫祭：鄒族小米收穫祭（homeyaya），為以部落中同一世系群的「本家（emo）」所舉行儀式的團體範疇。在鄒族所有與生產有直接關係之時序儀式中，是最慎重、程序分明且動員整個世系群的重要儀式。此儀式反映出鄒族群中心本位大社及階序原則之社會特色，主要特點如下所述：

1. 每年小米播種、收穫等儀式皆由社群部落首長家族發起，然後儀式分別在各個聯合家族中的宗家舉行，代表肯定大社內在社會階層高低，也呈現大社與小社的階層關係。

2. 收穫儀式不僅涉及宗教因素，更表現出鄒族社會上之家族關係及社內地位階序認同與整合。

3. 小米儀式以聯合家族為中心，展現整個聯合家族各人對小米神之崇敬。代表透過每年一次的小米儀式增強家族認同，而配合儀式所舉行的祈福、治病等儀式活動，則有重整家「內」關係秩序之象徵功能。

4. 小米儀式為女性參與的最重要儀式，小米神為女神，反映出透過世系群中的禁忌之屋、小米神、世系群的「內」關係，結合以會所、男性、部落的對外關係，形成一種內外互補融合的特色。

5. 小米收成儀式後的討論部落戰祭過程，則將原本由家族進行之儀式，整合到部落運作過程之中，呈現傳統社會結構以及中心認同之原則。

(二)部落戰祭小米收穫祭結束後，部落長老根據當年是否獵獲人頭、是否整修會所、是否發生許多的不幸和災難來決定部落戰祭是否舉行及時間。傳統的部落戰祭以部落為單位，為部落團體儀式，並以大社會所為舉辦場所，整合大社及四周小社之間的關係。其所表現出社會文化意義如下所述：

1. 藉由感謝神靈祖先之幫助、緬懷先人創業艱難、訓勉部落青年立志、奮鬥精神以及表揚部落勇士外，尚有「邀魂以安魂的意義」，即將所獵來之頭的靈魂獻給天神之意。亦即其最大意義乃在於「紀念過去的戰爭，並祝禱將來所有不可避免的勝利。」因此祭典之對象乃是天神、軍神及生命之神。

2. 儀式舉行時，通常伴有初登會所及成年禮儀等儀式進行。初登會所的男童，由其所屬之母族男性成員接到會所上，由在場之長老、頭目給予祝福，並讓天神和戰神知道，接納此位男童成為社內的一員；成年禮儀儀式則在部落戰祭後，主要為頭目和長老為新成年之青年給予訓勉，使其了解日後的責任與義務。特別的是透過鞭笞的行動，以實際行為來檢驗青年過去之行為，具有教育上之效果。儀式過後，頭目為之戴冠，表示成為真正的成年人，須為部落長老及部落公眾事務提供勞役服務。

3. 部落戰祭結合初登會所及成年禮儀儀式，表現出鄒族族人對於自我族群文化的重視及優越，而透過長老訓勉及會所制度上所扮演教育的功能，更將鄒族傳統上尚勇之精神傳承予每位鄒族男子身上。

二、解釋名詞：(一)吳鳳事件　(二)屯丁　(三)鞣皮工藝

答 (一)吳鳳事件：乾隆三十四年，擔任鄒族通事已四十八年的吳鳳，在社口庄之社寮中，被鄒族沙米箕（saviki）社族人所殺害，事件後，該社之鄒族人卻因而染上瘟疫，舉族搬遷，逃往深山，進入布農族領地，同化為布農族。一般民間上所流傳之吳鳳捨身取義之故事，實為虛構造假之事。事件爆發之原因，主要為鄒族領地，在屢次重修土牛溝以及重新劃分漢番界線下，其生活空間日漸縮小，加上通事仗其勢力，對鄒族族人經濟剝削，於是乃發生殺害通事之事件。

(二)屯丁：清乾隆五十一年（1786）林爽文事件爆發，後於乾隆五十三年（1788），由大將軍福康安會同各社熟番所平定，福康安認為臺灣山地地區番丁足資捍衛，乃奏仿四川屯練之例，請設置「屯防」，並酌撥近

山為墾埔地以資養瞻,行屯田制,使熟番屯丁自給自足,並隨時聽候調遣。屯丁制度設計上,一社尚不足於成一屯,故往往合數社至數十社為一屯,此一制度讓不同社群之間的往來溝通更加密切,也使日後平埔族諸番聯合遷徙埋下伏筆。屯丁並非世襲,然當屯丁身亡,仍由其子弟補足,故所獲補助之養瞻埔地則往往被屯丁熟番視為世業財產。屯丁所獲得之近山墾埔地往往距離屯所相距甚遠,故熟番常將養瞻埔地佃給漢人開墾,如此亦也使漢人得以有機會進入近山地區開墾。

(三) 鞣皮工藝:臺灣原住民族群中以鄒族及布農族之鞣皮工藝最為著名,原住民利用獸皮、麻線、棉線與毛線做為衣服的材料,其中獸皮與麻線是最傳統的材質,鞣皮製作過程主要可以分為剝皮,洗皮,浸皮,張皮,括皮,鞣皮等程序。用獸皮所製成之衣、褲、鞋、帽等,如男子經常在皮帽上插上羽毛,此項亦也為鄒族男子之特徵。

NOTE

Unit **8**　邵族 (SHAO)

依據出題頻率分為：A頻率高　B頻率中　C頻率低

【**命題關鍵**】族群歸類、祖靈籃信仰、春石音

【**命題焦點**】1. 曾被劃歸為鄒族之一的邵族，其與鄒族之間必有某部分的相異、相同之處，讀者須多加留意。

2. 歷史上的邵族與不同族群互動繁多亦經歷多次顛沛流離的生活，其所構成的歷史發展和族群遷徙所代表的意義，讀者須多加留意。

3. 邵族祖靈籃信仰和美妙的春石音是其文化上的特色。

【**考點分析**】命題焦點在於邵族的地理環境和族群源由。由於原住民族中杵音（春石音）僅見於邵族和布農族，故相對重要。

【**參考資料**】(一)族群發展史

1. 鄧相楊，許木柱（民89），邵族史篇，南投市，臺灣省文獻委員會。

2. 簡史朗：〈清嶂白波、雲水飛動—日月潭邵族的歷史與現況〉，《歷史月刊》，1999，143，頁72-76。

(二)文化特質：鄧相陽：〈邵族的祖靈籃〉，《山海文化雙月刊》，1995，9，頁113-114。

一、族群發展【95初、95、101、108原民五等】

居住於日月潭的邵族，早年曾向清朝納貢而成為「化番」，日治時期屬於「平埔族」；光復後則是以「曹族平地山胞」的名稱，歸於鄒族（曹族）。為何成為鄒族的一份子，起因於邵族的一則神話中指出，其先祖原居阿里山，一日追逐白鹿而意外發現世外桃源—日月潭，隨後全族遷徙至日月潭居住。然而，邵族的最初面貌為何，茲分述如下：

(一)**地理分布：邵族原居於廣闊的「水沙連」地區**，「水沙連」此名是由平埔族「洪雅族」其中一支〈Arikun〉稱呼其分布地內山的生番為〈Tualihen〉或〈Soalian〉，後來譯音訛傳為「沙連」，又因此地有日月潭之湖水，而添加「水」字，成為「水沙連」。往昔水沙連地區有六大

社，其中頭社、水社、貓蘭社、沈鹿社四社屬於邵族。廣義的「水沙連」指以往邵族活動之處，包括今日竹山鎮之一部及鹿谷鄉、名間鄉、集集鎮、水里鄉、信義鄉、魚池鄉、埔里鎮、國姓鄉、仁愛鄉一帶。狹義的「水沙連」則指清代漢人勢力以外區域，即今日的魚池鄉和埔里鎮。由於在歷史上不斷流離失所，今日邵族的居住地僅止於南投縣魚池鄉伊達邵和居於水里鄉大坪林聚落。依行政院原住民委員會民國111年的統計資料，人口數828人。

拉魯島：拉魯（邵語：Lalu）是位於臺灣南投縣日月潭中央的一座小山。清治時期有珠嶼、珠仔山、珠潭浮嶼等稱呼，而日治時期有玉島、水中島等稱呼，戰後改稱光華島，日月潭周遭居民習慣稱為珠仔山。後來，因為〈原住民族與臺灣新政府新的夥伴關係條約〉之故而恢復原住民語的現在之名。拉魯是臺灣原住民邵族最高祖靈居住之處，長期是當地的重要地標，邵族最高祖靈也住在山的最高點，邵族人自古稱為這個山為Lalu，拉魯一詞有「心中聖山」之意。【109原民四等】

(二) **族群歸類**【98、108原民五等】：曾被劃為平埔族和鄒族一份子的邵族，於民國 90年正式成為臺灣原住民第十族。回顧以往，從日治時期邵族人由於一則神話傳說的誤導和族名〈thao〉和鄒族（曹族）〈thuo〉的發音相近，而被冠以「曹族」之名，戶籍登記的族籍別亦登錄「曹族平地山胞」，而列於九族山地原住民之中。但從文化人類學和民族誌的學術觀點而言，邵族與鄒族實為不同族群。以下以三方面證明之：

1. **語言方面**：依據夏威夷大學語言學家Robert Blust 及中央研究院李壬癸教授的研究顯示，發現邵族語言中有十九個輔音，二個半音，三個母音，其中有部份語言是世界上南島民族中特有的，故不同於鄒族。

2. **體質人類學和遺傳學方面**：從人類淋巴組織抗原（HLA）和遺傳基因（DNA）的醫學檢查資料中，充分證明邵族有別於鄒族。

3. **文化特徵方面**：邵族擁有完整而自成系統的語言、祭儀、風俗習慣，乃至於食、衣、住等各方面。

(三) **歷史發展**

清領時期	成為化番	高拱乾纂《臺灣府志》〈規制志〉中：「水沙連思麻丹社康熙三十二年新附」，「思麻丹社」是以日月潭為中心，周圍各族對邵族的稱呼；「新附」即向清朝輸納餉銀，此後邵族成了「供賦熟番」，但僅止於名義上的歸附。

清領時期	叛亂滋事	1. 成為化番後，設有「通事」以茲溝通。邵族仍保有傳統的生活領域和生活方式，漢人拓墾範圍尚未進入水沙連地區。 2. 康熙六十年（1721），朱一貴事件爆發，邵族不滿長久以來通事的橫徵暴斂，趁機殺通事以報復，清廷視之為叛亂。 3. 雍正元年至三年間（1723-1725），中部內山的原住民出草頻繁，其中可能包括邵族，造成漢人傷亡慘重。**雍正四年（1726），官方出兵二千人以武力搜查以水社頭目骨宗為首的邵族各社，搜出八十五個頭顱，並捉拿骨宗父子三人，隨即押往臺南府城斬首，此為「骨宗事件」，又稱「水沙連事件」。**此後，邵族部落聯盟勢力受創。【101原民五等】
	助清有功	1. 乾隆五十年（1785），林爽文事件發生，邵族協助清朝緝捕林爽文等人，事成之後，由於平亂有功，於乾隆五十三年（1788），賞賜朝服、銀牌並設宴款待。此外，更分封土地給各番耕種。 2. 清廷表面上以土地賜予原住民，實際上是變向收買原住民，此為「屯番制」。然而分得的土地卻離邵族部落甚遠，於是開始招募漢人代耕，屯番制成為漢人得以進入水沙連內山入墾的重要管道。
	第一次流離失所	1. 水沙連土地肥美，引起漢人覬覦，水沙連隘丁首黃林旺，勾結陳大用、郭百年及臺灣知府衙門門丁等，以武力強行侵墾，爆發「郭百年事件」，大肆焚殺、佔奪水沙連的土地，使得邵族人流離失所。 2. 郭百年事件後，為避免埔社再被漢人入侵，並對抗內山泰雅族的侵擾，經邵族水社族人的提議，於道光三年（1823），准許平埔族群遷入埔里盆地拓墾，包括北起苗栗南迄雲林的道卡斯族、巴則海族、巴布拉族、和安雅族、巴布薩族等共計三十餘社，自此水沙連地區成為各族群角逐之地，更開啟西部平原平埔族群移墾埔里盆地之肇端，是臺灣史上重大的族群移民事件。 3. 由於漢人、平埔族等不同族群的人相互接觸，導致邵族人對外來疾病無抵抗之力，瘟疫肆虐使得邵族人口急遽減少、勢力衰退，為了躲避瘟疫的侵擾，族人四處漂泊，在日月潭畔建立起十數個「隔離式」的小聚落，從原有的數千人至清末已存三百人左右。

日治時期	第二次流離失所	大正八年（1919），日人欲發展輕工業，開始於日月潭興建發電廠，提高了日月潭的水位18.18公尺，淹沒邵族人居住地。**昭和九年（1934），為了安頓邵族居民將其全數遷移至卜吉社（今德化社），每一丁兩分地以維持生計。**
	觀光迫害	此一遷徙不僅改變了原有邵族的生活方式，更讓邵族面臨了被觀光化的命運。**日月潭發電廠完工後，日人在此地發展旅遊事業，將邵族的祖靈聖地〈lalu〉即「光華島」改稱「玉島」，並建神社，成了日月潭的名勝。** 邵族的杵音和歌舞表演成為娛樂節目，部份邵族亦投入操木舟、歌舞表演、販售藝品等工作。
光復之後	觀光迫害	大量漢人移入此地經商，購地、租屋造成不少土地紛爭，加上政府在此設立學校、山地文化中心、及實施街地重劃，邵族人的最後居所逐漸流失。

二、社會制度

邵族為一父系社會，其族內採「頭人領導制度」，部落中的公共事務則由長老會議議決，且為培養保衛部族安全的青年，而以年齡組織構成的會所制度以供訓練。試分述如下：

(一)頭人制度：邵族為一由氏族組成的部落，氏族的領導者稱為該部落的「頭目」，好比部落的大家長。「頭目」採長子繼承制，主要工作為排解族人糾紛，執行由部落會議或長老會議所議決出的事務，並有權利對造成部落重大傷害的人事物施以刑罰，在戰爭時更能率領族人抵禦外侮。

(二)婚姻制度：承襲父系社會而來的婚姻制度採一夫一妻制的嫁娶婚為主。傳統上邵族禁止氏族內婚，但在母親氏族系統方面的禁婚規定並不如布農族、鄒族來得嚴格。由於近來性別比例懸殊之因，有不少男性與母氏所屬氏族成員結婚的例子，更有邵族青年與外族女子通婚現象。

(三)財產制度：由於父系社會其財產均由男性承繼，繼承順序以長子為優先，次子為第二順位，子輩無人繼承時則由長孫繼承，若無子孫可傳承，則傳給兄弟之子。至於女子則僅於出嫁時可接受父母所贈予的嫁妝。

(四) **會所制度**：邵族男子的重要任務之一為保衛部族安全，故實施年齡制度，並建立會所，以讓青少年自小跟隨父兄學習待人處世和部落事務，更加強訓練保衛部落安全的能力與責任感。部落中的男子會所為青少年接受族中長者訓練時居住之處，且凡遇有戰爭、舉行部落集體狩獵、豐年祭的狩獵行動時，族中男子均需住於男子會所中。

三、經濟生活

(一) **生產方式**：邵族的生產方式隨著其居住地的轉變而有些許不同，由山林野地遷居至風景秀麗的日月潭湖畔，其生產方式也從以狩獵文化為主轉變為漁撈文化，仍不脫離農耕、狩獵、漁撈為主。

類型	方式
火耕鍬耕	邵族的傳統農業採火燒輪耕方式進行。播種前以火燃燒雜草整地，火灰成肥料，耕作幾年後地力消退，遂異地而耕。主要農作物為粟，開墾時以小鍬為主要器具，故又稱「鍬耕」。
鹿豬狩獵	邵族人以狩獵野豬和鹿為主，捕獲獵物時，由共同狩獵者均分獵物，且獵物的頭骨由獵中該獵物者擁有，具英勇善獵的象徵。並將獸骨懸掛於屋前，以便展示。
浮嶼誘魚法	漁撈是邵族人僅次於農耕的生產方式，與其居住在日月潭水深漁獲多有關，並在日月潭發展出聰明的「浮嶼誘魚法」。將由數根竹子綁製而成的浮嶼，放於潭中，並在其上填些泥土、種些水生植物，以作為魚群聚集產卵之所，邵族人只需在四周裝設魚筌等魚自動入筌中即可。

(二) **飲食**：<u>**邵族的「舂石音」和「杵歌」最為著名，此亦說明了邵族以木杵與臼來做為食品加工的工具**</u>。先將粟或稻穀置於木臼裡，然後用木杵垂搗至外殼脫落後，再以篩簸去殼，去殼後的糯米先用蒸斗蒸熟後，放入臼裡，然後再用杵搗之，直到糯米飯成為塊狀的糕餅，頗為類似阿美族的麻糬。

四、信仰祭典

經典考題

試述邵族的「祖靈籃文化」和「先生媽」的職責與功用。

邵族信仰以「祖靈崇拜」為核心，並發展出特有的「祖靈籃」和「先生媽」。 每當家中遇有重要事件和歲時祭儀皆須祭拜祖靈籃，並請先生媽與祖靈籃溝通以告知祖先，故邵族的信仰與祭典實密不可分。茲分述如下：

(一) 信仰

1. **祖靈崇拜**：邵族的最高祖靈〈pacalar〉和氏族祖靈〈apu〉能庇祐族人順利平安，驅除如黑精和水精般危害生產、糧食和族人性命安全的惡靈。族人相信居住在〈Lalu〉「光華島」大茄苳樹上的最高祖靈，是最具權威的神，亦是女祭司「先生媽」求巫的祖師。而各氏族的始祖即是氏族祖靈，分有：袁姓氏族祖靈〈maSqaSqa〉、高姓氏族祖靈〈malhipulu〉、陳姓氏族祖靈〈fuliti〉、毛姓和石姓氏族的祖靈〈amulis〉。

總稱	類型	種類	作用
超自然物〈qali〉	善靈	最高祖靈〈pacalar〉	使農作物豐收、狩獵豐盛、子孫繁衍、族人平安健康、驅除厄運、造福族人。
	惡靈	黑精〈matinatinaq aqali〉	危害族人、作祟人間，影響作物收成及導致家畜死亡。
		水精〈daqrahaz〉	在潭中作亂使人翻舟溺死。

2. **祖靈籃**【95原民二等、95、100原民五等】：**「祖靈籃」〈ulalaluwan〉又稱「公媽籃」，為邵族祖靈崇拜的特徵之一**。祖靈籃內裝盛著祖先遺留下來的衣飾，邵族人相信自家的祖先就存留在小小的籐籃裡，以保佑全家平安。故籃內衣物不可隨意更動，若要分家才予以分配，凡是家中、族中有重要事情或祭典儀式的舉辦，皆要準備酒米祭品以供奉祖靈籃，告知祖先。若是要分家時，籃內衣物亦成為其分割重要對象；若是要更換新籃，必須在八月舉行豐年祭時，請「先生媽」到家中「作向」，始可更換。

3. **先生媽**：「先生媽」，邵語稱作〈mishimshi〉，日據時期則稱〈shinshi〉，「先生媽」一名可能是由日語一音之轉，現今邵族人習慣以閩南語發音的「先生媽」來稱呼。**「先生媽」是專門祭祀祖靈籃和舉行祭典的女祭師，為邵族重要文化傳承者之一，在族內享有崇高的地位**。主要職責是服侍最高祖靈〈pacalar〉和氏族祖靈〈apa〉，並為族人告解、驅除厄運以獲取平安。因其職責，「先生媽」儼然成為部族中宗教與精神生活的重要關係人。

如此特殊的祖靈籃信仰究竟從何而來？讓我們由一則神話來窺看一二。邵族人剛至「日月潭光華島」〈lalu〉定居時，頭人的妻子恰巧懷孕生子，不幸生下一對一黑一白的孿生兄弟，雙胞胎在邵族人眼中為不吉祥的徵兆，於是頭人當機立斷把黑嬰丟到潭中淹死。第二天夜裡，頭人夢見被丟棄在潭中的黑嬰託夢說：「今我已死，此後全族每戶人家都必須放置一籃祖先衣飾，以作為祖靈的居所而供奉之，不得有誤，否則將有大禍。」次日頭人將此事告知全族人，族人們都非常驚恐，由於凶夢在邵族是不好的預兆，於是每家都遵照指示準備一只籃子，內置祖先衣服和飾物，作為祖靈的象徵，此後族人遇有重大事情，都以祖靈籃做為祭告求佑的對象。此後族人也因此享有平安、健康且衣食無缺的生活。至此祖靈籃就成了邵族有別於他族的重要特色。

具神聖地位的祖靈籃，早期掛在住屋正室的左壁側，離地約兩公尺。隨著時代變遷，現今的邵族人多半接受漢人宗教，因此成為祖靈籃和漢人神像或祖先牌位共同供奉在同一神桌上，或是將祖靈籃掛於壁上。

每逢家中有重要大事或族中的例行祭典，都必須把祖靈籃取下，放在門口，供以祭品祭祀，並請女祭師「先生媽」來向祖靈報告一番，若是沒有按照正常程序向祖靈報告，則會引起祖靈疑心和不悅，或發生一些不吉祥之事，因此專門由女性擔任的「先生媽」，作為與祖靈溝通的管道，其地位十分崇高與重要。要成為一個「先生媽」，除了有決心服侍祖靈外，還須具備三項要件。第一、夫妻必須當過豐年祭的爐祖。第二、此婦女必須是族內受人尊敬、家庭幸福美滿者。第三、必須經過最高祖靈的許可。以謹慎條件下篩選出來的「先生媽」來為祖靈與族人服務，各有各自的管轄地帶。

邵族人崇敬祖先的方式產生了特別的祖靈籃信仰，亦藉著「先生媽」的祭師制度，將祖靈信仰確立流傳下來。這類歷代遵從的制度，配合為了農作、漁獵豐收而舉行的定期祭典儀式，讓邵族人在經歷兩次流離失所、居住處被侵略和外族以人口壓力的進逼下，仍然得以保留屬於自身的傳統文化，亦保存了族人「族群認同」與族群「自我意識」，以融入現在這個日新月異的時代。

(二) **祭典**：邵族的重要祭典有農耕祭儀和狩獵祭。農耕祭儀包括有播種祭、播種後祭、移植祭、除草祭、收割祭、豐年祭、收藏、嚐新祭等，可是邵族人現在幾乎不再從事農作，因為種植稻米虧本，且在政經形勢的改變之下，由於官方禁止狩獵，山林獵物資源缺乏，狩獵祭也演變成為象徵性的祭典，然而，不再狩獵也不用耕作的日月潭邵族，仍然遵從祖先遺留下來的祭典傳統，堅持傳統，保留了許多重要祭儀。以下以介紹氏族祖靈祭、狩獵祭與拜鰻祭和豐年祭為代表。

1. **氏族祖靈祭**：日月潭德化社有七個氏族，各氏族在重要的祭典祭儀時，各有其分工方式。每年農曆六月二十五日是氏族祖靈祭，德化社各氏族頭人的後裔需到祖先舊部落遺址去祭拜祖靈，但是僅有袁姓和石姓氏族舉行這個祭儀。此與德化社保留的二個頭人系統有關。祭拜前需在小甕中準備釀好的酒，並準備兩個煮熟的雞蛋，以及一些金紙和鞭炮，祭拜時戴上一頂鹿皮帽，腰間繫上一把刀為邵族傳統服飾，更是邵族勇士的打扮，以敬畏祖靈。氏族祖靈祭代表著邵族人慎終追遠的精神。

2. **狩獵祭與拜鰻祭**：狩獵祭與拜鰻祭的產生與邵族人的居住環境和生產方式息息相關。但隨時代變遷，傳統的祭儀也以替代方式予以流傳保存，茲分析比較如下：

	日期	進行方式	意義	改變因素
傳統儀式	農曆七月十五日至十八日	全族男子下湖魚撈、入山狩獵，屬於團體性質的活動，所獲獵物由族人均分，頭人和捕獲者可分得較多一些。狩獵結束後，舉行全族共享的宴會。	藉狩獵祭祈求祖靈賜予豐富獵物，讓資源不虞匱乏。	由於生態保育，政府禁止狩獵，再加上狩獵已非邵族主要生計來源，故改為舉行象徵性儀式。

	日期	準備物品	方式	儀式完成／意義
象徵儀式	農曆七月初一狩獵祭	酒、甜酒釀、半隻雞塊。	第一階段	將祭品和祖靈籃放於祭場，由先生媽們主祭，請祖靈駕臨祭場，以享受族人所供奉的祭品。 先生媽們舉行完儀式後，享用祭品，祭祖用的雞肉只能供給先生媽食用，且啃剩的骨頭只能丟於祭場內的排水溝不能餵狗，避免將雞骨留給獵犬會讓狗兒怠惰，忘記狩獵的使命。

	日期	準備物品	方式		儀式完成／意義
象徵儀式	農曆七月初二拜鰻祭	多家糯米所製成長約二台尺、寬約三分之一台尺的白鰻魚造形麻糬（每一條白鰻上都貼上寫有各戶家主姓名的紅紙條。曲狀或直狀的白鰻，以兩個龍眼仔以作白鰻的眼睛，頭部位置插上了圓仔花或是火鶴花的花朵）。	第二階段	祭品加上雞塊、酒，一切依禮儀行事。	祭儀結束後，白鰻麻糬被切成兩段，頭部的部位，隨著祖靈籃被各戶人家帶回，尾部的部位集中起來成為先生媽的謝禮。由於日月潭產有強韌的鰻魚，但捕獲不易，因此製作白鰻造型的麻糬，以祈求祖靈庇祐漁獲豐收。
			第三階段	只對頭人家的祖靈籃進行祭儀。	

3. **豐年祭**：邵族的豐年祭相當複雜，整個祭儀過程是透過許多職務分工合作得以進行，藉由豐年祭我們可以一窺邵族多樣的生活面貌和富創造力的文化。儀式過程簡述如下：

過程	主要活動與內涵
舂石音（杵音）	農曆七月最後一天，在頭人家門前舂石起音，以作為豐年祭的前奏。
開祭儀式	農曆八月初一為邵族新年第一天，過年期間無論男女老少皆頭戴鮮花。儀式分二階段舉行，第一階段由先生媽向祖先祈求各項事務，第二階段若有由部落會議推選出的爐主（主祭），則告知祖先並擔任此豐年祭的主祭。
擦手臂除穢儀式	此為專屬男人的儀式，為保衛族中安全的男性擦手臂除穢。
飲公酒	農曆初一至初三期間，各家各戶須獻一缸酒給先生媽。

過程	主要活動與內涵
狩獵祭	早期為舉辦豐年祭，族中男子須先上山狩獵。現則保留儀式，以事先捕獵好陷阱釘於草叢，族長帶領青年繞陷阱一圈，以向祖靈祈福，完成後前往專辦此一祭儀的「毛家」，行祝禱儀式。此一儀式主要祈求祖靈庇祐族人，使其成為英勇之士、狩獵豐盛平安歸來。
甜酒祭	以甜酒釀來祭拜祖先。若是第一天的部落會議未決定爐主，則經由族長協調。是否選出爐主以舉行甜酒祭時出現大鍋子以為選出，此年舉行「大過年」，若無大鍋出現則為「小過年」。
鑿齒儀式	農曆八月三日舉行象徵成年的鑿齒儀式。
蓋祖靈屋	農曆八月四日於陳姓和高姓門前庭院輪流興蓋祖靈屋。
祖靈屋前之祭儀	將祖靈籃放於祖靈屋前舉行祭儀。
牽田	農曆八月五日至十一日，在祖靈屋前舉行牽田儀式，即是唱歌跳舞。藉由吟唱舞動祖先流傳下的歌曲舞步，以達到與祖靈溝通之目的。
豐年祭進行到一半的祭儀	以往祭典時間較長時，於八月十五日舉行，今則改在十二日舉行。主要以準備甜酒祭拜祖靈和將日月盾牌供奉於祖靈屋內儀式為主。
迎祖靈出巡	為祈求平安，由爐主帶領下，祖靈出巡，一路吟唱歌謠，巡遍德化社全境。
最後的祭儀	表示祭典即將進入尾聲，以便進行爐主家的告祖儀式。
最後的飲酒	為整個豐年祭的重頭戲，族內通宵達旦至次日中午結束。這段時間爐主須準備豐盛酒食款待族人和包紅包、禮物贈給先生媽和娘家。隨後迎日月盾牌至村內各戶人家家中祈福。

過程	主要活動與內涵
迎日月盾牌祈福	日月盾牌由被安奉在祖靈屋內至迎到村內各戶人家家中祈福。
拆除祖靈屋	在先生媽舉行最後一次的祭儀時,即進行拆屋工作,祖靈屋拆除後即宣告祭典結束。

(三) 禁忌

禁忌類別	禁忌對象	禁忌行為	神話傳說／原因
鳥類	貓頭鷹	不得捕殺	傳說邵族有一漂亮女子,因未婚懷孕被族人視為羞恥之事而飽受責難。少女在寒冷的夜逃到深山,不幸凍死。往後每當族人懷孕時,便有貓頭鷹飛到家中屋頂上,啼叫不已,彷彿提醒婦女珍惜身體,族人認為貓頭鷹就是那位少女的化身,遂告誡族人不得捕殺貓頭鷹,並相信貓頭鷹能預知懷孕之事與指引山中打獵的族人。
	老鷹		傳說有位小孩十分懶惰,從不會幫忙母親,母親一氣之下責備了他,傷心的孩子遂爬至屋頂,將畚箕剖成兩半,插在兩腋下,變成一隻老鷹飛走了。族人深信天上高飛的老鷹便是小孩的化身,故打獵時從不傷害老鷹。
	繡眼畫眉鳥		報訊之鳥
植物	茄苳樹	不得砍伐	茄苳樹為邵族最高祖靈居住處。
	樟樹		砍伐樟樹後的香氣四溢,恐招來惡靈加害族人。
日常生活	忌諱掉牙齒、觸摸別人頭髮、孿生、孕婦嚐新收成之米、母雞啼、男子觸摸織布機、女子觸摸武器或獵具、打噴嚏及放屁等。		

五、生命禮俗

(一) 懷孕生產：早先時代的邵族婦女利用結繩的方式計算生產時間，由婦女開始停經後，便開始計算，在每月月圓之日，用繩子打一個結，直到累積九或十個結時，便準備待產。生產由產婦自己生產或請姨母協助，胎兒即將臨盆時，由母親或兄嫂攙扶下床，雙手緊抓床邊面對床沿採跪姿生產，胎兒產出以生雙胞胎或難產為不吉徵兆，即遭丟棄命運。

(二) 命名：嬰兒在出生後的一個月，由其父命名，男孩多襲祖父名，女孩多襲祖母名，名字之後加上氏族姓。

(三) 成年禮

1. **仿真水戰**：邵族男子從十八至五十歲皆要接受水戰訓練，在豐年祭的第一天早晨，族內青少年聚集至長老家庭院中，準備舉行仿真水戰。先由成年男子分為勢均力敵的二隊，分別搭乘兩艘大船，扮演敵我雙方，在日月潭上乘風破浪，接受水戰的洗禮，以成為部落中堅份子。

2. **鑿齒儀式**：每逢邵族的豐年祭，族中長者要為族中青年男女舉行鑿齒儀式，以敲上下兩邊的犬齒為主，此為「敲角齒」，為成年禮儀式之一部份。隨時代演變，目前在舉行豐年祭大過年時，已不真正將牙齒鑿下，只保有象徵性的鑿齒儀式。

(四) 室外蹲葬：邵族採室外蹲葬法，將善死者手足屈膝於胸前，作蹲踞狀，以布匹裹屍，裝殮妥當後，將屍體搬運到室外安葬，再請先生媽（女祭師）到喪家舉行辭魂祭。

六、藝術文化

(一) 服飾

1. **紡織技術**：邵族的紡織技術稱為「腰掛紡織」，主要材料為苧麻。先將苧麻紡成麻線，將此麻線在理經機上處理好經線，再將經線掛於腰際，用腰部的力量使其拉直，然後以梭子穿上緯線，織成一塊布匹。

2. **裝飾藝品**：早期邵族人之間的交易以使用螺片和貝珠為貨幣，故其服裝常以貝殼作為裝飾。其中螺錢是以螺類磨製而成，圓形、約三寸大小，中間穿一小孔，可串連成額飾與頸飾，是族人珍貴的飾物。

3. **幾何花紋**：邵族人常見的紋樣以代表最高祖靈的日月形狀盾牌和幾何形花紋為主。

(二) **舟船**：由於傍日月潭水而居，再加上潭中漁獲豐富，故邵族人刳木為舟，成為漁撈及划行於潭上的交通工具，生產方式結合藝術文化，發展出舟楫和浮嶼捕撈的特殊捕魚文化。

(三) **舂石音（杵音）**【95初】：**邵族人往昔住在〈Tarinkwan〉舊社時，種植水稻於光華島的周邊，稻穀曝曬後，婦女們用木樁在石塊上槌打稻穗以去穀殼，因各家各戶同時槌打去殼，造成部落叮叮咚咚的聲響此起彼落，頗合音律與音感，且相當悅耳，至此就發展而成了「舂石音」。**在每年豐年祭時，當族人在頭人家前舂石起音時，即是預告豐年祭的前奏。

舂石音的杵是由長度約160至240公分，長短粗細輕重各不同的石杵所組合而成。舂石音時每人各執一杵，圍繞杵石一圈，按照各人負責的節拍舂擊杵石，由於杵的材質、粗細、長短各有不同，因此敲擊時產生的聲響也會有不同的音階高低，而組合成多種不同節奏的杵音，此外，旁邊會有數名族人，手持著長短不一的竹筒敲擊附合，成為舂石音的合聲，讓聲響更為美妙。

精選範題

【測驗題】

(　　) **1** 下列哪一族群其神話中指出「其先祖原居阿里山，一日追逐白鹿而意外發現世外桃源—日月潭，隨後全族遷徙至日月潭居住」？
(A)鄒族　(B)賽夏族　(C)魯凱族　(D)邵族。

(　　) **2** 高拱乾纂《臺灣府志》〈規制志〉中：「水沙連思麻丹社康熙三十二年新附」，「思麻丹社」是以日月潭為中心，周圍各族對邵族的稱呼；「新附」即向清朝輸納餉銀，然而此時的邵族仍擁有佔據一方的勢力存在。由以上敘述可知水沙連邵族在清領時期為以下列何種稱呼較為適宜？　(A)平埔族　(B)生番　(C)熟番　(D)化番

(　　) **3** 原住民婦女們利用木杵在石塊上槌打稻穗以去穀殼時，發現木杵有一定的規律與節奏，故將其做為一種合奏的樂器，所發出的樂音稱為「杵音」或「舂石音」。此種樂器存在於原住民族中的哪兩族？　(A)邵族、布農族　(B)布農族、泰雅族　(C)魯凱族、排灣族　(D)鄒族、邵族。

(　) **4**「祖靈籃」（又稱「公媽籃」）為邵族祖靈崇拜的特徵之一，請問下列對於祖靈籃的敘述中何項有「誤」？　(A)「先生媽」是專門祭祀　祖靈籃和舉行祭典的女祭師，為邵族重要文化傳承者之一，在族內享有崇高的地位　(B)祖靈籃內裝著各家的祖先牌位　(C)祖靈籃內裝盛著祖先遺留下來的衣飾　(D)邵族的祖靈籃信仰至今仍完善保存。

(　) **5** 平埔族道卡斯族與邵族的祭典中皆有「牽田」的儀式，請問祭典中所進行的「牽田」儀式，下列何項敘述正確？　(A)族人們走牽手走過田地，祈求穀物豐收　(B)牽一條牛犁田象徵今年農耕活的開始，亦有祈求農作順利之用意　(C)族人們手牽手唱歌跳舞　(D)以田地為賽跑的範圍，藉由賽跑競賽為祭典儀式做一暖身活動。

(　) **6** 神話傳說故事常是原住民族的精神文化象徵，對於一些流傳已久的習俗、禁忌、來源做一解釋的功用，根據邵族的神話傳說，下列何種動植物「不在」其禁忌範圍之內？　(A)榕樹　(B)茄苳樹　(C)貓頭鷹　(D)老鷹。

(　) **7** 往昔的邵族原為雄踞水沙連一帶的霸主，無奈在歷史的演變之下，現今的邵族人口稀少只能屈居於日月潭周圍，請問下列所述關於邵族的歷史發展，何項「不包括」在內？　(A)骨宗事件　(B)郭百年事件　(C)大庄事件　(D)平埔族群移入埔里盆地。

(　) **8** 下列有關邵族的敘述，何項有「誤」？　(A)邵族曾被劃歸屬於平埔族的一支　(B)今日的邵族在政府的妥善照顧下，生活困境解除，人口亦慢慢繁衍滋長　(C)現今日月潭的光華島為邵族的祖靈地所在　(D)邵族曾被歸於鄒族的一支。

(　) **9** 居住島湖地區的邵族，以其優勢的地理環境，發展出著名的「浮嶼誘魚法」，關於「浮嶼誘魚法」的特色，下列敘述何者「正確」？　(A)在島嶼四周裝置捕魚器，待魚兒自動游入　(B)將由數根竹子綁製而成的浮嶼放於潭中，在其上填些泥土、種些水生植物作為魚群聚集產卵之所，再於四周裝設魚荃　(C)用蘆葦製成浮嶼，以泥土、植物填滿作為魚群棲息處，便於捕抓　(D)在島嶼周圍設置定點放置魚餌處，利用魚群群聚習性，便於一次大量捕獲魚群。

（　　）**10** 各族都有其著名的祭典儀式，列各項原住民祭典，何者屬於邵族？
（A)五年祭　　(B)矮靈祭　　(C)射耳祭　　(D)拜鰻祭。

（　　）**11** 經行政院核定為原住民族的「邵族」原歸類為哪一族？　(A)泰雅族
(B)布農族　　(C)鄒族　　(D)魯凱族。　　　　　　　　　　【初考】

（　　）**12** 「杵音」是哪一族的傳統音樂？　(A)阿美族　　(B)賽夏族　　(C)邵族
(D)泰雅族。　　　　　　　　　　　　　　　　　　　　　【初考】

（　　）**13** 住在日月潭湖畔的原住民族為哪一族？　(A)邵族　　(B)布農族
(C)卑南族　　(D)鄒族。　　　　　　　　　　　　　　　　【初考】

（　　）**14** 雖然僅存不到三百人，但仍保有公媽籃祭祖儀式及族語傳承的是那
一族？　(A)邵族　　(B)布農族　　(C)泰雅族　　(D)鄒族。　【原民五等】

（　　）**15** 傳說祖先為追逐一隻白鹿，遠從平原來到日月潭定居的是那一族？
(A)鄒族　　(B)邵族　　(C)布農族　　(D)泰雅族。　　　　【原民五等】

（　　）**16** 臺灣第一支由縣認定的原住民族是那一支？　(A)太魯閣族　　(B)邵
族(C)噶瑪蘭族　　(D)西拉雅族。　　　　　　　　　　　【原民五等】

（　　）**17** 邵族堅信祖靈的存在，每家均有一個「公媽籃」以祈求祖靈賜福，
請問在公媽籃內裝有何物？
(A)以糯米製成的塊狀糕餅　　(B)狩獵及耕種器具　　(C)捕魚用的手網
及魚簍　　(D)祖先遺留下來的衣飾。　　　　　　　　　　【原民五等】

（　　）**18** 根據邵族的傳說，其祖先是因追逐下列何種動物而進入今天的日月
潭地區？　(A)白鹿　　(B)白馬　　(C)白羊　　(D)白牛。　【101原民五等】

（　　）**19** 請問邵族是那一年從其他族群分立出來，正式成為原住民族的第十
族？　(A)1999年　　(B)2000年　　(C)2001年　　(D)2002年。【107原民五等】

（　　）**20** 「吳鳳銅像破壞事件」下列何者錯誤？　(A)在學校開始教授吳鳳故
事是從日本時期開始　　(B)臺灣省主席宋楚瑜時期，開始修建吳鳳
廟、吳鳳墓、吳鳳銅像　　(C)因為不滿國民政府長期宣傳吳鳳神話、
貶抑原住民，1988年12月31日，數名鄒族青年破壞了嘉義市中心的
吳鳳銅像　　(D)事件影響是教育部停止在學校中教授吳鳳故事，嘉義
縣吳鳳鄉改名為阿里山鄉。　　　　　　　　　　　　　　【107原民五等】

( ) **21** 請問曾被稱做「水沙連化番」者是那一個族群？ (A)洪雅族 (B)邵族 (C)巴宰族 (D)噶哈巫族。 【108原民五等】

( ) **22** 臺灣原住民的科學性分類，始自日治時期的學術研究，學者們的學理與資料各異，族群分類多有不同。戰後臺灣省文獻會委託中央研究院與臺灣大學進行研究，依歷史、文化、血統等要素，提出九族分類說，自此即被沿用數十年，直至2001年，那一個族群被政府公開承認，才打破此一使用長達半世紀的分類？ (A)太魯閣族 (B)邵族 (C)賽德克族 (D)卡那卡那富族。 【108原民五等】

解答及解析

1 (D)

2 (D)。化番指界於「生番」與「熟番」之間，與熟番相同曾向清廷繳納稅賦，但有時卻中斷或予以滯繳，以其勢力龐大不完全受政府控制，有屬於自己族群的領導者。

3 (A)　**4 (B)**

5 (C)。「牽田」為邵族豐年祭的活動之一，豐年祭期間於農曆八月五日至十一日，族人每夜必聚集於祖靈屋前唱歌、跳舞。於每晚八時左右，族人陸續來至祖靈屋前，青年排列於牽田儀式的內圈，將酒供予參加牽田儀式的族人，當族人拿到酒後，須以右手手指沾酒灑向空中，意指獻給祖靈，然後開始吟唱祖先之歌，並伴隨著誇讚祖先勇武的圈舞舞步。由於邵族歌謠中蘊含祖先流傳下來有關倫理道德、生活技能、宗教信仰、智慧等內容，因此藉由歌唱與跳舞與祖靈作心靈層次的溝通。

6 (A)

7 (C)。清末朝廷積極開發後山，然而其官吏橫徵暴斂、欺壓百姓，使得光緒十四年（1888）大庄（今花蓮縣富里鄉）的客籍人士劉添望夥同西拉雅族人，起事反抗朝廷，之後得到阿美族、卑南族的響應，戰事遍及花東縱谷南北，稱為「大庄事件」。

8 (B)　**9 (B)**　**10 (D)**

11 (C)。邵族人由於一則神話傳說的誤導和族名〈thao〉和鄒族（曹族）〈thuo〉的發音相近，而被冠以「曹族」之名。

12 (C)。邵族祖靈籃信仰和美妙的杵音是其文化上的特色。

13 (A)。邵族神話傳說中指出，其先祖原居阿里山，一日追逐白鹿而意外發現世外桃源—日月潭，隨後全族遷徙至日月潭居住。

14 (A)　**15 (B)**　**16 (B)**

17 (D)。邵族人相信祖先就在公媽籃裡　　　　**19 (#)**。官方公告答案原為(B)，後修
　　所留的祖先衣飾裡。　　　　　　　　　　　正答(C)給分。

18 (A)。追逐白鹿為邵族的誕生神話。　　　**20 (B)**　**21 (B)**　**22 (B)**

【申論題】

解釋名詞：(一)水沙連　(二)骨宗事件　(三)浮嶼誘魚法　(四)牽田

答　(一)水沙連：「水沙連」意指邵族活動區域，範圍甚廣，但隨著漢人勢力
　　　　進逼，至清代「水沙連」只指漢人勢力以外區域。「水沙連」此一名
　　　　稱是由平埔族「洪雅族」其中一支〈Arikun〉稱呼其分布地內山的生
　　　　番為〈Tualihen〉或〈Soalian〉，後來譯音訛傳為「沙連」，再加上
　　　　此地有日月潭湖水，故添加「水」字，而成「水沙連」。

　　(二)骨宗事件：清朝雍正以前，水沙連地區被劃為「化番」地區，清廷豎
　　　　石為界，嚴禁原住民族群與平埔族群、漢人互有來往，僅由「通事」
　　　　負責與原住民族群交易。然而，長久以來通事的橫徵暴斂，使得邵族
　　　　不滿，遂趁著康熙六十年（1721）的朱一貴事件，殺通事以為報復，
　　　　清廷視之為叛亂。隨後清廷為加強控制內山，成立水沙連堡，造成原
　　　　住民生存空間及傳統領域受到侵害壓迫，使得內山原住民大量出草。
　　　　雍正元年至三年間（1723-1725），中部內山的原住民出草頻繁，其
　　　　中可能包括邵族，造成漢人傷亡慘重。雍正四年（1726），官方出兵
　　　　二千人以武力搜查以水社頭目骨宗為首的邵族各社，搜出八十五個頭
　　　　顱，並捉拿骨宗父子三人，隨即押往臺南府城斬首，此為「骨宗事
　　　　件」又稱「水沙連事件」。此一武力行動瓦解了邵族的部落聯盟，使
　　　　得邵族受到極大的傷害，勢力受創。

　　(三)浮嶼誘魚法：「浮嶼誘魚法」為邵族人適應當地地理環境而發展出的
　　　　生產活動，頗具特色與巧思。由於居於日月潭邊，魚產豐富，故以數
　　　　根竹子綁製而成的浮嶼，放於潭中，並在其上填些泥土、種些水生植
　　　　物，以作為魚群聚集產卵之所，此邵族人只需在四周裝設魚荃等魚自
　　　　動入荃中即可。

　　(四)牽田：「牽田儀式」為邵族豐年祭中的活動之一，每年豐年祭期間於
　　　　農曆八月五日至十一日，族人每夜必聚集於祖靈屋前唱歌、跳舞。於
　　　　每晚八時左右，族人陸續來至祖靈屋前，青年排列於牽田儀式的內

圈，將酒供予參加牽田儀式的族人，當族人拿到酒後，須以右手手指沾酒灑向空中，意指獻給祖靈，然後開始吟唱祖先之歌，並伴隨著誇讚祖先勇武的圈舞舞步。由於邵族歌謠中蘊含祖先流傳下來有關倫理道德、生活技能、宗教信仰、智慧等內容，因此藉由歌唱與跳舞與祖靈作心靈層次的溝通。

NOTE

Unit 9　布農族 (BUNUN)

依據出題頻率分為：**A頻率高**　**B頻率中**　**C頻率低**

> 【命題關鍵】抗日事件、八部合音、射耳祭典
>
> 【命題焦點】1. 被譽為日治時期理番政策下最難以馴服的族群—布農族，其輝
> 　　　　　　　煌的抗日戰爭史須多加注意。
> 　　　　　　2. 布農族以氏族組織架構而成的各項社會制度是一大重點，讀者
> 　　　　　　　們須先了解氏族組織的架構與意義，再了解其在各項社會組織
> 　　　　　　　上的功用。
> 　　　　　　3. 享譽國際的八部合音與射耳祭為其重要的文化特色。
>
> 【考點分析】主要以布農族特色為考題，如分布最高的原住民族群和風靡國際
> 　　　　　　的八部合音。
>
> 【參考資料】(一)族群發展方面
> 　　　　　　　1. 田哲益（民92），臺灣的原住民—布農族，臺北市，台原。
> 　　　　　　　2. 葉家寧（民91），布農族史篇，南投市，國史館臺灣文獻館。
> 　　　　　　(二)文化方面
> 　　　　　　　1. 林道生（民87），花蓮原住民音樂—布農族篇，花蓮市，花
> 　　　　　　　蓮文化中心。
> 　　　　　　　2. 田哲益（民84），臺灣布農族風俗圖誌，臺北市，常民文化。

一、族群發展

(一)**族名稱呼**：布農族自稱〈bunun toza〉，意為「本來的人」，其中的
〈bunun〉即為「人」之意。由於瞳孔能映照出人的影像，故瞳孔亦稱
〈bunun〉。在臺灣原住民中，布農族是名副其實的高山原住民，從玉山
山脈至中央山脈連線一帶，可見其蹤跡，故布農族擁有中央山脈統治者與
玉山山脈守護神之稱。

(二)**地理分布**【95初、100原民五等】：布農族分布在埔里以南的中央山脈及其東
側，直至知本主山以北的山地。具體的界線是以南投為中心，北到霧社、南
至高雄旗山、東達中央山脈東麓及太麻里一帶的東海岸。四周與其他原住民
族相連，介於北部泰雅族與南部排灣族之間、東鄰阿美族、西接鄒族。生活

於高山的地理環境，遠離主要交通幹線與外族統治政權的影響，造就其剽悍不羈的族群特性，成為日治時期理番政策下難以馴服的族群。

布農族最初分為六個社群，其中「蘭社群」〈Takepulan〉由於人數較少，又位於中央山脈南投地區與鄒族比鄰而居，故已被鄒族同化。其餘的五個社群分別是：

1. **卓社群**〈Taketodo〉：分布於南投縣仁愛鄉濁水溪上游沿岸山地，其自稱〈siabakan〉，清代稱為「干卓萬番」。
2. **卡社群**〈Takebaka〉：南投縣信義鄉卡社溪流域。
3. **巒社群**〈Takebanuan〉：南投縣信義鄉、花蓮縣卓溪鄉及臺東海端鄉。
4. **丹社群**〈Takevatan〉：南投與花蓮縣界一帶。
5. **郡社群**〈Bubukun〉：南投縣信義鄉郡大溪及陳有蘭溪的沿岸山地及高雄市桃源區及那瑪夏區。

布農族的人口總數60,530人（依據行政院原住民委員會民國111年統計資料）分布範圍相當遼闊，**是臺灣原住民諸族中擴展力最強的族群，亦是分布地最高的原住民族群**。

(三) **起源說法**：布農族的來源說頗分歧，主要分下列三類：

來源地	說法
高山來源說	由於布農族初期的部落分布於玉山山脈一帶，因此有許多傳說其發源於玉山山脈。
平原來源說	根據布農族人的口傳說法，布農族在進入山地之前，原是居住在臺灣的西部平原—濁水溪下游的斗六門、崁頂一帶，後因人口增加、耕地面積受限，再加上漢族的入侵以及臺中平原諸平埔族的鬥爭，使其轉向南投縣仁愛鄉、信義鄉一帶的山地。
海外來源說	在族人的口傳神話中有關於祖先人是由大陸來到臺灣定居的說法。

經典考題

請解釋下列原住民重大歷史事件：【原民三等】

(四) 布農族抗日史【95、98、100、101原民五等】：光緒二十一年（1895）日人據台，理番總督佐久間左馬太積極推行「理番事業」，促使原住民歸順。**布農族人的抗日運動開始於大正三年（1913）實施於東部和南部原住民地區的「銃器收押」政策**。藉由沒收原住民族賴以狩獵為生的獵槍，以有效控制原住民的武力，然而此一行動遂引起原住民的強烈不滿。在日警的高壓之下，布農族人終於忍無可忍展開殺警奪槍，造成一連串衝突、鎮壓、安撫與勦滅的事件。布農族抗日歷程中，以拉庫拉庫溪（今花蓮縣卓樂溪）及新武路溪流域（臺東縣海瑞鄉內）的郡社群與巒社群最著名。

大正四年（1915）五月，**大分部落（今南投縣信義鄉境內）頭目拉荷·阿雷由於不滿日警誘騙族人集體前往花蓮機場參觀時，趁著各部落呈空虛狀態，逕行搜刮獵槍的行為，遂與其弟阿里曼·希堅領導布農族人攻打大分駐在所，殺日警並焚燒駐在所，為「大分事件」**。隨後有感於日人的威脅，率領家族及其餘抗日志士退守到荖濃溪上游玉穗社一帶的山坡上，取其地勢高聳道路險阻，日人無法到達，並以此據點向日方展開長達約二十年的抗日運動。在這期間遠從臺東、花蓮來的族人，紛紛投靠，最多曾高達三十餘戶三百餘人投入這場鬥爭。

此外，曾被臺東廳警務課長淺野義雄，譽為原住民中的北條早雲（日本一著名忍者）的英雄—拉瑪達·星星，在襲殺新武呂駐在所日警之後，以大崙溪上游高山深處的「伊加諾萬」躲藏。勇猛善戰、頭腦靈活、足智多謀的拉瑪達·星星，以「伊加諾萬」為據點，出沒於八通關越警備道及附近各地，並率族人襲擊高雄州、花蓮廳、臺東廳新武呂溪方面的日警。飄忽不定的行蹤，令日警大感頭痛。但由於拉瑪達·星星頗具影響力，日警恐牽一髮而動全身，故對拉瑪達·星星採取懷柔政策，望其能歸降。

為期多年的布農族抗日運動，日方亦採取相應的對策，以開鑿連接里瓏（今臺東關山）至六龜的「關山越嶺道路」，及北絲鬮至六龜的「內本鹿道路」，並配合卓麓到八通關的「八通關越嶺道路」，採南北監控方式，將散布在荖濃溪（高雄）、拉庫拉庫溪（南投、花蓮）、新武路溪（臺東）沿岸的住民納入掌握範圍，再加上充足警力、武器，終於在昭和八年（1933）布農族放棄對日人的戰爭。該年四月二十二日，拉荷·阿雷參與日人在高雄州廳舉辦的歸順儀式，至此結束布農族從大正四年（1915）到昭和八年（1933）為期十八年的抗日戰爭，**布農族也成為臺灣原住民各族最後向日本人投降的族群**。

二、社會制度

父系社會的布農族保有完整的氏族制度,氏族制度成為部落成員間隱形的網絡,聯繫各個族人們,縱使散居他處亦遵守著氏族的家法與禁忌。氏族好比一個龐大的家庭組織,由此發展而出的婚姻和財產制度頗具特色,茲分述如下:

(一) **氏族制度**【95原民五等】:布農族的父系社會,主要有聯族(偶族)、氏族、亞氏族三級單位。以布農族五個主要社群:卓社群、卡社群、巒社群、丹社群、郡社群中,巒、丹、郡社群屬聯族組織;卡、卓社群屬偶族組織。這五個原始的部落群構成五個氏族組織系統,但由於此五支系統原出於同一祖先,故聯合成為一大族群—布農族。又由於部落間的分散遷徙,故以此五大社群基準再往下分出許多亞氏族,相當於部落組織,每個部落組織又是由數個家族集結而成。以氏族為基準,由此往上組織大族群、往下分出各分支細脈,由上而下單位增多,成為一完整的又嚴密的氏族制度。

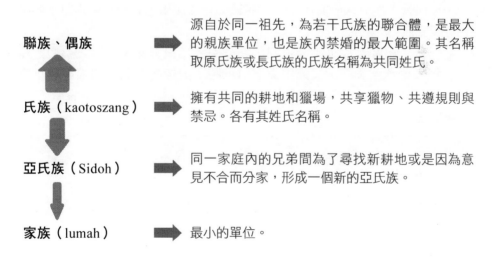

聯族、偶族	➡	源自於同一祖先,為若干氏族的聯合體,是最大的親族單位,也是族內禁婚的最大範圍。其名稱取原氏族或長氏族的氏族名稱為共同姓氏。
氏族(kaotoszang)	➡	擁有共同的耕地和獵場,共享獵物、共遵規則與禁忌。各有其姓氏名稱。
亞氏族(Sidoh)	➡	同一家庭內的兄弟間為了尋找新耕地或是因為意見不合而分家,形成一個新的亞氏族。
家族(lumah)	➡	最小的單位。

(二) **婚姻制度—外婚制**：由氏族制度影響其婚姻制度。布農族的婚姻制度嚴格實施「外婚制」，所謂「外婚制」是指禁止氏族內部聯姻。布農族為父系社會，婚姻實施傳統的嫁娶制度，然而子女的婚姻對象不僅要避免父方親屬的人之外，母方親屬亦屬於禁婚範圍。布農族人一般不把婚姻當成男女兩人之間的事，而是擴大至氏族與氏族之間。婚姻大事通常都由長輩做主，從求婚、訂婚到結婚，都是在家族長老的主持下進行。此外，連鰥夫寡婦的再娶或再嫁，都需要徵得氏族長輩的認可。

布農的禁婚對象有嚴格規定，敘述如下：

1. 同一聯（偶）族之下的同氏族禁婚，主要從父方與母方的父系繼嗣群向外推展開。
2. 姑表和舅表在五代之內禁婚，姨表在四代之內禁婚。
3. 收養子女的禁婚範圍，從養子女的親生父母追溯起，而非從養子女方面追溯。

(三) **財產制度**：布農族的自然財產，如：森林、河川、土地等自然資源，皆為共有制度，屬於全族共有，族內成員享有自由享用或暫為私有權利。而最大的自然財產「漁獵場」為氏族共有，各氏族有其所屬的獵場。

大家族制度影響其財產繼承方式，基本上家族財產是以不分割為原則，因父系制度而採「父長制」。家族的財產由「家長」掌管，由全家共同使用。家長由輩份及年齡最高的男人擔任。若家長死後則以長子優先掌管家產，以保管不能分割的財產為主，而兄弟有權使用，若要分家則兒子們平均分配家產。

一般而言，出嫁女兒是不能返回娘家分家產，只有當家長和兄弟們都死亡，無人繼承產業時，又逢娘家無男嗣時，出嫁的女兒可回娘家繼承家產；若家中產業只剩養子繼承時，出嫁女兒亦可返家與養子均分家產。

(四) **領袖制度**

名稱	職責
祭司	善觀天象、氣候，主持農事祭儀。
拉比安〈laviyng〉	負責財產安全，如遇外族襲擊時，他是領勇士出仗的。
政治領袖	地方法官，頗受民眾尊重與服從。

三、經濟生活

傳統的布農族生產方式主要以刀耕火耨，種植小米、玉米、甘藷和狩獵維生，兼以採集、漁撈和家畜飼養。一般而言，布農族的生產工作分配方式屬於原始的共產制度，農耕為女性的工作、男子主要以狩獵為主。不過兩性分工方式也並非絕對劃分，通常較粗重、危險的仍由男性負責，收穫則由兩性共同負責。生活中有所謂的「換工團體」以打獵所得的肉或以豬肉招徠所需的勞力，解決部落內勞力短缺的問題。

由於重視農作物，而發展出小米的擬人化特色。族人認為小米有靈魂、有五官、可移動，因此對它特別敬重。小米有父粟與子粟之分，父粟有五個耳朵，管理子粟的成長，因此布農人對父粟更加敬重。

四、信仰祭典

> **經典考題**
>
> 臺灣原住民各族均有其代表性的傳統祭典，請任選兩族各自的一項重要祭典內容，加以描述介紹。【原民四等】

(一) 信仰

1. **傳統信仰**：生活於高山的布農族，比其他族群更易感受到天災、毒蛇猛獸的威脅，在其信仰當中有兩大部分，其一為天神〈Dihanin〉、其二為精靈〈Hanito〉的觀念。有些族群會將神予以分類，唯獨布農族不曾將神分類，因為他們沒有最高神祇的信仰觀念。天神〈Dihanin〉的觀念其實很抽象、無所不在，是道德倫理的標準，族人們常存有「善有善報，惡有惡報」的因果觀念，父母訓誡子女，待人接物，農耕狩獵都會跟天神建立利害關係。布農族人未將天神設以任何象徵性的物品膜拜，但是若遇有天災人禍時，常祈求天神給予賜福、保祐。

   布農族人對於鬼、神、靈魂的觀念不清，予以精靈〈Hanito〉的概念統稱，有時是實質的生物，有時虛幻；有時為善、有時行惡，功能很多元，祈禱時可祈求精靈保護，詛咒他人時亦祈求精靈幫助。

2. **圖騰崇拜**：圖騰是原始人類在民智未開時，對自然界產生敬畏，進而對某一自然事物，認為與其生活密切相關，而將之視為社會群體的共同標幟、

象徵，神聖不可侵犯。**布農族的圖騰信仰為「百步蛇」，布農族人稱之為〈Kaviaz〉，是「朋友」之意，因此布農族人重視百步蛇，並忌諱將百步蛇殺害，以免遭其報復**。若在路上遇著百步蛇阻擋去路，布農族人會遞一塊小紅布給百步蛇，並告訴牠說：「我們是朋友，請你讓開好嗎？」此時百步蛇便會自動離去。

(二) 祭典

1. **嬰兒祭**：嬰兒祭，又稱嬰兒慶典，布農族語〈Masiqolos〉意為「掛項鍊」，為這一年出生的嬰兒舉行佩掛項鍊的儀式。時間在每年的七、八月份的月圓之時舉行，象徵著小孩能越長越好。此祭典是以戶為單位舉行，孩子的父母為嬰孩佩帶項鍊，並向天祈禱小孩能平安長大成人，然後父親會用手指沾酒潑灑小孩，母親則咀嚼gana的樹根並塗抹於小孩頭上。當大宴請親友，告知各位新生兒的名字，並接受族人的慶賀與祝福，象徵著把小孩介紹給族人，成為聚落的一份子。宴會則視經濟狀況而定，經濟狀況好的家庭，酒宴甚至可以持續四、五日。

2. **射耳祭**：善於打獵的布農族，於每年四月月亮稍缺時，舉行唯一全部落性的祭典—射耳祭。是培養青年勇敢機智、訓練狩獵作戰能力的最好時機。傳統的習俗以當年獵獲最多的勇士家門前做為慶祝的場所，後來為避免糾紛，遂改為固定地點（大都是主祭者家）來舉行。射耳祭只限於男子參加，女子禁止至祭祀場所。射耳祭是布農族人的宗教節慶，也是社會、教育、經濟、政治等活動的節日，在此祭典時全社的男子教自己的孩子射箭，一起練習射擊、一起享用烤肉，一起祭拜敵人的首級、獸骨、武器等，巫師們也趁此時重溫巫術也增強法力。

射耳祭【100 原民五等】

射耳祭又稱為打耳祭，布農族語為〈manah-taingia〉，是布農族祭儀中最重要的祭典。藉著射耳學習狩獵技巧、採集食物，獲取社會肯定與認同、確定個體生命價值、團結一致等多項意義，以氏族組織為基礎，對外表示射敵首，對內表示團結友愛。

在射耳祭前的一個月，會由祭司宣布舉行的日期及地點，後來都規定在主祭人的家中。男子們會事先上山打獵以準備所需的獸耳，獸耳以「鹿耳」為主，因為在布農族語中，山鹿〈havang〉是狩獵時最想獵取的動物，且鹿的體型大於其餘動物，故若能獵取山鹿則被視為英勇的象徵。隨後於四月月亮稍缺時舉行祭典，祭典時間於凌晨三時開始，規定只限男性參加，包括大人小孩。

祭典開始時，由該年打獵成績最佳者點火烤肉，並熄掉全村的火種，再予以點燃，表示「薪火相傳」，然後由全族男子輪流射耳。射耳儀式進行時由年紀小的最先射，距離約一公尺半，射時只能射鹿耳與獐耳，若射不中小孩會短命而死。小孩射完後，由男子依序射擊，早先是用弓箭，有火槍後便改用火槍射擊，射耳直到早晨。

隨後是分肉，由祭典儀式的引導者分給每一個成員。先發給每人一顆玉米粒，接受到玉米粒者需報數，以此來統計人數，因為布農族很重視分肉的公平性，若是有人未分到肉則會招來不幸。此外，大人可吃任何的肉，但小孩只能吃鹿肉或獐肉，不同種類的肉應分開烤。

接著會舉行「獵槍祭」以祈求打獵豐收，和〈pistaho〉「成巫儀式」等，許多繁複的儀節，以求祭典的完整性。

五、生命禮俗

(一) **懷孕**：在布農族人的觀念中，母親懷孕時，胎兒是在母體肚子的左邊，此時胎兒主要依賴為母親，父親的影響力仍很微弱。隨著胎兒的成長，來自父親身上的精靈力量便會開始作用，漸漸的由母親肚子的左邊往右邊移動，等到移到中間時，胎兒便出世。在胎兒漸漸移至右邊，此時成形最快，也是最好的胎教時機，對於胎教的觀念，布農族人不僅很早就開始注重，全族也普遍採行。

(二) **生育**：布農族人非常忌諱生育出雙胞胎、倒生胎兒、怪胎、死胎等，視此為不祥的徵兆。若是遇到這些情形，產婦必須剃髮，丟棄臨盆時的衣物，助產者也必須丟棄其助產時的衣物，連產房都要棄置、另建新屋。生下的是雙胞胎時，雙男、雙女則將其殺死，若是一男一女則男嬰留下。倒生的胎兒可使其存活下來，但長大後不准參加粟祭，死胎丟棄，私生子則棄養至荒郊野外，任其自生自滅。不過經日本人統治時努力破除此迷信，時至今日已完全棄絕殺嬰的習俗。

1. **命名：布農族的名字採「襲名制」，即依順序沿襲上一代祖先的名字，如長子襲祖名、次子襲曾祖名；長女襲祖母名、次女襲姑名，以此類推。**襲先祖名字具傳承意義，象徵祖先對子孫的庇蔭保佑，也表現了子孫慎終追遠的意涵。由布農族這類襲祖名的命名方式，可以推知其氏族系統，有如「祖譜」的功能一般。

2. **成年禮**：布農族人沒有特別的成年禮儀，其拔牙缺齒相當於成年禮。一般而言不論男女一到十五、六歲時即舉行拔牙，只有缺齒的少年男女才具備成年身分，男子若不拔牙則出草作戰時不勇敢；女子不拔牙則不會織布製衣，此外缺齒亦有「祈福」之意。由於拔牙會產生疼痛感，此時大人便會鼓勵小孩要勇敢、不可掉淚，以增進勇氣與毅力，因此在拔牙缺齒後就是個成人，應有成年人應有的行為、態度，謹慎行事以建立自我品格，缺齒即成為一種象徵與惕勵自我的方式。

3. **婚姻**【100原民五等】：由「搶婚制」逐漸發展至「議婚制」。在原始的布農族社會存有一種特別的風俗──搶婚制，此種婚姻方式是不論女方或女方家屬同不同意，男子都上門將女子搶回去，搶婚發生時，女方的親屬就要準備跟男方所帶來的壯丁摔跤搏鬥，但是雙方都不可動用武器。

   搶婚制看似荒唐，其實有其發展背景。以女方而言，對於出嫁的女兒，家長總會不捨，常會拒絕上門提親的人；以男方而言，搶婚需動用大多人力，男方也要有足夠的體魄與能力才能順利搶婚成功，是對男方的一種考驗。因此，搶婚制乍看之下會覺得不尊重女性的婚姻，任人搶奪，實則不然。

   然而這種制度也需耗費大量的時間、人力和體力，若是要家族中每天派人保護未出嫁的女性，不符合經濟效益，故此一習俗漸漸演變成議婚制，但是在結婚當天仍保留新郎與新娘家人摔跤搏鬥的節目。

   在議婚制當中，主要是由家長掌握決定大權，因此布農族沒有「相親」的過程，子女沒有權決定要或不要。此外，在氏族制度下，需特別注意禁婚的範圍。通常若不在禁婚範圍內，女方家長都會答應婚事。在議婚的過程中，答應與拒絕的方法令人玩味。當女方家長出言不遜、辱罵，反諷時，這樣表示答應，那些不客氣的話語只是要測試男方有無誠意，因為布農族人結婚之後，親家之間不可再有爭吵；反之，若女方家長十分客氣，有禮貌時，則表示不答應這門親事。因此一樁婚姻的達成，總是要經過多次的議婚才行。

4. **葬禮**：布農族人的靈魂觀念認為死亡若為善死，其靈魂顯得平靜安祥；若是惡死，則靈魂也會四處飄蕩，痛苦不堪。因此一般善死者行室內坐葬，有保佑家人之意。死後家人將屍體移置地上扶成坐勢，再用藤帶或布袋縛之。室內墓穴，深約四尺、直徑三尺，以石板為棺，下葬時男性面向東，女性面向西。惡死者其在何處橫死即就地埋葬，以避免死者擾亂族群或回來索命。

六、藝術文化

(一) 服飾

1. **鞣皮工藝：善於狩獵的布農族男子，更擅長鞣皮工藝，以其獵捕到的獵物作為衣料。**

2. **織布**：織布是布農族婦女優良的傳統，若婦女不會織布，則得不到丈夫的尊重，是家族的恥辱，織布也是未出嫁的少女基本技能。如同婦女不能碰男子的獵槍般，男士們也不能觸摸婦女們的織布機，且婦女必須要獨自完成織布工作，單獨生活，不可與人共食，否則所織的布會容易斷。

3. **服裝特色**

   (1) 男子（以皮製為主）：上衣背心為無袖前襟兩塊長布，胸部敞開，頸間掛一方形斜折的胸袋，以利平時放置些隨身小物品，胸衣以幾何花紋為主，外披一披肩，以禦寒擋風之用。此外，布農族男子也有人於上衣內穿著紅色衣服，代表此人獵過人頭、山豬、山鹿等大型生物，表示英勇之意。下半身為單片圍裙，裡無內褲，只於腰部綁掛方形斜折腰帶以為「遮陰布」。位於高山的布農族，男性無「褲子」設計，主要考量征戰和狩獵過程中對於行動的敏捷、靈巧性，以利應付突發狀況，故以裙帶來代替。

   (2) 女子（以苧麻為原料織布）：上衣以長衣窄袖為主，肩部有滾邊刺繡，下半身圍圍裙長至小腿處，並著膝褲（綁腿）。

4. **項鍊**

項鍊形式	功用
醫藥作用的保健項鍊	〈sumai〉是一種植物地下球莖，古代布農族人受傷時會塗抹〈sumai〉用以止血，故製成項鍊隨身攜帶。
嬰兒保健項鍊	對嬰兒有保護作用。
除穢避邪項鍊	傳統布農婦女會隨身佩掛一種稱為〈ngan〉的項鍊，〈ngan〉為一種樹。當小孩哭鬧不停或帶小孩出遠門時，將〈ngan〉塗於小孩頭部以避邪。
裝飾性項鍊	以植物果實作成，美觀。
法石項鍊	具巫術作用以害人。
山豬獠牙項鍊	代表男子狩獵事蹟，是英雄的象徵。

(二) 身體毀飾

1. **穿耳**：根據布農族的傳說，若是男性沒有穿耳洞戴耳飾，則死後會遭受到酷刑，遍體鱗傷，故為避免死後受折磨，男子到了一定年齡便會接受穿耳手術。但是布農族女性沒有穿耳風俗。

2. **缺齒**：布農族人認為缺齒是美的象徵，通常男女至十五、六歲時都須將上顎的兩側門牙兩顆拔去。其拔牙的工具十分簡單，使用一根線和一根棒，將線的兩端分別繫於棒的兩端，被拔牙者坐著、拔牙者站立，先將線繞牙兩圈，持棒用力往上拉，門牙就能順利拔下。

3. **除毛**：除毛的習慣男女皆有，在布農族中有所謂的美容術「挽面」，利用一根長線，用雙手使其成兩角交叉狀，再用嘴咬住線的另一端，用線絞去臉上的汗毛，以去除皮膚老廢角質，可使臉部肌膚光滑。

   由於時代的變遷，這些習俗與審美觀念也漸受影響而改變，甚至消失。

(三) 音樂

1. **樂器**

   (1) 弓琴：弓琴是布農族人最具特徵、最主要的一種獨奏樂器，多半屬於弧形。

   (2) 口簧琴：在臺灣原住民中，口簧琴是一種各族普遍使用的樂器，但是布農族的口簧琴不屬於宗教或祭儀性的樂器，而是表現快樂或悲傷，抒發情感、排遣寂寥之用，也絕少會用口簧琴來傳達情意。

   (3) 木杵合奏：**木杵是布農族與日月潭邵族特有的樂器**，布農族的木杵合奏通常是四至六到十至十二之木杵，保持偶數合奏。「杵樂」的發展是由於部落有重大祭典或喜慶結婚時，族人們聚集在部落小米搗米場搗米，以杵擊臼而發現木杵有一定的規律與節奏，故將其做為一種合奏的樂器。**「杵音」有訊息傳達的作用，告知族人近日即將舉行祭典以利準備**。

2. **八部合音**【95初】

   一般認為音樂的起源應由單音再漸次發展至複雜的複數旋律，最後才產生合音，然而布農族人似乎就是天生具有自然合音的稟賦，**在其為祈禱小米豐收時所唱的八部合音（〈pasibutbut〉祈禱小米豐收歌），澈底顛覆世界音樂單音起源的說法**，格外受到國際重視，這種複雜而罕見的音樂，成為世界級的文化資產。

享譽國際的布農族八部合音【97、100 原民五等】

1934年一月底至五月初，日本音樂學者黑澤隆潮教授接受臺灣總督府外事部的委託，至臺灣實地調查原住民的音樂，由於此一契機，1943年三月二十五日，

黑澤教授在當時臺東縣鳳山郡里瓏山社（今臺東縣海瑞鄉崁頂村），**首次發現布農族的「巴西布布的」〈pasibutbut〉祈禱小米豐收歌獨特的八部合音**。1952年時，黑澤教授即將他親自田野調查所錄的布農族八部合音音樂寄至聯合國文教組織unesco所屬國際民族音樂協會ifmc，受到許多學者專家的重視，認為八部合音是人類音樂文化中的瑰寶，自此蜚聲國際。

布農族人的pasibutbut小米豐收歌為「八部音合唱曲」。**從音樂的結構來看，演唱的聲部最多只有三部形成的複音現象。但在唱這首曲子時，必須由八名成年男子以上分成「mahOsgnas」、「manda」、「mabonbon」、「lagnisgnis」等四個聲部，再依一套嚴謹的規則慢慢依次進入合唱**。因每位歌者音質迥異，產生八部合音的錯覺現象。八部合音的表現方式就似人際關係中有秩序的行為表現，也代表著某種團結與組織性，若是團體默契不佳，則無法唱出如此和諧的合音。

「巴西布布的」〈pasibutbut〉祈禱小米豐收歌，對以小米為主食的布農族人而言，是一莊嚴又神聖的祭典歌，布農族人相信唱得圓滿合諧，象徵今年的小米必定豐收、族裡平安順利，若唱得不好，今年必定五穀不豐及族裡會發生不吉利的大事，因此演唱時必嚴守禁忌。此歌只有過去一年中未遭不幸事故、未患疾病、出草順利的男子得以演唱，代表著「聖潔」。

(四)**曆法文字**：在臺灣的原住民中，只有排灣族與布農族有「行事曆」此種文物，其中布農族在「木刻畫曆」中所發現的符號被認為是其「文字」，每種符號都有其特殊意義存在，**如此一來布農族就成為臺灣原住民各族中，唯一擁有自己文字的族群**。【109原民四等】

精選範題

【測驗題】

(　) **1** 擁有中央山脈統治者與玉山山脈守護者美稱的是哪一個族群？
(A)泰雅族　(B)布農族　(C)排灣族　(D)魯凱族。

(　) **2** 關於布農族族群發展概要介紹，下列敘述何者有「誤」？　(A)分佈面積僅次於泰雅族排名第二　(B)以父系社會的氏族組織而著名(C)布農族為僅次於泰雅族最後向日本人投降的族群　(D)以「百步蛇」為其圖騰信仰的標誌。

(　　) **3** 享譽國際的布農族「八部合音」，在布農族社會具有不可或缺的社會文化意義存在，下列敘述何者「不符合」事實？　(A)八部合音為布農族慶豐收時由族人們所演唱的曲目　(B)為日本音樂學者黑澤隆潮教授經田野調查發現，並於1952年時將此音樂寄至聯合國文教組織　(C)布農族的八部合音又稱「巴西布布的」〈pasibutbut〉為祈禱小米豐收歌　(D)八部合音的完美表現代表著有秩序的人際關係和某種團結與組織性。

(　　) **4** 由布農族所發展的多項身體毀飾的文化特徵，不僅具有美觀的作用，更有其深層的內在意義，下列各身體毀飾與其意義的配對，正確的有：　(甲)穿耳習俗是根據布農族傳說而發展，傳說若是女性沒有穿耳洞戴耳飾，其死後必遭受到酷刑　(乙)去除臉上細毛具有讓皮膚老廢角質代謝，使臉部肌膚光華的功用　(丙)缺齒為身分的象徵更是成年禮必經過程　(A)以上皆是　(B)以上皆非　(C)(甲)(乙)　(D)(乙)(丙)。

(　　) **5** 布農族人將其剽悍的個性在抵禦日人方面發揮得淋漓盡致，下列所發生的抗日事件何者為布農族人所為？　(A)霧社事件　(B)大分事件　(C)北埔事件　(D)西來庵事件。

(　　) **6** 布農族以其完善的氏族組織成為部落成員間隱形的網絡，具有聯繫、管理族人們的功用。由氏族架構而成的社會制度，深深影響族人們的日常生活，下列選項中何者「不屬於」實際情況？　(A)嚴格禁止氏族內互相通婚　(B)家族財產由「家長」掌管，全家共同使用為原則，若要分家則兒子們平均分配家產　(C)由各氏族所分出的亞氏族，可擁有自己的家法和禁忌，不需遵照原氏族　(D)在氏族制度下從求婚、訂婚到結婚，都由家族長老主持，連鰥夫寡婦的再娶或再嫁，都需要徵得氏族長輩的認可。

(　　) **7** 有些族群會將神予以分類，唯獨布農族不曾將神分類，因為他們沒有最高神祇的信仰觀念，但是布農族的「天神」信仰頗為特殊，下列關於天神信仰的功用，何者敘述「不正確」？　(A)天神是萬能之神，有求必應，萬事萬物都須向其秉告　(B)天神是倫理道德的標準　(C)人自身的行為天神都看在眼裡，故需時時警戒以免遭到報應　(D)農耕狩獵都會與天神建立利害關係，故不可強加破壞大自然。

( )　**8** 至今在結婚當天布農族仍保留新郎與新娘家人摔跤搏鬥的節目，請問此一習俗是由何種婚姻制度中轉變而來？　(A)議婚制　(B)搶婚制　(C)嫁娶婚制　(D)招贅婚制。

( )　**9** 擅於打獵的布農族，尤其重要祭典—射耳祭即可看出端倪，射耳祭除為布農族年中的盛大祭典外，還存在哪些象徵意函？(甲)學習狩獵技巧　(乙)獲取社會肯定與認同　(丙)確定個體生命價值　(丁)向敵人展示優良的射獵技術　(A)(甲)(乙)(丙)　(B)(甲)(乙)(丁)　(C)(乙)(丙)(丁)　(D)以上皆是。

( )　**10** 初生嬰兒的喜悅常藉由祭典儀式的舉行與部族中的族人分享，在布農族社會其初生嬰兒需舉行「嬰兒祭」，請問舉行「嬰兒祭」時長輩需替嬰兒佩戴何樣物品？　(A)百合花　(B)手鍊　(C)項鍊　(D)祈福掛帶。

( )　**11** 下列哪個族群由於重視農作物，因而發展出小米的擬人化特徵？　(A)排灣族　(B)布農族　(C)泰雅族　(D)賽夏族。

( )　**12** 下列關於原住民各族之最，下列敘述何者「錯誤」？　(A)阿美族人數最多　(B)泰雅族佔地最廣　(C)布農族居住最高　(D)賽夏族人口最少。

( )　**13** 布農族的圖騰信仰為「百步蛇」，請問在原住民各族中還有哪幾族是與布農族相同崇敬「百步蛇」？　(甲)排灣族　(乙)魯凱族　(丙)邵族　(丁)鄒族　(A)(甲)(乙)　(B)(乙)(丙)　(C)(丙)(丁)　(D)(甲)(丁)。

( )　**14** 擅長狩獵的布農族，其著名的射耳祭只准男性參加，亦禁止女子至祭祀場所，請問下列各族重要祭典中，哪一族的祭典同布農族打耳祭，限制女性參加？　(A)賽夏族—矮靈祭　(B)鄒族—部落戰祭　(C)排灣族—五年祭　(D)邵族—白鰻祭。

( )　**15** 原住民族的許多傳統習俗不太令人苟同，隨著不同政權對其不同的統治政策，影響其生活環境與風俗習慣，請問日治時期日人影響、改變原住民族的哪些固有習俗？　(甲)除毛的習慣　(乙)使其由「室內葬」改為「室外葬」　(丙)改變其獵人頭風俗　(丁)破除殺害雙胞胎的迷信　(A)(甲)(乙)　(B)(乙)(丙)　(C)(甲)(丙)(丁)　(D)(乙)(丙)(丁)。

（　　）**16** 以「八部合音」著名的是哪一族？　(A)布農族　(B)鄒族　(C)邵族　(D)泰雅族。　　　　　　　　　　　　　　　　　　　　　【初考】

（　　）**17** 臺灣原住民的生活空間平均海拔最高的是？　(A)鄒族　(B)布農族　(C)邵族　(D)魯凱族。　　　　　　　　　　　　　　　　　　【初考】

（　　）**18** 臺灣原住民社會的親屬制度有父系、母系與雙系等，請問下列那一族是典型的父系社會？　(A)阿美族　(B)排灣族　(C)布農族　(D)卑南族。　　　　　　　　　　　　　　　　　　【原民五等】

（　　）**19** 1929年，日軍測繪臺灣山地圖時仍有一處留白，此即大崙溪上游小關山腳下，日人一直無法進入的險峻之地「伊加之蕃」。該地是那一族長期反抗日本人的根據地？　(A)泰雅族　(B)卑南族　(C)賽夏族　(D)布農族。　　　　　　　　　　　　　　　【原民五等】

（　　）**20** 布農族「八部合音」的演唱者有八個人，實際有幾個聲部？　(A)2　(B)4　(C)6　(D)8。　　　　　　　　　　　　　　　　　　【原民五等】

（　　）**21** 打耳祭是布農族全年最盛大的慶典，於四月至五月舉行，傳統的打耳祭由全聚落的男子輪流以弓箭射擊何種動物的耳朵？　(A)豬　(B)牛　(C)羊　(D)鹿。　　　　　　　　　　　　　　　　　【原民五等】

（　　）**22** 居住在現在高雄市桃源區和那瑪夏區的布農族，主要為布農族那個部落系統？　(A)郡社群　(B)巒社群　(C)卓社群　(D)丹社群。　【原民五等】

（　　）**23** 大分事件發生於1915年5月17日，是為臺灣日治時期的原住民布農族發動的反抗政府事件，戰爭地點是在花蓮大分山一帶的日駐警派出所。之後族人遭臺灣總督府持續制止與鎮壓，造成當地住民陸續被集體移住，因其天險，日本政府始終無法令其反抗勢力完全歸順。直至1933年5月，最後80名左右的布農族反抗軍才正式向日政府投降。請問該事件的布農族領導者是誰？　(A)高山義勇青年團　(B)海樹兒父子　(C)尤哈尼牧師　(D)拉荷阿雷兄弟。　　【原民五等】

（　　）**24** 1915年發生的大分事件為臺灣日治時期的原住民布農族發動的反抗政府事件。因其天險，日本政府始終無法平息其反抗勢力。直至1933年5月，最後80名左右的布農族反抗軍才正式向日本政府投。請問該事件的布農族領導者是誰？　(A)谷拉斯‧馬亨亨　(B)哈魯格‧納威　(C)阿里曼西肯兄弟　(D)拉荷阿雷兄弟。　【101原民五等】

( ) **25** 下列關於布農族的敘述，何者錯誤？
(A)清代文獻稱為武崙族 (B)出獵前有鳥占的習俗 (C)拉馬達星星曾率領族人與日本殖民政府進行武裝抗爭 (D)巒社群曾有布農族係發源於臺南的傳說。 【101原民五等】

( ) **26** 大分事件發生於1915年，是布農族反抗政府事件，戰爭地點在花蓮大分山一帶。後族人遭臺灣總督府持續制止鎮壓並被集體移住，因其天險，日本政府始終無法令其完全歸順。至1933年5月最後80名左右布農族人才正式向日投。請問該事件的布農族領導者是誰？ (A)海樹兒父子 (B)尤哈尼父子 (C)拉荷阿雷兄弟 (D)沙力浪兄弟。 【106原民五等】

( ) **27** 下列何者與拉馬達‧星星事件無關？ (A)臺東縣海端鄉一帶的布農族人，因反抗日本政權聞名 (B)入侵位於六龜的警察單位 (C)在臺東殺害日本人 (D)發動「大分事件」狙擊檜谷駐在所警察。 【107原民五等】

( ) **28** 佐久間左馬太，臺灣日治時期第5任總督，任內不斷地對原住民族用兵，下列何者事件與他無關？ (A)牡丹社事件 (B)太魯閣事件 (C)李崠山事件 (D)大分事件。 【107原民五等】

( ) **29** 大分事件主要發動事件的布農族領袖為： (A)拓拔斯‧塔瑪匹瑪 (B)拉荷‧阿雷 (C)拉馬達‧星星 (D)霍斯陸曼‧伐伐。 【107原民五等】

( ) **30** 發生在1932年9月之間，位於高雄州境內大關山駐在所的警察遭到埋伏狙擊，是為歷史上的大關山事件，請問當時涉及的原住民為那一族？ (A)排灣族 (B)魯凱族 (C)阿美族 (D)布農族。 【108原民五等】

( ) **31** 日治時期，警方視為「凶蕃之王」的拉馬達星星，是臺東海端鄉新武呂溪流域布農族霧鹿人，其家族對於日警的反抗，始於大正年間。1914年（大正3年），臺東霧鹿等社原住民襲殺駐在所日警，拉馬達星星帶領族人逃到「伊加之蕃」藏匿，並以此地為基地，經常出沒八通關警備道及附近山腳等地，率眾襲擊往來於高雄州、花蓮廳、臺東廳等方面的日警。他們於1915年（大正4年）涉入下列何起重大事件？ (A)霧社事件 (B)大港口事件 (C)大分事件 (D)威里事件。 【108原民五等】

解答及解析

1 (B)　　**2 (C)**

3 (A)。祈禱小米豐收歌並非所有族人皆能演唱，只有過去一年中未遭不幸事故、未患疾病、出草順利的男子才有此資格。

4 (D)

5 (B)。霧社事件為泰雅族人抗日事件。北埔事件為客家人與賽夏族人共同抗日事件。西來庵事件為漢人余清芳率領的抗日事件。

6 (C)。布農族完整又嚴密的氏族制度，成為各個族人間隱形的網絡，使散居各地的各亞氏族均需遵守著氏族間的家法與禁忌。

7 (A)。布農族人沒有最高神祇的信仰觀念，故天神也只是一象徵性的抽象代表，並不給與實質性的物品膜拜，功能十分多元。

8 (B)　　**9 (D)**　**10 (C)**

11 (B)。由於重視農作，布農族人發展出小米擬人化特徵，認為小米具有靈魂、五官、可移動，並有父粟和子粟的分別，父粟負責管理子粟成長，更為族人敬重。

12 (D)　**13 (A)**　**14 (B)**　**15 (D)**

16 (A)。八部合音為布農族祈禱小米豐收歌，獨特的八部合音是人類音樂文化中的瑰寶。

17 (B)。布農族分布範圍從玉山山脈至中央山脈連線一帶，為臺灣原住民族群分布海拔最高族群，布農族擁有中央山脈統治者與玉山山脈守護神之稱。

18 (C)　**19 (D)**

20 (B)。八部合音從音樂的結構來看，演唱的聲部最多只有三部形成的複音現象。但在唱這首曲子時，必須由八名成年男子以上分成「mahOsgnas」、「manda」、「mabonbon」、「lagnisgnis」等四個聲部，再依一套嚴謹的規則慢慢依次進入合唱。

21 (D)。山鹿是布農族獵人最想獵取的獵物。

22 (A)。(B)南投縣及嘉義縣交界。(C)南投縣仁愛鄉濁水溪上游。(D)南投縣與花蓮縣界。

23 (D)。大分事件領導人物拉荷・阿雷於昭和八年向日警投降，使布農族成為最後向日本人投降的原住民族。

24 (D)。谷拉斯・馬亨亨是阿美族馬蘭部落頭目，在成廣澳事件中擔任與日人的協調角色；哈魯格・納威於明治35年（1902）被日人任命其為「太魯閣蕃總頭目」，以遂其以蕃制蕃政策；大分事件是由大分社頭目拉荷阿雷和阿里曼西肯兄弟所領導，而後由拉荷阿雷率眾歸順。

25 (D)。平原來源說認為係發源於雲林斗六。

26 (C)　**27 (D)**　**28 (D)**　**29 (B)**　**30 (D)**

31 (C)。布農族有三位著名的抗日英雄，分別為拉馬達星星、拉何阿

雷、阿里曼西肯，其中拉馬達·星
星所參與的抗日事件分別有大正3
年（1914）霧鹿社等原住民襲殺駐
在所日警2人的霧鹿事件、大正4年
（1915）襲擊大分駐在所的大分事
件、昭和7年（1932）狙擊檜谷駐
在所的大關山事件。

【申論題】

一、父系社會的布農族以嚴密又完整的氏族制度建構龐大的家庭組織，脈絡清晰、條理分明。請介紹「氏族制度」所具有的特色，並說明其婚姻和財產制度受氏族制度影響為何？

答　布農族以完整又嚴密的父系氏族制度而著名，氏族制度就像是部落成員間隱形的網絡，聯繫各個族人們，共同遵守氏族的家法與禁忌。此氏族制度亦影響其社會制度甚多，以下以婚姻和財產制度為說明。

(一)氏族制度：氏族制度以層級方式發展，由於布農族主要以五個社群為主，此主要五社群即為基本的「氏族」，往上構成「聯族」或「偶族」，往下分出「亞氏族」和「家族」，依序介紹如下：

　　1.聯族、偶族：源自於同一祖先，為若干氏族的聯合體，是最大的親族單位也是族內禁婚的最大範圍。其名稱取原氏族或長氏族的氏族名稱為共同姓氏。在主要五社群當中，巒、丹、郡社群屬聯族組織；卡、卓社群屬偶族組織。

　　2.氏族：布農族的五個社群分為卓社群、卡社群、巒社群、丹社群、郡社群為其基本氏族，其擁有共同的耕地和獵場，共享獵物、共遵規則與禁忌，各有其姓氏名稱。

　　3.亞氏族：為氏族的分支，分出原因多半為同一個家庭內的兄弟，為了尋找新耕地或是因為意見不合而分家，形成一個新的亞氏族。

　　4.家族：為氏族中最小的單位。

　　布農族藉由氏族組織形成一脈絡完整、層級分明的社會，以親族血緣關係貫串其中形成良好、嚴密的家族制度，由於氏族結構穩定性高，族人觀念清晰、認同澈底，因此縱使散居他處亦遵守著氏族的家法與禁忌，規範族人們的行為。

(二)影響層面

　　1.婚姻制度：布農族的婚姻制度嚴格實施「外婚制」，受氏族制度影響深刻。說明如下：

(1) 「外婚制」：指禁止氏族內部聯姻，不僅要避免父方親屬的人之外，母方親屬亦屬於禁婚範圍。

(2) 禁婚對象：

A.同一聯（偶）族之下的同氏族禁婚，從父方與母方的父系繼嗣群向外推展開。

B.姑表和舅表在五代之內禁婚，姨表在四代之內禁婚。

C.收養子女的禁婚範圍，從養子女的親生父母追溯起，而非從養子女方面追溯。

(3) 意義：實施嚴格又徹底的「外婚制」主要避免氏族制度的混亂，由於氏族多半是由血緣親戚關係建構而成，故為保持其結構的完整性，而透過消極的方式禁止同事族內婚，而展出「外婚制」。

2.財產制度

(1) 氏族財產：一般的自然財產，如：森林、河川、土地…等自然資源，為共有制度屬於全族所擁有。而最大的自然財產「漁獵場」則以氏族為劃分，各氏族有其所屬的獵場。

(2) 繼承制度：繼承制度受父系社會影響深遠，行「父長制」，家族的財產由「家長」掌管，由全家共同使用，基本上家族財產是以不分割為原則。家長由輩份及年齡最高的男人擔任，若家長死後以長子優先掌管家產，保管不能分割的財產為主，兄弟有權使用，若要分家則兒子們平均分配家產。

二、請說明布農族著名的抗日事件「大分事件」的起因、過程、影響、結果。

答 (一)起因：中日馬關條約後，光緒二十一年（1895）日人據台，派駐台島的理番總督佐久間左馬太積極推行「理蕃事業」，以促使原住民歸順事務。「理蕃事業」的其中一項即為始於大正三年（1913）實施於東部和南部原住民地區的「銃器收押」政策。「銃器收押」政策為藉由沒收原住民族賴以狩獵為生的獵槍，以達有效控制原住民武力，進而控制族人。然而，此一政策動引起原住民的強烈不滿，因而發生一連串的殺警攻擊事件。其中有關布農族的反抗中，以拉庫拉庫溪（今花蓮縣卓樂溪）及新武路溪流域（臺東縣海瑞鄉內）的郡社群與巒社群最著名。

(二)過程：大正四年（1915）五月，大分部落（今南投縣信義鄉境內）頭目拉荷・阿雷由於不滿日警誘騙族人集體前往花蓮機場參觀時，趁著各部落呈空虛狀態，逕行搜刮獵槍的行為，遂與其弟阿里曼・希堅領

導布農族人攻打大分駐在所，殺日警並焚燒駐在所，此為「大分事件」。隨後有感於日人的威脅，率領家族及其餘抗日志士退守到荖濃溪上游玉穗社一帶的山坡上，取其地勢高聳道路險阻，日人無法到達，並以此據點向日方展開長達約二十年的抗日運動。

(三) 影響

1. 族人響應：自從大分事件發生後，展開長期抗戰的布農族勇士，在此期間仍吸引眾多族人遠從臺東、花蓮紛紛投靠，最多時期曾高達三十餘戶、三百餘人投入這場鬥爭。

2. 日人應變措施：為對抗布農族人的抗爭，日方以開鑿連接里瓏（今臺東關山）至六龜的「關山越嶺道路」及北絲閨至六龜的「內本鹿道路」，並配合卓麓到八通關的「八通關越嶺道路」，採南北監控方式，將散佈在荖濃溪（高雄）、拉庫拉庫溪（南投、花蓮）、新武路溪（臺東）沿岸的住民納入掌握範圍，加以充足警力、武器，掌控局勢。

(四) 結果：在日方以充足的人力、物力、完善的地理環境配置下，於昭和八年（1933）布農族放棄對日人的戰爭。該年四月二十二日，拉荷·阿雷參與日人在高雄州廳舉辦的歸順儀式，至此結束布農族從大正四年（1915）到昭和八年（1933）為期十八年的抗日戰爭，布農族也成為臺灣原住民各族最後向日本人投降的族群。

三、解釋名詞：射耳祭

答 射耳祭：布農族的射耳祭於每年四月月亮稍缺時舉行，為全部落性的祭典，只限男子參加。祭典當中所需的獸耳在一個月前已陸續上山獵捕，以便進行儀式。祭典開始時由該年打獵成績最佳者點火烤肉，並熄掉全村的火種，再予以點燃，表示「薪火相傳」，然後由全族男子年紀由小到大輪流射耳，時間直至早晨。隨後由祭典儀式的引導者以玉米作為統計成員數目，以利分肉的公平性，因為布農族人認為若是有人未分到肉會招來不幸。接著舉行其他儀式，以求祭典的完整性。

射耳祭為布農族人的宗教節慶，也是社會、教育、經濟、政治等活動的節日，藉著射耳學習狩獵技巧、採集食物，獲取社會肯定與認同、確定個體生命價值、團結一致等多項意義，並以氏族組織為基礎，對外表示射敵首，對內表示團結友愛。

Unit **10**　魯凱族 (RUKAI)

依據出題頻率分為：A頻率高　**B頻率中**　C頻率低

【命題關鍵】百合花、貴族階級

【命題焦點】1. 日治時期的學者曾把魯凱族納入排灣族之下，因此此二族群的
　　　　　　　異、同處比較更顯重要。

　　　　　　2. 由於地理位置鄰近其他族群，故魯凱族與鄰近族群的互動關係
　　　　　　　與影響層面讀者們須多加注意。

　　　　　　3. 有魯凱族族花之稱的百合花，其在族人心目中的的佩戴意義與
　　　　　　　象徵精神讀者們須多加了解。

【考點分析】魯凱族考題偏向文化內容方面，諸如族花、木雕工藝、圖騰還有
　　　　　　與排灣族相同的特有貴族階級制度。

【參考資料】1. 田哲益（民91），臺灣的原住民—魯凱族，臺北市，台原。

　　　　　　2. 喬宗忞（民90），魯凱族史篇，南投市，臺灣省文獻委員會。

一、族群發展【95初】

(一) **族群概述**：<u>日治時代稱魯凱族為Tsarisien即「澤利先」</u>。1913年日人採
用森丑之助氏的意見，將澤利先、漂馬、排灣合併為一族。1935年移川
子之藏又把澤利先獨立出來為一族，改名為「魯凱」族。魯凱族因地緣關
係長期與他族混居，以北與布農族郡社相連，以南鄰近排灣族，以東與卑
南族相接，使得**魯凱文化深受他族影響，呈現多元面貌**。其中與南部的排
灣族因地勢與地緣最接近，再加上兩族長期通婚，故在文化習俗、生活習
慣、社會制度、藝術文化方面都非常相似，例如：兩族皆實施階級制度、
崇奉百步蛇、石板屋建造、衣服裝飾雷同……，以致於日治時期有學者將
魯凱族併入排灣族系統中。然而事實上**兩族實有差異存在。如：魯凱族不
舉行排灣族盛會—五年祭，以「長男繼承制」不同於排灣族的「長嗣繼承
制」**，喪葬方面魯凱族是一人一墓，且採「側身葬」或「直放葬」，不同
於排灣族的一家一墓且採「蹲踞屈肢葬」，**魯凱族的貴族權力分與直、旁
系的親屬而逐漸削弱，排灣族的貴族權勢集中，且有擴大的企圖心**，以上
幾點與排灣族有所區隔。人口方面依據行政院原住民委員會民國111年統
計資料，人口總數13,567人。

(二) **地理分布**【97、101、102原民五等】：自清朝以來，**魯凱族便和排灣族的拉瓦爾亞族及布曹爾亞族合稱「傀儡番」，又稱「澤利先」，即山地人**之意，主要分類如下：

	主要 分佈地	概述	群落	分布地區	行政區	特色
魯凱族	中央山脈南段東西兩側。	三社群分佈區域分散，往來不易，且彼此語言差異大，習俗亦有所不同。	下三社群（濁口群）	山脈西側，分布在高雄縣荖濃溪支流濁口溪流域。	高雄市茂林區為主。	鄰近布農族、鄒族。
			西魯凱群（隘寮群）	山脈西側，屏東縣隘寮溪流域的隘寮群。	屏東縣霧臺鄉為主。	為排灣族環繞，不易區分。
			東魯凱群（大南群）	山脈東側，臺東縣大南溪的大南群。	臺東縣卑南鄉為主。	鄰近與卑南族、布農族。

(三) **神聖之地**

1. **聖山——大武山**

   臺灣南部的北大武山是排灣族與魯凱族人共同認定的祖靈所在，而對大武山崇敬有加，視為「聖山」。

2. **高山平台——巴魯谷安**

   中央山脈大武山以及霧頭山之間的茶埔岩山北稜2280公尺的巴魯谷安Balagaan為一處高山平台，為西魯凱族群的好茶、阿禮、去露、露台、神山等部落的共同聖地。魯凱族人認為在世行善者去世後，其靈魂會來到此地，與祖靈同住，因此每當經過此地時，都會以一種莊敬肅穆的態度祈福，並以山豬皮、鐵屑和一片紅、黑兩色交織而成的布作為祭品，待回程時再謝祖靈。

3. **聖湖——大小鬼湖**

   在中央山脈南段的森林中，散布著許多湖泊，包括大鬼湖、小鬼湖、紅鬼湖等，這些在雲霧之中散發著神秘氣氛的湖泊，被魯凱族人視為神聖之地，發展出許多浪漫的傳說。其中以大小鬼湖最為著名。

   合稱「雙鬼湖」的大小鬼湖，大鬼湖又稱「他羅瑪琳」，小鬼湖又稱「巴迪池」，屬於原始宗教的禁忌林地，人煙罕至，不容遭到任何侵犯，縱使此地

有再多的獵物，魯凱族人也不敢進入此地狩獵，敬畏之情，由此可見。

鬼湖中傳說著許多浪漫的故事，其中有一篇膾炙人口的大鬼湖人蛇戀故事（王偉昶主編《山林的智慧：臺灣原住民文化園區導覽手冊》（1996））以此敘述。

很久很久以前，雲霧環繞、林木蒼鬱的達羅巴令湖，住著一位湖神愛迪丁嘎，祂是魯凱族的先祖。

在一個偶然的機會裡，邂逅了阿禮社頭目的女兒芭嫩，她那清澈的眼眸、典雅的身姿，深深地吸引著湖神。

為了博取少女的歡心，湖神吹著口笛訴說著祂的愛慕，鍾情悅耳的笛音終於打動了少女的心，兩人在山林裡編織著愛的旋律。

一日，湖神來到頭目家提親，芭嫩向家人說：「湖神今晚要在我們家住宿，請大家不要太早起來。」頭目心中納悶不已，決定起個大早看個究竟。於是，天未亮時點根柴火欲察看原委，赫然發現女兒的身上纏繞著一條巨大的百步蛇，而她卻滿臉愉悅的表情。頭目這才恍然大悟，原來湖神就是傳說中族人敬畏的百步蛇。

婚禮當天，湖神及他的從屬帶著家傳的古壺、鐵鍋、檳榔、高貴漂亮的琉璃珠串來到頭目家迎娶。頭目一一清點聘禮，並設宴款待賓客。

之後，迎親隊伍浩浩蕩蕩地向湖神的居所出發，芭嫩對送行的父母及村民說：「為了表示虔敬，以後我們的族人經過神湖時，請穿白色的衣裳，為了表示對你們的懷念，我會準備溫熱的食物讓你們取用，並請留下獵物的後腿。」說完，便向湖中走去，湖水泛起了漣漪，映出了百步蛇的花紋，芭嫩終於到了夫家。

至今，這個膾炙人口的傳說，依然在族裡流傳。而傳唱著嫁蛇郎故事的古老歌曲，更是讓人低吟迴旋，回味再三：「再見，我最親愛的芭嫩，你即將要離開我們，翻山越嶺，再也見不到我們的故鄉，要嫁到達羅巴令湖」，「再見，我的故鄉，即將成為我永遠的回憶。再見了！你們大家，我要走了，當我的帽冠進入湖面時，我已經被娶進皇宮了。祝福我，直到永遠。」

(四)**魯凱族抗日事件**：日治時期，在霧臺本部落設有「霧臺警察官吏駐在所」，隸屬於阿里港支廳（現在的里港分局）。大正三年（1914），日本警察極力推行「理蕃政策」，以收繳獵槍為優先的工作重點。收繳獵槍的命令下達後，里港分局所屬的山地鄉各部落都能達到預定的目標，只有霧臺人未服從命令。阿里港支廳廳長脅田義一非常生氣，懷疑是霧臺警員本田、秋場等人辦事不力，打算親自出馬。

脅田廳長商請巡官左村政盛、所員佐藤兵作、勝榮、滿、德文社女頭目慕妮及原住民三人同去，因為慕妮頭目能言善道，階級地位又高，可幫忙做一些協調勸導的工作。十月九日，脅田一行十七人，越過北隘寮溪到達下霧臺村時，許多原住民都圍過來爭賭他們的真面目，但大頭目Dumararat-Long'alu並不出迎。

由於脅田廳長覺得收繳獵槍成績不理想，於是命令部下通知各頭目到駐在所聽訊，然而各頭目皆找理由推託而拒絕出席會議，讓慕妮頭目也覺得左右為難，最後請求脅田再寬限三天，以便進行說服。

其實掌管上霧臺的大頭目Dalabazan-Dalongbagu早在幾天前就決定不繳獵槍，也發現許多族民都表示不願繳交。此外，由於村民怨恨的情緒越來越高漲，頭目們便召集部下密商對策，決定在翌日清晨三、四點左右，以剪斷電話線加以警告再說。然而這樣的舉動卻引起脅田廳長的不滿，雖然慕妮頭目請求寬限的日子還未到，但是卻在十月十一日，命令左村率領本田、秋場、月野木、添田等人到下霧臺通知頭目來駐在所，想藉以訓誡。

當左村等人到頭目家時，剛好有三十多名族人正在聚會，在其中一名原住民首先發難之下，其餘族人便蜂擁而上，一舉把左村和本田的腦袋砍下，月野木左肩被砍成重傷後和一名二等員警在原住民的追逐下，跳下五百公尺深的斷崖，二等員警當場摔死，月野木因樹枝阻擋而未死亡，添田野則是在奔向德文的道路中被殺。

在此時，上霧臺的原住民把駐在所、宿舍團團圍住，朝屋內不停地濫射。脅田廳長手持手槍極力反抗，但仍敵不住原住民們的強大火力。脅田趕緊率領警員向三地鄉達來村和馬兒村方向突圍而去。在原住民憤怒的追殺下，最後只有西浦、勝、羽根田、江某等四人生還。

德文頭目慕妮早已悄悄地溜回德文，且對留守在駐在所唯一的警員雪山說：「霧臺山地人來襲，趕快躲到我家。」不久，追逐日本員警的原住民到德文，向慕妮頭目索討逃亡的日本人，但被慕妮拒絕了。此時逃到三地村的日警向當地佐分利巡官報告此事變經過，這件事才宣揚開來。

事情張揚開後，日警搜查隊由原先的五百餘人增加到後來的七百餘人，分別由今澤、永田隊長帶隊。十月二十日，永田部隊進駐三地村，命令栗山砲隊進駐德文，向下霧臺轟擊；今澤則命令佐藤等隊伍從隘寮溪想下霧臺仰攻。日警用機關槍掃射抵抗的原住民，霧臺人則在斷崖邊用石壘禦敵卻無用，十月二十九日佐藤部隊便大肆燒殺下霧臺的房舍和婦孺。

在日人強大火力攻擊之下，霧臺青年不得已退守本部落，仍躲不過日本警察的攻勢，紛紛向阿禮、好茶村逃跑。頭目唐水明〈Dalabazan-Long'alu〉當時才十餘歲，負傷後由族人簇擁逃往阿禮村。日警進佔上霧臺後，又是一陣慘酷的燒殺。最後日警放出風聲，表示只要繳槍回家後就既往不究。根據日方的統計，共收得獵槍五百四十三支，槍身八十九支。但日本人和山胞傷亡數字一直都未公佈。迨至十二月十五日，日警才撤離完畢。

事情告一段落後，日人把魯田等十名殉難者遺體葬在德文村南方的山頭，並在今天的霧臺國小司令台的後方設立了一座高約兩公尺高的的立方形石碑，上頭刻著魯田以下十名殉難的姓氏，每逢慶典就命令原住民向紀念碑行禮，就算是平時經過此地也要行禮如誼。臺灣光復時，日警就命令原住民把紀念碑打碎。

此次抗日事件，日警認為Dalabazan頭目是首謀，便燒了他的房子，迫使他在今天鄉公所南側居住，把原址改為公地；又任命下霧臺Dumararat家為官命頭目，統領全霧臺的山胞。

二、社會制度

(一) **社會階級**【95初、97原民五等】：**魯凱族與排灣族皆施行社會階級制度，以嚴密的社會組織維繫貴族血統的優越性，藉以成為族群的中心領導者**。階級均為世襲制，茲分述如下：

1. **頭目**：頭目階級又分為當家頭目和小頭目。小頭目是由當家頭目分出的旁系親屬，主要輔助當家頭目，使其壯大。當家頭目採世襲制，享有許多權利，包括：大部分土地所有權、收取租稅、接受平民納貢、裝飾權、「特權讓予稅」等，「特權讓予稅」是指頭目將一些特權，如：刺紋權、服飾權、百合花飾權、特殊名制權，讓平民依納稅方式使用這些頭目階級專屬的權利，不過這些透過讓與的特權，亦須經過一些特定的儀式來轉讓給平民享用。**由於頭目接受平民多方納貢，因此需回送一部份給需要救濟的平民，成為一種社會救濟制度，以達成部落內社會財富的平均分配。**

2. **貴族**【95原民三等】：為頭目的近親，享有特殊名制權且不需繳納土地稅。

3. **士**：有特殊功蹟或特殊才能者，經頭目賜予某些特權，如：戴羽毛、有階級的花環等，即可成為「士」的階級。

4. **平民**：為貴族的遠親或無關係，大部分是佃農與獵戶，需交納貢賦給地主，服役以盡義務。

日治時期，由於日人將土地收歸國有且不承認頭目享有的特權，再加上將一些原本只屬於貴族階層的圖騰、徽號轉讓給平民，這些種種的措施使得貴族與平民之間的界線越來越模糊，階級觀念只存留在觀念中卻不包含在日常生活中。

(二) **親族組織**【100原民五等】

1. **家族**：居住在同一家屋內之人稱為「家族」，子女分家後另成家族，但仍與本家保持宗系關係，因此，同一祖先的宗家成為分家的領導中心，若有鰥、寡、孤、獨、離婚者，宗家有照顧的義務。

2. **家氏**：家族所使用的名號稱為「家氏」，又稱「家名」。原始宗家、同祖關係的宗家、本家三者連成由家氏系統構成的家系群，家氏即為宗家單位的代表。家氏一旦確立後，不得再變更，成為家系群的姓氏名號，以繼承制度依序流傳下來，無論家宅改建或移居，家氏不變。

(三) **繼承制度：魯凱族不似排灣族人行「長嗣繼承制」，而是重男輕女行「長男繼承制」**。長男繼承家屋、財產、土地等，其餘次子結婚後分家。若無長男繼承時，則以長女為主，主要繼承規則如下：

1. 長子有優先繼承權，無男嗣時以長女為主。
2. 若長男受招贅至地位較高的女方家時，等於自動放棄繼承權，以次子繼承。
3. 雖為次子，分家後仍屬於宗家系統；若為招贅則屬於女家。
4. 無繼承對象時可自族外收養子。

三、經濟生活

(一) **生產方式**：魯凱族以山田農業為主，兼以狩獵、捕魚、飼養為輔。在階級制度影響下，構成以貴族階級為中心的農業祭團、獵團、魚團和須繳納租金給所有人的貢賦制度。

1. **山田農業**：魯凱族的農業生產勞動組織是以家庭親屬關係為主的「家」為單位，家族則為勞動支援系統，因此並無固定的共同勞動組織。主要以山田燒墾的遊耕狀態為主，再逐漸進步到定耕。主要農作物為小米和芋頭，其中芋頭收成後以火烤成芋乾加以保存。

2. **狩獵**：狩獵對魯凱族而言，不僅是肉食的來源，更賦予重要的社會意義。傳統的魯凱族男子必須要獵過獵物才算成年，因為身為一個獵人，在深山中與各種動物搏鬥，克服自然環境的考驗，需無比的勇氣與智慧，進而探求生命的價值與意義，學會尊重生命。因此，傳統狩獵成果是取得社會

地位與權力的重要管道，更是判斷男子能力的指標。在魯凱族的傳統住屋中，一入門即為廚房，廚房的牆壁是男主人展現狩獵成果之處，若是獵到罕見的動物，可保留其獸骨或照片，以為誇耀。

男性若是獵得一定的獵物數量（各聚落不同），舉行儀式經族人認可，便可佩帶「百合花」，或在衣褲上繡上百合花的圖樣，象徵英勇的表現，也代表獵到獵物後能與全族人共享，才是真正的獵人。而且，善獵者通常會成為女孩心目中尋覓的對象，尤其特別擅長獵山豬者，更會得到「山豬英雄」的封號。

　3. **漁業**：在階級制度下，漁場為貴族所有，在其魚區範圍內捕魚，需繳交漁獲的十分之一給地主，若是在自己領主魚區外的區域捕魚，則須事先告知該地主，否則漁獲會全部被沒收。

(二) **就業活動**：除了一些傳統的生計活動外，於日治時期，日人便在魯凱族中挑選一些反應靈敏的青年來打理一些雜務，光復後則成為地方政府的基層公務人員。另外日治末期，也有受日人僱用從事林地管理工作，光復後則在林班所上班，由於在山林中與熟識的人一同工作，不需特殊技能且工作有彈性，故盛行一段時間，然而因工作不固定、在高海拔工作具危險性，所以並非魯凱族人最喜歡的工作。

此外，1970年代中期則有一部分年輕男子投入遠洋漁業，且船公司以預支薪水的制度吸引青年，故多為無繼承權又家貧的次子加入，因其能夠長時間在海上工作且須貼補家用，但非所有船公司都能履行承諾，再加上族人不熟悉法律，多半不了了之。至於女性於1980年代多進入工廠工作，部分男性則從事製造業。工廠比其他工作收入佳且時間固定，因此較為穩定。

之後，隨著臺灣服務業的起飛，魯凱族人的生計也跟著轉換，多半從事餐飲業、女性也投入護理工作的行列。總括來說，由日治時期至光復後魯凱族人的就業活動，可以明顯看出隨著臺灣經濟需求不同，而影響魯凱族人的就業活動。然而，當外在需求的經濟活動減少時，部分族人就回到部落中從事最為傳統的初級生產活動。

(三) **飲食**：魯凱族以小米、芋頭、地瓜為主食，高粱、玉蜀黍、樹豆、南瓜、花生為副食。烹調方式以水煮方式為主。其中「芋頭」是魯凱族人最理想的零食與乾糧，不僅是獵人上山打獵時、農人工作時的乾糧，更是逢年過節時最好的加工產品。芋頭乾的烤製通常選擇坡度較陡的坡地，依地勢堆疊石塊為灶，灶上放置鐵皮與竹框，將芋頭放於竹框內翻烤，等到水分去除掉後，再用粗孔竹篩去皮，即完成芋乾製作。

四、信仰祭典

(一) 信仰

1. **泛靈崇拜**：在魯凱族的宗教觀念中，認為宇宙天地之間都有善惡不同的精靈與神靈存在，支配著人世，與生活息息相關，如自然崇拜中主要崇拜有太陽、月亮、百步蛇、山川等。其中精靈崇拜的世界可劃分成五類：第一類是祈求獵獲多及豐收的精靈；第二類為聚落中巫醫靈媒祈求賜與醫病、解除疑難雜症力量的精靈，具有喜怒哀樂的情緒；第三類為禁忌精靈，每一種精靈有不同的禁忌，違反禁忌者其靈魂會遭扣留，罹患惡疾；第四類為意外而死的亡靈，往往會降禍給生者；第五類為自然死亡的靈魂，是族人敬畏的對象。

2. **新興宗教傳入**：傳統的靈魂信仰，在經歷不同時期的政治領導下，隨著時代的變遷，**外來新興宗教的傳入，使得魯凱族傳統文化流失、經濟生產方式改變、階級制度沒落，宗教活動瓦解**。西洋宗教傳入後，以教育和醫療手段，再加上有規模的組織團體向山地傳教，很快地擄獲魯凱族人的心，**大部分族人改信西洋宗教，以其信仰思想與行動影響著整個部落社會**。

(二) 祭典：魯凱族的農業生產以「粟」為主，由「粟」為中心展開許多農耕祭儀，其中以「小米收穫祭」最著名。

傳統魯凱族人為了感謝上蒼賜與食物，使得農作物豐收，故以舉行祭典儀式表達對上天的崇敬，並祈求上天繼續眷顧人民。因此，在每年小米收成後舉行為期四十天的小米收穫祭，但由於生活方式的改變，今日的小米收穫祭已改成一種綜合性的祭典─豐年祭，由四十天縮短為二至三天，並於每年八月十五日舉行。魯凱族的豐年祭如同漢人的春節，在這一天離鄉背井的族人均需返鄉參與盛會，具有凝結部落向心力、團結族人的社會功用。

豐年祭以迎靈儀式開始，祈求神靈保佑並降福給魯凱族人。接下來行祭祀禮儀，以小米、豬皮、鐵片、水為重要祭品，在儀式進行中要禁止下列禁忌：禁止打噴嚏、放屁、不可與陌生人打招呼、聽不吉利蟲鳴聲等。

主要儀式行「占卜祭」，是利用烤小米方式來占卜一年農作物或狩獵的情形。在此烤小米餅的儀式中只限男性參加。儀式過程為由族人帶著小米團至特定地點，以石板鋪地將板面弄熱後，將小米團分為大、小放在上面，再蓋上香蕉葉，上覆蓋外的石板。烤熟之後的小米餅稱為〈capi〉，大的〈capi〉拿到祭儀中分給參與者帶回家（即為成年禮中的分餅式），小的稱為「聖餅」，是占卜祭中最重要的祭品。以聖餅烤得完整性來占卜未來一年的運勢。若是烤得溫熱，完美無缺、香又熟，象徵未來一年平安、豐

收；若是沒有烤熟，象徵未來將受風災或水災；若是烤焦，象徵未來有乾旱；若是烤熟後卻有蟲類，象徵未來的一年會有嚴重的疾病。

至隔日舉行「保佑靈魂祭」，以祈求神靈賜給魯凱族每個人健康、幸福與平安，此祭儀是個別進行且要男女隔日舉行。另外舉行屬於男性的「男人祈福祭」，此祭儀主要祈求神靈賜福魯凱族男人智慧、英勇與才能。當天祭祀時將所有男人所用的生活器具、獵具、武器一併祭祀。進行儀式時，嚴禁飛鳥禽獸接近，因此每戶要派一名婦女看守，其餘的部落婦女都必須到郊外迴避，以便男士們專心舉行祭儀。

最後「灑聖水」是收穫祭所有儀式的結束。這一天所有部落的族人都必須聚集在所指定的家戶參與此一儀式。其意義在感謝神靈在祭祀中賜予生命、平安與恩寵，讓接受聖水的每位族人都象徵是潔淨無罪、充滿了神的智慧，未來的一年中會在神的庇祐下生活平安、身體健康。此儀式結束後所有的禁忌解除，新的一年即將開始。

五、生命禮俗

(一)出生

1. 〈wasipi〉儀式：在出生二至五天時，要為新生兒及產婦舉行一連串的〈wasipi〉儀式。主要向諸神靈祈福且宣告嬰兒的誕生，同時解除雙親在懷孕、生產期間所必須遵守的各項禁忌。以回復正常生活，投入工作，需遵守的禁忌如下：
   (1)夫婦禁止參加任何戰爭、狩獵、祭儀、喪葬等活動。
   (2)禁採有藤蔓的木材。
   (3)禁食雞、熊和猴子。
   (4)不能搓麻。
   (5)不能與他人換刀使用。
   (6)孕婦不可用有缺口的食具、食畸形的水果，否則生下的嬰兒會有身體缺陷。
2. 長子慶典：由於魯凱族重男子且行「長男繼承制」，故在生下長子時，會以特別隆重的祝典慶祝，程序如下：

邀請親友加宴會	人員包括父母親雙方親戚第二從兄弟姊妹、鄰居、自家領主頭人。
持粟穗禮	被邀請者每人持一把粟穗前往慶祝。
取水	親族中的兩位男性持瓢前往水源地取水。

春米煮飯	春米煮飯以祭祖靈。
保留祭食	為新生長子保留一份祭粟飯。
為長子祝福	家長為新生長子祈福。
頭目祭豬	頭目親自用刀宰殺豬。
割豬毛祝福	嬰兒父親用小刀從祭豬右肩割下一束豬毛，灑在屋頂天窗口；再割下左肩豬毛，灑在從爐灶至開口之地，以為嬰兒祈福。
燒豬毛	關上房門，由男性親屬點燃火把，燒去祭豬身上之毛。
頭人割下豬腿	看豬隻哪隻腿先動，再由頭人割下豬腿，若右腿先動，則本族興旺；若左腿先動，則親戚家運好。
分食半熟的豬內臟	取豬內臟煮成半熟，至於粟飯竹籩旁分食。
為嬰兒祝福	家長將新生兒面向東方，在嬰兒背後向生命神作祭，為嬰兒祈福。
男性親戚共食粟飯	男性親戚共食粟飯，此飯不能吃盡，需留一些棄之野外。
分配豬肉	將豬右側一半豬肉切開，分給父母雙方的親戚，雙方的兄長得到最大的一份。

3. **命名**：行階級制度的魯凱族由名字即可看出一個人的身分地位，每一部落群有一套分階級、分性別的名譜，挑選時，以階級和地位為原則，有其嚴格的限制。**魯凱族行「家屋連名制」，即在本名後方連接自己居所房屋的名稱，命名通常是長子襲祖父名，其餘次子則以上一代或旁系長輩之名中挑選一個，此外，要注意男性避用父兄之名、女性避用母姐之名。**

(二) 成年禮

1. **分餅式**：由於男孩六、七歲時即可跟隨父兄或其他男性親屬外出打獵，亦可開始參加「分餅式」。「分餅式」是村中男子在小米收穫祭時，選擇一天以居住區域為單位，分成數組，參加成員準備小米糕、獵肉等食物，在一固定地點集合，利用烤好的石頭將食物烤熟後分給大家各自帶回。初參加的小男孩準備特別豐富的食物，由父親帶領參加，亦會分得一分食物，不過需將分得一部分的餅藏於衣服中，帶回家後與家人共享。

在同一組中有地位的長者，會藉由分餅儀式告訴男孩自此即可如同成年男子般穿著正式服裝、配刀，但忌諱到女子織布場所，且須遵守一切的禁忌，因為至此以後便脫離幼年階段，邁入成年。

2. **東部南大群成年禮**：魯凱族位於臺東的大南群，因有會所制度，故舉行成年禮儀式。在小米收穫祭時，十一歲的男孩要先經過五天的禁食，及在深夜通過層層試膽考驗，拿回指定物品且顯得不怕也不疲倦，才算通過測試以進入會所接受訓練。進入會所約五年後，要通過一項以咬人貓鞭打全身的試驗，通過此項測驗即確認成年的身分。時間亦是在小米收穫祭時，經由長老們用咬人貓抽打全身，其意義為打去不良的品行與身體的不潔，一邊鞭打一邊訓誡青年做人做事要謹慎、不做壞事，同時要負起教導少年階層的責任，若能通過咬人貓鞭打的疼痛考驗，則成為成年人。通過成年禮的青年在集會所前歡慶，並換上全新的成年人服飾。

南大群成年禮與卑南族會所制度下所舉行的成年禮十分相像，有可能是大南群因位於臺東地區與卑南族為鄰，風俗習慣相似，進而逐漸學習影響而產生。

(三) **婚姻禮俗**：不論是男子或女子皆希望自己成為人人喜愛的對象，男子勇敢、有能力，以獲得少女的青睞；女子勤勞、能幹，成為良好的結婚對象，為了達到這些目的，魯凱族有專為青年男女而舉辦的男子長跑大賽與女子會所訓練，以讓族內未婚男女學習並一展長才，介紹如下：

1. **男子長跑大賽**：一年一度的男子長跑大賽，是魯凱族青年很重視的比賽，只要是未婚男子都得參加，接受嚴格的訓練，以成為身強體壯、反應靈敏活躍於山林之中的勇士。舉凡部落中的戰爭、狩獵、差役，都需要敏捷耐跑的青年，因此凡是長跑大賽中名列前矛者，即成為人人尊敬的部落英雄，更能獲得無數少女的傾心相待。

2. **女子訓練：魯凱族少女長至十五歲，必須進入女子青年會所學習敬老尊賢、互助合作、勤勞服從等傳統美德，並訓練其刺繡、烹飪、編織等女子必備才能，**等到訓練告一段落後便舉行「買沙呼魯」活動。此活動在小米成長前最後一次除草時舉行，故又稱「除草祭」。女子身著傳統服飾，在部落巫師祈求祖靈保佑之下展開活動，女孩們必須一整天不進食上山工作，以培養刻苦耐勞的能力，工作一定當天做完，傍晚時候大家一起跑回部落，向族人表示已完成「買沙呼魯」活動，之後回會所進食再跳舞歡慶，如此持續三天，如能順利完成活動代表通過考驗，亦被族人認可有結婚條件，異性可以展開追求。

3. **婚姻習俗**【95原民五等】

婚前交往	由男性主動，若女方同意，即共赴對方家訪問。
交換信物	情投意合時互贈禮物以為定情信物。
訂婚	男女定情後，男方央請親戚中與女家有關係者為媒妁，至女家求婚，若同意即備置訂婚禮品。
議定聘禮	女家接受男家訂婚禮品一個月後，女家還禮，兩家議定聘禮。
迎親	男方親友攜帶聘禮結隊至女家迎親。
婚禮服裝	結婚當日，族中長老、頭目需著傳統服裝出席，配飾上百合花象徵純潔、鷹鷲羽毛象徵勇士、百步蛇象徵貴族，不可隨意亂戴。
盪鞦韆	盪鞦韆是魯凱族女子的盛事，必須身著傳統服裝，藉由鞦韆搖擺的姿態展現女性的風采與氣質，不過須注意不許在夜裡盪鞦韆，否則會遭神靈懲罰；亦不可在不對時節盪鞦韆，以免招致天災。
藏新娘	迎娶當天，女方姊妹會將新娘藏起，新郎必須送些小禮物買通，找到新娘才能取回。
背新娘	傳統魯凱族的婚禮，新郎要將新娘背回家。新郎雙手置於背後，新娘雙手扶於新郎肩上，單腳膝蓋跪於新郎掌上，另一腳弓起，背挺直，由新郎一路背負回家，也算是考驗新郎的耐力與體力。
男方家宴會	兩家客人聚集在男方家宴客，宴客時女方送親代表恭賀聯姻，並訓誡新娘應遵守男家規矩，會後舞蹈歡樂。
女方歸寧	婚宴後新娘並不與新郎同住，由送親同伴陪伴，至第三日回女家歸，在女家住兩三日後回家始正式同居。

(四) **喪葬禮俗**：魯凱族的喪葬禮儀採「室內蹲踞葬」，人死後上下肢屈置於胸前，再用素色苧麻布包裹，在兩肩處打結。埋葬時男、女、夭折的嬰兒分穴而葬，以一人一穴為主，埋葬時在內棺和外槨之間放置新的月桃席和被褥，死者生前使用的工具也隨之葬，日常衣物則燒毀。日治時期因日人覺得此種喪葬風俗不衛生，故勸導將墓穴移居室外。

魯凱族有守喪的習俗，夫妻之間由於關係最親密，配偶死亡要守喪一年；子女為父母守喪六個月；父母為子女守喪三個月，守喪期間著喪服，喪服

為複雜圖樣夾織而成的頭巾與披肩，且禁止參加任何婚宴或生命禮儀，也不應拜訪他人，保持靜默以為哀悼之意。然而，隨著外來宗教的傳入，魯凱族的守喪儀式漸趨簡化，不僅守喪時間縮短，喪服也改以黑底、上有白布條縫成的布塊取代，以別針別於胸前或手臂上，以表示為喪家，葬禮也多採用教會儀式由神職人員主持。

六、藝術文化

(一) **月桃編製**：月桃在魯凱族的社會中是相當重要的東西，豐年祭中長串的粿稱為「阿拜」，其最外層的葉子即是月桃葉。將月桃稍微曝曬後，由外而內將莖部層層剝下，管狀的月桃莖曬乾後呈米黃色，以作為編製材料。月桃的莖部可編製月桃席、月桃盒等用途多樣性的置物容器，可用於放置嬰兒的月桃籃，在家中以棉繩繞於樑柱上成嬰兒籃；外出再加上帶子與棉繩方便背戴。其中月桃席在魯凱族的婚禮與喪葬中不可或缺，婚禮中的聘禮、新娘入門禮皆須放置於月桃席上；喪葬中，死者要在月桃席上換衣服，棺木與墳墓間也要放上一張月桃席。

(二) **皮革工藝**：狩獵為主的魯凱族男子精通皮革工藝，以在山上捕獲的獵物剝皮加工，製作皮背心、皮帽、皮袋、額帶和頭帶等。在眾多獸皮製品中，熊皮及雲豹皮背心只有貴族和獵獲者可以穿著。魯凱族人自稱為「雲豹的子民」，起源於一則傳說：

相傳祖先由臺東的海岸上岸，隨即往山上走，來到中央山脈南段的肯杜爾山定居。一段時間後，部份族人在部落領袖領導下，由一隻通靈的雲豹領路、老鷹在空中引導，翻山越嶺來到舊好茶，雲豹停佇良久，不願離開，族人覺得此地風景優美，遂在舊好茶建立了部落。之後，一部份族人又遷移至霧臺鄉的阿禮、去露、霧臺等部落。因此魯凱族稱雲豹為他們的獵犬，引領祖先們來到聚居地，族人為了感恩，遂禁止狩獵雲豹和老鷹。若是因自衛而獵殺禁獵的動物，必須在回到部落之前將獵物處理好，回到部落後還要殺一頭豬，舉行祓除儀式以去除不祥。

(三) **裝飾藝術——百合花的配戴**：外觀潔白高雅，春夏盛開於南部山區的臺灣野百合，是魯凱族的族花，更是族群精神象徵，百合花的配戴有其特殊意義與價值。行階級制度的魯凱族，藉由百合花飾即可判斷個人的身分地位，以男子而言，必須獵獲一定數量的山豬，才有資格配戴百合花，象徵其狩獵的功績、英勇與能力；以女子而言，百合花代表女子婚前的純潔與堅貞，是良好婦德的表徵。

魯凱族的族花─百合花

魯凱族族群精神標誌的百合花，代表著部落社會秩序與倫理，有著規範與象徵的重要意義。百合花受重視其來有自，以下由一篇神話即可窺之一二。趙惠群〈雲豹子民不做失根的百合〉一文中記載「百合聚落的由來」：太古時代，大武山上有位女神因讚嘆春天百合的純潔美麗，感動落淚，淚水滴在百合花瓣上，跟著花朵裡便誕生了魯凱人的祖先，因此，魯凱的聚落也有人說是「百合聚落」。

這篇創生神話中說明魯凱族祖先誕生之因，起源自百合花，可見百合花對族人的重要意義。在階級制度下，藉由百合花飾的配戴位置與方法，可知其地位與身分。一般而言，頭目階級的貴族配戴百合花，花心可朝向正前方，而平民只能朝向兩側。由於貴族階層享有「象徵裝飾特權」，因此平民若要配戴百合花，可藉由繳納一些貢品，經由「買戴百合花飾」的儀式，像是殺豬、送禮、宴客與跳舞等行為，向大頭目或村內重要頭目申請，即可獲得配戴百合花飾權。

對於魯凱族人而言，百合花的象徵意涵已遠遠超過其裝飾美感，著重在其精神層面的榮譽感。由百合花做成的冠冕，只有善獵的勇士和守節的女性才可配戴。然而，藉由百合花的配戴，亦可看出族群的遷徙與分布。以百合花頭飾配戴視為魯凱族的文化中心所在，即是以霧臺鄉境內的六個魯凱族村落為核心，依序向外擴充至臺東縣的大南群和下三社群為核心外區域。由核心內依序向外以百合花當頭飾的傳統文化逐漸減弱，反映了魯凱族的文化傳統因族群遷徙呈現不同面貌。一般而言，百合花頭飾主要流行在高海拔的魯凱族傳統居住地，向外漸弱。例如：大南群的許多魯凱族人是近代才恢復配戴百合花飾的傳統。

隨著時代變遷，社會階級制度的沒落，一些傳統服飾的配戴與約束已不像以往如此強烈，從前的繳納貢品「買花」也漸漸改成聯合繳交禮金方式。在慶典儀式時，除了少數的老人、守喪者有配戴百合花的禁忌外，其餘不論已婚婦女或小女孩，皆配戴著百合花飾，社會階層的控制薄弱由此可見一斑。然而，仍是有村落很遵循以往流傳下來的傳統規範，以霧臺鄉為例，每個村落對傳統飾物的配戴，仍是存有相當嚴格的規定。以女性配戴百合花為例，當初百合花精神即是堅貞、守節的象徵，若是每一個女性皆可毫無條件配戴百合花飾，那麼傳統的約束力即消失，規範也同樣瓦解，婦女對自己的道德操守，便很難加以去珍惜，因此，繼續維持傳統的規範與精神象徵是非常重要的課題。

精選範題

【測驗題】

(　) **1** 魯凱族因地緣關係長期與他族混居，使其社會文化受到他族影響頗為深厚，以下敘述為魯凱族文化受他族文化影響的說明，何者有「誤」？　(A)魯凱族與排灣族在衣飾、雕刻、石板屋等藝術文化方面十分雷同　(B)魯凱族中的大南群因鄰近卑南族，故受其影響而有會所制度，亦舉行成年禮　(C)魯凱、排灣兩族皆行貴族制度，以百步蛇為其守護神　(D)因貴族社會的影響之下，魯凱、排灣兩族皆為「長嗣繼承制」。

(　) **2** 下列哪一項祭典活動是專為魯凱族女子所舉辦？　(A)五年祭　(B)買沙呼魯　(C)猴祭　(D)拜鰻祭。

(　) **3** 以下所列的社會文化特徵，哪項「不屬於」魯凱族？　(A)彩虹橋神話傳說　(B)月桃編織　(C)盪鞦韆活動　(D)大鬼湖人蛇戀傳說。

(　) **4** 一般而言，臺灣光復後魯凱族的女性多投入何種行業？　(A)紡織業　(B)護理工作　(C)手工業　(D)餐飲業。

(　) **5** 臺灣原住民族中，其風俗習慣或祭典儀式中舉行長跑活動的有：(甲)卑南族　(乙)排灣族　(丙)魯凱族　(丁)阿美族　(戊)雅美族　(A)(甲)(乙)　(B)(乙)(丙)　(C)(丙)(丁)　(D)(丁)(戊)。

(　) **6** 臺灣原住民各族中，哪一族的結婚禮俗需要新郎將新娘背回家中？　(A)魯凱族　(B)卑南族　(C)賽夏族　(D)泰雅族。

(　) **7** 有魯凱族族花之稱的「百合花」，不僅美觀又大方，對於魯凱族人而言更是其精神意義的象徵，下列對於佩戴百合花資格的敘述中，何者有「誤」？　(A)配戴百合花代表家中有人過世　(B)只有貴族階級才享有百合花配戴權力　(C)平民階層可透過經由「買帶百合花飾」的儀式向貴族納貢以取得資格　(D)男女皆享配戴百合花的權益。

(　) **8** 承上題，百合花對魯凱族人們精神象徵的具體說明為：　(甲)配戴百合花飾以辨別個人的身分地位　(乙)若為男子配戴則象徵其

狩獵的功績、英勇與能力 (丙)若為女子配戴則代表女子婚前的純潔與堅貞，是良好婦德的表徵 (丁)成為一種族群的特殊標誌 (A)(甲)(乙)(丙) (B)(甲)(乙)(丁) (C)以上皆是 (D)以上皆非。

( ) **9** 下列關於魯凱族的敘述，何者「錯誤」？ (A)百合部落 (B)雲豹的子民 (C)以玉山為其聖山 (D)崇奉百步蛇。

( ) **10** 貴族社會的階級制度下，頭目享有眾多特權，其中「不包括」： (A)百合花飾權 (B)審判權 (C)特殊名制權 (D)收取租稅權。

( ) **11** 百合花對哪一族有表彰身分的象徵意涵？ (A)賽夏族 (B)布農族 (C)鄒族 (D)魯凱族。 【初考】

( ) **12** 服飾木雕上有百步蛇圖騰的是哪一族？ (A)阿美族 (B)賽夏族 (C)魯凱族 (D)泰雅族。 【初考】

( ) **13** 臺灣原住民族傳統社會有貴族階級制度的是哪一族？ (A)鄒族 (B)布農族 (C)卑南族 (D)魯凱族。 【初考】

( ) **14** 屏東縣霧臺鄉的魯凱族，在豐年祭中會進行那種活動？ (A)刺球 (B)划船 (C)盪鞦韆 (D)賽跑。 【原民五等】

( ) **15** 根據學者研究，魯凱族家庭組成的三個基本要素不包括下列那一個要素？ (A)家系 (B)家屋 (C)家靈 (D)家名。 【原民五等】

( ) **16** 學者依地域分布，將魯凱族區分為大南群、隘寮群及濁口群，其中位於濁口群，俗稱「下三社」的魯凱族，不包含下列那一個地區？ (A)霧臺 (B)多納 (C)萬山 (D)茂林。 【101原民五等】

( ) **17** 清代文獻中的「傀儡番」概念有許多意涵，但就其狹義意涵而言，主要指那兩個民族？ (A)布農族與鄒族 (B)布農族與魯凱族 (C)魯凱族與排灣族 (D)排灣族與卑南族。 【102原民五等】

( ) **18** 學者依地域分布，將魯凱族區分為大南群、隘寮群及濁口群，其中位於濁口群，俗稱「下三社」的魯凱族，最近想申請獨立，請問不包含下列那一個地區？ (A)多納 (B)茂林 (C)萬山 (D)大南。 【106原民五等】

解答及解析

1 (D)

2 (B)。「買沙呼魯」相當於魯凱族的女子成年禮，由於此活動在小米成長前最後一次除草時舉行，故又稱「除草祭」。若能順利完成祭典活動中的考驗，則具備結婚條件，異性即可展開追求。

3 (A)　　**4 (B)**

5 (C)。魯凱族的每年都會舉行男子長跑大賽，只要未婚男士均需參加，藉以訓練成為健壯勇猛的勇士。在長跑大賽中名列前矛者，能得到女子青睞，不失為吸引異性的好方法。阿美族的長跑活動於成年祭典中舉行，為其傳統之特色。

6 (A)　**7 (A)**　**8 (C)**　**9 (C)**

10 (B)。貴族社會中頭目雖享有許多特殊權力，但實質而言，頭目僅為部落的領導者，並非獨裁者，且具保衛部落、輔助弱小、維持族內和平、財富分配均衡的義務。

11 (D)。行階級制度的魯凱族，藉由百合花飾即可判斷個人的身分地位。

12 (C)。魯凱族與排灣族均崇奉百步蛇。

13 (D)。原住民族中以「魯凱族」與「排灣族」為貴族階級制度，分為頭目、貴族、士、平民等四種階級。

14 (C)

15 (C)。居住在同一家屋內之人稱為家族。家族所使用的名號稱為「家氏」，又稱「家名」。原始宗家、本身宗家、本家等構成家系。

16 (A)。霧臺屬隘寮群。

17 (C)。清代將排灣族與魯凱族合稱為傀儡番，又稱澤利先，有山地人之意。

18 (D)

【申論題】

一、百合花為魯凱族的族花更是其精神象徵，請介紹百合花受重視之因，並說明其意義與內涵所在。

答 (一)神話傳說：趙惠群〈雲豹子民不做失根的百合〉一文中記載「百合聚落的由來」：太古時代，大武山上有位女神因讚嘆春天百合的純潔美麗，感動落淚，淚水滴在百合花瓣上，跟著花朵裡便誕生了魯凱人的祖先，因此，魯凱的聚落也有人說是「百合聚落」。由這篇創生神話中說明魯凱族祖先誕生之因起源自百合花，故族人十分崇敬百合花，並賦予百合花許多重要意義，並視其百合花為魯凱族之族花。

(二)象徵意義：百合花為魯凱族的族花更為族群的精神標誌，藉由百合花的象徵作用以代表部落的社會秩序與倫理關係，有著規範的功用，男女有所不同，以下說明之。

1. 男性：原住民男性的英勇表現常顯示在其狩獵技術方面，以魯凱族而言，男子獵得一定數量的山豬後，舉行儀式經族人認可後，可佩帶百合花或於衣褲上繡上百合花圖樣，象徵其狩獵的功績與能力。

2. 女性：百合花素白高雅的形象，代表女子婚前的純潔與堅貞，能佩帶百合花成為良好婦德的表徵。

(三)反映階級制度：在階級制度的影響下，百合花飾的配戴位置與方法，成為族人地位與身分的象徵。以下分項敘述之。

1. 由於貴族階級才享有裝飾特權，故平民若要配戴百合花，可藉由繳納一些貢品，經由「買戴百合花飾」的儀式，像是殺豬、送禮、宴客與跳舞等行為，向大頭目或村內重要頭目申請，即可獲得配戴百合花飾權。

2. 平民獲得裝飾特權後，其百合花配戴方式亦與貴族有所區別，頭目階級的貴族配戴百合花，花心可朝向正前方，而平民以朝向兩側為原則。

(四)社會變遷的影響：隨著時代變遷，社會階級制度的沒落，反映在一些傳統裝飾的配戴權力上。

1. 從前需繳納貢品「買花」以獲得特權，顯以漸漸改成聯合繳交禮金方式。

2. 舉行慶典儀式時，除了少數的老人、守喪者有配戴百合花的禁忌外，其餘不論已婚婦女或小女孩，皆配戴著百合花飾，顯示百合花的象徵意義與傳統的約束力量隨時代逐漸鬆弛，社會階層的控制逐漸薄弱。

二、解釋名詞：(一)買沙呼魯　(二)盪鞦韆

答 (一)買沙呼魯：「買沙呼魯」相當於魯凱族的女子成年禮，由於此活動在小米成長前最後一次除草時舉行，故又稱「除草祭」。魯凱族少女成長至十五歲，必須進入女子青年會所學習各項傳統女子必備技藝與美德，等到訓練告一段落後便舉行「買沙呼魯」活動。活動進行時女子

身著傳統服飾，在部落巫師祈求祖靈保佑之下展開，女孩們必須一整天不進食上山工作，並完成當天的工作，以培養刻苦耐勞的能力，傍晚時大家一起跑回部落，向族人表示已完成「買沙呼魯」活動，然後回到會所進食再跳舞歡慶，如此持續三天，若能順利完成活動代表通過考驗，則具備結婚條件，異性即可展開追求。

(二) 盪鞦韆：「盪鞦韆」為魯凱族婚姻禮俗中的一項特別的活動，是魯凱族女子的盛事。婦女在盪鞦韆時必須身著傳統服裝，藉由鞦韆搖擺的姿態展現女性的風采與氣質。神聖的盪鞦韆活動有其禁忌存在，須注意不許在夜裡盪鞦韆，否則會遭神靈懲罰；亦不可在不對時節盪鞦韆，以免招致天災。

NOTE

Unit 11　排灣族 (PAIWAN)

依據出題頻率分為：A頻率高　**B頻率中**　C頻率低

【命題關鍵】牡丹社事件、百步蛇

【命題焦點】1. 有百步蛇子民之稱的排灣族，百步蛇為其信仰的重心所在，故應多加注意百步蛇在排灣族社會中的意涵與功用。

　　　　　　2. 經由嚴密階級制度發展而成的貴族社會和制度影響排灣族人生活層面甚廣，讀者在此須多用點心。

　　　　　　3. 豐富的藝術文化，如：石、木雕工藝、琉璃珠、陶壺等。著重在其社會意義與象徵方面。

【考點分析】排灣族試題重心在於排灣族與魯凱族的比較，以及影響清廷對臺政策重大改變的牡丹社事件。

【參考資料】1. 田哲益（民91），臺灣的原住民—排灣族，臺北市，台原。

　　　　　　2. 童春發（民90），排灣族史篇，南投市，臺灣省文獻委員會。

一、族群發展【108原民五等】

(一) **族名稱呼**：「排灣」〈Paiwan〉一名由來有二，其一、在排灣族的神話傳說中，「排灣」意指「祖先發祥地」，在今北大武山西北部一帶，因為族群是從此地擴散而出，故以「排灣」為族名；其二、來自於日治時期的研究學者所取之名。由於在三地門鄉有個部落名叫〈Das-paiwan〉，在瑪家鄉有個部落名叫〈Spaiwan〉，此二者結合成為〈Paiwan〉，以此「排灣」的音譯作為全族的代表。然而，**在日治時期以前的文獻中，多以「傀儡番」、「瑯嶠十八社」稱呼之，而無整體族名**。「瑯嶠諸村」即南排灣一帶的統稱，其中包括大龜文以及斯卡羅。大龜文王國又被稱為內文社，為南排灣族建立的一個酋邦制王國，其存在時間可從荷治以前到日治時代，是一個具有組織的實體政權，屬貴族社會，王國的領袖稱為「元首」（Mazazangiljan），擁有幾乎全部土地所有權，荷治時期與統治當局維持和諧關係，大龜文語為南路地方會議的六種官方語言之一，惟於1661年初，因與馬卡道族及漢人間的衝突紛爭，統治當局對大龜文王國發動兩次大規模征討，排灣族流傳的口述歷史中，亦敘述著三百年前祖先與荷蘭人衝突的過往。瑯嶠下十八社又稱為斯卡羅王國，為約300年前卑南族知本

社族人南遷進入瑯嶠（今恆春），並與當地人口多數的排灣族通婚排灣化後所形成建立的貴族政治實體。

(二)地理分布：排灣族主要分布在臺灣南部知本主山以南，中央山脈東西兩側，以臺灣南部為活動區域，北起大武山地，南達恆春，西自隘寮，東到太麻里以南海岸。行政區主要集中於屏東縣瑪家鄉、三地門鄉、泰武鄉、春日鄉、獅子鄉、牡丹鄉、來義鄉和滿州鄉；臺東縣達仁鄉、金峰鄉、大武鄉、太麻里鄉臺東市的新園里。其中以屏東縣來義鄉人口分布最多。依據行政院原住民委員會民國111年資料統計，總人口數近104,525人。

(三)族群分類【95初、100原民五等】：依據日治時期學者伊川子之藏的分類，將排灣族分為兩大系統，再加上地域分布不同，影響其文化與生活習慣，故再細分之。附表如下：

	二大系統	群落	分布	特徵
排灣族	拉瓦爾亞族〈Raval〉（西排灣）		中央山脈南段西側（排灣族居住地最北端）	三面與魯凱族相鄰，風俗習慣受其影響深切，如：百合花的配戴，且與該族通婚；與其他排灣族不同處為採「直系尊親屬繼承制」，不舉行五年祭。
	布曹爾亞族〈Vustul〉（東排灣）	原布曹爾群	南部中央山脈西側	1.領域遼闊，部落特色稍有變異。 2.巴利澤利敖群，即清代文獻中所稱的「瑯嶠十八社」。
		巴武馬群		
		查敖保爾群		
		巴利澤利敖群		
		巴加羅加羅群	臺東縣諸鄉	布曹爾亞族之主群的族人東移而來。由於與卑南、阿美相鄰，不論在生活方式或服飾上，呈現卑南、阿美、排灣融合現象。

1.在原住民族眾多歷史事件當中，性質相似者有之，性質獨特者亦有之，試說明「牡丹社事件」與「日阿拐事件」兩個影響深遠的事件所具有的獨特性質。
【原民三等】
2.解釋名詞：石門古戰場。
3.試分析牡社事件前後臺灣所處的國際情勢，述其經過及結果，並檢討其影響。
【102原民三等】

(四) 牡丹社事件【95初、98、102原民三等、101原民四等、95、97、100、101、102原民五等】：

臺灣物產豐富，地理位置極佳，為日本與歐洲各國極欲爭取之地。自康熙二十二年（1683），被清朝納入版圖後，雖名為清朝所管，但實質上清廷採取放任政策，對臺態度消極。

同治十年（1871）年九月，清朝與日本國簽署「清日修好條規」，此為清日兩國進入近代性良好國際關係之始。然而當年十月，卻**發生六十六名琉球船員途中遭遇暴風雨，飄流登陸臺灣恒春八瑤灣（現屏東佳樂水北邊一帶），其中五十四名船員遭當地原住民殺害（殺害琉球人之原住民為高士佛社，非牡丹社），此為「牡丹社事件」**。

由於此一事件發生，日本藉此對清朝發動事變，欲佔領臺灣。**起事之前日本於1872年先派遣陸軍少佐樺山資紀及兒玉源太郎等數人，先至臺灣各處探查風土民情，並探測沿海水深等等，做成詳細報告。**

待日本準備工作完成後，1873年由外務大臣副島種臣以換約為名，乘艦由長崎出發，前往北京向清廷問罪臺灣牡丹社事件。**而清廷仍以一貫消極態度說明牡丹社事件肇事者為「生番」，為化外之地，非能力管轄範圍**。然而，日本當局對臺灣的認知則是：「此地土地肥沃、物產豐富、地理位置良好，自古以來即為各列強必爭之地，若是佔領臺灣則可藉此地彰顯日本於東亞之勢力，發動戰爭也可實地鍛鍊日本士兵武力。」此欲爭奪臺灣之心明顯可見。

同治十三年（1874）五月，日本出兵三千六百名，分乘八艘兵船和運輸船開往臺灣海峽，在今天屏東縣車城鄉南方的社寮登陸，攻陷石門，圍攻牡丹社（殺人者為高士佛社，牡丹社卻代之受罪），燒毀部落，迫使排灣族人投降。此一戰役不滿二十天即結束了，日軍和排灣族人戰死者甚少，但由於水土不服，感染風土病，死亡者多達五、六百人，造成日軍兵力受挫。

此一舉動震驚清朝，急忙知會日本，說明「生番之地」仍屬中國版圖，且日本出兵違背清日兩國之間的友好條約。此外，急派沈葆楨為欽差大臣赴臺處理臺灣事宜，先後調派一萬名洋槍隊渡臺，積極備戰。由於清日兩國均發生內戰，清廷海防空虛，新疆亦有紛爭；而日本政府則因內閣意見分裂、北方朝鮮動亂，在此情況之下兩國都極欲解決戰事，結果清廷給了撫恤銀兩十萬兩，建築賠償四十萬兩，並承認日本征討番地為義舉，等於承認琉球是日本的屬地，此後日本撤兵。

「牡丹社事件」發生後，清廷失去其藩屬國琉球，但卻將臺灣東南部原住民區域明確置於其主權之下，自此清廷對臺態度從消極轉為積極治臺，派遣大臣沈葆楨來臺治理，並施行「開山撫番」政策。

二、社會制度【95、98原民五等】

經典考題

1. 貴族社會的排灣族以嚴格的階級制度建構完善的部落組織，請詳述排灣族的「階級制度」並說明階級制度對各項社會制度所造成的影響。
2. 某些原住民族群內部存在著階級或階序、等級的差異，例如排灣族的「頭目家族」或所謂貴族階級，請任選一族群舉例說明其內部此種差異的構成、相關的社會意義或功能，以及變遷。【103原民三等】

排灣族為一貴族社會，實施嚴格的階級制度，由階級制度為基本概念發展而出的一切制度如：政治制度、財產制度、繼承制度、婚姻制度等，都與社會階層息息相關。社會階級以從屬關係為原則，各階級有其世襲的身分地位，不容逾越，形成由上而下嚴密的縱向組織，階級制度亦使得排灣族社會更有制度與秩序。茲分述如下：

(一) **階級制度：排灣族實施嚴格的階級制度，地位由上而下分為頭目、貴族、士族、平民四個階級，階級以從屬關係為原則，有各自的身分地位。**

1. **頭目階級〈Mamazangilan〉**：排灣族的部落領袖稱為「頭目」，擁有其管轄區域內的土地、勞力、政治力等多項支配權利，對內統治部落、對外作為部落代表，與其他部落作交涉。一般而言，每個頭目管轄範圍不盡相同，有時一個部落為多個頭目所共有；有時一個頭目掌管多個部落。頭目除了享有政治上的統治權外，由於是土地所有人，因此可向轄區內的民眾收納各種租稅，也有權利命令平民予以服役。

特權階級的頭目，除了掌管支配平民的權利外，還享有諸多福利。由於階級尊貴，故一般民眾對其十分敬重，如：出巡時有平民護衛、不得與頭目夫婦同席等；在服飾的裝扮上，亦有不同，如：酷似百步蛇紋的雄鷹羽毛、高貴的琉璃珠、特殊的圖案（人頭紋、百步蛇紋）、豹牙、熊牙、豬牙等串飾、獸皮衣物等，為頭目專用；在家屋裝飾上，可刻百步蛇圖樣在門屋、柱子、屋簷上；在家名與家號使用上，平民要避免與頭目之家同一稱號。

2. **貴族階級〈Mamatsangilan〉**：貴族階級與頭目有親屬關係，也因著與頭目的關係親疏而分為二至三個等級，以下分述。此外，「祭司」也屬於排灣族貴族中較為特殊的一份子。

   (1) 地主〈Kamamatsagilanan〉：地主階級包括地主及其長嗣，而頭目本身兼及地主身分，享有土地所有權，並可收稅、以特殊圖樣裝飾家屋等。

   (2) 核心貴族〈Mamatsangilan〉：為地主之兄弟，其地位僅次於地主，無土地所有權，僅有使用權，仍須納稅，但耕種、狩獵、伐木、取水等免稅。

   (3) 二級貴族〈Terter〉：為地主的堂兄弟，地位僅次於核心貴族，無土地所有權，仍須納稅，但享有貴族家名、特殊服飾裝扮等，仍與平民有別。

   (4) 邊緣貴族〈Bakatilangan mamatsangilan〉：為地主的二從兄弟，其地位與士族階級大致相同，有貴族之名無貴族之實，僅在刺墨的式樣與人名方面與平民有別。

   貴族不論在人名，服飾、家名方面都與平民有別，且有「青銅刀柄」、「古陶壺」、「古琉璃珠」三項貴族之家之寶，以象徵財富與地位。

3. **士族階級〈Pualu〉**：士族階級是平民因為部落戰爭或出草行動而建立功勳，而被頭目封為「拉拉阿戰」即「勇士」之意，受部落族人的敬重。享有免稅及若干紋身和名號之特權，不為貴族的附庸，其繼承僅止於長嗣，其餘則為平民。

4. **平民階級〈Adidan〉**：平民階級是最低階的一級，為貴族的附庸並以勞力換取生活所需，如：替貴族耕種、納稅等。

(二) **財產制度**：在排灣族的社會中，除了少數的自然財產為部落共有之外，其餘如：土地、山林、河流等大部份都屬於頭目所擁有的私人財產。頭目擁有部落中的土地資源，其管轄區內的民眾承其地而耕作，須繳納租稅與服勞役之責任，而頭目則負有保護轄區內族人之責，亦有行賞罰、教育、宗教的大權。

(三) **繼承制度**【100原民五等】：依據階層制度而發展的繼承制度為「長嗣繼承制」。**所謂長嗣繼承制度，即家中財產繼承者為家族中之長嗣，不論男女，**

此亦表現了排灣族人的男女平等觀念。長嗣成年後，在父母的監督下負起管
理家務的責任，婚後繼承家屋。餘嗣在結婚之後搬出家中，通常會尋求與另
一長嗣結婚的機會，若配偶亦非長嗣，則婚後要靠自己的力量建一新房子。

(四) **婚姻制度**：由於世襲的階級制度深深影響著每一位族人，因此藉由婚姻而
改變階級制度成為重要管道，分有同階級相婚、升級婚和降級婚，不過通
常平民和貴族不得通婚，但仍有特例。此外，藉由婚姻可升降階級地位，
但僅止於個人與所生子女，並不包括家族。

排灣族的婚姻制度採「兩可制」，即不論男女雙方皆可選擇招贅或嫁娶，
這類的觀念源出於排灣族的小家庭制度，在小家庭中男女必須分工合作，
因此養成良好的男女平權概念，故不以男婚女嫁為原則。不過婚姻仍是一
夫一妻制，且同一血族絕不通婚。在一夫一妻制的前提下有個特例，即是
頭人階級的男性可以納妾，但女性頭人則無一女共贅二夫之例。

貴族社會的排灣族，其階級制度影響生活層面良多，特別是長嗣繼承制。
嚴格的社會階級，形成與古代「封建社會」相同的基本型態，再加上長嗣
繼承制，有如「宗法制度」般：家族中的長嗣成為「大宗」，以繼承家業
為主，享有絕對的繼承權，地位也相對重要：其餘則為小宗，成為旁支而
隨時間沒落。

三、經濟生活

(一) 生產方式

1. **農耕**：農業是排灣族的傳統經濟，農作物以粟（小米）、芋頭、甘薯、樹
豆等為主。家庭為基本的生產單位，因此發展出農業互助的臨時性組織，
在農忙時同一村社內不限固定對象、親屬或團體互換工作，幫忙開墾、整
地、收穫等，酬勞以酒飯代謝。在農業生產上，時間的安排很重要。

傳統的排灣族人對時間的掌控並不十分清楚，是以太陽與星辰交替出現來
代表一天的時間；以月亮的圓缺代表一個月的時間；以寒暑與植物的變
化代表一年的時間，因此，他們無法確切的體會一天有多長、一個月有幾
天、一年有幾個月。在這種情形之下，農業活動則是以芋頭耕作的不同階
段來推估其他農作應有的時間。因為芋頭是一年生的作物，年初種植，年
底收穫，其他的工作就依序安插在芋頭耕作活動的時間順序之下。

2. **狩獵**：在階層制度之下，獵場為貴族所有，因此使用獵場者必須向獵場所
有人繳納租金，通常狩到獵物之後必須納貢給頭目，一般而言都會以獵物
的兩隻前腿及胸、豹皮、獸牙作為獵租。由於狩獵多為集體性活動，因此

所獵得的獵物必須平均分配，分配者必須是狩獵的參與者。在排灣族的社會中，第一位與第二位獵到野獸的人才被承認，其餘的都只算是一般參與者。第一個打到野獸的人可以得到一份參與者應得的獵獲物外，還可以多得上半身的骨架、頸部、頭部、皮與鞭等；第二順位者則可以多得下半身的骨骼。雖然第一位打到野獸的人所得到的獵獲物較多，不過等到打獵結束後，他得在自己家裡釀酒，請參與打獵的人到自家裡喝酒，並且把煮熟的獸頭拿來當下酒菜。

3. **漁獵**：排灣族的部落雖濱海岸，但大多數排灣族的部落只在山溪中捕魚，不從事海上作業。捕魚亦跟狩獵相同，須繳納魚租與漁獲，需平均分配。捕魚時若採用藤汁毒魚法毒魚，漁獲量與範圍較大，通常與鄰近的族群一同合作。漁獲的分配原則為得到魚後，先將魚以大小分成若干類，再將每類魚分成若干份，一類一類地將魚依序分完，最後提供毒魚用的魚藤主人可在每人所得的魚當中挑三尾最大的，當作提供魚藤的報酬。

4. **飼養家畜**：排灣族畜禽的飼養以豬、犬、蜜蜂為主。犬的飼養與狩獵有關，豬則是祭典中重要的牲品。飼養畜禽採用合作的方式進行，以飼養豬隻為例，引公豬來交配則較受限，必須與有養母豬的人家合作，且只能以此次交配所生的小豬為限，等到豬隻長大後兩家平分。而小豬合養（小豬的費用由兩家負擔）比較自由，數目與合作的對象可以自由選擇，除了豬外，雞、牛也可以採用這種合作方式。

(二) **飲食**：排灣族以小米、旱稻、芋頭及甘藷為主食，以豆類、南瓜、野菜為副食。其日常生活不外乎以煮、蒸、烘法等烹調方法料理主、副食，魚、獸類則以鹿、山羊與山豬及山溪魚類蝦與蟹等為主。其中最為有名的料理就是「cinavu（吉拿富）」，這是用假酸漿葉（lavilu）包小米、豬肉，最外層再以芒草綑綁成長條型，是祭典上常出現的美食。

四、信仰祭典

(一) 信仰

1. **祭司與靈媒**：排灣族人認為生命是肉體有意識的表現，在人的肉體中存在著靈魂的觀念。肉體會腐朽，而靈魂是不滅的。人一旦死亡後，靈魂便會離開肉體回歸祖靈地（大武山區）與祖先同列。通常人死後為了讓靈魂安然回到祖靈地，便請靈媒做法，靈魂安定且順利地回歸祖靈地，則為常靈（善靈之意）。然而，萬一遭逢意外，或在外地死亡而無靈媒做法，靈魂便無法回歸祖靈地，成為四處飄蕩的遊靈，由於靈魂與肉身是一體的觀

念，無安定狀態的游靈即需安定而在人間尋找肉身附合，這時便會發生二
靈共附一體的現象，此一狀況發生後，人便陷入精神不穩定狀態，有如中
邪，這時就須請靈媒進行驅邪儀式。

通常由女性擔任的靈媒，負責人從出生至死亡，遭靈干擾、生病等驅邪除
魔的儀式。靈媒從事迎靈、送靈是需接受酬勞的，這是他們的工作，也是
他們專業性所在，故靈媒在為族人服務後，從前以接受食物為報酬，現今
則以紅包為代價。世代相襲的靈媒角色，以其專門性和服務性，在排灣族
社會享有一定的地位和尊崇。

在排灣族社會中另一位從事宗教性行業的執行者為「祭司」。以祭祀為主
的祭司，要求的是祭祀的知識，凡是具有各種祭祀過程知識者，且通曉祭
祀用語，便有擔任祭司的資格。祭司有兩種，一種是主持以家庭為單位的
各種祭祀活動「家庭祭司」，有男女之分；另一種是主持以部落為單位祭
祀活動的「部落祭司」，需宗教性認可。因此，部落祭司需經過卜神儀式
的選舉，以神的旨意選人。部落祭司通常為二人，男女不拘，且其部落祭
司的功能可與家庭祭司重疊，不構成衝突。

然而，隨時代轉變，基督教和天主教各派傳入後，已深深影響族人的宗教
信仰，時至今日，雖然祭司和靈媒的角色仍被族人所認可，但已不具多大
功能。

2. **祖靈崇拜**：排灣族的祖靈信仰表現在其祭典和家屋中常見的祖靈雕刻像。
以石為雕刻材料的祖靈像，型態為左右對稱、雙腳直立、雙手舉在胸前的
祖先正面立像，通常以搭配百步蛇或幾何圖案為裝飾，百步蛇更具有代表
貴族頭目地位的象徵作用。屋內中柱的祖靈雕像，一般而言都分為男女，
有臉孔，代表著某一代的祖先，抑或是未指定某一代只有形象作為代表，
在祖靈像旁會放置許多貴重物品，如：陶壺以表示崇敬；或掛上掛刀、獸
骨以炫燿英勇事蹟。

3. **圖騰崇拜**：自稱「百步蛇子民」的排灣族人，十分崇敬百步蛇，由百步蛇
為圖案雕刻的圖騰木雕、刺繡和服飾上可見一斑。傳說在遙遠的年代，太
陽神在Chakapau-gan的山頂，降下兩顆紅、白色的卵，且命令百步蛇保護
卵。不久後兩顆卵孵出蛇來，這兩隻蛇就是排灣族貴族的祖先，而平民的
祖先則是由一條青蛇所孵出來的。由這則故事我們可知排灣族人都是蛇的
後代，而百步蛇更是貴族的代表。

「百步蛇」在排灣族語即為「長老」之意，在排灣族的階級社會中，族人以各
式各樣的裝飾、器物代表著不同的身分和地位，其中百步蛇更是頭目的象徵

物。在此以另一則傳說說明之：傳說在遠古時代，百步蛇在陶壺中孵了一顆蛋，陶壺受到太陽光的炙熱照射下，終於分裂為二，其中誕生一名男嬰，此男嬰後來被尊為頭目。這則神話確立了頭目的尊貴象徵和百步蛇之間的關係。

在原始的社會中，由於人類未能掌控生活週遭的事物，因此從畏懼猛獸進而崇敬牠，希望自己也能擁有如猛獸般的威力，以克服周遭困難。這種想法導致人類將猛獸擬人化，並視為自己的祖先。居住在山林中的原住民，毒蛇是其又敬又畏的動物之一，百步蛇又是毒蛇之最，因此為了消災解厄，故特別崇奉百步蛇。

(二) **祭典：在排灣族的數十種祭儀中，以五年祭〈Maleveq〉規模最為盛大。五年祭是迎接、祭拜歷代祖先神靈回部落與後代子孫共享盛會，每五年舉行一次**，以一個部落為單位，故每個部落的時間、地點、祭祀行事都有所不同。一般而言部落舉行五年祭的順序，依照祖靈來訪的次序而定，反映了各部落在拓建開墾時建社的先後順序。

五年祭的舉行只存在布曹爾亞群，目前舉行五年祭的村落有屏東縣來義鄉的古樓、來義、文樂、嘉望，春日鄉的力里、七佳、歸崇、來義鄉的南和、望嘉，以及臺東縣達仁鄉的土坂。**五年祭舉行時，在外地的子孫們均須回鄉參與祭典，藉此有凝聚全族情感、強化組織，而主要是祭拜祖靈的活動，又含有慎終追遠的教育意義。**

	祭期	祭典活動
五年祭 【95原民五等、101原民三等、109原民四等】	祭典準備過程	預備食物與祭品 → 準備服飾道具 → 整修祖靈之路 → 製作刺球桿 → 製作藤球 → 立刺球架 → 送相思木至女友家
	正祭	迎靈與娛靈（第一天） → 送惡靈與刺球（第二天）→ 盡情歌舞酒宴（三、四天）
	後祭	送靈—歡送祖靈（第五天） → 男子出獵（第六天）
六年祭 （五年後祭）		傳說五年祭回來的祖靈，有一部份最好的神靈被留下來，直到第六年才送走。六年祭就是在五年祭之後、送靈前的一連串的儀式，天數與五年祭差不多，但沒有刺球的活動。

排灣族五年祭刺球

五年祭時最引人注目的儀式即為「刺球」。刺球最初所訴求的意義在於藉此活動祈求五穀豐收、獵物豐盛、族人身體健康、平安順利，因此，刺球是象徵「求好運」的活動儀式。活動進行要點大致如下：

1. 刺球的製造材料以「藤」為主，草繩、稻草為輔。古樓村製作刺球的材料是用相思樹皮纏繞而成。
2. 刺球儀式開始時的祭桿隨著參與刺球儀式人員的家族背景地位高低來制定長度與裝飾。同時女巫要先為這些具有宗教意義的祭桿去除霉氣。
3. 在刺球儀式中，是由部落的男子以約四至五層樓高度的竹子刺藤球。
4. 刺球活動的藤球，有吉球和凶球之分，參與者競爭刺吉球，若刺到吉球表示今年好運亨通，若不幸刺到凶球，則須請巫師作法解運。
5. 參與刺球活動的人員均需盛裝打扮，在活動開始前，會先展開歌舞表演。

「刺球」相傳是古時排灣族訓練年輕武士的方法之一，據范純甫《原住民風情》（下）記載：「刺中的人退出賽場，沒有刺中的人繼續刺球，直到人人都刺中目標，獲得祖先及神明的庇祐，比賽方告結束。據傳說『藤球』原是打仗馘取的敵首，可見刺球脫胎於刺人頭，他是排灣族人爭戰凱旋時慶功祭祖的隆重祭典，目的在於表彰勇士、崇尚勇武，因而刺人頭時如癡如狂，氣氛熾熱，場面壯觀。後來『人頭』演變為『藤球』，……最終變成民間娛樂活動而流傳下來。」

由於五年祭的盛大活動具有強大的社會整合功能，日據初期政府加以壓制；又刺球活動象徵著獵人頭的風俗，故必須廢除此一祭典。然而，隨著外來宗教的引入，排灣族的傳統信仰已漸漸式微。

五、生命禮俗

(一) **懷孕與生產**：排灣族婦女以月經停止為受孕，由於不清楚確切時間，因此以月之盈虧代表一個月。一般而言，排灣族婦女在懷孕期間仍不停止勞動，只是不要太過量，他們認為勞動有利於生產，故不避諱。生產時無產房制，亦無職業性質的助產婆，助產工作多由丈夫或母姐擔任。

婦女生產完後要舉行兩個祭典，第一是在生產完隔天舉行「嬰兒出屋祭」，藉由嬰兒出屋的儀式告訴神靈嬰兒出生，希望往後見到嬰兒時不要視為禁忌而給予懲罰。第二是在生產完一個月舉行「嬰兒滿月祭」，主要祈求小孩別生病，平安長大，另外，根據排灣族人的說法，由於嬰兒未出世之前，孕婦與丈夫必須遵守許多禁忌，因此經過這個儀式後，即可解除一切的禁忌。

(二) **命名**：排灣族的階級觀念不僅表現在財產與婚姻，連姓名的取用都依階級的不同而有一定的範圍。通常不論男女其名字皆分為貴族、士族、佃民三個等級，命名時由家長依其階級命名之。排灣族行「家屋連名制」，即在本名之後接家屋名稱，每個家庭都其專屬的家屋名，依據其家族的社會地位高低、分居遷居或入贅等原因而更換，如長子有繼承權，也繼承家屋之名，以下次子皆須放棄原家名而另建新居另取家名，因此，一個排灣族人只要知道他的名字就可以判斷他的階級。然而，有些名字也可以由頭目賜予，經過頭目允許後才能使用比自己階級高的名字。

(三) **婚姻禮俗**

定情	男女雙方互贈定情之物，以確定雙方情感，若在成婚前有一方後悔，則退還對方定情之物，並要求對方亦退還自己所送之物。
求婚	男方家長由媒人陪同前往女家求婚，若對方接受求婚禮物後，即表示同意，才進一步談男方需準備的聘禮和結婚條件。
訂婚	當男女雙方論及婚事時先經男方族人及頭目同意後，央請族內聲望清高者作媒，媒人前往女方家「問婚」、「求答」、「送禮」、「問聘」、「送聘」等繁複的過程後，經女方族人與頭目同意後，即完成訂婚手續。
送採薪禮	在議定完婚事之後，結婚前男子需採薪送至女家為禮。將相思木疊在家門前，在竹子頂端綁上一把山刀，稱為「包固」，是以前排灣族人婚前的一種教育方式。男方要向女方下聘前，男方家長須先上山砍伐相思木，再砍成一截截的短木頭，配合其他聘禮送給女方。包固疊得越高表示雙方家庭在部落中越具聲望，而竹子上頭綁上刀械，則代表男方從此必須捍衛家庭，以成家立業。
送聘禮	排灣族人的聘禮以檳榔、鐵鍋、狩獵用具、傳統食品等，聘禮也因階級不同而有等級的差別，聘禮數量與其階級高低成正比。
跳舞祈福與造橋修路	在結婚前夕要至女方家舉行跳舞祝福儀式，目的在祝福新人婚姻幸福美滿。由於迎娶新娘可能需要跨越路障，因此必須修築迎娶必經之路。
盪鞦韆	從前盪鞦韆是頭目家舉辦婚禮才有的特權，現已開放。盪鞦韆是女性的特權，藉由男方推搖鞦韆，女方以端莊挺拔的姿勢抓緊鞦韆，以表達合作無間的愛情。
成婚	嫁娶婚有迎親禮儀，而招贅婚僅由媒人將新郎送至女方家宴客即成。

(四) 喪葬禮俗：排灣族人認為人死後靈魂有善、惡兩種，善死者為善靈，可歸大武山祖靈地成為祖靈；橫死、惡死者之靈魂變成惡靈，徘徊在死去之地而成為幽靈，向路過之人作祟，一歲內的幼兒夭折而死者，其靈無善惡之別，靈魂返回太陽處，以便再次投生。投胎後則男變女、女變男。

傳統的排灣族喪葬方式採「室內屈肢葬」，將死者屈肢包成橢圓形，埋於家中上蓋大石板。日治時期，由於日人覺得此種方法甚為不潔且野蠻，故勸導改進此風俗，在家屋不遠處行室外葬，方法為在室外挖個洞，在洞內砌上石板，把屍體放入在蓋上石板即完成。

光復後由於外來宗教的傳入，不但主張室外葬，並採用棺材，有的甚至使用基督教的喪葬儀式。一般而言，喪葬處理過程如下：

死亡類別	善死	惡死
過程	裝斂	收斂
	訃告親友	安葬幽靈
	告別祭	慰靈祭
	下葬	分肉除忌
	改火驅靈	禳祓祭
	服喪	祖靈祭
	招靈祭	
	慰問遺族	
	除喪祭	
	滿月驅靈祭	

六、藝術文化

經典考題

排灣族的木雕與陶壺、琉璃珠等物質文化十分發達，請簡述這些物質文化的特色與社會意義。【原民四等】

排灣族的藝術與文化十分豐富，多采多姿的生活與裝飾藝術，顯示其樂天知命、富創造力的民族性。嚴密的階級制度所帶來的影響，充分表現在藝術層面。在階級制度的影響下，頭目或貴族階層比其他階層有更多閒暇時間與經濟力量從事藝術創作，許多的飾品也是屬於貴族階層才可佩戴，在這種階級制度的社會組織特性下，工藝技術經歷代不斷延續繁衍，逐漸成為一種藝術創作的具體規範，使得裝飾藝術成為貴族階級身分地位的一種表徵。試分述如下：

(一) **木雕**：主要作用在裝飾貴族家屋的木雕工藝，藉由百步蛇紋、人頭紋、鹿形紋等眾多圖像，以表示貴族階級身分的徽號，雕刻的表現可炫燿自身的權勢，無形之中成為貴族與平民間的區隔方式。不過木雕工藝並非只在於區隔階級層面，除美學的價值外，也蘊含著許多實用意義層面。古代排灣族認為木雕紋形的裝飾，具有一種神奇的咒術，將其裝飾在住屋上，有祈福或驅邪的功用。此外，在雕刻藝術中排灣族人與南島民族有著共同的特點，即是木雕的性別明顯。

由於排灣族人十分崇信宇宙萬物間充滿著靈魂的觀念，因此對周遭的自然環境都抱持著敬畏的態度，表現在木雕藝術選擇的題材中，幾乎不見神祇和鬼怪的作品。但因為祖先崇拜，所以以「人像紋」代表祖先；其中「人頭紋」除了代表祖先外，可能與其獵頭風俗有關；而身為百步蛇的子民，「蛇形紋」的應用也非常普遍；「鹿形紋」的產生與山地產鹿有關，是其生活環境的反映。至於式樣眾多的幾何圖紋，大體上是由人頭紋或蛇形紋所變化而來。

(二) **石雕【97原民五等】**：排灣族的石雕工藝以板岩為主要建材，採集的時間多為夏季颱風天過後，岩石自山壁崩落，成為獨立的大石塊，利用剝打方式將大石塊分解成需要的厚度，以作為建築和雕刻用的石板。由於建築用的大型石板需耗費大量勞力和人工搬運，因此通常只有頭目貴族才有能力動員所需人力，而擁有大型石板就成了身分地位的象徵，但是只要平民有能力將大型石板搬運回家，建造石板屋並無階級的限制。另外，雕刻方面的石板多以用來表示貴族的徽號、記載部落值得紀念之事、祖先的形象等。一般而言，排灣族的石壁雕刻多以淺雕的陰刻紋形式，人物頭顱多成橢圓形，有寬闊的肩膀、纖細的腰部、粗壯的腿部，兩手高舉或置於胸前。

(三) **琉璃珠**：琉璃珠在魯凱、排灣兩族又稱「巴留突斯」，一般人則稱「蜻蛉玉」、「蜻蜓珠」，是臺灣原住民中魯凱與排灣兩族中古老而富高貴價值的藝術品。排灣族所有的琉璃珠為不透明琉璃珠，且越古老、年代越久遠則但表越神聖、越貴重。琉璃珠是貴族階級所特有，代表著個人的身分地

位，由於沒有文字的記載，琉璃珠的珠串方式就成了代替文字敘述和描寫的功用。琉璃珠的項鍊裝飾有著嚴格的結構法則，各個部位有特定的位置與名稱加以區隔，而珠子名稱的意義則與禽獸、昆蟲及其他物的形狀有關。

然而，因為社會結構、經濟生活的變化，再加上日據時代日人紛紛收購原住民藝術品，使得排灣族人開始變賣琉璃珠，在此情況下琉璃珠也大量流失，現只剩下少部分排灣族人家還有些許珍藏。在古珠的流失和原始製作技法的遺忘之下，目前排灣族所見的琉璃珠，多以科學方法製成居多。但是，琉璃珠所具有神靈般的力量與其特殊意義和內涵，仍是讓排灣族原住民十分虔誠與敬畏。

(四)陶壺：被列為貴族階層三大珍貴物品之一的陶壺，被認為是祖靈的居所，象徵生命的起源，具有使生命發生、繁衍和預測未來的超自然力量，琉璃珠通常也是被存放在陶壺之中，以顯其珍貴。在排灣族社會中，可藉由陶壺的大小、有無耳、有無紋飾及花樣來辨別其社會地位。通常陶壺都是傳家之寶，甚至是貴族階級婚嫁時必備聘禮，因此從婚嫁陶壺分布區域，可看出貴族通婚的範圍，且隨著日治時期陶壺的停止製造，陶壺更顯尊貴。

排灣族的藝術文化蓬勃發展，其審美價值觀不因時代變遷而改變，且在族人們的傳承與研究下，維持著興盛與完整性，配合著社會階級制度，形成相輔相成的密切關係。然而，日據時代以來，貴族社會地位的漸趨沒落，許多的藝術作品被日人和漢人收購，雖然傳統藝術仍持續在進展，但藝術工藝已非貴族社會的特權。

精選範題

【測驗題】

( )　**1** 下列各族族名稱呼配對中，何者有「誤」？　(A)排灣族又稱「瑯嶠十八社」　(B)排灣族又稱「傀儡番」　(C)魯凱族又稱「澤利先族」　(D)阿美族又稱「普悠瑪」。

( )　**2** 下列哪一事件的發生，排灣族族人參與其中？　(A)牡丹社事件　(B)大庄事件　(C)西來庵事件　(D)骨宗事件。

( )　**3** 排灣族以階級制度所構成的貴族社會中，以下所列階級名稱，何者不包含在內？　(A)頭目　(B)武士　(C)平民　(D)奴隸。

(　　)　**4** 排灣族的藝術文化中，何項作品結合宗教與藝術而成？　(A)琉璃珠　(B)石板屋　(C)雕刻　(D)陶壺。

(　　)　**5** 琉璃珠為排灣族藝術文化的重要特色之一，其別名眾多，以下稱呼何者「不是」？　(A)巴留突斯　(B)祖靈之珠　(C)蜻蛉玉　(D)蜻蜓珠。

(　　)　**6** 一般而言，臺灣原住民的喪葬禮儀採室內葬、不以棺木裝斂為主，請問何時期之後，經由政府提倡，大部分原住民紛紛改以室外葬為主？(A)明鄭時期　(B)清領時期　(C)日治時期　(D)國民政府。

(　　)　**7** 排灣族的年終祭典中以「五年祭」最為盛大，下列關於五年祭的敘述，何項有「誤」？　(A)五年祭是迎接、祭拜歷代祖先神靈回部落與後代子孫共享盛會　(B)「五年祭」為每五年舉辦一次　(C)五年祭有凝聚全族情感、強化組織、慎終追遠的教育意義　(D)五年祭後所舉辦的六年祭是在第六年舉辦。

(　　)　**8** 排灣族五年祭中的重頭戲為「刺球活動」，此一活動其最初的訴求意義為下列哪幾項？　(甲)祈求五穀豐收、獵物豐盛　(乙)祈求族人身體健康　(丙)未婚男女祈求好因緣　(丁)祈求好運　(A)(甲)(乙)(丙)　(B)(甲)(乙)(丁)　(C)(乙)(丙)(丁)　(D)以上皆是。

(　　)　**9** 自稱「百步蛇子民」的排灣族人，在其日常生活中隨處可見百步蛇圖騰的運用，但「不包括」列何者？　(A)紋身刺青　(B)服裝　(C)雕刻　(D)刺繡。

(　　)　**10** 承上題，百步蛇在排灣族社會中扮演十分重要的角色，其中不包括下列何項？　(A)馴養百步蛇置於家中以帶來好運　(B)頭目階級的象徵(C)百步蛇為排灣族的先祖　(D)認為百步蛇為勇猛的象徵。

(　　)　**11** 貴族社會的排灣族享有特殊裝飾權，請問下列各項物品，哪些為貴族傳家之寶以象徵財富與地位？　(甲)銀盔　(乙)青銅刀柄　(丙)陶壺　(丁)琉璃珠　(A)(甲)(乙)　(B)(乙)(丙)　(C)(甲)(乙)(丙)　(D)(乙)(丙)(丁)。

(　　)　**12** 社會階級制度甚嚴的排灣族，其貴族階級享有眾多的裝飾權力，請問下列何項裝飾權力「不包括」在內？　(A)家名家號特殊使用權　(B)百步蛇圖騰裝飾　(C)百合花裝飾權　(D)雄鷹羽毛裝飾權。

（　）**13** 排灣族與魯凱族都有一座聖山為其祖靈地，請問這座山為何？
(A)南仁山　(B)大武山　(C)笠頂山　(D)阿里山。

（　）**14** 排灣族分為兩大系統，其中「拉瓦爾亞族」（西排灣）與「布曹
爾亞群」（東排灣）有哪些不同之處？　(甲)分布地遼闊橫跨高、
屏、臺東一帶　(乙)受魯凱族影響有百合花配戴習慣　(丙)行「直
系尊親屬繼承制」　(丁)不舉行五年祭　(A)以上皆是　(B)(甲)(乙)(丙)
(C)(甲)(乙)(丁)　(D)(乙)(丙)(丁)。

（　）**15** 下列選項中，哪些受到「長嗣繼承制」的影響？　(甲)由於繼承者
不論男女只需長嗣即可，故展現排灣族男女平等的觀念　(乙)由於
長嗣享有繼承家屋權，影響其餘子嗣結婚對象通常會尋求另一長嗣
以繼承家屋　(丙)招贅婚盛行　(丁)一女配二夫之制　(A)以上皆是
(B)(甲)(乙)　(C)(甲)(乙)(丙)　(D)(乙)(丙)(丁)。

（　）**16** 排灣族與魯凱族的族群特徵頗為類似，兩者主要的分辨在？　(A)五
年祭　(B)祖先柱　(C)琉璃珠　(D)木石雕刻。　　　　　【初考】

（　）**17** 所謂「牡丹社事件」的相關族群為：　(A)泰雅族　(B)卑南族
(C)排灣族　(D)魯凱族。　　　　　　　　　　　　　　【初考】

（　）**18** 清同治年間，日本人曾經以那個事件為藉口，派軍侵入恆春地區，
進而引發中日兩國的外交衝突？　(A)牡丹社事件　(B)大關山事件
(C)李棟山事件　(D)南庄事件。　　　　　　　　　　【原民五等】

（　）**19** 排灣族、魯凱族以何種社會組織著稱？　(A)嘎嘎制（Gaga）
(B)氏族制　(C)青年會所制　(D)貴族制。　　　　　　【原民五等】

（　）**20** 排灣族人在「五年祭」中會進行何種活動？　(A)牽田　(B)刺球
(C)賽跑　(D)盪鞦韆。　　　　　　　　　　　　　　【原民五等】

（　）**21** 被學者稱為「斯卡羅群」的是那兩個族群的混血群？　(A)排灣、魯
凱　(B)魯凱、布農　(C)卑南、排灣　(D)卑南、阿美。　【原民五等】

（　）**22** 牡丹社事件指的是1874年（清國同治13年，日本國明治7年）日本出
兵攻擊當時排灣族原住民部落的軍事行動，以致隨後清日兩國外交
折衝。這是日本國自從明治維新以來首次向國外發動的戰爭，也是
清日近代史上第一次的重要外交事件，史稱為「牡丹社事件」。請

問該事件肇因為何？ (A)日本人要興建牡丹水庫 (B)高士佛社人跟琉球船難漂流民起衝突 (C)排灣族潘文杰頭目率領十八社族人反抗 (D)六堆客家人起義抗日，原住民無故遭殃。 【原民五等】

( ) **23** 下列那一項不是排灣族的文化特點？ (A)由長子繼承家系 (B)有貴族和平民的等級區分 (C)聘禮有提高社會地位的作用 (D)貴族的家屋才能夠使用蛇紋雕刻裝飾。 【原民五等】

( ) **24** 今在屏東縣 城鄉統埔村的「大日本琉球藩民五十四名墓」跟那一個原住民歷史事件有關？ (A)墾丁事件 (B)打狗港事件 (C)牡丹社事件 (D)霧臺事件。 【101原民五等】

( ) **25** 清朝時期曾引發各國爭議生番地版圖主權歸屬的事件為何？ (A)大庄事件 (B)牡丹社事件 (C)羅發號事件 (D)大港口事件。 【102原民五等】

( ) **26** 清末同治年間，李仙得先後以美國駐清國廈門領事與日本外交顧問身分，多次赴臺灣協助調查及調停美國商船Rover號海難事件。他曾與瑯嶠十八番社總頭目之弟何人交涉？簽訂了合約，而有臺灣「生番地」不隸屬清國版圖的印象。 (A)阿祿古 (B)潘阿別 (C)卓杞篤 (D)潘文杰。 【原民五等】

( ) **27** 牡丹社事件發生於1874年，該事件是因為日本出兵攻擊當時排灣族原住民部落的軍事行動，以及隨後清日兩國的外交折衝。請問該事件肇因為何？ (A)日本人要興建牡丹水庫搶原住民土地 (B)排灣族潘文杰頭目率領十八社族人反抗 (C)高士佛社人跟遇船難的琉球民起衝突 (D)六堆客家人起義抗日，原住民無故遭殃。 【原民五等】

( ) **28** 下列那一項有關牡丹社事件的描述錯誤？ (A)牡丹社事件又可被稱為臺灣事件，是一件重要的「涉外事件」 (B)牡丹社事件主要是牽涉到魯凱族 (C)牡丹社事件同時涉及清國、美國與日本之間的關係 (D)牡丹社事件導致滿清政府在瑯嶠設置恆春縣。 【原民五等】

( ) **29** 下列何者為牡丹社事件中的原住民族？ (A)排灣族 (B)卑南族 (C)魯凱族 (D)賽德克族。 【原民五等】

( ) **30** 羅妹號事件是下列那個國家的船隻發生船難時遭到排灣族出草的事件？ (A)荷蘭 (B)西班牙 (C)日本 (D)美國。 【原民五等】

( ) **31** 公視近期開拍自陳耀昌原著小說改編的歷史大戲《傀儡花》，劇情描述美國商船「羅妹號」1867年於恆春半島外海發生船難，船員誤闖原住民領地的故事。「傀儡」出自於「傀儡番」一詞，是歷史上漢人對某兩個原住民族的稱謂，以此作為劇名在社群網站上引發了是否有不尊重原住民意涵的討論。所謂的「傀儡番」是指下列那兩個族群？　(A)西拉雅與大武壠　(B)排灣與魯凱　(C)斯卡羅與排灣　(D)馬卡道與西拉雅。　　　　　　　　　　　　　【108原民五等】

( ) **32** 1948年，臺灣省參議會以省參議員沒有山胞代表，報請行政院核准增加一個山地籍參議員名額。此一臺灣歷史上首位山地籍參議員係由下列那一位擔任？　(A)排灣族的華清吉　(B)鄒族的湯守仁　(C)卑南族的南志信　(D)鄒族的高一生。　　　　　　　　　　　【108原民五等】

解答及解析

1 (D)

2 (A)。大庄事件為布農族抗日事件。西來庵事件，又稱「余清芳事件」為漢人抗日事件。骨宗事件，又稱「水沙連事件」，為邵族抗清事件。

3 (D)

4 (C)。排灣族的祖靈崇拜除了以祭典儀式舉辦外，更可由其家屋中常見的祖靈雕刻像得知，不僅展現其高超的藝術文化，更是崇敬祖靈的最佳證明。

5 (B)　**6 (C)**

7 (D)。「六年祭」，又稱「五年後祭」，為五年祭之後、送走祖靈前的一連串儀式，天數與五年祭差不多，但無刺球活動，亦並非在第六年才舉辦。

8 (B)　**9 (A)**　**10 (A)**　**11 (D)**　**12 (C)**
13 (B)　**14 (D)**

15 (B)。排灣族的婚姻以一夫一妻制為主，但是男性頭人享有納妾特權，此為特例。

16 (A)。在排灣族的數十種祭儀中，以五年祭〈Maleveq〉規模最為盛大。每五年舉行一次，藉此有凝聚全族情感、強化組織，而主要是祭拜祖靈的活動，又含有慎終追遠的教育意義。

17 (C)。琉球船員途中遭遇暴風雨，飄流登陸臺灣恒春八瑤灣，誤入當地原住民居住地，其中五十四名船員遭殺害（但殺人者為高士佛社，非牡丹社）。其後日本出兵徵討排灣族牡丹社原住民，是為「牡丹社事件」。

18 (A)　**19 (D)**　**20 (B)**

21 (C)。牡丹社事件過後，原居住於此的排灣族人遷徙，後在「排灣族

人」以及「恆春阿美族」，再加上「南遷而來的知本社卑南族人」通婚以後，形成了一個新生的民族，稱之為斯卡羅族。

22 (B)。(C)潘文杰為瑯嶠十八社頭目，與日本政權積極合作。

23 (A)。排灣族的繼承制度為不分男女的長嗣繼承制。

24 (C)。1871年琉球漁民遇風暴漂流至今恆春八瑤灣一帶，慘遭排灣族高士佛社殺害，遂引起日本派兵圍攻牡丹社，此即牡丹社事件。

25 (B)。為確屬臺灣主權所有，清政府乃於牡丹社事件後積極治理臺灣。

26 (C)　27 (C)　28 (B)　29 (A)　30 (D)
31 (B)　32 (A)

【申論題】

解釋名詞：(一)牡丹社事件　(二)長嗣繼承制　(三)五年祭　(四)百步蛇

答 (一)牡丹社事件：同治十年（1871），琉球船隻航行途中遭遇暴風雨，飄流登陸臺灣恒春八瑤灣（現今屏東佳樂水北邊一帶），誤闖排灣族牡丹社原住民居住地，其中多名船員遭到殺害。由於日本官方覬覦臺灣已久，遂藉此事對臺發動戰爭，於同治十三年（1874）五月，對臺出兵，由恆春北過的社寮登陸，逆四重溪而上，攻陷石門，圍攻牡丹社，燒毀部落，迫使排灣族人投降，此為「牡丹社事件」。此一戰役不滿二十天即結束了，日軍和排灣族人戰死者甚少，但由於水土不服，感染風土病，死亡者多達五、六百人，造成日軍兵力受挫。「牡丹社事件」過後，清廷治臺態度由消極轉為積極，派遣大臣沈葆楨來臺治理，並施行「開山撫番」政策。

(二)長嗣繼承制：所謂長嗣繼承制即家中財產繼承者不論男女只要為家族中之長嗣，皆可繼承，此表現了排灣族人的男女平等觀念。長嗣成年後，在父母的監督下負起管理家務的責任，婚後繼承家屋。其餘子嗣在結婚之後搬出家中，通常會尋求與另一長嗣結婚的機會，若配偶亦非長嗣，則婚後要靠自己的力量建一新房子。

(三)五年祭：「五年祭」為排灣族祭典中規模最大的一次盛會，此祭典的舉行只存在於「布曹爾亞群」。每五年舉辦一次的五年祭，其本質為祖靈祭，以迎接、祭拜歷代祖先神靈回部落與後代子孫共享盛會為主要目的，祭典中以「刺球活動」著名。此祭典以部落為單位，故每個部落的時間、地點、祭祀行事都有所不同。一般而言部落舉行五年祭

的順序，依照祖靈來訪的先後次序而定，反映了各部落在拓建開墾時建社的先後順序。由於五年祭舉行時，在外地的子孫們均須回鄉參與祭典，故藉此有凝聚全族情感、強化組織，而祭拜祖靈又含有慎終追遠的教育意義。

(四) 百步蛇：排灣族的許多傳說指出其先祖為百步蛇，故族人自稱為「百步蛇的子民」。崇俸百步蛇之因其來有自。遠古時代、民智未開，人們對大自然充滿敬畏之心，極欲征服、了解卻又力不從心，由於人類未能掌控生活週遭的事物，因此從畏懼猛獸進而崇敬牠，希望自己也能擁有如猛獸般的威力，以克服週遭困難。居住在山林中的原住民，毒蛇成為其又敬又畏的動物之一，百步蛇又是毒蛇之最，因此為了消災解厄，故特別崇奉百步蛇。

「百步蛇」在排灣族語中為「長老」之意，其地位崇高性配合排灣族的階級制度，表現在族人的裝飾、器物方面，「百步蛇」在貴族社會中是頭目的象徵物，只有頭目享有百步蛇圖騰的裝飾權力。

NOTE

Unit 12　卑南族 (PUYUMA)

依據出題頻率分為：**A頻率高　B頻率中　C頻率低**

> **【命題關鍵】** 母系社會、卑南族領袖
>
> **【命題焦點】** 1. 由卑南族的年齡制度所架構而成的會所制度和進入會所制度所舉行的成年禮皆是重要內容，讀者須了解其一貫脈絡和關聯性作一統整比較。
> 2. 縱橫臺東縱谷的「卑南大王」此一歷史發展與鄰近族群關係，讀者們須多加留意。
> 3. 卑南文化遺址與卑南族的發展與意義。
>
> **【考點分析】** 本章試題著重母系社會探討，原住民族中以卑南族、阿美族和噶瑪蘭族為母系社會。
>
> **【參考資料】** 田哲益（民91），臺灣的原住民—卑南族，臺北市，台原。

一、族群發展

> **經典考題**
>
> 臺灣原住民各族對於人類的起源傳說不同，有那些民族是以「石生」或「竹生」為自身的創世神話，請分別試述之。【104原民四等】

(一) **族名稱呼**【100、101原民五等】：**卑南族自稱〈Puyuma〉，有「彪馬」、「漂馬」、「普悠瑪」、「普由馬」等的族名譯稱**。共分為八個社，包括知本村、建和村、利嘉村、泰安村、檳榔村、美農村、初鹿村、南王村、溫泉村。昔稱「八社番」。現今慣稱的「卑南」一名，取自卑南族八大社中最強的「卑南社」（今南王村），由於「卑南」〈Puyuma〉有「團結」之意，故廣為族人接受。

(二) **地理分布**：部落分布於中央山脈以東，集中在花東縱谷的尾端—卑南溪以南的海岸地區、臺東縱谷南方的扇狀平原上，有一部分散居於屏東恆春半島上。人口多集中在臺東縣，其中以臺東市比例最高；其次是卑南鄉，依據行政院原住民委員會民國111年人口統計資料，總人口數大約14,929人。

(三)**起源傳說**【95、98原民五等】：依據卑南族的祖先起源傳說，可分為「石生起源說的知本群」與「竹生起源說的南王群」兩大系統，分述如下：

1. **石生起源說的知本系統**：此系統崇信祖先是由巨石裂開所生。傳說有一天位於發源地的大石頭裂開，出現一女性，為其祖先。其發源地即為〈Ruvoahan〉，現今臺東太麻里鄉美和海岸附近的山坡地上，包括臺東市知本里、建和里、卑南鄉泰安里、初鹿村、利嘉村等。知本里和建和里的卑南人更在發源地立了一塊發祥地的紀念碑，碑上寫著「臺灣山地人發祥地」，並於石碑後方建立石棚祭祀渡海來臺的三位先祖的名字，於每年的清明節兩地的村民都會到此祭拜。

2. **竹生起源說的南王系統**：此系統崇信祖先源自於竹子。相傳遠古時期有一女神將一根竹子插於地上，竹子上節裂開生出一女神、下節則生出一男神，此二神則為卑南社的祖先。其發源地即為〈Panapanayan〉，位於知本附近的海岸，包括南王（隸屬臺東市）、檳榔、寶桑（從南王分支出來）。

(四)**歷史發展**：康熙二十二年（西元1683年），清朝入主臺灣，以賞賜禮品、安撫統治的方式管理原住民，不過對於位居臺東平原的卑南族仍是十分陌生。康熙六十年（西元1721年）五月朱一貴事變起，其與同黨逃入後山—臺東，清朝官員希望藉由卑南族原住民的力量，協助朝廷捉拿朱一貴及其黨羽，至此清朝才開始了解卑南族在臺東地區的勢力不容小覷。

乾隆五十一年（西元1786年），**林爽文事件爆發，卑南族再度協助朝廷，由於這兩次事件，清朝為感謝原住民的協助並有意拉攏，故於乾隆五十三年（西元1788年）十二月二十六日，命臺灣知府事楊紹裘帶領卑南族頭目在內的三十人，進京謁見皇帝，特被冊封為「卑南大王」**，並賜予官服，規定鄰近的阿美族、排灣族都要向其納貢、賦稅，此為卑南族的全盛時期。

日治時期的卑南族與日本維持良好關係。最初日本軍隊向臺灣東部登陸時，遭遇阻礙，不過在接受卑南族與阿美族勇士的幫忙後，順利突破殘餘清軍的力量，順利登陸臺灣，兩社也獲得日本政府賞賜。隨後日本政府即展開調查各社原住民，掌握資訊以利統治。此外在日本統治東部原住民的過程中，也受到卑南族許多的幫忙，與日本警察合力制服其他反抗日本政權的民族，對於日本政府而言，卑南族是強而有力的幫手，其勢力亦不容忽視。因此在日本政權在東部發展漸穩固後，採行削弱卑南族勢力的措施，如飭令各社繳回槍械、徵稅等，並對臺灣所有原住民實施集中遷徙管理的措施，並運用其勞力。

國民政府時期的卑南族與駐守臺東的國軍也能和平相處。民國三十八年之後，甚至有80%年齡層在18-25歲的卑南族婦女，嫁給國軍57師的軍人與榮民，相對的卑南族青年選擇對象減少後，也逐漸向鄰近的其他族群通婚，因而促進良好的族群融合。

卑南族人南志信（Sising）是臺灣原住民族第一位西醫生，其生於西元1886年，卒於1957年，光復後曾擔任制憲國大代表以及第一任的臺灣省政府委員，其提議將「高山族」更名為「臺灣族」。

二、社會制度

> **經典考題**
>
> 勇猛善戰的卑南勇士其培訓過程獨樹一幟，請介紹卑南族以年齡階級架構而成的會所制度，並深入說明其文化意義與功用。

(一) 政治制度

1. **政治領袖——Ayawan**：卑南族是以擁有共同語言與風俗習慣，但各個部落是各自獨立組織而成。部落的頭目為政治與軍事的領導者，稱為〈Ayawan〉，職責為協調部落間重大事件、爭戰、獵首等。由於現代行政體系的村里長制度實行，使得有些部落的頭目權力削弱，但其在族人心中仍是精神支柱的象徵。

2. **宗教領袖——祭司**：農耕為重的卑南族，有賴精通曆法、氣象的祭司來協助族人的農業生產活動順利開展。祭司通常為男性擔任，以農耕祭儀為主的活動當中，其扮演重要角色。

(二) **長女繼承制度：由於母系社會的影響，不論是家族姓氏、財產、繼承權，原則上以長女為第一優先繼承，繼承後成為一家之長，對其弟妹有養育監護的責任。**

傳統卑南族承繼原則如下：

1. 長女為第一優先繼承人，長女若不能結婚或無子嗣而死亡時，其承繼權屬於次女，以此類推。

2. 若皆無女嗣而只有男嗣時，則由長子繼承，若長子無子嗣或死亡時，其承繼權屬於次男，以下類推。

3. 都無子嗣可繼承者，先在其姊妹中尋求立嗣對象，然後再於其出贅兄弟之子女，然後及於旁系近親。最大範圍在五世旁系親屬的範圍之內。

　　不過長女繼承制也隨著時代變遷而有變化，再加上受到漢人影響，此制度已漸不受重視，也有以男子繼承情形出現。

(三) **會所制度**：卑南族藉由集中居住的會所制度來教育族內男子，並授以保衛部落安全和狩獵技術的訓練，會所可說是卑南青年的教育場所與服兵役組織。會所透過年齡制度（上一階層管理下一階層）達到有效管理與實施，分類如下：

時期	年齡	生涯規劃
少年會所期	12-18歲	人格養成教育
青年會所期	18-20歲	培育保衛家鄉、戰鬥技巧訓練與服役時期
成年期	20歲以上	開始服後備役
成婚期	25-35歲	結婚生子
長老期	35-65歲	扮演指導者的角色
衰老期	65歲以上	備受族人敬重

1. **少年會所（塔古邦）**：少年會所是種用竹子搭建而成的干欄式建築，外形呈圓形構造，以茅草搭蓋成屋頂，底層離地約兩人高度，建有竹梯以便上下會所。圓形的起居室中央設有火爐，環繞火爐為床鋪，室外為一圈沿廊。少年會所期分四級，少年於每年八月至隔年元月需居住到會所接受斯巴達式的團體訓練，鍛鍊強健的體魄，主要以教育為主，注重少年人格的培養。

2. **青年會所（巴拉冠）**：青年會所分為二級，以培育青年成為卑南勇士，肩負保衛家鄉的使命，因此特別注重戰鬥力的培養、野外謀生與狩獵技能。階級之間的傳承與指導亦緊密相連，已婚男子閒暇時常會回到會所任教，若是離婚或分居的男子也可重回會所過團體生活，由此可知會所在卑南族男子生活中的重要性。

以年齡組織架構而成的會所制度考題

解釋名詞：年齡組織【97原民三等】

居住於臺東縱谷以南地區的卑南族，由於人口不多，外加周圍各部族環繞，有以母系社會著名的阿美族；以貴族社會著名的排灣族和魯凱族；以勇猛善戰的高山

守護者著名的布農族，構成多元文化交融又潛藏侵略性的生態環境。在此環境之下，為了保護自己不受威脅，故卑南族發展出嚴密的年齡組織和會所制度。

在母系社會為主的卑南族中，男性在政治上扮演重要角色，負責保衛部族、對外征戰。想要擁有優良的戰鬥武力，必先建構嚴密的訓練方式，年齡組織和會所制度由此發展。在卑南族的社會中，以年齡劃分多種社會階級制度，每一年齡階層有其重要的身心發展階段、應學習的事務和應履行的責任。長幼有序，長扶攜幼、幼敬重長，以上一階層教育下一階層為方式，維持一套良好的上下階層訓練制度。

會所制度集教育、政治、軍事、狩獵技能、待人接物等多方面為大成，男子年滿十二歲離開家庭進入會所，成為終身會員，且為使得制度更有效實施與運作，依據年齡組織分為二階段。第一階段為「少年會所時期」，少年先經過「猴祭」此一成年禮的歷練，以進入少年會所，接受嚴密的體能與知識訓練，以培養良好的體魄和豐富的知識為基柢，成為「米阿不丹」，以利第二階段的考驗。

第二階段為「青年會所時期」，每年的「大獵祭」過後，由「米阿不丹」再晉級為「邦沙浪」後才得以進入青年會所。在青年會所男子將會受到更嚴密、更繁重的訓練，以期培育強大的戰鬥力，成為英勇十足的卑南戰士。

會所制度分為兩階段，每一階段都有數個次階級，一層層的階級制度好似今日的學校教育制度。每一階級的晉升皆以擊臀（鞭打屁股）的方式完成，上一階層鞭打下一階層，依序類推，藉此豎立領導權威，使成員遵受法規戒律，並訓練其忍耐力。此外會所是男子神聖之地，嚴禁女人與小孩靠近，以避免褻瀆神靈。在卑南社會中通常都有一個以上的會所，主要建於部落要衝或入口，以茲作為作戰的軍事指揮中心。以年齡組織架構而成的會所制度，或許就是卑南族能夠建立「卑南大王」霸權的主要因素。

三、經濟生活

(一) **生產**：位於臺東平原的卑南族，鄰近卑南溪與知本溪，其地理位置適於耕種與漁獵。由卑南遺址出土的生產工具上亦可發現農具，諸如石杵、石臼、石刀和石斧等，也有狩獵工具和捕魚器具。卑南人傳統的農業生產是以「焚墾輪休」的旱田耕作方式進行，但由於與漢人接觸較早，故學習漢人的水稻種植技術，以農作為主要生產方式，主要勞動者應為女性。狩獵在卑南人的生活中佔重要地位，由成年禮中多以訓練狩獵技術為目的可知，狩獵後的動物下顎骨會送去「靈屋」以祭祀祖先。此外，雖鄰近太平洋，卑南人卻不從事海上捕魚作業，只在溪流捉魚。

(二) **飲食**：主食以小米、旱稻、乾藷、里芋為主。檳榔是其日常生活的必需品，在祭祀鬼神時有時亦以檳榔為主要祭祀品。而稱為「伊拿卉」的月桃糯米粿粽為卑南族的傳統食物，類似客家粿粽。

四、信仰祭典

(一) **巫術信仰**：巫術信仰在卑南社會中相當盛行，分為黑巫術與白巫術兩類。黑巫術指專門危害人間的巫術；白巫術則是幫人治病為主，巫術多用於正途。以白巫術為主，黑巫術則較少使用。現在的卑南八社中仍有多為巫師，其主要職責多為驅邪、治病、執行生命禮俗等，在卑南社會中巫師享有一定的社會地位。

(二) **鳥占**：在原住民信仰中利用占卜的方式來辨別吉凶十分流行，大多於狩獵、祭典、耕作、征戰之前實行之。卑南族則以聽鳥的聲音來預知吉凶，故名「鳥占」。較其他族為之謹慎的在於卑南族人有固定的鳥占占卜場所，稱之為〈Ranuanan〉，意為「用鳥來占卜之處」。

(三) **祭典**：卑南族由於受到鄰近漢人的影響，水稻耕作技術很早就開始發展，農作為其主要糧食來源，因此在祭典方面與農事緊密結合，隨著農作物的生長過程有一套頗完整的農耕祭儀，大致略述如下：

農耕祭儀	簡介
粟播種祭	一月份時舉行播種祭，期望藉由祭典的舉行，盼望今年是個豐收的好年。
婦女除草完工慶	三月份時農作成長快速，全部落的成年婦女投入除草與整田的工作，忙完後其他農事工作也告一段落，為了慰勞婦女們的辛勤耕作，故舉行專屬婦女的「除草完工慶」歡樂活動。
小米收割祭	在收割之前須先舉行小米收割祭，以祈求小米豐收。
小米收穫祭	每年的七月十四至十六日，舉行小米收穫祭，由卑南八社輪流舉辦，除慶祝豐收的儀式外還有許多慶典活動。
穀神嚐新與入倉祭	粟田收割後即舉行穀神嚐新與入倉祭，希望藉由祭典使農作保存良好，不為蟲鼠所害。

農耕祭儀	簡介
海祭	入倉季後各家將使用新粟釀的酒來祭祀天神，並於赴海岸途中沿路潑酒祭田神。據說粟種是卑南人的祖先從海外島上取回，故舉行海祭以感恩祖先的功勞。
潑水祈雨祭	小米採收後天氣漸進入乾旱時期 ，因此於八月十五舉行「潑水祈雨祭」，祈求天降甘霖，並盼望來年的穀物豐收。

以下更進一步介紹代表卑南族的祭典儀式：

1. **粟播種祭**：於一月份舉行。播種祭前族人會先將祭屋周圍的雜草清除乾淨，並在祭台上放置祭品，當晚祈夢，若為好夢，則隔日即派家中婦女至祭屋取出粟穗播種。播種前婦女先用腳將將粟穗搓揉出粟粒，再將粟粒埋於祭田中。其禁忌為婦女於播種時不可打噴嚏、放屁；食肉或經期時間的婦女不可參加祭典，主祭人家當日不可將家中物品借予他人或烤魚，以上步驟結束則儀式完成。

2. **小米收割祭**：六月粟種成熟時，由一位前夜獲吉夢的婦女，至祭屋行收割祭。先用小刀將新粟割兩、三穗，蓋在作為祭品的檳榔子上，再割一粟放於三公尺長的竹竿上，立於庭院，隔日進行收割。收割祭時於會所前有一大鞦韆，具宗教祈福意義，鞦韆盪的越高表示小米長得好、族人身體健康。

3. **感恩祭（海祭）**

    (1) 神話傳說：傳說卑南族原本無「粟」此類作物，其祖先adurumanc和adurusaom遠赴東海之島尋找到「粟種」，並將之帶回臺灣播種，此後卑南族人始有「粟」。

    (2) 海祭：為了感念先祖們的功勞，且認為先祖們的靈魂會存留在海洋中，於是在每年收成之後行至海岸處，面向海洋行海祭。祭祀時會先在海岸旁建造一座簡便的小屋和祭台，隨後每家將今年收成的新粟炊成飯置於祭台，再由祭司以撮擲方式祭祀。在場參加祭典者手握生粟粒，走入海中隨波跳躍，並向海擲粟粒三次。卑南人都相信在祭儀之後，海面波濤洶湧、有風有雨，直至波浪將祭台上的祭飯取自海中後，海祭儀式得以完成，也代表先祖們接受到後代子孫們的心意。

4. **年祭**：於每年十二月二十四日起至隔年元月二日止，卑南八社將舉行部落最盛大的活動「年祭」。「年祭」是一連串的活動總稱，其祭典順序如下：

(1)驅邪活動：「年祭」以驅邪儀式揭開序幕。在十二月二十四日晚間，青少年們會在臉上以炭灰塗黑，並赤裸上半身，手持芭蕉葉，挨家挨戶去驅逐邪穢，以迎接新的一年到來。

(2)少年猴祭：於十二月二十五日舉行，藉由抓猴、刺猴培養少年的膽識及殺敵的氣慨。現今由於保育的觀念盛行，猴子改由草猴代替。雖然猴祭的原始意義消失，但其保留下來的儀式仍是讓青少年認識族群歷史文化的良好管道。

(3)大獵祭：於十二月二十七日至三十日三天舉行，其原始的意義為年度的狩獵、復仇與獵首。傳統舉行的「大獵祭」一般可長達數月，不過現今改為三天，主要活動是在山林野地中宿營、狩獵。傳統的大獵祭其進行的階段大致如下：

　A.出發：以占卜方式確定出獵日期，出發前夕親友們舉行餞行祈福宴歡送勇士們，出發當天舉行出發前祭，以求平安順利。

　B.行獵：到達目的地後搭建休憩所，並且祭祀山林野獸。由於一般部落與年度喪家是分居不同處所，因此會由長老以吟歌方式帶領其餘族人予以慰問。行獵時以年齡制度各司其職、分工合作。夜晚休息時藉由吟唱祖先們留下的詩詞歌賦是最佳的傳承之時。

　C.凱旋：族人們會以竹子搭建象徵成功的凱旋門，全村大大小小在凱旋門盛裝列隊歡迎勇士們的歸來，隨後各自回家祭告祖靈平安歸來。

　卑南族的大獵祭，除了磨練青年們的身心與增進山中狩獵技能外，其山中安慰年度喪家和為喪家解憂迎新年的儀式，是祭儀結合人性關懷的最好例證。

(4)聯合年祭：於元月二日舉行，是由卑南八社輪流舉辦，主要的活動內容包括各社的歌舞表演、競賽活動和趣味遊戲等，是一窺卑南八社文化的最好時機。

五、生命禮俗

(一)懷孕與生產

1. **生育觀**：在卑南族的觀念中，他們認為人體是由父母所賜予，人的命則由〈kavujomg〉、〈kavovoi〉、〈zamawa〉、〈umasi〉四位掌管生命之神所賜予。其中〈kavujomg〉和〈kavovoi〉是生命靈魂的父母，〈zamawai〉是母體內使胎兒成形之神，〈umasi〉是守護小孩成長之神。

他們視生產為自然過程，故無生育之神。在卑南社會裡，他們認為家中繁衍眾多人口可讓族群繁榮與壯大，所以喜歡多子多孫，再加上母系社會的影響，有偏好生育女性的傾向。

2. **生產**

分娩	沒有特別設置用於生產的場所，多半位於自家房間或在庭院採蹲踞生產。
助產	卑南族並不忌諱由丈夫來助產。
臍帶處理	卑南族有珍藏胎兒臍帶的習慣。一般是將胎兒臍帶用紙包好，藏於母親的枕下或針線簍中，若是胎兒不幸夭折，則將臍帶用檳榔樹皮包好，丟棄在適合地點。
汲水禮儀	嬰兒出生後先用清水清洗，為汲水禮儀，待隔天請女巫及親族為嬰兒祝福，男孩手持小刀、女孩手持小鍬，代表男耕女織分工合作。
解除妊娠禁忌	在胎兒臍帶脫落後，產婦要舉行模擬鋤耕祭禮，其丈夫要上山打獵，此為解除妊娠禁忌。
慶賀祝福	生子後要設宴款待親友，參加宴會者則以禮祝賀。
長子滿月祝典	凡是婚後第一胎不論男女，要舉行長子滿月祝典，典禮後舉行宴會同歡。

3. **禁忌**：由於卑南人認為生命是由掌管生命之神所賜予，因此不論產婦或其丈夫在懷孕期間都要遵守禁忌，以求生產順利、胎兒健康。一般而言須遵守的禁忌如：

(1) 禁食並蒂生的果實、死掉的動物、獵物的血與內臟等。

(2) 禁止房事、參加祭典儀式、參加喪葬、接近橫死者屍體等。

(二) **命名**：**嬰兒出生後第五天，由家族中的長輩給予命名。命名以承襲祖名，採家屋連名制為原則，即在本名之後連接自己家屋的名稱，分前連和後連二種，但是男性避免與父兄同名，女性避免與母姊**同名。在姓氏方面由於是母系社會，傳統上以繼承母姓為主，然而隨時代變遷，這樣的習俗已被打破。

(三) **成年禮**

1. **第一次成年禮—少年猴祭**：卑南少年在十二、三歲，由兒童階層步入少年階層時要進入「少年集會所」接受訓練，為增加過人的膽識於每年的十二

月下旬舉行著名的「少年猴祭」；為培養團結服從的精神實施階級管教制
度，由上一年齡階級管教下一年齡階級。卑南族人認為猴子的智慧僅次於
人類，因此藉由「少年猴祭」讓少年們實際入山獵猴以訓練狩獵技巧，再
親自持槍將柵欄中的猴子活活刺死以模擬刺殺敵人勇猛之心，親眼目睹猴
子痛苦、嚎哭的死亡過程以訓練自我的膽量與體會生命意涵。殺猴祭後配
合年齡組織行「杖臀訓誡」，長老率先打晉升十八歲青年的屁股，再一階
層一階層地依序打下去，以培養尊敬服從、長幼有序的目的。

由於愛護動物觀念與猴子稀少的緣故，現今的少年猴祭以草編的猴子代
替，作象徵性的儀式演練。

2. **第二次成年禮─大狩獵祭**：進入十八歲後，少年即將步入青年轉進「青年
集會所」接受訓練。此時將舉行「大狩獵祭」。由於青年未來邁入成年後即
為族群的中堅份子，因此對於其勞動力、責任心、生產力的培養不容忽視，
藉由「大狩獵祭」跟隨長老們實際上山參與訓練勇士的逐獵、露宿等活動，
達到增進青年們的生活經驗和狩獵技巧。一般而言大獵祭以獵取大型的鹿、
羌為主，展現高超勇猛的技術，現今則改由豬、飛鼠、老鼠為替代。

(四) **婚姻禮俗**：在母系社會繼承系統的影響下，卑南族的婚姻以招贅婚為主，
雖名為招贅，但實際上仍是由男方主動提親。媒人為男方所屬會所的長
老，女方的許婚權則落在舅父身上。不過由於長女繼承的影響，次女以下
的女性結婚時，必需先與長姐居住一段時間，直到生下第一胎後，才開始
另行建屋。而隨時代的演變這類的婚姻習俗也隨之改變或調適，也行以男
性為主的嫁娶婚形式。

(五) **喪葬禮俗**

1. **善死**：非遭受橫禍而死者稱為善死，其喪葬禮儀採「室內屈肢葬」。趁著
人死後肢體還未僵硬時，將軀體移至室內中柱下，兩腳屈膝於胸前，兩手
抱著雙膝成屈肢型態，死者的衣物飾品皆放入墓中，男性放置一把腰刀，
女性則為一把鋤頭，再埋葬於屋內地下。死者的配偶將床移至墓上，與屍
體反方向而睡，稱為陪靈。其後請巫師做法十天，遂回復正常生活。

2. **惡死**：遭遇橫禍而死稱為惡死，被認為是不吉祥的徵兆，因此死後屍體隨
即裝殮埋葬，不舉行停屍祭告儀式。喪禮儀式為七天，家人必須棄屋另建
新居。

六、藝術文化

我國幾座較大型之文化史或自然史相關博物館展示，常以原住民文化演進或歷史發展為主題，請任舉一例，說明其內容，並嘗試分析策展者的主軸理念。【原民三等】

(一) **花環**：花環並非卑南族特有的裝飾物品，只是其形式的一致性和代表成年男子的意義，使得花環在卑南族服飾的表現上，具有相當重要的地位。卑南族人稱花環為「哈布」，是婦女們的傳統手工藝之一。以藤蔓編織的藤圈再配上鮮花而成，只要每逢節日慶典，就可見年輕人將花環送給老者，以表敬意，因此花環戴得越多代表越受族人敬愛，是身分地位的象徵。此外，花環的佩戴不分男女，不過男子須經成年禮後才准佩戴花環，未成年的男孩只能佩戴由蕨類編之而成的草環。

(二) **紡織與刺繡**：織布在卑南族是專屬女子的工作，因此嚴密禁止男子碰觸與織布相關用具，認為是不吉的行為，恐會遭來災禍。刺繡方面以十字繡最著名，而人形舞蹈紋更是卑南族特有的圖案。在黑棉布上以紅、白、紫、綠等顏色的繡線以十字繡法裝飾，其圖形多以幾何方式的連續圖案為主，最常見的有三角紋、菱形紋或四方紋。

(三) **卑南文化遺址**

1. **卑南遺址公園**：民國六十九年，由於開闢鐵路新站的需要，於卑南新站的工程處挖掘出幾十具的石板棺與近百件的史前遺物，這項發現受到眾多矚目，考古學家亦著手進行研究，並將此處史前遺址命名為「卑南遺址」。**卑南遺址是距今兩、三千年前，卑南新石器文化中期先民的墓葬區和住宅區，於此地並發掘出臺灣第一間史前人類住屋。從為數不少且造型、技術進步的出土玉器、石器、陶器和死後厚葬的習俗中，可推測當時此地為一高度發展的文明，更增添其價值性**。因此由臺東縣政府建設卑南遺址公園和史前博物館來保存、研究此項遺跡。

2. **卑南巨石遺址**：卑南巨石文化遺址位於卑南鄉南王村北側，範圍廣達10萬平方公尺，是距今兩、三千年前，在地表唯一未被移動過的卑南文化遺址，成為臺灣考古史上最大、最完整的史前人類遺址。

(四) **卑南族民歌作家—陸森寶baliwakes（巴利瓦克斯）【98原民三等】：陸森寶是卑南族人，出生在日治時期的臺東廳卑南社，是著名的音樂家，致力於母文化的傳揚與延續，要將傳統文化的精髓留給後輩子孫們**。主要作品如：「頌讚聖山」乃以普悠瑪之聖山（都蘭山）為主題，敘述祖先登高望遠、拓展視野的智慧，並藉都蘭山佇立東海岸的英姿美名，做為告誡子孫維護好名聲的榮耀；「海祭」則是紀念傳說中祖先從蘭嶼島帶回小米種子的由來，希望族人不忘祖先的恩澤。近年來隨著「原舞者」在部落的文化採集與金曲歌手陳建年、紀曉君演唱他的作品，陸森寶的歌曲更是膾炙人口、備受肯定。

精選範題

【測驗題】

( )　**1** 卑南族的別名眾多，下列選項「不包括」何者？　(A)漂馬族　(B)四社番　(C)八社番　(D)普悠瑪。

( )　**2** 關於臺灣各原住民族的起源說法，下列敘述屬於卑南族的為：(A)由百步蛇而生　(B)石生和竹生兩大起源系統　(C)由雲豹所生　(D)由大樹中而出。

( )　**3** 位於臺東平原的卑南族，佔地雖不廣、人數亦不多，但藉由其嚴密的年齡組織架構而成的會所制度，培育了許多卑南勇士，歷史上後山地區強大勢力即為卑南族人所開創，史稱「卑南大王」。請問「卑南大王」此一名稱的由來源於何項歷史事件？　(A)林爽文事件　(B)朱一貴事件　(C)戴潮春事件　(D)余清芳事件。

( )　**4** 下列哪一個族群和政府關係良好，即使在不同政權之下皆能有效協助？　(A)布農族　(B)卑南族　(C)泰雅族　(D)鄒族。

( )　**5** 下列有關卑南族的祭典儀式，何者專為女性所舉辦？　(A)潑水祈雨祭(B)播種祭　(C)除草完工慶　(D)海祭。

( )　**6** 臺東卑南文化遺址，屬於哪一石器時代？　(A)舊石器時代晚期　(B)新石器時代早期　(C)新石器時代中期　(D)新石器時代晚期。

( ) **7** 卑南族會所制度中所建造的會所屬於何項建築型態？ (A)磚造建築 (B)木造建築 (C)半穴居型式 (D)干欄式建築。

( ) **8** 卑南族以嚴格的年齡制度所架構而成的會所制度，使其締造空前的盛況，請問會所制度可培養青少年哪些優良的特質？ (甲)鍛鍊強健的體魄 (乙)勇於負責的精神 (丙)高超的狩獵技巧 (丁)嚴守長幼有序的制度 (戊)強大的戰鬥力 (A)(甲)(乙)(丙) (B)(丙)(丁)(戊) (C)(甲)(乙)(丙)(丁) (D)以上皆是。

( ) **9** 卑南族會所制度的特性「不包括」列者？ (A)以年齡階級來分階段 (B)少年會所以培養良好的體魄和豐富的知識為基柢 (C)青年會所以培育強大的戰鬥力，成為英勇十足的卑南戰士為目的 (D)歷經會所制度過後成為真正的卑南勇士，邁入人生的另一階段，故不能再重回會所中。

( ) **10** 關於卑南族社會中成年禮的敘述，何者有「誤」？ (甲)成年禮中包括少年猴祭，為進入青年會所必經儀式 (乙)成年禮中包括大狩獵祭，為進入少年會所必經儀式 (丙)由於少年猴祭太過殘忍且為保護野生動物，故現今已不舉辦少年猴祭 (A)(甲)(乙) (B)(乙)(丙) (C)以上皆非 (D)以上皆是。

( ) **11** 卑南族屬於原住民中的母系社會，請問在現今十二族原住民中，有哪些族群與卑南族相同屬於母系社會？ (甲)阿美族 (乙)噶瑪蘭族 (丙)邵族 (丁)鄒族 (戊)賽夏族 (A)(甲)(乙) (B)(甲)(丙) (C)(丙)(丁) (D)(乙)(戊)。

( ) **12** 母系社會的卑南族以其嚴密完善的會所制度，在早先時期開創出「卑南大王」的響亮名號，請問臺灣各族原住民中，有哪些族群亦實行會所制度？ (甲)噶瑪蘭族 (乙)鄒族 (丙)邵族 (丁)阿美族 (戊)賽夏族 (A)(甲)(乙)(丙) (B)(乙)(丙)(丁) (C)(甲)(丁)(戊) (D)(丙)(戊)(丁)。

( ) **13** 會所制度配合嚴密的年齡組織，將階層、秩序關係規劃得十分完善，請問與卑南族鄰近的族群中，哪一群落受到其影響行會所制度，其成年禮以鞭打全身方式舉行？ (A)魯凱族下三社群 (B)排灣族拉瓦爾亞族 (C)魯凱族南大社群 (D)排灣族布曹爾亞族。

（　　）**14** 原住民族中頗具特色的盪鞦韆活動在哪些族群中可見？　(甲)排灣族　(乙)魯凱族　(丙)卑南族　(丁)阿美族　(戊)雅美族　(A)(甲)(乙)　(B)(乙)(戊)　(C)(甲)(乙)(丁)　(D)(甲)(乙)(丙)。

（　　）**15** 原住民的傳統制度、習俗中有許多因受漢人影響或同化而產生改變，下列敘述何項「正確」？　(甲)長女繼承制受漢人影響已有男子繼承情形出現　(乙)傳統的祀壺信仰轉變為祖先塑神像的比例漸增　(丙)婚姻制度多以嫁娶婚為主，招贅婚為輔　(丁)遊耕文化轉變為稻作文化　(A)以上皆是　(B)(甲)(乙)　(C)(乙)(丙)　(D)(丙)(丁)。

（　　）**16** 下列何者的傳統社會制度為母系社會？　(A)泰雅族　(B)卑南族　(C)布農族　(D)鄒族。　　　　　　　　　　　　　　　　【初考】

（　　）**17** 竹生、石生說，是那一族的祖先來源傳說？　(A)卑南族　(B)阿美族　(C)排灣族　(D)魯凱族。　　　　　　　　　　　　　【原民五等】

（　　）**18** 日治時期所稱的「漂馬族」，就是指現在的那一原住民族群？　(A)卑南族　(B)阿美族　(C)鄒族　(D)泰雅族。　　　　　【原民五等】

（　　）**19** 卑南族目前有十個部落，請問卑南古語「普悠瑪」（puyuma）是卑南族那個部落的自稱？　(A)龍過脈　(B)南王　(C)利嘉　(D)上賓朗。　　　　　　　　　　　　　　　　　　　【101原民五等】

（　　）**20** 第一位由臺灣總督府醫學專門學校培養的原住民醫生為何人？　(A)林瑞昌　(B)南志信　(C)高正治　(D)陸森寶。　　　【101原民五等】

（　　）**21** 因為有感於家鄉子弟到金門前線當兵無法返鄉參加年祭，而創作「懷念年祭」等多首動聽歌曲的卑南族音樂家是那一位？　(A)林志興　(B)陸森寶　(C)陳建年　(D)南賢天。　　　　　【101原民五等】

（　　）**22** 下列有關卑南族領袖馬智禮的敘述何者錯誤？　(A)其生父朱來盛為自大陸來臺漢人　(B)為卑南族人馬多利所收養　(C)西元1939年擔任北絲鬮部落頭目期間，促成卑南族與鄰近延平鄉布農族完成和平協定，結束敵對狀態　(D)於二二八事件中致力緩和臺東地方局勢化解衝突。　　　　　　　　　　　　　　　　　　　　【102原民五等】

（　　）**23** 根據歷史記載，有關卑南族的歷史發展，下列何者正確？　(A)康熙22年（1683）林爽文事件中，卑南族協助朝廷，得到清朝的重視

(B)乾隆51年（1786）朱一貫事變中，因其與同黨逃入後山，清朝官員藉由卑南族人來抓朱一貫等人　(C)因為卑南族在朱一貫以及林爽文事件有功，臺灣知府帶領卑南族頭目進京謁見皇上，頭目特被冊封為卑南大寶王　(D)因為卑南族在朱一貫以及林爽文事件有功，臺灣知府帶領卑南族頭目進京謁見皇上，頭目被封王並賜官服，皇上並規定鄰近阿美族、排灣族必須向其納貢、賦稅。　【107原民五等】

(　) **24** 1947年6月臺灣省政府委員會的會議上，那位原住民省府委員認為「高山族」是歧視用語，提議更名為「臺灣族」，以表示同胞們係為「臺灣原住的民族」？　(A)卑南族的南志信　(B)鄒族的高一生　(C)泰雅族的林瑞昌　(D)排灣族的華清吉。　【108原民五等】

(　) **25** 卑南族的族群構成複雜，各部落來源多元。在位於南迴公路旁側斜坡上的平台，知本卑南人1960年10月在當地豎立一塊石碑，上面刻著「臺灣山地人祖先發祥地」，石碑後面是一間約60-70公分高的小石屋，面向裡面，牆上寫著洪水滅世之後在此登陸的三位祖先名字。前往該地祭祀者除了知本卑南人之外，還有其他部落的原住民。請問下列何者不包括在內？　(A)都蘭阿美人　(B)建和卑南人　(C)大南魯凱人　(D)北里排灣人。　【108原民五等】

解答及解析

1 **(B)**　　2 **(B)**

3 **(A)**。乾隆五十一年（西元1786年），林爽文事件爆發，卑南族人協助朝廷捉拿叛黨，清朝為感謝原住民的協助並有意拉攏，故於乾隆五十三年（西元1788年）十二月二十六日，命臺灣知府事楊紹裘帶領卑南族頭目在內的三十人，進京謁見皇帝，特被冊封為「卑南大王」，賜予官服，並規定鄰近的阿美族、排灣族都要向其納貢、賦稅，為卑南族的全盛時期。

4 **(B)**　　5 **(C)**　　6 **(C)**　　7 **(D)**　　8 **(D)**

9 **(D)**。會所在已婚男子的心目中仍十分崇高，閒暇時會常回會所任教，若是不幸離婚或分居亦可重回會所過團體生活。

10 **(C)**。少年猴祭為進入少年會所必經儀式；大狩獵祭為進入青年會所必經儀式；少年猴祭現今仍有在舉辦，只是配合保育野生動物，以草猴代替真猴。

11 **(A)**　　12 **(B)**　　13 **(C)**

14 **(D)**。排灣族與魯凱族於婚禮時舉行盪鞦韆活動，由男方替女方推搖鞦韆，以表達合作無間的愛情，女

方藉由鞦韆搖曳，展現其飄逸氣質。卑南族於小米收割祭時舉行盪鞦韆活動，具宗教祈福意義，鞦韆盪得越高代表穀物豐收、族人身體健康。

15 (A)

16 (B)。臺灣原住民族中，母系社會以阿美族、卑南族、噶瑪蘭族等三族為主。

17 (A)

18 (A)。卑南族自稱PUYUMA，又譯有「漂馬」一説。

19 (B)。卑南社（南王村）為卑南族中最強部落。

20 (B)。卑南族人南志信是臺灣原住民第一位西醫。

21 (B)。(A)林志興為卑南族人類學者；(C)陳建年為卑南族歌手，屢獲金曲獎殊榮，是卑南族歌謠大師陸森寶的傳人；(D)南賢天是卑南族人，目前在苗栗經營力馬原住民生活工坊。

22 (B)。馬智禮為初鹿社長老魯豹所收養。

23 (D)　24 (A)

25 (C)。民國49年，卑南族人在太麻里鄉三和村矗立「臺灣山地人祖先發祥地」的石碑，寫著在此登陸的三位祖先的名字：巴落伍（Paluh）、塔孚塔孚（Tavatav）、索卡索高（sokasokau）。依卑南族口傳，其祖先是從太平洋漂流到該處，而後在此繁衍子孫，太麻里社的排灣族、都蘭社的阿美族，也都有祖先在此地登陸的説法。

【申論題】

解釋名詞：卑南大王

答　卑南大王：乾隆五十一年（西元1786年），林爽文事件爆發，卑南族人協助朝廷捉拿叛黨，清朝為感謝原住民的協助並有意拉攏，故於乾隆五十三年（西元1788年）十二月二十六日，命臺灣知府事楊紹裘帶領卑南族頭目在內的三十人，進京謁見皇帝，特被冊封為「卑南大王」，賜予官服，並規定鄰近的阿美族、排灣族都要向其納貢、賦稅，為卑南族的全盛時期。

Unit 13　阿美族 (AMIS)

依據出題頻率分為：**A頻率高**　B頻率中　C頻率低

> 【命題關鍵】母系社會、抗清、抗日事件
> 【命題焦點】1.族群發展史上，泰雅族、布農族、卑南族以及噶瑪蘭族、西拉
> 　　　　　　雅族等外來民族遷入及擴張，對阿美族族群分布之影響。
> 　　　　　　2.在文化特色上，讀者需了解阿美族母系社會的特色以及在專名
> 　　　　　　制的年齡階級組織中，兩者所共構出阿美族基本的文化特色。
> 【考點分析】本章命題焦點在阿美族群的地理分布特色，聚落遷徙部分則測驗都
> 　　　　　　市原住民現象，而阿美族各項之「最」也出現許多考題，例如人口
> 　　　　　　最多、最早定居等、最具有特色的年齡階級組織等。本章中也出現
> 　　　　　　跨族群綜合比較考題，如比較各族建築特色。讀者準備本章節時，
> 　　　　　　可將重心放在地理分布、歷史發展及文化特色三大部分。
> 【參考資料】1.田哲益（民90），臺灣的原住民—阿美族，臺北市，台原。
> 　　　　　　2.許木柱等（民90），阿美族史篇，南投市，臺灣省文獻委員會。
> 　　　　　　3.巴奈‧母路：〈阿美族豐年祭的聖與俗〉，《社教資料雜
> 　　　　　　誌》，2002，292，頁1-4。
> 　　　　　　4.國立臺東社會教育館http://www.ttcsec.gov.tw/ttclearn/

古稱「阿眉族」是臺灣原住民族群中人口最多的一個族群，亦是與漢人接觸最早，最早接受水稻耕作的原住民族群。

一、族群發展【100、101原民五等】

阿美族人自稱為Pangtsah（邦查），意思為「人」或「同族人」之意，而Amis的稱呼是為來自於卑南族人所稱的阿美族人，amis即卑南語中的「北方」之意，而後來即以amis成為阿美族人的代稱，並以阿美（阿眉）族之名稱最為常見，目前阿美族主要分布於臺灣東部花東地區。

臺灣原住民族群之中以阿美族人口最多，依據民國111年人口統計資料，阿美族人口為216,747人，佔臺灣原住民總數近三分之一強，人口的大量增加在原住民族群中呈現出較為特殊之現象，依學者王人英之看法，阿美族人因受到漢人文化影響深切，在社會穩定時期，人口即會隨著社會的穩定而快速的增加，

然而此一人口增加的現象是否和阿美族本身之文化特色有相關影響，則有待後續研究探討。以下探討阿美族本身創世神話以及在和外族群互動的發展過程中，對其地理分布現象產生之影響作一概述。

(一)創世神話：根據阿美族神話傳說，有關於族群起源源流，主要有三種類型的創世神話。

1. **洪水說**：遠古時代，洪水氾濫，有一對姐弟乘坐著木臼般的救生船，漂流到Cilangasan奇拉雅善，即今日花蓮豐濱港口村地區，後兩姐弟為延續人類繁衍，遂結為夫妻，生育子女，即阿美族之後代，此一類型傳說主要流傳於「南勢阿美」與「秀姑巒阿美」之間。

2. **島嶼說**：此傳說主要流傳於海岸地區之阿美族，族人認為其祖先來自於紅頭嶼，並遷移至火燒島即綠島，後再登陸臺灣東海岸猴仔山即今日石山社所在之地。

3. **Arapanay發源說**：此傳說主要盛行於卑南阿美與恆春阿美的南方阿美族聚落中，有族人認為Arapanay為阿美族祖先發祥地，亦有認為是祖先自海外來的登陸之處，然根據日治時代學者伊川子之藏等人認為，Arapanay與卑南族人發祥地Panapanayan其實為同一地區，南阿美族人以此為發祥地，於此則以南阿美族受到卑南族文化上之影響，而有此一傳說。

   意義：綜合此項三種說法，可以得知阿美族人主要發源自海外，且各項不同之傳說可解釋阿美族人來臺時間上之不同，並且時間上與卑南族同時期或稍晚之。此外，阿美族人在地域分布上出現北、中、南分布等特色，並於文化發展上受到卑南族影響。

(二)族群發展及分布【95初、100原民五等】

經典考題

試敘述阿美族群分布及遷徙之概況。

阿美族移入臺灣時間較晚於臺灣其他原住民族群，早期主要分布於臺灣東部峽谷及平原一帶，後受到平埔族、泰雅族、布農族、卑南族等外來族群壓迫影響下，族群有因而隨之遷徙、擴散的現象，目前阿美族分布縱跨臺灣東部地區，北從花蓮奇萊平原往南經縱谷平原、海岸地區，最南達到恆春地區，均為阿美族分布之區域，**日治時期人類學家伊能嘉矩將阿美族依地域分布之情況，劃分為五個群落，即南勢阿美、秀姑巒阿美、海岸阿美、卑南阿美、恆春阿美，而鹿野忠雄又將南勢阿美歸類為北部阿美；秀**

姑巒阿美、海岸阿美歸類為中部阿美；卑南阿美、恆春阿美為南部阿美。

學者李亦園認為阿美族之族群發展歷史中，曾經歷過四次族群遷徙活動。其中第一次可能遭受到卑南族的壓迫，因而有一部分族人往南發展，是為恆春阿美，與卑南阿美隔離。第二次遷徙則因泰雅族人往馬太鞍社（今花蓮光復鄉）擴展，於此將北部阿美與中部阿美隔離。第三次則因為布農族的入侵玉里地區，而將中部阿美與南部阿美隔離。第四次則因平埔族往東部地區發展，造成阿美族遷徙的現象。

阿美族分布地區遍及花東縱谷及沿海地區，然阿美族族群分布如此廣闊，並非因其武力擴張之結果，而是因泰雅族、布農族、卑南族等族群勢力之入侵，而促使阿美族遷徙因而造成分布區域廣闊之現象，此一擴展情形亦也異於臺灣其他原住民族群。阿美族因周圍強勢族群威脅，為求達到防衛效果，部落多採集居方式，且分布廣闊，其中秀姑巒阿美中的太巴塱社為臺灣東部阿美族群分布最大的聚落，部落眾多是阿美族特色之一。

阿美族的體型上，較臺灣其他原住民族群較為高挑，運動人才輩出，橫跨田徑界如亞洲鐵人楊傳廣【98原民四等】、棒球界及籃球界，足以稱之為國內體育人才搖籃。

阿美族傳統居住的區域主要為平原地區。清光緒年間沈葆楨開山撫番後，漢人勢力大舉入侵東部地區，在強勢的漢族文化影響下，阿美族文化受到漢人文化影響頗為深切，**為臺灣原住民族中漢化最深之一族，然阿美族依然有其獨具代表特色之母系社會及年齡階級制度等，其獨具的文化特質，尤須值得我們多加深入探討。**

都市原住民中的阿美族人【97原民五等、109原民三等】

経典考題

據統計，現今約有超過1/3的原住民人口移居都會社區或城市周圍。搬遷久待之後，是否會造成原有文化的改變？請以你所熟悉的實際例子說明之。【原民四等】

1. 阿美族為臺灣原住民族群中漢化較深且與漢人接觸較多之族群，二十世紀六〇年代，**臺灣地區工商業快速發展，勞力需求及較高報酬，吸引著原住民族群投入勞力市場，而這些誘因也吸引著阿美族人紛紛往都市謀生，形成都市原住民現象。**

2.學者許木柱研究阿美族都市群落特色時,發現到阿美族人遷移都會區時,往往形成聚集型態。

3.其主要原因為受到阿美族傳統社會組織、親屬組織等影響,例如透過嚴密的年齡階級組織所形成的社會組織特色以及親屬組織中的氏族及大家庭制度等。

4.在這些因素影響下,**阿美族遷徙自然呈現群體聚集型態,因而可解釋在所有都會區中,只有阿美族移民有形成社區發展可能,且該社區發展還結合傳統社會功能中的社區特色。**

大港口文化

大港口即今秀姑巒溪出海口,為阿美族傳說中祖先渡海來臺登陸之處,大港口可視為阿美族發祥地。根據考古資料發現,大港口地區存有新石器時代及鐵器時代遺址分布,對於阿美族在臺灣東部地區的發展,提供了確切的考古證據。以下分述大港口地區的考古遺址及歷史文化發展。

麒麟文化【97原民五等】

距今約3500～2000年前,屬於新石器時代晚期之文化相。文化內涵以加工過的「巨石」為最主要特色,而其文化特色和卑南特色頗為相似,然根據考古資料顯示,麒麟文化出土許多卑南文化中所從未出現的大量打製石鋤,反映了兩個文化在環境利用及生產型態上有所不同。

靜浦文化【95原民五等】

距今約2000～400年前,屬於鐵器時代文化,與阿美族先期文化特色有密切關係,根據阿美族口述傳說歷史與考古資料作一比較,可發現有極高契合度,藉由此考古文化而更能探討阿美族早期發展概況。

大港口事件【95、97、102原民五等、99原民三等、108原民四等】

事件發生於西元1887年,臺灣總兵吳光亮因開闢道路而與大港口的阿美族人發生爭執,設宴利誘阿美族人並將其殺害,造成阿美族青壯年盡失,族人被迫流離他處,又稱「奇密事件」、「林東捱事件」,而此事件亦對大港口地區的阿美族部落造成毀滅性打擊,造成秀姑巒阿美族部落的遷徙,移民散布到整個花東海岸地區,形成了許多新的聚落,且鮮少形成大型聚落,使清廷在經營東部地區上已進入實質占領與統治的階段。

七腳川事件【97、102、108原民五等、101原民四等】

太魯閣事件後,日本人採取「以蕃制蕃」的策略,挑動各族群間的間隙,並於1907年興築通電的「隘勇線」,由阿美族人七腳川社人巡邏,唯因勞役太重,

七腳川社又聯合太魯閣族發動抗日，日本乃出兵鎮壓，造成七腳川社二百多人被殺，土地也被沒收、剩餘族人被迫往南遷，此即「七腳川事件」，移民散布到整個花東海岸地區，形成了許多新的聚落，且鮮少形成大型聚落，使清廷在經營東部地區上已進入實質占領與統治的階段。

今日大港口地區（花蓮縣豐濱鄉），為秀姑巒溪泛舟終點所在，如今因公路拓寬，造成大港口地區文化遺址遭受嚴重性破壞，究竟交通建設與文化保存孰輕孰重，值得我們加以省思及檢討。

二、社會制度【95初、99原民三等、110原民三等】

經典考題
1. 試探討阿美族社會組織中，年齡階級特色。
2. 解釋名詞：親子連名。【原民三等】
3. 請簡要敘述阿美族與布農族傳統社會文化的特點，以及二族之間重要的異與同。【原民三等】
4. 臺灣原住民傳統的婚姻制度存在著差異，並與其社會結構的特點如母系的、父系的或階級的有所關聯，請舉例說明相關的差異。【103原民四等】

阿美族社會中，最為獨特之處即其母系社會組織及以男性為主體的年齡階級組織，母系社會組織即代表母系的親屬制度，子女出生時居住在母親家中，形成一個以「家」為概念的母系社會；而男子的年齡階級制度則代表著阿美族部落事務的特色，構成阿美族社會生活之基礎，部落中諸多習俗與制度，皆由此一年齡階級制度發展而來，阿美族的年齡階級組織在臺灣原住民各個族群之中，可稱為最複雜之類型。以下即探討阿美族母系社會及年齡組織這兩大特色下，所建構而成的社會組織型態。

阿美族社會制度可分為兩大層面來分析、探討：

(一) 母系社會組織→親屬組織→財產制度

1. **母系社會**【97原民五等】：傳統上認為阿美族母系社會特色為婚姻方式中的招贅婚、子女居住於母親家中、家中女性為財產繼承者。女性為家中一家之主，決定家中一切事務，為阿美族家庭中的「主事者」，並享有財產上的繼承權。然有學者認為，阿美族母系社會中，女性尊長在家族中的地位是「當家主事」的地位，而日本殖民統治之後，認為一家之主即代表者戶長

的地位，於法律上戶長之長女享有當然繼承權，如此之看法和阿美族之傳統觀念不大契合，故或許以「家的觀念」來探討阿美族母系社會似乎較為恰當。

2. **親屬組織特色：**
   (1)阿美族的社會以「家」為基本單位，並以家為中心發展親屬組織，而構成數個家形成部落。
   (2)婚姻型態以招贅婚制為常態，男性當到達適婚年齡，婚後居住於妻子家中，然入贅於妻子家中之男性，依然是其母親的孩子，當其生病、年老或妻亡時，必須返回母親家中接受照顧，因為原家才是其血統之所出。
   (3)家的組成必須有一對夫妻及小孩，子女隨同母親居住，血統屬於女方。
   (4)子女命名上採取母子聯名制，即以母親的名字作為子女的姓。
   (5)家中女性尊者決定家中一切事務，主要以家事為主；家中對外事務及部落事務方面，則以女家兄弟及族舅等男性為主。
   (6)已婚男子在自己的生家中具有特殊地位，對外代表母族，主要展現在當有祭典儀式、婚喪喜慶、親屬會議等主祭人或召集人；當與別的氏族或部落發生衝突時，作為談判代表。在母系社會的傳統下，男子縱使入贅於他家，但其血統仍為生家所有，對外享有代表其母系氏族發言權。
   (7)男性地位與女性地位一樣重要，男子對外可代表母族之發言，而女性又為一家之長，雙方角色處於相輔相成的地位。阿美族的社會中，對生男生女同樣歡喜，男性多可增加自己氏族在部落中的發言權力；女性多則婚後有更多家庭。
   (8)當一家族子女成年時即有婚嫁，人口增加必會帶來分家的情況，阿美族的分家在母系社會下，分家對象以女性為主體，在以同一姓氏的親族系統下，形成本家與分家之間的關係，此一關係也為阿美族社會組織中基本之特色。
3. **財產制度：** 就阿美族財產繼承制度而言，在母系社會中，財產繼承法則以母系繼承為原則，並配合長女優先制，繼承的項目主要以家屋及其土地等主要財產為主，為主要繼承人及管理者。當女性分家時，則可分割部分田產；男性入贅他家時，僅得攜帶屬於其個人財產諸如衣服、武器等，對生家之財產無繼承權。

(二)年齡階級組織→政治型態→部落組織【95、100原民五等】
  1. **年齡階級組織：** 阿美族的社會組織中，除了母系社會外，另外一項就是以嚴謹的年齡階級組織為代表。年齡階級組織為依據男性年齡之大小所分成

的年齡組別，當男子參加成年禮後，即進入組織之中，隨著身心的發展，年齡階級也隨之晉升，於不同的年齡階級之中，負有不同社會職責。以下列舉阿美族年齡階層組織之特色：

(1) 部落的公共事務，諸如開墾、漁獵、祭典等大都由男子年齡階級組織來處理。

(2) 為一專名制的年齡階級組織，專名是指當青年參加成年禮，正式進入年齡階級組織後，會擁有一個級組的專名，此一專名跟隨青年終身，每當有新的一級加入後，則年齡階級依序晉升，且必須對上一級之前輩有絕對服從義務。

(3) 年齡階級組織以會所為中心，會所即阿美族社會中的學校或技藝所，為年齡階級男子的生活起居中心，於此學習各項成為一個男子所必須學會之技藝，為屬於男性的單性組織，男性結婚後，始離開會所而居住於妻子家中。

(4) 阿美族因地域分布廣闊，因而也存在不同的專名階級制，例如在南部阿美群中，以馬蘭社的創名制為專名制的類型；北部南勢阿美則為襲名型，有數個固定的專名，採用輪迴的方式循環使用。

　A. 馬蘭型：男子11～15歲準備入組，經過第一次成年禮晉升為「預備服役級」，第二次成年禮後，始接受級名，為新進級別，新進組至其上約八個等級稱為「壯丁級」，對部落有服役義務；第十組至十四組為管理階級，對會所有管理義務，依級別順序分別掌管會所招待事務、掌管酒食分配、掌理會所事務、部落副主管、部落主管兼司祭；十五級侍奉已退休的長老，第十六組以上為長老。年齡晉級的時間約每隔三年舉行一次成年禮，每一級別自選級長，為該級之傳令員，隨著長老年紀的不同，而有增級或減級的情況發生。簡而言之，馬蘭型的年齡階層組織可分為四個階段，即：

　　a. 預備服役組。

　　b. 新組至第九組的勞力服役階段。

　　c. 第十組至十四組的會所管理階級。

　　d. 第十五、十六組的長老階級。

　　阿美族男人在一生中皆會歷經各階段階級，在一個階級服從、長幼有序的情況下，構成部落生活型態。

　B. 南勢型：以襲名制為南勢型阿美族年齡階級特色，傳統上共有九個級名，依序循環使用，男子於十五、六歲時，由上次成年禮儀中加入級

別中；而未加入者作為新進級的召集人，給予新進男子組織訓練。至下屆成年禮儀時，接受循環下來的組名成為新級，此時期為嚴格的服役期。之後每隔七年舉行一次成年禮儀，當男子參加第二次成年禮儀後，始可結婚，當進階至第四級別時，成為長老階級，免除勞役。各級皆有領袖一至三人，第四級之領袖可被推選為部落領袖，部落領袖為定額的終身職。

(5)透過年齡階級制度的設計，男子透過不同的年齡階級分工而對於部落內外不同之公眾事務有不同之義務。一般而言，年齡階級愈低，所須負擔的勞務愈重，可分為青年期的勞力服役，包括建築、耕種、戰爭、祭典籌備等粗重工作；壯年期的管理及祭祀，包括指導青年期的訓練、會所管理、司祭祭儀等；老年期的長老領導，老年在阿美部落中享有極高地位，免除勞役，同時亦是部落中的領袖。簡而言之，包含著戰爭、部落內之互助、勞役服務、祭典活動等，目前在祭典活動方面，僅存豐年祭仍由男子為主體來主持祭儀。

阿美族的會所制度【98、101原民五等】

會所是阿美族男子年齡組織集體活動及生活的地方，亦是行政中心。男子成年禮後，會所前有廣場，為部落族人歡樂聚集之處，會所內則為部落會議及排解族人糾紛之場所，同時亦是男子學習技藝場所之所在。簡而言之，阿美族的會所制度，在其社會中扮演著教育、軍事、政治、法律、勞力、宗教及娛樂等功能。會所制度結合年齡階級制度，構成阿美族部落生活上之面貌與型態。目前阿美族的會所制度，因為多元文化衝擊下，各部落會所紛紛裁撤，但近年來亦有不少部落重建會所，期盼尋找回那曾經失落的文化記憶。

經典考題

1.試比較南勢阿美與卑南阿美政治組織型態之異同。
2.試比較排灣族與阿美族傳統社會組織中頭目制度之差異。【101原民三等】
3.傳統原住民社會奉行「歲時祭儀」，請選擇二個族群說明其重要歲時祭儀的特點、意義、價值與相關的變遷。【103原民三等】

2. **政治型態與部落組織**：年齡組織與會所的領袖制度，是阿美族部落政治的原始型態，主要可分為兩種型態，其一為由壯年人口所推選出的部落領袖集團，負責平時部落內之政治、經濟以及宗教祭祀等活動；而另一方面則

由戰績卓越者出任部落會所領袖。不論部落領袖或會所領袖，皆由部落長老管轄。

荷據時代於各番社設置「甲必丹」，為具有番頭目性質之名稱；後於清領時期，配合政府的邊疆民族政策，於部落中設立「土官」或「通事」；劉銘傳時期，改名為「頭目」。為配合官方之統治政策及結合部落中傳統的會所領袖制度，阿美族各族群之中發展出不一樣的政治組織型態。

(1)南勢阿美：為頭目與會所領袖結合制，即於會所中被推舉為部落首長者，同時亦為在官方中的「頭目」代表，任期為終身職。頭目之所做所為依傳統皆須經過部落會議討論，其行為受到部落領袖會議之監督，當有失職情形時，部落領袖會議可決定罷免之。

(2)卑南阿美：以馬蘭社為代表，採取頭目與會所領袖並行制度。頭目出任與傳統年齡階級無明顯關係，而是由壯丁級以上之長老中選派，其下設有幹事約二十人，主要工作為對外之司法、政策執行等項目，當頭目欲對部落內有所作為或不作為時，需透過部落長老會議而徵詢部落內之看法，且部落內之傳統事務依然由會所制度內之長老負責。然於日治時期，政府權力積極滲透於部落之中，頭目所擁有之權力往往超越會所長老之上。

在歷史的發展過程中，阿美族的政治組織型態經歷了傳統的年齡組織與會所的領袖制度，後在外來族群的政治勢力入侵下，而分別產生頭目和會所領袖這兩種型態，而在戰後臺灣光復，又因地方制度上政策的實施，村里的劃分取代了傳統上的自治組織，阿美族的傳統文化，亦也如同臺灣其他原住民族群般面臨文化調適上的問題。

經典考題

解釋名詞：阿美族10心菜。【108原民四等】

三、經濟生活

(一)**食物方面**：阿美族主要居住在臺灣東部平原地區。早期農業發展以旱田耕種為主，耕種方式以火耕輪墾的遊耕型態，主要作物為粟和旱稻；後受到漢人文化的影響，農業耕種方式轉為水稻耕種。除了農業外，尚有狩獵、漁獲、採集等方式。在飲食習慣上則以小米酒、嚼檳榔等為特色。

(二)**衣飾方面**：阿美族的衣飾特色表現在其母系社會及年齡階級制度上，藉以表現不同之年齡階級。阿美族服飾因受到地域分布廣闊影響，在不同的

地域中皆有不同服裝特色，顯然是受到鄰近族群影響，融合各個族群服飾精華，並加上自己本族獨特的審美觀，而構成阿美族服裝之特色。阿美族的服裝可分為一般日常生活衣服和祭典時所穿之盛裝，其中又以豐年祭典時，部落男女盛裝打扮，頭飾、頸飾、額飾及煙袋等裝飾，搭配以貝殼、瑪瑙珠、錢幣等材料作成之裝飾物，呈現華麗之服飾美感。

在身體裝飾方面，阿美族如同臺灣其他原住民族群般，亦有穿耳、涅齒、除毛等習慣。

(三) 住屋方面

1. **聚落**：阿美族因經常受到外族侵擾，故聚落呈現方式為聚集式聚落，在部落中設有圍籬及社門，家戶四周並植有檳榔、椰子等樹木，以作為防禦用途。

2. **住屋**：主要以住屋、廚房、畜舍所構成。地基形狀為長方形，建材以木板、竹片為主，並以茅草覆頂，並以正門開在縱面或橫面可分為橫長與縱深式兩種形式。

3. **部落附屬建築**：包含穀倉及會所等建築。阿美族為母系社會，家內事務由女性管轄，故穀倉管理等業務亦歸女性所管，男子無權置喙；而會所則為年齡階級制度發揮之核心所在，阿美族部落中，有一部落一會所，亦也有一部落多會所，通常較常見的為一部落多會所，男子加入其住家附近之會所，部落中有一總會所。

四、信仰祭典

阿美族人認為萬物皆有神靈，神靈可以決定人的悲幸禍福，因此產生諸多祭典儀式，以下探討阿美族信仰特色及祭典概述。

(一) **信仰方面**：阿美族傳統宗教信仰方面，為多神信仰，認為萬物皆有靈性，其中kawas是一個核心的觀念，其意思為神、靈、精、鬼、妖等泛超自然力量之總稱。茲列舉其信仰特色如下：

1. 靈魂存在於人的身上，善終者稱善靈，靈魂回到靈界變成祖靈；橫死者稱為惡靈，靈魂成為邪靈妖怪。

2. 祖靈必須為成年人善終者，橫死者為惡靈，並不被族人視為祖靈來崇拜。

3. 多神信仰，包括自然現象中之太陽神、月神、地神、雨神等，此類神祇為真神，屬於善性的kawas。阿美族各種活動皆有代表之神祇，祭拜時朝向不同方向祭拜，以資區別。

4. 精靈方面主要以動植物方面為主，包含獸精、植物精靈等。

5. 占卜方面有竹占、鳥占、夢占等方式。

6. 祭司負責掌管與主持祭祀禮儀，於阿美族社會中，其地位與部落頭目、會所領袖等並列，為極重要之角色。

7. 巫師為和神靈溝通之人物，並兼負有治病之職責。阿美族巫師可分為男女兩性，巫師來源分為被神所選以及自願擔任兩種類型。被神所選大都因為夢見或生病獲得指示而擔任巫師；自願擔任者則透過向年老巫師學習，透過學習等方式而擔任巫師。

(二) **祭典方面**：阿美族在祭典方面以歲時祭儀為主，配合著一年來農作的生產與祭祀活動。以下列舉阿美族各項歲時祭典：

阿美族歲時祭儀	
祁年祭	為農事播種前所施行之祭典，祭典日期由部落總管階級於男子會所中決定。
播種祭	為粟播種前所施行之祭典，又可分為初播祭和終播祭兩個階段，初播祭由戶主前往田間向農神祈禱；終播祭則以鼓神和自然神為祭祀對象。
除草驅蟲祭	為播種之後，進行除草及驅除害蟲的儀式。
收穫祭	小米收割後，部落會舉行盛大慶典活動，以感謝神靈的保佑豐收。
入倉祭	穀物入倉後，部落舉行綜合性的祭儀活動。
開倉祭	穀物收藏後，待施行開倉儀式後，封藏之穀物始可自行開倉。
祖神祭	過去傳統為巫師進行此一儀式，目的在於祈求祖先能保佑明年能再給予豐年。
祁晴、雨祭	當持續乾旱或降雨而影響農作物生長時，就施以祁晴、雨等祭典，以利農作物生長。此一祭典為配合會所制度與年齡階級制度之祭典儀式，參加祭典人士在部落中需為一定之階級，主祭者為部落之頭目。
海祭	祭典來源於阿美族創世神話中，一對兄妹在海神保護之下，安然漂流到臺灣島上，並於此繁衍後代，成為阿美族先祖，故此祭典主要為祭拜海神感謝保佑先祖平安渡海，帶有對自然力量崇敬及祖先至海外來臺緬懷等意味。阿美族捕魚祭活動，約於六月中舉行，為男子年齡階級組中，僅次於豐年祭之年度祭典，祈求海神及天地神靈，希望漁獲能夠豐收，並藉由此一祭典，表現出阿美族人尊重自然、敬畏自然的特色。於阿美族的禮俗之中，凡婚喪喜慶及各類祭典儀式完畢後，大都舉行此一捕魚活動，為阿美族獨特之禮俗。

1.試探討阿美族豐年祭中所呈現出社會文化特色。
2.臺灣原住民的祭典儀式隨著時代演進而有所變遷，請任舉一則例子，説明其中變化的景況。【原民四等】
3.傳統原住民社會奉行「歲時祭儀」，請選擇二個族群説明其重要歲時祭儀的特點、意義、價值與相關的變遷。【103原民三等】

阿美族豐年祭

豐年祭原是小米豐收後，所實行之綜合性的感恩祭典，然小米改植稻米後，現豐年祭之舉行則以稻米收成後舉行。不論如何，其感恩性質依舊，並且為阿美族最盛大祭典。在時代的變遷與影響下，阿美族豐年祭的祭典也隨之有所改變，主要可以分為：

都市型	為阿美族移出人口，於各大都會中所自行舉辦之豐年祭典。
康樂型	為部分部落自行舉辦之豐年祭典。
聯合型	部落間合辦的大型豐年祭典，近年來豐年祭典大都透過此種模式，並由官方協助舉辦此類聯合豐年祭典。
原始型	為傳統類型豐年祭典，由男子年齡階級組織所籌畫祭典活動，保有傳統歌舞及宗教神秘之特色。
綜合型	結合聯合型與原始型之型態。

以下探討阿美族傳統豐年祭典特色以及在其社會文化上所代表的意義。

過程：　1.第一天：準備日及迎靈祭。夜晚時，男子展開迎靈歌舞儀式，女子僅能在外圍觀看，舞群依年齡階級制度安排，展現敬老的文化特色。於此儀式時，只能有參加人員，禁止外地人加入。

2.第二天：迎靈祭正式階段，女子可加入男子的歌舞活動中，舞群依然遵循年齡階級制度的順序。

3.第三、四天：宴靈祭。

4.第五天：宴靈祭及招待貴賓。原則上傳統阿美族的豐年祭典並不開放給外人參觀，約至日治時期，始有邀請附近長官貴賓蒞臨參觀，並限於此一階段時期，祭典其他時間依然不歡迎外人參加。

5.第六天：送靈祭。以婦女組成之歌舞歡送祖靈，表示宴靈活動的結束。結束後，青年組男子則出海或下溪捕魚，以舉行晚會慶功。

特色：　1.豐年祭由男子年齡階層籌備，女性以往並不參與，如今有參加歌舞，
　　　　　以增添活動熱力。
　　　　2.宗教色彩濃厚。
　　　　3.嚴守男子年齡階級組織。
　　　　4.強調傳統歌舞的嚴謹性。
意義：　1.小米收穫後，展開邀請祖靈共樂之豐年祭，表示阿美族人追思祖先與
　　　　　感恩惜福之心。
　　　　2.豐年祭為男子依其年齡階級制度所籌辦，在部落社會中，具有平衡男
　　　　　女兩性權力之社會效果。
　　　　3.透過年齡階級制度的籌畫分工，強化部落內團結意志。
　　　　4.祭典歌舞時，透過年齡階級組織安排舞群分布，展現阿美族尊敬長者
　　　　　的文化特色。
　　　　5.透過豐年祭儀式之進行，歌舞活動不僅達到身心娛樂上之效果，對於
　　　　　未婚男女性，亦也有社交效果存在。

五、生命禮俗

阿美族生命禮俗	
生育	1.懷孕期間，有請巫師祈禱平安之儀式。 2.視雙胞胎為禁忌，惟極少殺嬰事件，大都另送一嬰給予親友扶養。 3.傳統上生女重於男，現代社會中男女一樣好。 4.禁忌上包含遠離猴、鴨、遠離喪葬、丈夫禁止參加祭典儀式等。
命名	1.孩子出生後，進行命名儀式，由女性族長主持，並請巫師祈神賜名。 2.命名原則以從母連名制為主。阿美族本身有傳統之名譜，為避免同名情況，大都另取綽號以茲分別。
成年	1.成年禮大都在豐年祭舉行，依傳統年齡階級制度，於此時期產生新級，各級晉升。 2.預備入新級的男子需要在成年禮之前，於會所接受長達兩星期之訓練，訓練項目包括摔跤、跳舞、跑步等體能訓練。 3.於成年祭典期間，尚須經過戰鬥、體能、野外求生以及生活必須技能之考驗，以期成為一名成熟男子。 4.成年祭典中，又以捕魚和賽跑為傳統特色。

阿美族生命禮俗	
婚禮	1.阿美族男子必須在年齡階級中，經過成年禮且進入第二階級後方可結婚。 2.婚姻方式以招贅婚為原則，若無女嗣，則以男性嫁娶婚為輔。 3.男女相識大都於豐年祭典舉行期間，若女有情男有意，則男方先至女方家表示心意，而女方家至男方家求婚，女方並至男方家中服役。 4.結婚時，女方準備聘禮，男方則準備男方生活用具，包括山刀、獵槍等。男方並大呼，某某今日要入贅了。
喪禮	1.病人臨終時，由家人為其淨身更衣。過世後，遺體於當日或次日土葬。 2.呼喚死者前往母親居住的地方，展現母系社會之特性；利用男子年齡階級制度，最年輕男子以賽跑方式，通知死者親人前往奔喪。 3.喪禮以蕉葉作為避邪物，行室外土葬，墓地四周以卵石排成圓形為記號，且日後並不整修，踐踏並無禁忌。

意義：生命禮俗中，結合阿美族傳統之母系社會以及男子年齡階級制度，諸如在婚禮中的嫁娶儀式、成年禮儀中的各項體能考驗，均反映出阿美族人文化上的獨特面貌。

六、藝術文化

阿美族生活主要娛樂即以唱歌和跳舞為主，臺灣諸多原住民族群的歌舞中，其中又以阿美族豐年祭中的歌舞表演著稱。豐年祭的歌舞特色中，以領唱和應唱等方式進行為其最大特色。阿美族生動的舞姿加上嘹亮的歌聲，在在說明阿美族是天生的舞蹈民族。以下介紹阿美族歌舞、傳統樂器及手工藝特色。

(一) 歌舞方面

1. 歌曲經常伴隨舞蹈，載歌載舞為阿美族歌謠的特色。
2. 傳統歌謠並沒有歌詞，舉豐年祭為例，每一段歌舞皆有其不同意義，歌曲內容大都以表達情感為主，有時年齡階級高者領唱，常會加入帶有期勉年齡階級低者訓勉之歌詞內容。
3. 以應唱方式最為特別，此外結合舞蹈動作，歌曲節奏強勁而有力。
4. 歌謠方面，又可分為祭典歌謠、工作歌謠、生活歌謠等。歌謠和舞蹈充分和阿美族的生活結合。

(二) 傳統樂器：主要可分為撥弦樂器方面的弓琴；敲擊樂器方面的木鼓、竹筒、杵臼；以及阿美族特有的木琴、竹琴等樂器。口琴方面，更是男子不可不備之個人樂器，經常作為男女交往表露情感之樂器。

(三) 手工藝：手工藝技能為男子在會所之中，所必須學會之技能，主要包括各類編器以及木製家具等；女性則以縫紉、織布、製陶等為主要之手工技能。

精選範題

【測驗題】

(　) **1** 臺灣原住民族群中，人口最多為哪一族群？　(A)泰雅族　(B)卑南族　(C)阿美族　(D)魯凱族。

(　) **2** 臺灣原住民族群中，與漢人接觸最早 ，最早接受水稻耕作的原住民族群為何？　(A)泰雅族　(B)卑南族　(C)阿美族　(D)魯凱族。

(　) **3** 下列有關於阿美族之敘述，何者錯誤？　(A)由阿美族創世神話中，推測阿美族人主要發源自海外，並於文化發展上受到卑南族之影響　(B)阿美族移入臺灣時間雖晚於臺灣其他原住民族群，但在擁有人口數量的優勢下，以武力擴張方式拓展其勢力範圍，東部縱谷平原及海岸地區一帶均為阿美族部落分布所在　(C)運動人才輩出，橫跨田徑界、棒球界及籃球界，足以稱之為國內體育人才之搖籃　(D)秀姑巒阿美中的太巴塱社為臺灣東部阿美族群分布最大之聚落，部落眾多是阿美族特色之一。

(　) **4** 下列臺灣史前文化中，何者為阿美族先期文化發展之特色？　(A)十三行文化　(B)番仔園文化　(C)蔦松文化　(D)靜浦文化。

(　) **5** 清領時期，阿美族人因對於清政府開發道路而產生誤會爭執，甚而引發部落滅社之危機，為何事件？　(A)大港口事件　(B)太魯閣之役　(C)加禮宛社事件　(D)大庄事件。

(　) **6** 下列有關於阿美族社會制度之敘述，何者「正確」？　(A)嚴謹的父系社會和年齡階級組織，構成阿美族父系社會的典型代表　(B)母系社會結合專名制男子年齡階級組織，構成阿美族母系社會的傳統體系　(C)為貴族階級世襲制之社會型態，部落事務由菁英所掌握　(D)阿美族父系社會特色中，部落中擁有最高權力指揮者為女性長老，對部落內外事務均有過問及管理權。

（　　）　**7** 阿美族男子年齡階級組織特色為何？　(A)沒有明顯的階級制度，大致上分為幼年、青年、中年、老年四個階級，跨階級間並沒有明顯的升等儀式　(B)年齡階級間並無特定之專名，階級間之升等則以在會所中之學習及其表現而定　(C)有嚴格的男子年齡階級組織，且每一組織間均有專名，透過會所制度的結合，呈現阿美族政治社會的基本型態　(D)無年齡階級組織，部落內事務以有能力的長者作為領袖。

（　　）　**8** 下列各原住民祭典，何者屬於阿美族之祭典？　(甲)矮靈祭　(乙)戰祭　(丙)豐年祭　(丁)海祭　(A)(甲)(乙)　(B)(甲)(丙)　(C)(乙)(丙)　(D)(丙)(丁)。

（　　）　**9** 下列有關於阿美族生命禮俗之敘述，何者有「誤」？　(A)命名原則以親從子名制為主　(B)成年禮大都在豐年祭舉行，依傳統年齡階級制度，於此時期產生新級，各級晉升　(C)成年祭典中，又以捕魚和賽跑為傳統之特色　(D)喪禮以蕉葉作為避邪物，行室外土葬。

（　　）**10** 阿美族是個能歌善舞的民族，舉凡生活的情事，個人心情的抒發，都用歌舞來表達。而歌舞部分又以豐年祭為代表，下列有關於阿美族歌舞特色之敘述，何者有「誤」？　(A)歌曲經常伴隨舞蹈，載歌載舞為阿美族歌謠的特色　(B)歌謠如同史詩般，將族群早期之發展寄託於歌舞歌詞之中，藉以達到阿美族文化傳承　(C)以應唱方式最為特別　(D)歌謠和舞蹈充分和阿美族的生活結合。

（　　）**11** 下列為阿美族豐年祭典描述，何者有「誤」？　(A)豐年祭原是小米豐收後，所實行之綜合性的感恩祭典　(B)傳統豐年祭典由男子年齡階層籌備，在部落社會中，具有平衡男女兩性權力之社會效果　(C)舞群依年齡階級制度安排，展現敬老的文化特色　(D)現今豐年祭典依然嚴守傳統祭典儀式，外人難以一窺祭典過程全貌。

（　　）**12** 阿美族部落分布廣闊，遍及花東縱谷及海岸平原一帶，試就下列部落群由北至南排列：　(甲)南勢阿美　(乙)卑南阿美　(丙)恆春阿美　(丁)秀姑巒阿美　(戊)海岸阿美。　(A)(甲)(丁)(戊)(乙)(丙)　(B)(甲)(丁)(乙)(丙)(戊)　(C)(乙)(丙)(戊)(甲)(丁)　(D)(乙)(丙)(甲)(丁)(戊)。

（　　）**13** 阿美族男子於傳統社會組織特色中，扮演何種角色地位？　(A)長男享有優先繼承權　(B)已婚男子在自己的生家中具有特殊之地位，對

外方面為代表母族　(C)女性社會地位優於男性　(D)在阿美族家庭中,男子具有發落家中大小事務之絕對權利。

(　) **14** 專名制的男子年齡階級為阿美族傳統社會組織中,最具有特色之組織結構,下列為阿美族年齡階級組織之敘述,何者有「誤」? (A)專名是指當青年參加成年禮,正式進入年齡階級組織後,會擁有一個級組的專名,此一專名跟隨青年終身　(B)年齡階級組織以會所為中心,會所即阿美族社會中的學校或技藝所　(C)會所為年齡階級男子的生活起居中心,男子結婚後,依舊生活於會所之中,共同商討部落事務　(D)因地域上的差別,阿美族年齡階級特色又可分為創名制及襲名制兩種類型。

(　) **15** 下列為阿美族各項歲時祭儀描述,何者有「誤」? 　(A)祁年祭為農事播種前所施行之祭典,祭典日期由部落總管階級於男子會所中決定　(B)播種祭為粟播種前所施行之祭典,又可分為初播祭和終播祭兩個階段,初播祭由戶主前往田間向農神祈禱;終播祭則以穀神和自然神為祭祀對象　(C)海祭為農作物歉收時,透過祭海儀式向海神禱告,祈求氣候穩定,同時亦展現出阿美族人對於自然現象之崇敬　(D)小米收穫後,展開邀請祖靈共樂之豐年祭,表示阿美族人追思祖先與感恩習福之心。

(　) **16** 早期原住民族是以山田燒墾農業為主,聚落遷徙頻繁,定居較早的民族為: 　(A)泰雅族、布農族　(B)賽夏族、鄒族　(C)阿美族、卑南族　(D)排灣族、魯凱族。　　　　　　　　　　　　　　　【初考】

(　) **17** 「大港口事件」係發生於現今何地? 　(A)瑞穗鄉　(B)成功鎮 (C)長濱鄉　(D)豐濱鄉。　　　　　　　　　　　　　　　　　【初考】

(　) **18** 都市原住民人口數最多的是哪一族? 　(A)泰雅族　(B)阿美族 (C)排灣族　(D)布農族。　　　　　　　　　　　　　　　　　【初考】

(　) **19** 下列何者為原住民移居都市的主要原因? 　(A)通婚　(B)人口壓力 (C)經濟壓力　(D)教育。　　　　　　　　　　　　　　　　　【初考】

(　) **20** 某人參加東海岸健行,其行走的路線最常通過哪一族的生活空間? (A)太魯閣族　(B)卑南族　(C)阿美族　(D)雅美族。　　　　　【初考】

(　) **21** 哪一族的傳統住屋沒有石板屋? 　(A)布農族　(B)魯凱族　(C)排灣族　(D)阿美族。　　　　　　　　　　　　　　　　　　　【初考】

（　　）**22** 哪一族的居住空間以平原為主？　(A)阿美族　(B)賽夏族　(C)排灣
族　(D)鄒族。　　　　　　　　　　　　　　　　　【初考】

（　　）**23** 目前原住民人口最多的是哪一族？　(A)鄒族　(B)泰雅族　(C)排灣
族(D)阿美族。　　　　　　　　　　　　　　　　　【初考】

（　　）**24** 傳統社會有年齡階級制度的是哪一族？　(A)阿美族　(B)賽夏族
(C)魯凱族　(D)泰雅族。　　　　　　　　　　　　　【初考】

（　　）**25** 臺灣東部的史前文化——靜浦文化，是那一族的祖先型文化？
(A)賽夏族　(B)魯凱族　(C)鄒族　(D)阿美族。　　　　【原民五等】

（　　）**26** 在母系社會的阿美族中，男性以何種制度與女性分工合作、處理
村落的全部內外事務？　(A)年齡階級制　(B)長老制　(C)貴族制
(D)大人物制。　　　　　　　　　　　　　　　　　【原民五等】

（　　）**27** 大港口事件發生於那個政權治臺期間？　(A)荷蘭　(B)清代　(C)日
治時期　(D)中華民國。　　　　　　　　　　　　　【原民五等】

（　　）**28** 學者依據分布的地理位置及部落遷徙史，將阿美族區分為五個地域
群，下列何者不屬於這五個地域群之一？　(A)知本阿美　(B)馬蘭
阿美　(C)南勢阿美　(D)恆春阿美。　　　　　　　　【原民五等】

（　　）**29** 目前臺灣原住民的總人口數大約是多少？　(A)38萬　(B)57萬
(C)60萬　(D)80萬。　　　　　　　　　　　　　【原民五等-改】

（　　）**30** 下列那一個原住民族群有男子年齡組織與會所制度？　(A)魯凱族
(B)布農族　(C)阿美族　(D)鄒族。　　　　　　　　【原民五等】

（　　）**31** 下列關於阿美族的敘述，何者錯誤？　(A)卑南群與恆春群阿美族有
「石生說」的神話傳說　(B)花蓮一帶的阿美族自稱為Amis；臺東
一帶的阿美族自稱為Pangcah　(C)傳統男性主要工作為漁獵及開墾
(D)傳統採行「從妻居」的婚姻制度。　　　　　　　【101原民五等】

（　　）**32** 獲得第23屆金曲獎（2012年）最佳原住民語歌手以莉‧高露係屬何
族？　(A)阿美族　(B)鄒族　(C)泰雅族　(D)排灣族。　【101原民五
等】

（　　）**33** 下列臺灣原住民各族中，具有年齡層階級組織的為何族？　(A)邵族
(B)阿美族　(C)鄒族　(D)布農族。　　　　　　　　【101原民五等】

（　）**34** 清光緒3年，發生於花蓮的大港口事件，是那一個原住民族的抗清事件？
(A)阿美族　(B)噶瑪蘭族　(C)撒奇萊雅族　(D)平埔族。【102原民五等】

（　）**35** 下列那一項戰役或事件並非日本殖民政府與泛泰雅族（包括現有之泰雅族、太魯閣族與賽德克族）之間的戰爭？　(A)霧社事件　(B)太魯閣之役　(C)新城事件　(D)七腳川事件。【102原民五等】

（　）**36** 光緒3年（1877年），後山駐軍統領吳光亮，在清代「開山撫番」政策下，廢除漢人入後山的禁令，有計畫的移墾漢民，1875～1876年開發中路，請問引發下列那一個事件？　(A)大嵙崁事件　(B)大分事件　(C)加禮宛事件　(D)大港口事件。【106原民五等】

（　）**37** 臺灣史前文化，下列那一個文化與現在原住民阿美族有關係，是其祖先的文化遺留？　(A)鳥松文化　(B)靜浦文化　(C)番仔園文化　(D)圓山文化。【106原民五等】

（　）**38** 有關七腳川事件的描述，請問下列何者錯誤？　(A)根據森丑之助的紀錄，自明治31年（1898）臺東廳長相良長綱長期對在地原住民族採取安撫政策，並藉著綏撫手段滲入太魯閣族群內，導致太魯閣族群勢力膨脹　(B)七腳川事件發生與日本在東部轉趨向積極建設的態度並無密切相關　(C)明治40年（1907）臺東廳計畫開鑿從花蓮地方通往南投的中央山脈橫斷道路，路經七腳川社、木瓜群（Vaguai）、巴托蘭社（Btulan）等領域　(D)七腳川事件發生於明治41年（1908），為了防堵太魯閣族的北埔隘勇線，徵用七腳川社壯丁編為隘勇，但因勞役不公與薪資問題，引爆日本人發動大批軍警圍剿七腳川社、木瓜群（Vaguai）、巴托蘭社（Btulan），直到大正3年（1914）才平息。【107原民五等】

（　）**39** 根據現行統計，原住民族人口比例最高的縣市為何？　(A)屏東縣　(B)花蓮縣　(C)臺東縣　(D)桃園市。【107原民五等】

（　）**40** 大港口事件為下列何族反抗清廷而遭誘殺的事件？　(A)阿美族　(B)卑南族　(C)排灣族　(D)布農族。【107原民五等】

（　）**41** 有關七腳川事件，下列說明何者正確？
(A)這是發生於花蓮港七腳川社與清兵的衝突事件　(B)為防範太魯

閣族南下至木瓜溪流域尋找耕地，清朝利用七腳川社防範太魯閣族　(C)臺東廳1898年開始施行「以番制番」策略，扶植阿美族七腳川社來制衡太魯閣族　(D)七腳川社亦擁有奇萊平原最多的火藥，所以該社無視清朝政府權威。　【107原民五等】

(　) **42** 二二八事件有不少原住民族名人涉入，下列那一個人跟此事件無關？　(A)Kolas Mahengheng（谷拉斯·馬亨亨）　(B)Losing Watan（日野三郎、林瑞昌）　(C)Uyong‡'e Yatauyungana（矢多一生、高一生）(D)Yapasuyong Yulunana（湯守仁）。　【107原民五等】

(　) **43** 下列敘述何者非為「大港口事件」的正確描述？　(A)事件始末，起於1877年後山駐軍統領吳光亮，開闢自水尾（今花蓮縣瑞穗鄉）至大港口（今花蓮縣豐濱鄉）道路　(B)附近之奇密社不服，殺總通事林東涯以叛。吳光亮以營官林福喜彈壓，抵烏雅立社（今花蓮縣瑞穗鄉），中伏潰敗　(C)奇密社與大港口南岸之納納社南北相應，聲勢龐大。清廷乃急調北路統領孫開華率兵二營，總兵沈茂勝率兵一營，及臺灣知縣周懋琦率砲隊，分海路增援，阿美族人不敵逃散　(D)事件主戰場都在大港口（Makotaay）一帶的東海岸，參戰的也都是大港口阿美族人，所以有人以「大港口（cepo'）事件」或「石梯坪事件」稱之。　【108原民五等】

(　) **44** 日治初期「隘勇線」的推進，直接侵犯了原住民族的生活空間，以致引發多起大規模抵抗，下列何者即係因日治時期之隘勇線推進所導致的事件？　(A)大庄事件　(B)霧社事件　(C)七腳川事件　(D)大關山事件。　【108原民五等】

解答及解析

1 (C)　　2 (C)

3 (B)。阿美族勢力相較於鄰近之泰雅族、布農族、卑南族，顯得較為居於劣勢，在他族群的武力擴張影響下，阿美族只好選擇以遷徙方式面對之。阿美族分布北起花蓮，南迄恆春，分布範圍廣闊，實為受到外族侵擾下所產生的結果。

4 (D)

5 (A)。(B)日治時期，佐久間左馬太總督的五年理番計劃中，對太魯閣族群所發動的一場軍事戰役，同時也是規模最大之一場戰役。(C)事件發生於清領時期，因為土地開發糾紛，引起清政府的強硬鎮壓噶瑪蘭族，對於日後噶瑪蘭族群發展產

生嚴重之影響。(D)光緒十四年，移民後山花蓮之西拉雅族人因清吏暴虐無道，遂殺死徵稅官吏雷福海，抗暴情緒一發不可收拾，卑南族、阿美族亦先後響應，引起清政府強烈鎮壓，西拉雅族人死傷慘重，是為「大庄事件」。

6 (B)

7 (C)。(A)為嚴謹的年齡階級制度，可分為專名制及襲名制兩種類型。(B)每當有新的一級加入後，則年齡階級依序晉升，且必須對上一級之前輩有絕對服從之義務。

8 (D)。矮靈祭為賽夏族之祭典；戰祭則為鄒族傳統祭典儀式。

9 (A)。命名原則以從母連名制為主。阿美族本身有傳統之名譜，為避免同名情況，大都另取綽號以資分別。

10 (B)。傳統歌謠並沒有歌詞，舉豐年祭為例，每一段歌舞皆有其不同之意義，歌曲內容大都以表達情感為主，有時年齡階級高者領唱，常會加入帶有期勉年齡階級低者訓勉之歌詞內容。

11 (D)

12 (A)。日治時期人類學家伊能嘉矩將阿美族依地域分布之情況，劃分為五個群落，即南勢阿美、秀姑戀阿美、海岸阿美、卑南阿美、恆春阿美，而鹿野忠雄又將南勢阿美歸類為北部阿美；秀姑戀阿美、海岸阿美歸類為中部阿美；卑南阿美、恆春阿美為南部阿美。

13 (B)。男性地位與女性地位一樣重要，男子對外可代表母族之發言，而女性又為一家之長，雙方角色處於相輔相成的地位。

14 (C)。男性結婚後，始離開會所而居住於妻子家中。

15 (C)。為男子年齡階級組中，僅次於豐年祭之年度祭典，祈求海神及天地神靈，希望漁獲能夠豐收，並藉由此一祭典，表現出阿美族人尊重自然、敬畏自然的特色。

16 (C)。阿美族與卑南族分布於花東縱谷及東部海岸平原一帶，平原地形適合水稻種植，因此聚落不必時常變換耕地而遷徙頻繁。

17 (D)。大港口位於秀姑戀溪出海口處，屬於花蓮縣豐濱鄉。

18 (B)。阿美族為臺灣原住民中漢化較深且與漢人接觸較多之族群，1960年代，臺灣地區工商業快速發展，勞力需求及有較高報酬，阿美族人大舉移入都市地區，加上阿美族年齡階級制度的影響，往往在都市中發展成為原住民社區的聚集型態。

19 (C)。1960年代，臺灣地區工商業快速發展，勞力需求及有較高報酬，吸引原住民族群投入勞力市場，此等誘因吸引原住民移往都市謀生。

20 (C)。阿美族主要分布在花東縱谷及東部海岸平原一帶。卑男族分布在卑南溪以南的海岸地區及恆春半島一帶。阿美及卑南均有分布在東部海岸一帶，但以阿美族分布範圍較廣。

21 (D)。阿美族住屋建材以木板、竹片為主。

22 (A)。阿美族主要分布在花東縱谷平原及東部海岸平原地區。

23 (D)。阿美族人口近22萬人，佔全臺原住民人口逾三分之一，為臺灣原住民族群中人口最多的一族，最少人口的則是卡那卡那富族，109年1月統計為356人。

24 (A)。阿美族社會中，最獨特之處為母系社會組織及男性為主體的年齡階級組織。

25 (D)　26 (A)　27 (B)

28 (A)。伊能嘉矩將阿美族依地域分布情況劃分為五個群落，即南勢阿美、海岸阿美、卑南阿美、恆春阿美、秀姑巒阿美。

29 (B)。目前法定原住民族為16族，總人口數約為57萬人（100年約為52萬，109年約為57萬），最少人口數為卡那卡那富族的356人。

30 (C)。阿美族的男性年齡組織及會所制度，建構出阿美族的政治型態及部落組織特色。

31 (B)。Amis為卑南語「北方」的意思，用以稱呼生活在卑南族北方的族群。

32 (A)。(B)鄒族著名歌手如高慧君；(C)泰雅族著名歌手如溫嵐；(D)排灣族著名歌手如戴愛玲。

33 (B)。阿美族具有完整的年齡組織及會所制度。

34 (A)。清光緒三年，因開闢道路而與阿美族人發生爭執，造成阿美族人青壯年盡失，此即大港口事件。

35 (D)。七腳川事件為阿美族抗日事件。

36 (D)　37 (B)　38 (B)　39 (B)　40 (A)　41 (C)

42 (A)。谷拉斯‧馬亨亨是阿美族馬蘭部落在清治末年到日治時期的大頭目，於1883年為化解各族群間因爭奪土地、獵場等生活資源而起的紛爭而召開斑鳩會議；1896年與日軍合作攻擊沿花東縱谷殘餘清軍而獲得表揚；1897年協助臺東廳府在馬蘭社成立「臺東國語傳習所馬蘭分教場」，讓族人開始接受現代化教育；1908年調停七腳川事件；1911年調停成廣澳事件，後積勞成疾而過世。

43 (D)。大港口事件又稱為奇密事件、林東涯事件。

44 (C)

【申論題】

一、試敘述阿美族群分布及遷徙之概況。

答 (一)族群分布：藉由阿美族群發祥地傳說之探討，大都屬於海洋起源傳說之類型，故以此推論阿美族應該是由南方島嶼遷移到臺灣，而創世傳說中發祥起源地的不同，又可分為北、中、南三個系統。

北部系統（即南勢阿美）以今花蓮港西北之美崙山為起源地；中部秀姑巒阿美則以奇美社的貓公山Cilangasan（奇拉雅善）為起源地；南部卑南阿美與恆春阿美則以臺東縣太麻里鄉內之Arapanay為起源地。

阿美族移入臺灣時間較晚於臺灣其他原住民族群，早期主要分布於臺灣東部峽谷即平原一帶，後受到平埔族、泰雅族、布農族、卑南族等外來族群壓迫影響下，族群有因而隨之遷徙、擴散的現象，目前阿美族分布縱跨臺灣東部地區，北從花蓮奇萊平原往南經縱谷平原、海岸地區，最南達到恆春地區，均為阿美族分布之區域，日治時期人類學家伊能嘉矩將阿美族依地域分布之情況，劃分為五個群落，即南勢阿美、秀姑巒阿美、海岸阿美、卑南阿美、恆春阿美，而鹿野忠雄又將南勢阿美歸類為北部阿美；秀姑巒阿美、海岸阿美歸類為中部阿美；卑南阿美、恆春阿美為南部阿美。

(二)族群遷徙：學者李亦園認為阿美族之族群發展歷史中，曾經歷過四次族群遷徙活動。其中第一次可能遭受到卑南族的壓迫，因而有一部分族人往南發展，是為恆春阿美，與卑南阿美隔離。第二次遷徙則因泰雅族人往馬太鞍社（今花蓮光復鄉）擴展，於此將北部阿美與中部阿美隔離。第三次則因為布農族的入侵玉里地區，而將中部阿美與南部阿美隔離。第四次則因噶瑪蘭族、西拉雅族往東部地區發展，造成阿美族遷徙的現象。

阿美族分布地區遍及花東縱谷即沿海地區，然阿美族族群分布如此廣闊，並非因其武力擴張之結果，而是因泰雅族、布農族、卑南族等族群勢力之入侵，而促使阿美族遷徙因而造成分布區域廣闊之現象，此一擴展情形亦也異於臺灣其他原住民族群。阿美族因周圍強勢族群之威脅，為求達到防衛之效果，部落多採集居方式，且分布廣闊，其中秀姑巒阿美中的太巴塑社為臺灣東部阿美族群分布最大之聚落，部落眾多是阿美族特色之一。

阿美族為臺灣原住民族群中漢化較深且與漢人接觸較多之族群，二十世紀六〇年代，臺灣地區工商業快速發展，勞力需求及較高報酬，吸引著原住民族群投入勞力市場，而這些誘因亦也吸引者阿美族人紛紛往都市謀生，形成都市原住民之現象。學者許木柱研究阿美族都市群落特色時，亦可發現，阿美族人遷移都會區時，往往形成聚集型態，其主要原因乃在於阿美族傳統之社會組織、親屬組織等影響，如透過嚴密的年齡階級組織所形成的社會組織特色以及親屬組織中的氏族及大家庭制度等，在這些因素影響下，阿美族之遷徙自然呈現群體聚集之型態，也因而可解釋在所有都會區中，只有阿美族之移民有形成社區發展之可能，且該社區發展還結合傳統社會功能之社區特色。

二、試探討阿美族社會組織中，年齡階級特色。【110原民三等】

答 阿美族年齡階級組織為依據男性年齡之大小所分成的年齡組別，當男子參加成年禮後，即進入組織之中，隨著身心的發展，年齡階級也隨之晉升，於不同的年齡階級之中，負有不同社會職責。阿美族年齡階層組織最大特色為專名制男子年齡階級組織，其特色如下所述：

(一) 為一專名制的年齡階級組織，專名是指當青年參加成年禮，正式進入年齡階級組織後，會擁有一個級組的專名，此一專名跟隨青年終身，每當有新的一級加入後，則年齡階級依序晉升，且必須對上一級之前輩有絕對服從之義務。

(二) 部落的公共事務，諸如開墾、漁獵、祭典等大都由男子年齡階級組織來處理。

(三) 年齡階級組織以會所為中心，會所即阿美族社會中的學校或技藝所，為年齡階級男子的生活起居中心，於此學習各項成為一個男子所必須學會之技藝，為屬於男性的單性組織，男性結婚後，始離開會所而居住於妻子家中。

(四) 阿美族因地域分布廣闊，因而也存在不同的專名階級制，例如在南部阿美群中，以馬蘭社的創名制為專名制的類型；北部南勢阿美則為襲名型，有數個固定的專名，採用輪迴的方式循環使用。

(五) 透過年齡階級制度的設計，男子透過不同的年齡階級分工而對於部落內外不同之公眾事務有不同之義務。一般而言，年齡階級愈低，所須負擔的勞務愈重，可分為青年期的勞力服役，包括建築、耕種、戰爭、祭典籌備等粗重工作；壯年期的管理及祭祀，包括指導青年期的

訓練、會所管理、司祭祭儀等；老年期的長老領導，老年在阿美部落中享有極高之地位，免除勞役，同時亦是部落中的領袖。簡而言之，包含著戰爭、部落內之互助、勞役服務、祭典活動等，目前在祭典活動方面，僅存豐年祭仍由男子為主體來主持祭儀。

三、試比較南勢阿美與卑南阿美政治組織型態之異同。

答 年齡組織與會所的領袖制度，是阿美族部落政治的原始型態，主要可分為兩種型態，其一為由壯年人口所推選出的部落領袖集團，負責平時部落內之政治、經濟以及宗教祭祀等活動；而另依方面則由戰績卓越者出任部落會所領袖。不論部落領袖或會所領袖，皆由部落長老管轄。

荷據時代於各番社設置「甲必丹」，為具有番頭目性質之名稱，後於清領時期，配合政府的邊疆民族政策，於部落中設立「土官」或「通事」，劉銘傳時期，改名為「頭目」。為配合官方之統治政策及結合部落中傳統的會所領袖制度，阿美族各族群之中發展出不一樣的政治組織型態，主要又可分為南勢阿美與卑南阿美兩大類型。

(一) 南勢阿美：為頭目與會所領袖結合制，即於會所中被推舉為部落首長者，同時亦為在官方中的「頭目」代表，任期為終身職。頭目之所作所為依傳統皆須經過部落會議討論，其行為受到部落領袖會議之監督，當有失職之情形時，部落領袖會議可決定罷免之。

(二) 卑南阿美：以馬蘭社為代表，採取頭目與會所領袖並行制度。頭目出任與傳統年齡階級無明顯關係，而是由壯丁級以上之長老中選派，其下設有幹事約二十人，主要工作為對外之司法、政策執行等項目，當頭目欲對部落內有所作為或不作為時，需透過部落長老會議而徵詢部落內之看法，且部落內之傳統事務依然由會所制度內之長老負責。然於日治時期，政府權力積極滲透於部落之中，頭目所擁有之權力往往超越會所長老之上。

Unit **14**　雅美族（達悟族）(YAMI)

依據出題頻率分為：A頻率高　　**B頻率中**　　C頻率低

【命題關鍵】飛魚祭典

【命題焦點】1. 雅美族在族群發展方面，與外族互動歷程並不多，長期處於獨
自發展型態上，影響雅美族人最為深切莫過於光復後的政治、
經濟及漢人勢力的進入。

2. 在雅美族傳統的文化特質中，主要命題焦點核心可分為下列三項：
(1)以核心家庭為特色的社會組織生活。
(2)對靈魂信仰概念所衍生之宗教、信仰儀式行為。
(3)文化觀上，對自然資源的一種尊重。

【考點分析】雅美族獨特之處，在於其海洋文化，近年考題均朝此一方向命
題，如前往巴丹島尋親、漁船特色、與其他原住民族不同的文化
特色等。抓住各族群發展特色，為準備訣竅。

【參考資料】1. 周宗經（民83），雅美族的社會與風俗，臺北市，台原。
2. 余光弘（民93），雅美族，臺北市，三民。
3. 劉其偉（民84），臺灣原住民文化藝術，臺北市，雄獅。
4. 姜柷山：〈臺東蘭嶼雅美族（達悟族）的喪葬習俗〉，《社教
資料雜誌》，2002，292，頁5-8。

日治時期人類學家鳥居龍藏於蘭嶼做踏查研究時，因對蘭嶼人之語言並不十分
明瞭清晰，故用推斷方式，認為「yami」為蘭嶼人之自稱，後世即沿用此一名
詞，稱呼蘭嶼人為雅美族。【100原民五等】

蘭嶼人自稱為「Tau」，為「人」的意思，因而近來有以「達悟」一詞來稱呼
雅美族人，然而此種說法引起蘭嶼人熱烈討論，例如於歌謠及傳說中，均可
判斷出其實「yami」其實就是指蘭嶼人而言，使用「雅美族」稱呼自己的族
群並無不妥，關於雅美族或達悟族之名稱，爭論不休，然不管如何，皆是指
居住在蘭嶼島上這塊土地的主人，本章以傳統學術上「雅美族」作為本章節
之撰寫稱呼。

雅美族人世居於臺灣東南海上的蘭嶼，長久與世隔絕，海洋影響雅美族人頗為
深切，加上受到外來文化入侵較少，因而發展出不同於臺灣其他原住民般的海
洋文化特色。同屬於南島民族的雅美族並沒有臺灣其他原住民族般有獵人頭、

紋身、釀酒等習俗。**在文化、語言上與菲律賓巴丹群島較為相近，而與臺灣其他南島民族差距較遠。雅美族人的生活與文化和海洋有密不可分之關係**，以下即探討屬於雅美族的海洋文化。【95初】

經典考題

1.請以目前政府認定的任何一個原住民族為例，扼要說明該族主要的生態環境與社會文化特徵。【原民四等】
2.蘭嶼雅美（達悟）族為臺灣原住民14族中，位於臺灣東南隅太平洋中的島嶼民族，請試論該族之生態環境、社會組織、傳統文化與祭儀等制度。【101原民三等】
3.試論國家推動南向政策時，臺灣原住民族應扮演之角色及具體做法為何？【106原民四等】
4.請詳述臺灣原住民族中的雅美（達悟）族地理位置及其文化特質。【108原民四等】

一、族群概述

(一)**創世神話**：南方來了一位神仙，分別創造了大、小紅頭嶼，後神仙在紅頭嶼山頂上碰觸到一塊巨石，且掉落海中，裂成兩半，誕生一位男子；經過竹林途中，又搖晃一隻巨竹，誕生另外一位男子。此兩位男子左右膝蓋，又分別誕生一男一女，後來並結婚生子，然而所生小孩皆有疾病，後來大家交換嫁娶，才生出許多健康之小孩。

　　意義：1. 紅頭嶼為雅美族人發祥地，為其聖山。
　　　　　　2. 竹林不可以隨便砍伐。
　　　　　　3. 近親結婚為其禁忌。

(二)**地理分布**：雅美族世居於紅頭嶼，即蘭嶼地區。島上共有六個聚落，由西南往北，依順時鐘方向，分別是紅頭、漁人、椰油、朗島東清、野銀等六個聚落。行政區劃上分屬四個村，人口約4,790人（111年統計）。

(三)**歷史發展**【95初考、原民五等】：**根據蘭嶼當地的口傳，他們來自於南方菲律賓的巴丹群島，而藉由考古資料以及語言文化上之分析，雅美族的語言文化與菲律賓巴丹群島有極密切關係**，且依據雅美族人的地理觀念對於南方地理概念遠遠甚過於對臺灣之認識，種種跡象，均可說明雅美族人與巴丹群島有密不可分之關係。民國91年雅美族人即展開一場與巴丹群島居民的文化交流活動，藉以表示尋根。

近年來即有許多考古人類學家前往蘭嶼進行考古挖掘以及田野調查等活動，均有大量學術成果，以下概述雅美族人歷史發展：

歷史發展	
史前文化	1. 根據考古資料，推測蘭嶼島上之史前文化包含新石器中期之繩紋紅陶階段、新石器晚期的卑南文化以及鐵器時代文化。 2. Lobussan文化距今約1200年前左右，為蘭嶼及綠島兩地所新發現之遺址類型，特色為土甕棺葬及夾砂陶器，並推測有鐵器之使用。此一文化遺址未發現於臺灣本島上，很可能為雅美族祖先所留下。
近代發展	1. 文獻上有關於蘭嶼之記載，為荷據時代之紀錄，並且記載於熱蘭遮城日記及巴達維亞城日記之中。 2. 黃淑璥的《臺海使槎錄》中有關紅頭嶼（蘭嶼）的記載，為清朝最早關於蘭嶼及其居民有較明確描述的文獻。主要即描述蘭嶼盛產金、銅等礦物，並一度吸引荷人前往淘金。 3. 清代於恆春設縣後，對蘭嶼有收歸政府管轄之象徵性效果，然清朝政府並無積極之措施。 4. 日治時期，對蘭嶼採消極管理政策，使雅美傳統文化能保存延續下來。 5. 近年來觀光的發展，使雅美族文化面臨流失的危機之中，加上核廢料的掩埋，更對蘭嶼之自然環境，種下萬世之毒害。

二、社會制度

雅美族的社會基本上為一個平等、非階級性的社會中，並無常設的頭目制度。個人的聲望與地位並非先天繼承，而是依靠後天努力而來。以下介紹雅美族之社會組織及財產制度。

(一)**社會組織**：主要可以分為家族集團、親族集團、地域集團、捕魚集團等四大類，茲分述其特色如下：

1. **家族集團**

　　(1)核心家庭為當地社會組織最基本的單位，夫妻同時也是雅美族社會中最基礎、最核心之單位，夫妻在雅美族的社會中，為彼此分工合作、互補且為一體之親密結合。夫婦、子女為家的構成份子，居住法則為從父居。

　　(2)血緣團體為父系世系群，即以父系家族為其基本構成單位。

　　(3)家中子女結婚後，始有分家，然依然維持其父系世系群。

2. **親族集團**【95原民三等、98原民五等】
   (1)雅美族社會為父系社會，長子繼承為原則。
   (2)婚姻制度為外婚制，嫁娶婚為原則。
   (3)在親屬關係上，夫妻雙方對其血親及姻親來往均非常密切，雅美族人對其男性尊親屬除父母親外，均通稱為maran；對其女性尊親屬則通稱為kaminan，顯示出雅美族人對父方親屬及母方親屬同樣尊重及重視。
   (4)親族間之往來互動十分密切，舉凡婚喪喜慶、建屋造船、照顧彼此之子女等都會互相扶持幫助，殺豬宰羊時，亦也互相分送。
   (5)**命名制度以「親從子名制」為雅美族之特色。即當孩子出生後，若為頭胎，則父母需依長子之名字，更改自己的名字；當長子生長孫時，祖父母亦也要隨長孫名字，更改自己的名字。**
   (6)傳統上之命名，並不似臺灣其他原住民族群有祖傳之名譜以供命名，雅美族人命名無名譜且不分男女，命名大都賦予其孩子有特殊期望或動機，故名字中有許多形容詞、名詞等語彙。惟名字上有正名及副名兩種，正名為長期使用，副名則當有族人過世且與其同名時，做避諱用。
3. **地域集團**
   (1)雅美族主要有六個固定居住的集團，即部落，每個部落皆聚居一定人口。
   (2)部落為一自主之政治、社會單位。每個部落之間皆有其劃分好之部落界限，共有漁場、牧地及農地，他族部落不可擅自進入使用。
   (3)當部落與部落間有紛爭時，部落群起抵抗之；而部落內有爭執時，部落內並無固定威權統治者，仲裁大都由各家族長老討論決議之，然並不具代表確切威權性，但多數族人均尊重之，處罰則大都以賠償金銀器物、豬羊肉或芋頭等。由此可得知，年齡在雅美族社會聲望中，具有一定影響。
   (4)部落間偶有紛爭發生，但並未發生毀滅性大規模戰爭，鬥爭大都以丟擲石頭為主，並透過公平戰鬥等方式，進行「君子之爭」，最後則往往以宰殺豬羊、或以銀箔、水芋等作為和解。
   (5)部落內社會分工，男性多以捕魚、造船、製陶、雕刻等工作；女性則以種植、採集、炊事等為主要。
4. **捕魚集團**【97原民五等、109原民四等】
   (1)漁獲為雅美族最主要之生產方式，捕魚往往和雅美族之祭典有所關聯，所以捕魚集團即雅美族社會中之祭祀集團，捕魚可說是構成雅美族的文化。
   (2)捕魚經常由部落集體進行，捕魚團體成員大都藉由親族關係而組成，大家一起造船、捕魚，並共同祭祀，平均分配漁獲。

(二) 財產制度

1. 財產上可分為部落財產、家族財產及個人財產三種類型。
2. 部落財產指部落內之天然資源擁有，歸部落所有，包含漁區、牧場及農地等，其他部落無權干涉。
3. 農地方面，雅美族以火耕方式為其農業型態，收割完後即休耕，土地並無繼承問題，而是由部落族人共同決定之。
4. 家族財產方面，則以漁船較為特別，當漁船下水時，裝飾於船首之飾仗，象徵為父系世族的共有財產；漁船上之刻紋，亦可代表父系世系群共有財產之標記。
5. 家屋屬於家族財產，配合雅美族核心家庭特色，家屋原則上供夫妻一代來使用，子女婚嫁後另外分家。家屋屬於男子所擁有之財產，男子去世後，家屋便拆毀，建屋材料由其兄弟所分之，而長子享有屋子中柱之繼承權。惟拆屋，仍須以子女分家為前提，即父死，母子健在，自然無拆屋之理。
6. 牲畜方面，大都做有財產標記，例如以羊耳做標記。牲畜等財產，於主人過世後，由其後代男性子孫均分之。
7. 個人財產方面，以男子的工具、武器、籐甲及魚槍等，以及女子之紡織用具等，皆屬各人財產，分別由其直系後代繼承之。
8. 雅美族社會中，最大的特色乃在於其無私的分配與共享，當農作物收割或宰殺豬羊時，部落族人必會分配到一定之食物，展現海島民族無私、共生的生活型態。

三、經濟生活

(一) 產業活動：雅美族的產業活動主要可以分為農耕、畜牧、漁撈等三種類型，在產業分工方面主要基於性別差異：男人為捕撈魚類、伐木建屋造舟；女人在田中種植藷、芋，於家中紡織裁衣。然而這僅就大體而言，一般而言男性大多也有從事農耕等活動，反而是女性對於漁撈有較多禁忌。

產業活動依然展現在雅美族夫妻互力合作的分工角色、社會文化中親屬組織的互相幫助、共同分享等特色，例如一家之中，最重要的工作為女性紡織、耕種，男性的建屋、造船等，這些產業活動，除了滿足生活物質之基本需求外，更展現其社會文化意義及宗教儀式禮儀，如當家屋或漁船建成時，往往都有舉行盛大的落成禮，而且一個家庭之中，在織衣、建屋、造船時，往往只能選擇一樣進行，不得同時進行兩項工作，反映出雅美族人對這些生活儀式及背後社會文化意義之注重。以下簡述各項產業活動之特色。

1. 農耕

(1)農耕方面，傳統以水芋、甘藷、里芋、大薯等作為主食；副食則以男人所捕撈之漁獲為主。小米則做為儀禮場合親友互相餽贈的禮物。近年因大量輸入稻米及麵食，稻米和麵食有逐漸取代成為主食之趨勢。

(2)農業分工方面，男人負責旱田水田開墾初期的粗重工作；女性則以除草、採收食物等工作為主。

(3)農業方面，妻子以農耕為主的採收食物，而男性則輔以捕撈漁獲作為副食，充分反映出雅美族社會以夫妻為核心的分工型態。

2. 畜牧

(1)雅美族畜牧方式以放牧為主，主要牲畜包含雞、豬，最特別的為羊。雅美族的牲畜主要因為為祭祀所養，平時並不加以宰殺，而僅於祭典進行時作為祭品所用。

(2)牲畜方面亦也反映出雅美族夫妻分工之特色：一般而言豬隻餵養為婦女之工作；羊群漫步於草原四周，故往往需要男人來管理。

(3)豬、羊等牲畜所擁有的數量，同時也可以代表其社會地位高低，因為於雅美族的社會中，經常有於各種祭典或儀式宰殺豬、羊等牲畜分送給族人，倘若男人無法擁有足夠的牲畜以供宴請族人，會被認為沒有盡到社會責任。

3. 漁撈

(1)漁撈為專屬於男子進行之工作，男子漁撈技術的好壞，往往決定其是否能吸引異性的主要原因。

(2)蘭嶼附近海流為黑潮流經，海洋魚、貝類產量豐富，其中又以捕飛魚為最著名。

(3)捕魚大都透過以各家族組成一個漁團進行，共同建造漁船，故船為共有財物。共同出海、捕魚，共分漁獲。

(4)雅美族一年之工作曆主要就以飛魚季作為劃分，主要可分為：二月飛魚招魚祭→飛魚季→九月飛魚終食祭，當飛魚季結束後，男子則前往農地協助妻子農事工作，並著手修建房屋、建造新船等工作。

(5)飛魚季期間：前期以家族大船進行夜間捕撈活動；後期則以個人或家中小船進行日間捕魚活動。

(6)捕獲之漁獲，大都煮食而吃，並不生吃，此外亦有風乾長久貯藏等。

(二) 衣飾方面

1. 蘭嶼位居熱帶海洋地區，氣候炎熱，且加上男性有捕魚之需要，故男子穿著大都以白色兜布纏成之清涼丁字褲為主，當參加祭典時，則盛裝打扮，上半身著無袖背心；女子則上身穿背心，下體橫圍腰布一條。
2. 衣飾材料方面以苧麻為主，製作過程中，採集曬乾苧麻及搓絲成纖維為男人之工作；女人則負責將絲織成布。
3. 衣服配色上不喜歡繁雜多樣化配色，而是以紅、黑、白三色為主。
4. 身體裝飾上，可分為頭飾、耳飾、頸飾、胸飾、手飾、腿飾等型態。蘭嶼自古以來即與世隔絕，許多裝飾材料皆取之其附近之自然環境，例如頭飾上以貝類為主、耳飾則大都採用鸚鵡螺做成、胸飾及手飾則採用蘭嶼特產之銀器，銀器價值菲薄，大都為傳家寶物，僅盛大祭典時可見、腳飾則一般多見於少女。
5. 帽子為雅美族另外一項裝飾特色，在各種祭禮中經常搭配禮服使用。帽子種類隨用途而不同，例如籐帽因質地堅硬，為雅美族人戰鬥服裝之搭配。同樣如身體裝飾，帽子亦也有採取銀製，稱之為銀盔，為祭典儀式時僅見，因其過於貴重，大都列為家族傳家之寶。

(三) 住屋方面【100原民五等】

1. 蘭嶼氣候為夏季炎熱且有颱風，冬季則有強勁之東北季風，故住屋大都選擇在背山面海的坡地上，主要可避風及防止海浪衝擊等。
2. 雅美族家庭建築方面主要可以分為正屋、工作房、涼台等三個部分。
3. **正屋為半穴式建築，主要為避免颱風之侵害，屋子地面鋪卵石為地基，以克服半穴式建築之排水問題。**
4. 正屋內主要建築為扁平狀之大黑柱，為屋子中最大的柱子，此木結合雅美族宗教信仰，故含有靈性，日後分家時，屋毀該柱子歸長子繼承之。
5. 工作房建築於正屋附近之淺穴上，且較正屋為高，為日間工作時使用。
6. **涼台則供家人納涼用，建築型態為高於地表之欄杆式建築，主要因平時住屋過於黑暗及悶熱，故大都有涼台設計。**
7. 雅美族人建屋需要從長計畫，主因在於除了其乃一個家庭重要大事外，在雅美族講求分享的社會中，必須要有足夠之食物以供建屋落成典禮時分送族人享用。
8. 一般新婚夫婦直至妻子懷孕時，始另建新屋，故主屋隨男性主人年齡增大而有擴建需求。

9. 以屋門數量代表屋子之大小，當一家中，屋門數量越多，則表示高社會成就之地位展現，因為建築擴建房屋需要親族勞力之投入，必須有一定耕地及牲畜以供酬謝族人幫忙。

　意義：表示出親族組織在雅美族社會中互助的重要性，此外耕地和牲畜往往也可表示主人社會地位高低。

10. 1970年代後，政府於蘭嶼進行國民住宅政策，於傳統的蘭嶼島上，興建起一座座格格不入的水泥建築，並因建築需要，拆毀原傳統住屋，使傳統文化有逐漸流失的危機。不過雅美族人依然維持其核心家庭特色以及傳統建屋所擁有之禮儀，國宅之住戶，依然以核心家庭夫妻制為主，其餘諸如家屋內之擴建廚房等建築，完工後亦也舉行落成禮，展現現代與傳統文化結合。

經典考題

試闡述臺灣「都市原住民」形成的史內、外因素，並明其對原住民族社會文化之衝擊。

四、信仰祭典

(一) 信仰方面：在宗教信仰方面，以鬼靈為主要觀念，並藉由鬼靈而延伸至相對人之禁忌事項，以下探討雅美族對於信仰方面之特色。

1. 雅美族人的宗教觀中，存在著人、神、鬼這三方面概念，然對這三面彼此互相影響之關係卻不明確，例如究竟人因做壞事而遭受懲罰是神或鬼之作為；祭典時的宰殺豬羊，究竟是滿足神或鬼呢？不過可以確信的是，雅美族人如同其他民族般，對超自然力量存在著敬畏感。

2. 雅美族人對鬼靈十分敬畏，基本上認為神靈會降福於人，而鬼魂會為人們帶來不幸。對鬼靈之敬畏，展現在生活習慣中，例如鬼靈特別容易存在空間的墓地；鬼靈特別容易出現的夜晚，特別是有喪事的夜晚；鬼靈特別容易影響的嬰幼兒和孕婦等。因此對這些鬼靈特別容易產生影響之人、事、地、物大都採取防範避免的態度。

3. 鬼靈會對人們帶來不幸，當無法避免時，則選擇勇敢面對，例如在生活面上，當放牧的豬、羊闖進墓園時，雅美族人依然進入墓園禁地帶回所屬財產之豬、羊等牲畜，亦也有夜間出海捕魚之習慣。此外，雅美族人也透過巫師和巫術來達到和神鬼溝通之目的。

4. 雅美族人會用巫術和鬼靈對抗，施行巫術的通常為儀式祭司，儀式祭司來源主要為固定家庭之後代，故祭司家庭在雅美族社會中往往有一定之社會地位。

5. 對鬼靈的敬畏，因而產生巫術的施行，以及相對的各項禁忌，透過這些禁忌，構成雅美族人共同遵守之社會行為與模式。

(二) **祭典方面**：歲時祭儀等宗教儀式，主要乃在於祈求鬼神能保佑農作、漁牧等能年年豐收。雅美族一年之生計產業，以飛魚季作為劃分，包括飛魚季間，男人主要以捕飛魚等為主而有相關之飛魚祭典；飛魚季結束後，男人幫忙妻子農事，並透過親族組織協助建屋造船，而有相關農耕祭典以及各項落成典禮。

雅美族之祭典隨一年之工作曆而安排，以下概述歲時各項祭儀特色：

飛魚祭典【101原民四等、108原民三等】	
概述	捕飛魚主要由部落中各男性親族所組成之漁業團體，漁業團體也可以視為一個祭祀團體。飛魚祭主要可以分為三個階段進行，分別為飛魚季前期之「大船招魚祭」、後期「小船招魚祭」及飛魚季結束後之祭儀。祭典主持為固定家族之男主人擔任祭司，為世襲制。
大船招魚祭	1. 舉行日期為雅美曆的十月，即國曆二月份。於此之前，尚有祈求豐漁以及招魚祭典。 2. 族人盛裝打扮，身穿冑甲、頭戴銀盔，並以豬、雞作為牲品，且有以雞血沾石等祈求漁獲豐收等儀式。 3. 進行家族的大船捕魚，並於夜間進行捕飛魚活動，所捕獲之飛魚，不能馬上攜帶回家，並須放於船上過夜，隔日早上才能帶回家。 4. 大船捕魚期間，漁隊白天共祀共食，夜間集體捕撈，所得漁獲平均分配給族人。
小船招漁祭	1. 大船捕魚期完後，各家可進行小船日間捕魚，夜間亦可捕魚。婦女需於祭典前採集足夠之芋薯，男人必須搭製好曬魚架，於此段期間包含許多有關禁忌事項，如家屋及曬魚架等禁止外人靠近，以免影響漁獲等等。 2. 男人於祭典時，盛裝打扮參加，頭戴銀盔、身穿禮衣及金銀飾物。

飛魚祭典【101原民四等、108原民三等】	
小船招漁祭	3.通常於此時期，男子白天捕魚，晚上參加大船漁團捕魚，妻子體諒丈夫辛苦，而有螃蟹節以慰勞丈夫之辛勞。
祈福祭	主要在於祈禱人和物豐等綜合性儀式，並非僅限於捕魚，而是希望家中所有財物包括金銀器物、牲畜等能年年豐渥。
飛魚收藏祭	於飛魚季末期，國曆約六至七月，進行將已風乾之飛魚收藏起來的簡單儀式。儀式為男子盛裝，持雞毛於飛魚乾上揮動祈福，後將魚乾收藏。
飛魚終祭	約於國曆七至八月間，飛魚汛期已過，為表示慶祝，宰殺山羊，男女盛裝聚會。
飛魚終食祭	大約舉行於國曆十至十一月，為唯一在飛魚季結束後所舉行和飛魚有關之祭典。飛魚季大約結束於國曆七至八月，飛魚季結束至飛魚終祭這段期間，以收藏風乾之魚乾為食物副菜。飛魚終祭則代表家族團聚日，全家最後一次分享魚乾，於此後禁食飛魚，並將多餘之飛魚乾丟棄。
禁忌	1.飛魚季時，男人有理頭髮之習慣，未理頭髮者不得吃飛魚。 2.喪家及有妻子懷孕等，均有相關禁忌須遵守。 3.大船集體捕魚期間，捕魚男子夜間集體同睡，不與女子同床。 4.曬魚時，各家都有自己的曬魚架，外人不得擅入。 5.所獲漁獲，僅於部落內分送。 6.漁獲可分為可食與不可食兩大類，可食方面又分為好魚的女人魚與壞魚的男人魚、老人魚等三類。雅美族人以魚類色澤、大小來判斷分類，例如女人魚色彩偏紅、肉質鮮美；男人魚顏色黯淡、肉質粗糙；老人魚色彩灰暗、形狀醜怪。男人及老人，皆可吃女人魚；女人卻不能吃男人魚，誤吃則產生疾病等。 7.女子不可前往海邊，亂摸魚網、魚勾等。

飛魚祭典【101原民四等、108原民三等】	
禁忌	8. 關於飛魚季中有關禁忌繁多，尚包括捕抓飛魚的禁忌，如捕飛魚時禁止交談以免影響漁獲；處理飛魚的禁忌包括大船組所獲之飛魚，需放於船上過夜，個人小船所獲之漁獲則可馬上攜帶回家，大船組和個人小船所獲之飛魚，處理方式皆為不同；食用飛魚的禁忌則包含禁止吃小隻的飛魚、飛魚不可和其他食物共煮等諸多項禁忌。
意義	1. 家族所組成之捕魚團體，透過共同築船、捕魚、均分漁獲等方式，表現出雅美族親屬組織之互助的社會特質。 2. **將漁獲分為男人魚、女人魚、老人魚等**，除了在魚類的特徵上描述男女特質外（如男人魚男人可吃，代表男生抵抗力較女性為大；女人魚則代表體型嬌小、纖弱等女性特質；老人魚則為罕見之深海魚類），**尚包含著雅美族人對自然魚類資源的保護，例如男人魚較易捕獲，然而男子必須捕一部分女人魚給家中女子，如此方式，可達到避免大量捕抓某些魚類資源，而使魚類枯竭等危機。** 3. 捕魚屬於部落內男子所共同合作進行之工作，女性禁止到達海邊，當飛魚季開始，於海邊進行招魚祭，女性被排除在外，海邊或港口，可說是男性專屬之聚會空間。

農業方面祭典	
豐收祭	1. 約於國曆七月多，飛魚季結束後不久，小米也適逢收成，雅美族人於此時期舉辦豐收祭典，祭典期間，殺豬宰羊，並將小米收穫及飛魚乾等展示出來，慶祝農耕漁獲的豐收。 2. 豐收祭也展現出雅美族人分享同樂的社會氣氛，親戚互相贈送禮物。 3. 搗小米時，伴隨著祭歌，盼望來年能如此豐收。
祈年祭	1. 於秋末冬初的季節舉行，為雅美族人談論天神之祭典，亦是雅美族人追思自己祖先之日，祭典當天，族人殺豬宰羊獻神。 2. 祭典儀式於海邊進行，男人攜帶著芋頭、番薯、豬羊等獻禮獻給天神，希望家和物豐。 3. 獻祭完後，部落內長老和男人們討論來年有關於播種之禁忌及播種日期等相關事宜。

除了飛魚季節期間相關的飛魚祭典、飛魚季外的農業祭典外，尚還包括家屋落成禮、造船落成禮等傳統儀式，這些儀式的過程融合了雅美族講求分享、同樂的社會文化，而相關的禁忌也表現出雅美族人對神靈的敬畏。

雅美族的一年中的工作日曆結合飛魚季和農耕作息生活，並隨之產生相對之祭典儀式，透過親族組織與核心家庭講求夫妻互助分工等特色，建構了雅美族社會中凡是有典禮儀式，必講求互助和分享的社會文化特色。此外，招魚祭、祈神祭等儀式，亦也展現出雅美族社會中以男性為主體之特色，前者男子於此時期討論相關飛魚有關禁忌，後者討論部落內相關農業、公眾等事務。以上種種，皆反映出祭典融入生活，因而表現雅美族的生活與文化。

五、生命禮俗【98原民五等】

\multicolumn{2}{c}{雅美族生命禮俗}	
出生	1. 懷孕要分娩時，婦女遷至工作房待產，依雅美族人習俗，正屋為人過世後停屍之處，因而害怕鬼魂會對婦女及胎兒產生影響。 2. 分娩以部落內產婆進行，男子一概迴避，產婆用竹片切斷臍帶，並用豬油塗抹產婦之下體，幫助傷口癒合。 3. 如同臺灣其他原住民族，對雙胞胎十分忌諱，對於最後出生的，皆認為惡鬼降生，必殺之，而由父親丟至墓地拋棄。 4. 男子頭戴銀盔、身著盛裝，探望妻子及剛出生之孩子，慶祝新生命之誕生。 5. 產後隔日，家裡即宰殺豬羊，酬謝生育之神，並向產婆及近親家人共同分享此一賀禮。 6. 命名上以臺灣原住民族特殊之親從子名制度，施行於長子長孫之中，當有長子長孫誕生時，則祖父母、父母也隨之改為長子、孫名字。
成年	雅美族並無特定之成年禮儀，主要判斷成年與否大都視體態而定：當男子成長至一定程度時，隨父兄加入捕魚團體，邁入雅美族男人生活；女性則開始學習紡織、織布等家事。
結婚	1. 結婚的要件為當男子能夠參加捕魚團體，而捕撈漁獲則代表擁有一定之維生能力可照顧家庭；女子則學會織布、耕種等生活技能可和丈夫共同經營一個家庭，當男女雙方各擁有這些要件時，就可結婚。

	雅美族生命禮俗
結婚	2.婚姻以一夫一妻制為基本原則，且有近親及仇家不婚之觀念。 3.男女雙方情投意合時，男方母親委託親族為媒至女方家提婚，若答應許婚，則男方準備珠寶、銀器等作為聘禮，婚約成立。 4.結婚當日，男方及父母盛裝前往女方家中將新娘接回，雙方家庭並宰殺豬羊，互請對方。婚後第二天婆婆帶領新媳婦巡視自家水田並試耕。傳統上，第三天亦有請新婚夫妻雙方至海邊撿拾貝殼，作為判斷吉凶之工具。 5.婚宴舉行在男方家中，然婚宴並不如其他原住民族群般盛大，大都男女雙方近親出席而已，反而是第一個子女誕生後的命名禮較為隆重。從雅美族簡單的婚禮中，可看出雅美族社會中，認為家庭最重要之構成為夫妻雙方及孩子，缺一不可，前期婚姻關係因無孩子存在，故有較不穩定之關係，這也可以解釋雅美族人較看重於頭胎命名儀式，乃在於一個正式家庭組織的建立。
喪禮	1.當雅美人家中有人臨終時，家屬及近親們會前往探視，然男人們持全副武裝，以抵禦鬼靈之攻擊。 2.雅美族人對鬼魂十分敬畏，當家中有人過世時，除近親外，其餘人大都不願接近親屬。當部落內有人過世時，當晚部落內家家戶戶都關緊門窗，避免鬼靈侵擾。 3.對於死者沒有沐浴更衣之習慣，反而因懼怕鬼魂，僅草草將死者以麻布裹身並以麻繩綑緊，除非死者於傍晚或夜間過世，須停放至家中待天亮出殯，不然大都於當日即抬至墓地埋葬。 4.死者親屬及參加喪禮親屬至屋頂和死靈告別，儀式嚴肅，後始出殯。 5.由死者男親屬背負死者，送葬團成員都全副武裝，頭戴籐帽、身穿盔甲、手持長槍，以抵禦鬼靈襲擊，女子及死者其他朋友皆不送葬。 6.挖掘墓地為避免挖掘到其他之墓地，墓穴為立方形，屍體面向東方，腳朝西方，避免讓死者面對太陽，以防止死者化為惡鬼危害村落。掩蓋泥土，埋葬完畢，並不做任何墓碑等記號，以後親人也再無前往墓地掃墓之習俗。 7.認為墓地為鬼靈集聚之處，回程途中，送葬成員手持刀槍驅趕鬼靈，並進行驅靈淨身儀式，洗淨全身，認為墓地泥土將會為家庭帶來諸多不幸。 8.回家後，死者家屬再度進行告別死靈儀式，場面哀戚。 9.雅美族人對喪禮等感到十分敬畏，因而也產生諸多禁忌，當部落有家戶喪事，則部落內有關建屋、造船、開地、種植等工作均需停止。

六、藝術文化

(一) 工藝方面

1. 陶器

(1)以自製土器著稱，土器之製造為男子的專業，原料方面主要取自於山上之黏土，主要作為日常生活中食物器皿所用。蘭嶼方面之土器陶罐，與菲律賓呂宋島有密切相關，於此得知蘭嶼和呂宋關係之密切。

(2)製陶過程中亦有許多禁忌，每道過程及手續皆結合其對鬼靈之敬畏。

(3)土器製作中，陶土人偶之製作，表現雅美族人日常生活情形，並無宗教信仰意義之內涵，且陶土人偶製作在臺灣各民族中，僅見於雅美族。

2. 漁船【95初、95、100原民五等】

(1)雅美族漁船有屬於私人的小船和漁團共有之大船，有些船上有雕刻圖紋，有些則無。

(2)築船在雅美族社會中為一項重大且神聖之工作，大都於飛魚季結束後，親族家人共伐木材，共同築船。築船工作因講求精密施工，故往往由有經驗長老指揮建造。

(3)漁船裝飾方面，新船完工後，大都有雕刻裝飾，顏色則以紅、黑、白三色為主，雅美族漁船裝飾，則帶有濃厚宗教之信仰，例如有手牽手之人體幾何條紋、幾何連續紋，此外亦雕刻有類似太陽之圖案，雅美族人認為太陽可驅邪招福，具有克服造成海洋惡劣天氣。

(4)**雅美族的漁船，是將厚板剖造成適合的曲度以後，數塊板條互相拼接而成，因此被稱為「拼板船」。**

3. 冶金技術

(1)**雅美族人是臺灣所有原住民族群中，唯一懂得金銀工藝之原住民。**

(2)清朝古籍有關於蘭嶼之描述者，曾記載蘭嶼有砂金，並盛產金銀器，一度引起大量漢人前往淘金，造成一股移民熱。實蘭嶼島上並無金礦，主要金銀來源主要為十七、八世紀時，西班牙商船自菲律賓出發後，常因颱風因素而於蘭嶼附近觸礁沉沒，這為雅美族人獲得金銀器最大來源，此外另外一項金銀來源則是與漢人貿易交換而得來。

(3)**金銀製品因數量稀少，故大都為傳家之寶，且僅有於祭典盛會期間穿戴，例如銀盔（兜）、各種銀製裝飾品等。**此外，飛魚季期間的小船招魚季，雅美族人有把銀盔及各項身上金銀裝飾物品置放於飛魚架上之習慣，表現出對漁業捕撈之神聖與重視之文化觀念。

(4)雅美族人認為金銀器可驅邪避凶，故對於銀盔製作過程含有許多禁忌儀式，主要為避免鬼靈入侵而影響銀盔的靈氣。

(二)音樂舞蹈

1. 歌曲方面為日常生活。

2. 雅美族社會文化特色為沒有戰爭、沒有強勢領導的領袖，加上對神靈的敬畏，故雅美族人之歌曲主要為農耕漁牧等生活歌曲，如工作歌、搖籃曲、情歌以及祭祀慶典時的歌曲兩大類型，缺乏英雄崇拜等戰歌以及和鬼靈有關等帶有「泣歌」性質之歌曲。

3. 雅美族人歌唱時並無樂器進行伴奏，與臺灣本島原住民文化不同。歌唱時僅用掌聲或杵臼等作為拍子。

4. 舞蹈方面，則以「髮舞」為著稱。

精選範題

【測驗題】

(　　) **1** 蘭嶼地區的雅美族原住民前往菲律賓巴丹島尋根，請問其目的為何？(A)皆來自於大陸東南沿海的古越人　(B)菲律賓群島住民為臺灣原住民所移過去的　(C)兩者皆為南島語族　(D)兩者皆由中國大陸遷徙到臺灣，再由臺灣移往菲律賓。

(　　) **2** 下列有關於雅美族之敘述，何者「正確」？　(A)社會型態為典型之母系社會　(B)並沒有臺灣其他原住民族般有獵人頭、紋身、釀酒等習俗　(C)在文化、語言上與臺灣其他南島民族差距較近，與菲律賓巴丹群島較遠　(D)家庭型態為世族型的大家庭組織。

(　　) **3** 清代有一文獻，有關於紅頭嶼（蘭嶼）的記載，其中主要描述蘭嶼盛產金、銅等礦物，並一度吸引漢人前往開墾。請問此文獻為何？(A)郁永河《裨海紀遊》　(B)《番社采風圖》　(C)黃叔璥的《臺海使槎錄》　(D)陳倫炯《海國聞見錄》。

(　　) **4** 雅美族社會特色為何？　(A)典型母系社會　(B)一個平等、非階級性的社會中，並無常設的頭目制度　(C)世襲制的貴族社會　(D)大家庭為當地社會組織最基本的單位。

( ) **5** 蓉蓉利用暑假時間，和家人前往蘭嶼旅遊，丁字褲和刻有雕刻紋飾的獨木舟吸引著蓉蓉的目光，遠方的山頭上，成群的山羊緩行於其中…。關於上述之見聞，我們可得知雅美族生活型態為何？(甲)雕刻紋飾的獨木舟除代表有宗教祈福意義外，更附有以海洋為其文化發展之意味　(乙)丁字褲則為當地居民適應溼熱環境所發展出的穿著型態　(丙)成群的山羊為雅美族人重要財產，往往僅於重要祭典時作為牲禮所用　(丁)暑假時間，為雅美族人飛魚祭舉行之時期，可見到漁團組織集體夜間出海捕飛魚　(A)(甲)(乙)(丙)(B)(甲)(乙)(丁)　(C)(乙)(丙)(丁)　(D)(甲)(丙)(丁)。

( ) **6** 關於飛魚祭典之描述，何者有「誤」？　(A)捕飛魚主要由部落中，各男性親族所組成之漁業團體　(B)祭典主持為固定家族之男主人擔任祭司，為世襲制　(C)飛魚終食祭舉行於國曆七至八月間，飛魚汛期已過，為表示慶祝，宰殺山羊，男女盛裝聚會　(D)家族所組成之捕魚團體，透過共同築船、捕魚、均分漁獲等方式，表現出雅美族親屬組織之互助的社會特質。

( ) **7** 下列關於雅美族人命名制度特色，何者「正確」？　(A)父子連名制(B)母子連名制　(C)專名命名制　(D)親從子名制。

( ) **8** 下列為雅美族社會文化特色之描述，何者「錯誤」？　(A)以核心家庭為核心　(B)親族團體講求互助、扶持　(C)部落間若發生衝突，則往往引發部落間大規模之械鬥　(D)飛魚祭典構成雅美族社會文化與信仰體系之精髓。

( ) **9** 「送葬過程中，男子手持長槍、盾牌、藤帽，全副武裝將死者送往目的埋葬，回程途中並持長槍往四周呼喊……」以上為雅美族人喪禮部分之描述，由此描述可看出雅美族對於死亡之看法為：　(A)對亡靈極端恐懼，為防亡靈帶來災禍，所以男子全副武裝進行送葬(B)全副武裝出席喪禮代表對於死者之尊重以及緬懷其過往之事蹟等(C)對於死亡抱持正面之觀點，以全副武裝出席代表對於死者祝福之意味　(D)全副武裝出席喪禮，表現出雅美族人尚武之精神。

( ) **10** 雅美族工藝技術，以何項為其代表？　(A)竹編技藝　(B)冶金技術(C)雕刻藝術　(D)鞣皮工藝。

( ) **11** 下列臺灣史前文化，何者與雅美族文化特色有較為密切之關係？
(A)Lobussan文化　(B)卑南文化　(C)靜浦文化　(D)麒麟文化。

( ) **12** 小余某日見新聞播放著：「雅美族人身著全副戰鬥武裝，抗議核
廢料留置於他們的家鄉…。」試問，下列為雅美族人傳統服飾裝
扮，哪些為全副武裝所需之配備？　(甲)長槍　(乙)盾牌　(丙)藤
帽　(丁)銀盔　(A)(甲)(乙)(丙)　(B)(甲)(乙)(丁)　(C)(乙)(丙)(丁)
(D)(甲)(丙)(丁)。

( ) **13** 雅美族飛魚季祭典為雅美族人一年之中最為重要之祭典儀式，下列
為飛魚季祭典一系列之祭典儀式，試就雅美族文化特色，將祭典依
時間先後做一排列：　(甲)飛魚終食祭　(乙)小船招魚祭　(丙)大船
招魚祭　(丁)飛魚終祭　(戊)飛魚收藏祭　(A)(甲)(乙)(丙)(丁)(戊)
(B)(乙)(丙)(甲)(戊)(丁)　(C)(丙)(乙)(戊)(丁)(甲)　(D)(乙)(丙)(甲)
(丁)(戊)。

( ) **14** 雅美族藉由海洋發展出其文化特色，其傳說或神話大都帶有海洋
色彩，其中一篇傳說述說著：「……魚類分為男人魚、女人魚、
老人魚等，什麼樣的人就要吃什麼樣的魚，吃錯了會有不幸災厄
發生……。」試問，該如何解讀此則傳說較為適當？　(A)表現族
人對於周圍海洋魚類資源之認識程度　(B)表現出深度迷信之概念
(C)老人魚代表社會上對於老人歧視之風氣　(D)表現出雅美族人對
自然魚類資源的保護。

( ) **15** 冶金技術為雅美族重要之工藝技術，下列關於雅美族人冶金技術之
敘述，何者有「誤」？　(A)雅美族人是臺灣所有原住民族群中，唯
一懂得金銀工藝之原住民　(B)金銀製品因數量稀少，故大都為傳家
之寶，且僅有於祭典盛會期間穿戴　(C)蘭嶼又稱為紅頭嶼，為舊時
航海家所傳說之金銀島，島上所產之金銀礦成為冶金工藝最直接之
原料來源　(D)雅美族人認為金銀器可驅邪避凶，故對於銀盔製作過
程含有許多禁忌儀式，主要為避免鬼靈入侵而影響銀盔的靈氣。

( ) **16** 近年曾到菲律賓巴丹島尋根的是：　(A)卑南族　(B)排灣族　(C)阿
美族　(D)雅美族。　　　　　　　　　　　　　　　　　【初考】

( ) **17** 下列何者不是雅美族的特徵？　(A)種芋　(B)捕飛魚　(C)穴居
(D)獵首。　　　　　　　　　　　　　　　　　　　　　【初考】

( ) **18** 雅美族製造的船隻為： (A)獨木舟 (B)拼板船 (C)帆船 (D)戎克船。 【初考】

( ) **19** 蘭嶼雅美（達悟）族人為追求家園安全、衛護子孫幸福，致力於何種反抗運動？ (A)反核四興建 (B)反核廢料存放 (C)反水庫修築 (D)反國家公園設置。 【原民五等】

( ) **20** 擅長種芋頭、捕飛魚、造拼板船的是那一族？ (A)噶瑪蘭族 (B)阿美族 (C)雅美族（達悟族） (D)卑南族。 【原民五等】

( ) **21** 下列何者不是達悟族家屋建築形式？ (A)主屋 (B)工作房 (C)涼臺 (D)穀倉。 【原民五等】

( ) **22** 下列何者不是傳統達悟族大船上的顏色？ (A)紅色 (B)藍色 (C)黑色 (D)白色。 【原民五等】

( ) **23** 日治時期那一位學者將蘭嶼的原住民命名為「雅美族」？ (A)伊能嘉矩 (B)長野義虎 (C)鳥居龍藏 (D)小島由道。 【原民五等】

( ) **24** 下列那一個族缺乏關於「矮人」的神話或傳說？ (A)泰雅族 (B)布農族 (C)賽夏族 (D)雅美族。 【101原民五等】

解答及解析

1 (C)

2 (B)。(A)社會特徵為父系社會。(C)與菲律賓巴丹群島較近，與臺灣其他南島民族差距較遠。(D)以核心家庭為主。

3 (C) **4 (B)**

5 (A)。暑假期間約於國曆七至八月間，飛魚汛期已過，為表示慶祝，族人舉辦飛魚終祭，宰殺山羊，男女盛裝聚會。

6 (C)。大約舉行於國曆十至十一月，為唯一在飛魚季結束後所舉行和飛魚有關之祭典。

7 (D)

8 (C)。部落間偶有紛爭發生，但並未發生毀滅性之大規模戰爭，鬥爭大都以丟擲石頭為主，並透過公平戰鬥等方式，進行「君子之爭」，最後則往往以宰殺豬羊、或以銀箔、水芋等作為和解。

9 (A) **10 (B)**

11 (A)。Lobussan文化距今約1200年前左右，為蘭嶼及綠島兩地所新發現之遺址類型，特色為土甕棺葬及夾砂陶器，並推測有鐵器之使用。

12 (A) **13 (C)**

14 (D)。如男人魚較易捕獲，然而男子
必須捕一部分女人魚給家中女子，
如此方式，可達到避免大量捕抓某
些魚類資源，而使魚類枯竭等危
機。

15 (C)。蘭嶼島上並無金礦，主要金銀
來源主要為十七、八世紀時，西班
牙商船至菲律賓出發後，常因颱風
因素而於蘭嶼附近觸礁沉沒，這為
雅美族人獲得金銀器最大來源，此
外另外一項金銀來源則是與漢人貿
易交換而得來。

16 (D)。藉由考古資料與語言文化分析，
雅美族文化與菲律賓巴丹群島有密切
關係。

17 (D)。同屬南島民族的雅美族，並沒

有臺灣其他原住民族有獵人頭、紋
身、釀酒等習俗。

18 (B)。由於雅美族的漁船，是將厚板
剞造成適合的曲度以後，數塊板條
互相拼接而成，因此被稱為「拼板
船」。

19 (B)　**20 (C)**

21 (D)。穀倉、柴舍、豬舍等皆屬附屬
建築。

22 (B)。傳統雅美族大船上均有雕刻裝
飾，顏色則以紅、黑、白為主。

23 (C)。日本人類學家鳥居龍藏於蘭嶼
研究時所命名。

24 (D)。泰雅族、賽夏族、布農族、
鄒族、排灣族有矮人傳說的族群。

【申論題】

一、試由雅美族飛魚季祭典探討雅美族社會文化特色。

答　飛魚季為雅美族一年之中最為重要之時期，雅美族一年之生計產業，可以
飛魚季作為劃分，如飛魚季間，男人主要以捕飛魚等為主而有相關之飛魚
祭典；飛魚季結束後，男人幫忙妻子農事，並透過親族組織協助建屋造
船，而有相關農耕祭典以及各項落成典禮。以下論述雅美族飛魚季各項祭
典所顯示出雅美族之社會文化特色。

(一)捕飛魚主要由部落中，各男性親族所組成之漁業團體，漁業團體也可
以視為一個祭祀團體。飛魚祭主要可以分為三個階段進行，分別為飛
魚季前期之「大船招魚祭」、後期「小船招魚祭」及飛魚季結束後之
祭儀。祭典主持為固定家族之男主人擔任祭司，為世襲制。

(二)於各項飛魚祭典中，共同特色為族人盛裝打扮，身穿冑甲、頭戴銀
盔，並以豬、雞作為牲品以及各項禁忌所需遵守事項，藉由盛裝及特
殊祭典時所宰殺之豬、雞等牲品，表現出雅美族社會中對於飛魚祭典

之重視，而各項禁忌，除代表飛魚豐收對於部落社會上具有代表性意義外，亦顯現出雅美族人對於神靈信仰的文化特質。

(三) 對於男人魚、老人魚、女人魚的傳統認知，述說著雅美族人珍惜寶貴之海洋資源，不過度捕抓單種魚類之生態保育觀念。

(四) 透過家族所組成之捕魚團體，透過共同築船、捕魚、均分漁獲等方式，表現出雅美族親屬組織之互助的社會特質。

(五) 捕魚屬於部落內男子所共同合作進行之工作，女性禁止到達海邊，當飛魚季開始，於海邊進行招魚祭，女性被排除在外，海邊或港口，可說是男性專屬之聚會空間。

二、臺灣原住民族群中，對於超自然力量皆存有一份敬畏感，並由此產生諸多信仰、迷信及宗教儀式，雅美族群亦是如此。試由雅美族人喪禮之宗教儀式，探討雅美族人宗教信仰之特色。

答 (一) 喪禮特色：雅美族人對鬼魂十分敬畏，當家中有人過世時，除近親外，其餘人大都不願接近親屬，且探視之男人們持全副武裝，以抵禦鬼靈之攻擊。當部落內有人過世時，當晚部落內家家戶戶都關緊門窗，避免鬼靈侵擾。

對於死者，僅草草將死者以麻布裹身並以麻繩綑緊，除非死者於傍晚或夜間過世，需停放之家中待天亮出殯，不然大都於當日即抬至墓地埋葬。

出殯儀式中，由死者男親屬背負死者，送葬團成員都全副武裝，頭戴籐帽、身穿盔甲、手持長槍，女子及死者其他朋友皆不送葬。挖掘墓地時以避免挖掘到其他之墓地，墓穴為立方形，屍體面向東方，腳朝西方，避免讓死者面對太陽。掩蓋泥土，埋葬完畢，並不做任何墓碑等記號，以後親人也再無前往墓地掃墓之習俗。

雅美族人對喪禮等感到十分敬畏，因而也產生諸多禁忌，當部落有家戶喪事，則部落內有關建屋、造船、開地、種植等工作均需停止。

(二) 宗教信仰特色：由雅美族喪禮儀式過程中，可以得知雅美族人對鬼靈十分敬畏，諸如男人們持全副武裝，以抵禦鬼靈之攻擊；因懼怕鬼魂，所以對死者沒有沐浴更衣之習慣；出殯儀式回程途中，送葬成員手持刀槍驅趕鬼靈，並進行驅靈淨身儀式，洗淨全身，認為墓地泥土將會為家庭帶來諸多不幸。基本上認為神靈會降福於人而鬼魂會為人們帶來不幸。對鬼靈之敬畏，展現在生活習慣中，例如鬼靈特別容易

存在之空間的墓地；鬼靈特別容易出現的夜晚，特別是有喪事的夜晚；鬼靈特別容易影響的嬰幼兒和孕婦等。因此對這些鬼靈特別容易產生影響之人、事、地、物大都採取防範避免之態度。

三、解釋名詞：(一)親從子名制　(二)大船招魚祭　(三)銀盔

答 (一)親從子名制：雅美族命名制度以「親從子名制」為其特色。即當孩子出生後，若為頭胎，則父母需依長子之名字，更改自己的名字；當長子生長孫時，祖父母亦也要隨長孫名字，更改自己的名字。

(二)大船招魚祭：為雅美族飛魚季中其中一項飛魚祭典儀式，舉行日期為雅美曆的十月，即國曆二月份。於此之前，尚有祈求豐漁以及招魚祭典。儀式中，族人盛裝打扮，身穿冑甲、頭戴銀盔，並以豬、雞作為牲品，且有以雞血沾石等祈求漁獲豐收等儀式。捕魚過程以進行家族的大船捕魚，並於夜間進行捕飛魚活動，所捕獲之飛魚，不能馬上攜帶回家，並須放於船上過夜，隔日早上才能帶回家。當大船捕魚期間，漁隊白天共祀共食，夜間集體捕撈，所得漁獲平均飛配給族人。

(三)銀盔：銀盔為雅美族重要之盛裝裝扮，往往於重要祭典儀式中，才會穿戴。雅美族之銀盔製作主要來自於雅美族獨特之冶金技術，雅美族人利用西班牙沉船及透過與貿易所來之金銀作為冶金技術原料之來源。雅美族人認為金銀器可驅邪避凶，故對於銀盔製作過程含有許多禁忌儀式，主要為避免鬼靈入侵而影響銀盔的靈氣。金銀製品因數量稀少，故大都為傳家之寶，且僅有於祭典盛會期間穿戴，例如銀盔（兜）、各種銀製裝飾品等。

Unit **15** 噶瑪蘭族 (KAVALAN)

依據出題頻率分為：A頻率高　B頻率中　C頻率低

【命題關鍵】正名運動
【命題焦點】1. 在族群發展上，以漢人開墾宜蘭地區，造成族群遷徙之問題為最基本之命題核心。此外，吳沙入墾宜蘭的過程及方式對噶瑪蘭族人之族群發展產生何種影響，均為焦點之所在。
2. 文化發展面上，在面對多元文化衝擊下，噶瑪蘭族如何尋找並重建過去之文化特色，而一系列的噶瑪蘭傳統文化復興活動，即成為最佳之證明。
【考點分析】本章主要考點為噶瑪蘭族的歷史發展，例如加禮宛事件及成為臺灣第十一個原住民族。歷史發展及時事部分，可加以注意。
【參考資料】(一) 族群發展：潘英（民85），臺灣平埔族史，臺北市，南天。
(二)文化特色：
1. 張振岳（民87），噶瑪蘭族的特殊祭儀與生活，臺北市，常民文化。
2. 平埔文化資訊網：http://ianthro.tw/

一、族群發展

(一) **地理分布**：噶瑪蘭族最初居住於臺灣東北部的蘭陽平原，受到地形上的阻隔與限制，為臺灣平埔族中最晚受到漢文化影響之族群。噶瑪蘭族中的猴猴族本來在花蓮立霧溪的中上游居住，後來因受到泰雅族的壓迫，才逐步向東和向北遷移。大約三百年前，猴猴族才進入今宜蘭縣境。其文化特色與噶瑪蘭族文化上有許多之差異，有學者認為應將其列為獨立之族群而加以研究。

歷史的發展促使噶瑪蘭族群的遷徙，清道光年間開始，曾有大批居於蘭陽平原的噶瑪蘭族遷往今花蓮新社地區，作為新移民地。光緒年間的加禮宛事件，更迫使噶瑪蘭族面臨被拆散之命運，被逼迫分批前往花東縱谷及沿海一帶。目前的噶瑪蘭族主要分布於蘭陽平原及花東縱谷、沿海一帶。

(二) **族群來源**：根據於日治時代所採訪噶瑪蘭族來源之傳說，可以歸納出主要特色為噶瑪蘭祖先自東方海外來臺發展，且與泰雅族人、凱達格蘭族有所

互動和關係。根據人類學上的研究，認為臺灣東北部的噶瑪蘭族和臺北平原的凱達格蘭族的族系特色十分接近，甚至有同祖源之說法，噶瑪蘭族有一部分可能為凱達格蘭族之分支。兩支族群均是較晚遷移到臺灣島上的原住民族群。

經典考題

1.吳沙為開蘭第一人，試述吳沙開墾宜蘭之過程，並對當地噶瑪蘭族之發展帶來何種影響。【原民三等】
2.近年來，有一部分平埔族人積極爭取原住民族的身分，請從社會文化觀點，扼要說明其原因與可能的影響。【原民三等】

(三) 歷史發展

1. 西元1626年，西班牙殖民者由菲律賓呂宋島出發，佔領臺灣北部雞籠，並建立起雞籠至滬尾的勢力範圍，目的除為傳教及貿易外，更帶有一份和荷蘭人抗衡之意味。西元1634年，西班牙士兵入侵噶瑪蘭族之居住地，並隨之帶入天主教信仰。西班牙殖民者可說是首先打開噶瑪蘭族神秘面紗之外來族群。

2. 漢人入宜蘭開墾首推林漢生，然其開墾志業，卻依然抵抗不住噶瑪蘭族的反抗，後以失敗甚至喪命收場。**真正入墾宜蘭成功的，為吳沙於嘉慶元年（西元1796年）率領漳州、泉州及粵籍移民，越過草嶺，進入蛤仔難，並建立第一個開墾據點—頭圍。**

3. 起初依然遭受噶瑪蘭族強烈抵抗，吳沙等曾一度退回三貂嶺，後因噶瑪蘭人染上天花等傳染病，族內產生重大危機，吳沙乃趁此機會，以醫藥治療等方式贏得噶瑪蘭族人信任，獲得墾權，為避免漢人私墾而再與噶瑪蘭族發生衝突，乃採取集體土地開拓等方式，以「結」、「圍」等方式集體開墾，後其姪吳化延續其開墾計畫，逐步向南開墾發展，建立二圍、三圍等部落，奠定漢人開發基礎，此後漢人移民源源不絕入墾之地。

漢人奪取噶瑪蘭族土地方式

1.武力獲得：主要於開墾初期以武力為後盾強取豪奪。
2.土地買賣。
3.利用放貸。

4. 利用風俗弱點：噶瑪蘭人傳統觀念上並沒有土地財的觀念，當土地受到屍體等污染過後，即認為不潔而需棄置，漢人即利用此種觀念，大量取得噶瑪蘭族人土地。

4. 嘉慶九年（西元1804年）彰化流番潘賢文帶領著道卡斯、巴瀑拉、洪雅、巴宰海等社的平埔族千餘人，也來到蘭陽平原，後在各族群間的競爭以及漢人持續的開墾下，這批來自西部平埔族移民消失化合於此一廣闊的平原中。

5. 嘉慶十二年（西元1812年），臺灣行政區域變更，設一府四縣三廳，新設「噶瑪蘭廳」，置廳治於五圍（今宜蘭市），並為保護噶瑪蘭熟番，設加留餘埔制，為臺灣最早的「原住民保留地」政策，即在大社周圍加留兩里作為噶瑪蘭族社地，禁止漢族入墾。

6. 噶瑪蘭族在面對一波波的漢族移民勢力，以及泰雅族持續的威脅下，噶瑪蘭族開始其大規模之遷移活動。噶瑪蘭族陸續往花蓮等地移民，至於何時，則眾說紛紜，主因乃在於移民活動是一持續之進程。初次大規模遷移花蓮為道光十五年左右，然後續遷往者以咸豐年間較多，一般而言以道光年間加禮宛社大規模移民奇萊（花蓮）為代表，因其移民人口及勢力最大，甫至花蓮即建立六社之規模，並選擇今花蓮縣新城鄉作為其根據地，後噶瑪蘭族人持續往花蓮移民，迄同治時期，勢力發展到可凌駕於阿美、泰雅兩族之勢力，並持續往花東縱谷擴充其分布地區。

7. 清光緒元年間，施行開山撫番政策，清軍以武力進逼方式，開通蘇澳往花蓮之道路，然此路線必經已為噶瑪蘭族人所佔有開墾之平原，族人因漢人大規模開墾而放棄原鄉轉往異地求生存，然漢人勢力又再度進逼，噶瑪蘭族人勢必竭力抵抗，然此次對象已不是過去的民間開墾力量，而是要面對以政府為首的軍事進逼威脅。

8. 噶瑪蘭族人與清軍正式爆發衝突發生於清光緒四年的加禮宛事件。

加禮宛事件【95 初、95 原民五等】

《臺灣番政志》：「光緒四年一月，加禮宛熟番有殺害漢民陳文禮，蓋因漢人欲入其地開墾，番人不悅，致有此舉耳。加禮宛營哨官蕭某憐之，令加禮宛番以金穀慰藉其遺族以贖罪，加禮宛番人不應，反殺傳令兵，而暗與阿眉族所屬之竹窩社番通謀，至六月企圖反叛。」

噶瑪蘭族人在這場與政府勢力為敵的戰爭中，為自己的族群帶來毀滅性的結果，事件平定後，主掌後山軍政大權的中路軍統帥吳光亮為避免加禮宛社再生事端，

成為開山政策的阻礙，所以採行遷移分化族群以消弱其勢力的作法，分批遷往花東縱谷及海岸地區，其結果不是文化上受到漢化，不然就是同化成為阿美族人，原先以加禮宛社為首移入花蓮所建立的六個強大部落從此瓦解，如今僅能於花東海岸及縱谷地區，尋找到些許之族人和傳統文化。

9. 事件結束後，依然有噶瑪蘭族人移入花蓮，然所移入之族人即未再出現獨立之部落，而採與他族共居的方式
10. 噶瑪蘭族語至今依然保存獨立語言，宗教信仰與文化祭儀等傳統文化代表性依舊鮮明，同時也透過編印噶瑪蘭語辭典、語法等教材，做為鄉土教學、文化傳承之用。**噶瑪蘭族表現出其強烈的族群意識，並透過積極行動呼籲政府承認其文化主體性之地位，亦即要求噶瑪蘭族復名，後噶瑪蘭族於2002年12月25日獲得政府承認為臺灣第十一個原住民族，正式復名成功，人口數為1,555人（111年統計）。**【95初】

二、社會制度

(一) **部落型態**：清代文獻記載，有「蘭地三十六社」之說法，對噶瑪蘭部落以蘭陽溪為分界，分成東西兩勢，蘭陽溪南岸稱東勢，有十六社；北岸為西勢，有二十社。然根據荷據時代之調查即有達到三十九個社，近代更有研究顯示曾有七十餘社之多。不論如何，在吳沙等漢人勢力尚未大舉入侵蘭陽平原前，噶瑪蘭族是廣布於蘭陽平原之上，族人選擇於水澤邊，採取散居的遊耕、漁獵方式，各部落各自為政，形成自成一格的文化世界。

(二) **部落組織**

1. 傳統噶瑪蘭族社會中，以部落為中心的組織型態，每個部落為各自獨立之政治中心，各社皆有獨立領導階層。
2. 傳統上以年長者作為領導，並透過年齡階級制度來運行部落內之公眾事務。
3. 目前噶瑪蘭族年齡階級制度受到阿美族文化影響，而帶有阿美族年齡階級制度之特色。主要可以分為老年、青年、婦女等三組，在以男子為組別的年齡階級中，五十歲以上為老年組，以下為青年組，又可再細分為九個階級。女子則不分年齡。
4. 清領時期，所帶入噶瑪蘭族的「土目」制度，後於噶瑪蘭族社會中發展成頭目領導制度之特色。噶瑪蘭族是一個沒有階級的平等社會，頭目以推舉的方式產生。頭目主要由社眾所選舉而來，目前僅存花蓮新社地區尚有此

種儀式，採取部落內代表組成頭目團，再由此頭目團透過族眾投票，遴選正、副頭目，任期為一年，並於每年舉行之噶瑪蘭節後重新選舉。

(三) 親屬組織

1. 傳統噶瑪蘭族社會為母系社會，婚姻為招贅婚制，通婚限制則以隔四代以上之親族關係始可結婚。

2. 噶瑪蘭族的命名制度，據受阮昌銳調查噶瑪蘭族老人云，可得知過去主要為襲名制，有一定的名譜，各有性別之分，以親之親和親之第一旁系同名為常則，故祖孫同名，叔姪同諱。然噶瑪蘭族為母系社會，起初無疑實行連母名制，後受到漢人文化之影響，開始有父子連名制出現。

3. 噶瑪蘭族為母系社會，子女從母居，夫從妻居，男子長大出贅，特徵即為女性家長制，凡重要家務多由女性家長為主體處理，女性同時為以家屋為主要財產的繼承人，亦即「母系承產制」為母系社會的主要特徵。

三、經濟生活

《噶瑪蘭廳誌》中所記載的是1832年前後宜蘭地方噶瑪蘭人生活之片段，可了解昔日蘭陽平原上噶瑪蘭族之經濟生活情況。日常生活所需以自給自足為原則，僅在族社之間有以物易物的交換情形，基本上為自給式的原始經濟。《裨海紀遊》云：「屋必自構，衣需自織，織麻為網，屈竹為弓，以獵以漁，罔非自為而後用之。」茲分述其飲食、衣飾、居處如下。

(一) 飲食方面

1. 原始生產方式是遊耕、狩獵、捕魚、打鹿等自給自足式的採集經濟。主要作物有小米、玉米、地瓜及陸稻等。然「人各一田，僅資口食。刈穫連穗懸之室中，旋舂旋煮，仍以鏢魚打鹿為生。」表示以稻米及鹿肉作為主食。

2. 婦女是農業上的主要工作者，捕魚打獵則為男子專業。

3. 狩獵方式以社眾群聚並輔以犬獵方式，並以鳥占判斷吉凶，所得鹿皮為與漢人貿易，交換鹽、米、煙、布等日常生活用品，亦也有利用海潮，自製海鹽之習慣。

4. 「樹藝稻穀約供一歲口食並釀用而已，故家無盈餘而地多荒穢。收成後，於屋旁別築貯穀之室，圍以竹苫，連穗倒而懸之令易乾。」可知噶瑪蘭作物生產以自給自足為原則，而沒有存糧備荒的觀念，因此有時會發生缺糧之情形。

5. 每年秋天收成後，會同社人，作戲飲酒，名曰作年。

(二) 衣飾方面

1. 《噶瑪蘭廳誌》記載：

(1)「番女織杼，以大木如栲栳，鑿空其中，橫穿以竹，便可轉纏經於上。刓木為軸，繫於腰，穿梭闔而織之。」臺灣原住民族大都保有自己傳統之織布技術，然噶瑪蘭族雖受漢化之影響，此項傳統織布技術依然留傳於世，目前花蓮新社噶瑪蘭族聚落，依然保有透過傳統織布技術所織製成的齊肩無袖短衣。

(2)「以樹皮合葛絲及染過五彩狗毛織氈，名曰達戈紋。以色絲合鳥獸毛織帛，採各色草染采，斑斕相間。」噶瑪蘭族大多用樹皮或香蕉樹幹抽絲，再與麻線混織成禦寒蔽體的衣服。

2. 顏色上崇尚黑、白兩色，年長者全身黑色打扮。

(三) 住屋方面

《噶瑪蘭廳誌》記載：「蘭番居處，在內山者，好居高峻，以瞭望防守。在近港者，原聚平地，以耕種漁獵。故蘭之化番，或謂之平埔番，以其皆處於平地也。其房屋則以大木鑿空倒覆為蓋，上下貼茅，撐以竹木，兩旁皆通小戶；前另築一間，號北投口。」描述出昔日蘭地平埔番居住及生活大略情況，至於房屋建築，則以茅草竹木為材料。（註：北投（Patoang），為死人招魂的番道士）

四、信仰祭典【95原民五等】

> **經典考題**
>
> 試探討噶瑪蘭族祭典儀式及傳統宗教信仰概念之特色。

噶瑪蘭族相信靈魂不滅，靈魂等超自然力量會影響人世間之悲幸，因而透過相關的宗教儀式，藉以和此超自然力量靈類溝通，成為噶瑪蘭族宗教信仰之特色。而對於靈類之概念，又以惡靈所引起疾病所發展出來之「宗教治療儀式」最為特殊。治療儀禮大部分都是一種「巫術」行為，或具有強烈巫術氣氛，反映出該文化靈魂信仰最為真實之呈現。以下概述噶瑪蘭族靈魂信仰之觀念，以及由其所衍生出相關祭儀儀式。

(一)信仰主要源自於對大自然力量的崇敬，噶瑪蘭人原始宗教信仰源頭即萬物有靈的靈魂觀。

1. 靈魂可分為善靈、惡靈、自然靈等三類。

2. 善靈包括神靈、祖靈。噶瑪蘭族人透過祭儀、祈禱等方式可以得到祖靈之庇祐，然人若胡作非為，亦會得到祖靈之懲罰，相關儀式如新年祭祖、祭拜亡魂、女巫治病及祈禱等。對於祖靈的尊敬，祖先所立下之規範也成為噶瑪蘭族人生活行為之準則。

3. 惡靈，即鬼，為惡死及外族人靈魂所變成，具有使人生病及致人於死難之力量，相關儀式以治病等為主。

4. 自然靈則指自然萬物中之靈魂，如山神、動物神等，當族人進行狩獵、捕魚、農業等活動時，亦也會祭祀此類之自然靈魂。

(二)受到漢人及阿美族等族群文化影響，以及西方天主、基督等外來文化及宗教信仰傳入下，噶瑪蘭舊社會時期的宗教信仰受到頗為深切之影響，目前蘭陽平原上之噶瑪蘭族人大都改信仰漢人宗教，傳統宗教信仰方面也融入不少阿美族相關特色，目前大概僅能於花蓮新社等地區尚有留存相關靈魂信仰之習俗。

(三)傳統宗教信仰之儀式大都藉由施行巫術之女巫等女性族人流傳下來。噶瑪蘭族為母系社會，祭司大都以女性為主，因此透過其母系社會之特性，傳統宗教信仰儀式自然而然由女性為主體之巫師傳承於後世。

(四)基於對於靈的信仰及概念，噶瑪蘭族人死後，進行Batahogan巴托赫幹的祭靈魂儀式，目的在於透過此一儀式之舉行，使死者之亡魂成為正式的靈魂，並可保護族人之善靈。對待凶死之人，則不施行此一儀式，此其靈魂成為惡靈。反映出噶瑪蘭族人對於人及魂、善死和惡死之間的信仰觀念。

(五)對於祖靈之崇敬，目前噶瑪蘭族的祭祖儀禮Paliling巴律令新年祭祖儀式為目前保存最為完整之祭典儀式，約於農曆十二月底除夕前幾天舉行，透過以家庭為中心，向祖先祈求來年平安順利。因其為家庭性的祭祖靈儀式，一般外人是無法參加，具有強烈私密性。

(六)惡鬼會為部落帶來嚴重疾病和災難，因此透過治療儀禮Kisaiiz的舉行，透過神靈之力量來驅趕惡靈，此一儀式透過部落內多位祭司聯合舉行，因此其性質為全部落性。目前完整治療儀式已失傳，留於後世者為該儀式中之「除瘟」的歌舞。

(七) 一般的疾病，為巫師透過禳祀儀禮Bagaen與Midahau，進行一般性的驅鬼治病儀式。

(八) 關於泛自然靈崇拜之祭典儀式，受到文化衝擊及生活型態轉變（狩獵活動減少）大都為失傳，目前相關於此類之儀式，大都轉型為於家中廚房內，以動物臟器祭祀自然精靈及祖靈等。

(九) 大葉山欖為噶瑪蘭族群之精神圖騰與象徵。

(十) 1873年馬偕開始對噶瑪蘭族人的傳教工作，為噶瑪蘭族信仰基督教之重要原因，而噶瑪蘭願意接受此一外來宗教信仰，乃族人認為與馬偕之醫術具有如同巫術般神奇之性質。此外，原先制定保護噶瑪蘭人的「加留餘埔」政策，在光緒十年（1884）年改革時，「清廷廢止了移墾漢人向平埔番納租的義務，規定漢人改向官廳納租。噶瑪蘭族人即透過外國宣教師管道，由英國領事出面與臺灣巡撫商議，使清廷回復舊制，讓漢人向平埔番納租」，以此理解1884年後噶瑪蘭教會在蘭陽平原宗教勢力進展的社會因素。日治時代規定無醫師職照者禁止行醫，並認為原加留餘埔之經濟保護政策對經濟生產力毫無助益，遂取消此一制度。行醫及經濟保護等兩項促使噶瑪蘭族信仰基督教因素消失後，噶瑪蘭教會就此走向沒落的命運。

噶瑪蘭族海祭

噶瑪蘭族之海祭主要為祈求海神（海上的靈→自然靈信仰）保佑捕魚豐收、生命平安等祭典儀式，臺灣其他原住民族群如阿美族及西拉雅族亦也有相關之海祭儀式，然其性質較偏向於「祭拜先祖渡海來臺」之性質，不若噶瑪蘭族海祭中心以海神為主體。

儀式過程透過對祖靈及海上靈魂之祈禱、祭拜，祈求海上捕魚平安豐收，過去之傳統，男性為海祭參加之主體，女性不得參加，並認為喪失配偶者終身不得參與海祭祭典。噶瑪蘭傳統社會生活中，捕魚為男性工作，女性僅得於海岸撿拾貝類，然海與噶瑪蘭女性有密不可分之關係，對於海祭，女性不得參與不若阿美族海祭般嚴格，噶瑪蘭女性依然可以於海岸邊參與除了Sbau（海祭儀式）外之相關活動，表現出噶瑪蘭族在傳統信仰文化（女性不得參與海祭）與現實生活中（噶瑪蘭女性有密不可分之關係，即噶瑪蘭女性也和男性一樣負擔從大海中獲取食物的工作）所作出的文化調適方式。

同樣在受到漢人、阿美族、西方宗教信仰等多種文化融入下，傳統的噶瑪蘭族海祭或多或少融入各種文化之特色。花蓮新社地區於1996年起開始恢復以往海祭之活動，並呈現出天主、基督、道教等多種宗教儀式融合特色出現。

五、生命禮俗

清代文獻中，關於番俗之記載，在經濟生活上以描述其居處、飲食、衣飾、器用等方面；在生命禮俗方面則以婚嫁、喪葬等為主，然在記載方面仍不夠詳盡，許多儀式細節依然未見。探討噶瑪蘭族生命禮俗，除了文獻解讀外，亦須考慮其文化特色及宗教信仰觀念，方能建構出較為完整之生命禮俗及其文化意義。

(一) 出生

1. 《噶瑪蘭志略》：「生子，抱之浴於溪中，雖嚴寒不避，以汗出為度。故番種類終未繁衍者，以浴時往往即死也。」

   意義：綜觀歷代關於平埔族生產之文獻，大都有描述「將子浴於清流之中」此類之記載，可得知將孩子沐浴於河流之中，為番俗之一，可將此一行為視為「平埔族人相信溪水可治病強身。」

2. 孩子出生後的命名，則為母系社會特色之展現。命名制度特色，請參閱本章「親屬組織」一節。

(二) 結婚

1. 《噶瑪蘭廳誌》記載：「番已娶者名遷，調姦有禁。未娶者名麻達，番女年及笄，任自選配。每日梳洗，麻達有見之而屬意者，饋鮮花朵，贈杓歸荑，遂與野合，乃告父母，成牽手焉。番俗以女承家，凡家務悉以女主之，故女作而男隨焉。」《番俗六考》：「自幼倩媒以珠粒為定；及長而娶，間有贅於婦家者，屆期約諸親宰割牛豕，以黍為粿。」《噶瑪蘭志略》：「富者以鹿以豕送婿家，羣就飲食肉。三日，以利刃敲取婿之門牙一枚，送於婦家」。

   意義：(1) 上述文獻中，可以看出噶瑪蘭族傳統社會中，婚前男女交際十分自由，皆先同居成為實質夫婦，然後才正式結婚。

   　　　(2) 傳統噶瑪蘭族社會為母系社會，婚姻為招贅婚制。

2. **阮昌銳於民國五十七年在已漢化之噶瑪蘭族從事初步調查，關於婚姻方面，認為有幾項特色：**

   (1) 於系譜研究中，發現現在依然有贅婿之情形，顯示原始母系制度仍作用於其日常生活中。

   (2) 婚姻方式行贅婚及嫁娶婚，繼承上男嗣缺乏時即以女嗣繼之。並無重男輕女或重女輕男之想法。

   (3) 族間嫁婚仍不通行，大體上仍維持族內婚之趨向。

　　意義：嫁娶婚與服役婚亦為平埔族受漢化影響下之可能婚制，且招贅婚與
　　　　　服役婚有日益減少之趨勢，亦即平埔族之家庭結構已趨向漢人之父
　　　　　系制度。

(三) **喪禮**：噶瑪蘭族之喪禮，反映出其宗教信仰上靈魂之觀念。如於人過世
　　　後，所舉行的Batahogan巴托赫幹的祭靈魂儀式，透過此等儀式，將死者亡
　　　魂渡化至真正屬於靈的境界，成為日後庇祐後世之祖靈。

六、藝術文化

(一) **織布技術**【97原民五等】：受到漢化影響，噶瑪蘭族傳統工藝及藝術目前大都
　　不見，保留較為完整之工藝藝術以香蕉絲編織較為著名。噶瑪蘭族傳統社
　　會中，男人工作為打獵漁撈，女人則以織布為主，織布工具則視為神聖之
　　器具，男人碰不得，為噶瑪蘭族織布之禁忌。
　　噶瑪蘭族的織布技術較為特別之處乃在於取材於香蕉樹上之植物纖維，噶
　　瑪蘭人在處理香蕉樹前有一個祝禱儀式稱Sbau，祈求祖靈保佑織布順利。
　　主要特色在於透過由香蕉上之假莖瓣曬乾撕成蕉絲的一種編織技藝。主要
　　製成品為、背袋、檳榔袋、衣服或草蓆等。

(二) **歌謠舞蹈**：可以分為日常生活面之玩耍歌、情歌、捕魚歌等諸多歌曲，以
　　及祭典性歌舞活動如巫師祭典歌舞、豐年祭歌舞等類型。噶瑪蘭族傳統生
　　活方式、日常娛樂，以及祭典時之傳統儀式、禁忌等文化特質，透過這些
　　歌謠的流傳，使噶瑪蘭傳統文化亦也得到另外一種形式之傳承。

精選範題

【測驗題】

(　　) **1** 宜蘭古稱「蛤仔難」，清代吳沙率眾開闢，至何時始入哪個行政
　　　　區？　(A)雍正—淡水廳　(B)嘉慶—淡水廳　(C)嘉慶—噶瑪蘭廳
　　　　(D)光緒—宜蘭縣。

(　　) **2** 首先打開噶瑪蘭族神秘面紗之外來政權為何者？　(A)荷蘭人
　　　　(B)西班牙人　(C)明鄭時期　(D)清領時期。

(　　) **3** 首位入墾宜蘭成功的為誰？　(A)吳沙　(B)林漢生　(C)吳光亮
　　　　(D)潘賢文。

(　) **4** 漢人入墾宜蘭成功後，持續進逼的漢人勢力迫使噶瑪蘭族面臨族群生計發展之問題，清朝政府亦也發現漢人開墾對於平埔族發展及生計等影響之嚴重性，以下敘述中，何者有「誤」？　(A)漢人奪取土地之手段可分為武力獲得、土地買賣、利用放貸及利用風俗弱點等　(B)清政府為保護噶瑪蘭熟番，設加留餘埔制，為臺灣最早的「原住民保留地」政策　(C)道光年間噶瑪蘭族加禮宛社大規模移民奇萊（花蓮）　(D)加禮宛事件為移民花蓮過程中與當地泰雅族所發生之開墾衝突事件。

(　) **5** 目前噶瑪蘭族傳統文化保留較為完整的位於何地？　(A)蘭陽平原的噶瑪蘭族部落　(B)花蓮新社的噶瑪蘭族部落　(C)縱谷平原的噶瑪蘭族部落　(D)花東沿海地區的噶瑪蘭族部落。

(　) **6** 關於噶瑪蘭族社會特色之敘述，何者有「誤」？　(A)以一個核心部落為政治中心，各社有獨立之領導階層，然以大社作為政治及宗教中心　(B)傳統上以年長者作為領導，並透過年齡階級制度來運行部落內之公眾事務　(C)噶瑪蘭族是一個沒有階級的平等社會，頭目以推舉的方式產生　(D)傳統噶瑪蘭族社會為母系社會，婚姻為招贅婚制。

(　) **7** 下列有關於噶瑪蘭族經濟生活之敘述，何者有「誤」？　(A)日常生活所需以自給自足為原則，僅在族社之間有以物易物的交換情形　(B)噶瑪蘭作物生產以自給自足為原則，而沒有存糧備荒的觀念，因此有時會發生缺糧之情形　(C)婦女是農業上的主要工作者，捕魚打獵則為男子專業　(D)透過狩獵而來之鹿皮，與漢人進行貿易，交換日常生活所需之柴、米、油、鹽等。

(　) **8** 下列為原住民族之祭典儀式，何者「非」為噶瑪蘭族所有之祭典？　(A)祭祖儀式　(B)部落戰祭　(C)治療儀式　(D)海祭。

(　) **9** 噶瑪蘭族各項生命禮俗儀式中，何項敘述有「誤」？　(A)有「將子浴於清流之中」之習俗　(B)喪禮時所舉行的Batahogan巴托赫幹的祭靈魂儀式，透過此等儀式，將死者亡魂渡化至真正屬於靈的境界，成為日後庇祐後世之祖靈　(C)受到漢文化影響，目前噶瑪蘭族族群之間以嫁娶婚為主，傳統招贅婚消失多時　(D)噶瑪蘭族為母系社會，起出無疑實行連母名制，後受到漢人文化之影響，開始有父子連名制出現。

（　）**10** 噶瑪蘭族工藝技術，以何項為著稱？　(A)香蕉樹皮編織　(B)竹藤編織　(C)石板雕刻　(D)鞣皮技藝。

（　）**11** 清治時期發生「加禮宛事件」中的「加禮宛人」係指哪一族？　(A)阿美族　(B)噶瑪蘭族　(C)太魯閣族　(D)卑南族。　　　　【初考】

（　）**12** 行政院係於何年核定「噶瑪蘭族」為原住民族第十一族？　(A)民國九十年　(B)民國九十一年　(C)民國九十二年　(D)民國九十三年。　　　　【初考】

（　）**13** 沈葆楨來臺推動「開山撫番」政策，派軍開鑿北、中、南路，以打通東西阻隔。請問北路開通後，曾在花蓮引發什麼事件？　(A)大港口事件　(B)太魯閣事件　(C)七腳川事件　(D)加禮宛事件。【原民五等】

（　）**14** 來自加拿大的基督教長老教會牧師馬偕（G. Mackay），對那一族的宣教工作最為成功？　(A)布農族　(B)太魯閣族　(C)阿美族　(D)噶瑪蘭族。　　　　【原民五等】

（　）**15** 西元1982年上映之電影「唐山過臺灣」，其故事情節主要涉及那一支原住民族土地遭侵奪的史實？　(A)阿美族　(B)泰雅族　(C)道卡斯族　(D)噶瑪蘭族。　　　　【102民五等】

（　）**16** 撒奇萊雅族是因為清領時期那一個歷史事件，被清兵追殺而逃入阿美族部落，隱藏民族身分，直至民國96年才重新被認定為原住民第13族？　(A)加禮宛事件　(B)吳鳳事件　(C)七腳川事件　(D)大港口事件。　　　　【106原民五等】

（　）**17** 針對「加禮宛戰役／達固湖灣戰役」的描述，下列何者錯誤？　(A)這個事件的原因之一是漢人暴力侵墾，大舉燒劫屠殺噶瑪蘭族，其中14社全數被燒毀成廢墟，死傷無數　(B)1860-1940年代左右，噶瑪蘭族以加禮宛社為主體南遷到花蓮豐濱新社，重新建立約2,000人左右的加禮宛大社，並於此地安居立命數十載　(C)在1878年間為了反抗壓迫，噶瑪蘭族聯合撒奇萊雅族合力攻打清朝軍隊，死傷無數　(D)「加禮宛戰役／達固湖灣戰役」造成了四、五千名族人的死亡，民族力量受挫。再加上總兵吳光亮採行「勒遷以分其勢」的手段逼迫兩族人往南遷移。　　　　【107原民五等】

( ) **18** 由於何事件的發生致使噶瑪蘭族與撒奇萊雅族在其後長時間隱藏於阿美族之中？ (A)七腳川事件 (B)大港口事件 (C)加禮宛事件 (D)牡丹社事件。 【107原民五等】

( ) **19** 位於宜蘭縣蘭陽平原北側得子口溪下游的淇武蘭遺址，經過大規模的考古發掘，其文化層上層年代距今500-150年前，就史前部分而言，屬於十三行文化舊社類型，較晚期部分已能和現今那一族群的歷史相連？ (A)凱達格蘭族 (B)巴宰族 (C)噶瑪蘭族 (D)阿美族。 【108原民五等】

( ) **20** 馬偕牧師是十九世紀後期加拿大長老教會派遣來臺的海外宣教師，他進行醫療宣教，開辦淡水女學堂，其傳教的對象範圍主要是下列的那一個族群？ (A)西拉雅族 (B)噶瑪蘭族 (C)巴宰族 (D)泰雅族。 【108原民五等】

解答及解析

1 (C)　**2 (B)**　**3 (A)**

4 (D)。加禮宛社為噶瑪蘭族因其土地被和人開發，而引起族人的抵抗事件。清政府後採取武力強勢鎮壓，使噶瑪蘭族族群發展受到嚴重影響。

5 (B)

6 (A)。(A)為鄒族社會制度特色。

7 (D)。噶瑪蘭族有利用海潮，自製海鹽之習慣。

8 (B)

9 (C)。於系譜研究中，發現現在依然有贅婿之情形，顯示原始母系制度仍作用於其日常生活中。

10 (A)

11 (B)。清光緒年間，政府施行開山撫番政策，因為武力開墾道路加上漢人勢力影響噶瑪蘭族生存，遂於光緒四年，爆發與清軍正面衝突的加禮宛事件。加禮宛社為噶瑪蘭族之一社。

12 (B)。(A)邵族成為原住民第十族。(D)太魯閣族成為原住民第十二族。

13 (D)　**14 (D)**

15 (D)。電影《唐山過臺灣》即描述吳沙開蘭的歷史。

16 (A)

17 (B)。加禮宛事件發生在清光緒四年（1878年）間。

18 (C)　**19 (C)**　**20 (B)**

【申論題】

解釋名詞：(一)加留餘埔制　(二)加禮宛社事件　(三)猴猴族

答 (一)加留餘埔制：清嘉慶十八年（1813），為保護噶瑪蘭熟番，通判翟淦立大社加留餘埔之制，為臺灣最早的「原住民保留地」政策，即在大社周圍加留兩里作為噶瑪蘭族社地，禁止漢族入墾。

(二)加禮宛社事件：《臺灣番政志》：光緒四年一月，加禮宛熟番有殺害漢民陳文禮，蓋因漢人欲入其地開墾，番人不悅，致有此舉耳。加禮宛營哨官蕭某憐之，令加禮宛番以金穀慰藉其遺族以贖罪，加禮宛番人不應，反殺傳令兵，而暗與阿眉族所屬之竹窩社番通謀，至六月企圖反叛。噶瑪蘭族人在這場與政府勢力為敵的戰爭中，為自己的族群帶來毀滅性的結果，事件平定後，主掌後山軍政大權的中路軍統帥吳光亮為避免加禮宛社再生事端，成為開山政策的阻礙，所以採行遷移分化族群以消弱其勢力的作法，分批遷往花東縱谷及海岸地區，其結果不是文化上受到漢化，不然就是同化成為阿美族人，原先以加禮宛社為首移入花蓮所建立的六個強大部落從此瓦解，如今僅能於花東海岸及縱谷地區，尋找到些許之族人和傳統文化。

(三)猴猴族：猴猴族（Qauqaut）原居住於花蓮立霧溪中上游地區，後受到泰雅族之壓迫，曾遷徙到今荖坑溪出海口北岸，即現今蘇澳鎮龍德里一帶，大約三百年前，猴猴族進入今蘭陽平原境內，而又於咸豐年間遷回南方澳。關於猴猴族之研究，日據時代學者伊能嘉矩認為猴猴族屬於平埔族之一支，而李壬癸教授認為猴猴族是最晚來臺灣的一個族，可能是近幾百年至一千多年前遷移至臺灣，與平埔族、高山族不同。

Unit 16　太魯閣族 (TRUKU)

依據出題頻率分為：A頻率高　B頻率中　C頻率低

> 【命題關鍵】正名運動、太魯閣之役
>
> 【命題焦點】原本劃歸泰雅族支系的太魯閣族，在族人們努力之下脫離泰雅族
> 獨立而出，因此在與泰雅族相異、相同之處比較方面和其族群歷
> 史發展與正名運動面須多加留意。
>
> 【考點分析】本章著重於太魯閣族的抗日運動以及太魯閣的歷史源由。此外，
> 太魯閣族與泰雅族的比較亦需多加注意。
>
> 【參考資料】(一) 文化方面：黃長興：〈太魯閣的狩獵文化（上）〉，《山海
> 文化雙月刊》，1998，19，頁124-134。
>
> (二) 正名運動：趙中麒：〈民族想像與民族復振：太魯閣（族）
> 分離/正名運動的意義與困境〉，《思與言》，2003，42：
> 4，頁161-200。

一、族群發展【95初、101原住民五等】

太魯閣族因其風俗習慣與泰雅族相似，以同樣居住於高山、剽悍的民風、狩獵遊耕，視彩虹為神靈之橋，黥面文化等，長久以來被視為泰雅族支系。然而，**太魯閣族雖與泰雅族比鄰而居，但兩族語言不相通也甚少往來，太魯閣族的人民亦不認同他們為泰雅族的一個分支，故發動正名運動，於2004年1月14日被政府認定為臺灣第十二個原住民族。**

(一) **族群概述**：從日據時代以來，一般學者因起源傳說、社會文化、風俗習
慣、語言差異等，將泰雅族分為「泰雅亞族」與「賽德克亞族」，其中
「賽德克亞族」又可再分為〈Truku〉、〈Teuda〉、〈Tkdady〉三個語言
社群。因此，太魯閣族被劃歸為泰雅族的支系。

依太魯閣族傳說其發源於中央山脈白石山腰的一顆大石柱，後來遷移至現
在的南投縣仁愛鄉合作村，族人稱此地為〈Truku Truwan〉，後來因人口
增加，耕地與獵區不足，開始陸續翻越中央山脈向東遷移至花蓮縣一帶，
後來分為三個社群為「太魯閣群」〈Truku〉、「道澤群」〈Teuda〉、
「德其塔雅群」〈Tkdady〉，其中以太魯閣社群為主的人民，發動民族自
覺的正名運動，經認可後成為「太魯閣族」。

(二)**地理發展**：太魯閣分布地區北起花蓮縣和平溪，南迄紅葉及太平溪這一廣大山麓地區，以行政區來劃分為花蓮縣秀林鄉、吉安鄉的慶豐、南華、福興等三村、萬榮鄉及少部份卓溪鄉的立山、崙山等地。依行政院原住民委員會111年統計資料，人口總數約33,205餘人，由於青壯人口外流嚴重，村內以老人及小孩居多。

(三)**神話傳說**

1. **祖先發祥地的神石傳說**：在創世初期，有一男一女的天神自天上降在深山上的大石磐一分為二，一個變成陸地的王，一個變為宮殿，此二神就住在這宮殿裡，並稱呼此地為峰巒（祖先地，也稱為神木，神石），並從此地繁衍太魯閣族的後代。此為太魯閣族祖先發祥地的傳說。其中的神石位於木瓜溪支流－清水上游附近，隸屬於秀林鄉文蘭村的轄區，神石位於海拔2814公尺，高約100公尺、寬（直徑60公尺）。像是一條長形白石由天降下來，插在懸崖上，從其正面及兩側來看，像一個白色橢圓形狀。

2. **彩虹橋**：太魯閣族有則傳說人死後其靈魂會出現在彩虹橋的橋頭。只有獵過敵人首級的男人和會織布與編織的女人，才可通過彩虹橋到祖靈那裡享福。至於沒有取過敵人首級的男人及不會織布及編織的女人，就不能通過彩虹橋，而且會把他們丟下河底被螃蟹吃掉。因此族人為了能經過彩虹橋到達祖靈所在地，男人要去取敵人的首級，女人必須會織布與編織。

(四)**歷史發展**

> **經典考題**
>
> 試舉出你心目中的原住民族史上的三大歷史事件，並整體析論其意義。
> 【原民二等】

1. **抗日戰爭**：西元1895年日人佔領臺灣，由於不尊重臺灣族群的風俗習慣，甚至強行侵佔土地，因此衝突事件頻傳。隔年1896年起，於太魯閣族領地發生一連串的抗日戰爭，依時間順序分述如下：

   (1)**新城事件**【97原民五等】：**西元1896年12月下旬，日本駐軍軍律不嚴發生欺侮太魯閣族少女事件，導致太魯閣族的勇士群起攻擊所在地新城分駐所，導致日軍官兵13人全數喪生，史稱「新城事件」。**新城事件發生後，使得日本政府採行一連串討伐原住民行動，卻都因日軍軍隊對太魯閣地形不熟而遭逢失敗。此後，日本政府表面上對太魯閣原住民採取懷

柔勸誘的管理策略，實際上卻是暗中進行分化手段，利用太魯閣族人相互間因為獵場分配不均所結下的怨恨為導線，引發各社間的自相衝突。

(2) 三棧事件：**西元1897年1月10日的「三棧事件」延續新城事件而來。**日軍在為喪生同僚收屍時，又遭到襲擊，日軍駐美崙地方派出三個步兵大隊，並配合砲兵二兵各一隊混合編成強大的攻擊部隊，另外派出一個中隊進攻三棧山區，但擅長叢林戰的太魯閣族人，在濃密叢林中襲擊，藉由從山上滾下大石、放置竹釘於路面上、射下毒汁暗箭、利用天險障礙物、挖地洞只露出頭射擊敵人等策略，迎接日軍攻擊。整裝待發日軍雖欲與之一戰，卻無奈太魯閣族人居高臨下，不易被發覺及辨認，徒勞無功更無所獲，一個月後撤軍而返。

(3) 加灣事件：由於三棧事件失敗，日軍改變戰略，透過先制服三棧之前的加灣來牽制太魯閣族。在湯池連隊長指揮下，動員軍隊、軍伕及南勢阿美族壯丁合計1737人編成攻擊大隊。攻擊開始時，隊伍進入暗不見天日叢林，突然遭到來自兩邊太魯閣族人密集射擊。而阿美族人因語言不通，又不諳環境竟派不上作用。隊長只好下令撤退。其後，研究太魯閣族人的作戰方法，發現其在草叢裡掘洞穴，身體在洞穴之內，只露出頭來襲擊日軍，此為其出草的作戰方式。**因無法打敗太魯閣族頑強的抵抗，故澎湖調派軍艦，由海上砲擊加灣部落。發生於西元1897年2月6日的「加灣事件」在小城忠次的記錄書中寫道：「日軍死傷人數約有500人，太魯閣族死傷人數很少。」**

(4) 威里（力）事件【97、102原民五等】：西元1906年7月31日，日本政府曾一度對太魯閣族人採取綏撫策略，**但因日軍逐漸擴大開採樟樹區域，侵擾太魯閣族人生存領地**，故經常發生流血衝突。其中最嚴重的一次是於1906年8月1日，太魯閣族人襲殺花港廳廳長大山十郎等36名日本人，稱為「威里（力）事件」，此事震驚日本當局，促使日本決定大開殺戒，暗中部署鎖山策略，準備展開再一次的軍事活動。

(5) 太魯閣之役【95原民三等、97、101、102原民五等】：經過「新城事件」、「三棧事件」、「加灣事件」、「威里事件」後，日軍慘敗，但仍不減其對抗太魯閣族人之心，持續醞釀發動更大一波的戰爭。由於日人治臺前期，台人武裝抗暴事件層出不窮，而實行武裝統治。但日本據台近二十年，居於花蓮的太魯閣族從未屈服於日本的統治，十分頑強抵抗，**因此理番總督佐久間左馬太決定於1914年5月7日開始，對臺灣的原住民發動規模最大的一次鎮壓戰爭——太魯閣之役**，主要的戰場在現在的合歡山

地區，包括花蓮木瓜溪上游及立霧溪上游一帶。根據日人調查，當地有九十七個部落，總人口約一萬人，能作戰的壯丁共有三千多人，於是日本動員軍警二萬多人，兵分三路，夾擊太魯閣族部落。

這場戰爭從六月一日打到八月初，由當時已經七十歲的佐久間左馬太親自到合歡山督導日本軍警作戰。然而，人數少勢力又薄弱的太魯閣族，終不敵日軍警精良武器及優勢兵力，於三個月後在八月中棄械投降，族人死傷慘重。

此一戰役牽連甚廣，由於在鎮壓原住民的過程當中，日本政府徵調了很多靠山地區的人民去當運補彈藥和糧食的軍伕，使得臺灣人民苦不堪言，**因此在1912年和1915年爆發許多漢人反抗事件，例如林圯埔事件、土庫事件、東勢角事件、臺南六甲事件等等，就是和日本人鎮壓原住民而大量徵調軍伕有關。**

不過，經過此次大規模鎮壓後，臺灣原住民大多數已無力反抗，日本方面也**採懷柔教化手段，在山上設駐在所，開闢很多警備道路，派遣警察入山以維持治安；在山上設置山地學校，讓原住民接受教育，改善其衛生環境與風俗習慣，並設置醫療站，也嚴格管制槍彈，將原住民部落遷移到海拔較低的地方居住**等。此外，教導原住民種稻、養蠶、養牛、養羊，減少打獵，改變他們的經濟型態，讓他們逐漸過定居的生活。這些種種的措施不外乎是改變原住民的經濟型態與生活方式，以便統治。

經典考題

1.請介紹太魯閣族正名運動的源起、發展過程、結果，透過此三階段的說明加以分析其民族訴求或政治意義與政府當局的處理態度。
2.戰後臺灣原住民族運動有一項極重要的訴求是「正名運動」，試論該運動之具體內涵、發展過程及分析其成敗。【原民三等】
3.1980年代迄今，臺灣原住民族運動的主要訴求為何？試析論之。【原民四等】

---

2. 正名運動

(1)日本佔領臺灣後，根據〈藤井志有林野及樟腦製造業取締規則〉，將山地資源收歸國有，再加上日本積極開發山地林業資源，成立「臨時臺灣舊慣調查委員會」對山地進行大規模的番地調查報告，以掌握確切的資源進行開發。

(2) 由於臺灣原住民沒有文字，因此日本的學者透過田野調查工作了解原住民生活，學者紛紛以物質、語言和體質……等科學標準，將原住民予以分類。如伊能嘉矩、鳥居龍藏、伊川子之藏、鹿野忠雄等都有其原住民分類方式（詳細資料參見第二章原住民族稱呼演變）。二次大戰結束，臺灣光復，國民政府接收臺灣，繼續沿用日本對臺灣原住民分類，依此制定相關的山地政策。

(3) 太魯閣族當時被劃分在泰雅族賽德克亞族之下，居住於現今花蓮太魯閣國家公園一帶。然而，太魯閣族雖不存在於官方的民族誌分類中，但其確實為存在的族群實體。對太魯閣族人來說，他們自始至終都不認為自己屬於泰雅族的一支，而是一個獨立的族群，但是原住民族身分法的規定下，他們只得附屬在泰雅族之下。

(4) **1988年，原權會通過「臺灣原住民權利宣言」後，民族自覺便成為原住民各族中的關切議題**。對原住民而言，民族自覺代表各族有權利依民族意願決定自己族群中有關政治、經濟、文化發展模式的相關事務，成為一個民族主體，擺脫自清朝以來殖民地式的統治方式。

(5) 太魯閣族存在實例

　A. 花蓮縣吉安鄉豐豐村擔任牧師的報導人說道：「……像我去替小朋友申請身分證，承辦人員問我哪一族，我說是太魯閣族，她說沒有；那我想，賽德克族好了，也沒有。氣死了……只好在身分證上蓋上泰雅族。如果不是為了日後的獎學金，我根本不想要那張身分證。」也有族中長輩平常不許小朋友們稱其為泰雅族，若有小朋友說，還會一起糾正。

　B. 1984年臺灣原住民促進會成立時，就有五位成員自稱其是太魯閣族族人。

　C. 1991年4月「臺灣原住民自治會議」第一次籌備會，會後的宣言草案及同年12月發表的〈臺灣新憲法原住民自治條款宣言〉，此二次宣言中均出現太魯閣族。

　D. 1996年4月26日，因為亞洲水泥設採礦場於太魯閣口卻違法改變與當地原住民的租賃契約引起原住民不滿，遂引發為期四年的「反亞泥‧還我土地運動」。當地原住民即太魯閣族。

(6)1996年之後，太魯閣族人積極推動分離與正名運動。於2003年6月太魯閣族人向行政院原住民會遞交萬人連署書，希望趕緊擺脫無身分的窘境。就像是太魯閣族青年希雅特所言：「正名運動主要是因應政府推動原住民自治⋯⋯如果我們無法爭取官方認定⋯⋯就會比較不利於族人的政治參與，對於現階段推動原住民民族政治的發展，將成為變向的阻力。」

(7)對太魯閣族人來說，成為官方認可的民族就意味著對民族未來的安全和繁榮有所期待。於是，在2004年1月14日，行政院院會正式決議，將太魯閣族列為官方承認的民族之一，成為臺灣第十二族原住民。

(8)太魯閣族從日本殖民前期無政治自決意識的原住民部落；至日本殖民後被學者納入泰雅族群落之下，成為泰雅族人，改變了原有的部落政治結構和認同；最後透過自覺運動成為真正的民族，找回自我的歸屬與認同感。

二、社會制度

(一) 政治制度：部落中的最高領袖為頭目，其職責對內仲裁族內糾紛、維持部落安寧與和諧；對外代表部落。眾人推舉而出的頭目及其他幹部都是無酬勞制，唯一享有的權利是若部落人家舉行慶典時，皆會受到邀請分享喜悅。

(二) 繼承制度：太魯閣族為一父系社會，由小家庭組織而成的社會，在家庭或親族之間均是以男性權威為主。繼承制度頗為特別，不限長子才有得財產權力。其規則如下：

1. 若長男娶妻要分戶時可分到一塊或二塊以上的田地。
2. 次男娶妻要分戶時亦可分到田地。
3. 最小的男孩娶妻，不得分戶，由他來負責照顧父母的生活，當然剩餘家產是屬於他所有。

(三) 婚姻制度：太魯閣人對於婚姻採取「雙系近親群」制度，所謂近親群包括父系五代及外曾祖父後裔四代範圍內的親屬。婚前由男方近親群家派員到新娘家工作，結婚時，男方近親群共同迎娶新娘，女方近親群也共同出嫁新娘。但是雙系近親群是一個禁婚單位，禁親群中的子女不許結婚，若觸犯禁忌，則祖靈降罪而禍及親族。

三、經濟生活

居住於山區的太魯閣族，以其剽悍的民族習性、擅於翻山越嶺的野外謀生技術，發展出引人注目的「狩獵文化」。登山狩獵對太魯閣男子而言，不僅是捕

捉肉食性動物為食物來源，更具有崇高的社會價值與意義。狩獵形式展現族人們的團結與合作；狩獵技巧展現個人卓越的技術；狩獵活動展現族群的榮耀與尊嚴，狩獵是表彰尚武精神的太魯閣族男子最佳展現自我的管道，更與生活息息相關。

(一) 狩獵季節

季節	月份	簡介
春季	三月至五月	春暖花開是大地孕育萬物的時節，山林中的動物們忙著築巢哺育幼小，人們忙於春耕農作無暇入山狩獵，故春季禁獵，亦禁止食用幼小動物，以平衡自然生態。
夏季	六月至八月	夏季炎熱，颱風過境使得氣候多變、山路泥濘，獵物無法搬運下山而腐敗，故夏季禁獵。
秋季	九月至十一月	秋高氣爽，動物長成良好，奔騰於山林之中，適於勇士們上山狩獵，且秋季狩獵不僅可捕獲肥美的獵物，亦可訓練族人膽識與勇氣。
冬季	十二月至隔年二月	冬季臺灣高山三千公尺以上山頂偶有白雪，二千五百公尺以下山區仍像秋季一般，林木茂盛、動物活躍，故亦適於狩獵。
總結	以氣候而言，四季之中，春、秋、冬適於狩獵，然因春季萬物滋長，為動物生產孕育期，為平衡自然生態，故禁獵。	

(二) 獵區劃分：太魯閣族對獵區的劃定是祖先以武力所建立的，因此族群與族群，家族與家族之間，各有各自的獵區，有嚴密的界線規範，互不衝突。若遇有糾紛時，亦以武力解決一切，以征服得勝者劃定狩獵區範圍。

(三) 狩獵技術

團體圍獵	又稱「犬獵」，是獵犬和埋伏於後的獵人聯合截殺獵物的狩獵方式。需先作詳細的地形勘查、規劃獵物進出路線，重點埋伏後，獵犬將成群的獵物驅散，獵人在後將落單的獵物截殺。
跟蹤捕殺	以個人行動為主，適用於各種地形與氣候下，溪谷附近的斜坡地為最佳選擇。獵人需擁有熟練的登山技術、跟蹤技巧、野外謀生能力，再配以槍、弓箭、長矛為工具，執行全天候的狩獵任務。然而，由於刀械管制法和禁獵措施，使得此項技術逐漸失傳。

陷阱狩獵	最快速有效率的狩獵方式，適用對象幾乎涵蓋所有野生動物。	
	鐵夾陷阱	使用鐵夾埋設於動物途經的路徑上。
	吊索陷阱	由軟性鋼絲或繩索編製而成，可分下列數種：1.套腳陷阱、2.頸套陷阱、3.樹上絞殺器、4.鳥類捕捉器。
陷阱狩獵	**木刺或竹刺陷阱**	將堅硬的木材或箭竹削尖成刺茅，斜插在獵物必經之路，待獵物至斜坡跑下即受傷，用於追捕水鹿。
	地窖陷阱	在地上挖一大坑洞，圓形洞口直徑約一百二十公分、深約二百五十公分，洞底裝滿木刺或竹刺，以獵殺野豬為主。
	導線路槍或路箭	在獵物必經道路旁二至三公尺處設置獵槍或弓箭成待發狀態，瞄準獵物並予以偽裝，再將秘密導線橫跨或埋藏於路徑上，待獵物經過時，牽引導線自動引發槍彈或弓箭。
	壓殺式陷阱	專為捕殺黑熊而設計。設置誘餌處和引發裝置，待獵物觸動後牽引石塊或木塊，使得毫無警戒心的獵物被壓殺。此種陷阱危險性高，非不得已甚少使用，使用完立即拆除，以免人為受傷。
	獵槍	精簡又快速的狩獵方法，但因槍枝列入管制，故無法使用，近來有人使用十字弓，其無聲又具威力，絲毫不遜於槍枝。
	注意事項	陷阱設置危險性高，其目的在捉獵物，故需小心使用以免誤傷登山客或獵人、獵犬本身。

四、信仰

太魯閣族的傳統信仰中心為「祖靈信仰」，「祖靈」包括了祖先及狩獵者，他們是部落的守護者。族人們相信祖靈會保佑後代子孫，因此所有人都必須遵守祖先所遺留下的風俗、教訓和規範，也就是祖先所留下的〈gaya〉。〈gaya〉意指風俗，但其真正的內涵包括法律、道德、禁忌、儀式、禮俗等規範，在部落中扮演重要的角色。

由於〈gaya〉相當於部落的最高規範，若違反〈gaya〉，必定會觸怒祖靈，因而降下災禍。例如：農作物欠收、狩獵不豐、獵人頭卻遭致死傷、天災、瘟疫等。因此，必須經由對於祖靈的供奉以慰藉祖靈來獲得解決，例如趕快獻出豬隻或其他家畜，或是藉著儀式的進行象徵著與祖靈之間的溝通與告解。

為了確保〈gaya〉能確實被部落族民遵守，而設立三個職位以監督成員奉行。

(一) **政治方面——頭目**：處理部落內的大小事務，並對做出違反祖靈規定的人施行判決，族人都必須服從，否則會引起眾怒、受到群毆或遭驅逐出社，惟一可變更改判決的方法，即是率領親族出草獵頭，若成功無傷而返，證明無罪，則仍可受祖靈保護，其他族人也不會再有異議。

(二) **祭祀方面——祭司**：祭司的主要職責是指導族人在一定的農作時節進行播種、收割，並負責在祭典中向祖靈祈求農作豐收，出獵成功，族人平安。

(三) **醫療方面——女巫**：女巫的任務是在疾病及災害產生時，施行法術判斷原因的發生，查出何人冒犯了祖靈而導致災禍，一旦查出是那一人家行為不當時，就必須由該人家出錢或奉獻收穫以求祖靈息怒，去除災禍。

祖靈信仰讓太魯閣族人們有著一定的遵循規範，維持著部落中良好的社會秩序與結構，族人們相信透過祖先護祐的靈力會賜福給後代子孫，經由儀式的實行與傳承，不僅回饋祖先的恩澤更將信仰融入實際生活，牽引著族人的生活脈動，呈現在平日生活中的醫療儀式與部族祭典中的祖靈祭典，成為族群部落傳統信仰建構的重要基本儀式，祖靈的信仰亦是所有族人們精神核心所在。

五、生命禮俗

(一) **生產**：產婦在家生產，若非於家中，則會破壞規則，招致大颱風的災難。其夫走避，不得在家。嬰兒出生後，以竹刀切斷臍帶，並且用火灰擦拭，胞胎則埋於底下。出生十天後，家人需到河邊祭神祈福，以避免風災來臨。

(二) **命名：太魯閣族行「父子連名制」，即是小孩名後連上父親之名**。嬰兒生下後由祖父或父親為嬰兒取名，首先要殺雞獻祭祭告祖靈，祈求祖靈保佑嬰孩平安長大，充滿勇氣和智慧。祭拜祖靈完後，家族中的長輩紛紛贈予新生兒弓箭、獵槍、背簍、肚兜、衣服、芋頭、玉米、地瓜、小米、香蕉等物。 每樣物品有其不同的代表意思，例如贈送新生男嬰弓箭、獵槍或番刀，代表希望長大後能成為驍勇善戰的勇士；而送給地瓜、小米、芋頭則是希望其不愁吃；送香蕉則有祝福多子多孫之意。取名時：男孩早期以驍勇善

戰勇士之名，或以祖先的名字命名；女孩則採用溫柔婉約、美麗賢淑或小昆蟲之類的名稱，或取曾祖母、曾曾祖母的名字，以表敬重懷念之意。

(三) **婚姻禮俗**：太魯閣族的求婚得先徵得女方同意後行之，求婚的內容主要是議定男方的聘禮、選定日期以及女方的嫁妝。婚禮在男方家舉行，行禮時由媒人手持一瓢水向神靈祈禱婚姻幸福順利，雙方主婚人用食指浸水中表示不悔。

六、藝術文化

(一) **紋面文化**：**紋面在太魯閣族稱之為「巴大斯克拉斯」，是太魯閣族具代表性的傳統文化特色**。當男女到了十四、十五歲時，即可開始「紋面」，男性以刺額紋與頤紋、女性以刺額紋與頰紋為主。紋面有其代表意義，亦是成年的象徵，只有獵獲過人頭或相當獵物的男子；織布技術高超的女子才有資格紋面，取其具有男子勇武和女性堅忍的精神為意義，也是個人已經成熟有結婚資格的標記。除此之外，這也代表著太魯閣族人的審美觀念與同屬一個族群的歸屬感，更有驅除邪魔的作用。

在太魯閣族內紋面有專門的人才負責，為代代相傳的工作，具有權威性質。若有人沒有經過允許，隨便替人紋面，就得賠償專門負責的人幾倍。這類的工作有其一定的報酬，通常男子需準備兩把小米、一件麻線製的衣服、手鐲，讓紋面者任選一種；女子需準備兩件首領穿的衣服、黃銅鍋一個、小豬一隻、五十毛或五到六塊錢，讓紋面者任選一種，以為工資。

時至今日，紋面風俗已不再沿襲，只有少數相當年紀以上的太魯閣族老人臉上，才能看到這個歷史痕跡。

(二) **織布技術**：太魯閣族以苧麻為主要的製衣材料，每一家庭都有種植苧麻。苧麻一年可收成三次，最好的時節是開春之後，此時的麻纖長、易折且強韌纖維收取量多，而冬季第三期的麻纖則短且脆。因此，種植苧麻是當寒氣離開，氣溫和暖時，為最理想的時間。織布在太魯閣族的婦女中被視為是一項必備的技能，由於彩虹橋的神話傳說，因此所有婦女都必須要會織布，否則死後不能走過彩虹橋。織成的布紋以看似眼睛的橢圓形或菱形為主，顏色以白色為主。

(三) **服飾**

1. **男性**：上衣為削肩開襟式長至大腿處，以麻線製成，胸前掛一布片。衣服顏色以褐黑色及白色為主，不過只有首領才有資格穿紅色衣服戴紅胸帶及

紅頭帶。胸前纏繞著獵物牙齒，獸齒越大代表示此人狩獵技術高超，為勇者，山刀永不離身。

2. **女性**：以麻線製成連接雙手的長袖上衣、下裙為布片裙兩片長至大腿，小腿以小短布片包住。顏色為白底以紅藍綠色之橢圓形或菱形的布紋為主。掛有項鍊裝飾，項鍊由一種名叫〈axa〉的小植物果子串成的。

(四)口簧琴：「**口簧琴」〈LoBag〉為太魯閣族的傳統樂器，是以桂竹片中間切空，鑲入一金屬片（以銅片為主），或者是在竹片本身切割時，不完全切斷，留中間細長竹片，並予以削薄，兩側繫以細繩**。吹奏時，左手手指纏住左側細繩、右手手指拉扯右側細繩，將竹片置於嘴巴前緣，以口部作為音箱，使其震動發音，並由口腔內空間的大小轉換來區分音階。

(五)木琴：太魯閣族的「木琴」稱之為「打庫茲」，以「油桐樹」或「波瑟拉樹」製成，男女皆可敲奏。將樹木砍下後，不能立刻製作成木琴，須存放陰涼處風乾約三至六個月，待樹木變得乾燥後，才可製作。傳統木琴製作不易，只有Re、Mi、So、La四個音階，其音質好壞與樹木的長短、乾濕及粗細有著極大關係。

精選範題

【測驗題】

(　　) **1** 太魯閣族早先被劃歸為泰雅族的一支，其原因為何？ (甲)視彩虹為神靈之橋　(乙)黥面文化　(丙)比鄰而居　(丁)剽悍的民風 (A)(甲)(乙)(丙)　(B)(乙)(丙)(丁)　(C)(甲)(乙)(丁)　(D)以上皆是。

(　　) **2** 日本理番總督佐久間左馬太對臺灣的原住民所發動規模最大的一次鎮壓戰爭為何？ (A)霧社事件　(B)新城事件　(C)大分事件 (D)太魯閣之役。

(　　) **3** 太魯閣族發動正名只為脫離泰雅族之因「不包括」下列何者？ (A)與泰雅族風俗習慣差異大　(B)兩族語言不相通也甚少往來 (C)太魯閣族人至始至終都不認同其為泰雅族的一個分支　(D)成為一獨立的族群後可享有更完善的社會資源。

(　　) **4** 關於太魯閣族的繼承制度，下列敘述何者「正確」？ (A)父系社會的太魯閣族行長子繼承制　(B)次男娶妻要分戶時亦可分到田地

(C)照顧父母屬於長子的責任　(D)經由分家後剩餘家產皆由長子繼承。

(　　)　**5** 居住於山區的太魯閣族,以其剽悍的民族習性、擅於翻山越嶺的野外謀生技術,發展出引人注目的「狩獵文化」,由以下哪些敘述中我們可得知太魯閣族人與大自然共生存的保育觀念:　(A)獵人偕同獵犬以夾殺方式獵捕幼小動物　(B)設置陷阱讓獵物掉落且大小通吃　(C)春季禁獵　(D)所設置陷阱用完後不立即拆除。

(　　)　**6** 關於太魯閣族的傳統信仰中心—祖靈信仰,下列敘述何者有「誤」?(A)為確保〈gaya〉能確實被部落族民遵守,而設立「長老」、「祭司」、「女巫」三個職位,以監督成員奉行　(B)「祖靈」包括了祖先及狩獵者,他們是部落的守護者　(C)〈gaya〉為祖先所流傳下來的行事標準,若違反〈gaya〉,會觸怒祖靈,因而降下災禍　(D)若有天災人禍降臨時,需供奉祖靈,以求慰藉來獲得解決。

(　　)　**7** 太魯閣族祖靈信仰的彩虹橋傳說,對族人的日常生活有何影響,其中「不包括」?　(A)神話傳說成為族人們告誡子孫的有力工具　(B)神話傳說成為族人們心理上的負擔　(C)確立了男子取敵人首級的榮譽性　(D)規定女人專門從事織布與編織。

(　　)　**8** 太魯閣之役為血腥的鎮壓戰役,其影響不僅止於太魯閣族人本身,更牽連其他,以下關於太魯閣之意的敘述,何者與事實「不符合」?　(A)日人治臺不尊重臺灣族群的風俗習慣,甚至強行侵佔土地,因此衝突事件頻傳,太魯閣之役為其中之一　(B)太魯閣之役發生當時日本總督為「乃木希典」　(C)日本為鎮壓原住民而大量徵調軍伕,導致戰後爆發許多漢人反抗事件　(D)鎮壓結束後,日本將原住民遷徙至他處以便統治,但此一舉動導致原住民生計活動改變。

(　　)　**9** 1984年「臺灣原住民促進會」成立,此團體成立為原住民開創新契機,對於原住民而言也邁進一大步,請問此會成立其意義「不包括」下列何項?　(A)便於原住民同胞推動各項原住民事務　(B)原住民的心聲藉由臺灣原住民促進會得以傳達　(C)讓政府更重視臺灣原住民權益　(D)便於原住民獨立運動的推動。

(　　) **10** 「上衣為削肩開襟式長至大腿處，以麻線製成，胸前掛一布片」，此一敘述為哪一族男子的服裝特色？　(A)太魯閣族　(B)賽夏族　(C)布農族　(D)邵族。

(　　) **11** 「新城事件」係日軍與哪一族的爭戰？　(A)太魯閣族　(B)阿美族　(C)噶瑪蘭族　(D)布農族。　【初考】

(　　) **12** 經行政院核定為原住民族的「太魯閣族」原歸類為哪一族？　(A)阿美族　(B)賽夏族　(C)魯凱族　(D)泰雅族。　【初考】

(　　) **13** 太魯閣族目前是官方認定的民族之一，它過去被歸類於那一個族？　(A)卑南族　(B)泰雅族　(C)阿美族　(D)布農族。　【101原民五等】

(　　) **14** 請問太魯閣事件發生於那一年？　(A)1874年　(B)1895年　(C)1914年(D)1930年。　【101原民五等】

(　　) **15** 下列何者並非以布農族人為主的對抗殖民者歷史事件？　(A)威里事件（西元1906年）　(B)馬典古魯事件（西元1910年）　(C)大分事件（西元1915年）　(D)逢坂事件（西元1919年）。　【102原民五等】

(　　) **16** 西元1906年之「太魯閣事件」，係日本企業賀田組在原住民族地區進行那一種行為，引發太魯閣族與泰雅族的抗日行為？　(A)抽黃籐　(B)取樟腦　(C)採愛玉　(D)砍桂竹。　【102原民五等】

(　　) **17** 戰後國民政府接掌臺政，到遷臺後才開始對太魯閣進行重建的工程，其中那個工程對太魯閣族的生活空間影響最大？　(A)亞洲水泥　(B)花蓮機場　(C)東西橫貫公路　(D)阿美族文化園區。　【106原民五等】

(　　) **18** 有關太魯閣對日戰役的描述，下列何者正確？　(A)太魯閣戰役發生於1914年，當時太魯閣族戰士不到一千人，前後歷時一個月　(B)當時的民政長官內田嘉吉擔任總指揮官，警視總長龜山里平太擔任副指揮官，聯合組成一支完整軍隊，由一條路線攻打太魯閣族人　(C)太魯閣戰役中，日本人用所謂的「東路討伐軍」兩隊，一為巴托蘭討伐隊，一為得其黎討伐隊　(D)太魯閣戰役中，日本人用所謂的「東西兩路討伐軍」，兵員、軍伕總計超過兩萬人，先進武器野戰砲、機關槍等進行對太魯閣族的攻擊。　【107原民五等】

解答及解析

1 (D)　　**2 (D)**　　**3 (A)**

4 (B)。太魯閣族的繼承制度不限長子有繼承權，每一子嗣皆可分家，父母生活由最小男孩照顧，其不得分戶，剩餘家產亦全歸他所有。

5 (C)

6 (A)。為確保〈gaya〉能確實被部落族民遵守，而設立「頭目」、「祭司」、「女巫」三個職位，以監督成員奉行。

7 (B)　　**8 (B)**

9 (D)。原住民族的獨立運動需考量的著眼點十分多元，既費時、費力亦容易造成族群與政治問題，因此臺灣原住民促進會其成立宗旨在於便利原住民而非製造更多的爭端。

10 (A)

11 (A)。日人佔領臺灣後，對東部的開發採行積極的態度，1896年日軍軍紀敗壞，欺侮太魯閣族少女，引

起太魯閣族社攻擊新城分駐所的駐軍，稱為新城事件。

12 (D)。太魯閣族因其風俗習慣與泰雅族相似，以同樣居住於高山、剽悍的民風、狩獵遊耕，視彩虹為神靈之橋，黥面文化等，長久以來被視為泰雅族支系。

13 (B)。太魯閣族、賽德克族，均係自泰雅族所獨立出來。

14 (C)。1914年由總督佐久間左馬太所發起的太魯閣事件，是為日治時期對原住民族所發起規模最大的鎮壓戰爭。

15 (A)。威里事件為太魯閣族抗日事件。

16 (B)。太魯閣事件起因於日人掠奪山地林產資源。

17 (C)

18 (#)。官方公告答案，答(C)或(D)或(C)(D)均給分。

【申論題】

解釋名詞：(一)彩虹橋　(二)太魯閣之役

答　(一)彩虹橋：彩虹橋為到達祖靈所在地必經之路，起源於太魯閣族的一則傳說。傳說人死後其靈魂會出現在彩虹橋的橋頭，只有獵過敵人首級的男人和會織布與編織的女人，才可通過彩虹橋到祖靈那裡享福；至於沒有取過敵人首級的男人及不會織布及編織的女人，則不能通過彩虹橋，而且會把他們丟下河底被螃蟹吃掉，因此族人為了能經過彩虹橋到達祖靈所在地，男人要去取敵人的首級，女人必須會織布與編織。

(二)太魯閣之役：「太魯閣之役」為理番總督佐久間左馬太於1914年5月7
　　日始，對臺灣原住民發動規模最大的一次鎮壓戰爭，以太魯閣族人為
　　主，發生在現今合歡山地區的戰事。人數少、勢力又薄弱的太魯閣
　　族，不敵日軍警精良武器及優勢兵力，棄械投降。此次事件不僅造成
　　太魯閣族人死傷慘重，由於在鎮壓原住民的過程當中，日本政府徵調
　　很多靠山地區的人民去當運補彈藥和糧食的軍伕，亦使得臺灣人民苦
　　不堪言，在事件過後相繼爆發許多漢人反抗事件。此外，對原住民政
　　策方面，日本改採懷柔教化手段，開闢很多警備道路，設駐在所，讓
　　原住民接受教育，改善其衛生環境與風俗習慣、教導其農耕技術
　　……，亦有將原住民部落遷移到海拔較低的地方居住的策略，讓原住
　　民遠離家園以改變原住民的經濟型態與生活方式，便於統治。

NOTE

Unit **17** 撒奇萊雅族（SAKIZAYA）

依據出題頻率分為：A頻率高　　B頻率中　　C頻率低

【命題關鍵】正名運動、加禮宛事件

【考點分析】1. 由於撒奇萊雅族是由阿美族中獨立出來，故應著重於其與阿美族的比較。

　　　　　　2. 撒奇萊雅族的正名過程十分完整，歷時許久，應多加注意。

【參考資料】行政院原住民族委員會http://www.apc.gov.tw/

一、族群發展

(一) **族群概述**：原本歸屬於阿美族之下的撒奇萊雅族〈Sakizaya〉，經過族人自身的努力，終於正名納入臺灣原住民第十三族。分佈於奇萊平原（即為花蓮平原，相當於現今花蓮市區）的撒奇萊雅族，語音之意為「真正之人」，指特定的一群人。**由於撒奇萊雅族擁有自己的語言，此一語言與傳統區分的阿美族語言不甚相同，導致撒奇萊雅族與其周圍的阿美族人無法溝通，甚至造成許多誤會**。

撒奇萊雅族人主觀意識認為其不同於阿美族，積極籌設民族自治組織，統合全族各部落族民，透過申請民族正名運動觀察，更辦理全族的祭祖儀式、豐年祭儀式，展現其獨立之決心。

(二) **民族意識**：民族認定的工作十分複雜，考慮層面廣闊，很難有相同的認定標準或規範。不僅要尊重族群意識，又要使族群成立具合理性，實在需要多方的資料與時間的觀察、評估來完成。一般而言，考量一族群是否成為一民族，提供基本的兩項看法：

1. **民族的主觀認定意識**：是否全族之人一致認定其為單一、個別性民族。

2. **民族的客觀條件認定**：**透過歷史、語言、文化、宗教信仰、民俗活動、人口分佈等資料，加以評估分析**。

因此，當主觀意識與客觀條件都能明顯清晰時，則成為單一民族的阻力將越來越小也越邁向成功目標。以撒奇萊雅族而言，其族人的主觀認定意識強烈，由其籌畫許多組織、活動可見端倪。例如：歷時一年策劃，於95年7月1日舉行的**火神祭典，主要紀念加禮宛事件犧牲族人，為響應此活動，撒奇萊雅族的每一聚落均有派代表人員前來參加，視為凝聚族群意識最顯著的表現。而語言與阿美族的分歧，更是撒奇萊雅族獨立的最好證明**。

(三) **族群分布**：撒奇萊雅族主要分佈於臺灣東部的奇萊平原上，大致在現今的花蓮縣境內。但由於19世紀的加禮宛事件影響，平地人口大量進入花蓮平原，加上日本時代為逃避勞役及水災等因素，使得撒奇萊雅族居住範圍更動，除了在花蓮平原內的小範圍遷徙外，同時也開始向平原以外的地方作大範圍的遷移。

目前撒奇萊雅族的主要部落在北埔（Hupo'）、美崙（Pazik）、德興（Sakor）、主佈（Cupo'、Kasyusyuan）、月眉（'Apalu）、山興（Cirakayan）、水璉（Ciwidian）、磯崎（Karuruan）、馬立雲（Maiul）、花蓮市國福里（Kasyusyuan）、國福社區（Cupu'）、撒固兒（Sakul）、等地，也些人口亦散居於其他阿美族聚落之中。近年來隨著工業發展，因為工作、教育等需求，多數阿美族人遷徙到西部都會區，分布地以大臺北地區為主。111年統計總人口約有1,037人。

(四) **神話傳說**

1. **祖源傳說**：最初的祖先們居住在米崙山東北、花蓮港高爾夫球場西北方的Nararacanan地區，並在那裡準備要分社，分社的依據為豎立槍枝以比較人數多寡。這時撒奇萊雅族人將部份槍枝藏匿起來，好讓人數變得少些，因此就把其他社的人分至撒奇萊雅族。

2. **神靈傳說**：撒奇萊雅族的神靈〈dito〉屬於死亡之靈，當人們死亡之後，他的靈魂會通過米崙山（今美崙山）的凹處，朝向東方，向大海的方向飄去。而在舉辦祭祀時，所有的祖靈又會從海邊穿過米崙山回到祭祀之地。這些祖靈往往是穿著紅色衣物，只有祭司〈mapalaway〉才能看見。

3. 在遠古時期，有一對男女結為夫妻後。男生每天埋首於陀螺的製作而荒廢許多事，後來陀螺做好以後，男子來到未耕作的田中，把陀螺一轉，田地頓時完成了開墾工作。接著他又播種了許多甜的瓜子與苦的瓜子，甜的瓜子生長出稻米來，苦的瓜子則生產出小米來。而後這一位男子又教授有關播種的方法與其他有關祭祀與禁忌。此外，經過三年後，男子向妻子說要回他的本家，懷孕的妻子執意要跟隨，沒想到在半路上出了意外，在妻子攀登梯子時不慎摔了下來，許多的鹿、豬、蛇等動物便從她的腹中產出。

(五) **歷史發展**【97、101、108原民五等】

> **經典考題**
>
> 1878年（光緒四年）爆發的「加禮宛事件」，對臺灣東部的原住民族產生什麼深遠影響？【原民三等】

1. **前提**：同治十三年(1874年)牡丹社事件後，清政府察覺到臺灣地位的重要性，再加上沈葆楨的積極提議之下，開始「開山撫番」政策。隨著政策的實施，北路開發、平地人遷移至花蓮平原人數增加，土地的侵占使得漢番衝突起，更加深了族群之間的矛盾。

2. **加禮宛事件**【98原民三等、98、100、102原民五等】

   (1)依照清國政府的記載，光緒4年（1878年），地霸陳輝煌巧用手段詐取不少噶瑪蘭族的錢財，使得噶瑪蘭族忍無可忍，決定起來武力反抗。

   (2)清朝官兵也曾與當地噶瑪蘭族、撒奇萊雅族在買賣上起了突，清軍仗恃統治者權力欺壓噶瑪蘭族和撒奇萊雅人，而且凌辱原住民的婦女。在噶瑪蘭族與撒奇萊雅族人一起向清軍理論時，營區軍官不但庇護肇事的官兵，更將前來的原住民全部殺死，此舉引起原住民的公憤，戰事於是爆發。

3. **結果**

   (1)因為雙方兵力武器太過懸殊，加禮宛事件戰敗。導致撒奇萊雅族人流離失所，部落遷徙，或建立新聚落，更有隱身於阿美族領域之內者。

   (2)日治時期，由於撒奇萊雅族對昔日事件創傷猶存，以致族人隱姓埋名，其文化特性多所隱藏而不甚明顯，因此在辦理民族分類時，將其歸併於阿美族內。

(六) **正名過程**

   1. **遠程**【98原民五等】

      (1)1990年7月31日，由**帝瓦伊・撒耘校長於花蓮市美崙溪畔舉行Sakizaya**
      族祭祖大典，這是第一次以Sakizaya作為名稱的祭典。

      (2)早期的撒奇萊雅族是以文化重建作為主要訴求。

   2. **近程**

日期	過程
2000.3.5	成立「花蓮縣撒基拉雅族達固部灣部落文化發展重建協會」作為執行的組織。
2003.2.22	召集奇萊阿美語認證通過族人，討論族群正名議題。
2003.6.7	召集撒奇萊雅族意見領袖討論族群正名議題，並邀請退休警官、現任市民代表、醫生、大學教授、部落頭目等與會，會中除了加禮宛事件外，並就成立撒奇萊雅族議題交換意見，與會同仁對正名的步驟與基本方向達成共識。

日期	過程
2004.7.10	協會召開第2屆第1次的會員大會，將「花蓮縣撒基拉雅族達固部灣部落文化發展重建協會」改為「花蓮縣撒基拉雅族發展協會」，並決議正式啟動民族正名運動。
2005.4.16	成立「Sakizaya新族群運動聯盟」，並整合協會、工作團、社會菁英等人力及資源，確認「1013行動」，正式對外發佈民族正名，以恢復127年前民族名稱為目標。
2005.9.25	Sakizaya新族群運動聯盟於sakizaya字第940001號發函至原民會，做行動通知，並派專人至原民會企劃處説明民族正名申請當天的流程。
2005.10.13	申請正名活動當天，撒奇萊雅族部落均派代表參加，族人遞交正名申請書，各部落代表亦表達正名之意願，最後遞交連署書4,863件、撒奇萊雅族相關研究文獻以及民族象徵物，活動就在族人與原委會和睦的氣氛之下完成。（正名申請依據原住民族基本法第2條、原住民民族別認定辦法第2條規定。）
2006.8.13	花蓮縣撒基拉雅族發展協會於在花蓮市國福里活動中心開會表決後，族名以「撒奇萊雅族」作為對外之漢字書寫，而羅馬拼音書寫方式則維持為「Sakizaya」。

3. **原民會辦理民族認定**：委託專家學者從事民族認定研究。
   (1) 基於尊重民族意願以及民族生存綿延永續發展，並依循原住民族基本法之立法精神，依據以往新民族認定程序，接受撒奇萊雅族的正名申請。
   (2) 參照以往的程序，委託國立政治大學民族學系教授林修澈主任辦理撒奇萊雅族民族認定研究。
   (3) 研究結果顯示，**撒奇萊雅族具備語言、宗教、民俗等客觀的民族認定條件，再加上其強烈的民族獨立意識，顯示其民族邊界甚為清楚，在經過徵詢阿美族人的意見之後，阿美族人多表遺憾，但也普遍給與祝福，於是撒奇萊雅族成為一獨立民族。**
4. **結果**：撒奇萊雅族分別於原民會第81次委員會議及林政務委員萬億主持之民族認定審議會議審查討論，於2007年1月17日召開院會核定撒奇萊雅族成為臺灣原住民族之一族，正式取得民族地位。

二、社會制度

婚姻制度：撒奇萊雅族與阿美族同為母系社會，早期的婚姻型態普遍以招贅婚為主。以下過程依據德興地區的耆老口述整理。

項目	過程
培養感情	每到豐年祭過後，部落的青年男女會利用這段農閒時間，在傍晚相互嬉戲為樂。男孩子常守著部落進出的入口，以樹子去彈打女孩子，若是遇到自己喜歡的對象，則彈打次數會減少許多。
	男孩子常會在夜晚的時候，到喜愛的女孩子家窗前，吹奏口簧琴給女孩子聽，以口琴示意。
論及婚嫁	男方必須到山裡頭尋找並撿拾大量、品質最好的木頭，數量大約是一到二個牛車的載承量，然後堆好放置在女方的家門前。
結婚認可	結婚時，雙方必須要準備酒、檳榔和木材，雙方家長同意後，男方就可以正式進入到女方的家中定居。
婚姻結束	婚姻持續一段時間後，若是女方不滿意這個丈夫，可將男方的行李堆置在外，男方會很識趣的拿走自己的行李離開，這時女方則會向外潑水，以結束這段婚姻，而後男女雙方仍可以各自找尋另一段婚姻。

撒奇萊雅族族婚配的對象多以自己族人為主，與他族通婚情形很少，若與他族通婚則通婚對象以地理上相接鄰又非敵對的族群為主。到了日本時期以後，與他族通婚的情形才普遍增加。

三、經濟生活

居住於花蓮平原的撒奇萊雅族，其主要作物以小米與旱稻為主，又因鄰近溪河，故多有捕魚的活動。

四、信仰祭典

(一)**信仰：**撒奇萊雅族的信仰觀念裡相信萬物皆有靈，認為超自然的力量是無所不在的，令人心存敬畏，他們稱神靈為〈dito〉，相當於阿美族的〈kawas〉。以下介紹幾種撒奇萊雅族的神靈：

1. **祖靈：**其位置無法預測，不知固定的地點，只有祭司〈mapalaway〉才能夠與祖靈溝通。

2.〈Malataw〉：稱為大神，經常存在於家庭中，行蹤飄忽不定。

3.〈Tipus・Sayan〉：此為撒奇萊雅族種植旱稻的神靈。由此可知撒奇萊雅族的糧食來源為種植稻米為主。

4. **掌管人生和死的神靈**：出生時因為神靈附著於身體內，使得婦女能夠受孕，當人們死亡後，靈魂也就脫離了人的身體。

5.〈Malataw・Otoki〉：是人間祖靈。

6.〈Olipong〉：是驅趕流行疾病的神祇。

7.〈Talaman、Takonawan〉：是貧窮之神。

(二) 祭典

1. 撒奇萊雅族將一年四季分為春、夏、秋、冬四個季節，並隨著季節舉行相關的祭儀活動。早期撒奇萊雅族的祭典是以小米為祭祀中心，按照小米生長時節，分為播粟祭、捕魚祭、收成祭、豐年祭與收藏祭。

2. 捕魚祭：捕魚季多在豐年祭之前舉辦，進行的方式如下：

   (1) 請頭目向〈Malataw〉大神以及河神祈禱與祈福，希望神靈保佑捕魚時能夠滿載而歸。

   (2) 祝禱完後，進行八卦網的灑網捕魚，所有的儀式均由男性所進行以及完成，女性僅在旁觀看。

   (3) 捕完魚後再向河邊祭禱，向神靈感謝漁獲量的豐收，然後再將補到的魚當場全部烹煮，並分享給參與的族人。

※以往撒奇萊雅族從事捕魚的地點在美崙溪靠近出海口附近，後來此地點受到污染，無法從事捕魚工作，因此將地點移至美崙溪上游的水源地附近。

3. 豐年祭【98原民五等】：每年都會舉辦的「達故部灣聯合豐年祭」，在2004年9月13日至14日特別擴大舉辦，成為「九十三年度撒基拉雅族聯合豐年祭」。此一祭典的舉行賦有聯絡所有不同聚落的撒奇萊雅族人，藉此來凝聚撒奇萊雅族的向心力。

4. 火神祭【101原民三等】：加禮宛社事件後，撒奇萊雅族為躲避清軍追擊，遂過著長達百餘年的隱姓埋名生活，直至西元2006年，撒奇萊雅族人於達固湖灣部落舊址舉行百年首次「palamal（巴拉瑪）」火神祭，以追祀祖靈，奉祀先民，並特追祀加禮宛社事件中喪生的大頭目古穆德・巴吉克夫妻為火神與火神太，並藉此次火神祭，奉祀所有犧牲生命的先民們，希望藉祭典凝聚族群意識，找回撒奇萊雅族的尊嚴與榮耀。

五、藝術文化

隨著撒奇萊雅族的正名成功，其文化活動也更加受到重視。撒奇萊雅族的文化復振運動在族人的努力之下，開始進行撒奇萊雅族的習俗儀式的找尋。主要的具體行動有：

(一)國福里將社區名稱由國福社區改為「撒基拉雅族主佈社區」，每年舉行撒基拉雅族主佈社區豐年祭。

(二)幾位頭目積極努力尋找撒奇萊雅族早期吟唱的祭曲以及舞蹈。

(三)在舉辦豐年祭時，加重撒奇萊雅族的歌曲以及舞蹈，並且組隊參加花蓮縣的文化祭節目演出。

精選範題

【測驗題】

(　　) **1** 請問撒奇萊雅族由阿美族獨立出來的主要因素為何？　(A)文化方面　(B)語言方面　(C)信仰方面　(D)分布地點。

(　　) **2** 下列日期何者為撒奇萊雅族正式成為臺灣原住民第十三族的時間？　(A)2007年2月6日　(B)2006年10月13日　(C)2007年1月17日　(D)2006年12月28日。

(　　) **3** 請問撒奇萊雅族的婚姻制度為下列何項？　(A)招贅婚　(B)交換婚　(C)搶奪婚　(D)嫁娶婚。

(　　) **4** 撒奇萊雅族的主要分布地點為何？　(A)屏東平原　(B)蘭陽平原　(C)嘉南平原　(D)花蓮平原。

(　　) **5** 請問有名的加禮宛事件，遭受牽連的有下列哪些族群？　(甲)太魯閣族　(乙)噶瑪蘭族　(丙)撒奇萊雅族　(丁)阿美族　(戊)泰雅族　(A)(甲)(乙)　(B)(乙)(丙)　(C)(丙)(丁)　(D)(丁)(戊)。

(　　) **6** 原住民的第13族撒奇萊雅族，是因為清國時期那一個歷史事件，被清兵追殺而逃入阿美族部落，隱姓埋名隱藏民族身分，直至民國96年才重新被認定為獨立一族？　(A)加禮宛事件　(B)大港口事件　(C)吳鳳事件　(D)七腳川事件。　　　　　　　　　　【原民五等】

( )　**7** 撒奇萊雅族，是因為清領時期那一個歷史事件，被清兵追殺而逃入阿美族部落，隱藏民族身分，直至民國96年才重新被認定為原住民第13族？　(A)加禮宛事件　(B)大港口事件　(C)吳鳳事件　(D)七腳川事件。　　　　　　　　　　　　　　　　　　　　　　　　　【101原民五等】

( )　**8** 清光緒4年的「加禮宛事件」，是噶瑪蘭族加禮宛人和那一個原住民族一起聯合對抗清軍的攻擊？　(A)撒奇萊雅族　(B)太魯閣族　(C)泰雅族　(D)平埔族。　　　　　　　　　　　　　　　　　　　　　　【102原民五等】

( )　**9** 在「加禮宛事件」中，聯手抵抗清廷軍隊者是下列那兩個族群？(A)撒奇萊雅族與阿美族　(B)阿美族與噶瑪蘭族　(C)噶瑪蘭族與撒奇萊雅族　(D)撒奇萊雅族與太魯閣族。　　　　　　　　　【108原民五等】

( )　**10** 2007年1月17日在行政院舉辦的茶會中，行政院院長蘇貞昌正式宣布撒奇萊雅族，成為臺灣原住民的第十三族。撒奇萊雅族的正名運動經歷長時間的奮鬥歷程，在其族群儀式中非常重要的「火神祭」，重演了頭目Komod Pazik夫妻被清軍處死的重要艱辛時刻。請問，該族群的沒落與離散，係肇始於清代那一個事件發生之後？　(A)大庄事件(B)大港口事件　(C)加禮宛事件　(D)七腳川事件。　　　【108原民五等】

解答及解析

1 (B)　　2 (C)　　3 (A)　　4 (D)　　5 (B)

6 (A)。大港口事件為清代臺灣吳光亮因闢路而與阿美族人所發生的衝突；吳鳳事件為虛構史實；七腳川社事件為阿美族人與太魯閣族人聯合抗日的事件。

7 (A)。加禮宛事件肇因於清軍對於噶瑪蘭族與撒奇萊雅族的欺凌。

8 (A)。因清軍的欺壓，遂引起噶瑪蘭族結合撒奇萊雅族的抗爭事件。

9 (C)　　10 (C)

Unit **18**　賽德克族 (SEDIQ)

依據出題頻率分為：A頻率高　B頻率中　C頻率低

【命題關鍵】霧社事件

【考點分析】1. 賽德克族正名歷程。

　　　　　　2. 賽德克族與霧社事件。

　　　　　　3. rutux信仰與gaga社會系統。

【參考資料】霧社事件

　　　　　　1. 藤井志津枝（民86），日治時期臺灣總督府理蕃政策，臺北，文英堂。

　　　　　　2. 藤井志津枝（民84）：一九三〇霧社事件之探討。臺北文獻直字，111期，頁61-81。

　　　　　　3. 柳本通彥著，林淑惠譯（民85）：霧社證言—Obin Tadao的半生（上）。臺灣史料研究，7期，頁152-172。

　　　　　　4. 柳本通彥著，林淑惠譯（民85）：霧社證言—Obin Tadao的半生（下）。臺灣史料研究，8期，頁167-181。

　　　　　　5. 近藤正己著，張旭宜譯（民84）：臺灣總督府的「理蕃」體制和霧社事件。臺北文獻直字，111期，頁163-184。

　　　　　　6. 張志恆著（民63）：霧社事件面面觀。中外雜誌，頁19-17。

　　　　　　7. 何聰明譯註（民92）：日本人筆下的「霧社事件」。臺北文獻直字，146期，頁305-310。

一、族群發展

(一) 族群概述【98原民五等】

賽德克族原屬泰雅族賽德克亞族一支，因與泰雅族語言發展的歧異性，乃於民國97年獨立於泰雅族之外，成為我國第十四個原住民族群。賽德克族以中央山脈為界線，可以分出東、西賽德克族，東賽德克族主要分布在花蓮縣秀林鄉與萬榮鄉，但目前已經正名為「太魯閣族」，其下又可細分為太魯閣群與道澤群；西賽德克族則集中分布在南投縣仁愛鄉濁水溪上游一帶，日本人類學者又將其稱為達卡達雅群，因其部落分散，各社群社會封閉，所以形成各部落的文化習俗，並且發展獨特的語言。

(二) 地理分佈

1. **太魯閣群**：主要分布在花蓮縣的太魯閣溪、立霧溪、木瓜溪等河谷兩岸一帶，目前已於民國93年獨立成為太魯閣族。
2. **道澤群**：最早居於太魯閣群西南方，即現今松崗底下濁水溪最大的河谷山台地上。後因人口發展過於飽和，部分族人越過能高山，於今日花蓮縣萬榮鄉成立部落，為東道澤群。西元1930年的霧社事件後，原居於濁水溪畔的西道澤群部落，因集體遷徙政策，乃遷徙至今日南投縣仁愛鄉春陽村。
3. **達卡達雅群**：主要分布在西道澤群之西南方霧社附近，日人稱「霧社群」。達卡達雅群在1930年霧社事件前是賽德克族勢力最大的族群，霧社事件亦是由該群眾部落聯合發動。事件翌年後七個參與抗日之部落未戰亡族人，被強制遷移至北港溪中游河岸台地，日人稱之為川中島社，即現今仁愛鄉互助村清流社區。

二、文化特質

賽德克族因地理上的分佈與語言上的差異，故與太魯閣族獨立於外，然其社會組織與文化特色，皆與泰雅族相差無幾，相關文化特色請參酌本篇第五章泰雅族，於此不多加贅述。

(一) **創世神話**：白石誕生說。（請參酌本篇第五章泰雅族）
(二) **信仰特色**：rutux的自然神靈信仰。（請參酌本篇第五章泰雅族）
(三) **社會組織**：以gaga組織作為其社會規範特色。（請參酌本篇第五章泰雅族）

三、霧社事件

日人理番計畫主要可以分為五期：【95、97、101原民五等】

(一) 自1895年至1901年，此時期為消極理番期，目的乃避免漢番聯合抗日，並集中全力對抗漢人有組織之集體抗爭，對番人採取懷柔及消極管制入山等政策。
(二) 自1902年至1909年，為積極管理期，對番人採懷柔與鎮壓並行，進行蕃界調查活動，並設置且擴張隘勇線。
(三) 自1910年至1914年，實施五年理番計畫，為武力討伐期，設立山地警察機關、開鑿山地警備道路、推進隘勇線，以達積極統治原住民之目的。
(四) 自1915年至1930年，五年間的強勢討伐管理，原住民大都歸順投降，此時期為以綏撫為主之新政時期，然卻於1930年爆發霧社事件，引起日人檢討其理番策略。

(五)自1931年至1945年，此時期理番政策包括遷徙原住民族群部落至新耕地地區，施行水田定耕農業，皇民化時期則組成高砂義勇隊，赴南洋作戰。

總督府透過警察的力量，將理番政策的施政方針，澈底地施行於臺灣山地地區，透過權力高度集中的番地警察管理番地事務，期待能教化番民，使其如同一般人民般無異，當到此境界時期，也就無須理番政策的推行，然而在此終極目標達成之前，最迫切需要的莫過於以教育改變番人的文化、用行政命令改變番人的傳統活動，為一種全面改變番人文化的理番制度。

對文化的不了解、對人權的不尊重，種種的誤解，醞釀而產生、爆發悲慘的霧社事件，日本人何嘗不是認為期望為番人帶來現代化的生活，而番人卻認為威脅自我生命的價值，雙方持續且對立的觀點，成為霧社事件發生的必然性。

經典考題

1.試就日人理蕃策略探討霧社事件發生之因。
2.日本統治臺灣時期，臺灣總督府以理蕃警察管理原住民族社會，其影響為何？
　【原民四等】

霧社事件【95 初、101、102 原民五等】

1.過程：事件爆發於昭和五年（1930年）十月二十七日早上，臺中州能高郡（今南投縣仁愛鄉）蕃地霧社分室轄內霧社蕃中，泰雅族霧社群馬赫波、荷戈、波阿龍、斯庫、羅多夫、塔羅灣等六社，以大社為中心的三百多賽德克壯丁突如其來地蜂擁而起，趁霧社公學校舉行運動會這一天，殺死一百三十四個日本人和兩個本島人，這場驚動海內外的原住民抗日事件，引起日本調動軍隊進攻霧社山區，除了新式武器如山炮、機關槍外，還使用飛機投擲國際禁用的毒氣瓦斯。事件在日本軍警強力鎮壓下得以平息，但也導致當時臺灣總督石塚英藏為首數名官員等引咎辭職。

事件平定後，**霧社事件殘餘者集體收容於保護所內，然日本殖民者卻又利用泰雅族群內鬥，於1931年4月24日，放縱之前與起事六社有仇恨之其餘族社襲擊霧社殘餘**，史稱「第二次霧社事件」。事件後，起事六社只剩族人二百餘，日人強迫這些族人遷移至川中島（今南投縣仁愛鄉清流部落）。

2.原因：就霧社事件發生遠因上來看，番地國有化政策而言，總督府在於「關於佔有番地律令」中規定：「非番人，不論以任何之名義，均不得佔有、使用番地或為其他權利目的」，立刻將番地國有化。而原住民族對於土地之認知，認

為土地為祖先所遺留下來的，必須守護住祖先的資產，而獵場範圍則視各族群部落政治型態差異而有所不同，然日本殖民政府卻以無主地概念，將原屬於原住民生活空間之土地，收歸為國有。而透過計算每位原住民所應分配之土地面積，於原住民保留地實施「集體遷往」計畫，以達成改變原住民族文化，使之成為農業定耕民族，更使原住民族迫使要放棄祖先所留下的土地以及傳統文化習俗上的變更及破壞。

就近因而言，一般學者認為，霧社事件發生之主要原因可以分為：

(1) 對於霧社地區泰雅族人勞役之剝削。

(2) 殖民政府實行日本人與泰雅族聯姻政策失當，因而有山地婦女感情遭受玩弄情形發生。

(3) 馬赫坡社頭目對於日人之不滿。

傳統生活土地上受到日本武力剝奪，傳統的文化及生活方式，透過警察制度推行教育、農耕等方式受到破壞，加上理番警察素質不良、過度使用原住民勞役，在種種新仇及舊恨累積下，於昭和五年（1930年）十月二十七日早上，爆發震驚中外之霧社事件，這場驚動海內外的原住民抗日事件，雖然在日本軍警強力鎮壓下得以平息，但也導致當時臺灣總督石塚英藏為首數名官員等引咎辭職。

對文化的不了解、對人權的不尊重，種種的誤解，醞釀而產生、爆發悲慘的霧社事件，日本人何嘗不是認為期望為「蕃人」帶來現代化的生活，而「蕃人」卻認為威脅自我生命的價值，雙方持續且對立的觀點，成為霧社事件發生的必然性。

3. 檢討：霧社事件爆發後，震驚日本朝野，也因而使理番策略做一修正，在檢討霧社事件產生之因時，新上任的新警務局長井上提出霧社事件所發生原因為：警察官「往往以欺瞞譎詐面對蕃人」、「容易做出官紀上不容許之行為」及警察官沒有娛樂、安慰等。認為「理蕃」警察的素質和勤務條件是「理蕃」的根本問題所在。

修正後理番策略為兩大特色，第一為理蕃不是一種征服先住民的事業，而是昇華為使蕃人沐浴在一視同仁的聖德之中；第二是明確認為蕃人是一視同仁的對象，勿以憎惡蔑視之，防止不祥事之發生。在此觀念下，施行教化番人，改善番人生活之理番策略，推行包括集體遷往定耕、傳統陋俗矯正、經濟衛生改善等。殖民後期，進入戰爭階段，則透過皇民化手段，組織高砂義勇隊，為日本奉獻犧牲。

霧社事件看日本理番策略

日本自馬關條約後，開始擁有他的第一個殖民地—臺灣，如何有效地控制臺灣、統治臺灣，成為臺灣總督府官員亟需思考之問題，初期漢人有組織規模的抗日行動，迫使總督府需集中全力弭平平地之抗日事件，所以對臺灣山地地區之原住民採取消極之統治策略。在鎮壓平地的抗日游擊戰後，兒玉源太郎採取的對蕃方針，根據總督府《理蕃志》第一篇提到「棲息於番界的番人頑蠢難馭，無異野性禽獸。如對之饗以酒食、加以撫慰、循循善導，經長時年月後，應可使其達到某種進化的程度。但此時經營新領土乃是急要之事，絕不准如此緩慢的姑息手段。宜速銳意以期絕滅前途之障礙」。這是總督府征服番地的宣言，是加以加速滅絕的政策。然而採行滅絕的政策不僅耗時、耗力、耗財、更使帝國軍隊受到傷害，實為下策，故提出理番政策的總督府官員持地六三郎認為山地資源可加以利用、開發，而對原住民應採取「先威後撫」政策方針。

精選範題

【測驗題】

(　　) **1** 關於霧社事件之敘述，何者有「誤」？　(A)事件導因於警察過度勞役原住民及玩弄原住民婦女之感情　(B)為泰雅族中泰雅亞族所發動　(C)為泰雅族人對日本理番計畫的反動　(D)事件爆發後，引起日本理番計畫的全面檢討。

(　　) **2** 「臺灣新文學之父」賴和，在1930年寫了一首《南國悲歌》的新詩，「兄弟們！來！來！來！來和他們一拼！憑我們有這一身，我們有這雙腕，休怕他毒氣、機關槍！休怕他飛機、爆裂彈！兄弟們！來！和他們一拼！」這是為哪一次抗日事件所作：　(A)霧社事件　(B)西來庵事件　(C)苗栗事件　(D)林少貓抗日。

(　　) **3** 「霧社事件」係發生於現今何地？　(A)信義鄉　(B)仁愛鄉　(C)和平鄉　(D)埔里鎮。　【初考】

(　　) **4** 日本政府曾在那一抗日事件中用「毒氣」對付原住民？　(A)南庄事件　(B)霧社事件　(C)太魯閣事件　(D)牡丹社事件。　【初考】

(　　) **5** 日治時期「霧社事件」的受害族群為：　(A)賽夏族　(B)布農族　(C)泰雅族　(D)魯凱族。　【初考】

( ) **6** 請問霧社事件裡起來反抗日本人的原住民領袖是誰？ (A)花岡一郎
(B)花岡二郎 (C)瓦歷斯布尼 (D)莫那魯道。 【101原民五等】

( ) **7** 日治時期發動五年理蕃計畫，主其事者是那一位總督？ (A)後藤新
平(B)樺山資紀 (C)佐久間左馬太 (D)山本五十六。 【101原民五等】

( ) **8** 霧社事件之後，起事諸社的劫餘社眾，被集中遷移到川中島。該
島在今什麼鄉鎮境內？ (A)和平鄉（臺中市和平區） (B)埔里鎮
(C)仁愛鄉 (D)信義鄉。 【107原民五等】

( ) **9** 在觀光民宿出現前，清境農場原是國民政府安置退除役軍人及其眷
屬的高山農場，滇緬義胞與榮民共有七個村。但在更早之前，這個
地區是屬於那一族的傳統領域？ (A)泰雅族 (B)布農族 (C)賽德
克族 (D)邵族。 【108原民五等】

( ) **10** 霧社事件後，新任總督太田政弘發布了「理蕃政策大綱」。下列那
一項不是「理蕃政策大綱」下所推行的政策取向？ (A)以教化蕃人
取代武力鎮壓 (B)調整以往培育少數菁英的政策，以「蕃社」全體
為對象，「蕃童」的學習為重點 (C)強力進行「銃器收押」政策，
削弱原住民抵抗力 (D)進行大規模的「集團移住」。 【108原民五等】

( ) **11** 國立臺灣大學附屬「梅峰農場」位於南投仁愛鄉，前身為臺北帝國
大學山地實驗農場，國民政府來臺後撥給臺大使用。請問「梅峰
農場」所在地原是那一族的傳統領域？ (A)泰雅族 (B)賽德克族
(C)布農族 (D)邵族。 【108原民五等】

解答及解析

1 (B) **2 (A)**

3 (B)。霧社事件爆發於臺中州能高
郡，光復後，能高郡地名變更為仁
愛鄉。

4 (B)。霧社事件中，日軍調派大批軍
警進霧社，除了用新式武器如山
炮、機關槍外，還使用違反國際
禁用的毒氣瓦斯，一度引起國際
重視。

5 (C)。霧社事件為泰雅族賽德克亞族
所引起。（按：應為賽德克族）

6 (D)。莫那魯道為霧社事件中的領導
人物。

7 (C)。日本總督佐久間左馬太於1910
年至1914年間發起為期5年的理番
計畫。

8 (C) **9 (C)** **10 (C)** **11 (B)**

Unit **19**　拉阿魯哇族 (Hla'alua)

依據出題頻率分為：A頻率高　B頻率中　C頻率低

【考點分析】1. 正名歷程
　　　　　　2. 與鄒族文化的歧異
　　　　　　3. 貝神祭特色
【參考資料】行政院原住民族委員會 http://www.apc.gov.tw/

一、族群簡介

地理分布

1. 主要聚居在高雄市桃源區高中里、桃源里以及那瑪夏區瑪雅里，111年統計有439人。

2. 係由排剪（paiciana）、美壠（vilanganu）、塔蠟（talicia）、雁爾（hlihlara）等4個社所組成，故又稱為四社群或上四社群。

    (1)排剪（paiciana）社：位於荖濃溪和埔頭溪河流處北側山腳台地，社民分佈在第一部落、第二部落及草水檢查哨等三部落居住。

    (2)美壠（vilanganu）社：位於荖濃溪東岸，塔羅流溪河口對岸台地，社民散布在荖濃和寶來溪間的廣大流域。近來部分社民已移居至那瑪夏瑪雅里居住。

    (3)塔蠟（talicia）社：位於塔羅留溪北岸山頂，由於交通不便，社民已悉數移到排剪社居住。

    (4)雁爾（hlihlara）社：位於荖濃溪西岸河階台地，kaluvunga為其部落名，稱為Hlihlala。日治時代，族人散居於荖濃溪西岸的耕地，後又回到原址及區公所所在地居住。

二、正名歷程

(一)民族認定

1. **意義**：「民族認定」是在國家對於國內少數民族給予正式承認，並給予集體權性質的「民族權」的條件下，所產生的一種事務。

2. **目的**：為認定原住民族，並維護和發展其固有文化及傳統。

3. **方法：**

(1) 主觀要件：應依該原住民族人之主觀意願。

(2) 客觀要件：參考民族學之通認之民族識別因素，包括語言、宗教、民俗、歷史、人口分布或其他文化特徵。

(二) **拉阿魯哇族的正名**

原屬南鄒的卡那卡那富和拉阿魯哇兩族，在服飾上及會所制度和鄒族相類似，但在語言及傳統祭儀上卻大不相同，在面對「布農族化」及「漢化」的雙重壓力下，希望能夠凝聚族群共識、力量，爭取應有的權益，並傳承族語、文化，經族人發起連署正名後，政府於2014年6月26日合法承認拉阿魯哇族為臺灣第15個原住民族族群。

三、文化特色

(一) 政治經濟制度

1. **政治活動：**

(1) 以部落作為執行各種傳統祭典的單位，拉阿魯哇族稱之為miararuma。

(2) 部落首長稱為Kapitanu或rahli，職位為世襲制，由長子繼承，年幼的長子可由氏族長老代為管理，直到長子有能力繼承為止。

(3) 部落首長的職責在管理聚落事務與裁決聚落民間之糾紛，並有著對部落人民發號命令或懲處之權力。

(4) 首領權力非絕對，部落大事仍須透過長老會議makarikari加以商討。如對外戰爭，長老會議會挑選驍勇善戰之士來擔任戰爭指揮者maliialualu。

(5) 聚落中的祭司uluvu則係由氏族中的長老擇一擔任。

2. **經濟活動：**

(1) 農耕是拉阿魯哇人重要的生計方式，並以旱稻與小米為主要的作物。

(2) 旱稻的栽種係自平埔族引入，是文化採借的結果。

(3) 特有的kiakucua共耕制度，有兩種形式：

A. 當兩家土地相互毗連時，在土地交界處所採用的共耕方式，以避免爭議。

B. 在服役婚時所發生，有女方家指定一塊接近男方家的土地以進行共耕。

拉阿魯哇族採取初級農業生產方式，山田燒墾為主，並以採集工作、捕魚、狩獵、養殖家畜等為輔的生計方式。可分成兩種，其意涵不同。前者是後者是三種土地的使用模式，構成了拉阿魯哇族的傳統農耕方式。

(二) 親屬組織制度

1. 家是社會的基本單位，拉阿魯哇族稱之為ucani pihlingi，直到父母去世後，兄弟才能分家成立門戶。
2. 家屋稱為salia，傳統以茅管編織成壁、茅草蓋屋的茅屋。
3. 婚姻制度為嚴格的一夫一妻制，以從夫居的嫁娶為主，較無多偶婚或招贅婚，但受到布農人與平地人的遷入影響，招贅婚與多偶婚已有採用情形。
4. 婚姻分為三個階段，議婚、訂婚、結婚。婚姻除了需經過當事人同意外，還需經過雙方父母同意，並由父母舉行結婚儀式。
5. 女性喪偶後可再嫁，此時必須由先夫的父母來主婚；有時可能會下嫁給先夫的弟弟。
6. 氏族（家族）：拉阿魯哇族為父系氏族社會，以相同的祖先為中心，由後裔組成父系氏族，族語稱之為lamaisa或hlipakuamia，非為外婚的單位，現今僅剩18個家氏族。
7. 繼承制度：採長男繼承制度，若家中無男子可繼承，則歸為氏族所有，讓氏族內有餘力的人繼續耕作。

(三) 傳統祭典儀式

拉阿魯哇族重要的儀式可分為：歲時祭儀（小米耕作祭儀、稻作祭儀）、敵首祭、聖貝祭，其中有一項較不同於他族的祭儀，即為每隔兩、三年舉行一次的miatungusu（聖貝祭）。

1. 歲時祭儀：傳統上拉阿魯哇族已有以農作生長為依據的曆法，整年以小米種植為開始，旱稻的收成為結束，儀式與農業活動緊密結合。
   (1) 小米耕作祭儀：為了祈求小米豐收，分別會在：
      A. 播種之初舉行「lumalumuku（播種祭）」。
      B. 收割之初舉行「maitatahlamu（收穫前祭）」。
      C. 曬乾未收藏前舉行「maavavarua（嚐新祭）」。
      D. 收倉前舉行「cumacukuru（收藏祭）」。
      E. 收藏祭隔日舉行「apikaungu（祖靈嚐新祭）」。
   (2) 稻作祭儀：稻作祭儀亦是祈求旱稻之豐收，其儀式大多仿效小米祭儀，只有收藏祭與「apikaungu（祖靈嚐新祭）」有所不同。
2. 敵首祭：據口述史料，僅部分族人聽聞過，未有獵首過程與儀式程序流傳迄今。
3. 貝神祭：

(1)南鄒族沙阿魯阿群最重要的祭典，傳統為每兩年舉行一次，現為保留傳統文化，改為每年於農曆元月一日至十五日之間舉行。

(2)源自部落傳說其先祖與矮黑族人交好，矮黑族人並贈與先祖法寶「聖貝」，先祖遂將此聖貝視為自己的神來祭拜。

(3)聖貝（takiaru）是介乎於有形與無形、歷史精神與神話幻想之間，相傳其能庇佑族人勇猛、健康、勤勞、平安等。

(4)祭典過程分為六天：「貝神祭」的第一天為初祭（malalalangu），第二天為刺豬祭（papapaci taruramu），第三天為邀請貝神（ruapuhlu takiaru），第四天為慰勞祭（capali capali），第五天為驅魔（paria iihlicu），第六天則進行團獵（takuahluahlupu）。

經典考題

試比較同屬於矮靈祭儀的賽夏族矮靈祭（Pastaai）與拉阿魯哇族貝神祭（Takiaru）的異同之處，以及其文化與歷史性意義。【106原民四等】

精選範題

【測驗題】

( )　**1** 日治時期人類學者伊能嘉矩依據語言及風俗習慣異同，而將拉阿魯哇族劃入於哪一族群中？　(A)泰雅族　(B)阿美族　(C)鄒族　(D)布農族。

( )　**2** 拉阿魯哇族主要分布地為何？　(A)高雄市桃源區　(B)屏東縣霧臺鄉　(C)嘉義縣阿里山鄉　(D)南投縣信義鄉。

( )　**3** 下列何者係屬於拉阿魯哇族的歲時祭儀？　(A)矮靈祭　(B)貝神祭　(C)五年祭　(D)猴祭。

( )　**4** 下列何者非為拉阿魯哇族之文化特色？　(A)部落是舉行各種傳統祭典的單位　(B)部落領袖為世襲制，長子繼承　(C)戰爭決全由部落領袖決定　(D)宗教事務係由部落祭司所掌理。

( )　**5** 下列何者非為拉阿魯哇族之文化特色？　(A)在兩家耕地相連間具有共耕特色　(B)因服役婚所產生的共耕制度　(C)婚姻實行嚴格的一

夫一妻制，以從夫居的嫁娶為主　(D)母系氏族社會，以相同的祖先為中心，由後裔組成父系氏族。

(　　) **6** 拉阿魯哇族的貝神祭之描述，下列何者錯誤？　(A)最重要的祭典，每3年舉行一次　(B)源自部落傳說與其先祖與矮黑人交好相關　(C)據傳說，「聖貝」takiaru是介乎有形與無形，傳說來自矮黑人贈送的法寶，可以保護族人健康、平安　(D)祭典分為6天舉行，每天有不同的祭典與名稱。　　　　　　　　　　【107原民五等】

解答及解析

1 (C)。拉阿魯哇族與卡那卡那富族被視為鄒族一部分，並被通稱為南鄒，但據比較語言學結果，實與鄒族有所差異，故政府於民國103年正式承認拉阿魯哇族為臺灣原住民族之一。

2 (A)。主要居住在高雄市桃源區，部分居住在高雄市那瑪夏區。

3 (B)。貝神祭又稱聖貝祭，2年舉辦一次，以紀念先祖與矮靈之間的情誼。

4 (C)。部落重要大事，如對外戰爭等，仍需透過長老會議所決定。

5 (D)。拉阿魯哇族是一父系氏族社會。

6 (B)

Unit 20　卡那卡那富族 (kanakanavu)

依據出題頻率分為：A頻率高　B頻率中　C頻率低

【考點分析】1. 地理分布
　　　　　　 2. 有別於鄒族之祭典儀式
【參考資料】行政院原住民族委員會 http://www.apc.gov.tw/

一、族群簡介

(一) 地理分布

1. 據清朝史料，稱為簡仔霧於南化玉井一帶活動，後因受他族群墾殖勢力的壓迫，陸續遷移至高雄市那瑪夏區南沙魯里部落上方（舊稱Naturuca），後又遭襲再往楠梓仙溪流域兩側臺地避居，近代則因政府移住政策，形成現今分布於達卡努瓦里及瑪雅里一帶情形。

2. 現主要分佈於高雄市那瑪夏區楠梓仙溪流域兩側，大部分居住於達卡努瓦里及瑪雅里，目前登記為卡那卡那富族的人口數約有387人（111年統計）。

(二) 正名歷程

原屬南鄒的卡那卡那富族，在服飾上及會所制度與鄒族相類似，但在語言及傳統祭儀上卻大不相同，在面對「布農族化」及「漢化」的雙重壓力下，希望能夠凝聚族群共識、力量，爭取應有的權益，並傳承族語、文化，經族人發起連署正名後，政府於2014年6月26日合法承認卡那卡那富族為臺灣第16個原住民族族群。

二、文化特色

(一) 政治制度

1. 數百年來因遷徙衝擊，致日據時代僅剩Nauvanag及Aguana兩社，內部組織由頭目、副頭目及各長老負責立法及政權等部落事務。

2. 年齡分級制度：採級名通制，各年齡以其生理與心理發展，據以調整其社會地位與責任，各年齡層有其分組別，男女年齡分組大體一致，未成年細分約有七級，成年後不為分級。

(二) 經濟活動

以農耕燒墾為主，狩獵捕魚為輔，農業行為係男女族人共同工作，狩獵則由男人為主。

(三) 親屬組織

親族關係為父系氏族，目前計有六氏族，子女無論居處情形變化，姓氏皆從父，財產權亦僅繼承其父。

(四) 財產制度

有部落、聯族與氏族、家族及個人財產，財產使用取得原則又可分為公享制度、標記先佔、轉讓、繼承、餽贈或交易等。

(五) 祭典儀式

1. 米貢祭（Kannaiara）
   (1)每年在豐收後都會辦理米貢祭，以表達對天神（Tamo）與地神的感謝之意。
   (2)儀式前頭目會召集各家族長老，了解各氏族收成狀況，以進行各項準備工作。
   (3)儀式當日進行前會先由部落婦女進行驅邪儀式。
   (4)主祭者請有做好夢的男子前往會所點燃塘火，回到自己的家屋，圍著家中的主柱，每人撕小年糕，並用右手相互搭肩，在家族長老祈念祝福話語後將其黏上主柱，並開始食用新米。
   (5)接著各家族男士前去男子集會所，家族會備妥各項祭品，進行集合獻祭。
   (6)男子集會所祭拜結束後，主祭者再呼喊各家族婦女、幼兒前來參加祭典，不可進入僅能圍著男子集會所，男子集會所上的族人會將祭品予婦幼每人，主祭者念完祈福語後，口念天神名並將手中年糕黏於柱上，全體獻唱祭歌母親父親（Cina Cuma），由主祭者先謝天謝祖先後，再一一向族人祈福。

2. 河祭（Kaisisi Cakuran）
   (1)當祖先遷徙來到那瑪夏兩側台地定居時，為感念河神的恩典，賜予族人豐富食物來源，乃發展出具有敬天愛地並蘊涵生態保育觀念的獨特祭儀。
   (2)祭典當天女士在家事先把芒草葉打結，將其立在男人往溪流經過的路旁。
   (3)男士們穿戴傳統服飾及佩刀，分提各項祭祀器具、食物，在祭師帶領下前往進行祭儀的河段，祭師會把攪碎的米粒灑於河旁的大石頭上，手中揮動苧麻草（Ngiri），再順勢倒上一杯酒，並用族語向河神及上蒼表達感謝或諾約。

精選範題

【測驗題】

(　　) **1** 日治時期人類學者伊能嘉矩依據語言及風俗習慣異同，而將卡那卡那富族劃入於哪一族群中？　(A)泰雅族　(B)阿美族　(C)鄒族　(D)布農族。

(　　) **2** 卡那卡那富族主要分布地為何？　(A)高雄市那瑪夏區　(B)屏東縣霧臺鄉　(C)嘉義縣阿里山鄉　(D)南投縣信義鄉。

(　　) **3** 下列何者係屬於卡那卡那富族的歲時祭儀？　(A)矮靈祭　(B)米貢祭　(C)五年祭　(D)猴祭。

(　　) **4** 下列何者非為卡那卡那富族之文化特色？　(A)父系氏族　(B)姓氏從父，財產權亦僅繼承其父　(C)部落事務由世襲頭目所決定。　(D)具有年齡會所制度。

(　　) **5** 下列何者非為卡那卡那富族之文化特色？　(A)為少數具有河祭的原住民族　(B)信仰超自然力量，神祇可分為天神、祖先神、自然神與司理神　(C)目前僅剩Nauvanag及Aguana兩社　(D)母系氏族社會，以相同的祖先為中心，由後裔組成父系氏族。

(　　) **6** 下列有關卡那卡那富族的描述，何者錯誤？
(A)卡那卡那富族的描述曾在荷據時期被記錄在「熱蘭遮城日誌」中，與荷蘭人有互動的紀錄　(B)卡那卡那富族在2015年6月被行政院正式核定通過正名為卡那卡那富族　(C)卡那卡那富族過去的族群分類上曾經被放在曹族中　(D)卡那卡那富族過去的族群分類上曾經被放在鄒族中。　　　　　　　　　　　　　【原民五等】

(　　) **7** 20世紀初期，因為何族大量遷入高雄造成卡那卡那富族喪失其原先多數民族的地位？　(A)排灣族　(B)布農族　(C)魯凱族　(D)拉阿魯哇族。　　　　　　　　　　　　　　　　　　　　【107原民五等】

解答及解析

1 (C)。拉阿魯哇族與卡那卡那富族被視為鄒族一部分，並被通稱為南鄒，但據比要語言學結果，實與鄒族有所差異，故政府於民國103年正式承認卡那卡那富族為臺灣原住民族之一。

2 (A)。主要分布在高雄市那瑪夏區楠梓仙溪流域。

3 (B)。卡那卡那富族人在每年豐收後都會辦理米貢祭，以表達對天神（Tamo）與地神的感謝之意。

4 (C)。由頭目、副頭目及各長老負責部落內立法及政權等事務。

5 (D)。卡那卡那富族是一父系氏族社會。

6 (B)　　**7 (B)**

NOTE

測驗題

第一回

( ) **1** 下列何者非原住民重大歷史事件？ (A)大港口事件 (B)李棟山事件(C)牡丹社事件 (D)林爽文事件。

( ) **2** 有關臺灣原住民的論述，何者不正確？ (A)是屬於南島語系民族 (B)與漢（大陸）民族係出同源，也是漢藏語系族群 (C)原住民文化可以溯源於臺灣史前文化 (D)一般可分為平埔族與高山族。

( ) **3** 有關於臺灣史前文化的論述，何者不正確？ (A)長濱文化是臺灣目前所發現最早的舊石器時代文化遺址 (B)新石器時代的文化遺址，以大坌坑文化最為著名 (C)十三行文化代表臺灣北部鐵器文化的開始 (D)圓山文化陶片上的穀痕，是目前臺灣所見最早的稻米栽培證據。

( ) **4** 臺灣的高山族中哪一族多居於平地？ (A)阿美族 (B)布農族 (C)排灣族 (D)泰雅族。

( ) **5** 早期臺灣歷史舞台的主角是南島語系的原住民，據推測最晚移入的可能是何族？ (A)泰雅族 (B)賽夏族 (C)達悟族 (D)凱達格蘭族。

( ) **6** 因為祖先原住地出現妖怪，久未消失，乃決議移走他鄉，以避此妖禍。此說屬於： (A)凱達格蘭族 (B)巴則海族 (C)噶瑪蘭族 (D)西拉雅族。

( ) **7** 有部電影叫「水沙連之月」，是描寫日月潭一帶的原住民部落生活，推測應是哪一族？ (A)卑南族 (B)阿美族 (C)邵族 (D)凱達格蘭族。

(　　) **8** 臺灣目前所見最早的稻米栽種記錄是在：　(A)芝山岩文化　(B)圓山文化　(C)牛罵頭文化　(D)墾丁文化。

(　　) **9** 原住民信仰最多的宗教是？　(A)道教　(B)基督教　(C)真耶穌教 (D)佛教。

(　　) **10** 最早對原住民族進行分類的學者是：　(A)伊能嘉矩　(B)杜正勝 (C)楊振寧　(D)李亦園。

(　　) **11** 霧社事件發生於：　(A)1930年　(B)1940年　(C)1950年　(D)1960年。

(　　) **12** 清代，不斷開通山路，對臺灣後山（東部）貢獻最大的是：　(A)施琅(B)沈葆楨　(C)丁日昌　(D)邵友濂。

(　　) **13** 目前居住在蘭嶼島的原住民是屬於那一族？　(A)排灣族　(B)達悟族(C)阿美族　(D)泰雅族。

(　　) **14** 日治時期，對臺灣原住民進行五階段理番策略，對原住民文化產生深切影響，為求族群延續與發展，諸多原住民族乃發起諸多抗日事件，下列原住民族抗日事件，何者配對有誤？　(A)泰雅族—霧社事件　(B)阿美族—大港口事件　(C)太魯閣族—太魯閣之役　(D)布農族—大分事件。

(　　) **15** 臺灣高山原住民的社會組織，不同族群之間有甚大差異，屬貴族社會的除排灣族外，尚有：　(A)魯凱族　(B)布農族　(C)卑南族 (D)達悟族。

(　　) **16** 屏東「三地門」以石板屋建築為主，且有百步蛇的雕刻圖案，此為那一族的特色？　(A)達悟族　(B)阿美族　(C)卑南族　(D)排灣族。

(　　) **17** 十三行文化遺址發現煉鐵作坊室是臺灣鐵器文化重大的發現，請問十三行文化遺址落於何處？　(A)新北市八里區　(B)新北市林口區(C)臺東縣長濱鄉　(D)臺南市左鎮區。

(　　) **18** 清領前期清廷在臺灣曾畫有「土牛紅線」，其用意是：　(A)區隔泉州與漳州移民住地　(B)區隔福佬人（閩南人）和客家人的住地(C)區隔「生番」和「熟番」的生活空間　(D)區隔漢人與原住民活動地。

（　）**19** 牡丹社事件後，清朝改變治臺政策，請問牡丹社屬臺灣原住民哪一族？　(A)魯凱族　(B)卑南族　(C)排灣族　(D)西拉雅族。

（　）**20** 「矮靈祭」是臺灣原住民中哪一族的祭典？　(A)泰雅族　(B)賽夏族　(C)排灣族　(D)達悟族。

（　）**21** 高砂義勇隊的主要任務是：　(A)對抗日本警察　(B)協助日本警察鎮壓抗日份子　(C)加入日本軍方攻打南洋各地　(D)協助重慶政府對抗日軍。

（　）**22** 臺灣原住民族人數最多者為：　(A)泰雅族　(B)阿美（眉）族　(C)排灣族　(D)布農族。

（　）**23** 沈葆楨在臺灣期間，積極推展「撫番」工作，下列相關敘述，何者錯誤？　(A)廢除南路、北路理番同知　(B)禁止漢人娶原住民為妻　(C)開築通往後山、內山道路　(D)推動「化番為民」政策。

（　）**24** 下列那一項是臺灣原住民「熟番」的定義？　(A)漢化程度至懂漢文者(B)與漢人結親者　(C)向清政府「歸附納餉」者　(D)與通事有交易關係者。

（　）**25** 達悟族「工作房」的建築多採何種建材？　(A)木頭　(B)石板　(C)土磚　(D)水泥。

（　）**26** 「近日番女，多與漢人牽手，婚約禮文，略如漢制。」「瑯嶠一社，喜與漢人為婚，以青布四匹，小鐵鐺一口，米珠斤許為聘。臨期備牲一二，白之所親及土番。」「內地無賴多竄入番社為婚，所生兒為土生仔，常誘生番夜出，頗為民害。」，以上三段史料記載應如何理解？　(A)番漢通婚的一般情景，漢人與匈奴、唐人與吐番、宋人與西夏的接界地區均可見到　(B)番漢通婚的特殊情況，僅見於改土歸流以前的雲貴地區　(C)移民社會中的情形，反映臺灣開發過程中漢人與原住民的融合　(D)移民社會中的情形，鄭和下西洋以後，漢人大量移至東南亞所產生的現象。

（　）**27** 「傀儡生番，性嗜殺人，取其頭以多者為雄，諸社皆然，然而山豬毛為最」可見：　(A)平埔族喜獵人頭　(B)獵取人頭是所有土著民族的習性　(C)高山族互相征戰時，把頭割下來當戰利品　(D)此習俗至今仍存在。

(　) **28** 考古學家在那一新石器文化遺址上，發現距今四千～四千五百年前
的陶片上穀痕，是目前臺灣所見最早的稻米栽培證據？　(A)恆春
半島的「墾丁文化」　(B)臺南仁德的「牛稠子文化」　(C)臺東的
「卑南文化」　(D)臺北的「大坌坑文化」。

(　) **29** 在漢人大量移民而引進技術以前，臺灣原住民尚未擁有哪些農耕
或工藝技術？　(A)冶鐵技術　(B)根莖作物種植　(C)水稻栽培
(D)製作瓷器。

(　) **30** 一齣電視劇中描述臺灣原住民被編入高砂義勇隊，往南洋地區作
戰，一般民眾則被徵為軍伕，請問他們是支援誰的戰爭？　(A)美國
(B)中國　(C)日本　(D)越南。

(　) **31** 於西元1930年發生震驚國際的「霧社事件」。請為此一事件是臺灣
哪一原住民族的抗日事件？　(A)賽夏族　(B)布農族　(C)魯凱族
(D)賽德克族。

(　) **32** 八通關古道分清道（東段）及日道（西段），皆為撫番，鎮番而
開鑿。請問清道是何人主台政時所開通？　(A)沈葆楨　(B)劉銘傳
(C)邵友濂　(D)丁日昌。

(　) **33** 宜蘭古稱「蛤仔難」，清代吳沙率眾開蘭，至何時始入哪一個行政
區？　(A)雍正—淡水廳　(B)嘉慶—淡水廳　(C)嘉慶—噶瑪蘭廳
(D)光緒—宜蘭縣。

(　) **34** 研究原住民族遷徙及分布情形，最為可靠且具有科學信度之研究方
法為何？　(A)創世神話解讀　(B)考古人類學及語言學分析　(C)傳
統史料記載　(D)口傳歷史。

(　) **35** 下列那個族群善於利用自然植物資源，被稱為「吃草的民族」？
(A)阿美族　(B)布農族　(C)卑南族　(D)魯凱族。

(　) **36** 泰雅族的祖靈祭，約在何時舉行？　(A)六月下旬左右　(B)八月下
旬左右　(C)十月下旬左右　(D)十二月下旬左右。

(　) **37** 閩南人稱自己的妻子為「牽手」，是源自於原住民那一族的說法？
(A)平埔族　(B)布農族　(C)阿美族　(D)排灣族。

(　) **38** 清代臺灣受到外人以武力入侵的事件中，以那一件最早，也最著
名？(A)霧社事件　(B)中法戰爭　(C)牡丹社事件　(D)西來庵事件。

( ) **39** 今總統府前之介壽路已改名為凱達格蘭大道。請問：凱達格蘭族於明末時曾與哪兩國有貿易往來？ (A)西班牙、荷蘭 (B)西班牙、葡萄牙 (C)葡萄牙、荷蘭 (D)英國、荷蘭。

( ) **40** 擅長織布且有紋面、獵首文化等文化特色的臺灣原住民是何族？ (A)卑南族 (B)泰雅族 (C)阿美族 (D)布農族。

( ) **41** 臺灣近代化的建設創始於沈葆楨，其措施不含： (A)開山通道，撫綏生番 (B)招徠並協助內地人民來臺 (C)擴增至二府八縣四廳 (D)創電報學堂及中西學堂。

( ) **42** 日本統治臺灣以後，在1930年爆發的原住民抗日事件，最具代表性的是？ (A)西來庵事件 (B)牡丹社事件 (C)霧社事件 (D)林爽文事件。

( ) **43** 荷蘭人據台期間，設立學校、招收原住民入學的目的為何？ (A)為了傳教 (B)為了傳播蘭學 (C)為使原住民漢化 (D)為發揚原住民文化。

( ) **44** 某原住民，穿著其傳統盛裝，頭戴銀盔，請問此為臺灣哪一原住民族群之衣飾特色？ (A)泰雅族 (B)賽夏族 (C)阿美族 (D)達悟族。

( ) **45** 臺灣俗諺：「有唐山公，無唐山媽」，此一諺語反應臺灣開發史上哪一現象？ (A)臺灣廟宇多由漢人所建 (B)來臺漢人男子多娶原住民女子為妻 (C)漢人重男輕女 (D)原住民不信仰媽祖。

( ) **46** 《鳳山縣志》載：「傀儡生番，性嗜殺人，取其頭以多者為雄，諸社皆然，然而山豬毛為最。」，從這段紀錄可知： (A)獵取人頭原是臺灣各族原住民的習俗，到了清代吳鳳捨身取義後才革除 (B)原住民生性殘暴，以獵取人頭為樂 (C)原住民常相互征戰，獵取對方人頭為戰利品，以獵取多者稱雄 (D)這些記載皆為漢人虛構的，不能相信。

( ) **47** 下列臺灣原住民族群，何者「非」為母系社會？ (A)魯凱族 (B)卑南族 (C)阿美族 (D)噶瑪蘭族。

( ) **48** 苗栗縣南庄鄉著名的矮靈祭是臺灣哪一原住民所舉辦的祭典？ (A)泰雅族 (B)賽夏族 (C)阿美族 (D)布農族。

( ) **49** 臺灣原住民的語言是屬於哪一語系？ (A)漢藏語系 (B)南島語系 (C)阿爾泰語系 (D)印歐語系。

( ) **50** 臺灣地區原居於蘭陽平原的平埔族是： (A)凱達格蘭族 (B)西拉雅族 (C)噶瑪蘭族 (D)馬賽族。

解答及解析

1 (D)

大港口事件	1887年，臺灣總兵吳光亮因開闢道路與大港口（今秀姑巒溪口）的阿美族人發生爭執，設宴利誘阿美族人並將其殺害，造成阿美族青壯年盡失，族人被迫流離他處，又稱「奇密事件」、「林東捱事件」。
李棟山事件	日據時代日本政府採取高壓手段鎮壓桀驁不馴的泰雅族人，是為李棟山事件。
牡丹社事件	同治十三年（1871），琉球船隻漂流至臺灣南部，誤闖排灣族領域，被高士佛社殺害。1874年日本卻藉機出兵牡丹社，並表示那裡不為清廷管轄處，此後清廷一改對臺態度，並派官治理。
林爽文事件	清朝三大民變之一。

2 (B) **3 (D)** **4 (A)** **5 (C)** **6 (A)**
7 (C) **8 (D)**
9 (B)。傳統的原住民信仰以「祖靈信仰」為主，後來因為基督教積極向山區部落傳教，給予許多醫療、教育上的幫助，使得不少原住民改信基督教。
10 (A) **11 (A)**
12 (B)。自沈葆楨來臺後，採行「開山撫番」的政策，開闢多條古道，並加強後山的統治，促進漢人與原住民之間的關係。

13 (B)
14 (B)。事件發生於西元1887年，臺灣總兵吳光亮因開闢道路而與大港口的阿美族人發生爭執，設宴利誘阿美族人並將其殺害，造成阿美族青壯年盡失，族人被迫流離他處，又稱「奇密事件」、「林東捱事件」。
15 (A)
16 (D)。排灣族與魯凱族比鄰而居，文化特色相近，石板屋與百步蛇雕刻為排灣族著名特色。屏東三地門主

要以排灣族為主，亦有部份魯凱族移居於此。

17 (A)　18 (D)　19 (C)　20 (B)

21 (C)。日本政府有感於原住民擅長叢林戰，且為因應第二次世界大戰太平洋戰區戰事，於1942年向臺灣原住民徵兵，組成「高砂義勇隊」。

22 (B)

23 (B)。(B)與「撫番」之意背道而馳。

24 (C)

25 (A)。達悟族的「工作房」專供白天工作使用，通常建於正屋的前後或左右，以木頭為主要建材。

26 (C)　27 (C)　28 (A)　29 (D)

30 (C)。請參第21題解析。

31 (D)　32 (A)　33 (C)

34 (B)。透過考古人類學及語言學上之分析，以探討原住民族群間文化相關性，透過文化、語言上等差異程度，探討分析其分部及遷徙情形。南島民族遷徙之研究，即採用此種方法進行。

35 (A)。阿美族主要分布在臺灣山脈東側，立霧溪以南，沿太平洋岸的花東縱谷及海岸平原，大部份居住於平地，只有極少數居於山谷中，很早就進入水田定耕的生產方式。

36 (B)　37 (A)　38 (C)　39 (A)　40 (B)
41 (D)　42 (C)　43 (A)　44 (D)

45 (B)。清領前期對臺採消極態度，禁止漢人攜家帶眷來臺，故來臺者多為單身男子，久居臺灣之後，很自然的與當地族群通婚，一般而言以平埔族女性佔大部份，因為高山族被劃為化外之地，將之隔離。

46 (C)。吳鳳成仁取義之故事，為後人加以虛構，實吳鳳被殺，乃因通事對原住民過於苛虐所致。

47 (A)　48 (B)　49 (B)　50 (C)

第二回

(　) **1** 鄭氏政權在臺灣的拓墾，下列何者為非？　(A)駐防各地營丁所開墾的土地稱為「營盤田」　(B)荷據時代的「王田」改稱為「官田」　(C)漢人拓墾的土地稱為「私田」　(D)漢人開墾者常與原住民發生衝突。

(　) **2** 臺灣原住民是屬於哪一語系民族？　(A)南島語系　(B)漢藏語系　(C)閃米語系　(D)阿爾泰語系。

(　) **3** 下列何者為荷據時期原住民反抗殖民統治的歷史事件？　(A)郭懷一事件　(B)麻豆社事件　(C)戴潮春事件　(D)林爽文事件。

(　) **4** 鄭氏王國在臺灣面臨糧食匱乏問題，拓墾成為重大政務，試問他們採取的拓墾手段為何？　(A)派軍隊按鎮分地，就地開荒　(B)重視水利興修　(C)由文武官員招佃開墾　(D)鼓勵漢人承墾「熟番」地。

(　) **5** 清領前期對臺灣原住民的統治方式是：　(A)全面採取武力鎮壓　(B)實施畫界封山措施　(C)准許漢人與原住民通婚　(D)設「原住民委員會」處理原住民事務。

(　) **6** 關於賽夏族與道卡斯族之比較，下列敘述何者有「誤」？　(A)賽夏族分布於新竹、苗栗一帶山區；道卡斯族分布於新竹、苗栗平原丘陵一帶　(B)賽夏族之矮靈祭典與道卡斯族牽田儀式均有製作旗竿之儀式(C)賽夏族為父系社會；道卡斯族為母系社會　(D)由祭典與文化分析中，可得知賽夏族與道卡斯族在發展上有極密切之關係，甚有賽夏族為道卡斯族之一支的說法。

(　) **7** 下列臺灣史前文化與原住民先期文化之配對，何者有「誤」？　(A)十三行文化—凱達格蘭族　(B)番仔園文化—巴布薩族　(C)蔦松文化—和安雅族　(D)靜浦文化—阿美族。

(　) **8** 在臺灣臺東縣所發現的「長濱文化」，可知長濱文化人的生活已演進到下列何種程度？　(A)使用磨製的石器　(B)知道用火　(C)過著農耕生活　(D)懂得燒製陶器。

（　）　**9** 搭乘阿里山森林鐵路最有可能經過下列哪一原住民族的生活空間？
(A)邵族　(B)鄒族　(C)魯凱族　(D)排灣族。

（　）　**10** 板橋林本源家族與霧峰林朝棟家族，與劉銘傳的合作「開山撫
番」，取得特權和私人武力，主要是與何者有關？　(A)對原住民
加以掠奪土地與資源　(B)與樟腦、茶葉的擴展有關　(C)馴服原住
民，減少對漢人殺傷　(D)原住民反叛無常。

（　）　**11** 南投東埔除泡溫泉外，八通關古道也能發思古之幽情，這條臺灣
史上第一條東西橫貫公路為誰的傑作？　(A)劉銘傳　(B)沈葆楨
(C)邵友濂　(D)丁日昌。

（　）　**12** 臺灣平埔族群曾進行四次族群大遷徙，下列有關臺灣平埔族群遷徙
之敘述，何者有「誤」？　(A)噶瑪蘭族—花蓮　(B)道卡斯族—宜
蘭　(C)西拉雅族—埔里　(D)巴則海族—宜蘭。

（　）　**13** 何謂贌社制度？　(A)官方對「番」社的稅課，為荷蘭東印度公司所
創，採取招標包稅制　(B)荷蘭人所創，為各番社代表，直接向荷蘭
殖民長官負責　(C)為原住民居留地保護政策　(D)清代所設立，為
透過通事而和漢人進行貿易的方式。

（　）　**14** 日本在臺施行理番策略，最主要目的為何？　(A)教化民智未開之原
住民族　(B)掠奪臺灣優渥的山林資源　(C)因各原住民族持續不斷
的抗日活動　(D)欲將原住民族同化為日本人。

（　）　**15** 有一族群，其文化特色為gaga概念、獵頭風俗、紋面意義等，為
臺灣哪一原住民族群之特色？　(A)泰雅族　(B)賽夏族　(C)鄒族
(D)布農族。

（　）　**16** 臺灣原住民族中，往往有以紋身作為身體上之裝飾或代表勇氣、成
年之意味，有一族群之紋身特色為胸紋為「對部落有特別之貢獻
或者有獵首功績的男子始可刺胸紋，早期規定最多可刺胸紋十二
條，胸紋越多表示社會地位越高。」請問該族群為何？　(A)泰雅族
(B)賽夏族(C)鄒族　(D)布農族。

（　）　**17** 林爽文事件時，福康安曾令哪兩族社防守阿里山地區，以防林爽
文繞道攻擊府城，事件平定後，該兩族甚因有功，而前往北京受

賞？　(甲)鄒族　(乙)邵族　(丙)布農族　(丁)泰雅族　(A)(甲)(乙)　(B)(乙)(丙)　(C)(丙)(丁)　(D)(甲)(丁)。

(　　) **18** 大武山為哪臺灣原住民族群中哪一族之聖山？　(A)泰雅族　(B)鄒族(C)魯凱族　(D)卑南族。

(　　) **19** 自稱「百步蛇子民」，十分崇敬百步蛇，由百步蛇為圖案雕刻的圖騰木雕、刺繡和服飾上可見一斑：　(A)鄒族　(B)布農族　(C)排灣族　(D)魯凱族。

(　　) **20** 著名的「大甲藺草編織技巧」，為臺灣平埔族群中哪一族群之手工技藝？　(A)凱達格蘭族　(B)道卡斯族　(C)巴則海族　(D)巴布拉族。

(　　) **21** 泰雅族自古以來有許多祭典，祭典以歲時祭儀為主，主要隨著季節及農耕活動而舉行，主要祭典包括開墾祭、播種祭、收割祭、狩獵祭、祖靈祭及祈雨等六種類型，後在多元文化的衝擊與影響，許多傳統文化儀式紛紛式微，目前泰雅族唯一流傳下來的祭典是為何？(A)祖靈祭　(B)開墾祭　(C)播種祭　(D)狩獵祭。

(　　) **22** 臺灣原住民的婚姻禮俗中哪些族群有盪鞦韆活動？　(A)阿美族、達悟族　(B)排灣族、魯凱族　(C)卑南族、布農族　(D)泰雅族、賽夏族。

(　　) **23** 平埔族道卡斯族與邵族的祭典中皆有「牽田」的儀式，請問祭典中所進行的「牽田」儀式，下列敘述何者有「誤」？　(A)邵族的牽田儀式於祖靈祭時舉行　(B)不論是道卡斯族或是邵族，舉行牽田儀式時皆由族人們手牽手唱歌跳舞共同歡樂　(C)道卡斯族的牽田儀式於豐年祭時舉行　(D)道卡斯族舉行牽田儀式時只准男性參加。

(　　) **24** 臺灣原住民中有石板屋文化的有哪些族群？　(甲)排灣族　(乙)魯凱族　(丙)布農族　(丁)泰雅族　(A)(甲)(乙)(丙)　(B)(乙)(丙)(丁)　(C)(甲)(乙)　(D)(丙)(丁)。

(　　) **25** 下列各族原住民中，哪幾族在清朝發生民變時助清有功而受到皇帝賞賜？　(甲)卑南族　(乙)布農族　(丙)邵族　(丁)鄒族　(A)以上皆是　(B)(甲)(乙)(丙)　(C)(甲)(丙)(丁)　(D)(乙)(丙)(丁)。

(　) **26** 「祖靈」為原住民宗教信仰中心，各族都有專為祖靈而舉行的祭儀活動。歷史發展顛沛流離的邵族，縱使今日人口僅存三百多人，但仍完善保留專屬自身的文化傳統─祖靈籃，「祖靈籃」對邵族而言意義重大，以下關於祖靈籃對邵族的社會文化意涵，包括哪幾項？ (甲)保存了族人「族群認同」與族群「自我意識」　(乙)有利於女祭師「先生媽」此一職務的傳承　(丙)崇奉祖靈與慎終追遠之心不曾遠離　(丁)促進家庭和諧美滿　(A)以上皆是　(B)(甲)(乙)(丙) (C)(甲)(丙)(丁)　(D)(乙)(丙)(丁)。

(　) **27** 過往邵族曾為鄒族的支系，然而根據學者研究，鄒族與邵族不論在語言、體質、遺傳基因各方面都有顯著的不同，請由以下選項中選出邵族被劃歸於鄒族之下的原因：　(A)居住地有重疊之處　(B)文化特徵相似度高　(C)社會制度相似度高　(D)邵族神話傳說其先祖原居阿里山，因逐白鹿而至日月潭地區的誤導。

(　) **28** 臺灣平埔族中，有「拜壺民族」之稱的是：　(A)凱達格蘭 （Ketagalan）　(B)道卡斯（Taokas）　(C)和安雅（Hoanya） (D)西拉雅（Siraya）。

(　) **29** 平埔族有「生女謂之有賺，則喜，生男出贅，謂之無賺」之語，可見平埔族是：　(A)父系社會　(B)母系社會　(C)重男輕女　(D)男女平權。

(　) **30** 有關臺灣原住民的論述，何者不正確？　(A)是屬於南島語系民族 (B)與漢（大陸）民族系出同源，也是漢藏語系族群　(C)原住民文化可以溯源於臺灣史前文化　(D)一般可分為平埔族與高山族。

(　) **31** 原住民族在傳統部落領袖制度上，各族都有一個共同的特點，即： (A)人才主義　(B)平權主義　(C)老人統治　(D)領袖世襲。

(　) **32** 透過氏族組織與祭典儀式之結合，構成該族群文化發展之模式，請問該族群為何？　(A)泰雅族　(B)賽夏族　(C)布農族　(D)阿美族。

(　) **33** 自稱為「雲豹的子民」，為臺灣哪一原住民族群？　(A)布農族 (B)排灣族　(C)魯凱族　(D)卑南族。

(　) **34** 荷蘭人對於臺灣平埔族之教化措施，何者為「非」？　(A)設立新式學校，傳授近代知識　(B)利用教會方式來施行教育　(C)教化之主要目的在於傳教事業上　(D)新港文書即運用羅馬拼音方式，將西拉雅語轉化為文字，於此可見荷蘭教化之影響。

(　) **35** 原住民對野生動物的獵捕、宰殺、或是利用，並未包括下列何種用途：　(A)傳統文化　(B)祭典　(C)商業　(D)沒有法律規定。

(　) **36** 清領時期，發生著名之吳鳳事件，該事件為何族所為？　(A)邵族　(B)鄒族　(C)布農族　(D)魯凱族。

(　) **37** 承上題，該事件所代表之意義為何？　(A)因為族群文化上之不認識，因而引發衝突及誤會　(B)該族群因錯殺吳鳳，痛定思痛，誓不獵人頭　(C)通事對於原住民族社經濟剝削過度，因而引發原住民殺通事之事件　(D)引發事件之族社，恐清政府以武力強勢鎮壓，因而舉社遷徙。

(　) **38** 下列有關南島民族起源地的敘述，何者「錯誤」？　(A)在臺灣起源論說法中，以語言歧異度最高作為推論依據　(B)學者柯恩利用「語言古生物法」推論中南半島為南島民族的起源地　(C)學者林純聲利用比對中國古書的方法，提出南島民族即為中國南方的百越族　(D)臺灣是南島民族的原鄉。

(　) **39** 沿用已久的臺灣九族原住民稱呼是哪些學者所分類命名的？　(A)芮逸夫、李亦園　(B)森丑之助、鳥居龍藏　(C)衛惠林、伊能嘉矩　(D)伊川子之藏、鹿野忠雄。

(　) **40** 位今臺灣東部，常見人工雕琢的巨石製品成排、成群出現，又稱「巨石文化」，是指什麼文化？　(A)長濱文化　(B)麒麟文化　(C)圓山文化　(D)靜浦文化。

(　) **41** 《東番記》中曾記載平埔族人「無事晝夜習走」，此為「鬥走」的說明之一，「鬥走」在平埔社會中具有深厚的意涵，下列敘述何者不包括在內？　(A)具宗教意義，於西拉雅族的祭典中可見　(B)鬥走為勇武的表現，更是具有男子成年禮之意　(C)若是有男子身體不佳，即以鬥走方式訓練身體　(D)為一休閒娛樂。

(　) **42** 下列何者書籍，反映出十八世紀臺灣各地平埔族人的生活圖像，內容包羅萬象，舉凡分布情形、生產方式、產業活動、風俗習慣、歷史發展等，使得後代得以一窺當時平埔族人生活的各項面貌： (A)陳倫炯《海國聞見錄》　(B)郁永河《裨海紀遊》　(C)《番社采風圖》　(D)黃叔璥著《臺海使槎錄》。

(　) **43** 下列有關於道卡斯族各項祭典儀式之描述，何者有「誤」？　(A)牽田儀式中，旗竿部分由舉旗手負責製作，從竹竿選材至完成整個牽田儀式結束只能由女性族人協助，男性不得碰觸，反映出母系社會之特質(B)牽田儀式過程中之牽手跳舞、集體歡樂等為道卡斯族之豐年祭典(C)走田儀式則為娛樂性質之運動會的賽跑活動　(D)道卡斯族為臺灣原住民族群中，唯一有潑水節儀式之民族。

(　) **44** 阿里山鄒族社會制度主要型態為何？　(A)結合母系社會及專名制年齡階級組織所構成　(B)父系社會、尊老、尚賢，無特權階級的社會 (C)主要由中心大社聯合附近衛星小社所成為一個地域上整合的社會結構　(D)核心家庭為主的社會組織型態。

(　) **45** 同治年間，因牡丹社事件而出兵犯台的是哪一個國家？　(A)英國 (B)法國　(C)美國　(D)日本。

(　) **46** 有一族群之社會特色為以核心家庭為核心，講求親屬組織間的互助與分享，請問為哪一族群之社會特色？　(A)阿美族　(B)卑南族 (C)達悟族　(D)噶瑪蘭族。

(　) **47** 阿里山鐵路於1906年開始興建並於1913年完工，這條鐵路穿越哪一族群傳統生活領域，增強了殖民母國對該領域資源的掌控與開發壓力？　(A)邵族　(B)鄒族　(C)布農族　(D)泰雅族。

(　) **48** 清領時期東部平埔族人反抗規模最大之一次事件為何，甚至造成北洋艦隊砲轟卑南平原？　(A)大庄社之役　(B)觀音山庄之役　(C)加禮宛社之役　(D)大港口事件。

(　) **49** 漢人入墾卑南（臺東）之始，始於何人？　(A)郭百年　(B)林漢生 (C)郭錫瑠　(D)鄭尚。

(　) **50** 下列哪一原住民族族群曾發起「反核廢、驅惡靈」示威抗議活動？ (A)阿美族　(B)卑南族　(C)達悟族　(D)魯凱族。

解答及解析

1 (C)　　2 (A)　　3 (B)　　4 (D)

5 (B)。清領前期治臺採消極態度，且將原住民與漢人用「土牛紅線」隔離開來，禁止跨越。

6 (D)　　7 (C)

8 (B)。長濱文化屬舊石器時代文化，已知用火，磨製石器與燒製陶器為新石器時代特徵，至於農耕則是進入到金屬器時期。

9 (B)　　10 (B)　　11 (B)　　12 (C)　　13 (A)

14 (B)。臺灣優渥的山林資源為日本殖民政府長久以來，極渴望開發之區域，然山林的守護者—原住民，成為日本開發山林的絆腳石，透過一系列且有目的的理番計畫，以達到掠奪山林資源的最大目的。

15 (A)　　16 (B)　　17 (A)　　18 (C)　　19 (C)
20 (B)　　21 (A)　　22 (B)　　23 (D)　　24 (A)
25 (C)　　26 (A)　　27 (D)

28 (D)。平埔族之宗教信仰以靈魂崇拜為主，其中西拉雅族將祖靈的陶罐奉祀於公廨最具特色，因而有「拜壺的民族」之稱。

29 (B)　　30 (B)

31 (C)。原住民社會十分重視經驗的傳承，故年長者在部落當中常享有一定的身分與地位，備受眾人尊崇。

32 (B)　　33 (C)　　34 (A)

35 (C)。狩獵文化是原住民傳統生計的來源，亦是許多重要祭典儀式的重頭戲，其秉持著與大自然和諧共處的態度，並不隨便獵殺動物。

36 (B)　　37 (C)　　38 (D)　　39 (A)　　40 (B)
41 (C)　　42 (C)　　43 (A)　　44 (C)

45 (D)。同治十三年（1871），琉球船隻漂流至臺灣南部，誤闖排灣族高士佛社領域，故被殺害。1874年日本卻藉機出兵牡丹社，並表示那裡不為清廷管轄處，此後清廷一改對臺態度，並派官治理。

46 (C)　　47 (B)

48 (A)。光緒十四年，移民後山花蓮之西拉雅族人因清吏暴虐無道，遂殺死徵稅官吏雷福海，抗暴情緒一發不可收拾，卑南族、阿美族亦先後響應，引起清政府強烈鎮壓，西拉雅族人死傷慘重，是為「大庄事件」。

49 (D)　　50 (C)

第三回

(　　)　**1** 賽夏族人傳統手工藝特色，以何者為著稱？　(A)香蕉樹皮織布技術　(B)幾何條紋織布技藝　(C)獸皮鞣皮技藝　(D)竹編技藝。

(　　) **2** 某一原住民描述其族群喪禮之特色：「……日出東方為象徵希望；落日西方則代表死寂，人死亡後靈魂會前往塔山，如墓地主要位於部落西方邊緣，下葬後屍體亦也面向西方……。」試問該原住民族群為何族？　(A)泰雅族　(B)賽夏族　(C)鄒族　(D)邵族。

(　　) **3** 下列哪一抗日事件與賽德克族有關：　(A)羅發號事件　(B)霧社事件　(C)噍吧哖事件　(D)牡丹社事件。

(　　) **4** 康熙雍正年間，漢人開始入墾巴則海族居住地，其中有一位開墾者甚至娶得岸里社頭目之女兒，而有「番仔駙馬」稱呼：　(A)施世榜　(B)張達京　(C)王世傑　(D)林成祖。

(　　) **5** 下列何者為鄒族的聖山？　(A)玉山　(B)阿里山　(C)大武山　(D)都蘭山。

(　　) **6** 臺灣原住民最早自大陸東南沿海移入，距今已有五、六千年前，以那兩族為主？　(A)達悟族、卑南族　(B)鄒族、布農族　(C)阿美族、排灣族　(D)泰雅族、賽夏族。

(　　) **7** 蘭嶼地區的達悟族原住民要到菲律賓巴丹島去尋根，請問：為什麼有如此的舉動？　(A)他們都是來自中國大陸東南沿海的古越人　(B)菲律賓群島的住民都是由臺灣的原住民移去的　(C)他們都是散居大洋洲的南島語族　(D)他們首先由中國移到臺灣，再由臺灣移至菲律賓。

(　　) **8** 有些學者認為臺灣舊石器時代文化應是從大陸東南移入，主要的判斷為何？　(A)從「長濱文化」、「網形文化」的石器型態，與華南一些史前文化頗為類似　(B)「左鎮人」與「北京人」在年代、特色上相當　(C)「網形文化」是屬於河姆渡文化的一支　(D)目前臺灣地區尚未發現舊石器時代的文化。

(　　) **9** 陳老師和邱老師到蘭嶼遊覽，偶爾會遇到穿「丁字褲」的原住民正在海上捕撈「飛魚」，他們應屬於哪一族群？　(A)阿美族　(B)達悟族(C)泰雅族　(D)凱達格蘭族。

(　　) **10** 臺灣地區何處發現舊石器時代的遠古石片文化？　(A)臺東長濱鄉　(B)臺北芝山岩　(C)臺中大肚溪流域　(D)雲林濁水溪流域。

(　　) **11** 臺灣原住民常在歡渡豐收祭時，把小米倒入臼中，集體加以搗碎，邊做邊唱，祈求年年豐收，試問臺灣何時各地普遍出現小米等穀類作物的種植？　(A)舊石器早期　(B)舊石器晚期　(C)新石器早期　(D)新石器晚期。

(　　) **12** 有一島嶼，原族人稱其為拉魯島，後日本人改其名為玉島，光復後又更名為光華島。請問該族群為哪一原住民族？　(A)邵族　(B)鄒族　(C)布農族　(D)達悟族。

(　　) **13** 日治時期日月潭水利工程的興建，對於下列哪一原住民族群生活影響最大？　(A)邵族　(B)鄒族　(C)布農族　(D)泰雅族。

(　　) **14** 臺灣高山原住民中有一族住得最高、最重視小米的種植，他們因此留下最美的天籟之音－「祈禱小米豐收歌」，其氣勢磅礡的「八部音合唱」曾享譽世界，迄今傳唱不已。此族是：　(A)布農族　(B)卑南族　(C)阿美族　(D)賽夏族。

(　　) **15** 八通關古道是清末前山連通後山的三條東西橫貫道路之一。請問八通關為哪一族群對何座山的命名？　(A)布農族－阿里山　(B)鄒族－玉山　(C)泰雅族－南湖大山　(D)魯凱族－大武山。

(　　) **16** 下列抗日事件中，何者與太魯閣族有關？　(A)丹大事件　(B)威里事件　(C)大科崁事件　(D)北埔事件。

(　　) **17** 日人理番政策中，對原住民族採取武力鎮壓方式，請問下列哪一民族最晚屈服？　(A)卑南族　(B)排灣族　(C)泰雅族　(D)布農族。

(　　) **18** 臺灣在荷據、清領、日治時期，對原住民的政策，下列敘述何者為是？　(A)均對原住民施予教化　(B)均準原住民擁有自治權　(C)均將所有原住民編入戶籍　(D)均利用傳教士為行政官。

(　　) **19** 下列哪一族是屬於臺灣平埔族？　(A)卑南族　(B)泰雅族　(C)阿美族　(D)西拉雅族。

(　　) **20** 清領時期多以「傀儡番」稱呼何族？　(A)排灣族　(B)鄒族　(C)賽夏族　(D)卑南族。

(　　) **21** 魯凱族族花為何？　(A)玫瑰花　(B)鳳凰花　(C)百合花　(D)金針花。

(　　) **22** 有一原住民族群之社會文化特色，為有專名制的年齡階級組織，以及母系社會制度，請問該族群為何？　(A)噶瑪蘭族　(B)阿美族　(C)卑南族　(D)魯凱族。

(　　) **23** 下列哪一族群其神話中指出「其先祖原居阿里山，一日追逐白鹿而意外發現世外桃源—日月潭，隨後全族遷徙至日月潭居住」？　(A)鄒族　(B)賽夏族　(C)魯凱族　(D)邵族。

(　　) **24** 關於西拉雅族的拜壺文化，下列敘述何「錯誤」？　(A)西拉雅人認為神龕左側的角落或桌子下為大位，故將代表祖靈的壺體奉於此處，因其在牆壁一角，又稱「壁腳佛」　(B)高屏地區的馬卡道族人祀壺的改變為將壺改成寬口淺碗，內裝清水，內加一片九芎葉　(C)拜壺文化至今仍在西拉雅族的分布地廣泛可見　(D)部落中的阿立祖多供祀在公廨中，又稱為「公廨媽」。

(　　) **25** 原住民各族都有他們傳統的歲時節慶，其中哪一族在每年的七、八、九三個月份，都會擇期舉行「豐年祭」？　(A)鄒族　(B)卑南族　(C)魯凱族　(D)阿美族。

(　　) **26** 臺灣原住民平埔族群所建立之大肚王國，為哪一支平埔族所建立？　(A)道卡斯族　(B)西拉雅族　(C)巴布薩族　(D)巴布拉族。

(　　) **27** 今日屏東四重溪石門古戰場，與哪一國入侵臺灣有關？　(A)西班牙　(B)荷蘭　(C)日本　(D)英國。

(　　) **28** 臺灣舊石器時代晚期的文化以何處為代表？　(A)臺東卑南　(B)臺東長濱　(C)臺北圓山　(D)屏東墾丁。

(　　) **29** 農曆九月某一日，報社記者報導臺灣某一個平埔族的夜祭活動，如下：「他們祭拜阿立祖，阿立祖或稱阿立母、太祖、太上老君、李太君，漢人稱為番祖、番太祖或番仔佛。祭拜方式，一般在公廨或住宅內設立祖壇，供奉一個或數個內盛清水、插蘆葦葉或甘蔗葉的壺甕，壺甕後插上掛有數個豬頭殼的竹柱，作為全族社的精神寄託。」請問這是哪一族的祭祀活動？　(A)巴賽族　(B)凱達格蘭族　(C)噶瑪蘭族　(D)西拉雅族。

(　　) **30** 康熙、雍正年間，有一位19歲的漢人男子來臺，娶得岸里社平埔族頭目之女為妻，人稱「番仔駙馬」，他為了開墾臺中平原，曾招募

張、廖等姓居民組成六館業戶，並修建貓霧捒圳。請問此人是誰？
(A)張達京　(B)施世榜　(C)王世傑　(D)林成祖。

( ) **31** 臺灣原住民的原鄉分布在北回歸線以北者是：　(A)魯凱族　(B)排
灣族　(C)卑南族　(D)泰雅族。

( ) **32** 「陳賴章號」在十八世紀初開墾臺北盆地，這可說明什麼事？
(A)十八世紀時臺北地區已是臺灣重心　(B)合資開墾是臺灣民間最
常見的墾殖方式　(C)無主地可自由開墾　(D)漢人的開發行為壓縮
原住民的活動空間。

( ) **33** 承上題，該原住民族為何族？　(A)道卡斯族　(B)巴則海族　(C)凱
達格蘭族　(D)西拉雅族。

( ) **34** 清廷自何事以後，才開始積極經營臺灣？　(A)康熙、雍正時期，吞
霄社、大甲西社的起兵抗清　(B)嘉慶年間，平埔族領袖潘賢文率眾
遠徙噶瑪蘭地區　(C)道光年間，西海岸平埔族遷徙至埔里　(D)同
治年間的牡丹社事件後。

( ) **35** 臺灣排灣族原住民，主要分布的山區是：　(A)雪山山脈　(B)大武
山區　(C)海岸山脈　(D)阿里山山脈。

( ) **36** 目前被政府承認的原住民共有幾族？　(A)11族　(B)12族　(C)13族
(D)16族。

( ) **37** 澄澄在博物館參觀時，看到一張蓋有紅章的文件，展示版上寫著
「新港文書」。這份文件的右半部寫的是中文，是關於土地買賣的
四界、價錢，但是左半部是用羅馬字橫寫的文字，澄澄一個字也看
不懂。下列關於澄澄看到之文件的敘述，何者為是？　(A)這可能是
臺灣人和外國人簽訂的土地買賣契約　(B)這可能是鄭成功和荷蘭人
簽訂的土地交換條約　(C)這可能是西拉雅人和漢人簽訂的土地買賣
契約　(D)這可能是客家人和福佬人簽訂的土地交換合同。

( ) **38** 「霧社事件」的爆發，反映日本哪項政策的失敗？　(A)土地改革
(B)專賣事業　(C)理蕃事業　(D)教育「國語運動」。

( ) **39** 臺灣原住民有文字出現，始於荷蘭統治時，荷人用羅馬拼音寫成哪
一族語言而成的？　(A)凱達格蘭族　(B)西拉雅族　(C)巴則海族
(D)阿美族。

( ) **40** 《諸羅縣志・風俗志》對臺灣南部平埔族（新港、麻豆等社）當時的家宅景觀有如下的描述：「居室外結茅為禾間……。竹木交加，疊空而起，離地數尺如小樓，貯粟其上……。」此現象與當地何種因素有關： (A)氣候條件 (B)漢人影響 (C)官方政策 (D)地形特徵。

( ) **41** 在淡水河邊最初有原住民射魚維生，並把生產的番薯以獨木舟載運，溯淡水河上游的大漢溪、新店溪與漢人交易，於是這裡形成一個熱鬧的交易港口稱為： (A)艋舺 (B)大稻埕 (C)鹿港 (D)安平。

( ) **42** 臺灣在日本殖民統治時期，原住民頭目莫那魯道是哪一次抗日事件的領導人？ (A)苗栗事件 (B)霧社事件 (C)牡丹社事件 (D)西來庵事件。

( ) **43** 清代臺灣平埔族為何會有「番兒至老無妻」的現象？ (A)平埔族男多於女，比例失調 (B)平埔族男性期望與漢家女通婚普遍不成 (C)平埔族女性嫁給漢人男性者日增 (D)平埔族女性嫁漢人所生子女仍為平埔族人。

( ) **44** 何者是目前臺灣已發現的最早史前文化？ (A)網形文化 (B)長濱文化 (C)卑南文化 (D)大坌坑文化。

( ) **45** 「臺灣新文學之父」賴和，在1930年寫了一首〈南國悲歌〉的新詩，「兄弟們！來！來！來！來和他們一拼！憑我們有這一身，我們有這雙腕，休怕他毒氣、機關槍！休怕他飛機、爆裂彈！兄弟們！來！和他們一拼！」這是為哪一次抗日事件所作： (A)霧社事件 (B)西來庵事件 (C)苗栗事件 (D)林少貓抗日。

( ) **46** 下列各原住民族群中，哪一族最慢獲得政府承認為原住民族？ (A)邵族 (B)曹族 (C)噶瑪蘭族 (D)太魯閣族。

( ) **47** 曾經為了傳教，用羅馬字拼注臺灣原住民語言的是哪一國人？ (A)葡萄牙人 (B)西班牙人 (C)荷蘭人 (D)英國人。

( ) **48** 我們閱讀臺灣歷史上的文獻，記載著「噶瑪蘭……」等文字。請問這份文獻最早可能出現於清代哪一位帝王在位時？ (A)聖祖 (B)世宗 (C)高宗 (D)仁宗。

(　　) **49** 何人於乾隆五十二年率一批漳泉移民進入蛤仔難（噶瑪蘭）番界，圍起柵圍進行拓墾，至今遂有頭圍、壯圍等地名？　(A)吳沙　(B)施世榜　(C)楊道弘　(D)王世傑。

(　　) **50** 西元1867年，臺灣鎮總兵劉明燈經一地方，有感於道路驚險，因而題「虎」字於石碑上，請問此一地方為何處？　(A)魚路古道　(B)大屯溪古道　(C)草嶺古道　(D)八通關古道。

解答及解析

1 (D)　　**2** (C)

3 (B)。(A)為美國商船羅發（妹）號於屏東七星岩觸礁，船員遭生番殺害，後美國領事李仙得赴台處理，官方以生番凶狠不可理會，後李仙得與排灣族十八社頭目簽訂協議，宣稱臺灣番地不隸屬於中國。此事件為日本會發起牡丹社事件之因素之一。(B)因日本理蕃政策威脅到原住民之生存以及對原住民過當之勞力使用，遂引起由賽德克族的莫那魯道為首之抗日事件，是為霧社事件。(C)又稱為西來庵事件，由平地漢人余清芳藉由宗教迷信而引起之抗日事件，為漢人最後一次大規模之武裝抗日活動。(D)日本藉由琉球漁民於屏東滿州遭排灣族牡丹社原住民殺害，而入侵臺灣，並於屏東四重溪和排灣族原住民發生激戰，此次事件亦也喚醒清朝政府對於臺灣的積極治理。

4 (B)　　**5** (A)　　**6** (D)　　**7** (C)　　**8** (A)
9 (B)

10 (A)。舊石器時代的長濱文化，以臺東八仙洞遺址最具代表性。

11 (D)　**12** (A)　**13** (A)　**14** (A)　**15** (B)
16 (B)　**17** (D)　**18** (A)　**19** (D)　**20** (A)
21 (C)　**22** (B)　**23** (D)　**24** (C)　**25** (D)
26 (D)

27 (C)。同治十三年琉球漂流船民為臺灣生番所害，日本於同治十三年以保護琉球屬民而出兵，自琅嶠（今恆春）登陸，遭排灣族牡丹社原住民於今屏東四重溪壯烈抵抗。

28 (B)。(A)為新石器時代晚期文化特色。(B)舊石器時代晚期以臺東海岸的長濱文化為代表，以採集、漁獵維生，會製造骨針和骨魚鉤。(C)為新石器時代中期特色。(D)為新石器時代中期，有稻米栽培之考古證據。

29 (D)　　**30** (A)

31 (D)。北回歸線經過臺灣嘉義、高雄、南投、花蓮四縣，在臺灣中線偏南處，而泰雅族主要分布於北部中央山脈兩側，故不包含在內。

32 (B)　**33** (C)　**34** (D)

35 (B)。(A)泰雅族主要分布於雪山山脈。(B)排灣族主要分布在屏東大

武山區。(C)阿美族主要分布於海岸山脈。(D)鄒族主要分布於阿里山山脈。

36 (D)。十六族共包括：泰雅族、布農族、賽夏族、鄒族、邵族、阿美族、卑南族、排灣族、魯凱族、達悟族、噶瑪蘭族、太魯閣族、撒奇萊雅族、賽德克族、卡那卡富族、拉阿魯哇族。

37 (C)。「新港文書」原為荷蘭統治者欲向平埔族西拉雅族人傳教，而將西拉雅語以羅馬拼音方式製成文書，後被西拉雅人沿用，並作為和漢人土地契約等所用，即俗稱之「新港文書」。

38 (C) **39 (B)**

40 (A)。臺灣南部氣候潮濕悶熱，平埔族以建築「干欄式」高架於地面，避免粟作物受潮亦能防止鼠類危害。

41 (A) **42 (B)** **43 (C)**

44 (B)。網形和長濱文化皆屬舊石器時代文化，長濱文化是臺灣史前文化中發現最早的一種，大坌坑文化為新石器早期文化，卑南文化為新石器晚期文化。

45 (A)。日本理蕃政策過於殘暴，官吏統治手段橫暴，於是於1930年爆發由賽德克族頭目莫那魯道所領導的霧社事件，總督府採取強力鎮壓行動，並以毒氣彈轟炸，幾將該族屠殺殆盡。

46 (D) **47 (C)** **48 (D)** **49 (A)** **50 (C)**

第四回

(   ) **1** 下列有關「十三行文化」的敘述，何者正確？ (A)據今約五千年，屬新石器時代中期文化 (B)雖使用鐵器，但仍以石器、骨器為重 (C)發現遺址，位於臺灣東部海岸一帶 (D)屬於金屬器文化。

(   ) **2** 臺灣文化發展史上，金屬器時代出現的關鍵是： (A)青銅器的製造 (B)青銅工藝發展極盛 (C)金屬貨幣的出現 (D)鐵冶工具的使用。

(   ) **3** 同治十三年爆發牡丹社事件，日本係藉口保護何地百姓而出兵臺灣？(A)朝鮮 (B)琉球 (C)越南 (D)臺灣。

(   ) **4** 1930年臺灣發生的霧社事件，是哪一族發動的抗日事件？ (A)阿美族(B)賽夏族 (C)賽德克族 (D)排灣族。

(   ) **5** 紋面是榮譽的象徵，為臺灣原住民哪一族的習俗？ (A)泰雅族 (B)鄒族 (C)布農族 (D)排灣族。

( ) **6** 「新港文書」是臺灣原住民最早的文字,這與下列哪一時期統治有關? (A)荷據時期 (B)鄭氏治臺時期 (C)清領時期 (D)日治時代。

( ) **7** 一般認為十三行文化的主人很可能是居住在臺北盆地的凱達格蘭人,今日總統府前大道即是紀念他們,有關於他們的文化下列何者有「誤」? (A)他們已知煉鐵 (B)過著稻米穀物為主的生活 (C)十三行遺址在興建污水處理廠時,遭受到嚴重之破壞 (D)他們是臺灣新石器時代晚期文化代表。

( ) **8** 有關平埔族的敘述,何者「錯誤」? (A)居住在臺灣西部、東北的平原、丘陵地帶 (B)大部分是父系社會,行贅婚制度 (C)社會中男子依年齡分等級 (D)老年級的男子才可以參與部落公眾事務。

( ) **9** 下列何地的史跡遺址,見證了整個臺北盆地的發展,也堪稱是臺灣北部自然環境與文化變遷的縮影,現存有多種特有動物、植物與豐富石碑,非常具有歷史價值? (A)二二八紀念公園 (B)士林芝山岩 (C)臺北植物園 (D)新店溪。

( ) **10** 關於臺灣原住民特色,下列配對何者正確? (A)布農族—分布海峽最高 (B)泰雅族—人數最多 (C)邵族—人口最少 (D)賽德克族—目前最晚被承認。

( ) **11** 玉山國家公園內最主要的原住民是那一族? (A)排灣族 (B)阿美族 (C)布農族 (D)達悟族。

( ) **12** 第一位來臺教授原住民漢文者,為何人? (A)沈光文 (B)甘地雅士 (C)馬偕 (D)陳永華。

( ) **13** 荷蘭人在臺殖民時期,對於原住民管理政策,以下敘述何者為「非」? (A)對於原住民族主要採取鎮壓—懷柔—教化等模式進行 (B)透過贌社制度操控平埔族間之貿易 (C)對於平埔族傳統文化之影響尚不深切,僅以宗教信仰上對於平埔族文化有較深之影響 (D)荷蘭人的土地開發策略,造成平埔族土地大量流失,族群面臨生計上之問題。

( ) **14** 采田福地為哪一族群自我傳統文化與漢文化融合所呈現之結果? (A)凱達格蘭族 (B)道卡斯族 (C)巴則海族 (D)和安雅族。

（　　）**15** 學者認為由菲律賓巴丹群島移入的是：　(A)布農族　(B)達悟族　(C)賽夏族　(D)卑南族。

（　　）**16** 原住民族常以植物或圖騰來象徵其族群，下列何種植物可視為噶瑪蘭族之代表？　(A)大葉山欖　(B)赤榕樹　(C)百合花　(D)金針花。

（　　）**17** 臺灣原住民文化中，關於生命禮俗儀式，以哪一族群之回娘家儀式格外具有社會文化之意義？　(A)泰雅族　(B)賽夏族　(C)布農族　(D)邵族。

（　　）**18** 承上題，該獨特之社會文化意義為何？　(A)代表對娘家養育之恩的回饋與惜福　(B)為日後男方家社會地位之提升提供助益　(C)可達到強化兩個父姓氏族間之互動關係　(D)藉由雙方家族之互動，建立兩性平權之社會關係。

（　　）**19** 大多數的高山族原住民都有其雄據一方的高山聖地，下列族群與其聖地的配合，哪些選項正確？　(甲)鄒族—阿里山　(乙)布農族—玉山　(丙)排灣族—大武山　(丁)泰雅族—大霸尖山　(A)以上皆是　(B)(甲)(乙)(丙)　(C)(甲)(丙)(丁)　(D)(乙)(丙)(丁)。

（　　）**20** 被喻為天籟之音的八部合音是哪一族原住民的合聲表演？　(A)鄒族　(B)泰雅族　(C)布農族　(D)排灣族。

（　　）**21** 清領時期，大量的漢人入墾平埔族群原居住地，對平埔族群生計產生嚴重之影響，政府為保護平埔族諸番，施行諸多護番措施，以下措施中，何者有「誤」？　(A)減免「熟番」丁稅　(B)私有番人之土地，蠲免繳納之義務　(C)立石劃界，以確定漢番耕界　(D)實施屯制及隘制，並給予屯丁養贍埔地。

（　　）**22** 「通事」制度於何時設立？　(A)荷據時期　(B)明鄭時期　(C)清領時期　(D)日治時期。

（　　）**23** 「通事」制度設立之主要目的為何？　(A)作為漢番交易間之貿易代理商　(B)為各族社之代表，領導者　(C)做為輔助頭目及與漢人收租有關業務　(D)在於傳達政府之政令以及漢番之間的溝通，亦即部落對外之代理人。

（　　）**24** 鄭氏治臺時期，平埔番社抵抗最為激烈、規模最大之事件為何？
(A)大肚番之役　(B)沙轆番之役　(C)竹塹、新港社之役　(D)麻豆
社之役。

（　　）**25** 下列那一原住民族在傳統社會中有嚴格的社會階級世襲制度？
(A)阿美族　(B)卑南族　(C)排灣族　(D)布農族。

（　　）**26** 民國九十年八月八日，政府將下列那一原住民族群，核定為原住民
第十族？　(A)鄒族　(B)邵族　(C)太魯閣族　(D)魯凱族。

（　　）**27** 當男子參加過第一次出草而有獵過人頭後，女子學會紡織織布後，
始可紋面並改變髮式，如此始被視為成年的象徵。請問此為哪一族
群之特色？　(A)泰雅族　(B)達悟族　(C)阿美族　(D)噶瑪蘭族。

（　　）**28** 現今高雄至屏東的平原和丘陵地區，在漢人移墾之前，是屬於哪
一族群的居住地？　(A)道卡斯族　(B)巴布薩族　(C)馬卡道族
(D)西拉雅族。

（　　）**29** 清代何本文獻首見「平埔」一詞？　(A)陳倫炯《海國聞見錄》
(B)郁永河《裨海紀遊》　(C)《番社采風圖》　(D)黃叔璥著《臺海
使槎錄》。

（　　）**30** 西拉雅族是以什麼方式進行祖靈的祭祀，而成為特色？　(A)祀天
(B)祭神　(C)祀壺　(D)祭頭。

（　　）**31** 清領時期，對於平埔族群之管理政策，除了消極的護番外，尚有積
極的漢化措施，以下政策，何者非當時推行之漢化措施？　(A)原住
民保留地遷徙計畫　(B)社學與義學　(C)賜漢姓　(D)薙髮政策。

（　　）**32** 有清一代，平埔族群抗清事件中，何項事件對於噶瑪蘭族群發展影
響最為深切？　(A)吞霄社之役　(B)北投社之役　(C)大甲西社之役
(D)加禮宛社之役。

（　　）**33** 有清一代，漢人大量開墾平埔族群生活居住地，請問誰先開啟大臺
北地區開墾之活動？　(A)張達京六館業戶　(B)陳賴章墾號　(C)王
世傑(D)金廣福墾號。

（　　）**34** 清領時期平埔族人反抗規模最大之一次事件為何？　(A)吞霄社之役
(B)北投社之役　(C)大甲西社之役　(D)加禮宛社之役。

（　　）**35** 臺灣原住民是屬於那種語系的民族？　(A)印歐語系　(B)漢藏語系　(C)南島語系　(D)閃米語系。

（　　）**36** 從「唐山過臺灣」這部電影，刻畫先民篳路藍縷墾殖宜蘭的經過。劇中的主人翁應是誰？　(A)施世榜　(B)吳沙　(C)王世傑　(D)林成祖。

（　　）**37** 過去臺灣南部有句俗話說：「有唐山公，無唐山媽」，是形容清初治臺：　(A)重男輕女　(B)禁止男子攜眷渡臺　(C)唐山男多於女　(D)漢人男子不願娶平埔族女子為妻。

（　　）**38** 今存臺中市土牛國小的「土牛禁墾碑」，立碑當時的作用為何？　(A)做為漢番界線，保障漢人移墾的權利　(B)做為漢番界線，保障平埔族的生存空間　(C)做為生番與熟番的界線，避免發生衝突　(D)做為生番與熟番的界線，以利治理原住民。

（　　）**39** 臺灣高山族的社會組織情形為何？　(A)母系社會—阿美族、卑南族　(B)貴族社會—阿美族　(C)漁團組織—泰雅族　(D)祭團組織—排灣族。

（　　）**40** 下列那一族不被歸類於平埔族？　(A)凱達格蘭族　(B)巴宰海族　(C)噶瑪蘭族　(D)排灣族。

（　　）**41** 清初來過臺灣的黃叔璥在《臺海使槎錄》書中記載原住民一首歌：「今日歡會飲酒，明日及早捕鹿。回到社中，人人都要得鹿。將鹿易銀完餉，餉完再來會飲。」這是指哪一族原住民的生活寫照？　(A)泰雅族　(B)平埔族　(C)布農族　(D)鄒族。

（　　）**42** 清領時代，土地開墾的情形，何者正確？　(1)原住民活動區稱為「番地」，漢人若拓墾，需繳納番租　(2)民有地為漢人所擁有，可供原住民耕種　(3)無主地需先向政府申請許可職照，且定期向政府納稅　(4)墾殖方式大多自力完成，合資共墾者不多　(A)(1)(2)　(B)(1)(3)　(C)(2)(3)　(D)(3)(4)。

（　　）**43** 下列有關「新港文書」的敘述，哪一項與史實不符？　(A)臺灣原住民最早使用的文字　(B)荷蘭人為了通商貿易和買賣田土，用以訂立契約的文字　(C)用羅馬字拼寫新港社的平埔族語言而成　(D)荷蘭人退出臺灣後，新港文書仍然流行百餘年。

（　　）**44** 臺灣原住民族信仰體系中，對於超自然力量大都存有一份敬畏感，並藉由此發展出相關宗教儀式與祭典特色，然在臺灣原住民諸族群中，何族對於鬼靈等敬畏，又更甚於其他族群之間？　(A)達悟族　(B)阿美族　(C)布農族　(D)鄒族。

（　　）**45** 下列那一個地名的來源可能與原住民有關？　(A)苗栗　(B)嘉義　(C)板橋　(D)桃園。

（　　）**46** 族群人口數量雖少，分布範圍也不大，但是透過中心大社的氏族中心，結合周圍衛星附屬小社，透過強而有利的氏族組織，該族群文化竟也在強敵環繞下而獲得發展，請問該族群為何？　(A)賽夏族　(B)鄒族　(C)邵族　(D)布農族。

（　　）**47** 關於布農族族群發展概要介紹，下列敘述何者有「誤」？　(A)分佈面積僅次於泰雅族排名第二　(B)以父系社會的氏族組織而著名　(C)命名採取親從子名制度　(D)以「百步蛇」為其圖騰信仰的標誌。

（　　）**48** 平埔族群曾進行過四次族群大遷徙活動，關於移往處之敘述，何者有「誤」？　(A)宜蘭　(B)埔里　(C)花蓮　(D)屏東。

（　　）**49** 臺南的新營、林鳳營，高雄的左營、前鎮等地名，與臺灣的開發過程中，哪一史事有關？　(A)荷蘭人的「結首制」　(B)明鄭政權的「屯兵駐兵」　(C)清領時期的「一田兩主」　(D)清領時期的「土牛紅線」。

（　　）**50** 下列那一個俗語來源與臺灣的原住民有關？　(A)頂港有名聲，下港有出名　(B)有唐山公，無唐山媽　(C)紅柿若出頭，羅漢腳目屎流　(D)三年官，二年滿。

解答及解析

1 (D)。(A)此時期以北部圓山、芝山岩文化；中部牛罵頭文化；南部牛稠子文化為主，製陶技術發達。(B)為舊石器時代晚期之臺東長濱文化。(C)在臺灣史前發展的過程中，於金屬器時代所代表之文化為北部十三行文化、中部番仔園文化、南部蔦松文化、東部靜浦文化，大都為平埔族所發展之文化特色。

2 **(D)**　　3 **(B)**　　4 **(C)**　　5 **(A)**

6 **(A)**。為荷據時代，為傳教之方便，乃以平埔族西拉雅語翻譯聖經和宗教書籍，此即為新港文書，後西拉雅族即利用此文字作為土地租佃與買賣契約，即民間所說之「番仔契」。

7 **(D)**　　8 **(B)**　　9 **(B)**

10 **(A)**。(B)人數最多的是阿美族。(C)人口最少的是卡那卡富族。(D)拉阿魯哇族和卡那卡富族於103年間才為政府正式宣布成為獨立族群。（拉阿魯哇族為第15族，卡那卡那富族為第16族。）

11 **(C)**。布農族分布範圍廣泛，從玉山山脈至中央山脈連線一帶，皆可見其蹤跡，故布農族擁有中央山脈統治者與玉山山脈守護神之稱。

12 **(A)**　　13 **(D)**　　14 **(B)**

15 **(B)**。臺灣原住民族屬於南島語系，大致在七千年前展開遷徙，其中泰雅族、鄒族在距今約六千五百年前，移至臺灣，最晚到達者為約五百年前才由菲律賓巴丹群島遷移來臺的達悟族。

16 **(A)**　　17 **(B)**　　18 **(C)**　　19 **(D)**

20 **(C)**。八部合音起源於布農族「播種祭」祭歌中的「祈禱小米豐收歌」，布農族人相信歌聲愈和諧則天神愈高興則小米會豐收。八部合音為世界獨一無二之合聲方式。

21 **(B)**　　22 **(C)**　　23 **(D)**　　24 **(C)**

25 **(C)**。排灣族之文化特色為：貴族階級世襲制的社會（長嗣繼承，不分男女）、百步蛇的子孫、刺繡、石板屋等。魯凱族採世襲頭目制，為貴族社會，由長男繼承。

26 **(B)**　　27 **(A)**

28 **(C)**。(A)分布於今桃竹苗地區。(B)分部於臺中清水、梧棲一帶。(C)為西拉雅族之分支，主要分布於高雄、屏東一帶之平原。(D)分布於臺南、高雄、屏東一帶。

29 **(A)**

30 **(C)**。南部地區西拉雅族以「祀壺」聞名，即拜瓶罐等容器信仰。於供祀祖靈的公廨中，在壺內裝水，插上草葉祭祀祖靈「阿立祖」，西拉雅族有拜壺民族之稱。

31 **(A)**　32 **(D)**　33 **(B)**　34 **(C)**

35 **(C)**。臺灣原住民之語言文化屬於南島語系一部分，學者認為臺灣甚至為南島民族遷徙及傳播的關鍵移出地。

36 **(B)**　　37 **(B)**　　38 **(B)**　　39 **(A)**

40 **(D)**。行政院原住民族委員會公佈之平埔族群有：雷朗族（luilang）、凱達格蘭族（ketagalan）、道卡斯族（Taokas）、巴則海族（Pazeh）、巴布拉族（Papora）、貓霧捒族（Babuza）、和安雅族（Hoanya）、西拉雅族（siraya）。(D)排灣族過去被視為「高山族」，現分類為「臺灣原住民族」。

41 **(B)**　　42 **(B)**　　43 **(B)**

44 (A)。由達悟族喪葬儀式中,可看出相較於臺灣其他原住民族,達悟族發展出屬於其獨特之禁忌與禮儀模式。

45 (A)。(A)原是平埔道卡斯族貓裏社之所在地,原本之社名「貓裏」,其意義乃為「平原之鄉」。(B)林爽文事件時,亂民圍攻諸羅城,然軍民死守住城池,事件弭平後,乾隆皇帝賜名嘉義。(C)舊名「枋橋」,為台語發音,即木板所作之橋,於日治時期改為「板橋」。(D)開發初期,境內桃花園遍佈,桃園由此而來。

46 (B)　47 (C)　48 (D)　49 (B)

50 (B)。清領初期,因渡臺禁令之限制,男子禁止攜帶家眷渡臺,此一禁令造成臺灣社會男女比例懸殊,而男子無漢族女子可娶,遂和平埔族女子通婚,而有「有唐山公,無唐山媽」俗諺。

第五回

( )　**1** 臺灣原住民族中,哪一族群分布範圍海拔最高?　(A)布農族　(B)鄒族　(C)泰雅族　(D)賽夏族。

( )　**2** 賽夏族矮靈祭典所呈現出之文化意義為何?　(A)為對自我族群祖靈之崇拜　(B)表示對矮黑人靈魂的懺悔之意,並藉此祭典儀式得知賽夏族群早期發展之概況　(C)代表對外來族群文化融合之呈現　(D)對於鬼靈迷信信仰的呈現。

( )　**3** 下列各原住民族傳統祭典之配對,何者有「誤」?　(A)賽夏族—矮靈祭　(B)卑南族—打耳祭　(C)魯凱族—小米豐收祭　(D)達悟族—飛魚祭典。

( )　**4** 中部平埔族中,哪一族群因協助清政府平定諸多民變,而獲得大量賞賜,為當時聲勢最為響亮之族群?　(A)道卡斯族　(B)巴布拉族　(C)巴則海族　(D)巴布薩族。

( )　**5** 祭典的舉行經常也表現族群歷史的痕跡。下列關於原住民的祭典的配對,那一項是錯誤的?　(A)布農族－打耳祭　(B)達悟族－飛魚祭　(C)賽夏族－矮靈祭　(D)排灣族－猴祭。

( )　**6** 臺諺:「一個某,卡好三個天公祖」是描寫臺灣在移民之初的哪一種社會現象?　(A)男多女少　(B)虔誠宗教信仰　(C)女多於男　(D)觀音信仰勝過天公信仰。

（　　）　**7** 霧社事件的導火線起因於一場：　(A)運動比賽　(B)打獵　(C)婚宴　(D)財務糾紛。

（　　）　**8** 臺灣地區原居於蘭陽平原的平埔族是：　(A)凱達格蘭族　(B)西拉雅族　(C)噶瑪蘭族　(D)馬賽族。

（　　）　**9** 同治六年（1876）年，「羅發號」船難事件，十餘洋人漂至屏東遭原住民族殺害，之後李仙得來臺處理。這是指臺灣與哪一外人的衝突？　(A)英國　(B)法國　(C)荷蘭　(D)美國。

（　　）**10** 「太魯閣」的名稱是源自那裡？　(A)原住民稱呼「峽谷」之語　(B)紀念橫貫公路施工工程師的名字　(C)橫貫公路口有建築樓閣而來　(D)源自原住民族的族名。

（　　）**11** 臺灣平埔族之中，有「拜壺民族」之稱的原住民族為？　(A)凱達格蘭族　(B)噶瑪蘭族　(C)道卡斯族　(D)西拉雅族。

（　　）**12** 臺灣某一部族，人數雖僅剩數百，卻因「杵音之舞」、特殊捕魚方式及「拜公媽籃」等獨特文化類型，而被政府列為臺灣第十個原住民，試問，此族應為：　(A)邵族　(B)噶瑪蘭族　(C)達悟族　(D)凱達格蘭族。

（　　）**13** 下列對於原住民的稱呼，何者屬於日治時期的稱呼？　(A)東番夷　(B)土民　(C)蕃族　(D)山胞。

（　　）**14** 原住民族群傳統生活型態為自給自足類型，後受到漢人大量移民的結果下，原本游耕狩獵的土地，如今轉變為水田或改種經濟作物等，以下為漢人各開墾組織與領地受侵害之族群配對，何者有「誤」？　(A)陳賴章墾號—道卡斯族　(B)金廣福墾號—賽夏族　(C)張達京六館業戶—巴則海族　(D)林成祖—凱達格蘭族。

（　　）**15** 臺灣平埔族群復振運動成功，而改歸類為原住民的是那一族？　(A)道卡斯族　(B)噶瑪蘭族　(C)西拉雅族　(D)巴賽族。

（　　）**16** 有關於平埔族的敘述，下列何者不正確？　(A)十三行文化可能是平埔族噶瑪蘭、凱達格蘭族祖先所留下的　(B)由於各族遷台時差異甚大，文化系統差異也很大　(C)平埔族多為母系社會　(D)生活以游獵為主，尚不知農業。

（　　）**17** 在新竹、苗栗山區，每二年舉辦著名的「矮靈祭」，這是那一族群
的特色？　(A)阿美族　(B)賽夏族　(C)泰雅族　(D)排灣族。

（　　）**18** 在漢人大量移入臺灣之前，原住民已遍及全島，其中哪一族漢化最
早？　(A)泰雅族　(B)阿美族　(C)卑南族　(D)平埔族。

（　　）**19** 1624年，荷蘭人入據臺灣，並大量役使原住民為其生產以達經濟掠
奪之目的，當時被役使的原住民族群大部分應該是：　(A)排灣族
(B)布農族　(C)鄒族　(D)平埔族。

（　　）**20** 在原住民當中哪一族群分布面積最為廣闊？　(A)泰雅族　(B)布農
族(C)魯凱族　(D)排灣族。

（　　）**21** 臺灣原住民族為天生的藝術創作者，各族群均有其豐富之藝術文
化，下列原住民族群與其所代表之藝術文化配對，何者有「誤」？
(A)泰雅族—幾何條紋織布技術　(B)賽夏族—竹編創作　(C)巴則海族
—蘭草編織　(D)鄒族—揉皮技藝。

（　　）**22** 臺灣原住民在日本殖民時期，因理蕃政策對於族群傳統文化產生嚴
重性的打擊，各族群大都有抗日事件之發生，下列事件，「非」為
原住民族所發起之抗日事件？　(A)霧社事件　(B)北埔事件　(C)南
庄事件　(D)苗栗事件。

（　　）**23** 以穿著丁字褲及特有的獨木舟為其文化代表特色的，為臺灣原住
民族中之哪一族？　(A)阿美族　(B)卑南族　(C)魯凱族　(D)達
悟族。

（　　）**24** 下列平埔族反抗事件中，何者「非」為抗荷事件？　(A)新港社之役
(B)加禮宛事件　(C)麻豆社之役　(D)華武壠社之役。

（　　）**25** 目前行政院原住民族委員會公佈的臺灣原住民十六大族群，其中
分布於蘭嶼的是：　(A)排灣族　(B)阿美族　(C)達悟族　(D)泰
雅族。

（　　）**26** 下列有關於日人在臺理蕃之策略，何者「錯誤」？　(A)初期為防止
漢蕃勢力聯合抗日，故對蕃人採懷柔與鎮壓並行，進行蕃界調查活
動，並設置且擴張隘勇線加以防止　(B)五年理蕃計畫中，為武力討
伐期，設立山地警察機關、開鑿山地警備道路、推進隘勇線，以達
積極統治原住民之目的　(C)霧社事件後，引起理蕃計畫總檢討，理

蕃政策更改為包括遷徙原住民族群部落至新耕地地區，施行水田定耕農業等　(D)皇民化時期則組成高砂義勇隊，赴南洋作戰。

(　) **27** 日人推行理蕃策略最為有效之方法為：　(A)警察制度的實行　(B)軍事強力鎮壓　(C)懷柔政策推行　(D)採用「以夷制夷」策略，利用原住民族群間矛盾之心裡，製造彼此間之衝突。

(　) **28** 下列有關於泰雅族社會組織之描述，何者有「誤」？　(A)泰雅族的部落典型以父系社會為基礎，配合泛血祭團組成一個部落，呈現出一平權社會的特徵　(B)遇有重大之部落決議時，則由部落頭目主持決策(C)泰雅部落為若干個分散小聚落所組成，每一個小聚落維持著平等地位，很少有一個中心聚落存在的情形　(D)祭團首領稱為祭司。祭團主要負責祭祀進行相關事宜及共守禁忌等事務。

(　) **29** 「……地屬於氏族所共有，所有土地以共同管理、共同分配為原則，處理氏族土地時需要全體氏族同意，小社欲處理其土地所有權時，則需要大社宗家同意始可處分，原則上土地上之收益以平均分配給各氏族中之各家，然實際上各氏族之中居住在大社內均可分配較多，因其勢力及地位較高……」，上述為某原住民族之財產制度特色，試問該原住民族群為何族？　(A)泰雅族　(B)賽夏族　(C)鄒族　(D)邵族。

(　) **30** 下列何者為有關阿美族錯誤的敘述？　(A)是原住民人口最多之民族　(B)至今仍是父系社會，只有兒子才有繼承權　(C)擅長歌舞　(D)由縣政府所主辦的豐年祭很出鋒頭，吸引不少觀光人潮。

(　) **31** 下列祭典活動中，哪些是專為男子而舉辦，且嚴禁女性參加？　(甲)射耳祭　(乙)猴祭　(丙)矮靈祭　(丁)部落戰祭　(A)以上皆是　(B)以上皆非　(C)(甲)(乙)(丙)　(D)(甲)(乙)(丁)。

(　) **32** 清代有一旅行家至臺灣北部採硫礦礦，沿途經過臺灣西部地區，將所見之各原住民番社聚落於來臺隔年編寫成書，該書為後世研究臺灣原住民及平埔族重要之史料。請問該書為何？　(A)陳倫炯《海國聞見錄》　(B)郁永河《裨海紀遊》　(C)《番社采風圖》　(D)黃叔璥著《臺海使槎錄》。

(　) **33** 「距今約3500～2000年前，屬於新石器時代晚期之文化相。文化內涵以加工過的「巨石」為最主要特色，而其文化特色和卑南特

色頗為相似」，以上為臺灣哪一史前文化之描述？　(A)麒麟文化
(B)圓山文化　(C)牛罵頭文化　(D)牛稠子文化。

(　　) **34** 荷蘭人治理原住民政策以征服→懷柔→教化等手段，對於不服殖民
政府統治策略族給予征服，請問下列平埔族諸社中，在受到荷蘭人
武力征服後，誠心歸順，並協助荷蘭殖民政府平定鄰近諸多番社事
件？　(A)新港社　(B)大目降社　(C)目加溜灣社　(D)蕭壠社。

(　　) **35** 在仁愛鄉的什麼村落，可以採訪霧社事件抗日原住民的後裔？
(A)盧山　(B)瑞岩　(C)昆陽　(D)清流。

(　　) **36** 西班牙在臺殖民期為1626～1642年，對於臺灣北部地區之平埔族群
產生何種影響？　(A)西班牙在臺經營有限，僅於宗教上對於平埔族
群有些微影響　(B)西班牙為求與荷蘭人長期抵抗，對於北部地區積
極經營，北部平埔族諸番被迫遷徙至宜蘭地區　(C)凱達格蘭族堅決
維護自我族群生存空間，與西班牙殖民者爆發數次大規模抵抗事件
(D)西班牙為厚植其殖民勢力，平埔族諸番在西班牙強勢鎮壓下，大
都歸順於西班牙之統治。

(　　) **37** 關於鄭氏治臺時期，平埔諸番所面對之態度為何？　(A)初期選擇歸
順，而後因土地開墾政策加上苛捐暴虐等「虐番」行為，而紛起抗
暴(B)鄭氏驅除荷蘭殖民者，免除其遭受強迫信仰之基督教，為感謝
鄭成功，平埔諸番選擇歸化，並不再抵抗　(C)對於平埔族而言，鄭
氏依舊為外來政權，為維護其傳統族群居地，選擇起事抵抗　(D)鄭
氏驅除武力強大之荷蘭殖民者，鄭氏武力當然更加強大，平埔諸番
畏懼其強勢武力，因而選擇歸化。

(　　) **38** 關於泰雅族命名制度之特色，何者「正確」？　(A)命名原則為父
子連名制，並沿襲祖名，即名字中，包含父名和祖名。長子沿襲祖
父、長女沿襲祖母，次子以下任選一祖先之名，並且要避免父兄、
母姐同名之現象　(B)男女的命名只有在幾個有限的名字中選取，
名不但是社會所限定，姓氏更是於鄒族社會中作為群體分類的標誌
(C)嬰兒在出生後的一個月，由其父命名，男孩多襲祖父名，女孩多
襲祖母名，名字之後加上氏族姓　(D)為父系世系群，傳統命名不用
姓氏，而是採取父子連名制，如將嬰兒本名後連父名，藉以表示血
統關係。

(　) **39** 電視劇《風中緋櫻》，主要為描述臺灣哪一原住民族群於日治時期之生活情形與日人的理蕃策略？ (A)泰雅族 (B)賽夏族 (C)布農族 (D)卑南族。

(　) **40** 清代黃叔璥撰著《臺海使槎錄》，其中〈番俗六考〉對哪一族群的分類敘述最詳細？ (A)平埔族 (B)高山族 (C)紅毛番 (D)洋人。

解答及解析

1 **(A)**　　2 **(B)**　　3 **(B)**　　4 **(C)**

5 **(D)**。猴祭為卑南族成年禮。

6 **(A)**　　7 **(C)**　　8 **(C)**　　9 **(D)**

10 **(D)**。名稱來自於泰雅賽德克亞族中的太魯閣群，如今其已獨立於泰雅族外為原住民族第十二族—太魯閣族。

11 **(D)**　12 **(A)**　13 **(C)**　14 **(A)**

15 **(B)**。政府於民國九十一年十二月公佈原歸類為平埔族之噶瑪蘭族為臺灣原住民族第十一族。

16 **(B)**　17 **(B)**　18 **(D)**　19 **(D)**

20 **(A)**。(B)布農族分部區域海拔最高。

21 **(C)**　22 **(D)**　23 **(D)**　24 **(B)**

25 **(C)**。目前行政院原住民族委員會公佈十六大原住民族為：泰雅族、賽夏族、鄒族、邵族、布農族、魯凱族、排灣族、卑南族、阿美族、達悟族、太魯閣族、噶瑪蘭族、撒奇萊雅族、賽德克族、卡那卡富族、拉阿魯哇族，其中達悟族分布在離島蘭嶼。

26 **(A)**　27 **(A)**　28 **(B)**　29 **(C)**　30 **(B)**

31 **(D)**。阿美族為母系社會，人口最多，以豐年祭最著名。魯凱族為父系貴族社會，由長男繼承，特色為石板屋、百步蛇紋。

32 **(B)**　33 **(A)**　34 **(A)**

35 **(D)**。霧社事件爆發後，日本政府遂將原居於霧社地區之部落集體遷村，並設置川中島社，光復後改稱為清流部落。

36 **(A)**　37 **(A)**

38 **(D)**。(A)為賽夏族特色。(B)為鄒族特色。(C)為邵族特色。

39 **(A)**。

40 **(A)**。雍正二年，黃叔璥《番俗六考》已將臺灣原住民平埔族分為北路諸羅番十種及南路鳳山番三種。

申論題

第一回

一、鄒族主要分布於嘉義、高雄一帶之山區，族群分布範圍不大，人口數
　　量亦處於劣勢，且四周強勢族群如漢人、布農族等環繞，然鄒族卻依
　　然保存其傳統文化至今，試以鄒族傳統社會文化特色之發展探討此一
　　現象。

答　鄒族相較於周圍布農、漢族等族群，在人口及數量上處於劣勢，然而鄒族
　　卻依然保有屬於自我獨特之文化特色，甚至能對鄰近之族群產生威脅，以
　　弱小之族群，卻依然如此強勢，勢必有不同於他族群之社會文化特色，以
　　下以鄒族社會組織及政治制度探討鄒族社會文化如何能保有其強勢特色。
　　鄒族傳統政治制度主要由中心大社聯合附近衛星小社所成為一個地域上整
　　合的社會結構，透過父系親屬血緣結構及會所制度、年齡階級等特色，構
　　成鄒族基本社會制度型態。各大社中有一世襲的部落首長領導，其對大社
　　及各小社之間享有管理權，如大社部落首長經常指派其家族世系群成員遷
　　於各小社為頭目，代為管理及領導該小社，亦或該小社頭目需經過大社部
　　落首長之認可。小社於整個社群中，代表著暫居之地，其真正的家為大社，
　　顯例為每年收穫儀式的時候，小社須攜帶部分農作物回本家；大社有建築
　　需求時，小社各家也回大社幫忙。鄒族政治制度特色，可歸納如下：
　　(一)透過以大社會所為權力核心，聯合四周各小社，形成鄒族傳統之社會
　　　　政治體系。
　　(二)依據親屬結構原則，依血緣關係而產生世系群領導人。
　　(三)透過血緣結構與年齡階級的整合，產生長老之地位。
　　(四)大社本家尤其是世系群之族長，在有經濟上實力，使其獲得相當之
　　　　權力。
　　會所制度在鄒族社會政治結構中，佔極重要之一環，起初會所乃是依據血
　　緣關係而建立，作為氏族領導及宣稱土地所有權之標記，後隨著部落之發
　　展，數個氏族形成部落，人口並以該會所為中心向四周擴散成為各個小
　　社，依然維持一個會所，該會所主人則由創社氏族擔任。透過此種權力中
　　心發展鄒族社會中以大社為中心的政治型態。會所功能在教育方面為男性

之社交活動、軍事狩獵訓練、歷史傳說講述等活動；政治方面則為部落集會討論重要事項及處理各項公眾事務之場所。

會所制度中，透過社會文化上中心階序的原則以及尚老的觀念，男子於會所中接受族內長老的精神訓勉，長老對於族內過去輝煌歷史將之傳述於會所內鄒族青年男子，透過會所功能中之教育功能，培養鄒族男子對於自我文化上優越感，進而產生尚武精神。鄒族社會文化特色在此因素影響下，因而得以在強族環伺之下，依然擁有屬於自己一片之生活空間。

二、達悟族人在利用海洋資源而發展其文化特色時，如何有效利用海洋資源，以達永續發展之目標。

答 達悟族人藉由海洋發展其文化，然達悟族人利用海洋資源發展文化之同時，亦透過生態保育方式，適度獲取海洋資源，以達海洋資源不至枯竭而永續發展之目標。達悟族人對於保護海洋資源之具體行為與措施上，可由其對魚貨上分類做一探討。

達悟族人將漁獲分為男人魚、女人魚、老人魚等，除了在魚類的特徵上描述男女特質外（如男人魚男人可吃代表男生抵抗力較女性為大；女人魚則代表體型嬌小、纖弱等女性特質；老人魚則為罕見之深海魚類），尚包含著達悟族人對自然魚類資源的保護，例如男人魚較易捕獲，然而男子必須捕一部分女人魚給家中女子，如此方式，可達到避免大量捕抓某些魚類資源，而使魚類枯竭等危機。

透過傳統習俗上的禁忌與習慣，達悟族人敦促著自己不可過度捕抓單一魚類，呈現出海洋民族取之於海洋，對於海洋資源亦相對珍惜之生活態度。

三、試探討阿美族母系社會特色及其在社會制度上之呈現。

答 傳統上認為阿美族之母系特色為婚姻方式為招贅婚、子女居住於母親家中、家中女性為財產繼承者。女性為家中一家之主，決定家中一切事務，為阿美族家庭中的「主事者」，並享有財產上繼承權。然有學者認為，阿美族母系社會中，女性尊長在家族中的地位是「當家主事」的地位，而日本殖民統治之後，認為一家之主即代表著戶長的地位，於法律上戶長之長女享有當然之繼承權，如此之看法和阿美族之傳統觀念不大契合，故或許以「家的觀念」來探討阿美族母系社會似乎較為恰當。

阿美族之母系社會文化特質表現在其社會制度中的親屬組織上，阿美族母系社會親屬組織特色如下所述：

(一)阿美族的社會以「家」為基本單位，並以家為中心發展親屬組織而構成，數個家形成部落。

(二)婚姻型態以招贅婚制為常態，男性當到達適婚年齡，婚後居住於妻子家中，然入贅於妻子家中之男性，依然是其母親的孩子，當其生病、年老或妻亡時，必須返回母親家中接受照顧，因為原家才是其血統之所出。

(三)家的組成必須有一對夫妻及小孩，子女隨同母親居住，血統屬於女方。

(四)子女命名上採取母子聯名制，即以母親的名字作為子女的姓。

(五)家中女性尊者決定家中一切事務，主要以家事為主；家中對外事務及部落事務方面，則以女家兄弟及族舅等男性為主。

(六)當一家族子女成年時即有婚嫁，人口增加必會帶來分家的情況，阿美族的分家在母系社會下，分家對象以女性為主體，在以同一姓氏的親族系統下，形成本家與分家之間的關係，此一關係也為阿美族社會組織中基本特色。

(七)已婚男子在自己的生家中具有特殊之地位，對外代表母族，主要展現在當有祭典儀式、婚喪喜慶、親屬會議等主祭人或召集人；當與別的氏族或部落發生衝突時，作為談判之代表。在母系社會的傳統下，男子縱使入贅於他家，但其血統仍為生家之所有，對外享有代表其母系氏族之發言權。

由社會中之親屬組織特色，可看出阿美族男性地位與女性地位一樣重要，男子對外可代表母族發言，而女性又為一家之長，雙方角色處於相輔相成的地位，是故，於阿美族的社會中，對生男生女同樣歡喜，男性多可增加自己氏族在部落中的發言權力；女性多則婚後有更多之家庭。

四、解釋名詞：(一)頭目　(二)南庄事件　(三)Paliling巴律令新年祭祖儀式　(四)通事制度

答 (一)**頭目**：原住民社會制度中，原本沒有頭目制度之設立。此一制度創始於荷蘭統治時期，明鄭及清朝均延用之，明鄭時期又稱之為土官，後於清領時期改稱土目，主要設於原住民族部落村社中，其主要職務

在對內方面以管理社務，約束社眾，管理公租等為主；對外則代表該部落村社，處理部落與外界之事務，故土目為為各族社之代表，領導者，然卻並非真正的統治者，而土目制度所賦予在原住民文化中，也造成另外一種貴族階級的興起。

後清朝官方設立通事制度後，土目之權力漸被通事所侵占，清政府為改革通事弊病，乃於光緒十四年巡撫劉銘傳整頓部落內之社務及番租事項，裁撤土目，改稱為頭目，原通事所負責之事務改歸頭目辦理，頭目權限大大擴張，儼然成為一社之主，對內掌理社務，管理社租；對外為部落村社的代表，並由社租中給領辛勞。

(二) **南庄事件**：此事件又可稱為日阿拐事件，事件導因於西元1902年，因為開發樟腦上的權益糾紛，使南賽夏群巴卡散社頭目日阿拐與日本人發生衝突，而攻擊南庄支廳，日人則以軍事鎮壓方式規模誘殺賽夏和泰雅族人，此即「南庄事件」。

(三) **Paliling巴律令新年祭祖儀式**：為噶瑪蘭族人對於祖靈之崇敬所產生之新年祭祖儀式，目前噶瑪蘭族的祭祖儀禮為目前保存最為完整之祭典儀式，約於農曆十二月底除夕前幾天舉行，透過以家庭為中心，向祖先祈求來年平安順利。因其為家庭性的祭祖靈儀式，一般外人是無法參加，具有強烈私密性。

(四) **通事制度**：清代的通事制度，如同土官制度般，為沿襲明鄭之作法。其設立主要目的乃在於傳達政府之政令、漢番之間的溝通、收繳番餉，分配差役等工作，同時亦附有教化原住民之任務，亦即部落對外之代理人。通事職務甚低，設立初期大都由通曉番語之漢人擔任，為番社事務代理人，舉凡番之納餉、贌社貿易、勞務征役等，無所不包。

通事素質良莠不齊，其中大都為對於番社加以經濟剝削，對於各原住民番社生計產生重大之影響，清領時期臺灣原住民族中，即有許多抗清事件為因通事壓榨所引起。

清政府為改善通事制度之弊病，乃逐步改革通事制度，首先於乾隆三十一年（1766年）設置理番同知時，任用懂漢語之平埔族人為通事，漢人通事漸少，並於劉銘傳改革平埔通事為董事做為輔助頭目及與漢人收租有關業務時，通事對於平埔族之剝削才正式絕跡。

第二回

一、清領時期，漢籍移民透過何種方式取得平埔族群之土地，試分項敘述之。

答　漢人移民取得平埔族土地之手段，方式甚多。主要可以分為以下數項。

(一)**騙取**：平埔族群大都不識漢字，所有契約皆漢人自書，但以指頭點墨為識，真偽究係莫辦，加上政府土地檔案圖冊常遭兵燹而散佚，故地畝常被侵占或移坵換段，雖此類情形亦發生於一般民地上，然卻又以番地為最甚。

(二)**婚姻**：利用平埔族母系社會，女子承家之性質，漢人為求占有其家業，遂贅婿平埔族婦女，以致番民老無妻，各社戶口衰微，以及番地因而大量流失之現象。

(三)**武力奪取**：利用有組織、規模的開墾組織，以武力殖民方式奪取平埔族之土地，如吳沙開蘭即為一顯例。

(四)**典賣土地**：平埔族群對於經濟上之概念為「計口耕種，家無餘蓄」，為一種自給自足的原始經濟生活型態，然在外來政權的影響下，沉重的徭賦負擔在日漸消失的土地上，使平埔族人更感生活上之艱辛，是故除繼續割賣土地外，別無辦法。

(五)**強佔土地**：平埔族人有將其土地佃給漢人耕種之例，起初雙方談好，然漢人開墾久之後，始則抗其租，繼而據其產。

二、試述臺灣原住民族各族群財產繼承制度特色

答　臺灣各原住民族文化中，在於財產繼承方面，主要可以分為：(一)長嗣繼承制、(二)長女繼承制、(三)長男繼承制、(四)其餘繼承制度等四項特色，茲分述如下：

(一)**長嗣繼承制**：以排灣族繼承制度為代表。依據階層制度而發展的繼承制度為「長嗣繼承制」。所謂長嗣繼承制度即家中財產繼承者為家族中之長嗣，不論男女，此亦表現了排灣族人的男女平等觀念。長嗣成年後，在父母的監督下負起管理家務的責任，婚後繼承家屋。餘嗣在結婚之後搬出家中，通常會尋求與另一長嗣結婚的機會，若配偶亦非長嗣，則婚後要靠自己的力量建一新房子。

(二) **長女繼承制**：為母系社會繼承制度類型，以卑南族、阿美族、噶瑪蘭族為代表。

　1. 卑南族：由於母系社會的影響，不論是家族姓氏、財產、繼承權，原則上以長女為第一優先繼承，繼承後成為一家之長，對其弟妹有養育監護的責任。傳統卑南族承繼原則如下：

　　(1) 長女為第一優先繼承人，長女若不能結婚或無子嗣而死亡時，其承繼權屬於次女，以此類推。

　　(2) 若皆無女嗣而只有男嗣時，則由長子繼承，若長子無子嗣或死亡時，其承繼權屬於次男，以下類推。

　　(3) 都無子嗣可繼承者先在其姊妹中尋求立嗣對象，然後再於其出贅兄弟之子女，然後及於旁系近親。最大範圍在五世旁系親屬的範圍之內。

　2. 阿美族：就阿美族財產繼承制度而言，在母系社會中，財產繼承法則以母系繼承為原則，並配合長女優先制，繼承的項目主要以家屋及其土地等主要財產為主，為主要繼承人及管理者。當女性分家時，則可分割部分田產；男性入贅他家時，僅得攜帶屬於其個人財產諸如衣服、武器等，對生家之財產無繼承權。

　3. 噶瑪蘭族：為母系社會，子女從母居，夫從妻居，男子長大出贅，特徵即為女性家長制，凡重要家務多由女性家長為主體處理，女性同時為以家屋為主要財產的繼承人，亦即「母系承產制」為母系社會的主要特徵。

(三) **長男繼承制**：為父系社會主要繼承制度類型，以泰雅族、賽夏族、鄒族、魯凱族、達悟族、邵族等為代表。

　1. 泰雅族：泰雅族家族財產繼承制度主要是建立在「守護家族者」這個概念下所產生。在有子嗣的家族中，長男為當然之守護家族者，故擁有最優先之繼承權，若長子夭折，則次子次之，在無男子繼承之情況下，則長女享有繼承權，而若家族毫無後代可供繼承，在有養子女的情況下，以養子女為優先，若否，則以父系男性最近之「守護家族者」或其繼承人繼承。總而言之，泰雅族之家族財產繼承制度是透過守護家族者之判斷，以「長男繼承制」為核心，以女系及養子女繼承制為輔助。

　2. 賽夏族：財產繼承以家族財產與個人財產為限，在家族的財產繼承方面，賽夏族的繼承制度如同泰雅族般，為「長男繼承制度」，即

繼承權以男性為主要，並以宗家為原則，有「家族財產不分割」的特性，就算家中兄弟分家，也僅以分出者足夠其維生之必須財產為限。而女性若非透過招贅等方式，則無法獲得繼承權力。屬於個人之財產，男性財產由男性子孫繼承，女性財產由女性子孫繼承。

3. 鄒族：財產繼承方面，土地屬於氏族所共有，所以沒有絕對的子嗣繼承制度。而家族財產方面則以長子具有優先繼承權。個人財產方面長子可承繼家屬及父親之個人珍貴財產。長女有優先繼承母親財產之權力，然僅限於未出嫁者。

4. 魯凱族：魯凱族行「長男繼承制」。長男繼承家屋、財產、土地……等，其餘次子結婚後分家。若無長男繼承時，則以長女為主，主要繼承規則如下：
   (1) 長子有優先繼承權，無男嗣時以長女為主。
   (2) 若長男受招贅至地位較高的女方家時，等於自動放棄繼承權，以次子繼承。
   (3) 雖為次子，分家後仍屬於宗家系統；若為招贅則屬於女家。
   (4) 無繼承對象時可置族外收養子。

5. 達悟族：財產上可分為部落財產、家族財產及個人財產三種類型。
   (1) 部落財產：指部落內之天然資源擁有，歸部落所有，包含漁區、牧場及農地等，其他部落無權干涉。
   (2) 家族財產：以漁船較為特別，當漁船下水時，裝飾於船首之飾仗，象徵為父系世族的共有財產；漁船上之刻紋，亦可代表父系世系群共有財產之標記。家屋屬於家族之財產，配合達悟族核心家庭特色，家屋原則上供夫妻一代來使用，子女婚嫁後另外分家。家屋屬於男子所擁有之財產，男子去世後，家屋便拆毀，建屋材料由其兄弟所分之，而長子享有屋子中柱之繼承權。牲畜方面，大都做有財產標記，例如以羊耳做標記。牲畜等財產，於主人過世後，由其後代男性子孫均分之。
   (3) 個人財產：以男子的工具、武器、籐甲及魚槍等以及女子之紡織用具等皆屬各人之財產，分別由其直系後代繼承之。

6. 邵族：由於父系社會其財產均由男性承繼，繼承順序以長子為優先，次子為第二順位，子輩無人繼承時則由長孫繼承，若無子孫可傳承，則傳給兄弟之子。至於女子則僅於出嫁時可接受父母所贈予的嫁妝。

(四)其餘繼承制：臺灣原住民族中，以布農族及太魯閣族之繼承制度較為
特殊，茲分述如下：

　1.布農族：布農族的自然財產，如：森林、河川、土地……等自然資
　　源，皆為共有制度，屬於全族共有，族內成員享有自由享用或暫為
　　私有權利。而最大的自然財產「漁獵場」為氏族共有，各氏族有其
　　所屬的獵場。大家族制度影響其財產繼承方式，基本上家族財產是
　　以不分割為原則，因父系制度而採「父長制」。家族的財產由「家
　　長」掌管，由全家共同使用。家長由輩份及年齡最高的男人擔任。
　　若家長死後以長子優先掌管家產，保管不能分割的財產為主，兄弟
　　有權使用，若要分家則兒子們平均分配家產。一般而言，出嫁女兒
　　是不能返回娘家分家產，只有當家長和兄弟們都死亡，無人繼承產
　　業時，又逢娘家無男嗣時，出嫁的女兒可回娘家繼承家產；若家中
　　產業只剩養子繼承時，出嫁女兒亦可返家與養子均分家產。

　2.太魯閣族：太魯閣族為一父系社會，由小家庭組織而成的社會，在
　　家庭或親族之間均是以男性權威為主。繼承制度頗為特別，不限長
　　子才有得財產權力。其規則如下：
　　(1) 若長男娶妻要分戶時可分到一塊或二塊以上的田地。
　　(2) 次男娶妻要分戶時亦可分到田地。
　　(3) 最小的男孩娶妻，不得分戶，由他來負責照顧父母的生活，當
　　　然剩餘家產是屬於他所有。

相關命題

臺灣原住民族傳統的嗣系制度（descent system）差異相當大，請扼要說明主
要包含那幾種？並請從理論的觀點說明導致如此鉅大差異的可能因素。

三、解釋名詞：(一)理番同知　(二)大嵙崁事件　(三)阿美族海祭　(四)杵音

答 **(一)理番同知**：清乾隆時期，大陸移民至臺開墾發展已有一定之規模，閩
　　粵衝突、漢番衝突事件不斷，為求有效治理臺灣社會發展之情形，在
　　原住民事務部分，於乾隆三十一年（1766年）設立南北兩路理番同
　　知，南路由臺灣海防同知兼任，駐臺南府治，管轄臺灣、鳳山兩縣；
　　北路設置於彰化，管轄淡水、彰化、諸羅等一廳二縣，時計兩路熟番

九十三社，歸化生番兩百數十社，對於日後平定林爽文事件時，建功頗多。理番同知設置最主要目的乃在於理番與撫番之責，具體事項如管理漢人典購番地、番人輸餉事宜、番社義學管理、教化番民、選拔熟番為土目或通曉番語之漢人為通事等。

(二) **大嵙崁事件**：事件發生背景為日本總督佐久間左馬太施行其五年理番計劃時，隘勇線的逐次逼近泰雅族人生活居住地，泰雅族人體認到日本對其族群文化發展之威脅，乃於1910年由泰雅族大嵙崁群串連馬里闊丸、溪頭、薩拉茅、斯卡瑤、北勢、霧社等群展開廣泛之抗日鬥爭。
日人對此採取以番制番策略，期望藉此敉平以大嵙崁群為首之判亂事件，然泰雅人持續且奮勇之抵抗，使日本軍警一度陷入苦戰，後在增加軍警兵力及各式新式武器投入下，並分別從桃園、新竹一帶擴充隘勇線，在分批包圍下，大嵙崁社群乃同意繳械歸順。

(三) **阿美族海祭**：祭典來源於阿美族創世神話中，一對兄妹在海神保護之下，安然漂流到臺灣島上，並於此繁衍後代，成為阿美族先祖，故此祭典主要為祭拜海神感謝保佑先祖平安渡海，帶有對自然力量之崇敬及祖先至海外來臺緬懷等意味。阿美族捕魚祭之活動，約於六月中舉行，為男子年齡階級組中，僅次於豐年祭之年度祭典，祈求海神及天地神靈，希望漁獲能夠豐收，並藉由此一祭典，表現出阿美族人尊重自然、敬畏自然的特色。於阿美族的禮俗之中，凡婚喪喜慶及各類祭典儀式完畢後，大都舉行此一捕魚活動，為阿美族獨特之禮俗。

(四) **杵音**：「杵音」又稱「舂石音」，為「布農族」和「邵族」特有的藝術文化，「杵音」的發現因族群而不同。

1. 布農族：在部落有重大祭典或喜慶結婚時，族人們聚集在部落小米搗米場搗米時，以杵擊臼而發現木杵有一定的規律與節奏，故將其做為一種合奏的樂器發展而出。

2. 邵族：婦女用木椿在石塊上槌打稻穗，因各家各戶同時槌打去殼，造成部落叮叮咚咚的聲響，族人覺得此音合乎音律，且相當悅耳，故發展而出。

　　不論是由布農族或邵族發展而成的杵音，其特點均為以木杵擊石而發出悅耳聲響，並成為祭典儀式中不可或缺的樂器。

四、試述政府對於推廣原住民族語言之具體計畫。

答 臺灣原住民族的族語發展處境，因族人使用族語的習慣和態度趨於弱化、族語使用的場域與機會不斷地縮小，面臨了嚴重流失的窘境。

民國 87 年 6 月，「原住民族教育法」公布施行，明定各級政府對學前教育及國民教育階段之學生，應提供學習族語、歷史及文化之機會；擔任族語教學之師資，應通過族語能力認證。

為激發族人對族語之重視，活絡族語在社區（部落）之生機，將族語學習家庭化、部落化與社區化列為「原住民族語言振興發展六年計畫」之重點工作之一，進而創造族語在家庭、部落與社區的使用機會與習慣，逐步帶動原住民族社會「說、學族語」的風潮，促進族語的復振與傳承。

其主要重點工作項目分別為：

(一) 成立語言文化教室（或語言巢）。

(二) 辦理原住民學生族語能力考試輔導研習。

(三) 推展主題式族語學習體驗活動。

(四) 推展社區（部落）語言文化紀錄。

(五) 鼓勵編纂圖解式族語小辭典。

(六) 辦理原住民族語戲劇競賽。

第三回

一、試說明原住民族「獵首行為」。

答 (一)**獵首起源**：原住民獵取敵人或異族首領的首級稱為「獵首」又稱「出草」，其獵首的對象不一定認識或有所過節，亦不以打擊敵人士氣或殲滅敵人陣營為目的，純粹只為取得對方首級而做的行為。仔細探究其原因，此種平常人看似罪大惡極的行為，以原住民而言，此為祖先的遺訓，應予以遵守並視為光榮的行徑。

(二)**獵首動機**

1.在原住民社會中，男子成年後即享有「出草」的資格，若是成年後仍遲遲無法獵獲人頭，代表不夠勇猛、強悍，亦會被同伴恥笑，故成年後獵取人頭具有「成年禮」之意。

2. 獵首為成年男子能力的展現，是其榮譽性的象徵，以泰雅族而言，男子必須獵過人頭才能黥面，獵首的多寡亦決定身分高低；以排灣族而言，平民階級可因獵頭功績卓著而成為「武士階級」，享有免稅及若干紋身和名號之特權，不為貴族的附庸。

3. 以愛情、婚姻而言，若兩男共同爭取一女子，往往會藉由獵首行為以試高低，由先獲得首級者得勝。此外，因獵獲人頭為英雄的象徵，故女子往往會選擇已獵獲人頭的青年下嫁。

4. 若被人誤會作出冒犯祖靈之事時，為表明自身清白，以獵人頭的方式證明之，證明自己是正義、耿直之人，仍受祖先庇祐。

5. 瘟疫蔓延獲發生不吉利事件，可能是因為觸怒祖靈所致，故需獵人頭以為祖靈。

(三) **獵首隊伍**：由於獵首行為多是計畫性的行動，族中頭目、族長多少有所參與，且獵首隊伍多由同族之人組成，極少單獨行動，故年紀較長或族中頭目多為隊伍中的領袖。人數足夠的獵首隊伍，會先行分配任務（分為牽制隊伍、射擊手、獵首者、預備隊伍…等），分工合作之下增加行動成功性。

(四) **獵首方式**：獵首行為以偷襲方式為主，趁對方慌亂或逃跑時予以狙擊，由於多有計畫性，故事先已擬好撤退路線。

(五) **獵首成敗**

1. 成功：若是平安順利達到獵首目的後，出草隊伍帶著首級及戰利品，火速撤退。回到部落中族人們為慶祝其凱旋歸來，以飲酒作樂方式共享喜悅。

2. 失敗：
   (1) 若不幸落敗，為避免讓自己首級成為對方戰利品，故多半選擇跳崖自盡。
   (2) 若是同夥被殺，由於生還者認為讓死者落入敵人之手為莫大恥辱，故將死者埋藏不讓對方發現為原則。
   (3) 出草隊伍一旦有人死亡，縱使獵獲人頭也不算成功，獵獲的首級、戰利品將全部丟棄。

二、試比較臺灣原住民族各族群婚姻制度特色。

答 臺灣各原住民族文化中，在於婚姻制度特色方面，主要可以分為：(一)階

級聯姻制、(二)聯族禁婚、(三)女方嫁娶制、(四)男方入贅制等四項特色，茲分述如下：

(一) 階級聯姻制： 以排灣、魯凱兩族為代表。由於世襲的階級制度深深影響著每一位族人，因此藉由婚姻而改變階級制度成為重要管道，分有同階級相婚、升級婚和降級婚，不過通常平民和貴族不得通婚，但仍有特例。此外，藉由婚姻可升降階級地位，但僅止於個人與所生子女，並不包括家族。

(二) 聯族禁婚： 以布農族、鄒族、邵族禁婚對象做一探討。

1. 布農族：布農族的婚姻制度嚴格實施「外婚制」，所謂「外婚制」是指禁止氏族內部聯姻。布農族為父系社會，婚姻實施傳統的嫁娶制度，然而子女的婚姻對象不僅要避免父方親屬的人之外，母方親屬亦屬於禁婚範圍。布農族人一般不把婚姻當成男女兩人之間的事，而是擴大至氏族與氏族之間。婚姻大事通常都由長輩做主，從求婚、訂婚到結婚，都是在家族長老的主持下進行。此外，連鰥夫寡婦的再娶或再嫁，都需要徵得氏族長輩的認可。布農的禁婚對象有嚴格規定，敘述如下：

   (1) 同一聯（偶）族之下的同氏族禁婚，主要從父方與母方的父系繼嗣群向外推展開。

   (2) 姑表和舅表在五代之內禁婚，姨表在四代之內禁婚。

   (3) 收養子女的禁婚範圍，從養子女的親生父母追溯起，而非從養子女方面追溯。

2. 鄒族：禁婚對象以母族有血緣關係者為主要，主要可分為：

   (1) 同氏族男女不婚，同聯族亦不婚。

   (2) 母族禁婚。

   (3) 甥族禁婚。

3. 邵族：傳統上邵族禁止氏族內婚，但在母親氏族系統方面的禁婚規定並不如布農族、鄒族來得嚴格。由於近來性別比例懸殊之因，有不少男性與母氏所屬氏族成員結婚的例子，更有邵族青年與外族女子通婚現象。

(三) 女方嫁娶制： 以泰雅族、賽夏族、達悟族做一探討。

1. 泰雅族：泰雅族的婚姻類型以「女方嫁娶」為主，招贅制和交換婚為輔。招贅婚指在無男嗣的家系裡，行使招贅婚，以家族女子繼承家業，以防家族財產流轉入他家族中。交換婚是指丈夫的姊妹，

嫁給妻子兄弟，亦姑換嫂意思。結婚之對象以同族雙方皆為至交好友為最佳，亦也有來自於其他部落者，但以同流域群之同盟部落為限，早期泰雅族的傳統禁止與外族通婚，認為與外族通婚會受到祖靈的懲罰。

2. 賽夏族：婚姻制度上為「嫁娶婚制」，為一夫一妻制度。賽夏族的社會為父系制的社會，由此發展而成的婚姻制度便主要圍繞在父系的中心思考法則，賽夏族人認為女人是家族得以繁衍以及勞力的重要來源，女性在賽夏族的婚姻型態中被呈現出一個物化的型態，例如傳統的交換婚，就是站在一個均等的角度上，若婚姻制度不是透過交換婚的方式，只有女方嫁出，如此女方家勢必減少一勞力來源，而這就不是均等的婚姻，所以有男方必須出聘禮或至女方家服勞役而有勞役婚的型態。

3. 達悟族：婚姻制度為外婚制，嫁娶婚為原則。核心家庭為當地社會組織最基本的單位，夫妻同時也是達悟族社會中最基礎、最核心之單位，夫妻在達悟族的社會中，為彼此分工合作，互補且為一體之親密結合。夫婦、子女為家的構成份子，居住法則為從父居。

(四) 男方入贅制：以母系社會中卑南族、阿美族、噶瑪蘭族為代表，其婚姻制度特色如下所述：

1. 卑南族：在母系社會繼承系統的影響下，卑南族的婚姻以招贅婚為主，雖名為招贅但實際上仍是由男方主動提親。媒人為男方所屬會所的長老，女方的許婚權則落在舅父身上。不過由於長女繼承的影響，次女以下的女性結婚時，必需先與長姐居住一段時間，直到生下第一胎後，才開始另行建屋。而隨時代的演變這類的婚姻習俗也隨之改變或調適，也行以男性為主的嫁娶婚形式。

2. 阿美族：婚姻型態以招贅婚制為常態，男性當到達適婚年齡，婚後居住於妻子家中，然入贅於妻子家中之男性，依然是其母親的孩子，當其生病、年老或妻亡時，必須返回母親家中接受照顧，因為原家才是其血統之所出。

3. 噶瑪蘭族：傳統噶瑪蘭族社會為母系社會，婚姻為招贅婚制，通婚限制則以隔四代以上之親族關係始可結婚。子女從母居，夫從妻居，男子長大出贅，特徵即為女性家長制。

三、解釋名詞：(一)墾首　(二)卑南文化　(三)高砂義勇隊　(四)頭人制度

答 (一)**墾首**：又稱為墾戶，清領時期，若要開墾土地，須向官府申請許可，發給墾照，始可進行投資招佃開墾事宜。投資方式有獨資亦有合資，在法律上取得業主資格者稱為「業主」或「業戶」，實際從事開墾之佃農，稱之為「佃戶」或「佃人」。墾首申請開墾執照，而佃戶實際從事開墾之工作，因此稱之為「墾戶制」的合作開墾模式，此一模式即為清領時期土地開墾類型。

(二)**卑南文化**

　　1.距今2000至3000年前，為新時期時代晚期文化代表，主要分布在花東縱谷南段的河階及山區緩坡帶上，以卑南遺址為此一文化代表。

　　2.出土文物包括農具方面的石刀、石鐮，以及網墜、魚卡子等捕魚工具，顯示出農耕及漁獵的發展。

　　3.玉器及石板棺等亦為此一文化最大特色，用玉器作為陪葬品及棺木有規則性之排列，推測當時人已有靈魂觀念。玉器展現審美觀與工藝技術能力，其中又以人獸形玦為代表，從玉器的精細程度來判斷，推論已有專門之玉石飾品加工製作，並以玉製器物作為交易。現大量卑南遺址之出土文物保存於國立臺灣史前博物館，而原遺址發掘地則設為卑南遺址公園，為全臺首座遺址公園。

　　4.藉由遺址考古挖掘，在文化演進上，推測其中一支可能為排灣、魯凱、卑南等族之先期文化；而另一支發展於花東縱谷平原地帶，則有可能為阿美族之先期文化，然確切證據，仍有待考古之發掘。

(三)**高砂義勇隊**：二次大戰期間，日軍奉命攻打菲律賓的巴丹要塞，由於該地以原始叢林與險峻山岳為屏障，易守難攻，使得日軍深陷苦戰。日本政府趁著對臺推動皇民化運動時期，且有感於原住民擅長叢林戰，故於1942年向臺灣原住民徵召自願兵投入太平洋戰區戰事，即為「高砂義勇隊」。「高砂義勇隊」成為「日本軍伕」，主要負責鋪橋、搬運彈藥、糧食等打雜工作，相當於「苦力」，無地位與階級，大多數無武器配備，僅靠一柄「蕃刀」打仗。由於戰區與其生活環境相似，故能充分發揮戰鬥力，對日軍助益良多。1942至1943年在臺徵召為數眾多的高砂義勇軍，為日本政府赴南洋作戰，大多魂斷異域。

(四)**頭人制度**：邵族為氏族所組成的部落，氏族的領導者稱為「頭人」，實行世襲制，由父傳子，無子則傳弟。主要工作為排解族人糾紛，執行由部落會議或長老會議所議決出的事務，並有權力對造成部落重大傷害的人事物施以刑罰，在戰爭時更能率領族人抵禦外侮。隨時代變遷，政府公權力的介入下，一切重大事情都改由政府機構辦理，頭人制度產生根本性變化，現以主持族內重要祭祀活動為主，不享有任何特權。

四、試述如何使部落文化永續發展

答 (一)協助部落藉由「學習」與「創新」的部落營造過程與經驗，建構部落永續發展之基礎條件。

(二)尊重部落傳統社會組織結構，重新建構部落（社區）組織運作機制，培育部落營造人才，並凝聚部落共識，建構自主發展機制，培養自治實質能力。

(三)協助部落在傳統生產方式與現代市場經濟之間，發展部落自主的產業模式，活化部落生活條件。

(四)促進部落居民在地就業機會，建立部落居民參與自主營造之支援網絡。

第四回

一、試比較臺灣原住民族各族群命名制度特色及差異

答 臺灣各原住民族生命禮俗文化中，在命名制度特色上，主要可以分為父系社會中的父子連名制、母系社會的母子連名制，以及家屋連名制、親從子名制等諸多項特色。孩子的誕生象徵部落的生命獲得延續，而為孩子命名，更表現出該族群部落對於新生命之期望，而命名制度的差異，也可看出不同族群間文化特質之差異，以下分述臺灣各原住民族命名制度特色。

(一)**泰雅族**：小孩出生後約一至二月，舉行命名儀式，命名由男性尊長行之，原則上不與父母、兄弟姊妹同名，然為求吉運，往往會取過去部落所代表之英雄人物，以求祝福之意。泰雅族雖為父系世系群，然傳統命名不用姓氏，而是採取父子連名制，如將嬰兒本名後連父名，藉以表示血統關係，如此的方法將有助於泰雅族人記憶其祖先名字。

(二) **賽夏族**：孩子生下五、六日臍帶掉後，需進行命名的程序，如此孩子才算是家庭內之一成員。命名原則為父子連名制，並沿襲祖名，即名字中，包含父名和祖名。長子沿襲祖父、長女沿襲祖母，次子以下任選一祖先之名，並且要避免父兄、母姐同名之現象。沿襲祖先之名，以善終者為原則，代表賦予孩子健康幸福的未來，透過此種父子連名制，代表父系社會連綿不絕，生命傳承之意味。

(三) **鄒族**：嬰兒出生後由家中年長的父輩親屬命名，當命名後孩子若不斷生病，則須由巫師進行改名儀式。而當一個人若有特殊的偏好或行為時，則往往成為綽號之來源。鄒族男女的命名只有在幾個有限的名字中選取，名不但是社會所限定，姓氏更是於鄒族社會中作為群體分類的標誌。表現出鄒族社會中，社會範疇的結構遠重於個人自由實踐的過程。

(四) **邵族**：嬰兒在出生後的一個月，由其父命名，男孩多襲祖父名，女孩多襲祖母名，名字之後加上氏族姓。

(五) **布農族**：布農族的名字採「襲名制」，即依順序沿襲上一代祖先的名字，如長子襲祖名、次子襲曾祖名；長女襲祖母名、次女襲姑名，以此類推。襲先祖名字具傳承意義，象徵祖先對子孫的庇蔭保佑，也表現了子孫慎終追遠的意涵。由布農族這類襲祖名的命名方式，可以推知其氏族系統，有如「祖譜」的功能一般。

(六) **魯凱族**：行階級制度的魯凱族由名字即可看出一個人的身分地位，每一部落群有一套分階級、分性別的名譜，挑選時以階級和地位為原則，有其嚴格的限制。魯凱族行「家屋連名制」，即在本名後方連接自己居所房屋的名稱，命名通常是長子襲祖父名，其餘次子則以上一代或旁系長輩之名中挑選一個，此外，要注意男性避用父兄之名、女性避用母姐之名。

(七) **排灣族**：排灣族的階級觀念不僅表現在財產與婚姻，連姓名的取用都依階級的不同而有一定的範圍。通常不論男女其名字皆分為貴族、士族、佃民三個等級，命名時由家長依其階級命名之。排灣族行「家屋連名制」，即在本名之後接家屋名稱，每個家庭都有其專屬的家屋名，依據其家族的社會地位高低、分居遷居或入贅等原因而更換，如長子有繼承權，也繼承家屋之名，以下次子皆須放棄原家名而另建新居另取家名，因此，一個排灣族人只要知道他的名字就可以判斷他的階級。然而，有些名字也可以由頭目賜予，經過頭目允許後才能使用比自己階級高的名字。

(八) **卑南族**：嬰兒出生後第五天，由家族中的長輩給予命名。命名以承襲祖名，採家屋連名制為原則，即在本名之後連接自己家屋的名稱，分前連和後連二種，但是男性避免與父兄同名，女性避免與母姐同名。在姓氏方面由於是母系社會，傳統上以繼承母姓為主，然而隨時代變遷，這樣的習俗已被打破。

(九) **阿美族**：孩子出生後，進行命名儀式，由女性族長主持，並請巫師祈神賜名。命名原則以從母連名制為主。阿美族本身有傳統之名譜，為避免同名情況，大都另取綽號以資分別。

(十) **達悟族**：命名制度以「親從子名制」為達悟族之特色。即當孩子出生後，若為頭胎，則父母需依長子之名字，更改自己的名字；當長子生長孫時，祖父母亦也要隨長孫名字，更改自己的名字。傳統上之命名，並不似臺灣其他原住民族群有祖傳之名譜以供命名，達悟族人命名則無名譜且不分男女，命名大都賦予其孩子有特殊之期望或動機，故名字中有許多形容詞、名詞等語彙。惟名字上有正名及副名兩種，正名為長期使用，副名則當有族人過世且與其同名時，做避諱用。

(十一) **噶瑪蘭族**：據受阮昌銳調查噶瑪蘭族老人云，可得知過去主要為襲名制，有一定的名譜，各有性別之分，以親之親和親之第一旁系同名為常則，故祖孫同名，叔姪同諱。然噶瑪蘭族為母系社會，起初無疑實行連母名制，後受到漢人文化之影響，開始有父子連名制出現。

(十二) **太魯閣族**：太魯閣族行「父子連名制」，即是小孩名後連上父親之名。嬰兒生下後由祖父或父親為嬰兒取名，取名時男孩早期以驍勇善戰勇士之名，或以祖先的名字命名；女孩則採用溫柔婉約、美麗賢淑或小昆蟲之類的名稱，或取曾祖母、曾曾祖母的名字，以表敬重懷念之意。

(十三) **撒奇萊雅族**：屬母系社會，採入贅婚，從妻居，命名制度同阿美族。

(十四) **賽德克族**：原係泰雅族下之一亞群，命名制度特色同泰雅族。

(十五) **拉阿魯哇族**：父系氏族，長子繼承，從父姓。

(十六) **卡那卡那富族**：父系氏族，姓氏皆從父，財產權亦僅繼承其父。

二、原住民身體上的裝飾十分具特色，可看出其審美觀念與漢民族大相逕庭，請就刺青，鑿齒、除毛、穿耳等多項身體毀飾，探討其內在意義與審美觀。

答：身體裝飾各族皆有，但又有所差異，以下敘述以族群為例加以說明。

(一) 刺青

1. 泰雅族

(1) 男子：為成年的象徵。男子未紋面，代表不會狩獵，女子若嫁給他則無法享受安定的生活。

(2) 女子：為成年的象徵。女子未紋面，表示不會織布或過去行為不太檢點，未紋面的女子嫁到外族則會被部落視為放逐，得不到族人的祝賀。

2. 賽夏族：賽夏族刺青文化受泰雅族影響，主因是避免泰雅族出草時，泰雅族人以賽夏族為出草對象，故以紋面作為辨識，而後隨時間發展，賽夏族人亦發展出一套屬於自己的刺青文化。

3. 排灣、魯凱族：貴族社會的排灣、魯凱族，以刺青方式為裝飾特權與其他階級有所區別。

(二) 鑿齒

1. 美的象徵：以布農族為例，男女至十五、六歲時都須將上顎的兩側門牙兩顆拔去。

2. 成年禮：布農族人沒有特別的成年禮儀，以拔牙相當於成年禮。由於拔牙會產生疼痛感，若能通過此一考驗，便增進勇氣與毅力，因此在拔牙缺齒後就是個成人，應有成年人應有的行為、態度，謹慎行事以建立自我品格，缺齒即成為一種象徵與惕勵自我的方式。

(三) 除毛

1. 去除汗毛：布農族中有所謂的美容術「挽面」，利用一根長線，用雙手使其成兩角交叉狀，再用嘴咬住線的另一端，用線絞去臉上的汗毛，以去除皮膚老廢角質，可使臉部肌膚光滑。

2. 去除體毛：居住亞熱帶地區的原住民，若將體毛拔除有助於體臭消除，頗為實際。有些族群則認為體毛骯髒、不美觀，故予以拔除。

(四) **穿耳**：穿耳風俗多以美觀為目的，其中根據布農族的傳說，若是男性沒有穿耳洞戴耳飾，則死後會遭受到酷刑，遍體鱗傷，故為避免死後受折磨，男子到了一定年齡便會接受穿耳手術。

(五) **今日概況**：由於時代的變遷、漢文化的影響下，這些習俗與審美觀念也漸受影響而改變，甚至消失。

三、原住民族與漢民族共同生活於臺灣這塊土地上，漢文化以多數人口挾帶強大勢力進逼原住民生活，使其文化受漢人影響頗深，試說明原住民文化中受到漢文化影響的例證。

答 (一) **農業文化的變遷**：以平埔族為例。平埔族的農業活動主要以燒山墾田的「游耕方式」進行，隨地力衰退而不斷遷徙；與漢人交往後，受其影響改為「定居農耕」方式，引進水田耕作法，作物生產量亦相對提高。接受農耕種植後的平埔族，依賴頗深，例如西拉雅人遷徙原因之一即為習慣定居農耕方式，在土地被漢人佔據後，不得已只好前往後山尋找新的土地資源。

(二) **祖先信仰的變遷**：以西拉雅族為例。十分具特色的西拉雅「祀壺文化」，在漢文化傳入後也發生些改變，試敘述如下。

1. 原先拜壺信仰的壺體其大小、造型、顏色並無限制，隨後受漢人影響，才開始在壺體上纏紅線、裹緊紅布、繡上珠串，甚至掛著金牌。

2. 傳統的阿立祖信仰其擺放位置應位於牆壁一角，此為「壁腳佛」名稱由來，然而受漢文化影響後，「阿立祖」多放於桌上以提高神格，因為放於地上屬陰，容易使家庭不安寧，放於桌上則可以保佑家庭。

3. 受漢文化影響最深遠的莫過於傳統的祀壺信仰轉變為祖先塑神像的比例漸增。

(三) **社會制度的變遷**：平埔族與阿美、卑南……等族以母系社會著稱，受漢文化影響後，不論在婚姻制度或繼承制度方面都發生改變，試敘述如下。

1. 婚姻制度：母系社會的婚姻制度以招贅婚為原則，與父系社會的嫁娶婚有所不同，然而漢化後，現今原住民青年多半以嫁娶婚為主，偶行招贅婚。

2. 繼承制度：母系社會以長女繼承制為主，然而，受到漢人影響，長女繼承的制度漸漸不受重視，女性婚後離家，尤其兄、弟繼承的現象逐漸普遍。

(四)喪葬文化的變遷

1. 以西拉雅族為例。平埔族人死亡後，多用草蓆、鹿皮或木板裝斂，而西拉雅人卻使用棺木，即為受漢文化影響。

2. 原住民將善死者以埋葬自家為原則，不似漢人另有墳墓區，受到漢化和日治時期日人覺得此種喪葬風俗不衛生，故勸導將墓穴移居室外。

四、解釋名詞：(一)八通關古道　(二)少年猴祭　(三)番大租　(四)象徵裝飾權

答 (一)**八通關古道**：同治十三年（1874年）牡丹社事件爆發，清廷一改消極態度轉而積極治臺，遂派福建船政大臣沈葆楨來臺，隨即推行「開山撫番」政策，打通東西部交通，鼓勵漢人至後山開墾，安撫原住民並對其實施教化，而分別開闢了北、中、南三條越嶺道路，橫越中央山脈。

「八通關古道」即為「中路越嶺道路」，於光緒元年（1875年）由總兵吳光亮率領開鑿，自「林圯埔」（今南投縣竹山鎮）築至「璞石閣」（今花蓮縣玉里鎮）。古道開通之後，清廷頒佈「入番撤禁告示」，並設立撫墾局，積極施行開山撫番政策。然而，除了少數的通事及社商敢於冒險深入後山外，一般民眾不願意涉險。故辛苦開鑿的古道至光緒十七年（1891年）清廷緊縮對臺政後，撫番政策終名存實亡，古道便隨之逐漸荒沒。

雖然八通關古道僅維持十幾年的暢通，但其所象徵的歷史意義從現今的角度來看對於後山的開發實具效用，便於政府與漢人深入後山與原住民產生互動，更成為重要的文化資產。

(二)**少年猴祭**：「少年猴祭」為卑南男孩在進入「少年會所」接受訓練之前，為增加過人的膽識，於每年的十二月下旬舉行，所舉行的第一次成年禮。卑南族人認為猴子的智慧僅次於人類，因此藉由「少年猴祭」讓少年們實際入山獵猴以訓練狩獵技巧，再親自持槍將柵欄中的猴子活活刺死以模擬刺殺敵人勇猛之心，親眼目睹猴子痛苦、嚎哭的死亡的過程以訓練自我的膽量與體會生命意涵。由於愛護動物觀念與

猴子稀少的緣故，現今的少年猴祭以草編的猴子代替，作象徵性的儀式演練。

(三) 番大租：清朝統治臺灣，其土地政策簡單而言分為「原住民土地」與「非原住民土地」，除了明鄭時代的官田、私田、營盤田和一些無主地之外，其餘皆屬於原住民土地。漢人若想開墾原住民的土地，則需私下與原住民協商，以付出相當「番大租」為代價。依清代土地開墾制度以「大租戶」與「小租戶」方式為主，「番大租」即為「大租」的一種，即漢人向平埔族承租土地時，比照普通大租，繳納一定額之「番租」。番大租中將其土地出租給小租戶，而小租戶又再將其土地給承租出去，形成平埔族土地有一地三主之情形。

以平埔族而言，其番大租土地又可分為「族社共有」及「私人所有」兩種類型。族社共有所徵收的番大租，稱為「公口糧租」，為分配全社或作為祭祀所用；私人則為「私口糧租」。一般而言公有租不得買賣，且可蠲免繳納之義務；私有租則如同漢人之番大租般。

然而，不擅理財、生性憨厚的平埔族人其土地多被漢人以武力攻佔、交換手段、騙取手法、結婚入贅等方式霸佔侵墾。直至日治時期，象徵平埔族有土地所有權的番大租制度的廢止，也代表著平埔族人所擁有的土地，盡被漢人所佔據。

(四) 象徵裝飾權：「象徵裝飾權」為「排灣族」與「魯凱族」行階級制度的貴族社會所特有，是貴族階級所享有的特殊權力。由於「象徵裝飾權」，貴族在飾品、服裝、家屋的裝飾圖案上與一般平民有所區隔，以做為階級的象徵與區別作用。例如：雄鷹羽毛、琉璃珠，特殊的圖案（人頭紋、百步蛇紋），豹牙、熊牙、豬牙等串飾，獸皮衣物等。然而，在魯凱族社會，若是平民想要配戴百合花，可藉由繳納一些貢品，經由「買帶百合花飾」的儀式，像是殺豬、送禮、宴客與跳舞……等行為，向大頭目或村內重要頭目申請，即可獲得配戴百合花飾權，但仍不脫區別階級的原則。

第五回

一、居住於高山叢林中的原住民發展出高超的「狩獵文化」，居住於海外
　　島嶼的原住民亦發展出豐富的「漁獵文化」，不論是「狩獵文化」或
　　「漁獵文化」都可見其與大自然和諧相處，不隨意破壞平衡的態度，
　　試舉例說明原住民族的保育觀念，並加以分析之。

答 原住民的保育觀念，透過其漁、獵文化展現而出，以下以族群為例，舉出
其精要之處說明之。

(一) **西拉雅族**：由於西拉雅族當時地處西部的廣闊平原，盛產鹿，故其發
展出一套狩獵法則，「其狩獵先獵鹿，鹿死後再獵虎，虎死則要禁獵
一段時期，且不許私自捕鹿」，由此處可看出此族群對自然生態平衡
的觀念。

(二) **卑南族**

1. 少年猴祭：於每年十二月二十五日舉行的少年猴祭，藉由抓猴、刺
猴培養少年的膽識及殺敵的氣概。然而，由於現今保育觀念的盛
行，猴子改由草猴代替。雖然猴祭的原始意義消失，但其保留下來
的儀式仍是讓青少年認識族群歷史文化的良好管道。

2. 大狩獵祭：舉行「大狩獵祭」時，青年跟隨長老們上山生活、打
獵，以實際體驗增進其生活經驗和狩獵技巧。傳統的大獵祭為展現
高超勇猛的技術，以獵取大型的鹿、羌為主，隨時代變遷，動物減
少，現今則改由豬、飛鼠、老鼠為替代。

(三) **達悟族**：以捕食飛魚著稱的達悟族，其漁獲可分為可食與不可食兩大
類。可食方面分為好魚的「女人魚」與壞魚的「男人魚」、「老人
魚」三類。達悟族人以魚類色澤、大小來判斷分類，例如女人魚色彩
偏紅、肉質鮮美；男人魚顏色黯淡、肉質粗糙；老人魚色彩灰暗、形
狀醜怪。男人及老人，皆可吃女人魚；女人卻不能吃男人魚，誤吃則
會產生疾病。

將漁獲分為男人魚、女人魚、老人魚等，除了在魚類的特徵上描述男
女特質外（如男人魚男人可吃代表男生抵抗力較女性為大；女人魚則
代表體型嬌小、纖弱等女性特質；老人魚則為罕見之深海魚類），尚
包含著達悟族人對自然魚類資源的保護，例如男人魚較易捕獲，然而

男子必須捕一部分女人魚給家中女子，如此方式，可達到避免大量捕抓某些魚類資源，而使魚類枯竭等危機。

(四)**太魯閣族**：在太魯閣族的狩獵季節中，一年四季以「春季」與「夏季」禁獵，其原因在於，春季是大地孕育萬物的時節，山林中的動物們忙著築巢哺育幼小，人們忙於春耕農作無暇入山狩獵，故春季禁獵，亦禁止食用幼小動物，以平衡自然生態。由於夏季炎熱，颱風過境使得氣候多變、山路泥濘，故獵物無法搬運下山而腐敗，使得夏季禁獵。以上敘述可見太魯閣族人狩獵的實際層面與保育觀念。

相關命題

狩獵是許多原住民族群的古老傳統，然而，在二十一世紀的今大，仍有不少族人主張維護狩獵的權利。為何原住民會如此的堅持狩獵文化？請說明之。

二、信仰與禁忌為原住民生活重心的一部分，請就信仰與禁忌方面加以介紹，並分析其內在意義。

答　原住民的日常生活中充滿著對祖靈、靈魂信仰與禁忌之事。對原住民而言，這些信仰與由信仰衍生而來的禁忌都是千真萬確之事，絕不是迷信，與生活經驗與行事息息相關，仔細探究其信仰與禁忌，可得知其生活文化與經驗傳承的智慧展現，以下試舉例說明。

(一)**信仰**：十分崇信祖靈的原住民，以祖靈的依歸行事，更認為凡事只要和其舊有習慣相違背，即為違背祖靈之意，祖靈必會降下災禍，故對於祖靈所流傳下來的原則、規範總遵行不悖，視為最高行為準則。以泰雅族為例，「gaga」為其祖先遺訓，其中包括嚴格的誡律、禁止偷竊、不可以不孝順父母、不可以打人罵人、不可以造謠生事……等，仔細探究之下可發現，這些內容隱含作人作事的道理，成為族人的行為規範，有助於族群的和諧與制度的發展。

(二)**占卜**：原住民對於不可掌握之事常藉由占卜方式予以具體化，再依其行事。其中以鳥占夢占為主，說明如下。

　　1.鳥占：通常藉由鳥類叫聲賦予吉凶徵兆，常用於出遠門、祭典、爭戰、耕作時。

　　2.夢占：利用夢中夢境內容來判斷吉凶，常用於出草、戰鬥、舉行祭典儀式時。

(三)**禁忌**：在原住民的一生中，「禁忌」是其一項重要的生活特徵與其形影不離。舉凡懷孕、生產、祭典儀式、出草、戰爭……等，都有著不同的禁忌規範著族人的行為活動。倘若有人違反禁忌，則產生災害，災害通常會發生在違反禁忌的當事者身上，亦有波及族內全體的情況，故個人行為有可能影響全族人，如此一來個人行為的間接牽制，使得規範得以流傳、秩序得以遵守，成為族內的社會規範。然而，豐富的生活經驗與智慧亦透過不同的禁忌得以展現，試說明如下。

1. 禁獵的動物：不同族群有其禁獵的動物，這些動物對其族群意義深厚，多半由於傳說使得這些動物備受尊崇。例如：「百步蛇」對布農、排灣、魯凱三族的重要性，其中排灣族更自稱為「百步蛇的子民」。

2. 懷孕的禁忌：各族群種類繁多，列出幾項如，禁食死掉的動物、禁止房事、參加祭典儀式、參加喪葬、接近橫死者屍體……等。由於孕婦身體需好好保養，營養需充足，故禁食一些容易滋生細菌及傳染病的食物以避免感染；而喪葬多為不吉之事，故禁止懷孕婦女接近。

3. 生產的禁忌：視產出雙胞胎、倒生胎兒、畸形兒為不吉，常選擇予以丟棄或置胎兒於死地，此種觀念的產生可能源於醫療不發達之因，無法養育或與所謂正常胎兒不同而予以鄙棄。

4. 活動前的禁忌：祭祀、狩獵、出草前不可摸到麻。

5. 其他禁忌：男子不可織布、此為婦女的工作；相對的女子亦不准觸碰男子狩獵工具。此種禁忌隱含男女分工之職責。

   時至今日，原住民的許多禁忌隨著生計方式的改變、醫療衛生的發達、外來文化的影響，逐漸消失與解除。

三、日治時期的學者曾把魯凱族納入排灣族之下，究竟此二族群有何相似與相異之處，請具體舉例說明之。

答 (一)**族群相似之因**：魯凱族因地緣關係長期與他族混居，以北與布農族郡社相連，以南鄰近排灣族，以東與卑南族相接，使得魯凱文化深受他族影響，呈現多元面貌。其中與南部的排灣族因地勢與地緣最接近，再加上兩族長期通婚，故在文化習俗、生活習慣、社會制度、藝術文化方面都非常相似。

(二) 相同之處

1. 實施階級制度，其社會為由頭目、貴族、武士、平民所架構而成的貴族社會。
2. 均崇奉百步蛇。其中排灣族自稱其為「百步蛇的子民」，而魯凱族因神話傳說認為其為「雲豹的子民」。
3. 兩族的藝術文化相似，均有「石板屋」、「木雕」、「石雕」文化，其服裝衣飾亦相似。

(三) 相異之處

1. 「五年祭」僅屬於排灣族的盛大祭典，不包括魯凱族。
2. 繼承制度方面，排灣族行「長嗣繼承制」與魯凱族的「長子繼承制」不同。
3. 喪葬制度方面，魯凱族是一人一墓，且採「側身葬」或「直放葬」，不同於排灣族的一家一墓且採「蹲踞曲肢葬」。
4. 縱使均為貴族社會的兩族，其發展模式亦有些許不同。其中魯凱族的貴族權利分予直、旁系的親屬而逐漸削弱，排灣族的貴族權勢集中，且有擴大的企圖心。

四、解釋名詞：(一)明鄭土地制度　(二)拜鰻祭　(三)尪姨　(四)刺球

答 **(一)明鄭土地制度**：鄭氏治臺時期，跟隨鄭氏而來的官兵及其家屬和移民為數眾多，由於人口眾多，當務之急為解決糧食問題，因此而發展的土地制度可分為「官田」、「私田」、「營盤田」三種型態。

1. 官田：即荷據時期的「王田」，為禁止混圈的已耕田地。
2. 私田：又稱「文武官田」，為鄭氏、文武官員與士庶……等有力人士，按照家屬多寡准許其取得必要之土地，並招募漢人來臺開墾之田地。
3. 營盤田：為軍事屯墾之田地，其條件為不侵犯原住民與移民所有的土地。營盤田以南部為中心而擴大開墾，由今日臺南、高雄多處地名上仍可見當時的盛況，例如：左營、新營、前鎮……等。

其實「私田」及「營盤田」為平埔族群生活之空間，為拓墾而侵占平埔族社土地，此一土地開墾政策加上苛捐暴虐等「虐番」行為，遂引起原本諸多歸化之番社，起而叛亂。

(二) **拜鰻祭**：「拜鰻祭」為邵族著名祭典之一，為其適應生活環境而發展出的祭典。由於日月潭魚產豐富，魚類中以鰻魚生命力強韌，捕獲不易，因此藉由製作白鰻造型的麻糬，以祈求祖靈庇祐魚貨豐收，此外，更希望族人在打獵時也能如鰻魚那一般有衝勁與耐力，以獵獲豐盛。
祭儀中所製作的白鰻造型麻糬，為糯米所製，長約二台尺、寬約三分之一台尺，每一條白鰻上都貼上寫有各戶家主姓名的紅紙條，以兩個龍眼仔以作白鰻的眼睛，頭部位置更插上了圓仔花或是火鶴花的花朵。祭典開始，由「先生媽」祈告祖靈，請祖靈來到祭場享用族人供奉的祭品，祈求祖靈庇佑、賜福族人平安健康，並有豐富漁獲。祭儀結束後，白鰻麻糬被切成兩段，頭部的部位，隨著祖靈籃被各戶人家帶回，尾部的部位則集中起來成為先生媽的謝禮。

(三) **尪姨**：「尪姨」為西拉雅族人對女性巫師的稱呼，沿用至今。由於平埔族社會缺乏一強而有力的領導者，掌管宗教大權的尪姨以其神秘性與專業性，在部落中享有重大的權威及地位，對部落中人的行為有很大的約束力。一般而言，尪姨工作繁重，主要為負責處理祭典事宜，包括主持祭典、驅逐邪魔、消災治病、作向施法等，其產生方式因時因地而異，有的從小訓練產生，有的則在老尪姨退休前，起乩指定而生，也有為了謀生，而自習巫術而成。

(四) **刺球**：「刺球」為排灣族「五年祭」中的重要活動，其最初所訴求的意義在於藉此活動祈求五穀豐收、獵物豐盛、族人身體健康、平安順利，因此，刺球是象徵「求好運」的活動儀式。刺球活動亦反映排灣族的社會階級制度，由儀式開始時祭桿的長度與裝飾隨著參與刺球儀式人員的家族背景地位高低有所不同。刺球活動的藤球，有吉球和凶球之分，參與者競爭刺吉球，若刺到吉球表示今年好運亨通，若不幸刺到凶球，則須請巫師做法解運。此外，活動所用的祭桿亦需請女巫做法去除霉氣。

107年 原民特考三等—臺灣原住民族文化

一、 在臺灣，我們常常見到南島語族、南島民族以及南島文化等三個概念的使用，請問，它們分別意指為何？又，此等以「南島」為名之詞彙，可以直接視之與「原住民」同義而彼此交換使用嗎？請說明之。

答 詳見Part 1的Unit 1「原住民與南島民族」。

二、 如果要舉出目前16個原住民族群各自最具代表性之文化要項是什麼，你認為其中有無較難很快可以被舉出者？有那些？為什麼？又，推出代表性的文化，對一個族群來說，是絕對必要的嗎？請說明之。

答 詳見Part 2「臺灣原住民族文化」各章。

三、 近二、三十年坊間出版不少臺灣原住民研究相關書籍，請舉出你認為二本最具影響力者，並闡釋其生成重大效益之緣由。

答 (一)田哲益（民99），《臺灣原住民社會運動》，臺灣書房。
該書沿自民國73年間所成立的臺灣原住民族權利促進會，內容以探討部落內的年輕人如何提倡「部落主義」，並跨越族群、城鄉，以爭取原住民的身分地位、自我認同、國家族群與文化政策等訴求，具有團結維護原住民的權利與文化等重要影響。

(二)孫大川（民99），《夾縫中的族群建構：臺灣原住民的語言、文化與政治》，聯合文學。
該書係以歷史、語言、文化與政治為線索，討論臺灣原住民近代以來法政主體的變遷與發展，反映了臺灣當前政治中的文化、族群與認同問題，提醒了後代持續為夾縫中的族群的存在與發展共同努力。

四、自己研究自我部落和族群的優缺點為何？外人來研究部落的優缺點又如何？你支持自己人研究自己，還是交由外在學者專家來研究？為什麼？請說明之。

答 (一)自己研究自我部落和族群的優缺點：
　　1.優點：研究者自身的經歷或是部落內耆老的口述，相較於外人之研究可擁有較多細節與細緻之處。
　　2.缺點：容易流為主觀本位而見解過於偏頗或狹隘。
(二)支持外在學者專家以嚴謹的學術考證方式研究部落文化，但也希望能有相當比例之實地田野考察或耆老口述等，如此可融合上述兩種研究法之優缺。

NOTE

107年 原民特考三等—臺灣原住民族史

一、日治時期對原住民族土地制度影響最巨大為「森林資源」調查，並分類各種森林土地資源加以管理，請說明這些調查之後的土地管理以及對原住民族的影響。

答 詳見Part 1的Unit 5中，日治時期與原住民族史。

二、原住民族語言發展法於民國106年6月14日公布實施，以復振原住民族群語言文化。試述1950年代起，語言同化政策如何對原住民社會文化、自然環境知識造成破壞。

答 詳見Part 1的Unit 6第三點，「當前臺灣原住民族所面臨之危機」。

三、「新港文書」在原住民歷史文獻上具有何種意義？它代表原住民族經歷過何種歷史歷程？試論述之。

答 詳見Part 1的Unit 4，「清領以前原住民族史」。

四、清領時期針對當時平埔族群的教育政策，其施行的方式和影響為何？

答 詳見Part 1的Unit 4，「清領以前原住民族史」。

107年　原民特考四等―臺灣原住民族文化概要

一、原住民文學的發達，是臺灣當代文化史上的大事。不過，如欲知原住民文化而僅僅閱讀文學書刊，是否足夠？亦即，文學作品所敘述的原住民文化內容，到底是族群面貌的真實反映，還是僅為作者的個人創造？你的意見為何？請說明之。

答 文化的內涵可以包括文字、語言、建築、飲食、工具、技能、知識、習俗、藝術等面向，總的來說，大致上係指一個民族的生活形式。

個人係生活在其所文化脈絡體系中，其所創作之文學，包括作者的生活經驗，對於所處文化的省思等，這些創作內容或多或少摻雜了作者自我的主觀意思。

文化係指一個民族的生活形式，透過文學作品是可建立認識特定族群文化的先備知識，但若以個人的創作文學作為理解一個民族的文化內涵，難免有過於狹隘而有失該族群文化底蘊與精隨之可能，或許可在結合如習俗、藝術、建築、創世神話、耆老口述歷史等，以期能對族群文化有較深且廣的認識方式。

二、現在不少原住民部落或遷居都市之地區，分別設有文化館或文物館或會館，裡面多有文物或文化相關展示介紹。請問，此等泛文物館的設置目的，就是把保存文化之任務，全數交由它負責嗎？如果文化保存的任務全部只交由館舍負責，那是否會出現一些問題？你的看法如何？請說明之。

答 文物館所收藏之館藏文物，係以有形文化遺產為主，但筆者認為真正文化的底蘊尚需結合無形文化遺產，如語言、藝術、習俗等，若只是單純地保留有形文化遺產，卻忽視了無形文化遺產的傳承，如此只是繼受了先祖的骨架卻遺漏了靈魂，變得空洞。綜上，如何傳承無形文化遺產，係為文化保存至為關鍵之處。

三、我們常看到聯合慶典或聯合豐年祭的舉辦，請問，這種聯合屬性的活動，應該受到鼓勵嗎？為什麼？請說明之。

答 以花蓮縣聯合豐年祭為例，舉辦聯合豐年祭的目的，除了感恩祖靈及大地、凝聚部落關係，更重要的是讓後代子孫了解這項重要的祭典活動，由文化傳承，更有發展部落觀光的意涵。

然就細部言，花蓮縣內有阿美族、泰雅族、太魯閣族、布農族、撒奇萊雅族、噶瑪蘭族等六族，以觀光為主軸發展的聯合豐年祭，卻將各族群的傳統祭典儀式簡化為歌舞展演，文化反而有商品化之嫌。

透過聯合豐年祭，可使更多族群認識彼此間之文化之美，但部落文化需要傳承，各族群各有其特有之祭典儀式，有保存之必要，如何使各族群特有之祭典儀式加以傳承，此即如何保存無形文化遺產的議題。

四、今年國立故宮博物院開辦了前後二場精緻的原住民特展。你支持傳統上典藏展覽中國帝國皇家藝術品的博物館，繼續開展原住民文化主題嗎？為什麼？請說明之。

答 因文化無優劣之分，故支持國立故宮博物院辦理原住民族特展，博物館存在的目的，無非是透過典藏使有形文化遺產得以保護傳承，使遊客可以近距離欣賞其所展示之文物之美，亦可藉由此一社會教育的方式，使普羅大眾能有欣賞並尊重不同文化的能力。

107年　原民特考四等—臺灣原住民族史概要

一、在相關的原住民族研究中，日治時期的調查成果今日已成為重要文獻資料，有關《臺灣蕃人事情》對於認識原住民族群，該書論述有那些面向？

答 該書是1897年臺灣總督府委託伊能嘉矩及粟野傳之丞二位學者對臺灣的原住民進行有系統性的研究，成果由臺灣總督府出版成書，並為理蕃政策之重要參考，內容論述摘要有：

(一)將臺灣的原住民分類為泰雅、布農、鄒、魯凱、排灣、卑南、阿美及平埔等共八族，並具體且有系統性地描述各族在地理分布、人口、統制、土俗、慣習、生業等各項現況。

(二)研究架構分為蕃族誌、蕃語誌、地方誌、沿革誌及結論等五篇，並分別從民族誌、語言、地理區域等不同區分方式切入。

(三)內容中並概述由荷蘭時期至清代之理蕃及蕃族教育沿革，結論則認為可透過教育方式使臺灣蕃人步入文明社會，影響當時理蕃政策甚深。

二、平埔族群在清領時期被大量賜姓，此政策對平埔族長期的影響為何？

答 (一)平埔族人原無姓氏觀念，命名多以母子連名制，後隨著平埔族人與漢人交往接觸漸增，清政府開展一系列相關政策，如番界線、番社學、薙髮蓄辮、賜姓、番租、隘番、賜地等政策，使平埔族漸次成為屯番、流番或散番，最後變成化番、熟番、漢人的滿化過程。

(二)相對於平埔族的外來人群，其政治、經濟、語言、文化等衝擊，對平埔族造成族群文化認同與抗爭、消失與保存的危機。

三、試論述日治時期原住民蕃童教育所之教育養成，日本統治政權所想要達到的目的和其影響為何？

答 蕃童教育所係指對於原住民學童施以教育之處所，然不同於總督府對於一般臺灣人的教育方式，蕃童教育所係由警察人員於公餘時間所擔任，教導兒童日語及禮儀，並負責簡易的醫療保健工作，無一定學制及特定之上課處所，其目的影響與影響如下：

(一)目的：
   1.施以德育，涵養國民必要之性格，使學習國語，成為善良之風習。
   2.蕃童教育所的經費來源是負責經濟事務的民政局殖產部，突顯出原住民教育與日本開發臺灣山地資源的相關性。
   3.設置蕃童教育所之地區，都是尚未歸順之原住民部落，由警察擔任教師則另有治安考量之目的。
(二)影響：蕃童教育所的普設，讓日治時期原住民的義務教育普及率比臺灣人所就讀的公學校還高，日語或日文成為原住民當時的第二語言，有效的達到管理原住民的目的。

四、原住民生活區域因成立國家公園而影響其生活，試舉1986年太魯閣國家公園成立之例子，說明其訴求和抗爭的內容

答 (一)先由國家公園法的立法精神與原住民保留地的觀念談起：
   1.國家公園法的立法精神：為保護國家特有之自然風景、野生物及史蹟，並供國民之育樂及研究，特制定本法。
   2.原住民保留地的概念：政府為了保障原住民的權益、安定原住民的生活、發展原住民的經濟，將全國二十四萬多公頃的國有土地，提供原住民使用，目的在於輔導推動原住民生計的發展、生存空間及民族經濟體的發展，具有政治和經濟的特殊目的與用途。
   3.國家公園法與原住民保留地衝突之處：原住民族本於其固有之傳統文化，在其傳統領域狩獵或種植等，都受到國家公園法之諸多限制。
(二)太魯閣國家公園成立之始之相關原住民抗爭活動：
   1.1988年5月：花蓮秀林鄉鄉民代表會決議譴責太魯閣國家公園的設立危害了原住民既有權益。
   2.1990年10月：花蓮秀林鄉富世、崇德、秀林三村的太魯閣族村民，於村民大會中指責太魯閣國家公園管理處未重視當地原住民權益。
   3.1993年4月：太魯閣原住民完成修改國家公園法請願書簽署活動，並赴立法院召開公聽會，要求修改國家公園法，及開放國家公園內的狩獵權給原住民。
   4.1994年10月：太魯閣族人前往太魯閣國家公園管理處展開抗爭，訴求「反壓迫、爭生存、還我土地」。

107年 原民特考五等—臺灣原住民族史大意

( ) **1** 有關太魯閣對日戰役的描述，下列何者正確？ (A)太魯閣戰役發生於1914年，當時太魯閣族戰士不到一千人，前後歷時一個月 (B)當時的民政長官內田嘉吉擔任總指揮官，警視總長龜山里平太擔任副指揮官，聯合組成一支完整軍隊，由一條路線攻打太魯閣族人 (C)太魯閣戰役中，日本人用所謂的「東路討伐軍」兩隊，一為巴托蘭討伐隊，一為得其黎討伐隊 (D)太魯閣戰役中，日本人用所謂的「東西兩路討伐軍」，兵員、軍伕總計超過兩萬人，先進武器野戰砲、機關槍等進行對太魯閣族的攻擊。

( ) **2** 下列有關卡那卡那富族的描述，何者錯誤？ (A)卡那卡那富族的描述曾在荷據時期被記錄在「熱蘭遮城日誌」中，與荷蘭人有互動的紀錄 (B)卡那卡那富族在2015年6月被行政院正式核定通過正名為卡那卡那富族 (C)卡那卡那富族過去的族群分類上曾經被放在曹族中 (D)卡那卡那富族過去的族群分類上曾經被放在鄒族中。

( ) **3** 下列那一個事件不屬於日治時代的三大理蕃事件？ (A)大分事件 (B)七腳川事件 (C)霧社事件 (D)太魯閣事件。

( ) **4** 拉阿魯哇族的貝神祭之描述，下列何者錯誤？ (A)最重要的祭典，每3年舉行一次 (B)源自部落傳說與其先祖與矮黑人交好相關 (C)據傳說，「聖貝」takiaru是介乎有形與無形，傳說來自矮黑人贈送的法寶，可以保護族人健康、平安 (D)祭典分為6天舉行，每天有不同的祭典與名稱。

( ) **5** 根據歷史記載，有關卑南族的歷史發展，下列何者正確？ (A)康熙22年（1683）林爽文事件中，卑南族協助朝廷，得到清朝的重視 (B)乾隆51年（1786）朱一貫事變中，因其與同黨逃入後山，清朝官員藉由卑南族人來抓朱一貫等人 (C)因為卑南族在朱一貫以及林爽文事件有功，臺灣知府帶領卑南族頭目進京謁見皇上，頭目特被冊封為卑南大寶王 (D)因為卑南族在朱一貫以及林爽文事件有功，臺灣知府帶領卑南族頭目進京謁見皇上，頭目被封王並賜官服，皇上並規定鄰近阿美族、排灣族必須向其納貢、賦稅。

( ) **6** 請問有關「岸裡社」，下列何者正確？ (A)屬於Pazeh族，位於臺灣北部地區的平埔族 (B)Pazeh族為清領時期臺灣最活躍的族群，「岸裡社」是重要代表，但因同意讓漢人張達京成為該社女婿，引進大量的漢人，影響了Pazeh族的生存空間 (C)康熙38年（1699）道卡斯族吞霄社因為與「岸裡社」發生生意糾紛，因此兩族爆發械鬥事件 (D)乾隆10年（1745）賜岸裡社頭目「墩仔」姓潘，岸裡社番受封為「潘」姓。

( ) **7** 觀察臺灣原住民族的名稱演變，下列那項為正確的描述？ (A)生番、熟番都是南島原住民族，不過因為通婚因素，產生了身分上的區隔 (B)「平埔族」是清朝康熙末葉時期以番民歸化程度所區分的類別 (C)原住民與原住民族沒有什麼差異，只是單數與複數的差別 (D)日本學者伊能嘉矩與粟野傳之丞出版的《臺灣蕃人事情》一書中，將原住民分為8族，依序為平埔族、泰雅族、布農族、鄒族、澤利先族、排灣族、漂馬族、阿美族。

( ) **8** 臺灣於2005年通過的原住民族重要法律為下列何者？ (A)原住民族教育法 (B)原住民族身分認定法 (C)原住民族基本法 (D)原住民族語言發展法。

( ) **9** 請問邵族是那一年從其他族群分立出來，正式成為原住民族的第十族？ (A)1999年 (B)2000年 (C)2001年 (D)2002年。

( ) **10** 下列那一項有關泰雅族賽考列克群的樂信・瓦旦（泰雅名：Losing Watan，漢名：林瑞昌）的事蹟是錯誤的？ (A)年幼時曾經就讀過角板山蕃童教育所，並取日本名為渡井三郎 (B)1920年代期間返回部落服務，曾經駐守在象鼻、尖石等地區擔任公醫，以當代醫療方式在原住民族地區開展近代醫療 (C)1945年被聘為臺灣總督府評議會員，1949年補選為第一屆臺灣省參議員，1952年當選為第一屆臺灣省臨時省議會議員 (D)1929年以泰雅族父系社會傳統方式正式娶進日本望族日野家族中的女子，改名為日野三郎。

( ) **11** 清朝殖民政權實施「番大租」的「加留餘埔」制度，是為了要限制漢族墾殖並提供土地保護原住民生活，但是因為缺乏積極度與約束性，反而讓比較強勢的漢族以巧奪欺騙方式占據了土地。請問，「加留餘埔」比較接近何種政策？ (A)保留地政策 (B)人口普查政策 (C)山地放領與墾殖條例 (D)三七五減租土地放領辦法。

(　　) **12** 針對「加禮宛戰役／達固湖灣戰役」的描述，下列何者錯誤？
(A)這個事件的原因之一是漢人暴力侵墾，大舉燒劫屠殺噶瑪蘭族，
其中14社全數被燒毀成廢墟，死傷無數　(B)1860～1940年代左右，
噶瑪蘭族以加禮宛社為主體南遷到花蓮豐濱新社，重新建立約2,
000人左右的加禮宛大社，並於此地安居立命數十載　(C)在1878年
間為了反抗壓迫，噶瑪蘭族聯合撒奇萊雅族合力攻打清朝軍隊，死
傷無數　(D)「加禮宛戰役／達固湖灣戰役」造成了四、五千名族人
的死亡，民族力量受挫。再加上總兵吳光亮採行「勒遷以分其勢」
的手段逼迫兩族人往南遷移。

(　　) **13** 荷蘭時期臺灣南島語族的涉外事件中，依照事件本身的性質約略來
看，大概有戰役、結盟、主權紛爭或是轉移、滅族等。下列描述相
關涉外事件，何者錯誤？　(A)1629年6月，臺南一帶的新港社為了
維持臺灣西南平原霸主地位，對前來訪視的荷蘭東印度公司長官發
動攻擊　(B)1635年底到1636年初，東印度公司為了確立在臺灣西
南平原的霸權，報復先前荷蘭人遭殺害，以及協助其盟社新港社對
抗其南方的敵人等種種原因，與新港社聯合組聯軍，先後出兵麻豆
社、阿猴社、蕭壠社　(C)1630年代下半，東印度公司延續過往政策
對小琉球進行清鄉，將島上的南島語族人淨空，之後出租給華人謀
利，並也對雲林一帶的虎尾　社發動戰役　(D)1644～1645年間，
荷蘭東印度公司開始對中臺灣勢力最強大的大肚王轄下部落發動攻
擊，1645年4月大肚王Takamacha前往臺南赤崁參加針對高屏地區部
落辦理的地方會議，最後完成正式對東印度公司的歸順儀式。

(　　) **14** 有關七腳川事件的描述，請問下列何者錯誤？　(A)根據森丑之助
的紀錄，自明治31年（1898）臺東廳長相良長綱長期對在地原住
民族採取安撫政策，並藉著綏撫手段滲入太魯閣族群內，導致太
魯閣族群勢力膨脹　(B)七腳川事件發生與日本在東部轉趨向積極
建設的態度並無密切相關　(C)明治40年（1907）臺東廳計畫開鑿
從花蓮地方通往南投的中央山脈橫斷道路，路經七腳川社、木瓜群
（Vaguai）、巴托蘭社（Btulan）等領域　(D)七腳川事件發生於明
治41年（1908），為了防堵太魯閣族的北埔隘勇線，徵用七腳川社
壯丁編為隘勇，但因勞役不公與薪資問題，引爆日本人發動大批軍
警圍剿七腳川社、木瓜群（Vaguai）、巴托蘭社（Btulan），直到大
正3年（1914）才平息。

( ) **15** 下列那一項有關牡丹社事件的描述錯誤？ (A)牡丹社事件又可被稱為臺灣事件，是一件重要的「涉外事件」 (B)牡丹社事件主要是牽涉到魯凱族 (C)牡丹社事件同時涉及清國、美國與日本之間的關係 (D)牡丹社事件導致滿清政府在瑯嶠設置恆春縣。

( ) **16** 觀音山事件是在那個事件之後，該事件因清廷以賠償金為名，橫徵暴斂又欺凌女性而造成民怨？ (A)大庄事件 (B)大港口事件 (C)中路開山事件 (D)加禮宛事件。

( ) **17** 根據現行統計，原住民族人口比例最高的縣市為何？ (A)屏東縣 (B)花蓮縣 (C)臺東縣 (D)桃園市。

( ) **18** 大港口事件為下列何族反抗清廷而遭誘殺的事件？ (A)阿美族 (B)卑南族 (C)排灣族 (D)布農族。

( ) **19** 臺灣原住民族群最早的書寫系統稱為： (A)馬卡道文 (B)麻豆文 (C)新港文 (D)道卡斯文。

( ) **20** 賽夏族因地緣關係除了常和泰雅族接觸外，還有與下列何族群互動頻繁？ (A)外省人 (B)客家人 (C)凱達格蘭族 (D)布農族。

( ) **21** 下列關於湯英伸事件的描述，何者錯誤？ (A)在此事件之後原住民的權益才漸漸受到重視 (B)湯英伸因誤信求職訊息而遭到殺害 (C)吳鳳鄉正名為阿里山鄉 (D)湯英伸所屬的「曹族」正名為鄒族。

( ) **22** 有關七腳川事件，下列說明何者正確？ (A)這是發生於花蓮港七腳川社與清兵的衝突事件 (B)為防範太魯閣族南下至木瓜溪流域尋找耕地，清朝利用七腳川社防範太魯閣族 (C)臺東廳1898年開始施行「以番制番」策略，扶植阿美族七腳川社來制衡太魯閣族 (D)七腳川社亦擁有奇萊平原最多的火藥，所以該社無視清朝政府權威。

( ) **23** 十八世紀清國雍正年間，張達京用建圳方式跟平埔族達成割地換水的交易。請問是平埔族裡的那一社？ (A)新港社 (B)蕭壠社 (C)岸裡社 (D)中港社。

( ) **24** 1915年由臺灣總督府「臨時臺灣舊慣調查會」所出版《蕃族調查報告書》分為五卷八冊。下列何者不是當時進行原住民族調查的核心人物？ (A)小島由道 (B)河野喜六 (C)馬淵東一 (D)佐山融吉。

( ) **25** 下列何者為牡丹社事件中的原住民族？ (A)排灣族 (B)卑南族 (C)魯凱族 (D)賽德克族。

( ) **26** 下列何者與拉馬達‧星星事件無關？ (A)臺東縣海端鄉一帶的布農族人，因反抗日本政權聞名 (B)入侵位於六龜的警察單位 (C)在臺東殺害日本人 (D)發動「大分事件」狙擊檜谷駐在所警察。

( ) **27** 佐久間左馬太，臺灣日治時期第5任總督，任內不斷地對原住民族用兵，下列何者事件與他無關？ (A)牡丹社事件 (B)太魯閣事件 (C)李棟山事件 (D)大分事件。

( ) **28** 有關霞喀羅事件，下列說明何者錯誤？ (A)日本實施的五年理蕃計畫中，對於臺灣北部山區原住民族進行武力掃蕩、沒收武器及限縮活動範圍等高壓措施 (B)發生地點位於今新竹縣五峰鄉 (C)因高壓政策引起當地原住民族的不滿，再加上原住民族各部落間舊有的仇恨與矛盾，因而導致一連串的暴力衝突 (D)自1913年至1926年埋石之盟為止，事件才逐漸告終。

( ) **29** 有關「鳳山八社」，下列何者錯誤？ (A)康熙時期的臺灣方志將放索社、茄藤社、力力社、下淡水社、上淡水社、阿猴社、塔樓社及大澤機社歸為鳳山縣的平埔族 (B)八個平埔番社屬於道卡斯族 (C)清領初期的鳳山八社已是一個專事農耕的民族 (D)康熙40年代以後，客家人大批移墾屏東平原，對鳳山八社造成極大的壓力。

( ) **30** 卑南文化是臺灣東部新石器時期中期的史前文化，下列何者正確？ (A)卑南遺址的分布範圍從宜蘭到臺東 (B)卑南遺址所發現的文化內涵，生計型態以漁業為主 (C)棺內有豐富精美的陪葬玉器，從玉器可看出，當時沒有階級之分 (D)該遺址位於臺東市南王部落附近，舊稱卑南社，故以此地名命名，但與卑南族無直接關係。

( ) **31** 南庄事件，是1902年發生於新竹廳南庄的抗日事件，請問事件的主角人物是： (A)趙明政 (B)黃祈英 (C)日阿拐 (D)朱阿良。

( ) **32** 霧社事件之後，起事諸社的劫餘社眾，被集中遷移到川中島。該島在今什麼鄉鎮境內？ (A)和平鄉（臺中市和平區） (B)埔里鎮 (C)仁愛鄉 (D)信義鄉。

( ) **33** 乾隆年間土目林合歡率眾響應官府採從漢俗薙髮冠姓致力教育。林合歡是何社土目？ (A)竹塹社 (B)中港社 (C)新港社 (D)岸裡社。

( ) **34** 臺灣現行經中央政府認定之原住民族共有16族，下列何者非官方認定的原住民族？ (A)撒奇萊雅族 (B)噶瑪蘭族 (C)排灣族 (D)凱達格蘭族。

( ) **35** 臺灣總督府在1907年的北埔事件後，引為借鏡重新調整與加強理蕃政策，不再借臺灣人之手，而直接管理原住民族。此後政策以直接教化原住民族為主，才導致原住民族的反彈，引發何者更大的事件？ (A)霧社事件 (B)大庄事件 (C)蓬萊事件 (D)南庄事件。

( ) **36** 羅妹號事件是下列那個國家的船隻發生船難時遭到排灣族出草的事件？ (A)荷蘭 (B)西班牙 (C)日本 (D)美國。

( ) **37** 聯合國於何年正式通過「原住民族權利宣言（UNDRIP）」？ (A)2004年 (B)2005年 (C)2006年 (D)2007年。

( ) **38** 十七世紀末康熙年間的一本日記《裨海記遊》，作者對於旅途所見眾社有詳細記錄，是難得的重要文獻。該書作者是誰？ (A)陳第 (B)郁永河 (C)黃叔璥 (D)六十七。

( ) **39** 二二八事件有不少原住民族名人涉入，下列那一個人跟此事件無關？ (A)Kolas Mahengheng（谷拉斯・馬亨亨） (B)Losing Watan（日野三郎、林瑞昌） (C)Uyong'e Yatauyungana（矢多一生、高一生） (D)Yapasuyong Yulunana（湯守仁）。

( ) **40** 戰前昭和年間（1935）出版的原住民族史的經典著作《臺灣高砂族系統所屬之研究》。下列那一位學者是作者？ (A)鳥居龍藏 (B)伊能嘉矩 (C)移川子之藏 (D)森丑之助。

( ) **41** 由於何事件的發生致使噶瑪蘭族與撒奇萊雅族在其後長時間隱藏於阿美族之中？ (A)七腳川事件 (B)大港口事件 (C)加禮宛事件 (D)牡丹社事件。

( ) **42** 第二次世界大戰時期原住民族受徵召參戰，其組成組織名稱為何？ (A)高砂義勇隊 (B)高山義勇隊 (C)高原義勇隊 (D)高島義勇隊。

（　）**43** 黃斗乃事件，是十九世紀道光年間牽涉到閩客原三系民族的著名分
類械鬥事件。事件發生的地點在那裡？　(A)竹塹　(B)中港　(C)後
壠　(D)大甲。

（　）**44**「吳鳳銅像破壞事件」下列何者錯誤？　(A)在學校開始教授吳鳳故
事是從日本時期開始　(B)臺灣省主席宋楚瑜時期，開始修建吳鳳
廟、吳鳳墓、吳鳳銅像　(C)因為不滿國民政府長期宣傳吳鳳神話、
貶抑原住民，1988年12月31日，數名鄒族青年破壞了嘉義市中心的
吳鳳銅像　(D)事件影響是教育部停止在學校中教授吳鳳故事，嘉義
縣吳鳳鄉改名為阿里山鄉。

（　）**45** 原住民諸族，歷經不同統治者，清國、日本、民國，其名稱多樣，
下列何者的衍變過程是正確的？　(A)熟番、生番→平埔族、高砂族
→平地山胞、山地山胞　(B)熟番、生番→平地山胞、山地山胞→平
埔族、高砂族　(C)平地山胞、山地山胞→熟番、生番→平埔族、高
砂族　(D)平地山胞、山地山胞→平埔族、高砂族→熟番、生番。

（　）**46** 十八世紀清國乾隆年間，為管理管轄境內平埔族（熟番）所設立的
機構（官職）是：　(A)理藩院　(B)理番同知　(C)理蕃課　(D)山
地行政科。

（　）**47** 20世紀初期，因為何族大量遷入高雄造成卡那卡那富族喪失其原先
多數民族的地位？　(A)排灣族　(B)布農族　(C)魯凱族　(D)拉阿
魯哇族。

（　）**48** 大分事件主要發動事件的布農族領袖為：　(A)拓拔斯・塔瑪匹瑪
(B)拉荷・阿雷　(C)拉馬達・星星　(D)霍斯陸曼・伐伐。

（　）**49** 考古學者根據十三行遺址豐富的出土文物，理解該遺址曾經先後有
三群不同的人在此居住。下列何者錯誤？　(A)圓山文化人　(B)凱
達格蘭人　(C)馬賽人　(D)福建移民。

（　）**50** 從文獻中可以得知阿美族的生活領域最早的文字紀錄至少將近四百
年。下列那一項文獻描述是錯誤的？　(A)十四世紀至十五世紀各
項文獻紀錄，例如荷蘭文獻、西班牙文獻　(B)日本墾殖時期政府
調查報告，例如《番族慣習調查報告書》第二卷（阿美族／南族）
(C)日本墾殖時期人類學或是文史工作者的調查，例如《生蕃行腳》

(D)十七世紀至十九世紀各項文獻紀錄，例如《臺灣府志》、《諸羅縣誌》。

解答與解析

1 (#)。(A)綜合內太魯閣、外太魯閣及巴托蘭等，共約兩千三百餘名族人參戰(B)臺灣總督佐久間左馬太擔任討伐軍司令。

2 (B)　3 (B)

4 (A)。拉阿魯哇族的貝神祭傳統為每兩年舉辦一次，現為復興傳統文化，改為每年一次。

5 (D)　6 (B)　7 (D)　8 (C)　9 (#)

10 (D)。1929年入贅日本四國愛媛望族日野家族女子，改名為日野三郎。

11 (A)

12 (B)。加禮宛事件發生在清光緒四年（1878年）間。

13 (A)。新港社係其中最弱小的村莊，經常會被最強大的村莊麻豆社所攻擊，所以後來選擇和荷蘭殖民當局合作。

14 (B)　15 (B)

16 (A)。1895年1月間，在臺東直隸州的觀音山庄，發生了武裝反抗政府的事件起因是因清朝官吏藉大庄事件賠償金之名，橫徵暴斂，又欺凌婦女所引起民怨。

17 (B)　18 (A)　19 (C)　20 (B)

21 (B)。湯英伸係鄒族青年，因誤信求職陷阱而受到剝削，怒氣之下而犯

下殺人罪行，該事件表現出原住民求職所受到的歧視與待遇不公，事件後影響到社會各界對於原住民族權利的省思。

22 (C)　23 (C)　24 (C)　25 (A)　26 (D)
27 (D)

28 (B)。霞喀羅事件發生在新竹縣尖石鄉。

29 (B)。鳳山八社屬馬卡道族。

30 (D)　31 (C)　32 (C)

33 (B)。清乾隆二十三年（1758年）官府鼓勵中港社人薙髮及冠漢姓從漢俗，並賜姓林、夏、劉、潘、胡、吳、李、施、呂、蟹、張、陳、康、葛、黃任選冠戴，當時的土目林合歡熱烈響應，並致力教育社人子弟，臺灣道蔣允焄乃於清乾隆三十年（1765年）賜予「國學鍾英」匾額加以表揚。

34 (D)　35 (A)　36 (D)　37 (#)　38 (B)

39 (A)。谷拉斯‧馬亨亨是阿美族馬蘭部落在清治末年到日治時期的大頭目，於1883年為化解各族群間因爭奪土地、獵場等生活資源而起的紛爭而召開斑鳩會議；1896年與日軍合作攻擊沿花東縱谷殘餘清軍而獲得表揚；1897年協助臺東廳府在馬蘭社成立「臺東國語傳習所馬蘭分教場」，讓族人開始接受現代化教

育；1908年調停七腳川事件；1911年調停成廣澳事件，後積勞成疾而過世。

40 (C)　41 (C)　42 (A)

43 (B)。彰化縣民黃斗乃（原名黃祈英）在斗換坪一帶與原住民進行交易而逐漸發跡，後娶苗栗南庄頭目樟加禮之女為妻，並依當地習俗改名「斗乃」。黃斗乃利用漢人農耕技藝幫助原住民開拓三灣荒地，並招徠客籍漢人共同進墾南庄。道光六年（1826年），竹塹、中港等地發生閩客械鬥，部分落敗客籍人士向黃斗乃求援，黃斗乃親帶原住民越過土牛線支援，並攻擊中港城，終招致官府派兵征討，事後，黃斗乃被處死，所開墾的土地全遭官府沒收。

44 (B)　45 (A)　46 (B)　47 (B)　48 (B)
49 (C)　50 (A)

NOTE

108年　原民特考三等—臺灣原住民族文化

一、請敘述並舉例說明臺灣原住民族的傳統生活技藝。

答 詳見Part 2各篇章有關各原住民族藝術文化部分章節。

二、當前國際原住民族社會議題深受重視，請列舉其中二項進行說明。

答 詳見Part 1的Unit 6「戰後臺灣原住民族史」。

三、何謂臺灣原住民族傳統領域？當前原住民族爭取劃設傳統領域之意義為何？請說明之。

答 詳見Part 1的Unit 6「戰後臺灣原住民族史」。

四、請試述下列名詞之意涵：
(一)泰雅族lmuhuw（古調歌謠吟唱）
(二)排灣族cinavu（吉拿富）
(三)雅美（達悟）族mivanwa（招飛魚祭）
(四)排灣族tjaquvuquvulj（大龜文社）
(五)森丑之助（Mori Ushinosuke）

答 (一)詳見Part 2的Unit 5「泰雅族」。
　(二)詳見Part 2的Unit 11「排灣族」。
　(三)詳見Part 2的Unit 14「雅美族（達悟族）」。
　(四)詳見Part 2的Unit 11「排灣族」。
　(五)日治時期人類學者，1895年以陸軍通譯身分來臺，實地踏查研究臺灣原住民，鳥居龍藏稱讚其為「臺灣蕃界調查第一人」，著有《臺灣蕃族圖譜》、《臺灣蕃族誌》等專書。

108年　原民特考三等─臺灣原住民族史

一、學界針對族群研究經常討論到「少數民族」、「南島語族」與「原住民族」等三個概念，請以臺灣的原住民族為例分別申論之。

答 詳見Part 1的Unit 1「原住民與南島民族」。

二、昔時，臺灣原住民各族文化皆屬「口述傳統」，並沒有發展出「文字系統」。因此，神話故事與口述歷史成了許多族群文化的重要載體，並且經常被外來的研究者採錄與分析。試問，這些「口述傳統」的「歷史」意義與價值為何？請具體舉例並申論之。

答 (一)口述歷史是一種搜集歷史的方法，此類歷史資料主要來自於人的記憶，並藉由史學家等透過訪問、錄音、影像等方式將口述者的記憶加其記錄，該等資料可作為日後學術分析，亦可對比其他歷史文獻，讓歷史更加全面補充、更加接近歷史事件。

　　(二)伊能嘉矩在《臺灣番政志》中即記載發生於清領時期大港口事件，對阿美族人的口述紀錄「番人果約至營，吳光亮合集營內，閉門銃殺之，計165人中逃走者僅5人而已云。」，認該誘殺阿美族人之事件乃是阿美族人口傳最重要口述歷史，耆老對於清廷因打不過阿美族人，設局欺騙誘殺阿美族青年感到氣憤而難以釋懷。透過此段口述歷史，詮釋了不同於官方著作中所呈現的史觀，亦可協助後人更加了解、接近史實全貌，此即口述歷史之意義與價值。

三、「霧社事件」與「太魯閣事件」係日治時期發生在原住民族地區的二個重大歷史事件，請說明此二事件並予以比較研究（例如：兩者的相同點、差異處？歷史的必然性與合理性？族群的話語權、歷史的詮釋權？……等等）。

答 詳見Part 2的Unit 16「太魯閣族」與第十八章「賽德克族」。

四、臺灣原住民族（含平埔族）傳統的命名文化，在西班牙／荷蘭、明鄭
　　／清代、日治、國民政府等不同時期的國家（政權）治理之下，產生
　　了那些影響與變遷？試申論之。

答 原住民族傳統的命名文化上，可以分為父系社會中的父子連名制、母
系社會的母子連名制，還有家屋連名制、親從子名制等多項特色。在
原住民族的歷史進展過程中，不同統治階層的政策也連帶影響原住民
族命名上的變遷，如在荷西、明鄭時期，與統治者接觸大多為平埔族
群，原住民族尚能維持原有命名文化特色。清代後對漢化的熟蕃則透
過賜姓政策的方式，給予熟蕃漢姓，其中最為常見的即為「潘姓」。
日治後期，則因為皇民化的政策，許多原住民族人改為日本名。光復
後，國民政府又對原住民族推展「回復姓名」政策，將日本姓名更改
為中國姓名，直至1980年代後，原住民族運動興起，又有「恢復原住
民傳統姓氏」的改變。

NOTE

108年 原民特考四等─臺灣原住民族文化概要

一、請詳述55原住民鄉鎮其中1鄉鎮之主要文化與特色產業，並說明面臨之困境及亟需協助的方向。

答 以邵族所在之南投縣魚池鄉為例，論述可聚焦於傳統信仰特色之祖靈籃、先生媽、春石音等傳統文化；另邵族傳統領域以日月潭為中心，發展出農耕、漁獵等傳統產業，而日月潭開放觀光，邵族人土地和生活範圍大幅被分割、徵收，更多商業財團進駐收購土地、建立飯店，世居於此地的邵族人，面臨漢族與財團挾帶商業優勢的競爭困境等，並可由此困境論述原住民族傳統領域劃設爭議。

二、請詳述臺灣原住民族中的雅美（達悟）族地理位置及其文化特質。

答 詳見Part 2的Unit 14「雅美族（達悟）族」。

三、請說明目前臺灣大專院校原住民族專班之開設成效及其所面臨的困境。

答 原住民族教育法第24條：中央教育主管機關及中央原住民族主管機關應鼓勵大專校院設立原住民相關院、所、系、科、學位學程或專班，並得編列預算酌予補助。原民會自102年起開始鼓勵大專院校開立原住民專班，試圖解決傳統原住民升學上的歧視，以及先天教育資源缺乏的問題。開設原住民專班迄今，仍面臨許多問題有待解決，如：

(一)師資問題：大多數的學校在原住民師資的部分相當不足，對原住民族文化認識不深，且多為漢族人。

(二)課程問題：原住民族文化相關課程規劃不足，且多係漢人教師負責原住民學生的傳統文化教育。

筆者認為，現國中小階段所推行的原住民族實驗教育，其係依據《學校型態實驗教育實施條例》，規劃以各原住民族教育為核心的課程教學、學生入學、學習成就評量、學生事務及輔導等有別一般漢人文化的教育體系，以培育真正的原住民，此等教育政策之理念，或許可供目前原住民族大專專班發展困境之參考。

四、請試述下列名詞之意涵
(一)樂信・瓦旦（林瑞昌，渡井三郎）
(二)鳥占與夢占
(三)鄒族戰祭（mayasvi）
(四)楊南郡
(五)阿美族10心菜

答 (一)泰雅族醫師，從事現代醫療並傳授助產知識，1952年當選第一屆
省議員，經常提案爭取原住民族群權益，如增加原住民民意代表名
額、山地行政局等，1952年因高山族匪諜案，隨鄒族政治菁因高一
生、湯守仁等一同遇難。

(二)鳥占：泰族、排灣族、布農族之原住民，常會以這種鳥類的叫聲次
數及發音位置，作為判定當時吉凶的預兆，稱作「鳥卜」。泰雅族
稱這種鳥鳴聲為「西列克」，依該族傳說，凡是要舉行結婚喜事，
或是出門打獵、出草，甚至有關於耕種的事情，在開始做之前，都
要先聽聽西列克鳥的鳴叫聲或是其飛行的方向或狀況以判斷吉凶。
夢占：依泰雅族傳統文化，每年2月底是主要狩獵期，狩獵之前還要
預先作夢占、鳥占，例如夢到野生動物流淚，就不宜出獵等，以此
判斷吉凶。

(三)詳見Part 2的Unit 7「鄒族」

(四)西拉雅族人，臺灣古道踏勘先驅，畢生致力於南島語族文化與史蹟
遺址調查研究，因此巨大貢獻，獲頒中華民國褒揚令和原住民族委
員會「一等原住民族專業獎章」。

(五)援引以撒克・阿復在《飲食・認同・文化抵抗：阿美族傳統食物與
永續發展》專刊中，其認為食物具有文化認同的價值，阿美族的野
菜文化可謂是原住民族飲食文化具特色和代表性，其認為這種源自
於傳統採集而來的食物系統是伴隨在地傳統的生活方式，阿美族人
喜好食用野菜，在各式各樣的野菜中「十心菜」是最具阿美族特色
的食物，所謂的十心菜是指各種野菜的菜心或嫩莖的部位，如：黃
藤心、林投心、山棕心、甘蔗心、椰子心、芒草心、月桃心、檳榔
心、海棗心、鐵樹心等。

108年 原民特考四等─臺灣原住民族史概要

一、何謂「平埔族」？臺灣原住民族與「平埔族」兩者之間的關係為何？試申論之。

答 詳見Part 1的Unit 2「原住民族稱呼演變」。

二、「大港口事件」係清代發生在臺灣東部原住民族地區的重大歷史事件，請說明該事件的發生過程，並敘述其在族群關係與區域發展面向上的意義。

答 詳見Part 2的Unit 13「阿美族」。

三、我國政府於2005年起明定每年8月1日為「原住民族日」。試問，此事對原住民族的歷史定位與當代發展有何影響？試申論之。

答 詳見Part 1的Unit 6「戰後臺灣原住民族史」。

四、請試述下列名詞之意涵：
　　(一)卑南遺址
　　(二)凱達格蘭族
　　(三)《理蕃之友》
　　(四)高一生（鄒族）
　　(五)總統府原住民族歷史正義與轉型正義委員會

答 (一)詳見Part 1的Unit 3「臺灣史前文化」。
　　(二)詳見Part 2的Unit 2「北部平埔族」。
　　(三)日治時期昭和7年（1932）年，臺灣總督府警務局理蕃課為便利從事理蕃工作的警察人員而出版之刊物，內容為宣示理蕃政策，及報導有關臺灣原住民動態而發行的月刊，該刊物對外開放投稿，內容只要與理蕃有關，諸如歷史、教化、教育、地理、風俗、習慣、善行等，皆可投稿，該刊物中亦專欄介紹有關理蕃的最新訊息及作法，為研究當時臺灣原住民的重要刊物。

(四)詳見Part 2的Unit 7「鄒族」。

(五)總統府其中一任務編組，2016年成立，成員由原住民族推舉產生委員，任務為：

　1.揭露歷來因外來政權或外來移民導致原住民族權利受侵害、剝奪之歷史真相。

　2.對原住民族受侵害之權利，規劃回復或賠償措施。

　3.檢視對原住民族造成歧視或違反《原住民族基本法》之法律與政策，並提出修改建議。

　4.積極落實《聯合國原住民族權利宣言》與各項相關之國際人權公約等。

NOTE

108年 原民特考五等—臺灣原住民族史大意

( ) **1** 依目前考古學的研究，大坌坑文化被認為是與南島語族臺灣原住民有關之最早的考古證據。請問大坌坑文化是屬於下列那一個史前文化時代？ (A)新石器時代晚期 (B)舊石器時代晚期 (C)新石器時代早期 (D)舊石器時代中期。

( ) **2** 1638年初，荷蘭人為了尋找傳說中的金礦產地，派兵進入臺東一帶。之後並進入卑南社（當時文獻紀錄稱為pimaba）與其領袖Magol達成和平協議並結盟，開啟了荷蘭人與卑南社人共同統治東臺灣的局面。在此之際，荷蘭人曾與那一社交戰？ (A)牡丹社 (B)太麻里社 (C)初鹿社 (D)麻豆社。

( ) **3** 位於宜蘭縣蘭陽平原北側得子口溪下游的淇武蘭遺址，經過大規模的考古發掘，其文化層上層年代距今500-150年前，就史前部分而言，屬於十三行文化舊社類型，較晚期部分已能和現今那一族群的歷史相連？ (A)凱達格蘭族 (B)巴宰族 (C)噶瑪蘭族 (D)阿美族。

( ) **4** 馬偕牧師是十九世紀後期加拿大長老教會派遣來臺的海外宣教師，他進行醫療宣教，開辦淡水女學堂，其傳教的對象範圍主要是下列的那一個族群？ (A)西拉雅族 (B)噶瑪蘭族 (C)巴宰族 (D)泰雅族。

( ) **5** 1859年，西班牙天主教郭德剛神父來到臺灣，不久後前往屏東赤山萬金庄宣教，最後建立了今日臺灣最古老的萬金天主堂，當時接受天主教的村民主要是鳳山八社的族人。請問鳳山八社是屬於平埔族群中的那一族？ (A)大武? (B)西拉雅 (C)馬卡道 (D)斯卡羅。

( ) **6** 清代道光年間集體遷移至埔里的平埔族群不包含下列那一個族？ (A)道卡斯族 (B)巴布薩族 (C)雷朗族 (D)拍瀑拉族。

( ) **7** 臺灣歷史上最早大規模改信基督宗教的原住民部落係屬於那一個時代的那個族群？ (A)荷治時期的西拉雅族 (B)清治時期的馬卡道族 (C)日治時期的太魯閣族 (D)清治時期的噶瑪蘭族。

( ) **8** 下列那一個部落的西拉雅族夜祭在2013年通過文化部審議，被認定為「國定重要民俗」？　(A)吉貝耍部落　(B)頭社部落　(C)荖濃部落　(D)口埤部落。

( ) **9** 請問曾被稱做「水沙連化番」者是那一個族群？　(A)洪雅族　(B)邵族　(C)巴宰族　(D)噶哈巫族。

( ) **10** 最早記錄原住民聚居單位為「社」者係那一份歷史文獻？　(A)東番記　(B)臺灣府志　(C)諸羅縣志　(D)番俗六考。

( ) **11** 在觀光民宿出現前，清境農場原是國民政府安置退除役軍人及其眷屬的高山農場，滇緬義胞與榮民共有七個村。但在更早之前，這個地區是屬於那一族的傳統領域？　(A)泰雅族　(B)布農族　(C)賽德克族　(D)邵族。

( ) **12** 下列那一位不是臺灣原住民族歷史上具有相當影響力的漢人通事？　(A)李阿隆　(B)張達京　(C)吳鳳　(D)潘敦。

( ) **13** 西拉雅族是當時臺南縣政府所認定的「縣定原住民族」，歷史文獻記載中曾有四個大社，請問下列那一個不屬於西拉雅族四大社？　(A)新港社　(B)目加溜灣社　(C)宵里社　(D)麻豆社。

( ) **14** 下列敘述何者非為「大港口事件」的正確描述？　(A)事件始末，起於1877年後山駐軍統領吳光亮，開闢自水尾（今花蓮縣瑞穗鄉）至大港口（今花蓮縣豐濱鄉）道路　(B)附近之奇密社不服，殺總通事林東涯以叛。吳光亮以營官林福喜彈壓，抵烏雅立社（今花蓮縣瑞穗鄉），中伏潰敗　(C)奇密社與大港口南岸之納納社南北相應，聲勢龐大。清廷乃急調北路統領孫開華率兵二營，總兵沈茂勝率兵一營，及臺灣知縣周懋琦率砲隊，分海路增援，阿美族人不敵逃散　(D)事件主戰場都在大港口（Makotaay）一帶的東海岸，參戰的也都是大港口阿美族人，所以有人以「大港口（cepo'）事件」或「石梯坪事件」稱之。

( ) **15** 公視近期開拍自陳耀昌原著小說改編的歷史大戲《傀儡花》，劇情描述美國商船「羅妹號」1867年於恆春半島外海發生船難，船員誤闖原住民領地的故事。「傀儡」出自於「傀儡番」一詞，是歷史上漢人對某兩個原住民族的稱謂，以此作為劇名在社群網站上引發了

是否有不尊重原住民意涵的討論。所謂的「傀儡番」是指下列那兩個族群？　(A)西拉雅與大武？　(B)排灣與魯凱　(C)斯卡羅與排灣　(D)馬卡道與西拉雅。

(　　) **16** 請問下列那個人物不是清朝執行開山撫番相關政策的行政首長？
(A)丁日昌　(B)沈葆楨　(C)楊廷璋　(D)劉銘傳。

(　　) **17** 在「加禮宛事件」中，聯手抵抗清廷軍隊者是下列那兩個族群？
(A)撒奇萊雅族與阿美族　(B)阿美族與噶瑪蘭族　(C)噶瑪蘭族與撒奇萊雅族　(D)撒奇萊雅族與太魯閣族。

(　　) **18** 在清廷「開山撫番」的過程中，原本處於界外之原住民首度面對挾帶龐大武力的國家，傳統領域遭到前所未有的侵犯，以致發生多起對抗事件。請問下列那一個事件不是因清廷開山撫番所引發者？
(A)加禮宛事件　(B)大港口事件　(C)獅頭社事件　(D)南庄事件。

(　　) **19** 霧社事件後，新任總督太田政弘發布了「理蕃政策大綱」。下列那一項不是「理蕃政策大綱」下所推行的政策取向？　(A)以教化蕃人取代武力鎮壓　(B)調整以往培育少數菁英的政策，以「蕃社」全體為對象，「蕃童」的學習為重點　(C)強力進行「銃器收押」政策，削弱原住民抵抗力　(D)進行大規模的「集團移住」。

(　　) **20** 日治初期「隘勇線」的推進，直接侵犯了原住民族的生活空間，以致引發多起大規模抵抗，下列何者即係因日治時期之隘勇線推進所導致的事件？　(A)大庄事件　(B)霧社事件　(C)七腳川事件　(D)大關山事件。

(　　) **21** 發生在1932年9月之間，位於高雄州境內大關山駐在所的警察遭到埋伏狙擊，是為歷史上的大關山事件，請問當時涉及的原住民為那一族？　(A)排灣族　(B)魯凱族　(C)阿美族　(D)布農族。

(　　) **22** 臺灣原住民族傳統個人名字取得方式各有其社會與文化意義，自日治時期及至民國政府戶籍制度啟始以降，登記採用日姓與漢姓過程錯置不斷，直至近期才能以原住民族名重新進行登記。惟下列那一族在族群接觸和清朝開疆設隘之初，即開始使用漢姓，且係以舊有家名漢譯方式，有系統地轉譯成為漢姓，並承襲其舊有家名與功能？　(A)排灣族　(B)賽夏族　(C)泰雅族　(D)阿美族。

( ) **23** 日治時期，警方視為「凶蕃之王」的拉馬達星星，是臺東海端鄉新武呂溪流域布農族霧鹿人，其家族對於日警的反抗，始於大正年間。1914年（大正3年），臺東霧鹿等社原住民襲殺駐在所日警，拉馬達星星帶領族人逃到「伊加之蕃」藏匿，並以此地為基地，經常出沒八通關警備道及附近山腳等地，率眾襲擊往來於高雄州、花蓮廳、臺東廳等方面的日警。他們於1915年（大正4年）涉入下列何起重大事件？ (A)霧社事件 (B)大港口事件 (C)大分事件 (D)威里事件。

( ) **24** 日本人殖民臺灣期間，在東臺灣所進行的林野整理事業內容，下列敘述何者不正確？ (A)日治時期總督府希望將東臺灣作為日本內地移民的生活空間 (B)明確劃定原住民土地範圍，藉以取得廣大剩餘土地的支配權 (C)開始針對原住民土地利用方式進行限制，積極介入各族土地舊慣，繼而推動個人土地所有權的認定與登記 (D)維持原住民狩獵、採集與原有農耕技術的經營模式。

( ) **25** 1896年，總督府以培養通譯為目的，在臺灣各地開辦了十餘處的國語傳習所。請問原住民地區的第一個國語傳習所是設在下列那一個地點？ (A)臺東馬蘭社 (B)恆春豬勝束社 (C)臺東卑南社 (D)花蓮奇密社。

( ) **26** 日治前期對於臺灣原住民的分類除了「生蕃」、「熟蕃」之外，還有所謂的「平地蕃（人）」。下列有關「平地蕃」的敘述何者錯誤？ (A)「平地蕃」指的是居住地已經劃入普通行政區的生蕃 (B)「平地蕃」就是日後的平埔族 (C)「平地蕃」自1914年後，必須向官方繳納地租 (D)「平地蕃」包括阿美族、卑南族和部分排灣族。

( ) **27** 下列那一位日本學者不是1935年出版的《臺灣高砂族系統所屬之研究》三名作者之一？ (A)移川子之藏 (B)馬淵東一 (C)宮本延人 (D)佐山融吉。

( ) **28** 1900年代臺灣棒球運動開始萌芽，1931年擁有部分原住民族籍選手的嘉義農林學校野球部（棒球隊）前往日本甲子園比賽，先後擊敗神奈川商工、札幌商業、小倉工業，奪得亞軍，震驚日本，當時甚至流傳一句話，「英雄戰場‧天下嘉農」。這段光榮的歷史，後來

在那一部電影中重現？ (A)海角七號 (B)Kano (C)高砂的翅膀 (D)神祖之靈歸來。

( ) **29** 國立臺灣大學附屬「梅峰農場」位於南投仁愛鄉，前身為臺北帝國大學山地實驗農場，國民政府來臺後撥給臺大使用。請問「梅峰農場」所在地原是那一族的傳統領域？ (A)泰雅族 (B)賽德克族 (C)布農族 (D)邵族。

( ) **30** 下列那一所小學在2016年8月1日開始辦理原住民族實驗教育，成為臺灣第一所原住民族實驗小學？ (A)高雄市杉林區Panan巴楠花小學 (B)屏東縣三地門鄉地磨兒小學 (C)屏東縣瑪家鄉長榮百合小學 (D)臺中市和平區博屋瑪小學。

( ) **31** 2019年5月24日立法院三讀通過原住民族教育法修正草案，其中一個修正重點是，未來原住民族教育的對象將從原住民學生擴大到全體師生及所有國民。請問原住民族教育法是在那一年公布施行？ (A)1998 (B)2005 (C)1994 (D)2000。

( ) **32** 臺灣第一個以族群為主體於2018年5月成立獵人協會，並將在近期與行政院農業委員會林務局簽訂具有法律效力之「狩獵自主管理行政契約」者是那一族？ (A)泰雅族 (B)鄒族 (C)布農族 (D)魯凱族。

( ) **33** 國民政府於1948年訂定臺灣省各縣山地保留地管理辦法，1960年修正為臺灣省山地保留地管理辦法，並開放平地某些行業之公私營事業機關團體或個人，為開發山地資源得以有條件利用山地保留地。請問下列那一個行業不在1960年版本裡開放的行業範圍？ (A)工礦 (B)農林 (C)觀光 (D)漁牧。

( ) **34** 不少移居都會區的阿美族人，因為經濟因素，加上逐水而居的文化特性，選擇在溪流旁的荒地建屋聚居，形成所謂的河岸阿美部落。請問雙北地區的河岸阿美部落主要分布在那兩條溪的沿岸？ (A)新店溪與大漢溪 (B)景美溪與大漢溪 (C)新店溪與觀音溪 (D)景美溪與觀音溪。

( ) **35** 1964年石門水庫完工，成為臺灣第一個兼具防洪、灌溉、給水、發電等功能的大型水庫，雖然該水庫對北部城鎮民生經濟發展有極大貢獻，但卻造成居住在淹沒區的那一個泰雅族部落必須接受強

制遷村的苦果？　(A)高義蘭部落　(B)卡拉社部落　(C)羅浮部落
(D)比亞外部落。

(　　) **36** 荷蘭人對臺灣西南部原住民的征伐，一直到1635年之前尚未獲得決
定性的勝利。1633年料羅灣海戰之後，荷蘭人與鄭芝龍達成協議，
自此，荷蘭人有餘力全力對付臺灣的原住民。1635年11月，配合來
自巴達維亞城的援軍，荷蘭人聯合新港社人攻打那一社，該社被擊
垮後，與荷蘭人簽訂和平協約，荷蘭人並召集其他各社代表前來見
證？　(A)放索社　(B)下淡水社　(C)麻豆社　(D)塔樓社。

(　　) **37** 1947年6月臺灣省政府委員會的會議上，那位原住民省府委員認為
「高山族」是歧視用語，提議更名為「臺灣族」，以表示同胞們係
為「臺灣原住的民族」？　(A)卑南族的南志信　(B)鄒族的高一生
(C)泰雅族的林瑞昌　(D)排灣族的華清吉。

(　　) **38** 下列何者不是二二八事件後續之白色恐怖時期被國民政府以叛亂罪
名逮捕槍決的原住民菁英？　(A)南志信　(B)高一生　(C)湯守仁
(D)樂信‧瓦旦。

(　　) **39** 1948年，臺灣省參議會以省參議員沒有山胞代表，報請行政院核
准增加一個山地籍參議員名額。此一臺灣歷史上首位山地籍參議
員係由下列那一位擔任？　(A)排灣族的華清吉　(B)鄒族的湯守仁
(C)卑南族的南志信　(D)鄒族的高一生。

(　　) **40** 2013年，臺東縣布農族人王光祿拿撿到的獵槍打野生動物孝敬94歲母
親，被判刑3年半，引發法律上的爭議。2017年9月，最高法院裁定
停止審判，聲請釋憲。下列何者非為最高法院針對「槍砲彈藥刀械
管制條例」和「野生動物保育法」兩法律之部分條款，請求司法院
大法官宣告違憲的理由？　(A)未確實依據原住民族基本法檢討修正
(B)不符合兩公約揭示應事先與原民部落諮商，獲得其同意的理念
(C)違反憲法增修條文肯定多元文化、維護原住民傳統及促進其發展
的意旨　(D)原住民族得以使用自製或撿到之獵槍獵打野生動物。

(　　) **41** 臺灣原住民的科學性分類，始自日治時期的學術研究，學者們的學
理與資料各異，族群分類多有不同。戰後臺灣省文獻會委託中央研
究院與臺灣大學進行研究，依歷史、文化、血統等要素，提出九
族分類說，自此即被沿用數十年，直至2001年，那一個族群被政

府公開承認，才打破此一使用長達半世紀的分類？　(A)太魯閣族
(B)邵族　(C)賽德克族　(D)卡那卡那富族。

(　) **42** 原住民族委員會為執行2001年10月31日所公布的原住民族工作權保
障法，針對第5條「原住民地區之各級政府機關、公立學校及公營事
業機構，其僱用下列人員之總額」中有關「原住民地區」的規定，
而於2002年以既有的30個「山地鄉」、25個「平地原住民鄉鎮市」
一併擬具為原住民地區，並呈請行政院同意後作為施行依據。請
問下列何者屬於「平地原住民鄉鎮市」？　(A)獅子鄉　(B)獅潭鄉
(C)牡丹鄉　(D)南澳鄉。

(　) **43** 2007年1月17日在行政院舉辦的茶會中，行政院院長蘇貞昌正式宣布
撒奇萊雅族，成為臺灣原住民的第十三族。撒奇萊雅族的正名運動
經歷長時間的奮鬥歷程，在其族群儀式中非常重要的「火神祭」，
重演了頭目Komod Pazik夫妻被清軍處死的重要艱辛時刻。請問，
該族群的沒落與離散，係肇始於清代那一個事件發生之後？　(A)大
庄事件　(B)大港口事件　(C)加禮宛事件　(D)七腳川事件。

(　) **44** 臺灣原住民族權利促進會，簡稱原權會，成立於1984年，是一個訴
求臺灣原住民人權的人民團體，提出「臺灣原住民族權利宣言」，
發行刊物《原住民》。請問何人係原權會創會會長？　(A)童春慶
(B)胡德夫　(C)林瑞昌　(D)伊凡・尤幹。

(　) **45** 卑南族的族群構成複雜，各部落來源多元。在位於南迴公路旁側斜
坡上的平台，知本卑南人1960年10月在當地豎立一塊石碑，上面
刻著「臺灣山地人祖先發祥地」，石碑後面是一間約60-70公分高
的小石屋，面向裡面，牆上寫著洪水滅世之後在此登陸的三位祖先
名字。前往該地祭祀者除了知本卑南人之外，還有其他部落的原住
民。請問下列何者不包括在內？　(A)都蘭阿美人　(B)建和卑南人
(C)大南魯凱人　(D)北里排灣人。

(　) **46** 曾自印詩集《族韻鄉情：檳榔詩稿(一)》流通，詩作抒發個人與時
代情感之外，還有刻劃族群、土地與鄉土情感的多首作品，其中一
首詩作「鄉愁」，還成為大家熟知傳唱曲子的歌詞，請問這裡描述
的是下列的那一位新詩創作者？　(A)陳建年　(B)林志興　(C)紀曉
君　(D)陸森寶。

( ) **47** 早期基督宗教在原住民地區傳教，除致力於改善原住民的生活，也用各族語言翻譯《聖經》或「聖詩」，讓族人可以藉由母語讀經，強化對教義的認識，也是宣教成功的因素之一，1950年代，下列那兩族語言的《聖經》與「聖詩」已經開始翻譯出版？　(A)鄒語和沙阿魯阿語　(B)太魯閣語和賽德克語　(C)雅美語和阿美語　(D)布農語和排灣語。

( ) **48** 根據聯合國教科文組織（UNESCO）2009年報告以及國內語言學者調查，下列何種臺灣原住民族語，被列為「極度危險」的瀕危語言？　(A)邵語　(B)賽夏語　(C)魯凱語下三社方言　(D)布農語。

( ) **49** 1994年4月10日，行政院文化建設委員會在原住民文化園區舉辦文化會議，當時李登輝總統於該會議中首度採用「原住民」一稱，代表國家對原住民的正名運動願意讓步妥協，之後直至那一年憲改，才終於將「原住民」修正為「原住民族」，結合「身分權」的「民族權」才正式入憲？　(A)1995　(B)1996　(C)1997　(D)1998。

( ) **50** 根據原住民族委員會2019年7月11日公告之2019年6月的全臺原住民人口數統計資料，目前原住民族人口數最高的縣市為何？　(A)新北市　(B)桃園市　(C)高雄市　(D)臺東市。

解答與解析

1 (C)

2 (B)。1638年，荷蘭人為尋找金礦產地，派兵進入臺東一帶，途中與太麻里社交戰，並進入卑南社與其領袖Magol達成和平協議並結盟，開啟荷蘭人與卑南社人共治東臺灣的局面。

3 (C)　**4 (B)**　**5 (C)**　**6 (C)**　**7 (A)**
8 (A)　**9 (B)**

10 (A)。(A)明朝人陳第於萬曆31年（1603）因隨沈有容驅逐倭寇而來臺時，將其對臺灣地理與原住民族的人事雜記觀察著作而成《東番記》，記述當時沿岸的原住民生活習俗與地理風光，為最早描繪臺灣西部平埔族生活的著作。(D)番俗六考為康熙61年（1722）巡臺御史黃叔璥所著之臺海使槎錄一書之分類部名。所謂「番俗」即平埔族之風俗。而「六考」者，即是臺灣南北各地番社之「居處」、「飲食」、「衣飾」、「婚嫁」、「喪葬」、「器用」六大項加以分別考察而記載。

11 (C)

12 (D)。潘敦為康熙年間岸裡社土官。

13 (C)

14 (D)。大港口事件又稱為奇密事件、林東捱事件。

**15 (B)　16 (C)　17 (C)　18 (D)　19 (C)
20 (C)　21 (D)　22 (B)**

23 (C)。布農族有三位著名的抗日英雄，分別為拉馬達。星星、拉何阿雷、阿里曼西肯，其中拉馬達‧星星所參與的抗日事件分別有大正3年（1914）霧鹿社等原住民襲殺駐在所日警2人的霧鹿事件、大正4年（1915）襲擊大分駐在所的大分事件、昭和7年（1932）狙擊檜谷駐在所的大關山事件。

24 (D)

25 (B)。國語傳習所為日治初期實施基礎教育學制的場所，為日後公學校前身。在1896年於臺灣設立14間國語傳習所，其中豬勝束分教場（今屏東滿州國小）為臺灣原住民的第一所西式教育場所）。

26 (B)

27 (D)。臺灣總督府於1901年組成「臨時臺灣舊慣調查會」，其中舊慣會蕃族科於1909年成立後，由佐山融吉主編的《蕃族調查報告書》八卷便在此時出版。當時的原住民尚未產生太過顯著的社會變遷，因而構成研究原住民傳統社會與文化的絕佳素材。

28 (B)　29 (B)

30 (D)。前身為臺中市和平區達觀國

小，因該地屬泰雅族部落，今更名為博屋瑪國小，為協助推展原住民族文化，成立原住民資源教室以辦理各項活動，學校發展特色為「發展原住民學生與生俱來的天賦」：音樂、美術、體育、舞蹈。自2016年8月1日開始辦理原住民族實驗教育學校，成為臺灣第一所原住民族實驗小學。

**31 (A)　32 (B)　33 (C)　34 (A)　35 (B)
36 (C)　37 (A)**

38 (A)。(B)高一生，鄒族人，致力於高山族自治運動，曾提出原住民自治區之構想。(C)湯守仁，鄒族人，日治時期陸軍軍官，二二八事件後曾組織鄒族民兵。(D)樂信‧瓦旦為泰雅族人，從事現代醫療並且傳授族人助產知識，對在原住民居住地區推展近代醫療貢獻極大。

39 (A)　40 (D)　41 (B)

42 (B)。行政院於民國91年將當時30個山地鄉及25個平地鄉（鎮、市）整併為原住民地區。當時的30個山地鄉包括：臺北縣烏來鄉、桃園縣復興鄉、新竹縣尖石鄉、五峰鄉、苗栗縣泰安鄉、臺中縣和平鄉、南投縣信義鄉、仁愛鄉、嘉義縣阿里山鄉、高雄縣桃源鄉、三民鄉、茂林鄉、屏東縣三地門鄉、瑪家鄉、霧臺鄉、牡丹鄉、來義鄉、泰武鄉、春日鄉、獅子鄉、臺東縣達仁鄉、金峰鄉、延平鄉、海端鄉、蘭嶼鄉、花蓮縣卓溪鄉、秀林鄉、萬榮鄉、宜蘭縣大同鄉、南澳鄉。

二十五個平地原住民鄉臺鎮、市）包括：新竹縣關西鎮、苗栗縣南庄鄉、獅潭鄉、南投縣魚池鄉、屏東縣滿洲鄉、花蓮縣花蓮市、光復鄉、瑞穗鄉、豐濱鄉、吉安鄉、壽豐鄉、鳳林鎮、玉里鎮、新城鄉、富里鄉、臺東縣臺東市、成功鎮、關山鎮、大武鄉、太麻里鄉、卑南鄉、東河鄉、長濱鄉、鹿野鄉、池上鄉。

43 (C)　44 (B)

45 (C)。民國49年，卑南族人在太麻里鄉三和村矗立「臺灣山地人祖先發祥地」的石碑，寫著在此登陸的三位祖先的名字：巴落伍（Paluh）、塔孚塔孚（Tavatav）、索卡索高（sokasokau）。依卑南族口傳，其祖先是從太平洋漂流到該處，而後在此繁衍子孫，太麻里社的排灣族、都蘭社的阿美族，也都有祖先在此地登陸的說法。

46 (B)。陳建年為卑南族歌手，曾獲金曲獎殊榮，為卑南族歌謠大師陸森寶的外孫。紀曉君為卑南族歌手，卑南古謠傳唱家，陳建年為其舅舅，曾獲金曲獎最佳新人獎。

47 (D)。布農語聖經翻譯者胡文池牧師與布農宣道師的張玉發合作，於1951年由香港聖經公會出版馬太福音，1955年由臺灣聖經公會和香港聖經公會聯合出版路加福音。排灣族語聖經翻譯則是由英籍宣教師懷約翰牧師於1952年開始聖經、聖詩的翻譯工作。

48 (A)。2012年聯合國教科文組織及臺灣語言學者將邵語、噶瑪蘭語、撒奇拉雅語、巴宰語、沙阿魯語等五種臺灣原住民族語言列為瀕危語言中的「極度危險」及正在消失的語言。

49 (C)　50 (B)

109年　原民特考三等－臺灣原住民族文化

一、我國依據「文化資產保存法」第46條暨「考古遺址指定及廢止審查辦
　　法」第3條規定之指定基準，經審議於105年7月1日將位於宜蘭縣南澳
　　鄉的「漢本遺址」指定為國定遺址，其「登錄理由」為何？請具體闡
　　述之。

答　「漢本遺址」參閱Part 1的Unit 3。
　　「漢本遺址」於民國105年7月1日審議指定為國定遺址，符合《文化資
　　產保存法》第46條暨《遺址指定及廢止審查辦法》第3條規定之指定基準。
　　其登錄理由如下；
　　(一)遺址在文化發展脈絡中之定位及意義性：已發現三大史前文化層，
　　　　其文化內涵及重要性足以比擬國定十三行遺址。
　　(二)遺址在學術研究史上意義性：可解釋臺灣新石器時代晚期發展至金
　　　　屬器時代之變遷。輸入外來之金屬器、高溫技術、瑪瑙，取代原產
　　　　之玉器，成為臺灣史前人類重要裝飾與儀式用品，逐漸延續至當代
　　　　原住民物質文化最重要組成的部分，其發現無疑在學術史上占有重
　　　　要意義。
　　(三)遺址文化堆積內涵之特殊性及豐富性：文化層堆積連續1,000年以
　　　　上，除一般常見之陶石器外，更發現豐富之金屬器、玻璃、瑪瑙等
　　　　外來物質，最重要的發現是完整度極高的聚落型態，依目前發掘結
　　　　果已足以與國定卑南遺址比擬。
　　(四)同類型遺址數量之稀有性：文化內涵可充分詮釋新石器時代晚期發
　　　　展至金屬器時代之過程，其稀有性如配合淇武蘭、利澤簡、海岸等
　　　　遺址之所見，可完整顯示新石器時代晚期至文字時期前後之噶瑪蘭
　　　　族之發展歷程。
　　(五)遺址保存狀況之完整性：文化層原埋封於1,000年左右之土石流地層
　　　　下，保存狀況良好。與工程重疊部分採搶救發掘後，保留遺址總面
　　　　積約94%，相較於因八里污水廠破壞後，僅保存總面積約5%之國定
　　　　十三行遺址，及文化層最豐富部分受鐵路工程破壞之國定卑南遺
　　　　址，漢本遺址保存狀況可謂較佳。

(六)遺址供展示教育規劃之適當性：位於鐵公路之樞紐地帶，未來自和平交流道進入遺址之路線亦相當便捷；所在地可充分詮釋人類與自然環境共處關係之省思，深具展示教育意義。

(七)具其他遺址價值者：自出土之文化、生態遺物及聚落相對位置，可說明遺址當以海域為重要交通動線，充分顯示早期人群之海洋文化特色，對於當今以海洋立國的臺灣而言，具特殊啟示意義。出土遺物顯見與當代原住民族——阿美族、撒奇萊雅族、蘭陽平原噶瑪蘭族、北海岸巴賽族、凱達格蘭族均有豐富關聯性，該遺址為這些人群傳說中祖先來源的重要方向，具有非常重要的歷史意義。

二、我國「海洋基本法」已於108年11月20日公布施行，其中第10條載明：「政府應建立合宜機制，尊重、維護、保存傳統用海智慧等海洋文化資產，保障與傳承原住民族傳統用海文化及權益，並兼顧漁業科學管理。」請就你所知之「原住民族傳統用海文化及權益」，具體舉例申論之。

答 參考Part 3「模擬試題」「申論題第一回」第二題。

《海洋基本法》的公布施行，保障了原住民族傳統用海文化及權益，並兼顧漁業科學管理，亦可提供相關部門振興部落文化的傳統知識，尊重原住民族之地位。再者，讓臺灣的海洋文化可以在「永續海洋」的核心價值下，彰顯出原住民族人權、歷史與文化差異等議題。在此法案公布後，政府與民間能發揮臺灣海洋空間特色，發展海洋運動、觀光及休憩活動，強化國民親海、愛海意識，建立人與海洋共存之新文明。例如：

(一)「海洋政策及文化研究中心」於110年1月進行「阿美族傳統海洋知識與文化研究暨活用推廣」計畫公開招標。該計畫主要因阿美族在生活型態上以農業與漁撈為主，該族之神話傳說、祭典儀式、日常飲食、歌舞形式等，都與海洋密不可分。計畫以透過阿美族傳統海洋知識研究與體驗活動，加強國人對阿美族傳統海洋知識的瞭解與尊重，提升文化認同，進而與國際南島文化研究社群建立交流管道。研究成果將提供國家海洋研究院擬定海洋文化政策的參考。其提出的計畫工作內容約包含：

(1)阿美族海洋傳統知識基礎調查與管理制度之考察

(2)辦理海洋傳統知識文化之體驗營。（內容包含海洋傳統知識文化的活用，舉辦地點至少包含三個部落、為期至少3天。）

(3)配合國家海洋日舉辦可供民眾參與之相關活動。

(二)近年政府部門在海洋永續發展上的做法，則有教育部於2019年成立「海洋教育課程與教學發展規劃小組」，有兩項計畫與海洋永續相關：(1)制定「海洋教育實質內涵延伸內容」後，再加以編纂「海洋教育補充教材」；(2)設定「保護海洋」年度主軸，包含：海岸保護、食魚教育、減塑行動三個子題。這些行動使「海洋永續發展」成為推動海洋教育的關鍵目標，其關懷之理念是「人與海洋和諧發展」，不僅呼應國際性海洋素養「能夠瞭解海洋給你的影響以及你對海洋的影響」之界定，進而在推展素養教學方面，讓學生可以將海洋教育課程中學習的智能實踐於日常生活。海洋教育是一個重大教育議題，在臺灣的地位逐漸被民眾覺知，國內海洋教育的推動已經有了比較明顯的運作機制，也因此在實踐「海洋永續發展目標」上，透過目前的運作機制期能得以有效達成。

三、臺灣原住民各族有著不同形式的傳統「繼嗣制度」，請從目前官方認定的16個族群任選其中2個不同族群的「繼嗣制度」為例，進行比較並具體闡述其社會意義與文化內涵。

答　「繼嗣」為傳宗接代之意，臺灣原住民各族之繼嗣制度有父系、母系，以下舉例兩族說明：

(一)父系：布農族

參考本書Part 3「模擬試題」「申論題第一回」第三題。

布農族乃父系繼嗣，一個家庭以長男承家，長男死時則由次男繼承。家長由輩份及年齡最高的男人擔任，家長之職至死才解除，並不因老邁疾病而退休。

1.社會結構：家族通常由兩世代以上之父系親屬及其配偶組成，乃大家族制度；在一個部落中，往往有二個以上的大氏族之組織單位，而各單位與本氏族均保有密切關係。家族是布農社會基本經濟單位與育兒養老的社會單位。

2.生活：一個家族以同住一屋、使用同一穀倉，在同一爐灶上炊餐、共同耕作、共祭祖靈、共食獵肉、共守喪祭。典型的大家族常有三世代以上，三、四十人之親屬。

3. 勞役：以氏族部落為中心，部落以老人統治為原則，領袖之下有部落長老會議。完整的布農部落裡，有三位領導人物：一是主持農事祭儀的祭師，善觀天象、氣候並維持社會秩序、協調糾紛。二是射耳祭的主持者，通常是部落當年狩獵最豐的族人，後來也改由某一固定人員擔任。三是政治領袖，負責爭戰、獵首，是勇士也是對外作戰的指揮者。

4. 財產分配：依據個人在分配繼承以前的工作成績、能力或其精靈信仰的能力決定。

(二)母系社會：阿美族

父系社會之婚姻制度為「嫁娶婚」形式，母系社會則婚後男方需入贅女家並替女家服勞役。阿美族乃以女性直系親屬團體為主體的母系社會，母系社會之女性地位高於男性，享有財產繼承權，故多有「重女輕男」之觀念。主持宗教事務者多為女性巫師，例如西拉雅族的「尪姨」。

1. 社會結構：母系婚姻的社會制度，主要特色為跟隨妻子居住。阿美族的傳統婚姻，女性扮演著重要的角色，婚前男性前往女性家中義務工作數月至數年，婚後男性跟隨妻子居住。然而，受到社會變遷的影響，1960年代後，阿美族人與其他族群的接觸與通婚越來越頻繁，傳統從妻居的婚姻方式漸漸調整為嫁娶婚姻，家業也由男子代替女性承接，成為偏父系的社會。

2. 財產分配：只有女子具有繼承財產權，母女相傳，而男子負責開荒耕作的土地在他入贅出去時，並不取得任何土地財產，全部留給父母及其姊妹，其姊妹或她們之子女分財產時由婚出之男子（舅舅）回來本家決定，其姊妹之子女結婚或本家有任何重大事情，都要找舅舅來裁決。部落周邊之土地、山地、海域、和沿岸礁石則為部落任何族所共有，可自由使用，但有時候部落領袖可決定哪些土地之用途或哪些野地可開墾。

不論父系或母系的繼嗣制度，由以上舉例可知，生活、勞役、財產繼承與分配的社會意義與文化內涵圍繞著「團結」、「共好共存」的理念而存在，不僅人類因此繁衍，群居生活亦不致散亂，最重要的是自然萬物的生生不息將得到維護與延續。

四、何謂「原住民族傳統智慧創作保護條例」？該條例實施迄今，是否衍生出相關爭議事件？請就其立法精神與法律保護內涵，具體舉例闡述之。

答 (一)立法精神（詳見立法背景）：「原住民族傳統智慧創作保護條例」乃為了實踐我國憲法增修條文第10條第11項規定國家應肯定多元文化、並積極維護發展原住民族語言及文化之修憲意旨，立法院於民國94年通過「原住民族基本法」，其中第13條規定：「政府對原住民族傳統之生物多樣性知識及智慧創作，應予保護，並促進其發展；其相關事項，另以法律定之。」故於民國96年，立法院遂依據本條制訂「原住民族傳統智慧創作保護條例」。

(二)保護內涵：原住民族傳統智慧創作依照法定程序申請，經主管機關審核並登記後，申請的原住民族或部落可以主張「智慧創作專用權」。「智慧創作專用權」可再分為「智慧創作財產權」和「智慧創作人格權」，權利人（即權利歸屬之民族或部落）得以此權利對抗任何以「歪曲、割裂、竄改或其他方法改變其智慧創作之內容、形式或名目致損害其名譽」，以及其他侵害其「專有使用及收益其專用財產權」之不法行為。

因此，為了強化原住民族對於其傳統智慧創作之財產自主權，促使外部社會參與原住民族藝術交易或文化產業活動時，透過授權機制落實對於原住民族群或部落傳統文化的完全尊重。

(三)舉例：

1. 2020年12月1日，全國首件「原住民族傳統智慧創作專用權」侵權案，在臺北地方法院第三次開庭。事因2018年原住民族日的「南島民族論壇」上，「傳統智慧創作專用權」的核發主管機關原民會，因為基於文化交流公益性質，並沒有事先取得奇美部落授權，公開展演該部落所屬的3項傳智專用權，遭奇美部落抗議。其後，奇美部落委由律師團向原民會請求國家賠償。

2. 另外，2020年，臺東卑南族原住民之家族圖紋遭業者挪用，不肖業者利用電繡方式，私自複製家族圖騰並公開販售，族人表示，雖曾多次向業者的侵權行為表達抗議，但業者卻毫無改善，最後訴諸法律。律師強調，目前仍有許多族群及家族圖紋尚未申請傳智權，但原創者以及部落權益仍受法律保護，希望外界尊重部落權益，不要讓原住民族文化智慧淪為廉價商品。

109年 原民特考三等－臺灣原住民族史

一、原住民族生活的領域留有許多歷代殖民統治者拓墾或戰爭之紀念碑文，問現在有那些重大歷史事件族人設立碑文詮釋本族的歷史，試舉出兩個例子說明，論述其意義為何？

答 在臺灣歷史上，發生許多殖民者壓制原民之事件，原住民族往往因維護傳統領域、反對其威脅原本的生活等，群起對抗侵略者欺壓；這些事件的歷史存在著原住民族的集體記憶，包括被迫遷移、族人流的血汗、家園毀滅等。事件後，往往豎立紀念碑，但原住民族由於被支配，且屬於無文字的民族，很少有機會為自己立碑說明或辯解，因而紀念碑幾乎都是統治者單方面建立的，多數仍以非原住民族之立場敘述觀點。2000年之後，花蓮地區出現一些原住民重大歷史事件的紀念碑，藉此喚醒其族人的歷史記憶與族群意識，緬懷先祖曾遭遇過的苦難，也讓非原住民的族群能認識原住民族的悲哀與無助，例如：加禮宛事件（1878年）、太魯閣戰役（1914年）的相關紀念碑。

(一)加禮宛事件相關紀念碑設立在新城鄉嘉里村溪畔公園，及花蓮市國福里撒固兒廣場北側的「加禮宛戰役／達固湖灣戰役紀念園區」。溪畔公園的紀念碑上寫著「新城鄉噶瑪蘭沿革」，此石碑於民國2002年揭幕，亦即噶瑪蘭族正式被官方認定為第12族原住民族的隔日建立的。其沿革內容述說祖先從海外搭船登陸蘭陽平原建立家園、遷移奇萊平原原因、於嘉里村建立新家園（記載六社名稱，奇萊平原上的傳統領域）、加禮宛事件後再度遷徙至東海岸與花東縱谷等。

(二)「太魯閣族戰役紀念碑文」建於民國103年（2014）10月15日，乃新城事件一一八週年、太魯閣戰役一百週年紀念活動的重要活動。碑文內容提及祖先自TRUWAN（南投縣仁愛鄉）遷徙而來，在日治臺後因日人入侵其傳統領域，而爆發一連串的戰事，即使面對日人優勢武力，其族人仍英勇奮戰、血染山河到最後一刻。

透過發掘或建立更多原住民族歷史事件碑文，觀察當代族人對歷史的描述，使原住民族昔日埋藏在深山田野中族群集體記憶與認同能有機會再現於未來的世人眼中，並建立彼此在歷史傷痕中的和睦與關懷。

二、鄭成功建立的鄭氏王朝統治臺灣，後裔以祭典來表彰其拓墾功績，今日平埔族群則有反對祭祀之意見，請從過去的歷史事件說明為何會有兩種不同的歷史詮釋？

答　荷據時期，對臺灣雖以殖民地式的經濟掠奪為主要統治方式，但侵害生產活動的程度不嚴重，平埔族人並未受到直接剝削，統治時期以教化、和平為主。明鄭時期，鄭氏王朝對平埔族的剝削程度比荷蘭人有過之而無不及，以軍事拓墾政策強占土地，平埔族人的土地權毫無保障，加以苛稅嚴重、驅使奴役、鎮壓所謂「番變」的手段也十分殘酷，使平埔族大為反感，起而抗爭，造成一連串平埔族反抗事件。

例如：1670年，彰化附近有一不歸順之生番「沙轆社」（今臺中沙鹿鎮），此社原有數百人，鄭軍劉國軒來此討伐，人口多數死亡，僅餘數人。

排灣族的傀儡番在荷據時期及東寧王朝時多次互戰，皆使鄭車卻步。傀儡番是鳳山附近山地排灣族之一支，鄭軍數度出兵，均未能勦平。

1677年，東寧參軍林圮率領部隊開闢斗六門（今雲林斗六鎮）野地，築木柵而居，與土番作戰，漸拓地至水沙連；但大批原住民來攻，林圮不敵，戰死。後人為紀念林圮，故取名為林圮埔（今南投竹山鎮）。

1682年，鄭氏東寧王朝守為防守滿清入侵，在雞籠強制差使原住民從事苦力工作，嚴厲控管，並時常加以鞭笞，因此原住民起來反抗。殺漢人各社通事，搶奪糧餉以洩恨，新港（今苗栗後龍鎮）、竹塹（今新竹）等地也起來響應。東寧王朝左協陳絳率兵來，原住民無法對抗，全部逃入山區，繼續抗爭，而漢人則立柵來防守，此後採用撫勦並用。這群入山的原住民據推測即今日的賽夏族。

上述，鄭成功率軍來臺，乃以漢人身分欲建立其東寧王朝，以不友善的行動對待臺灣原住民族，造成嚴重的族群傷害。至國民政府遷臺，與鄭成功相同乃是漢人移民，當時，國民黨執政，為了宣揚民族英雄，推展鄭成功開臺之功績，逐漸有了建祠、祭祀等活動，但完全忽略了當時原住民所受的痛苦。在原住民族得到正名與推動社會活動之下，原住民族要求還原歷史真相，說明鄭成功雖然有開臺之功，但亦有毀原住民之過，因此臺灣會出現祭祀鄭成功與反對祭祀的兩種意見。

三、民國43年，Losing Watan（林瑞昌，1899〜1954）、UyonguYatauyungana
（高一生，1908〜1954）、Yapasuyongʉ Yulunana（湯守仁，1924〜
1954）三人為戒嚴期間白色恐怖之受難原住民菁英，當時他們是部落的意
見領袖，請說明三人如何以叛亂罪遭處死？

答　林瑞昌於1952年遭到臺灣省保安司令部的逮捕，當時也包括阿里山鄒族
與桃園新竹地區泰雅族在內的多位臺灣原住民領導者與青年知識分子。
1954年，這些被逮捕的菁英之中有六位以「叛亂及貪污」罪名被保安司
令部軍事法庭判處死刑。他們受到死刑判決之因，乃臺灣原住民族在歷
史變遷中，被「連續殖民」與「國家分裂」交錯的複雜結構下，使得原
住民菁英的政治認同成為不同政權競逐的對象，因而在「忠誠」的議題
上，承受新國家對他們的質疑。在此二元對立的價值觀中，原住民菁英
如高一生、林瑞昌、湯守仁等人在思想與行動上展露較多自主性，於是
成為必須被懲罰的對象，因此被處死犧牲性命。

四、都市原住民中以阿美族人遷移者居多，試說明阿美族遷移都市之歷史
背景，以及在都會適應的課題和影響。

答　「都市原住民」出現的原因，乃在於臺灣原住民族與土地關係的斷裂與
分離，且現代國家也扮演關鍵的影響。歷史上，外族剝削、土地不均的
問題，不僅使原住民族對資源有了迫切的需求，在政府政策的主導，例
如日本政府的「皇民化運動」、中華民國政府的「山地平地化」政策，
國家以「同化」的手段，迫使原住民逐漸從原鄉出走，一方面符合國家
政策的導向，走向現代社會；另一方面也為了獲得金錢而轉入都市。
「國家」改變了社會、文化、土地的運作方式，又由於各種管理規定，
大幅度改變部落社會的樣態，迫使原住民族進入現代國家體系中。原住
民族往都市移動是為了尋覓新的生活空間，同時也帶來原鄉的生活文
化，使得「都市原住民族」的概念漸漸成形。
阿美族是臺灣原住民族人口最多的一族，1945年起，隨著臺灣社會變
遷，科技與媒體發達，由於工業化之因，阿美族與外界接觸機會增多，
漸漸脫離自給自足的生活，進入平地社會。探討阿美族移居都市的因素，
約可從三方面言之：

(一)經濟：阿美族曾經是以農業而自給自足的生活模式，但因為山區偏遠、資源不足，且喪失土地，族人失去了取得進步社會與科技之優勢，相對地，平地能給予更多工作機會，於是逐漸走入都市社會，經濟上依賴都市。

(二)政治：臺灣曾歷經多次外來政權殖民統治，阿美族雖為人口最多的一族，但本身無法得到自主性，在執政者手中，失去了教育程度、文化喪失的命運，人口增多，耕地不足，無一技之長，造成就業困難。

(三)社會：阿美族人口外移以青壯年、教育程度高者為多，他們在都市可以謀得更好的生活，於是一個拉一個，慢慢推開，引著在山地生活困難的青壯年亦隨之移往都市，造成一連串連鎖反應。

NOTE

109年 原民特考四等－臺灣原住民族文化概要

一、何謂「南島語族」？「南島語族」與「臺灣原住民族」兩者之間的關係為何？試申論之。

答 參考本書Part 1的Unit 1「原住民與南島民族」。

「南島語族」指南島語系民族，即以南島語系為語言的族群，在漢人大規模遷居臺灣之前，臺灣早已是南島語系民族所居住之地。南島語系民族在人種上屬馬來人，是世界上分布最廣的民族；分佈地區西起非洲東南的馬達加斯加島，越過印度洋直到太平洋的復活節島；北起臺灣，南到紐西蘭。臺灣是南島語系民族分佈的最北端，居住在臺灣的南島語系民族，可分為原住民族與平埔族群，其中原住民族共有十六族，多數保有自己的語言、風俗習慣和部落結構，不過也正面臨急速現代化的問題，有賴各族人士與政府多方保護。

二、我國「原住民族教育法」於108年6月19日進行全文修正，第5條第1項明確規定「為發展及厚植原住民族知識體系，中央原住民族主管機關應會商教育、科技、文化等主管機關，建構原住民族知識體系中長程計畫，並積極獎勵原住民族學術及各原住民族知識研究。」何謂「原住民族知識體系」？請具體舉例並申論之。

答 所謂知識體系，知識乃見識、學問，指一個人所知道的事理，是人類用以表現對自身與世界之認知的一種結果，並成為人類面對世界、求取生存的依據；知識經過一定程度的統整與結構化，即形成「知識體系」。知識體系之發展對於一個民族或文化能否在競爭劇烈的世界中取得主體性及影響力，十分具有重要性。對臺灣原住民族而言，由於在其歷史發展中，處於無文字的狀態，因此其傳統知識之形成與傳播，往往掌握在外族手中而沒有形成系統化。因此，其用以面對生存處境的知識體系遭到破壞、污名化，原住民族被迫接受非源於自己傳統生命經驗的一套漢化或西化知識體系，被迫透過外部眼光看待自己而遺忘自身文化知識，在遺失與渙散之後，原住民族之永續發展成為潛在的危機。

民國77年，頒布「臺灣省山胞社會發展方案」，以尊重原住民傳統文化、提升原住民教育素質、培養原住民自主奮發的精神與能力為原住民的教育目標。民國86年，成立行政院原住民委員會（內設教育文化處），政府擬升高原住民相關政策的層級。民國87年訂頒「原住民族教育法」，揭示尊重原住民文化主體性與「原住民族教育權」之自主性。在原住民與非原住民教育議題裡潛藏著權力與知識建構的迷思，因為有關原住民的記載，大多以「第三人稱」異己論述的方式進行，而原住民「圖像」的捕捉與原住民歷史、文化的敘述，又因透過「第三人稱」這樣的論述方式，因地位、觀點、時空、意識型態與主流世界不同，使其書寫的文本產生與原住民實際狀況有極大差距的現象，不僅逐漸侵害原住民語言、文化的合法性，更造成原住民認同的污名化，原住民族文化的主體性也在自我否定的過程中逐漸喪失，甚至形成消亡趨勢。此一危機在近年來逐漸獲得改善，原住民族能有機會再次確認自身生存處境與主體性，並重建兼具傳統歷史文化認同以及族群未來願景的原住民族知識體系。臺灣多所大學之民族研究所均有學者進行原住民知識體系研探討，透過理論論述與田野調查等方式，持續建構原住民知識體系，提供一套知識架構，為原住民族各族及之知識領域及民族教育內容奠定基礎，探究原住民知識體系與社會現實之間變遷的互動關係，進而彰顯出此體系與世界的關聯性。例如國立臺灣師範大學社會教育學系於民國91年三月完成「行政院國家科學委員會專題研究計劃成果報告」，研究題目為〈原住民知識體系之建構——以卑南族為例之探討〉。此研究關注知識建構與社會之間雙向的關係，一方面探討社會現實如何制約或塑造「知識」，另一方面也關注「知識」的形成與傳播如何影響現實社會、推動社會變革，從歷史的縱橫面及當前的社會結構關係交互分析，以瞭解不同的時代脈絡、觀點、意識型態、以及權力互動關係在知識建構過程的交互影響，藉此梳理出原住民在歷史變遷過程中所處的位置，以及教育在此中所扮演的功能與角色。將來，這些學者的研究必會建立起臺灣原住民族的傳統知識體系，並且在教育層面上使之發揚光大。

三、何謂「原住民族藝術」？請具體舉例並闡述之。

答　參考本書各族「藝術文化」章節。

臺灣原住民族共有16族，各族有其不同的文化藝術面貌，在藝術表現上也

呈現多樣化且各具有其獨特性，原住民族藉由各類描寫藝術、音樂、舞蹈、歌謠、傳說、身體裝飾、織繡與木雕等藝術表現，傳遞其族群生活經驗、泛靈信仰與宇宙觀，呈現具有社會文化特色的藝術特色，讓人感受他們獨有的生活智慧與文化精神。以下舉例：

(一)阿美族：阿美族著名的藝術表現為「樂舞」，富有感染力的歌謠舞蹈與色彩斑斕的傳統服裝，展現了族人的藝術美學智慧與力量。最被人熟知的是豐年祭，而其「自由對位複音歌謠」更是聞名於世，如郭英男夫婦所演唱的〈老人飲酒歌〉，曾於1996年登上奧運的殿堂。

(二)太魯閣族：太魯閣族的紡織技藝精巧細膩，擁有豐富的色彩與多樣的圖騰線條。菱形是太魯閣族具代表性的圖騰，經常呈現在其編織上，菱形就像祖靈的眼睛，庇佑著代代子孫。此外，木琴是太魯閣族獨特的樂器，以Re、Mi、Sol、La四個音，彈奏出美妙而豐富的太魯閣族音樂，並且配合歌謠發展出不同形式的舞蹈。

(三)邵族：邵族最具代表性的傳統藝術是杵音音樂。邵族人將杵音與人聲演唱結合，形成表演層次豐富的杵歌，進而使「湖上杵聲」成為日月潭八景之一。此外，邵族具有精湛的工藝技術，尤其以木工工藝為人所稱道，除了製造杵之外，更以邵族獨木舟是由一根大木頭雕鑿而成，最為聞名於世。

誠美社會企業創辦人陳百棟長期關心原住民的相關公益事務，於2015年與中華民國畫廊協會秘書長曾珮貞，共同成立誠美社會企業。於2016年協助成立臺北原住民當代藝術中心，透過這個平臺，原住民藝術家可以將自己的畫作、雕刻等當代藝術品，放到畫廊甚至藝術展覽中展出，不僅讓原住民藝術品被更多廠商看到，更提高許多原住民藝術的價值。

四、試述下列名詞之意涵：
(一)雅美族「漁團組織」。　　　(二)排灣族「五年祭」。
(三)邵族「拉魯島」。　　　　　(四)賽夏族「臀鈴」。
(五)布農族「木刻畫曆」。

答 (一)雅美族（Yami）分布在臺東的蘭嶼鄉蘭嶼島。目前關於蘭嶼的相關研究與報導，分別出現官方採用雅美、民間採用達悟這兩種不同的

族稱。漁團組織（達悟語：kakavay）是達悟族男性捕魚時成立的組織。達悟族在社會建構期間多數缺乏全族性的共識，更多的是對文化、地域的認同，生活上以地緣及血親關係連結而成。因此，達悟族社群中並無統一的部落權威，避免資源被獨占，族人必須靠自己的勞動力獲得群體的聲望。可見達悟族人重視經濟生活，其中漁團組織即因傳統捕魚文化所發展出來的社會體系，展現達悟族人互助、共享的精神。

(二)排灣族「五年祭」

參考本書Part 2的Unit 11「排灣族」(二)祭典。

(三)邵族「拉魯島」

拉魯（邵語：Lalu）是位於臺灣南投縣日月潭中央的一座小山。清治時期有珠嶼、珠仔山、珠潭浮嶼等稱呼，而日治時期有玉島、水中島等稱呼。戰後改稱光華島，日月潭周遭居民習慣稱為珠仔山。後來，因為《原住民族與台灣新政府新的夥伴關係條約》之故而恢復原住民語的現在之名。拉魯是臺灣原住民邵族最高祖靈居住之處，長期是當地的重要地標，邵族最高祖靈也住在山的最高點，邵族人自古稱為這個山為Lalu，拉魯一詞有「心中聖山」之意。

(四)賽夏族「臀鈴」

臀鈴是臺灣原住民賽夏族傳統祭祀活動「矮靈祭」使用的傳統樂器，主要由竹管與薏仁的果實穿綴而成，具有避邪招福作用。臀鈴又稱背響tabaa`sang，是指製造音效之意，男女皆可配戴。多數形狀呈三角形，中央主體部份以棉布包裹，外面裝飾小鏡子、珠子、亮片等。下緣縫綴珠鍊垂鈴，再垂吊竹管、子彈殼或不繡鋼管，並以布條或緞帶跨過雙肩繫於腰後，讓下擺垂吊飾物，配合舞步擺動，發出叮噹作響的舞奏。在矮靈祭期間，每一氏族派一員背著臀鈴繞祭場舞蹈，聲音幽遠泣訴，闡述了矮靈祭複雜的心緒。目前有些臀鈴用銅管代替竹管。

(五)布農族「木刻畫曆」

布農族之族群文物，1937年，學者在南投一位布農人家中發現一塊「木刻畫曆」，板上畫著各種圖形，以符號記載農事、出獵等事，表示全年應行之歲時祭儀及生活禮俗，類似今日之「行事曆」。「木刻畫曆」被認為是該族群的文字，每種符號都有特殊意義，因而布農族為臺灣原住民中擁有自己文字記錄的族群。

109年 原民特考四等－臺灣原住民族史概要

一、日治初期總督府於各地設置撫墾署，試說明當時撫墾署階段性的任務。

答 日治時期，日本政府於明治29年（1896年）將生蕃（未歸化之原住民）活動領域劃設特別行政區，設置「撫墾署」，主要負責原住民族的行政輔導，以及開墾山林、樟腦製造相關的事務，及所謂對臺灣原住民之「訓教」、「耕讀」。此機構是參考清治時期設置的撫墾局，後來於明治31年（1898年）裁廢並將業務交由辦務署第三課接管。

二、Kolas Mahengheng（古拉斯‧馬亨亨，1852～1911年）是阿美族歷史上的重要人物，試說明他曾經解決那些族群的爭端和平息那些重大事件。

答 谷拉斯‧馬亨亨（阿美語：Kolas Mahengheng，1852～1911），是阿美族馬蘭部落在19世紀末到20世紀初的大頭目，他曾解決的爭端有：
(一)1877年，里漏（阿美語：Lidaw，原址位在今吉安鄉東昌村）部落與太魯閣族發生仇殺事件，他隨後在達給黎（阿美語：Takidis，今德其里部落，今太麻里鄉泰和村）與兩者展開談判，達成互不侵犯約定。
(二)1883～1884年，主導舉辦「班鳩（takatay，原址在今卑南鄉美農村境內）會議」，化解各族群間因爭奪土地、獵場等生活資源而起的紛爭，與該地區各部族約定和平互助。
(三)1888年，說服平埔族人停止攻打卑南兵營，臺東直隸州卑南廳通事攜帶禮物拜訪他，並稱讚不已。
(四)1896年2月，考慮時勢變化，谷拉斯與日軍談判，獲得互不侵犯（日方不得欺侮馬蘭社婦女、徵收該社農作物及侵占該社土地等）的承諾。
(五)1900年，谷拉斯受時任臺東廳長相良長綱邀請，一同視察花東縱谷各部落，在視察期間撮合太巴塱社與馬太鞍社和解，並勸喻各聚落族群與日本當局和平相處。

(六)1908年，七腳川事件爆發，他前往調停以避免事態擴大殃及無辜，並協調促成有關當局從輕發落。

(七)1911年，成廣澳事件爆發後，臺東廳當局一面請求總督府派兵支援，一面請他出面勸解；為化解族群危機，他前往都歷（阿美語：Torik，現址臺東縣成功鎮信義里）部落、麻荖漏（阿美語：Madawdaw，現址臺東縣成功鎮三民里）部落，勸請族人放下仇恨、避免犧牲；同時，他也曾代戰敗者向有關當局請求和解，他在族人間周旋遊說，對於結束族群爭端與戰事發揮極大成效。

三、西方宗教在1945年之後快速傳入臺灣原住民族社會並取代傳統宗教，請說明西方宗教對原住民族社會文化造成的影響。

答 臺灣曾受到多次外族統治，不同政權迫使原住民族社會、生活、文化、信仰等方面均產生變化。臺灣原住民族的宗教歷史背景略為：17世紀荷蘭在臺灣殖民期間，主要目的雖為通商貿易，同時也將基督教帶進臺灣。二戰結束後，臺灣脫離日本統治，一方面，國民政府遷臺，另一方面，美國展開對臺支援，教會提供大量民生物資、醫療資源，原住民族在生活艱困下，眾多族人極易被吸引湧入教會，使原住民社會興起信仰西方宗教的熱潮。原住民居住之地教會林立，成為山地社會一種特殊現象。此外，有部分原住民因為長期與漢人生活往來，隨之信仰一般的佛、道教，故原住民傳統宗教信仰因而難以提振。西方宗教傳入，對原住民社會各有正面、負面的影響。

(一)正面：

1. 神父進入部落傳教，因翻譯《聖經》的需求，將原住民族語言採羅馬拼音音譯，幫助原住民以羅馬拼音書寫與記錄，建立文字系統，也是目前原住民族使用最為廣泛的文字。

2. 自17世紀荷蘭來臺，原住民族接連受到不同的壓迫與歧視，導致原住民對自己的身分產生自卑，文化疏離日益嚴重。教會進入部落後，為族人帶來心靈的慰藉，幫助族人在宗教上找到內心的力量。

3. 教會進入部落後，為了順利傳教，於是設立教會以及廣發日常用品，部落向來缺乏資源與人力，教會與神父間接提供了生活與教育的管道，且山地教會與平地教會連結緊密，彼此協助，拉近部落與部落之間的距離。例如：臺灣基督長老教會長期為臺灣弱勢

族群發聲。1980年代，教會積極推動原住民族轉型正義與正名運動，協助族群動員，致力提倡原住民族群意識，原住民族運動至今能不斷進步，有賴教會的號召力。

(二)負面：

1. 臺灣原住民族多數人口信仰基督宗教，成為基督信徒後，改變宗教認同但也造成自身文化的誤解與失落。例如：臺灣原住民有特殊的神靈觀，認為人類與自然萬物以及往生者具有神祕的連結；但基督教卻認為原住民的神話故事、祭儀、巫師治病等，屬於迷信與異教，導致原住民文物儀式消失，傳統文化面臨危機。

2. 牧師角色取代原住民部落領袖地位，教會替代傳統家屋的功能，故宗教信仰改變可能亦帶來嚴重的原住民社會結構異化。

3. 傳入部落的西方宗教可再細分為不同的教派，其教義也不同，使得部落內產生不同的教派，或者同一家族成員分別有不同的信仰，會造成部落關係緊張，增加族人之間無謂的衝突。

四、原住民保留地是1948年7月由臺灣省政府訂定之「臺灣省各縣山地保留地管理辦法」開始進行管理，該辦法於1960年修正為「臺灣省山地保留地管理辦法」，試說明在此實施過程中原住民逐漸喪失其保留地的關鍵為何？

答　1948年7月「臺灣省各縣山地保留地管理辦法」，目的是：政府為了「保障原住民生計，推行原住民行政」，劃定了二十四萬多公頃的國有土地保留給原住民耕作使用。此辦法將原住民土地收歸國有，土地改革使得自耕農大量增加，表面上保障原住民耕作空間，但1951～1962年間，臺灣經濟起飛，發展「農業培養工業」政策，需要更多耕地，政府逐漸將山地保留地的使用限制鬆綁，使原住民生活空間日益縮小。其次，政府又開發中部橫貫公路，發展觀光，通車後，部分山地管制區域開放，造成漢人頻繁進入原住民保留地，而山地經濟又依賴平地經濟，原住民需要現金的情況下，保留地逐漸由原住民手中轉移到上山開墾的漢人之手，山地保留地轉成臺灣經濟開發的一部分，但代價是原住民生活空間更加縮小。因此，此法之修正雖為了「保障原住民生計，推行原住民行政」，但是從現實面來說，原住民族的土地仍處於被掠奪的狀態之中。

109年 原民特考五等—臺灣原住民族史大意

( ) **1** 臺灣原住民族的語言，屬於那一種語系？ (A)印歐語系 (B)含閃語系 (C)漢藏語系 (D)南島語系。

( ) **2** 下列那一國的人民，他們的族群語言跟臺灣原住民族語言最接近？ (A)日本人 (B)美國人 (C)菲律賓人 (D)韓國人。

( ) **3** 「大坌坑文化」是原住民族在臺灣最早年代的考古遺留，大約距今有多少年？ (A)二千年 (B)五千年 (C)七千年 (D)一萬年。

( ) **4** 歷史上對於平埔族群居住的聚落，有一個專用的名稱。這個名稱為何？ (A)村 (B)庄 (C)社 (D)部落。

( ) **5** 從荷蘭時代一直到清朝光緒年間劉銘傳的稅制改革以前，這段時期原住民族對政府的納稅單位為何？ (A)民族 (B)社 (C)戶 (D)男丁。

( ) **6** 歷代政府對平埔族群設置職官，下列那一個不屬於上述的職官？ (A)酋長 (B)土目 (C)通事 (D)保長。

( ) **7** 根據荷蘭時代的官方統計，當時原住民族的人口數大約多少？ (A)10萬人以下 (B)10-15萬人之間 (C)20-30萬人之間 (D)超過50萬人。

( ) **8** 歷史記載的「鳳山八社」，相當於平埔族群民族分類的那一族？ (A)凱達格蘭族 (B)道卡斯族 (C)大武壠族 (D)馬卡道族。

( ) **9** 歷史記載的「後壠五社」，相當於平埔族群民族分類的那一族？ (A)凱達格蘭族 (B)道卡斯族 (C)貓霧捒族 (D)馬卡道族。

( ) **10** 在都市工作、生活並且設籍的原住民，稱為「都市原住民」，這種現象出現在那一年代？ (A)1950年代 (B)1970年代 (C)1990年代 (D)2010年代。

( ) **11** 太魯閣族對日本人展開一場長達18年的戰爭（1896-1914），親自出征並且戰死的總督是誰？ (A)第一任樺山資紀 (B)第三任乃木希典 (C)第五任佐久間左馬太 (D)第八任田健治郎。

（　）**12** 《臺海使槎錄》書中有一部分描述〈番俗六考〉，是對於「番俗」
最早的記載，相當深刻詳細，請問該書作者是誰？　(A)黃叔璥
(B)六十七　(C)劉良璧　(D)范咸。

（　）**13** 清國有官員「巡視臺灣監察御史」（簡稱「巡臺御史」），在乾隆
年間（乾隆9-12年，1744-1747）任職，寫下《番社采風圖考》，內
容相當豐富；同時請畫工繪製《番社采風圖》。這些文與圖，都成
為今天認識平埔族史的重要文獻。請問這位官員是誰？　(A)黃叔璥
(B)六十七　(C)劉良璧　(D)范咸。

（　）**14** 清國雍正年間（雍正9年，1731）因為勞役過重或審案不公等原因，
引爆一場大規模的反抗事件，牽動臺灣中部海岸平原許多平埔社。
下列何者沒有牽入其中？　(A)大甲西社　(B)大肚社　(C)沙轆社
(D)蕭壠社。

（　）**15** 清國雍正年間（雍正9年，1731）爆發大甲西社反抗事件，牽動臺
灣中部海岸平原許多平埔社，分別加入兩邊。下列那一社在當時幫
助清國政府鎮壓反抗軍？　(A)大甲西社　(B)牛罵社　(C)沙轆社
(D)岸裡社。

（　）**16** 清國雍正年間，臺中平原有巴宰族岸裡社業主與漢墾戶張達京合
作，漢墾戶則出資興建貓霧捒圳，換取草埔地權及水利權，這就
是「割地換水」。請問這位業主是誰？　(A)潘阿敦　(B)潘亮慈
(C)潘賢文　(D)潘永安。

（　）**17** 十八世紀與十九世紀之間，即清國乾隆嘉慶之間，巴宰族岸裡社因
通事職位之爭失敗，隨即率眾潛越罩蘭山內開墾荒埔，隨後又結合
多社，共千餘人，翻越內山，轉往蘭陽平原，是為民族大遷徙。請
問此人是誰？　(A)潘明慈　(B)潘亮慈　(C)潘賢文　(D)潘永安。

（　）**18** 十九世紀初期，即清國嘉慶年間，出現一股移民墾殖宜蘭平原的熱
潮。下列何人與這股熱潮有關連？　(A)潘阿敦　(B)吳沙　(C)郭百
年　(D)張徽揚。

（　）**19** 原住民族地區最早的學校為1896年（明治29年）設立的「國語傳習
所豬勝束分教場」。這所學校的所在地為何？　(A)恆春　(B)臺東
(C)花蓮　(D)高雄。

(　　) **20** 原住民族史上發生過許多歷史事件，泰雅族參加過其中許多事件，下列那一個歷史事件與泰雅族沒有關係？　(A)大嵙崁事件（1885-1891，1906-1907）　(B)李棟山事件（1901-1902）　(C)南庄事件（1902）　(D)加禮宛事件（1878）。

(　　) **21** 原住民族史上發生過許多歷史事件，下列那一個與布農族有關係？(A)牡丹社事件（1871-1874）　(B)李棟山事件（1901-1902）(C)太魯閣事件（1914）　(D)大分事件（1915）。

(　　) **22** 原住民族歷史事件，下列那一個與樟腦的製腦權有關係？　(A)牡丹社事件（1871-1874）　(B)大嵙崁事件（1885-1891，1906-1907）(C)南庄事件（1902）　(D)霧社事件（1930）。

(　　) **23** 下列日本帝國時期的學校制度，何者為當時「生蕃」最不可能去就讀？　(A)小學校　(B)公學校　(C)蕃人公學校　(D)蕃童教育所。

(　　) **24** 原住民族史上發生過一件國際性的事件，最後演變成日本出兵臺灣以及清國在臺灣建省。這是下列那一個歷史事件？　(A)牡丹社事件（1871-1874）　(B)李棟山事件（1901-1902）　(C)太魯閣事件（1914）　(D)霧社事件（1930）。

(　　) **25** 〈番俗六考〉有云：「沙轆番，原有數百人，為最盛，後為○○○殺戮殆盡，只餘六人，潛匿海口，今生齒又百餘人云云。」此一敘事是臺灣史的那一時期發生？　(A)荷蘭統治時期　(B)明鄭統治時期　(C)清帝國康雍乾時期　(D)清帝國同治時期。

(　　) **26** 明治時代發生過南庄事件，下列那一個人物跟這個歷史事件有關係？　(A)潘文杰　(B)日阿拐　(C)哈鹿閣那威　(D)莫那魯道。

(　　) **27** 臺灣原住民族在近代的研究過程中，下列那一個人的成就不屬於這個領域？　(A)鳥居龍藏　(B)伊能嘉矩　(C)移川子之藏　(D)八田與一。

(　　) **28** 研究並熱愛臺灣原住民族，死後衣冠塚在臺東的日本學者，是下列那一個人？　(A)明石元二郎　(B)伊能嘉矩　(C)森丑之助　(D)馬淵東一。

(　　) **29** 目前「都市原住民」占原住民族總人口的比例非常高，下列那一個數字最接近真實情況？　(A)20%　(B)30%　(C)50%　(D)70%。

(　) **30** 我國政府在1994年4月10日接納正名運動的訴求，同意將「山胞」改名為「原住民」。當時的總統是誰？ (A)蔣經國 (B)李登輝 (C)陳水扁 (D)嚴家淦。

(　) **31** 1994年國民大會修憲，將「山胞」改為「原住民」。修憲通過的日期為何？ (A)2月28日 (B)4月10日 (C)8月1日 (D)10月25日。

(　) **32** 1997年第四次憲改在「憲法增修條文」中對於「原住民」名稱做了修改。下列何者正確？ (A)將「山胞」改為「原住民」 (B)將「原住民」改為「原住民族」 (C)將「原住民族」改為「原住民」 (D)將「原住民」改為「山胞」。

(　) **33** 2014年行政院公布兩個新的原住民民族，使得我國經國家認定的原住民族數目增加到： (A)9個 (B)14個 (C)16個 (D)18個。

(　) **34** 根據原住民族委員會的公告，目前原住民族部落的總數目是： (A)199個 (B)210個 (C)746個 (D)850個。

(　) **35** 臺灣原住民族的宗教信仰，除去民族傳統信仰以外，普遍信奉西方基督宗教。目前那一種教派的信徒最多？ (A)天主教 (B)長老教會 (C)真耶穌教會 (D)循理教會。

(　) **36** 請依時間序列排出下列與原住民族運動相關組織或刊物的出現先後次序：A.《高山青》 B.《山外山》 C.臺灣原住民權利促進會 D.黨外編輯作家聯誼會少數民族委員會 (A)A.B.C.D. (B)B.C.A.D. (C)A.D.C.B. (D)C.A.D.B.。

(　) **37** 下列有關「吳鳳神話」爭議事件之敘述，何者錯誤？ (A)吳鳳事蹟是在日本帝國時期開始成為教科書內容 (B)林衡立為二次戰後首位對吳鳳事蹟提出質疑者 (C)嘉義中埔的吳鳳廟是鄒族感念吳鳳恩惠而興建的 (D)前教育部長毛高文於1988年決定將吳鳳事蹟從教科書中刪除 (D)前教育部長毛高文於1988 年決定將吳鳳事蹟從教科書中刪除。

(　) **38** 戰後很長一段時間有原住民族九族之說法，但在民主化過程中，許多原住民族群獲得正名。請依時序排列下列各族獲得正名的先後次序： A.卡那卡那富族 B.太魯閣族 C.賽德克族 D.拉阿魯哇族 E.噶瑪蘭族 F.撒奇萊雅族 (A)E.B.F.C.A.D. (B)E.B.C.F.D.A. (C)B.E.F.C.D.A. (D)E.B.F.C.D.A.。

（　）**39** 原住民族委員會於1996年成立時，曾引發許多爭議，下列敘述何者錯誤？　(A)最初行政院擬以行政命令作為成立依據，後在原住民籍立委堅持下，才改以組織條例送請立法院審議　(B)該機關首長是否兼任行政院政務委員，亦為爭議焦點之一　(C)為彰顯民族集體性，該機關名銜在各版本組織條例草案中，一開始就加上「族」字　(D)部分非原住民籍立委試圖在該機關組織條例中，列入非原住民於山地鄉使用保留地解編條款，引發原住民籍立委不滿。

（　）**40** 21世紀後，原住民族社會推動以原住民族知識為核心的民族教育訴求，近年推動之教育措施，非以原住民族知識為核心的是：　(A)原住民重點學校　(B)原住民族部落大學　(C)原住民族部落學校　(D)原住民族實驗教育。

（　）**41** 清帝國乾隆年間於臺灣府設「理番同知」，下列何者並非其職權？　(A)民番土地爭議　(B)通事、土目任命　(C)隘寮庶務　(D)人頭稅徵收。

（　）**42** 臺灣省政府於1950年代頒布的法規命令或政策文件中，那一項明文規定要「取消保留地制度」？　(A)山地施政要點（1951）　(B)山地人民生活改進運動辦法（1951）　(C)促進山地行政建設大綱（1953）　(D)平地人民使用山地保留地處理事項（1958）。

（　）**43** 有關臺灣原住民族社會發展過程中，對於「都市原住民」現象之敘述，下列何者錯誤？　(A)1960到1970年代臺灣經濟轉型過程，就業人口由農業快速轉移至非農業　(B)山地原住民因距都會區較遠，成為都市人口之後，受影響比平地原住民深　(C)移入都市人口，以阿美族占多數　(D)都市原住民現象造成原住民族語言文化難以為繼。

（　）**44** 日本帝國時期，臺灣總督府曾於1930年發布「蕃人青年團體令」，推動於「蕃地」或普通行政區的「蕃社」成立青年團組織。有關該組織，下列敘述何者正確？　(A)該組織成員通常為受過初等教育或相當程度而未滿35歲的青年　(B)該組織在總督府係民政部門主政，地方上則由蕃社警察系統執行　(C)該組織培養出來的青壯原住民，在二次戰後因為中華民國政府的抗日立場，並未獲得政府重用　(D)殖民者設立青年團組織的用意，在於扶植友善勢力，取代傳統部落的頭目或勢力者。

(　) **45** 「還我土地運動」為1980、1990年代原住民族走上街頭最大型的抗議行動之一，下列有關該運動的敘述，何者錯誤？　(A)直接造成第一次還我土地運動（1988）興起的原因，在於原住民保留地的流失與使用問題　(B)第二次還我土地運動（1989）迫使當時政府著手規劃並落實保留地的增劃編工作　(C)第三次還我土地運動（1993）之訴求，已跨出保留地議題，進而提出自然主權及傳統領域之主張　(D)前總統陳水扁於其第一次競選總統期間所簽訂「原住民族與臺灣政府新的夥伴關係」，其有關締結土地條約、恢復傳統領域及傳統自然資源使用之內容，係受到第三次還我土地運動的影響。

(　) **46** 下列何者並非清帝國「開山撫番」過程中與原住民族發生的衝突事件？　(A)加禮宛事件　(B)大港口事件　(C)大庄事件　(D)大南澳事件。

(　) **47** 日本帝國時期臺灣總督府首位民政局長水野遵曾言：「臺灣土地肥沃，物產豐富，既開發之土地僅為幾分而已，遺利尚多，尤其東部蕃地為然。對於蕃民之撫育、林野放領、礦山劃借等等，擬定辦法，移住內地人，以興未開之利，此為經營臺灣之急務。」下列那一個花東行政區的現代聚落形成，與此段陳述的政策思維相關性最低？　(A)臺東縣鹿野鄉　(B)花蓮縣壽豐鄉　(C)花蓮縣富里鄉　(D)花蓮縣吉安鄉。

(　) **48** 1920年代日本帝國殖民臺灣時曾實施「理蕃飛行計畫」，以飛機為武器監視威嚇「蕃人」。下列那一族並非當時主要威嚇的對象？　(A)泰雅族　(B)布農族　(C)鄒族　(D)排灣族。

(　) **49** 臺灣族群關係史中，原漢通婚常常是原住民族文化遭同化的原因之一，但是，漢人透過跨族通婚、入贅或收養而被原住民族接納為其一份子，有些甚至還成為部落領袖，此現象也從未斷絕。下列人物中，那一位並非此一現象的代表？　(A)鄭尚　(B)陳英　(C)陳安生　(D)馬智禮。

(　) **50** 設籍桃園市人口最多的原住民族是那一族？　(A)泰雅族　(B)賽夏族　(C)阿美族　(D)布農族。

解答及解析

1 (D)。臺灣是南島語系內部分化的源頭，南島語系主要由南島民族所使用的語言，是世界現今唯一主要分布在島嶼上的一個語系，包括約1300種語言。分布主要位於南太平洋群島，以及臺灣、海南、越南南部、菲律賓、馬來群島，東達南太平洋東部的復活節島，西到東非洲外海的馬達加斯加島，南抵紐西蘭。

2 (C)。臺灣原住民使用的語言屬於南島語系，與菲律賓語言最接近。

3 (C)。大坌坑文化是臺灣新石器時代的文化中最早的一層，名稱來自大坌坑遺址。大坌坑遺址位於今新北市八里區埤頭里公田聚落南方，根據考古發掘報告，該遺址的年代在距今約7,000年至4,700年之間，為臺灣新石器時代最早期的一層文化。

4 (C)。聚落指的是人群聚居最小的單位，清代以來台灣原住民的聚落通稱為「社」，漢人聚落則稱為「庄」。

5 (B)

6 (D)。(A)(B)(C)(D)保甲制度是以「戶」（家庭）為社會組織的基本單位，而不同於西方的以個人為單位。儒家的政治學說是把國家關係和宗法關係融合為一，家族觀念被納入君統觀念之中。因之，便有了漢代的五家為「伍」，十家為

「什」，百家為「裏」；唐的四家為「鄰」，五鄰為「保」，百「戶」為「裏」，北宋王安石變法時提出了「十家為一保，五保為一大保，十大保為一都保」。

7 (A)

8 (D)。清代治臺時期，屏東平原的放索社、茄藤社、力力社、下淡水社、上淡水社、阿猴社、塔樓社、大澤機社為「鳳山八社」。而(D)馬卡道族（Makatto）屬於臺灣原住民的一支，即鳳山八社，分布在臺灣最南部之高雄、屏東平原一帶，為平埔族的一系，以打狗及其附近山丘為居住地，沿著今天的愛河、後勁溪河畔活動。

9 (B)。後壠社是道卡斯族後壠五社之一，位在臺灣苗栗縣後龍鎮龍津里的南社和田厝，今後龍鎮之名稱乃源自此社。

10 (B)　11 (C)　12 (A)

13 (B)。1744年，巡臺御史六十七來臺，請畫工繪有〈番社采風圖〉及〈臺海采風圖〉，記錄臺灣絕俗殊風，現為重要參考資料。

14 (D)。康熙時期，禁止漢人承租熟番地，漢人以婚姻、借貸、買墾等方式巧取豪奪，造成平埔族大量遠走他鄉。19世紀中葉以後，平埔族大多已融入漢人社會，但原住民仍遭受通事、官吏的剝削，遂起而反抗。清代平埔族反抗事件計有6

次。(D)蕭壠社：臺南市佳里區舊稱「蕭壠」，是平埔族四大社之一的「蕭壠社」聚居地，不屬於中部平原。

15 (D)。 大甲西社事件，為臺灣原住民中部平埔族群歷史上最大的民眾起義事件，起因為原住民族道卡斯族位於大甲一帶的大甲西社，因清廷官吏指派勞役過多而群起反抗，發動武裝抗官行動，當時署理福建總督郝玉麟派臺灣總兵王郡親往督征，並先後從中國大陸徵調官兵六千多名，以及船載銀錢、米糧、軍火、器械，來臺征討。採「以番制番」之策，使各敵對之部落互相攻擊，並得岸裡社部分原住民的協助，襲破阿束社。

16 (A)。 清代治臺灣年間，巴宰族岸裡社第三任總土官為潘阿敦。雍正元年起，與張達京及其所代表的六館業戶進行「割地換水」，以土地作為交換，將耕作及水利技術引進岸裡社，並依各社人口平均分配田地，奠定岸裡社土地私有化。

17 (C)。 嘉慶九年（1804），彰化平埔族首領潘賢文因犯罪懼捕，便集合岸裡、阿里史（以上巴宰海族）、東螺、阿束（以上貓霧捒族），北投（洪雅族）、大甲、吞霄（以上道卡斯族）諸社眾人，越過中央山脈北麓，抵達宜蘭縣五圍，舊志上稱此次遷徙之平埔族為「流番」。

18 (B)。 吳沙（1731～1798），清福建省漳州府漳浦縣人，乾隆三十八年（1773）渡海來臺，乾隆五十二年（1787）率眾進入蛤仔難開墾。帶領漳、泉、粵三籍移民墾殖了蘭陽平原蘭陽溪以北區域，是漢人成功進入蘭陽平原之先驅者，有「開蘭第一人」之稱譽。

19 (A)

20 (D)。(D)「加禮宛事件」乃噶瑪蘭族反抗事件。清朝光緒4年（1878）臺灣發生「加禮宛事件」，除了噶瑪蘭族加禮宛人之外，撒奇萊雅族人也參與其中。起因商人陳文禮至加禮宛（今花蓮市區）墾田，但剝削欺壓加禮宛的原住民，侵占不少田地，原住民恨之入骨，被加禮宛人所殺；清廷命令加禮宛人以金、穀慰安死者家屬。然而加禮宛人不聽，且殺了傳令兵丁，之後與竹窩宛社（今花蓮市）謀叛。事後，大部分撒奇萊雅人被迫遷至Kulamay（今花蓮市主權里）、Fuwinowir（今吉安鄉宜昌村）、卡來萬、馬於文、加路蘭、六階鼻等地，小部分被聚集於今花蓮市郊成一社，改名歸化社，至此撒奇萊雅勢力大減。

21 (D)。「大分事件」為臺灣日治時期的原住民族抗日事件之一，1915年由布農族發動，事發地點為花蓮港廳玉里郡大分駐在所（位於今花蓮縣卓溪鄉大分）。

22 (C)。「南庄事件」乃明治三十五年（1902）發生於新竹廳南庄支廳南庄區南庄的抗日事件。明治

三十三年（1900年）起，臺灣總督府開始實行樟腦專賣制，因此在南庄地區以「民木」名義特許日阿拐、絲大尾、張有淮三位原住民族頭目製造樟腦，但在土地使用權及所有權政策上引起當地先在光緒年間取得開墾許可證的族人感到不滿，故經常由此引發衝突。當時，日阿拐的土地上長有大片樟樹林，日籍人士板本格、中島興吉、關常吉等向日阿拐承租土地經營樟腦煉製產業，雙方隨後因對於契約的誤解發生衝突。

23 (B)。 「公學校」是臺灣日治時期政府開設的兒童教育學校，入學對象大多是臺灣本島人，臺灣總督府依臺灣實際情況，在本島人（臺灣的漢人，即臺灣閩南人、客家人）兒童教育為主的學校外，設有供通日語兒童（多為內地人，也就是在臺日本人）唸的小學校，與專供臺灣原住民學習用的蕃人公學校。

24 (A)。 (A)牡丹社事件，事涉排灣族，是原住民重大歷史事件，同時涉及清朝與美國及日本之間的國際事件，乃日本琉球族因誤闖排灣族領地而遭台灣原住民出草的事件，日本亦出兵攻打臺灣南部原住民部落。

25 (B)。 題幹「沙轆番」，原住民史上有「沙轆社事件」，是1670年於臺灣爆發的一場戰役，明鄭將領劉國軒前往半線（彰化古地名）屯田時，對大肚王國平地原住民的軍事攻擊行動；故選(B)。

26 (B)

27 (D)。 (D)八田與一：日治時期參與臺灣水利工程建設，以嘉南大圳設計者及烏山頭水庫建造者聞名，有「嘉南大圳之父」之稱。

28 (D)。 (D)馬淵東一（1909～1988），日本籍臺灣人類學者。畢業於臺北帝國大學文政學部史學科，從學生時代即被臺灣原住民文化吸引，每年暑假入山進行田野調查，畢業後留校擔任助教，戰後回到日本。在臺灣長達18年，調查對象鎖定於鄒族與布農族。對臺灣懷有深厚情感，逝世後，將一半骨灰葬於臺灣臺東縣池上鄉公墓。

29 (C)　**30 (B)**　**31 (C)**　**32 (B)**　**33 (C)**　**34 (C)**　**35 (B)**

36 (C)。 《高山青》：1983年創刊《山外山》：1985年定名臺灣原住民權利促進會：成立於1984年12月29日黨外編輯作家聯誼會少數民族委員會：1984年4月。

37 (C)。 阿里山鄒族部落長期質疑吳鳳故事的真實性，並認為吳鳳故事將他們塑造為不文明的獵頭族，是對他們部落文化的一種羞辱和歧視，鄒族抗議吳鳳廟，並非感念。

38 (D)。 A.卡那卡那富族：2014年。B.太魯閣族：2021年。C.賽德克族：2004年。D.拉阿魯哇族：2014年。E.噶瑪蘭族：2002年。F.撒奇萊雅族：2007年。

39 (C)。 1996年12月10日成立「行政院原住民委員會」，2002年3月25日

加上「族」字，正式更改為「行政院原住民族委員會」。

40 (A)。原住民重點學校：指原住民學生達一定人數或比率之高級中等以下學校；並非以原住民族知識為核心。

41 (D)。人頭稅是荷蘭人占領臺灣時所訂，即：凡是來臺之漢人移民，年齡在七歲以上者，不論男女，每月須繳14里爾（Real）的人頭稅。

42 (C)

43 (B)。都市原住民在都市形成原住民族聚落，使原住民遷移至都市時，提供如同在部落內相互照護的環境，不僅是共同工作，同時也是共同生活，讓都市的環境不再陌生，日漸養成落地生根的「都市部落」；並未受到較深的影響。

44 (D)。1931年「理蕃大綱」第4條：蕃人教化是為了矯正其弊習，以培養良好的習慣、涵養國民思想、重視實科教養，並著重在日常生活中授與簡單知識；並非「扶植友善勢力」，故選(D)。

45 (B)。原住民各族先後於1988年、1989年、1993年三次示威遊行，為土地的流失、限縮，及土地正義未受正視、土地糾紛不斷的事實表達「為求生存、還我土地」的心聲；第二次（1989年）並未迫使政府著手規劃。

46 (D)。大南澳事件：清朝同治七年，英、德兩國民眾在臺灣宜蘭南澳建立殖民地的事件。從1861年進入大南澳開始、前後歷時約八年左右，於1868～1869年間正式吞併大南澳；此為臺灣開港通商後之事件，與清朝「開山撫番」無關。

47 (C)。花蓮縣富里鄉：日治時期開始，漢人大量移入本地居住，臺灣光復後，續有更多西部移民遷入；故與題幹「移住內地人」矛盾。

48 (C)。五年理蕃計畫主要討伐北蕃、臺灣南部與東部不肯歸順者，鄒族居住於臺灣中部的玉山西南方，並未在飛行計畫威嚇目標之一。

49 (B)　**50 (C)**

110年 原民特考三等─臺灣原住民族文化

一、「卑南遺址」於民國95年5月1日經審議指定為國定遺址,是臺灣東部
新石器時代卑南文化的代表性遺址,亦是環太平洋地區規模最大的石
板棺墓葬群遺址。請就「卑南遺址」的文化類型、文化意義、文化遺
物種類,以及其與臺灣原住民族可能的歷史關係,具體闡述之。

答 「卑南遺址」位於臺灣臺東縣卑南山東南端的山麓,根據考古學家推
斷,該遺址存在的年代大約距今5300~2300年前,其中又以距今3500
~2300年前最為興盛,是目前臺灣所發現最大的史前聚落。面積超過
30萬平方公尺,不僅是一個龐大的聚落,且建築物之排格局嚴謹,已具
有社會組織結構。每棟家屋坐西朝東,家屋主體為長方形平面,以板岩
石板、大漂石為牆基,木材為柱,屋牆、屋頂以竹架、茅草堆疊覆蓋。
屋前以石板舖成方形前庭,屋後有橢圓形砌石圈,用來儲存食物及大陶
罐。聚落中也有高架穀倉,屋柱上設有防鼠板。卑南遺址出土之文物形
成了卑南文化,從中可以看到遠古卑南族的生活與社會。
文化遺物種類:
(一)農具:出土相當多農具,而且器型屬於大型化,可見農耕發展十分
健全。狩獵與農耕是卑南文化人的主要生活形式,他們獵野豬、捕
梅花鹿。種植的穀物有旱稻、小米,以「山田燒墾」方式開闢田
地。除了農耕工具,還有墾地伐木的石鋤、石斧,收割的石刀、石
鐮,舂穀的石杵等。狩獵的主要工具則有石矛、石鏃等。至於海岸
地區則出土豐富的網墜、尖器等漁業用具,又顯示與海洋的關係密
切,以捕撈魚類為輔助食物。
(二)陶器:除了農具、獵具等石器外,陶器是日常生活最普遍的用具之
一,主要用來盛水、儲物及烹煮。陶器通常是手製,表面以橙色素
面為主,少有紋飾。主要器形有罐、缽、小口瓶等容器,以及陶紡
輪、陶槌、陶勺、陶匙等工具,也有少許裝飾品如陶珠、陶環,隨
葬品如陶偶等。
(三)玉器:包括玉與似玉材質製成的頭飾、耳飾、頸飾、胸飾、腕飾、
臂飾,以及一些非實用性的武器、工具,式樣繁多,風格別具。造
型上,以玦形耳飾最富於變化,其中人獸形玦可作為代表,已被國
立臺灣史前文化博物館選為該館的館徽。這些玉器多為族人平常的

裝飾品，人過世後則當作隨葬品長埋地底。從這些玉器的精細程度來判斷，很可能已經有人專門從事玉石飾品製作，並以玉製器物作為交易，這些精緻的玉器能顯現出族人審美觀與工藝技術能力。

(四)石棺：在卑南遺址的建築物底部發現數以千計的石板棺，成帶狀分布，而且與地上建築物的座向相同，顯然意義非比尋常。棺內更有豐富又精美的陪葬玉器、陶器，可見當時人已有靈魂觀念，相信死後另有世界，並且有相沿成俗的喪葬儀禮。出土的家屋與墓葬上下緊密交疊，成為卑南遺址的一大特色。

(五)無頭遺骸：遺址也發現了被獵下頭顱的無頭遺骸，可能是因為族群擴張領域、爭奪自然資源，產生部落間的爭戰。

與原住民的關係：

一般認為既然稱作卑南文化，理應是現在卑南族的祖先。其實，考古學上的某某文化，命名通常都取自該文化代表性遺址所在地的地名。卑南文化的代表性遺址是卑南遺址，而卑南遺址位於日據時代原稱為卑南社的臺東市南王里，所以稱為「卑南文化」，與現今原住民之卑南族並沒有必然的關係。然而，卑南文化人到底是誰的祖先，目前學界認為卑南文化的晚期有兩個演化方向：一是往山區移民，適應山地生活方式，成為後來排灣族群（包括排灣族、卑南族、魯凱族）的祖先，原因是卑南文化人和排灣族都住石板屋、葬在石板棺，都有拔牙的習俗；其次，排灣、魯凱兩族舊社出土的陶器器形和卑南文化晚期非常接近。另一個演化方向，就是留在原來的平原及海岸臺地，成為阿美族的祖先。其依據是兩者居住地區及環境相同，而卑南社人相傳卑南遺址是阿美族的舊社。究竟何者屬實，有待往後的考古學研究進一步確認。

二、近年來，臺灣原住民族文化權逐漸受到重視，各族群祭儀持續復振與發展，在法規上也允許族人可以選擇自己族群部落的歲時祭儀放假、參與，讓不同的祭儀展現更多的活力。依據我國現行「紀念日及節日實施辦法」，原住民族每年得擇一天作為「歲時祭儀」民俗節日之放假日。試問「原住民族歲時祭儀」的傳統意義為何？現行放假制度是否造成一些執行面的問題？請申論之。

答 參考本書邵族、布農族、阿美族章之「信仰祭典」。

臺灣原住民族共有 16 個族別，各民族的歲時祭儀皆有不同。原住民族

「歲時祭儀」的傳統意義因祭祀的理由與對象不同而各有差異，然而，雖有差異，歸納起來不外乎：感恩上蒼、祈求來年豐收、家族交流等。例如鄒族「小米祭」，小米是鄒族主要糧食作物，因此鄒族的一年開始於小米的播種，結束於小米的收成，其中小米收穫祭最為重要。在每年小米成熟的七、八月由祭團帶領舉行，家族裡的每個成員均要回來參加祭儀，儀式包括潔淨、團圓、慶豐收、感恩祈福、家族共食、家族互訪、飲新栗酒、長老會議、祭祀山神等。主要感謝小米神照顧農作物，藉著祭祀儀式達到情感交流，強化家族凝聚力。

現今「原住民族歲時祭儀」是專屬於具原住民族身分勞工的國定假日，亦即原住民族於所屬族群歲時祭儀時有放假1日之權利，雇主應給予原住民勞工1日休假，且工資照計，勞工不用特別請假。然而，現行放假制度造成一些執行面的問題，因為各原住民族的祭儀日均不同，難以統一放假施行之，因此，事業單位雇主應至「原住民族委員會歲時祭儀」專區網站查詢「原住民族歲時祭儀」，於公司內部公告，若有聘用人員具有原住民身分，准予因應其族別而給假一天，期間之出勤及工資給付，事業單位應依法辦理。資方如果有違反相關規定，勞工可檢具相關事證，就近向當地勞工行政主管機關（縣、市政府勞工局（處）或社會局（處）申訴，請專人進一步處理，以維護自身權益。

三、文飾皮膚習俗在世界各地廣為普遍，而臺灣原住民文飾皮膚的主要方法是文身法，有刺面、刺胸、刺腹、刺背、刺手、刺足等處。請具體以臺灣原住民各族的「文身神話」為例，闡述說明其文本內容及其文化詮釋。

答 參考1.本書Part 3「模擬試題」「申論題第四回」第二題。2.Part 2的Unit 6「賽夏族的紋面」。3.Part 2的Unit 6「泰雅族紋面（黥面）之文化」。

臺灣原住民的紋身文化與其部落傳說或神話相關，即所謂「紋身神話」。例如：(一)排灣族人的紋身紋樣採用的是頭目或氏族的標誌：頭目的祖先是蛇生陶壺或太陽卵生，其後裔便會刺上蛇紋、陶藝紋和太陽紋飾，排灣族也曾利用百步蛇紋來紋身。紋身是貴族的特權，藉此來顯示自己的尊嚴。紋身是貴族的權力，紋身的部位大多在胸部、背部、手腕和手臂，有人形紋、人頭紋、蛇形紋，也只有頭目的直系親屬才可以使

用。(二)太魯閣族人相信死後要歸回祖靈之地,相傳他們服飾中多彩的橫紋,是象徵通往祖先福地的彩虹橋,而一連串多變的菱形紋,代表眼睛亦代表無數祖靈的庇佑。所以,太魯閣族織布之色彩以藍、黃、紅、黑、白組成,運用白色作布底,以簡單的顏色創造出彩色斑斕的熱鬧織品,極似彩虹。由以上可知原住民族紋身與其傳統神話具有密切關係,可以說他們的紋身乃其傳統神話在各族人民身上的祖先記憶與延伸。

四、臺灣原住民各族有著不同形式的傳統「年齡組織」,請從目前官方認定的16個族群任選其中2個不同族群的「年齡組織」為例,進行比較研究並說明其社會意義與文化內涵。

答 臺灣原住民社會的許多部落有年齡階級與會所制度,將不同年齡的族人分為不同年齡階級。男子依其社會責任被編入不同的年齡階層,並接受身心上嚴格的訓練。年齡階級與集會所蘊含的社會意義是不容忽視的,特別是在依年齡階級而形成的社會秩序下,對年輕人實施一連串的嚴格訓練。以下舉例阿美族與撒奇萊雅族:

(一)參考本書Part 2的Unit 13「年齡階級組織」

在年齡階級制度中有嚴格的分工制度,下一階級者必須服從上一階級的教導,如果違背,同一階級的伙伴會受到處罰,同樣的,如果有功有賞,也是以同一個階級為單位。經過如此嚴格的訓練,不但有助於阿美族的歷史文化繼承,也使得青少年得以養成自我控制能力,成年人能擔負起社會責任。而老年人已經退出年齡階層,但還是有權力,主要擔任部落領袖與年齡階級制度的顧問,也是受人們尊敬的老人。

(二)撒奇萊雅族的年齡階級,每五年進階一次。男子從嬰兒到15歲為幼年級(wawa);15歲到23歲為預備階級(masatrot),開始離家住宿在青年集會所(taloan),服從上一個年齡階級指揮並接受訓練;最後成為成年級(Matrot),授予年齡階級。此時,親友都會來祝賀。依傳統慣例,新加入年齡階級者須服勞役鋪修部落道路。同時為訓練人格意志,新加入者必須到山中學習獨立生活,一切食物靠自己在野外取得,經過一段時間後才召回部落,且必須以賽跑方式返回部落,落後者,長老們會使用雞爪、薑葉、咬人狗或咬人貓的枝葉從背後鞭打,處罰他。至於新階級的組成,先由頭目、長老以

及青年幹部開會討論來決定，然後以雞、diwas（一種祭祀用陶器）和酒向Malataw祭祀，最後才正式成立這個階級，這些儀式要在豐年祭前舉行。

阿美族與撒奇萊雅族的年齡階級組織相似，其階級名稱或年齡或許有所不同，但相同的是年齡階級的分別制度，使不同年齡的男子負起該負的責任，從年輕至年老，從自我獨立開始，以每個人不同時期的能力對族人有所貢獻；而會所制度則能集中族人力量，養成團結觀念，為自己的族人盡心盡力。現今時代愈進步，社會樣貌反而令人憂心，原住民族的年齡組織卻能養成一個人獨立勇敢、為自己負責的心理，會所則凝聚民眾力量，使社會更加穩定；民眾是堅強的人，社會是穩定的狀態，才能使得一族一國得以壯大發展、永續綿延。因此，從小小單位的年齡組織開始，對於民族家國的影響力不可小覷，此為原位民族年齡組織之社會與文化意義。

NOTE

110年 原民特考三等－原住民族史

一、同屬原住民族的平埔族群，為何沒有原住民身分？請從身分制的歷史變遷加以闡述。

答 (一)平埔族群是早在漢人於17世紀移民來臺灣開墾前，已分佈在北部的宜蘭、基隆一直到臺灣西部沿海的平原地帶上，並有各個不同文化、語言、部落認同的社會群體。最初，平埔族是對臺灣原住民分類管理所使用的稱呼，以對應於高山族，後來，學術界究認為平埔族是多數民族集合而成，並非單一民族，因此近來改稱為「平埔族群」。除了原本歸類為阿美族的噶瑪蘭族，多數平埔族群至今尚未得到臺灣政府承認為原住民族。

(二)平埔族身分制的歷史變遷：

1. 荷蘭、西班牙統治時期：稱平埔族為「土著」；清領時期，則大多稱為化番、熟番，與生番、野番等詞相對，清朝黃叔璥《番俗六考》一書中，依照地理分佈將原住民分為13個部落群。因化番、熟番多住在「平地草埔」，故又稱平埔仔、埔仔人、平埔番，「平埔」表示「平原」或「平地」之意。

2. 日治時期：將臺灣原住民分成高山族、平埔族，後來，伊能嘉矩《臺灣蕃政志》（1904），將平埔族群的分類修正，分為：凱達格蘭族、噶瑪蘭族、道卡斯族、巴宰族、巴布拉族、巴布薩族、阿立昆族（Arikun）、羅亞族（Lloa）、西拉雅族及馬卡道族等10族。

3. 國民政府時期：平埔族後代大多已喪失族群意識，且不獲官方認定為原住民族。直到臺灣族群研究興起，這些平埔族群的歷史才開始受到主流社會的關注。近年來，學者對於平埔族群的分類，又有新的看法。

(1) 日本語言學者土田滋在1985年的分類中（見Tsuchida，1985），將平埔族群分為12族：噶瑪蘭（Kavalan）、巴賽（Basay）、凱達格蘭（Ketagalan）、龜崙（Kulon）、道卡斯（Taokas）、巴宰（Pazih）、巴布拉（Papora）、巴布薩（Babuza）、洪雅（Hoanya）、西拉雅（Siraya）、馬卡道族（Makattao）以及大武壠族（Taivoan）。

(2) 學者李亦園則將平埔族群分成10族，乃為一般採用的分類：
　A.雷朗族（luilang）：臺北盆地及桃園。
　B.凱達加蘭族（ketagalan）：臺北北濱、金山、基隆一帶。
　C.道卡斯族（Taokas）：桃竹苗地區。
　D.巴則海族（Pazeh）：臺中盆地。
　E.巴布拉族（Papora）：臺中清水、梧棲。
　F.貓霧悚族（Babuza）：大肚溪以南，濁水溪以北地區。
　G.和安雅族（Hoanya）：雲嘉地區。
　H.西拉雅族（siraya）：分佈在臺南、高雄、屏東地區，又分為西拉雅、大滿（四社熟蕃）、馬卡道三個亞族。

(3) 臺灣語言學者李壬癸在1996年〈臺灣平埔族群的種類及其相互關係分類〉一文中，提出了7族14支的看法：邵族、噶瑪蘭（Kavalan）、凱達格蘭（Ketagalan）、巴布蘭（Baburan）、巴宰（Pazih）、洪雅（Hoanya）、西拉雅（Siraya）。後又基於語料上的新發現，於2006年及2010年發表的論文上，將大武　族及馬卡道族自西拉雅族中獨立出來。

由上可知，平埔族身分問題，歷來就因族群中已有多個分類，且臺灣平埔族為南島語系民族的一支，可能在五千年前至二千五百年前間移民至臺灣。漢人移民來臺後，和平埔族人密切接觸，平埔文化因而迅速被漢文化同化，再加上異族通婚，平埔族人逐漸融入漢人社會，其真正身分難以被統一劃歸為某某族，故沒有原住民身分。

二、日治時代的「番地」，在民國時代轉變為「山地鄉」，請就政策變遷與行政特性比較探討之。

答 詳見參考本書Part 1的Unit 5「日治時期理蕃政策」、Unit 6「戰後民國」。
(一)政策變遷：番地，是清領時期對臺灣原住民生活領域的稱呼，即原住民（舊時蔑稱「番人」）的土地，尤其有關需要開墾土地時，經常被提及。臺灣日治時期則以「蕃地」稱之，主要用來稱呼漢人罕至、只有原住民居住的地區。戰後，國民政府遷臺，依據中華民國的《地方制度法》改為「山地鄉」，全稱「山地原住民鄉」，為地方行政區。依據《地方制度法》第57條第2項規定，山地鄉境內以臺

灣原住民族為主要居民，其鄉長須經過民選，且必須為原住民族籍者才可以擔任。

(二)行政特性：臺灣山林地區的樟腦利益乃日本制定理蕃政策目的之一，是從經濟利益看待蕃地，而蕃地也成為阻礙樟腦專賣的原因，故日本轉而以取締「蕃害」為由，以武力監督原住民所在地的樟腦事業，原住民的抵抗愈來愈激烈，於是日本改採借重漢人通事進行安撫教化策略，但是此舉又造成漢人通事自傲，無視政府權勢，因而再採「以蕃治蕃」，利用各民族間的仇恨，提供槍彈，使其自相殘殺，達到消耗原住民實力的陰謀。

因此，原住民居住的土地雖由日人統治轉移至國民政府，但番地改稱山地鄉，可以說是沿襲日本時代強迫掠奪原住民土地領域，換了名稱但實際內容並未改變與改進，所謂的土地改革政策依舊缺乏正義。

三、19世紀臺灣開港通商後，有不少西方傳教士、海關人員、博物學者、商人來臺工作或旅行；請舉出兩人為例，以其人與事分別說明與臺灣原住民族的接觸歷史與影響。

答 (一)必麒麟：1860年以前，英、美早已經由海路探訪臺灣，主要是想獲得臺灣的樟腦，而當時臺灣尚未開放對外通商，英美商人只能進行非法的走私交易。直到1850年，清廷在英法聯軍之役中戰敗，與英法簽定《天津條約》（1858）、《北京條約》（1860），將臺灣的安平與淡水港開放為通商口岸，准許外國人來臺從事貿易。1863年又增列雞籠（基隆）與1864年打狗（高雄）兩個港口。這些條約除了規範通商口岸開設相關事務外，並設置了領事館等駐臺外交機構，故出現洋行、幫辦等社會新角色。因此，港口通商改變了臺灣貿易的新面貌，社會與經濟也隨之出現劇烈變化。特別是樟腦與茶葉兩項產品，茶葉的種植、生產帶動了北臺灣的經濟發展，臺灣出口貿易趨向繁榮，以出口為導向的貿易成為帶動經濟成長的重要動力。當時外國人對臺灣樟腦極具興趣，樟腦買賣可以獲得高利益，但樟樹主要生長在原住民所居住的森林地帶，因此，樟腦買賣在從事樟樹開發時，常與臺灣原住民產生衝突。在經濟利益的誘因之下，清政府對於山區原住民的管控更加緊縮，原住民也因此受到壓迫，進而出現了大規模的遷徙。臺灣開放通商初期，樟腦為出口大

宗，但被英國商人壟斷。同治2年（1863），清廷下令樟腦收歸官辦，引起外商不滿，多私下透過本地商人進行走私交易。同治7年（1868），有一英國商人必麒麟（William Alexander Pickering，1840～1907）走私樟腦，被官府逮捕，樟腦全數沒收，雙方發生衝突。這時其他外國洋行也透過各國駐臺領事向中國官員施壓，請求本國政府派兵協助。同年10月，英國艦抵達臺南安平，強行登陸，占領安平市街道，清廷讓步，同意撤銷樟腦官辦及賠償英商的損失，此為著名的「樟腦戰爭事件」。必麒麟為英國探險家與官員，1863年抵達臺灣，並先後任職於打狗子口海關、安平海關、天利行、怡記洋行，曾深入臺灣山區探訪並留下大量相關文獻紀錄。1863年，必麒麟在臺灣樟腦主要生產地之一的彰化縣五叉港（今臺中梧棲漁港）大量收購樟腦，遭到清廷查緝扣押。1864年必麒麟由打狗（今高雄市）經阿猴（今屏東縣屏東市）到萬金（今屏東縣萬巒鄉），試圖到排灣族部落探勘，亦曾由六龜進入中央山脈，試圖尋找肉桂、高山茶等物資。1867年，必麒麟協助因美國商船羅妹號引發的外交事件，征討排灣族原住民。樟腦買賣，不論是外商或漢人，不管是英國、中國或日本，都只在乎他們自身的利益，臺灣的人、土地或者山林，並非他們關注的焦點。開墾原住民居住地及製作樟腦，受到壓制的都是原住民，更遑論在買賣過程中，為了商業利益屠殺原住民之暴行。1890年後，因樟樹被砍伐殆盡，清政府允許業者可進入深山，樟腦業的興盛帶來臺灣山林無可彌補的浩劫，也使本來在山林中生活的原住民受到干擾。因此，臺灣開港帶動經濟與社會繁榮，但對於原住民來說，由於近山丘陵及山區樟樹的開發，使得其生活一再受到衝擊，買辦豪族率眾入山開發，加深了漢人與原住民的衝突，甚至清廷為了保有茶與樟腦的財源，往往不惜動用軍隊入山攻擊、驅逐原住民，這也迫使得原住民只有往更深山或東部遷徙。

(二)馬雅各（James Laidlaw Maxwell，1836～1921）出生於英國蘇格蘭，是醫師、長老教會傳教士以及牧師。於19世紀後期到臺灣南部傳教及行醫，也稱為醫療宣教，他是英國長老教會第一位駐臺灣宣教師，與馬偕醫師齊名。他在臺南附近的玉井、左鎮、崗仔林等平埔族地區傳教而大受歡迎，並設立教會，並於臺南創設了臺灣首座西式醫院看西街醫館（今新樓醫院）。1868年臺灣發生樟腦戰爭，

引發臺灣人排斥洋教洋人達到顛峰，教堂被毀，教民被殺，華洋關係交惡屢屢發生，有傳教士被誣告殺人埋骨於禮拜堂地下，總理各國事務衙門指示閩省督撫派員會同英國領事迅速偵辦，於是福建興泉永海防兵備道曾憲德受委派專責辦理。馬雅各陪同英艦艦長Lord C.Scott、安平領事Mr.Gibson、廈門英領事 Mr. Robert Swinhoe前往埠頭，與福州道交涉臺處理教會迫害事件，最後清廷賠款教會，並承認傳教士在臺灣有傳教居住之權及傳教的保障，使得臺灣傳教士得到發展空間。同年，馬雅各由海路自打狗抵安平，回到臺南。1869年租得大面積的許厝舊樓，設立一個頗具規模的醫館，1870年4月1日，於臺北設立木柵禮拜堂等，對臺灣早期的醫療貢獻很大。馬雅各發覺單純、樸實的原住民，對福音的接受度比漢人高，因此，在臺期間，足跡遍及玉山及中央山脈，翻山越嶺，深入平埔族各部落行醫傳道。短短幾年，他把英國長老教會的福音種子，傳播至臺灣大甲溪以南的中南部地帶。

四、請任選一項原住民重大歷史事件，並以「原住民族史觀」解讀該事件的發生背景、原因、過程、結果與影響。

答 史觀，即對於「歷史」的觀點，同時也可以指對「歷史」的概念或發展的邏輯。換言之，這個觀點的主體是「誰」、所指的「人群範疇」為何，必須有所界定，然而此「人群範疇」既是自我的界定，也可以是國家建構、殖民統治外現的結果。由於主體不同，看到的歷史也不會一樣，以致處於同一個社會，卻有多種歷史觀點的記憶並存，其間的關係可能是對立、壓制，也可能是相互尊重與理解。臺灣由於受過多次外族統治，因此，歷來的史觀均為統治者之史觀，而非原住民族以原住民身分所詮釋的歷史與觀念。關於原住民重大歷史事件，原住民族委員會已將十大重大歷件納入12年教綱，計有：牡丹社事件、大港口事件、加禮宛事件、南庄事件、大豹社事件、大嵙崁事件、李棟山事、七腳川事件、太魯閣事、大分事件。以大豹社事件（1900～1906）為例：
大豹社事件為二十世紀初，以泰雅族大豹社為首的原住民聯軍在大豹溪流域（今新北市三峽區南部山區）一帶反抗理蕃政策而發動的抗日起義。1900年，總督府開放樟腦業者進入山地開採資源，大量業者進入部落領域，擁有豐富樟腦資源的泰雅族大嵙崁地區首當其衝。六月，因製造樟

腦工人強姦部落婦女，引起族人反抗爆發衝突。八月，總督府派軍隊鎮壓，大豹共同頭目瓦旦‧燮促率軍反抗，與日人展開戰爭，日軍死傷慘重而停戰，對大豹社改採「嚴密監控、游擊出擊」的戰術，最後原住民無法持續抗爭，於西元 1906 年戰敗。結果日本消滅大豹社並占領該地。事隔多年後，1947 年，瓦旦‧燮促之子樂信‧瓦旦（林瑞昌）提出「臺北縣海山區三峽鎮大豹社原社復歸陳請書」，請求取回祖居地，但未獲回應。1952 年 11 月樂信‧瓦旦因涉及「高砂族自治會」組織，遭國民政府以「高山族匪諜案」罪名逮捕下獄，於 1954 年被槍決。

在原住民正義逐漸被重視的現代，2016 年 8 月 1 日，立委高金素梅帶領泰雅族人及學者，重返大豹社戰役歷史現場告慰祖靈，表示未來將在三峽大豹忠魂碑附近建立大豹社紀念碑，讓後代更加瞭解歷史真相。泰雅族大豹群（Topa）的歷史乃屬於臺灣土地的共同歷史，不該被忘記，目前，桃園在每年 8 月 1 日「原住民族日」，都會藉著不同主題展覽，重現原住民族的歷史記憶，例如樂信‧瓦旦故事展、以及 1964 年卡拉社因石門水庫興建而遷徙淹沒的故事等，這些都是原住民族的史實，應該代代流傳且被記憶。

原住民族有很多失落的故事應該重新找尋，透過田野調查、造訪部落及耆老，還原各族群族裔的故事，記錄曾經在臺灣發生的歷史事件，讓年輕一代族人瞭解祖先的歷史，還原歷史、重視母語，使之不墜，才是重建原住民族史觀的實踐。

110年 原民特考五等─臺灣原住民族史大意

( ) **1** 臺北帝國大學文政學部對於臺灣原住民族的分類採取： (A)六族說 (B)七族說 (C)八族說 (D)九族說。

( ) **2** 大清帝國在實施「開山撫番」政策，主要在什麼時期開始： (A)1850年代 (B)1860年代 (C)1870年代 (D)1880年代。

( ) **3** 鄭成功曾經派楊英到濁水溪沖積扇的重要大社收取糧食，請選擇是那一社： (A)馬芝遴社 (B)西螺社 (C)斗六社 (D)南社。

( ) **4** 蔦松文化通常為考古學界認為與那一族群有關？ (A)凱達格蘭族 (B)道卡斯族 (C)鄒族 (D)西拉雅族。

( ) **5** 臺灣考古學界認為與原住民起源關係最密切的史前文化是： (A)營埔文化 (B)大坌坑文化 (C)鳳鼻頭文化 (D)圓山文化。

( ) **6** 臺灣有名的黑陶文化是： (A)大湖文化 (B)卑南文化 (C)圓山文化 (D)植物園文化。

( ) **7** 臺灣中部地區在17世紀有名的部落聯盟是： (A)大肚王國 (B)大龜文王國 (C)費佛朗王國 (D)凱達格蘭王國。

( ) **8** 十七世紀和荷蘭人關係最密切友好的為那一原住民族社？ (A)卑南社 (B)打狗社 (C)新港社 (D)太巴塱社。

( ) **9** 大清帝國在平原與丘陵山邊設置重要的界線，其中代表性的構造物是： (A)灌溉圳路 (B)土牛溝 (C)舊社 (D)塘汛。

( ) **10** 大清帝國在埔里曾經針對漢人入侵埔里盆地給予重要的政策並清除漢人侵墾，史稱： (A)戴潮春事件 (B)郭百年事件 (C)林爽文事件 (D)朱一貴事件。

( ) **11** 日本統治時期臺灣總督府對於臺灣原住民所提出的分類體系採取： (A)六族說 (B)七族說 (C)八族說 (D)九族說。

( ) **12** 日本統治初期發生在奇萊平原重大的歷史事件是： (A)七腳川事件 (B)大港口事件 (C)加禮宛事件 (D)太魯閣事件。

( ) **13** 日本時代初期對臺灣原住民調查具有重要貢獻的學者是： (A)國分直一 (B)鹿野忠雄 (C)鳥居龍藏 (D)移川子之藏。

（　）**14** 日本時代臺北帝國大學對於原住民調查最重要的單位是：　(A)地質學科　(B)醫學部　(C)土俗人種學教室　(D)理農學部。

（　）**15** 臺灣總督府曾經將那三個族群合併為一族進行資料統計？　(A)排灣族、卑南族、魯凱族　(B)西拉雅族、大武壠族、塔加里揚族　(C)凱達格蘭族、道卡斯族、拍瀑拉族　(D)鄒族、邵族、泰雅族。

（　）**16** 臺灣總督府對於臺灣原住民的遷移政策稱為：　(A)集團移住　(B)聚落遷移　(C)番界政策　(D)番童教育。

（　）**17** 涉及太魯閣事件的臺灣總督是：　(A)樺山資紀　(B)乃木希典　(C)佐久間左馬太　(D)兒玉源太郎。

（　）**18** 日本統治時期大分事件的重要原住民人物是：　(A)拉荷阿雷　(B)莫那魯道　(C)望麒麟　(D)陳輝煌。

（　）**19** 戰後初年228事件以及白色恐怖犧牲的泰雅族原住民是：　(A)湯守仁　(B)高一生　(C)林瑞昌　(D)歐陽朝佑。

（　）**20** 1994年將原住民的名稱從山胞改為原住民的總統是：　(A)蔣經國　(B)嚴家淦　(C)李登輝　(D)陳水扁。

（　）**21** 目前原住民族委員會刻正積極籌劃成立的「國立原住民族博物館」未來將會設立在那個縣市？　(A)臺北市　(B)桃園市　(C)花蓮縣　(D)高雄市。

（　）**22** 霧社事件中主要人物莫那魯道的遺體原本被保存在：　(A)臺灣大學醫學院　(B)臺灣省立博物館　(C)臺灣大學考古人類學系（今人類學系）　(D)臺中圖書館。

（　）**23** 1960年代石門水庫興建完成，雖然對國家有重大貢獻，但那一個原住民族受到遷移的損害，導致文化逐漸喪失？　(A)賽德克族　(B)賽夏族　(C)太魯閣族　(D)泰雅族。

（　）**24** 受到花蓮縣水泥工業影響重大的原住民族群是：　(A)布農族　(B)阿美族　(C)太魯閣族　(D)噶瑪蘭族。

（　）**25** 撒奇萊雅族和那個族群共同受到清軍的「征討」？　(A)噶瑪蘭族　(B)太魯閣族　(C)阿美族　(D)布農族。

（　）**26** 撒奇萊雅族在文化復振運動當中最有名的祭典是：　(A)豐年祭　(B)火神祭　(C)貝神祭　(D)海祭。

（　）**27** 撒奇萊雅族對於清代末年發生的事件所重新訂定的自我名稱是：　(A)新城事件　(B)威里事件　(C)達固湖灣事件　(D)加禮宛事件。

（　）**28** 清末加禮宛事件主要影響族群包括撒奇萊雅族以及那一族？　(A)布農族　(B)阿美族　(C)太魯閣族　(D)噶瑪蘭族。

（　）**29** 原來主要分布於蘭陽平原，但目前還保有自己文化的噶瑪蘭族分布於那一縣市？　(A)新北市　(B)宜蘭縣　(C)花蓮縣　(D)臺東縣。

（　）**30** 經過文化復振，目前擁有貝神祭的原住民族是那一族？　(A)鄒族　(B)卡那卡那富族　(C)拉阿魯哇族　(D)布農族。

（　）**31** 以下那一個史前文化是臺灣歷史發展中重要的史前文化？　(A)龍山文化　(B)彌生文化　(C)紅山文化　(D)圓山文化。

（　）**32** 賽德克巴萊這部電影主要描述原住民歷史上那一重要事件？　(A)太魯閣事件　(B)七腳川事件　(C)霧社事件　(D)噍吧哖事件。

（　）**33** 根據內政部公告，目前之原住民設籍人口數所占該行政區域人口數比例最高是那一縣市？　(A)新北市　(B)花蓮縣　(C)高雄市　(D)臺東縣。

（　）**34** 根據內政部公告，單一縣市設籍原住民人口數最高的縣市為何？　(A)新北市　(B)臺東縣　(C)花蓮縣　(D)高雄市。

（　）**35** 臺灣原住民族權利促進會（簡稱原權會），於1984年成立，提出臺灣原住民族宣言，發行刊物，請問當時何人為原權會之創會會長？　(A)胡德夫　(B)劉文雄（夷將‧拔路兒）　(C)伊凡‧尤幹　(D)童春慶。

（　）**36** 下列與原住民族密切相關的歷史事件之中，那一個事件不是發生在北臺灣者？　(A)李棟山事件　(B)大分事件　(C)大豹社事件　(D)大嵙崁事件。

（　）**37** 下列敘述中有關我國十項運動名將楊傳廣先生的敘述何者不正確：　(A)擁有亞洲鐵人的稱號　(B)於1960年羅馬奧林匹克運動會中榮獲十項運動比賽的金牌　(C)榮獲兩屆亞運十項全能金牌　(D)他是臺東縣臺東市馬蘭部落的阿美族人。

（　）**38** 請問下列平埔族群中主要居住地不在南臺灣者？　(A)道卡斯　(B)馬卡道　(C)西拉雅　(D)大武壠。

（　）**39** 請問下列那一事件未涉及現今已被認定為臺灣原住民族者？　(A)朱一貴事件　(B)林爽文事件　(C)郭懷一事件　(D)郭百年事件。

（　）**40** 下列那一個遺址還不具有「國定考古遺址」的身分？　(A)十三行遺址　(B)大坌坑遺址　(C)八仙洞遺址　(D)卑南遺址。

（　）**41** 請問下列那一個國未曾在歷史上統治過臺灣？　(A)葡萄牙　(B)西班牙　(C)荷蘭　(D)中國明朝。

（　）**42** 針對平埔族及臺灣原住民，有一種公開競標取得許可證到原住民聚落收稅的「贌社」制度（可簡稱之為稅賦承包制），請問是由那一個統治者創設的制度？　(A)荷蘭人　(B)西班牙人　(C)滿州人　(D)日本人。

（　）**43** 1867年，有一艘船原由中國汕頭出發往東北，但行程中遇風迷航至南臺灣海岸發生觸礁意外，船員登岸時遭當地原住民襲擊殺害事件，引起國際糾紛。由於該船名為羅發（Rover），所以史稱羅發號事件（或羅妹號事件）。請問該船係屬何國之船？　(A)英國　(B)法國　(C)美國　(D)西班牙。

（　）**44** 請問羅發號（Rover）事件發生後，前往南臺灣恒春一帶交涉的外國外交人員的名字是？　(A)李庥　(B)必麒麟　(C)威廉斯　(D)李仙得。

（　）**45** 請問下列歷史事件均與原住民族有關，但其中那一事件與日本無關？　(A)牡丹社事件　(B)大港口事件　(C)七腳川事件　(D)太魯閣事件。

（　）**46** 請問下列歷史事件均與原住民族有關，但其中那一事件與中國清朝無關？　(A)大庄事件　(B)大港口事件　(C)大分事件　(D)加禮苑事件。

（　）**47** 下列人士之中，那一位是「美麗的稻穗」一曲的創作者？　(A)胡德夫　(B)陳建年　(C)陸森寶　(D)高一生。

（　）**48** 請問下列那一族群迄今為止，族群人口、分布範圍與界線，未受到新民族認定運動影響者？　(A)泰雅族　(B)賽夏族　(C)鄒族　(D)阿美族。

( ) **49** 下列那位學者是最先展開有系統地研究臺灣原住民的日本學者？
(A)馬淵東一　(B)鹿野忠雄　(C)伊川子之藏　(D)伊能嘉矩。

( ) **50** 《臺灣高砂族系統所屬の研究》一書，是研究臺灣原住民族群關係
與族群史重要的著作，書中提供詳細的系譜資料尤為重要，成為後
來學者研究原住民歷史與文化的重要參考著作。請問下列學者，何
者並未參與是項研究工作？ (A)伊川之子藏　(B)宮本延人　(C)鹿
野忠雄　(D)馬淵東一。

解答及解析

1 (D)　　**2 (C)**　　**3 (D)**

4 (D)。蔦松文化是南部地區史前時代
最晚一期的文化，主要分佈於臺
南、高雄及屏東北部地區，而西拉
雅族為臺灣原住民族，主要分佈在
嘉南平原。

5 (B)

6 (A)。大湖文化（距今3500～2000
年）：已發現的遺址集中在曾文溪
沖積平原東側，先民們的生活工具
及用品以黑色陶具為主。

7 (A)。大肚王國是史前時期在臺灣中
部由臺灣原住民拍瀑拉族、巴布薩
族、巴則海族、洪雅族建立的多部
落酋邦。

8 (C)。新港社：為17世紀臺灣原住民
西拉雅族的四大社（新港社、蕭壟
社、目加溜灣社、蔴荳社）之一，
今臺南市新市區一帶，為臺灣最早
接受西方文明的區域，在1636年，
當時殖民統治臺灣南部的荷蘭人在
新港社興建教堂佈教，並以羅馬字
拼寫其使用的語言新港語，稱為
「新港文書」。

9 (B)。土牛溝：清領時期，在臺灣普
遍設置的界線。清朝政府採原漢隔
離政策，有種種措施防止漢人侵墾
臺灣原住民生活領域，時稱「番
地」。此界線主要功能即在區分漢
人與原住民的生活區域，避免雙方
的衝突。

10 (B)。郭百年事件：發生於清嘉慶
19～20年（1814～1815），水沙連
地區之埔里社漢人和原住民之間的
大規模衝突事件。

11 (B)

12 (A)。1908年12月，發生阿美族的
「七腳川戰役」。20世紀初期，
日本占領台灣，看上東部奇萊平原
一帶土地肥沃，適合屯墾，大舉
進駐。原住民阿美族七腳川社（今
花蓮縣吉安鄉）因隘勇線之薪資爭
議，與日本警察衝突之事件。

13 (C)。鳥居龍藏（1870～1953），
1896年至1900年間，四度被東京
帝國大學派遣至臺灣從事人類學研
究調查。到達臺灣後，選擇徒步
入山，以進行實地調查旅行；足跡

遍佈臺灣本島及紅頭嶼、火燒島，並攀登玉山，橫越中央山脈，為臺灣原住民研究留下珍貴的影像與資料。

14 (C)。土俗人種學教室：創設於西元1928年，隸屬於日治時期臺北帝國大學文政學部史學科。臺北帝國大學，是日本政府所設定的日本帝國南方研究基地，所進行的研究以華南、南洋地區為重點，在人文研究方面，則特別設立了南洋史學、土俗學和人種學。

15 (A)

16 (A)。日治時期之《理蕃政策大綱》，將「集團移住」（集體遷村）列為施政重點之一。從此，大量山地原住民被迫遷移至山腳地帶，目的在藉著系統性規範原住民居住地區與移住計畫之執行，達成「理蕃」、「林政」和「拓殖」三大目標。

17 (C)　**18 (A)**

19 (C)。二二八事件中，犧牲的原住民菁英有：湯守仁、高一生、林瑞昌，其中，屬於泰雅族者為林瑞昌。

20 (C)　**21 (D)**

22 (C)。莫那‧魯道（1880～1930），是臺灣原住民賽德克族馬赫坡社（今廬山溫泉區）的頭目，日治時期的抗日運動霧社事件之領導者。在起義失敗後飲彈自盡。莫那魯道死後，屍體沒有完全腐化，一半變成木乃伊，1933年才被尋獲，1934年先是在埔里能高郡役所落成之際被展示，接著送到臺北帝國大學（今臺灣大學）作為人類學研究的標本，但隨即被「借展」。1934年7月1日，在新高新報社舉辦「警察展覽會」上，莫那的遺骸，第二度被公開展示，地點換到臺北植物園內。

23 (D)。石門水庫興建時期，政府規劃將桃園復興鄉位處低窪淹沒區的泰雅族部落（霞雲坪、溪口台、合流、下奎輝、石秀坪、二坪、新柑坪、下高遶、石門）共計82戶居民，遷移到大溪中庄的「移民新村」（今大溪區中新里大鶯路1320巷）安置。1963年2月19日，桃園復興鄉公所發出遷村公告後，「提醒」泰雅族人在三個月期限內，搬離家園前往新處所。

24 (C)。從宜蘭冬山的力霸水泥、蘇澳的信大水泥和台泥蘇澳廠、東澳的幸福水泥、和平的台泥和平廠和水泥專用港，一直抵達太魯閣國家公園所在的新城站，1990年代，太魯閣族人成立自救會，發起「反亞泥‧還我土地」運動，訴求花蓮縣政府、秀林鄉公所以及亞泥，交還太魯閣族人世代居住耕作土地。

25 (A)。臺灣原住民噶瑪蘭族（Kebalan）和撒奇萊雅族（Sakizaya），在1878年聯合抵禦清朝入侵，史稱「加禮宛戰役」。

26 (B)

27 (C)。「達固湖灣」為撒奇萊雅族的傳統聚落，1878年清末達加禮宛事件後，撒奇萊雅族為避免滅族之憂，分散隱匿於阿美族等族群中，藉此延續族群生命，代代相傳希望有朝一日恢復族名，故加禮宛事件又稱達固湖灣事件。

28 (D)。加禮宛戰役，是臺灣原住民噶瑪蘭族（Kebalan）和撒奇萊雅族（Sakizaya）在1878年聯合抵禦清朝入侵的事件。此事件對於花蓮地區的族群分布影響極大，撒奇萊雅族及噶瑪蘭族在聯合抵抗清軍入侵的事件中幾乎滅絕，倖存的族人藏身在阿美族之中。

29 (C)。噶瑪蘭族，為臺灣南島語族的一支，又可細分為噶瑪蘭族、猴猴族與哆囉美遠族三個支系，其分布區域主要在於蘭陽平原一帶。

30 (C)

31 (D)。圓山遺址：位於臺灣臺北市中山區圓山西邊緩坡，為全臺灣最珍貴的史前遺址之一，也是罕見的多文化層遺址，也稱圓山貝塚。經1897年、1953年陸續出現的考古證據顯示，該遺址主要有兩個文化層，上層為圓山文化，下層則為粗繩紋陶文化。1990年代之後，該遺址更辨認出大坌坑文化、植物園文化、十三行文化等不同時期的史前文化內涵。

32 (C)。賽德克巴萊：2011年臺灣導演魏德聖拍攝的電影長片，改編自邱若龍漫畫《霧社事件》。

33 (D)　34 (C)　35 (A)

36 (B)。大分事件：臺灣日治時期的原住民族主要抗日事件之一，1915年5月17日由布農族發動，事發地點為花蓮港廳玉里郡大分駐在所（今花蓮縣卓溪鄉大分）。

37 (B)。(B)獲1960年羅馬奧運會銀牌，並非金牌。

38 (A)。道卡斯族：臺灣原住民之族群之一，原居於新竹、苗栗、台中一帶的海岸平原區。

39 (C)。郭懷一事件：1652年臺灣發生的漢人農民武裝起事。當時農民因甘蔗業衰退而謀生困難，又不滿荷蘭東印度公司士兵在臨檢人頭稅時的惡行，引起農民反抗的事件。

40 (#)。此題送分。

41 (A)

42 (A)。(A)贌社：臺灣被荷蘭統治時期實行的村社承包製度，將轄下原住民村社的交易權公開招標，商人得標後即可獨占村社的所有交易。得標的承包商以衣料、鹽、鐵鍋及各種雜物，和原住民交易鹿皮、鹿肉，再轉賣鹿製品以賺取利潤。直到清代對臺灣進行稅制改革，才逐漸消失。

43 (C)

44 (D)。李仙得（1830～1899），法裔美國人，曾參與南北戰爭，後擔任外交官，曾擔任美國駐廈門領事。1867年3月，美國商船羅發號由汕頭赴牛莊之際，在臺灣東部

外海紅頭嶼（今蘭嶼）觸礁沉沒，其船長杭特夫婦及生還者在潭仔灣登陸，被斯卡羅酋邦龜仔用社的排灣族原住民殺害，是為「羅發號事件」，引發美國政府與滿清政府交涉。李仙得勸說閩浙總督，請清廷解決臺灣原住民屠殺問題。閩浙總督沒有採取行動，而是寫了一封介紹信，讓李仙得本人前往臺灣，要求臺灣知府合作。

45 (B)。大港口事件：1877年在臺灣花蓮爆發的一次軍事衝突和政治事件。起因乃清代沈葆楨的「開山撫番」政策，臺灣鎮總兵吳光亮率兵進入東部，欲強行開闢水尾（花蓮縣瑞穗鄉）至大港口（花蓮縣豐濱鄉港口部落）之道路，引發奇密社、納納社、阿棉社的反抗，並在大港口發生衝突。

46 (C)。大分事件：參考第36題。

47 (C)。陸森寶：巴利瓦克斯（卑南語：Baliwakes Raera，1910～1988）之漢名，出身臺東廳卑南社的卑南族音樂歌謠創作者及教育家，金曲獎得主陳建年之外公，曾先後於日治時期與戰後使用日文名字森寶一郎。

48 (B)。賽夏族為目前學者認為是最早移入臺灣發展的原住民族群，故並未受到新民族認定運動的影響。

49 (D)。伊能嘉矩（1867～1925），日本人類學家、民俗學家，一生主要致力於臺灣研究，是臺灣原住民人類學研究的奠基人之一，著有《臺灣文化志》，乃伊能嘉矩所撰寫的清代臺灣歷史，對臺灣史研究影響極大。1895年11月，伊能嘉矩以陸軍省雇員身分來到臺灣，任職於總督府民政局，組織「臺灣人類學會」，開始學習閩南語、泰雅語，進而調查原住民各族語言。1898年4月，伊能嘉矩任「蕃政研究」調查員，發表《臺灣土番開發狀況》。1900年臨時臺灣舊慣調查會成立，任命伊能嘉矩為幹事。1904年4月，伊能嘉矩以《臺灣蕃政志》向東京大學申請博士學位，但在1907年遭撤回。

50 (C)。《臺灣高砂族系統所屬の研究》，是臺北帝國大學土俗人類學研究室所出版的一部研究專書，該書作者為移川子之藏、馬淵東一、宮本延人等人，並有淺井惠倫參與研究採集工作，內容包括台灣原住民各族的生活地域、神話與個人層次的系譜，以及部落、氏族與族群之間的互動和遷徙的沿革。

鹿野忠雄（1906～1945）：日本博物學家、探險家、昆蟲學家、文化人類學家暨民俗學家，曾於臺灣求學並進行長期的學術研究。為日治時期後期，居臺日籍人士當中相當著名的博物學及人文學者，主攻地理、昆蟲、植物、臺灣原住民、地質與地形。

原來這樣會違規！

適用於考選部舉辦之考試

試場規則

扣考

若發生以下情形，應考人不得繼續應考，其已考之各科成績不予計分。

- 把小抄藏在身上或在附發之參考法條中夾帶標註法條條次或其他相關文字之紙張。

- 考試試題註明不可以使用電子計算器時，使用電子計算器(不論是否為合格型號)。

- 在桌子上、椅子、墊板、原子筆、橡皮擦、修正帶、尺、手上、腿上、或入場證背面等刻寫小抄。

- 電腦化測驗時，因為題目不會寫，憤而破壞電腦設備。

依試場規則第4條第1項第5、7、10款；第5條第1項第1、5款規定處理。

不予計分

- 混合式試題考試結束時誤將試卷或試卡夾在試題上攜出試場。

- 非外國文科目，使用外國文作答。（外國文科目、專有名詞及有特別規定者，不在此限）。

依試場規則第4條第2項、第10條規定處理。

-20分

- 考試開始45分鐘內或規定不得離場時間內，就繳交試卷或試卡，未經監場人員同意，強行離開試場。

- 電腦化測驗僅能用滑鼠作答，自行使用鍵盤作答。

依試場規則第5條第1項第1、6款規定處理。

-5分　視以下情節輕重，扣除該科目成績5分至20分。

- 坐錯座位因而誤用別人的試卷或試卡作答。

- 裁割或污損試卷（卡）。

- 在試卷或試卡上書寫姓名、座號或不應有文字。

- 考試時用自己準備的紙張打草稿。

- 考試前沒有把書籍、筆記、資料等文件收好，並放在抽屜或桌子或椅子或座位旁。

- 考試時，行動電話放在衣服口袋中隨身攜帶，或放在抽屜或桌子或椅子或座位旁。

- 考試開始鈴響前在試卷或試卡上書寫文字。

- 考試結束鈴聲響畢，仍繼續作答。

- 使用只有加減乘除、沒有記憶功能的陽春型計算器，但不是考選部公告核定的電子計算器品牌及型號。

依試場規則第6條第1、2、4、6、7、8、9款。

-3分　視以下情節輕重，扣除該科目成績3分至5分。

- 攜帶非透明之鉛筆盒或非必要之物品，經監場人員制止而再犯。

- 考試時間結束前，把試題、答案寫在入場證上，經監場人員制止，仍強行帶離試場。

依試場規則第6條第1、2、4、6、7、8、9款。

千華數位文化股份有限公司
新北市中和區中山路三段136巷10弄17號
TEL: 02-22289070　FAX: 02-22289076

高普│地方│各類特考
共同科目

名師精編 · 題題精采 · 上榜高分必備寶典

1A011111	法學知識－法學緒論勝經	敦弘、羅格思、章庠	650元
1A021101	國文--多元型式作文攻略(高普版)	廖筱雯	360元
1A031111	法學緒論頻出題庫	穆儀、羅格思、章庠	550元
1A041101	最新國文多元型式作文勝經	楊仁志	490元
1A961101	最新國文－測驗勝經	楊仁志	630元
1A971081	國文－作文完勝秘笈18招	黃淑真、陳麗玲	390元
1A851111	超級犯規！國文測驗高分關鍵的七堂課	李宜藍	650元
1A551071	最新國文--橫式公文勝經	楊仁志	450元
1A911111	國文—公文寫作捷徑攻略	張良、方華	490元
1A421111	法學知識與英文 (含中華民國憲法、法學緒論、英文)	龍宜辰、劉似蓉等	650元
1A831101	搶救高普考國文特訓	徐弘縉	590元
1A681111	法學知識－中華民國憲法(含概要)	林志忠	550元
1A801101	中華民國憲法頻出題庫	羅格思	470元
1A811111	超好用大法官釋字工具書+精選題庫	林俐	近期出版
1A051111	捷徑公職英文：沒有基礎也能快速奪高分	德芬	530元
1A711101	英文頻出題庫	凱旋	430元

以上定價，以正式出版書籍封底之標價為準

千華數位文化股份有限公司

■新北市中和區中山路三段136巷10弄17號　■千華公職資訊網 http://www.chienhua.com.tw
■TEL: 02-22289070　FAX: 02-22289076　　■服務專線：(02)2392-3558・2392-3559

高普 | 地方 | 原民
各類特考

一般行政、民政、人事行政

編號	書名	作者	定價
1F181111	尹析老師的行政法觀念課 ---- 圖解、時事、思惟導引	尹析	690 元
1F141111	國考大師教你看圖學會行政學	楊銘	670 元
1F171111	公共政策精析	陳俊文	590 元
1F271071	圖解式民法 (含概要) 焦點速成 + 嚴選題庫	程馨	550 元
1F281111	國考大師教您輕鬆讀懂民法總則	任穎	490 元
1F291111	國考大師教您看圖學會刑法總則	任穎	470 元
1F331081	人力資源管理 (含概要)	陳月娥 周毓敏	490 元
1F351101	榜首不傳的政治學秘笈	賴小節	570 元
1F591091	政治學 (含概要) 關鍵口訣 + 精選題庫	蔡先容	620 元
1F831111	地方政府與政治 (含地方自治概要)	朱華聆	630 元
1F241101	移民政策與法規	張瀚騰	590 元
1E251101	行政法 -- 獨家高分秘方版測驗題攻略	林志忠	590 元
1E191091	行政學 -- 獨家高分秘方版測驗題攻略	林志忠	570 元
1E291101	原住民族行政及法規 (含大意)	盧金德	600 元
1E301091	臺灣原住民族史及臺灣原住民族文化 (含概要、大意)	邱燁	590 元
1E571111	公共管理 (含概要) 精讀筆記書	陳俊文	610 元
1F321111	現行考銓制度 (含人事行政學)	林志忠	560 元
1N021111	心理學概要 (包括諮商與輔導) 嚴選題庫	李振濤 陳培林	550 元

以上定價，以正式出版書籍封底之標價為準

千華數位文化股份有限公司
■新北市中和區中山路三段136巷10弄17號　■千華公職資訊網 http://www.chienhua.com.tw
■TEL: 02-22289070　FAX: 02-22289076　■服務專線：(02)2392-3558・2392-3559

高普|地方|各類特考
頻出題庫系列

名師精編題庫・題題精采・上榜高分必備寶典

共同科目

編號	書名	作者	定價
1A031111	法學緒論頻出題庫	穆儀、羅格思、章庠	550元
1A571111	國文（作文、公文與測驗）頻出題庫	高朋、尚榜	430元
1A581111	法學知識與英文頻出題庫	成宜、德芬	430元
1A711101	英文頻出題庫	凱旋	430元
1A801101	中華民國憲法頻出題庫	羅格思	470元

專業科目

編號	書名	作者	定價
1E161081	地方政府與政治(含地方自治概要)頻出題庫	郝強	430元
1E201091	行政學(含概要)頻出題庫	楊銘	370元
1E531111	公共管理(含概要)頻出題庫	楊銘	510元
1E591091	政治學概要頻出題庫	蔡力	430元
1E601101	主題式行政法(含概要)混合式超強題庫	尹析	530元
1E611101	主題式行政學(含概要)混合式超強題庫	賴小節	410元
1N021111	心理學概要(包括諮商與輔導)嚴選題庫	李振濤、陳培林	550元

以上定價，以正式出版書籍封底之標價為準

千華數位文化股份有限公司

■新北市中和區中山路三段136巷10弄17號　■千華公職資訊網 http://www.chienhua.com.tw
■TEL: 02-22289070　FAX: 02-22289076　■服務專線：(02)2392-3558・2392-3559

千華會員享有最值優惠!

立即加入會員

會員等級	一般會員	VIP 會員	上榜考生
條件	免費加入	1. 直接付費 1500 元 2. 單筆購物滿 5000 元	提供國考、證照相關考試上榜及教材使用證明
折價券	200 元	500 元	
購物折扣	·平時購書 9 折 ·新書 79 折 (兩周)	·書籍 75 折　·函授 5 折	
生日驚喜		●	●
任選書籍三本		●	●
學習診斷測驗(5科)		●	●
電子書(1本)		●	●
名師面對面		●	

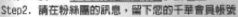
千華 Line@ 專人諮詢服務

☑ 有疑問想要諮詢嗎？歡迎加入千華LINE@！

☑ 無論是考試日期、教材推薦、勘誤問題等，都能得到滿意的服務。

☑ 我們提供專人諮詢互動，更能時時掌握考訊及優惠活動！

國家圖書館出版品預行編目(CIP)資料

(高普考)臺灣原住民族史及臺灣原住民族文化(含概要、大意) / 邱燁編著. -- 第三版. -- 新北市：千華數位文化股份有限公司, 2022.07

　　面；　　公分

ISBN 978-626-337-176-7 (平裝)

1.CST:臺灣原住民　2.CST:民族史　3.CST:民族文化

536.3　　　　　　　　　　111009997

[高普考]

臺灣原住民族史及臺灣原住民族文化
(含概要、大意)

編 著 者：邱 燁

發 行 人：廖 雪 鳳
登 記 證：行政院新聞局局版台業字第 3388 號
出 版 者：千華數位文化股份有限公司
　　　　　地址／新北市中和區中山路三段 136 巷 10 弄 17 號
　　　　　電話／ (02)2228-9070　　傳真／ (02)2228-9076
　　　　　郵撥／第 19924628 號　千華數位文化公司帳戶
　　　　　千華公職資訊網：http://www.chienhua.com.tw
　　　　　千華網路書店：http://www.chienhua.com.tw/bookstore
　　　　　網路客服信箱：chienhua@chienhua.com.tw

法律顧問：永然聯合法律事務所
編輯經理：甯開遠
主　　編：甯開遠
執行編輯：尤家瑋
校　　對：千華資深編輯群
排版主任：陳春花
排　　版：林婕瀅

出版日期：2022 年 7 月 15 日　　　第三版／第一刷

本書如有勘誤或其他補充資料，
將刊於千華公職資訊網　http://www.chienhua.com.tw
歡迎上網下載。